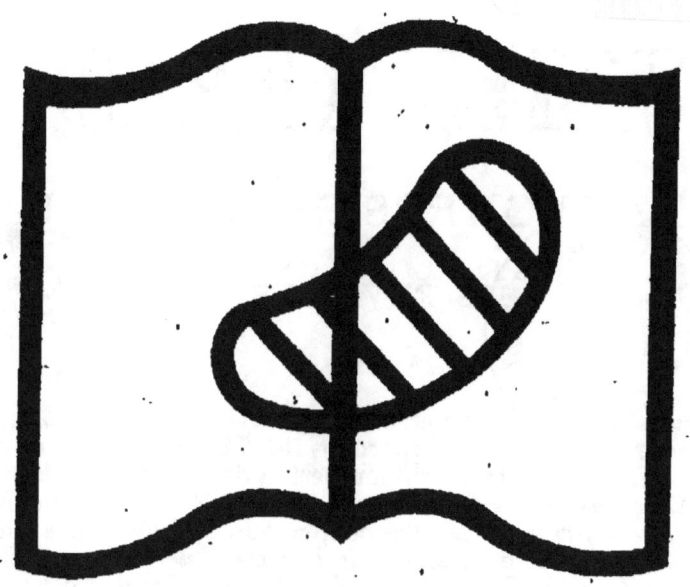

Original illisible
NF Z 43-120-10

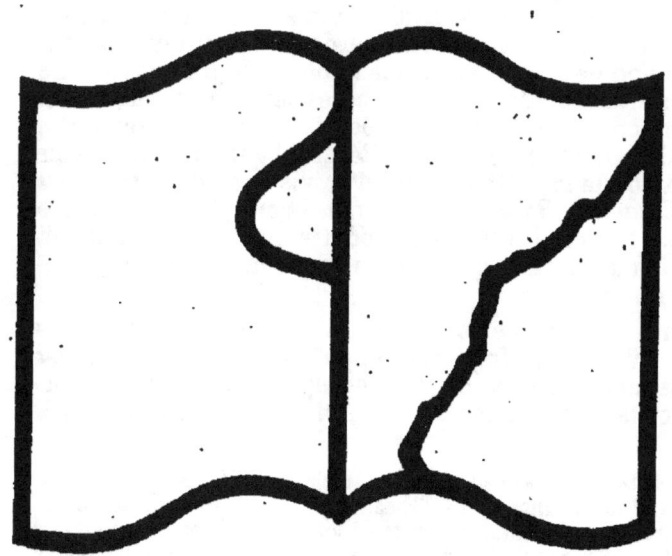

Texte détérioré — reliure défectueuse
NF Z 43-120-11

Librairie E. BRADIER, éditeur à Arras.

LE
VIEIL ARRAS
SES FAUBOURGS, SA BANLIEUE
ET SES ENVIRONS

Malgré les renseignements précieux qu'offrent les *Observations sur l'Echevinage d'Arras* par Wignacourt, la *Chronique d'Arras* de Bacler, les *Histoires d'Artois* d'Hennebert et de Devienne, le *Mémorial* de M. Harbaville, les *Rues d'Arras* de MM. d'Héricourt et Godin, le *Cartulaire d'Arras* de M. Guesnon, certaines *Notices* de la *Statistique monumentale*, du *Bulletin de la Commission des antiquités départementales*, du *Dictionnaire historique du Pas-de-Calais* et quelques *opuscules* ou *monographies*, le VIEIL-ARRAS restait à traiter au point de vue archéologique.

Commencé il y a six ans et poursuivi sans relâche depuis lors, ce travail, actuellement sous presse, va être incessamment publié par M. LE GENTIL.

Convaincu que rien ne peut équivaloir aux sources, que les documents anciens doivent nécessairement perdre à être traduits ou paraphrasés, que l'on ne saurait au moment où nous sommes rendre la véritable physionomie de certaines choses perdues ou défigurées, apprécier, sans crainte d'errer, des idées qui n'ont plus cours, des croyances affaiblies, des traditions oblitérées, l'auteur a cru devoir continuer l'emploi de la méthode par lui suivie dans ses *Origines des Preuves*, son *Essai sur Gosson*, sa *Poésie du Droit*, etc., c'est-à-dire s'effacer chaque fois qu'il trouvait à produire une autorité réelle, et ne parler lui-même qu'alors que rien ne lui permettait de faire entendre la voix du passé.

Pour arriver à ce but, il a compulsé les ouvrages imprimés des annalistes, chroniqueurs, géographes et poëtes qui se sont occupés d'Arras, de ses monuments et de sa topographie, consulté les documents manuscrits que renferment les Archives départementales [1],

---

[1] Fonds de Saint-Vaast — des Comtes d'Artois — du Conseil d'Artois — Registres de la Gouvernance — de l'Election — du Directoire du département — du District — Inventaires du mobilier des Eglises, Chapelles et Monastères — Procès-verbaux d'estimation et d'adjudication des domaines nationaux — Chartes — Comptes — Plans — Etats de Lieux, etc.

celles de l'Evêché [1], celles de la Ville [2], la Bibliothèque municipale [3], celle du Tribunal [4] et diverses collections particulières [5]; recherché et vérifié les vestiges encore subsistants des monuments tombés ou oubliés, et ce faisant il a découvert non-seulement une foule de pièces aussi inédites qu'elles sont inconnues, mais encore d'importants débris dont l'existence n'est même point soupçonnée comme par exemple la porte et la portion de mur de la Cité, restes de l'enceinte antérieure à Louis XI.

Fruit de ces études qui, sans avoir reconstitué le *Vieil Arras*, initient à sa connaissance infiniment plus qu'on ne l'avait fait jusqu'à présent, le livre de M. LE GENTIL est divisé et subdivisé de la manière suivante :

Aperçu historique. — Origine. — Gaule indépendante — Domination Romaine — Conquête Franque — Comtes de Flandre — Comtes d'Artois — Ducs de Bourgogne — Domination Espagnole — Domination Française.

Topographie. — Cité — Ville [6].

Forteresses — du Châtelain de la Cité — *Castrum Nobiliacum* — forteresse près la Cité — citadelle.

Portes — de Brones — d'Amiens — Baudimont — Maître-Adam — Triperesse — ancienne porte de la Cité — Ronville — Saint-Nicolas — Hagerue — des Soupirs — Puniel — Barbakane — de l'Estrée — Notre-Dame — Méaulens — d'Eau — Saint-Michel.

Maison Rouge.

Châteaux de Louis XI — Petit châtel — Grand châtel.

Eglises détruites — ancienne Cathédrale — Saint-Nicolas-en-l'Atre — Saint-Nicaise — Saint-Géry — Saint-Nicolas-sur-les-Fossés — Saint-Jean-en-Ronville — la Madeleine — Saint-Étienne — Saint-Aubert — La Chapelette — Sainte-Croix — Saint-Maurice.

Eglises existantes — Cathédrale — Saint-Jean-Baptiste — Saint-Nicolas — Saint-Géry — Notre-Dame des Ardents.

Chapelles — Sainte-Anne — du Tripot — de la Petite Place — des Petits Ardents — de la Batterie — du Temple — des Onze-Mille-Vierges — Saint-Éloy — Saint-Mathieu — du Calvaire.

---

[1] Cartulaire de Guiman — Nécrologe de Saint-Vaast — Dom Pronnier — Registres du Chapitre — de la Confrérie des Ardents — des Fabriques paroissiales — Manuscrits historiques, etc.

[2] Livre aux Serments — Rentiers — Mémoriaux — Répertoires — Registres aux Bourgeois — aux Résolutions — des Corporations et Confréries — de la Municipalité — du Conseil municipal — aux Arrêtés — Liasses — Dossiers — Mémoires, etc.

[3] Le Père Ignace — Dom le Pez — Lefebvre d'Aubrometz — le François de Rigauville — Jean Télu — Feucy — du Buisson — Meyer — Robert Obry — Toussaint Sailly — Ponthus Payen — Wallerand Obert — Nicolas Ledé — Epitaphiers — Armoriaux — Poèmes, etc.

[4] Desmazures.

[5] Le Père Constantin — le Père Proville — Différentes chroniques, etc.

[6] La Cité et la Ville ayant constitué deux localités essentiellement distinctes, sont traitées séparément dans ce titre et dans tous ceux qui vont suivre.

Monastères — Trinitaires — Dames Bénédictines — Clarisses — de la Paix — Brigittines — Providence — Ursulines — ancienne Abbaye de Saint-Vaast — Abbaye actuelle — Dominicains — Jésuites — Capucins — Récollets — petits Carmes — grands Carmes — Ursulines — Chariottes — Thieuloye — Augustines — Sainte-Agnès Vivier.

Refuges — d'Estrun — de Cercamps — d'Avesnes — du Temple — d'Anchin — de Dommartin — d'Eaucourt — de Saint Eloy — d'Arrouaise — de Vimy — de Marœuil — d'Hénin-Liétard.

Cloîtres — des Chanoines — aux Processions.

Cimetières. — Cimetière Romain — Atre — Saint-Nicaise — Saint-Géry — Saint-Jean-en-Ronville — Saint-Vaast — Saint-Aubert — Saint-Nicolas — Chariot — Saint-Jean (hospice) — de la Chapelette — Petit Atre.

Hospices — Nomenclature — Hôtel-Dieu — hospice Saint-Jean — Saint-Jacques — Chariot.

Traditions religieuses — Sainte-Manne — Sainte-Chandelle — Calvaire.

Cour le Comte. — Conseil d'Artois — Gouvernance — Élection.

Halles Echevinales — Hôtel Echevinal de la Cité — ancien Hôtel Echevinal de la Ville — Hôtel de Ville actuel.

Prisons — de la Cité — de l'Evêque — du Chapitre — Royales — des Etats — du Châtelain — de St-Vaast.

Monuments divers — Ancien Evêché — ancien Séminaire — Pierre des morts — tombeau de l'Evêque Lambert — maison Caudron — petit Séminaire actuel — croix de St-Bernard — fontaine St-Thomas — croix de Grès — Lion de Grès — Perron Robert Cosset — la Baleine — arbres de Liberté — Polaine — statue de la Liberté — hôtel des Monnaies — arbre de Beaumetz — château d'Eau — salle St-Michel — salle d'armes — jeu de Paume — maison Le Maire — de l'Advoué — Palais des Etats — hôtel d'Egmont — du Gouvernement — des Séchelles — d'Epinoy — de Bucquoy — de Haynin — du Pont d'Argent — des Poissonniers — Théâtre — salle des Concerts — hôtel de Montmorency - Mont-de-Piété — Pauvreté — hôtel des Canoniers — maison des Archers — hôtel des Tanneurs — de Sommièvre — de Briois — pavillon St-Maurice — Abbatiale — Manége couvert — Fontaine monumentale — Musée — Tombeau de Matthieu Moullart.

Casernes — Ste-Barbe — du grand Quartier — des Arbalétriers — du grand Turc — du Griffon — des Bouloires — du Point-du-Jour — de Cavalerie — Héronval.

Corps de Garde — de l'Union — Baudimont — bastion derrière la Paix — de Marles — porte d'Amiens — de l'écluse entre Ville et Cité — de la communication de Bourgogne — Claque-Dent — porte de Cité — Petite Place — porte Ronville — St-Michel — Brèche — Rivage — porte Méaulens — Tour de Bourgogne.

Places — Petite Place, Grand'-Place et rue de la Taillerie — du Théâtre — de la Madeleine — du Wetz d'Amain — de la Basse-Ville.

Caves et Boves — en Ville et en Cité.

Enseignes — en Ville et en Cité.

Promenades — Plantation en 1714 — replantation en 1792.

Principales industries. — Teintures — Étoffes — Tapisseries — Layetterie — Draperie — Orfévrerie — Broderies — Dentelles — Porcelaines — Marché.

Corporations. — Nomenclature de 1598 — Bouchers — Boulangers — Cuisiniers — Lingers — Chirurgiens.

Confréries — de Corporations diverses — de N.-D. des Ardents — de Saint-Luc.

Faubourgs — de la Vigne — d'Amiens — Baudimont — Maître-Adam — Saint-Aubin — Sainte-Catherine — Saint-Nicolas — Saint-Michel — Saint-Sauveur — Saint-Vincent — Ronville — de la Basècle — Achicourt.

Banlieue — civile — criminelle.

Environs. — Saint-Laurent-Blangy — Neuville-Vitasse — Wailly — Blairville — Ransart — Bailleulval — Bailleulmont — Haute-Avesnes — Estrun — Marœuil — Mont-Saint-Éloy — Ecoivres — Acq — Camblain — Gauchin-le-Gall — Ollehain — Villers-Châtel — Souchez — Carency — Vaulx — Beugny-le-Château — Abbaye d'Arrouaise.

Le tout forme un fort volume grand in-octavo d'à peu près 800 pages enrichi d'eaux-fortes et de lithographies, complétement dites pour la plupart, dues à M. BOUTRY, dont les œuvres ont été remarquées au dernier Salon, et à MM. FICHOT, DESAVARY.

Ces planches représenteront l'ancienne Cathédrale avec portail (*inédit*) ; — l'ancien hôtel de Ville avec la chapelle des Ardents (*inédit*) ; — la chapelle dite des Templiers ; — la Maison Rouge ; — une ancienne porte de Cité ; — l'apparition de la Vierge à l'Évêque Lambert et aux Ménestrels ; — la porte de Bronnes (*inédit*) ; — la porte Maître-Adam (*inédit*) ; — l'ancienne porte Méaulens (*inédit*) ; — le Claque-Dent (*inédit*) ; — la porte de Cité et le Calvaire d'Arras — l'ancienne porte Ronville (*inédit*) ; — la porte d'Eau (*inédit*) ; — l'ancienne porte Baudimont (*inédit*) ; — la porte Hagerue (*inédit*) ; — un bout de l'ancienne enceinte d'Arras (*inédit*) ; — le bastion Saint-Nicolas (*inédit*) ; — la châsse de la Manne (*inédit*) ; — la châsse dite de la Manne (*inédit*) ; — l'ancienne Prévôté Saint-Michel (*inédit*) ; — la Prévôté actuelle (*inédit*) ; — Notre-Dame-du-Bois (*inédit*) ; — la Brayelle (*inédit*) ; — La Cense d'Hervaing (*inédit*) ; — la Commanderie des Templiers à Haute-Avesnes ; — les tours de Saint-Éloy.

Prix du volume en souscription jusqu'au 31 mai. . . . 16 fr.
30 exempl. ont été tirés avec épreuves d'artistes pour les
14 eaux-fortes . . . . 20 fr.
Prix du volume après le 1er juin. . . . . 20 et 25 fr.

L'Éditeur, E. BRADIER,
Rue Saint-Aubert.

Arras, imp. de la Société du Pas-de-Calais. — P.-M. LAROCHE, directeur.

LE
VIEIL ARRAS

L'Editeur de ce livre a fait tirer trente exemplaires des quatorze Eaux-Fortes, épreuves d'artistes, destinés aux amateurs.

ARRAS

ANCIEN REFUGE D'ÉTRUN

Imprimerie de la Société du Pas-de-Calais, rue d'Amiens, 43
P.-M. LAROCHE, DIRECTEUR

LE VIEIL ARRAS

SES FAUBOURGS, SA BANLIEUE,
SES ENVIRONS

SOUVENIRS ARCHÉOLOGIQUES & HISTORIQUES

PAR

C. LE GENTIL

JUGE AU TRIBUNAL CIVIL D'ARRAS

*Chevalier des Ordres Royaux de Léopold
et de Wasa*

Membre de l'Académie d'Arras,
des Académies de Législation de Toulouse et de Madrid,
des Académies littéraires et scientifiques de Metz et de Bordeaux,
du Comité central des Artistes de Paris,
de la Commission des Monuments Historiques du Pas-de-Calais,
etc., etc.

AVEC EAUX-FORTES PAR

J. BOUTRY

Juge au Tribunal d'Arras

ARRAS

EUGÈNE BRADIER, LIBRAIRE - ÉDITEUR
50, Rue Saint-Aubert, 50

—

MDCCCLXXVII

A SA MAJESTÉ

LÉOPOLD II

ROI

DES BELGES

Sire,

Avant d'être conquise et définitivement incorporée à la France par les armes glorieuses de Louis XIII et de Louis XIV, à qui Vous rattachent les liens du sang, la Ville d'Arras avait fait partie de l'une des provinces qui, réunies maintenant sous le sceptre de VOTRE MAJESTÉ, constituent le beau Royaume de Belgique.

M'autorisant de cette double circonstance, j'ai cru, SIRE, pouvoir Vous offrir la dédicace de ce livre, afin de reconnaître, dans la mesure de mes forces, la dette de reconnaissance que j'ai contractée vis-à-vis de VOTRE MAJESTÉ, le jour où Elle a daigné par une insigne faveur, me conférer la Croix de son Ordre.

Si faible que soit cet hommage, VOTRE

MAJESTÉ, j'ose l'espérer, ne refusera de l'accueillir et donner ainsi une nouvelle marque de bienveillance à celui qui a l'honneur d'être,

Avec le plus profond respect,

SIRE,

DE VOTRE MAJESTÉ,

Le très-humble serviteur,

C. LE GENTIL.

Aucun de ceux qui, depuis plus de trente ans, ont écrit sur notre Histoire locale n'a pu se dispenser de recourir à l'obligeance et à l'érudition inépuisables de notre savant bibliothécaire et vénéré maître, M. Caron.

Plusieurs se sont néanmoins abstenus d'indiquer quelle large part lui revenait dans leurs Œuvres.

Ne voulant nous rendre ni coupable de ce silence, ni complice de cette ingratitude, nous nous faisons un devoir de reconnaître ici que nous l'avons consulté souvent à propos de cette étude, et un plaisir de le remercier des conseils si éclairés et toujours si utiles qu'il a bien voulu nous donner.

PRÉFACE.

« *Pro Aris et Focis.* »

Le sol natal a je ne sais quel charme, — disait Ovide, — qui nous séduit tous, et ne permet point de l'oublier.

*Nescio quâ natale solum dulcedine captos
Ducit, et immemores non sinit esse sui.*

Rien de plus vrai que ces paroles; rien de plus universel que la pensée qu'elles traduisent. Est-il en effet un cœur si désenchanté, si déçu même qu'il soit, où ne se trouverait plus un reste de ce qui vulgairement s'appelle « l'Amour du Clocher » !....

Ce sentiment, qu'exilé chez les Sarmates, le poëte ressentait d'autant plus vivement qu'il espérait moins revoir Rome et son Capitole, nous ne l'avions jamais aussi fortement éprouvé qu'alors qu'errant à travers les rues tandis que grondait le canon de Bapaume, nous nous demandions avec anxiété, si par suite de la sauvagerie prussienne, incendiant toute place qui refusait de se rendre, et par suite également de la folie des *outranciers* faisant détruire les forteresses qu'ils ne savaient, ne pouvaient, ou ne voulaient défendre, Arras n'allait pas, à son tour, ne plus bientôt présenter, comme après les invasions des Vandales, des Hérules, des Huns et des Normands, qu'un amas de cendres et de ruines.

Aussi, pensant involontairement à ces lugubres lignes de Châteaubriand : « Il y avait des historiens qui fouillaient comme moi les archives du passé au milieu des ruines du présent, qui écrivaient les annales des anciennes révolutions au bruit des révolutions nouvelles; eux et moi prenant pour table dans l'édifice croulant la pierre tombée à nos pieds en attendant celle qui devait écraser nos têtes, » nous promîmes nous, quoi qu'il arrivât, d'écrire sur notre cher Arras.

Conçu dans ce moment d'angoisses, ce livre nous a causé bien des tristesses par la comparaison qu'il nous a forcé de faire entre ce qu'a jadis été Arras, et ce qu'il est aujourd'hui; car à quelque point de vue que l'on se place, stratégie, ressources, industries, population, beaux-arts, la déchéance est manifeste.

Qu'est devenue, ainsi que sa population de 80,000 âmes, la « Ville aux clochers » qui ne comptait plus ses monuments tant elle en était semée ? qu'enrichissaient ses teintureries, ses fabriques de tapisseries, de draperies, de sayetteries, ses ateliers d'orfévrerie : qui s'enorgueillissait des États de la province dont elle était la métropole; de sa grande compagnie judiciaire l'une des plus importantes de l'époque; de sa formidable ceinture de murailles hérissée de tours et de bastions ?

Sa population, elle a diminué des deux tiers.

De ses monuments, que resterait-il, si n'étaient le Palais de Saint-Vaast cet incomparable spécimen de l'architecture monacale du siècle dernier, et l'Hôtel-de-Ville qu'à part le Beffroi nos vieux échevins auraient peine à reconnaître, tant on l'a défiguré.

Ses teinturiers, ses haut-lisseurs, ses drapiers, ses orfévres, ne sont plus qu'une légende.

Ses États et toute leur noblesse, sa grande compagnie judiciaire et tout son monde de gens de robe, ont disparu sans retour.

Sa force stratégique [1], telle autrefois, que Meyer appelait Arras, le bouclier, le boulevart et le rempart de la Flandre occidentale « *Scutum, vallum et murus totius occidentalis Flandriæ* »; ce à quoi Guichardin ajoutait qu'il était « pour vray si grand et si fort, tant par l'assiette que ses murs bolverts, et très-larges et très-profonds fossez, bien que soient sans eau, qu'on le prenoit pour imprenable » : sa force stratégique, disons-nous, est actuellement si nulle, qu'il avait été décidé lors de nos derniers revers, « qu'Arras n'existant pas en tant que place forte on n'essayerait point de le défendre » ce qui n'empêcha cependant point,

..... *O miseri, quæ tanta insania, cives. !*

de donner la consigne d'en tenir les portes closes jusqu'à ce qu'il fût absolument brûlé !....

L'un des *organes de la presse* avait, il est vrai, comme fiche de consolation, daigné charitablement avertir les

---

[1] « Cette ville, est-il écrit aux *Mémoires de d'Artagnan*, étoit très-considérable pour elle-même. Elle étoit la capitale d'une province, la demeure de toute la noblesse du pays, forte par ses dehors et par son assiette, et par-dessus tout cela la tête de toutes nos conquêtes qui n'étoient pas grandes en ce temps-là. Car il n'y avoit que quarante lieues de là à Paris, frontière peu éloignée de la capitale d'un grand royaume dont la réputation sembloit devoir avoir porté ses bornes bien plus loin depuis tant de siècles qu'il fleurissoit en Europe. »
Que diroit de la situation à laquelle nous a réduit la dernière guerre, l'auteur des lignes qui précèdent?

Arrageois, que « l'antique réputation de leurs caves » les conviait à s'y retirer afin d'y attendre — tranquillement sans doute — l'appaisement de l'incendie.....

Quoi qu'il en soit, malgré les quatre pièces datant de 1811 remises en batterie à la porte Ronville sur les fortins de Vauban — comme pour rappeler que si Arras n'est plus bon à défendre il l'est toujours à brûler, non dans l'intérêt des habitants, non dans l'intérêt national, non pour l'honneur militaire qui, Dieu merci, n'a rien de commun avec de pareilles aberrations, mais pour l'application strictement littérale de règlements toujours en vigueur quoique parfaitement surannés et sans la moindre raison d'être de nos jours. — Espérons que les « ruines du présent » ne s'amoncelleront plus sur les débris du passé, qu'affranchi de l'enceinte continue qui n'est plus désormais pour lui qu'un danger permanent et une menace perpétuelle, que, débarrassé de la triple zone qui depuis si longtemps a paralysé l'essor de son commerce et mis obstacle à toute expansion de ses industries, Arras pourra voir refleurir son ancienne prospérité.

Et que si, devant la stratégie nouvelle, force lui devient comme à toutes les villes de guerre de renoncer à la réputation de puissance qui faisait écrire au Breton Guillaume, il y a sept cents ans :

Atrebatumque potens . . . . .

On pourra du moins dire encore :

Urbs antiquissima plena
Divitiis, inhians lucris, et fenore gaudens!

AUX LECTEURS

« Tenete Traditiones. »

Il aurait fallu, pour donner une « vraye pourtraicture » du vieil Arras, que ce livre eût été fait ou avant 92, alors que tous ses monuments étaient debout; ou du moins il y a soixante ans, quand, avec leurs ruines jonchant le sol et les souvenirs de ceux qui les avaient connus intacts, il était possible de les reconstituer.

Bien qu'il soit trop tard maintenant, il importait néanmoins de ne plus différer l'application du principe de Montaigne : « Je vouldrais que chascun escrivit ce qu'il sçait et autant qu'il en sçait » et de se mettre immédiatement à l'œuvre : et parce que la tradition s'oblitère et parce que les derniers vestiges disparaissent; tellement que dans un prochain avenir plus rien ne subsistera des personnes et de bien des choses qu'il nous a été permis d'interroger encore. Le temps aura fauché les uns et les hommes auront culbuté les autres.

Resteront, il est vrai, les documents imprimés ou manuscrits; mais, s'ils abondent en ce qui touche l'histoire, combien ne laissent-ils pas à désirer concernant la partie archéologique, principal objet de ces pages.

Ces documents, quelques soigneuses qu'elles aient été, nos recherches, sans doute, ne nous les auront pas révélés tous : nous croyons cependant en avoir mis beaucoup à contribution ; et pour ne point les défigurer, nous n'avons pas hésité, nous effaçant toujours, à intercaler textuellement en ce travail l'intégralité des passages de nature à offrir un intérêt réel : méthode que critiqueront probablement ceux qui veulent que tout livre se lise comme un roman, mais qu'apprécieront, nous en avons l'espérance, les chercheurs qui, justement curieux des sources et des origines, préfèrent une citation à une phrase, et une bonne pièce à une ronflante période.

Autant, persuadé que rien n'est à négliger dans ce qui suivant, les probabilités ne doit guères laisser de traces, nous avons été minutieux pour ce que nous tenions de la tradition ou que nous avons constaté *de visu*, relevant les enseignes, voire même les simples pierres qui plus tard serviront peut-être à préciser une époque ou à déterminer une limite ; autant nous nous sommes contenté d'esquisser par quelques traits seulement, trois ou quatre épisodes exceptés, l'historique d'Arras dans le court aperçu que nous en offrons.

A l'aide de nos vieux annalistes ou chroniqueurs, et surtout à l'aide de nos archives si pleines de richesses, l'histoire arrageoise fortement indiquée déjà soit par des travaux de longue haleine d'une certaine valeur, soit par d'excellentes monographies, pourra toujours se faire, et déjà, nous le savons, elle s'élabore doublement : M. Lecesne à qui l'on doit un remarquable traité sur la *Législation coutumière en Artois*, mettant la dernière main à trois volumes qu'il compte publier sous peu ; et M. Guesnon le savant auteur du *Cartulaire* et de la *Sigillographie d'Arras*, continuant à accumuler des notes qui ne laisseront plus à qui que ce soit la possibilité d'écrire sur la matière, lorsque les mettant en œuvre il aura édité le livre que nous attendons fiévreusement.

Le cercle restreint de notre étude ne nous aura certes point préservé d'erreurs, mais ceux qui voudront bien la lire sont priés de croire que notre intention n'a jamais été d'en accréditer, et qu'à cet effet quand des hypothèses seules devaient se risquer, beaucoup de points ont été passés sous silence, suivant la maxime de Balderic que mieux vaut se taire que d'égarer les autres en s'égarant soi-même : « *Melius est tacere quam falsa promere.* »

APERÇU HISTORIQUE

ORIGINE

Diodore de Sicile dit, au paragraphe 24 de son V° livre : « La Celtique était autrefois sous la domination d'un homme puissant, dont la fille l'emportait sur toutes les autres par l'élégance de sa personne et l'excellence de sa beauté. Enflée de ses avantages et de sa distinction, elle n'estimait aucun de ses prétendants digne d'elle et les congédiait tous. Mais il arriva que pendant sa guerre contre Géryon Hercule vint en Celtique et y fonda Alésie. La jeune fille, ayant vu ce héros incomparable, s'en éprit, et de l'agrément de ses parents, lui donna sa main. Elle en eut un fils nommé Galate qui, à son tour, l'emporta en courage et en vigueur sur tous ses sujets, et qui, arrivé à l'âge d'homme, et ayant succédé à son père, recula les confins de son royaume et se rendit célèbre par ses hauts faits d'armes. Sa renommée s'étant répandue partout, il donna son nom aux peuples conquis, qu'il appela Galates, et ce nom s'étendit ensuite à toute la Galatie ou à toute la Gaule. »

Prenant au sérieux cette donnée plus ou moins fabuleuse, et se basant sur ce mot risqué par Charles (et non par Robert) Étienne [1], en son *Lexique élémentaire,* que la ville nommée *Alexia* par Diodore et *Rigiacum* par Ptolémée, pourrait bien être Arras, l'ancien constituant Béhin a conclu qu'Arras devait sa fondation à Hercule [2].

Cette thèse, que Béhin pensait avoir préconisée pour la première fois, avait été, bien avant lui déjà, celle d' « ung nommé Michaël Villanovanus, homme bien sçavant », dit Bauduin [3], qui ne nous a point transmis les raisonnements invoqués à son appui.

Tel n'était point l'avis des Arrageois du XIe siècle; en effet, lors de la séparation des diocèses d'Arras et de Cambrai, ne poussant point l'ambition jusqu'à vouloir descendre des dieux, et satisfaits du patronage d'un grand homme, les députés de cette première ville, pour prouver son ancienneté, « alléguaient bonnement que Soissons et Arras avaient été bâtis par Pompée [4]. »

Ces deux opinions sont évidemment erronées.

Celle de Villanovanus et de Béhin, parce que Ptolémée ne dit nulle part, ainsi que l'ont cru certains écrivains locaux, qu' « *Alesia* ou *Alexia* est la même que *Rigiacum* ou *Origiacum* », et parce que Diodore place Alexia dans la Celtique, alors qu'Origiacum est, de par Ptolémée lui-même, dans la Belgique; ce qui est tout différent.

Celle des députés d'Arras, parce que si cette ville eût dû sa fondation à Pompée, ses panégyristes n'eussent pas manqué de lui en faire honneur, et que les preuves fourmilleraient dans les auteurs latins.

---

[1] *Dictionnaire historique, géographique et poétique,* V° *Alexia.*
[2] *Mémoires de la Société royale d'Arras,* tome I, page 200 et suivantes.
[3] BAUDUIN, *Chronique d'Arthois,* page 10. 1356. Manuscrit de la bibliothèque municipale, publié par M. Caron. Consulter VALOIS, *Notitia Galliarum,* V° *Atrebatum.*
[4] DOM GOSSE, *Histoire de l'abbaye d'Arrouaise,* page 17.

Nécessité donc, en raison du silence de l'antiquité sur les fondateurs d'Arras et sur l'époque de sa fondation, de s'en tenir, pour ne point se lancer dans les hypothèses les plus hasardées, à ce qu'en pensent sagement Baldéric [1] et Bauduin [2], à savoir, que cette cité doit être rangée au nombre des plus anciennes et des plus nobles, dont le berceau se cache dans la nuit des temps.

Ajoutons avec Sanson, avec Ægidius Bucherius Atrebatensis, avec la généralité des auteurs, et surtout avec le savant d'Anville, dont la démonstration par les distances est irréfutable [3], que le plus ancien nom d'Arras est celui que lui donne Hirtius Pansa, le continuateur de César, au VIIIe livre des *Commentaires*, c'est-à-dire *Nemetocenna* [4]; que ce nom devient *Nemetacum*, dans l'*Itinéraire* d'Antonin et la *Table* de Peutinger, et *Origiacum* ou *Metacum* [5], dans Ptolémée, enfin *Atrebatum*, au IIIe siècle, lorsque prévalut la coutume d'attribuer aux villes les noms des peuples dont elles étaient les capitales.

C'est donc fort erronément que Blaise de Vigenère et Godvin ont prétendu que Nemetocenna était actuellement un lieu sans nom, et que ce dernier lui a appliqué ce vers :

Hæc tum nomina erant, nunc sunt sine nomine terræ [6].

Ce qui n'empêche nullement de constater que ses belli-

---

[1] *Chronicon Camer. et Atrebat.*

[2] *Loco supra citato.* — HENNEBERT, *Introduction*, page 10.

[3] *Disquisitiones Geogr. et Remarques sur la carte de la Gaule.* — *Belgium romanum.* — *Notice de la Gaule*, pages 479 à 481.

[4] *De Bello Gallico.* — M. Peigné-Delacourt trouve que Nemetocenna est non Arras, mais bien Nancel. Il est toutefois seul de cette opinion.

[5] Certains textes portent en effet *Metacum*, qui a bien plus d'affinité avec Nemetacum que le mot Origiacum.

[6] CÉSAR, *in usum Delphini*.

queux habitants appartenaient bien à cette forte race d'hommes, dont Ælien dit qu'amoureux des combats, ils s'y présentaient la tête couronnée de fleurs comme pour des épousailles, et qu'affichant le mépris de la mort, ils s'attaquaient aux éléments eux-mêmes à défaut d'autres ennemis [1]. A chaque page de notre histoire, en effet, nous voyons nos pères témoigner d'une bravoure indomptable, témoin ceux qui, sous Louis XI, aimaient mieux se laisser décapiter que de crier : Vive le Roy [2] !

D'après Malbrancq, les peuples que Jules César appelait génériquement *Atrebatenses*, et d'autres auteurs *Atrabates*, *Atravates*, *Atrevates*, prirent suivant leur position géographique trois qualifications différentes, qui furent :

Adarctenses, pour ceux du nord vers l'*Arctos*;

Austrebates pour ceux du midi vers l'*Auster*;

Ostrebates, pour ceux de l'orient, *ad ortum*.

D'où trois capitales, savoir :

Rigiacum, Arras cite (contractée par le froid, *frigore rigens*) pour les Adarctenses, dont à partir de cette localité le territoire était limité par la Lys et le comté de Saint-Pol.

Nennetakum, Arras ville (du germain *Nenne* neuf, et *Tak*, jour, correspondant au latin *Nonam diei*, qui signifie midi) pour les Austrebates, dont le territoire s'étendait entre cette ville, Doullens, Bapaume et Cambrai.

Ostakum, Douai (du germain *Ost*, levant, et *Tak*, c'est-à-dire *Ortus diei*, levant), dont le territoire comprenait l'espace situé entre cette ville, Orchies, la Puelle, Bouchain et Valenciennes.

Et, ajoute Malbrancq, les écus de ces villes concordaient parfaitement avec leur situation et avec leur étymologie.

---

[1] *Histor.* lib. XII, cap. XXIII.
[2] ROBERT GAGUIN, *Hist. Francorum*. — MONTAIGNE, *Essais*.

Celui de Rigiacum : d'azur, froid comme les frimats et les glaces du nord.

Celui de Nennetakum : d'or, comme les rayons du soleil.

Celui d'Ostakum : de gueules, rouge comme le ciel, au lever de l'aurore.

Plus ingénieuse que sérieuse, cette explication héraldique est très-contestable.

GAULE INDÉPENDANTE

Les Druides n'écrivant rien et confiant tout à la mémoire [1], nous ignorons l'histoire d'Arras antérieure à César.

Suivant Lucius de Tongres, auteur peu sérieux et plein de fables, qu'a invoqué comme autorité Jacques de Guyse, autre auteur moins sérieux aussi que crédule [2], Arras aurait été pillé par un certain Anaxagoras, *alias* Ansanorix, roi des Saxons, qui, après la prise de Famars « s'en alla tout dégastant le pays de la contrée ».

Ce dernier auteur dit encore que le fils d'Anaxagoras, Arioviste, vint aussi dévaster Arras [3]. Ce qu'admet Hennebert, en ajoutant qu'il pénétra jusqu'à Cambrai par l'Escaut [4], pure supposition que rien ne probabilise, entée sur une assertion dénuée de véritable fondement.

Qu'était-ce qu'Arras à cette époque ? Constituait-il une vaste bourgade ouverte, ou un *oppidum* défendu, non de murailles et de tours, mais par ces remparts composés de

---

[1] *De Bello Gallico*, lib. VI.
[2] *Croniques et Annalles du Haynau*, 1531, livre III, feuillet 79.
[3] Livre IV.
[4] *Histoire d'Artois*, tome I, page 103.

poutres, de terres et de pierres alternées, en usage dans les Gaules et dont parle César [1]. C'est une question insoluble que partant nous nous abstiendrons de discuter, en échafaudant conjectures sur conjectures, ainsi qu'on l'a déjà trop fait.

DOMINATION ROMAINE

Conquérant aussi ambitieux que politique consommé, César, qui du reste voulait à tout prix, sinon éclipser, du moins égaler la gloire de Pompée [2], se préoccupa plus de l'extension de la domination romaine que de la défense des Gaulois qui, battus par Arioviste, l'avaient appelé à leur aide ; aussi, prenant prétexte de certains sujets de mécontentement que ne manqua pas de lui fournir le caractère ombrageux et mobile de ce peuple, fit-il bientôt dégénérer en asservissement l'intervention prétendûment amie qu'il avait accordée.

Commius, chef des Atrébates, et l'un des Gaulois les plus illustres [3], fut des premiers à lever la lance et à conduire quinze mille des siens à la sanglante bataille de la Sambre où ils furent écrasés par la neuvième et la dixième légion [4].

---

[1] *De Bello Gallico*, lib. VII.
[2] PLUTARQUE, *Vie de César.*
[3] *Comment.* lib. II, *de Bello Gallico.* — FRONTIN, *Stratag.* lib. XIV.
[4] Sur la foi d'un manuscrit *in-fol.* n° 6, Hennebert rapporte que la formation du camp d'Étrun et le siège d'Arras par César seraient présumés avoir suivi la bataille de la Sambre. Il ajoute qu'afin de faciliter la réussite de ce siège le général romain aurait usé du stratagème de retenir les eaux de la Scarpe par certaines digues, qui, rompues tout à coup, auraient donné à ces mêmes eaux un cours tellement irrésistible, que les remparts de la cité Gauloise en auraient été en partie culbutés. Mais rien de probant n'appuie ces suppositions.

Frappé, malgré la conduite hostile de Commius, de son intrépidité, de sa prudence et de son influence, César voulut s'attacher ce « sage cappitaine ayant lors grande auctorité en toutte la Gaule Belgicque avec bruict et réputation de vertu et bon conseil [1] »; il le créa donc roi des Atrébates et le députa aux Bretons pour les engager à se soumettre aux Romains.

S'étant acquitté de cette mission, Commius fut d'abord mis aux fers, mais bientôt rendu à César, qui, pour le remercier, exempta sa nation de tout impôt, la rétablit dans ses coutumes et franchises primitives et lui soumit les Morins [2].

Préférant toutefois l'indépendance nationale à l'amitié d'un général romain, si grand qu'il fût, Commius rompit avec César et marcha, suivi de quatre mille Atrébates, au secours de Vercingétorix, enfermé dans Alise [3].

Inconsolable de sa défaite et légitimement ulcéré par la barbarie froide et mesquine avec laquelle César avait accueilli la magnanime reddition de ce chef [4], Commius s'appliqua depuis lors à susciter aux Romains tous les embarras possibles. On le revoit à la tête des Atrébates dans la guerre des Bellovaques, puis s'échappant gravement blessé du guet-à-pens où le fait traîtreusement tomber Volusenus, puis, en une autre rencontre, blessant à son tour, plus gravement encore, d'un coup de lance, ce même Volusenus : enfin, ne consentant à cesser la lutte qu'à la fière condition de ne plus se trouver en face d'un romain « *ne in conspectum veniat cujusque Romani.* »

Il faut que Commius ait été un homme bien remarquable

---

[1] BAUDUIN, *Chronique d'Arthois*.
[2] Lib. IV, VII, VIII.
[3] *Ibid.*
[4] DION CASSIUS. — FLORUS, etc.

pour qu'il en soit si souvent parlé dans les *Commentaires* de César, où il joue le plus grand rôle après Vercingétorix ; qu'il ait eu bien du prestige parmi les Gaulois pour que ceux-ci l'aient créé l'un des quatre chefs de cette immense armée de deux cent quarante mille fantassins et de huit mille chevaux qui, sous les murs d'Alise, allait jouer le va-tout de la Gaule [1]. Et il faut qu'il ait été bien redouté des Romains pour qu'un lieutenant de César, Labiénus, ait pu croire que tous les moyens étaient bons afin de se débarrasser d'un pareil ennemi, même un assassinat; pour qu'un préfet de cavalerie, Volusenus, se soit abaissé jusqu'à se charger de cette mission; pour qu'Hirtius Pansa ose tenter de justifier une telle indignité [2], et pour qu'aveuglé par sa haine, cet historien ait l'absurdité de prétendre que le guerrier Gaulois, proclamé brave entre tous par César lui-même, « *cujus et virtutem et consilium probabat* », n'avait stipulé sa condition que par pusillanimité.

Il y aurait beaucoup à dire sur Commius, le dernier des défenseurs des Gaules, car sa soumission faite, la guerre fut terminée [3]. Bornons-nous à faire remarquer que bien qu'étant dans la terre classique du courage militaire, nous pouvons nous enorgueillir de ce que l'Atrébatie ait eu l'honneur de compter au nombre de ses enfants l'un de ces héros qui, grâce seulement à leur indomptable courage, ont su, pendant dix ans, avec des soldats mal armés [4] et demi-nus, quand ils

---

[1] Selon Plutarque (*in Vit. Cæsar.*), l'armée Gauloise qui était venue pour débloquer Alise était de 300,000 hommes.

[2] *Comment.*, lib. VIII.

[3] Voir BAUDUIN, *Chronique d'Arthois*, page 11.—M. LECESNE, *Mémoires de l'Académie d'Arras*, année 1855. — LE GLAY, *Édition de Baldério*. — HENNEBERT et DEVIENNE, *Histoire d'Artois*.

[4] Les épées des Gaulois étaient de si mauvaise trempe, qu'après en avoir donné un coup ils se trouvaient souvent obligés de les redresser sur le genou ou sous le pied.

ne l'étaient pas complétement [1], tenir en échec et le plus grand stratégiste de l'époque, et les armées romaines bardées de bronze et soutenues par les plus formidables engins de guerre que la science d'alors eût encore inventées.

Des monnaies d'argent que l'on trouve assez fréquemment encore en Artois, sur lesquelles se voit la tête chevelue et casquée de Commius, que l'on avait jusqu'à ces derniers temps prise pour celle de Pallas, nous ont conservé ses traits d'une grande noblesse et d'une parfaite régularité [2].

La conduite tenue par Commius dans la guerre de l'indépendance des Gaules, et ses agissements vis-à-vis de César ont été diversement appréciés.

Suivant Hennebert, au lieu de témoigner de la reconnaissance au général romain, le chef gaulois n'a montré qu'ingratitude et perfidie, et cette opinion paraît admise par MM. Godin et d'Héricourt.

Suivant Devienne, au contraire, les sentiments privés que Commius pouvait éprouver pour César, ne le dispensaient nullement de l'obligation sacrée de défendre sa patrie, « et il y auroit témérité à prétendre que, dans le moment où toutes les Gaules se réunissoient pour briser les fers que les Romains leur avoient donnés, Commius seul auroit dû continuer à s'en laisser charger. » Thèse qu'adopte M. Lecesne.

Nous sommes complétement de cet avis.

César, en effet, ne dit nulle part que Commius lui avait juré, pour le présent et pour l'avenir, une fidélité inviolable, cause déterminante des avantages faits à sa personne et à sa nation.

Et puis, ces avantages concédés par César dans son inté-

---

[1] POLYBE. — BORDIER et CHARTON, *Histoire de France*, page 11.
[2] *Bulletin de la Commission des Antiquités départementales*, tome I, page 186.

rêt propre, bien plus que dans celui d'un adversaire qui ne lui avait rien demandé, avaient été compensés par les services rendus par Commius dans sa mission en Bretagne et pendant toute la campagne.

Sous les empereurs Romains, Arras devint un *municipium* important et fut classé parmi les douze *civitates* de la seconde Belgique. Ses étoffes, dont nous parlerons ultérieurement, acquirent une immense renommée.

Le cadre de cet aperçu ne permettant point d'aborder le récit des soulèvements et événements politiques auxquels fut mêlée la cité artésienne [1], notons seulement :

Que les Romains y élevèrent un *temple à Jupiter* (*Fanum Jovis*) au lieu où fut depuis l'ancienne cathédrale, dans les démolitions des fondations de laquelle on retrouva, en 1838, des chapiteaux d'ordre Toscan, provenant probablement de ce temple et déposés au Musée. Puis, suivant la tradition, un autre *temple à Isis*, à l'endroit où était l'ancien hôtel-Dieu (maison actuelle de la Providence).

Que du point culminant de la cité, ils firent rayonner six grandes voies reliées entre elles par des voies de second ordre ;

Qu'ils construisirent non loin de cette cité une forteresse, *Castrum*, nommée depuis *Nobiliacum* ;

Que grâce à l'évêque grec saint Diogène, qui éleva un autel dédié à Marie dans le temple de Jupiter désormais consacré au culte chrétien, la religion catholique, déjà enseignée peut-être « par les sainctes prédications de Fuscian et Victorice, quy depuis moururent martyrs en la ville d'Amiens [2], et presque certainement prêchée par saint Denys l'aréopagite [3], » fit chez les Atrébates des progrès sensibles

---

[1] Voir *Annales* de TACITE. — ZOZIME, lib. IV. — JACQUES DE GUYSE. — D'HÉRICOURT, *Sièges d'Arras*, pages 16 et 17.

[2] BAUDUIN, *Chronique d'Arthois*.

[3] M. ROBITAILLE, *Dissertation* lue à l'Académie d'Arras, 1873.

vers 370, époque vers laquelle également, en ces temps de calamité publique, eut lieu, au rapport de saint Jérôme en sa continuation d'Eusèbe, l'apparition de la *sainte Manne*, dont nous nous occuperons plus amplement en son lieu.

Qu'enfin la cité gauloise fut successivement ravagée par les Vandales, les Hérules, et par Attila qui «*quasi tempestas immanissima* [1] » la dévasta si complétement que l'on aurait pu dire avec le poète :

Si totus nostros sese effudisset in agros
Oceanus, vastis plus superesset aquis.

Comprenant toute la cité actuelle, cette cité, alors, s'arrêtait à l'angle formé par le Crinchon et le fossé Burien. On verra plus loin jusqu'où elle s'étendait approximativement au delà des portes d'Amiens et Baudimont.

CONQUÊTE FRANQUE

Après les Huns, les Francs envahirent le nord de la Gaule. Childérick établit Ragnacaire roi des Atrébates vers 465, et Clovis annexa leur territoire à son royaume [2].

Pénétré de reconnaissance pour Védaste ou Vaast son catéchiste [3], ce monarque le fit sacrer évêque par saint Rémy, archevêque de Reims. Loin de redouter la barbarie des

---

[1] ALCUIN, *Vit. S. Vedasti*.
[2] BAUDUIN, *Chronique*, page 22.
[3] S. Vaast était natif de Courbefy près Limoges. (M. VAN DRIVAL, *Mémoires de l'Académie d'Arras*, année 1872.)

Atrébates et le paganisme farouche dans lequel ils s'étaient rejetés avec sauvagerie,

*Nil dura corda Civium,
Horrens nil movet Civitas;*

et n'écoutant qu'un zèle d'autant plus ardent qu'il y avait plus de services à rendre et plus de dangers à affronter :

*Quo non servatrix ovium,
Quo non impellit caritas* [1] !

Vaast, en véritable apôtre qu'il était, vint immédiatement prendre possession de son évêché, et signala son entrée à Arras, qui se fit par la porte de la Vigne,

Creditur illa fuisse dedit cui Vinea nomen [2],

appelée aussi porte de Bronnes, en guérissant « *in ipsâ portâ* » un aveugle et un boiteux, lesquels, dit Alcuin [3], le glorifièrent avec enthousiasme, « *hic luminis claritate ditatus, ille pedum velocitate lætatus.* »

Cherchant parmi les ruines de la cité recouvertes de ronces et de futaies qui, suivant encore Alcuin, servaient de repaire aux fauves « *lustra et latibula ferarum* », s'il ne retrouverait pas quelques vestiges de l'autel, au pied duquel avait été martyrisé Diogène, « *obtruncatus sacra celebrantem* », Vaast revit, près de l'endroit d'où il chassa l'ours devenu légendaire, cet autel intact, et s'empressa de restaurer son culte, et de réédifier l'église sous le vocable de la Vierge.

---

[1] *Sequentia in festo S. Vedasti.*
[2] Meyer, *Ursus.*
[3] Bollandistes, in *Vitâ S. Vedasti.*

Puis il se fit bâtir un petit oratoire dans un lieu retiré sur les bords du Crinchon « *fluvioli Crientionis* » où il désira reposer après sa mort ; ce qui ne s'exécuta point, car il fut inhumé dans l'église de Notre-Dame à droite de l'autel.

Ce petit oratoire avait appelé quelques ermites, qui le perpétuèrent jusqu'au moment où, ayant vu un ange lui tracer le plan d'une vaste église : « *Virum præfulgidum virgam manu tenentem basilicæ locum metiri* [1] », saint Aubert en fit élever une dans laquelle furent portées quelques parties des reliques de saint Vaast, et y adjoignit un monastère où les ermites s'établirent définitivement.

En expiation du meurtre de saint Léger, perpétré non loin d'Arras, Thierry III accorda à ce monastère, érigé en abbaye royale et nommé alors *Monasterium Nobiliacum* [2], de grands biens, notamment 1,400 mesures de terre confinant à l'abbaye, d'importants priviléges, et il y fut inhumé en 674 avec sa femme Doda [3].

C'est sur ces terres de l'abbaye, affranchie de toute autorité épiscopale ou archiépiscopale, et ne relevant plus directement que du pape (Guiman), que fut établie, du consentement de cette même abbaye, toute la ville d'Arras.

Aussi Guiman explique-t-il que, si certaines églises n'appartenaient pas à Saint-Vaast ou ne relevaient pas du monastère, cela ne put tenir qu'à la négligence de ses religieux, ainsi que le prouvent les vains efforts tentés par les puissants et les chanoines pour continuer à lui en contester d'autres, depuis que l'abbé a jugé bon de ne plus le tolérer : « *Nam nostris diebus cum et potentium civium et cano*

---

[1] Alcuin. — Guiman, n° 117, *Manuscrit de l'Évêché*. — *Vie de S. Vaast*, par M. l'abbé Proyart.

[2] Bauduin, *Chronique d'Arthois*. — Gazet, page 177.

[3] Guiman, n° 121. — Bauduin, *Chronique*.

nicorum insolentia, Ecclesias in fundo sancti Vedasti construere attemptasset, reclamantibus abbate et capitulo et Apostolicæ Sedis obsistente reverentiâ, id penitus non potuit. »

Aussi encore Bauduin dit-il également que c'est en raison de ce droit de propriété « que le dict cloistre prétend en icelle (ville d'Arras) toutte justice foncière, et à cause d'icelle plusieurs droits jadis incogneus, mesmes aux barbares, comme d'entrée, d'issue, de relief, de cens, de tonlieu, d'estalaige, de réage, de gaugaige, de mesuraige, d'afforaige, de molaige, de ne picquer, fouyr, asseoir ou faire aulcune ouverture sur les rues, flolz et flégartz, sans leur congié, aussy de ne faire four ou puichz en son propre [1]. »

Suivant certains auteurs, les rois mérovingiens auraient, à partir de 600, préposé pour gouverner Arras en leur nom des comtes qui se seraient perpétués jusqu'à Bauduin Bras-de-Fer. Alcuin parle de « *Theutbaldus Atrebatensis provinciæ Comes.* » Flodoard cite Erkembod, fils de sainte Gertrude, et Altamar, né en Soissonnais ; Malbrancq note Authmar, Unroc I, Béranger, Eurard, Adalard, Unroc II ; Rodolphe, Alchmar et Adalelme [2], mentionné avec Ingelran aux capitulaires de Charles-le-Chauve.

Les chansons de Gestes en indiquent d'autres.

Ainsi dans le poème de Raoul de Cambrai, écrit vers le commencement du X° siècle, on voit le fils de Gérin d'Arras fait comte d'Artois et maître de sa capitale.

> Et Henrict ot d'Arras la fort cit
> E, si fu sires d'Artois, je vos di.

Au poème de Garin le Loherain, attribué au XIII° siècle,

---

[1] *Chronique d'Arthois.*
[2] HENNEBERT, tome III, page 84.

il est question d'un Fromont, de Lens « li poestis », aussi comte d'Artois, dont parlent également les chroniques de Jehan d'Avesnes.

Mais ceci est du domaine essentiellement romanesque.

COMTES DE FLANDRE
863-1180.

Les forestiers de Flandre, dont le premier, Lydéric de Bucq, fils de Salvaert, prince de Dijon, et d'Ermengaert, remonte au temps de Chilpéric, de Clotaire II ou de Dagobert [1], exercèrent concurremment avec les comtes, lors de l'avénement de la race Carlovingienne, une certaine domination sur Arras.

Bauduin Bras-de-Fer y établit sa résidence, placée sans doute sur la hauteur qui lui emprunta son nom (*Balduini mons, Baudimont*), et devint, quand la belle et savante Judith, fille de Charles le Chauve, accourut, travestie en homme [2], se jeter dans ses bras, la souche des comtes de Flandre, auxquels Arras appartint si longtemps. « *Carolus Calvus*, dit la Chronique de Saint-Bavon, *fecit Balduinum comitem ut Flandriam in perpetuam hæreditatem obtineret, et omnes villas citra Sommam fluvium, ut puta Atrebatum, Hesdinum, Bapalmas, Morinum, Aream et sanctum Audomarum* [3]. »

---

[1] *Chroniques* de FEUCY. (Manuscrit de la Bibliothèque municipale.) — MAILLART, *Coutume d'Artois*, page 137. — HENNEBERT, tome I, livre III. — D'OUDEGERST, *Annales*, etc., qui rapporte *in-extenso* la poétique légende du farouche Phinaert tué d'une estocade par le beau Lydéric, vengeant ainsi le meurtre de son père et l'emprisonnement de sa mère.

[2] D'OUDEGERST. — MAILLART, page 141, etc...

[3] D'OUDEGERST, *Baudouin I*er, chap. XX.

Cette création de la comté de Flandre ne se fit point toutefois sans coup férir.

« Baulduin, surnommé Bras-de-Fer, pour sa vertu et hardiesse, espousa la belle Judith, fille du roy Charles le Chaulve, mais sans le consentement du père, qui, pour se venger du dict tort, qu'il disoit être rapt, feist la guerre audit Baulduin, lequel, en bataille, le rencontra vaillamment près d'Arras, au Mont-Saint-Éloy, et le mist en fuite. Toutes fois, depuis, entendant que de droict et raison le consentement du père debvoit entrevenir au mariage et légitime conjonction de la fille, se mist en tous debvoirs d'appaiser et contenter le dict roy Charles, avec lequel finablement il s'accorda par le moyen du pape Nicollas : Et en l'an 863, en traictant le dict appoinctement, feist foy et hommage au dict Roy Charles ; et comme conte du Royaulme, fut saisi et investi de tout le pay, qui est entre les rivières de Somme et de l'Escault [1]. »

Sous la protection de Bauduin, ce terrible homme de fer « *ferreus* », constamment sous le harnais, qui, en temps de guerre « couchoit tousiours armé », près de son cheval de bataille, « *semper armatus et loricatus* », la cité se releva de ses ruines ; de nombreuses habitations se groupèrent autour de l'abbaye, et, sous le nom de *Vicus Nobiliacus*, elles constituèrent le noyau de ce qui, plus tard, devait s'appeler la Haute-Ville et prévaloir sur la cité.

Les choses en étaient là lors qu'arrivèrent ceux qui avaient assombri la vieillesse de Charlemagne, pressentant, dit le moine de Saint-Gall, « les maux qu'ils causeraient à ses

---

[1] BAUDUIN, *Chronique d'Arthois.* — D'OUDEGERST, chap. XVII. — HENNEBERT, tome II, page 123. — DEVIENNE, tome I, page 126. — MAILLART, page 141. Cette bataille est niée par M. d'Héricourt qui la range au nombre des fables admises par d'Oudegerst (*Mémoires de l'Académie d'Arras*, 1861, page 183).

neveux et à leurs peuples », les farouches Normands « *procellæ Nortmannorum* », suivant l'expression de Baldéric.

Après avoir désolé Cambrai par le carnage et l'incendie, ils revinrent s'abattre sur Arras, en égorgèrent la population et portèrent partout le fer, la flamme et le ravage. « *Sub hujus etiam diebus procellæ Nortmannorum per omnem hanc viciniam miserabiliter intonabant, qui anno dominicæ incarnationis 881, 5 kal. janu. Cameracum ingressi, incendiis et occisionibus civitatem omnem devastarunt, et ad cumulum furoris, sanctum et venerabile templum S. Gaugerici incendentes, cum infinitâ prædâ ad sua castra reversi sunt. Iterum vero remeantes, circa solemnitatem sancti Petri, urbem Atrebatum devenerunt : omnibus quos ibi reperere interfectis, circuitâ omni terrâ, ferro et igne cuncta populantes, ad sua revertuntur* [1]. »

La cathédrale fut détruite, l'église de l'abbaye resta seule debout, mais, justement effrayés, les moines, dont le monastère n'était protégé par aucun ouvrage de défense « *nec locus monasterii munitus, nec muris circumsæptus* [2] », « *nec saltem vallo circumdatus* [3] », transportèrent à Beauvais les reliques de saint Vaast, qui n'en revinrent que douze ans plus tard (893).

La terreur causée par ces dévastations fut telle qu'au rapport des auteurs contemporains les prières composées alors se terminaient inévitablement par ce cri de détresse : « *A furore Nortmannorum libera nos, Domine.* »

Ce fut vers cette époque probablement que les moines durent fortifier leur abbaye que, deux ans plus tard, vint assiéger le roi Eudes.

---

[1] BALDERIC, *Chronicon Camer. et Atrebat.*, lib. I, cap. LIX.
[2] *Annal. Benedict.* Tome III, page 230.
[3] BOLLAND. *Act.* XIIIᵉ pl. Tome I, page 809.

Ce fut vers cette même époque probablement encore qu'ils réparèrent les brèches du Castrum, depuis longtemps démantelé; Charles le Simple, en effet, ne put, en 897, s'en emparer qu'après un siége en règle.

Arras se rebâtit néanmoins et ses habitants revinrent s'y fixer.

« En 1024, au temps que la dame Ognie (*alias* Ogine), se devoit accoucher de Baudouyn de Lille, comte de Flandre, Baudouyn à la belle barbe son mary fit tendre, en sa Ville d'Arras sur le marché, une ample et somptueuse et magnifique tente, en laquelle il voulut que madame Ognie, sa femme, s'accouchast, consentant et permettant que fust loysible à toutes les femmes de bien, qui en auroyent la volonté d'assister et estre présentes au travail de ladiste dame sa femme, le tout afin d'oster à un chascun doute et opinion qui estoit desjà enrachinée au cœur de plusieurs, de la stérilité de ladiste Ognie laquelle pour lors avoit attainct l'aage de cinquante ans. » (D'Oudegerst, *Baudouyn à la belle barbe*, chap. XXXIV).

En commémoration de cet événement, une pierre dite *Polaine* ou *Pollène* fut érigée au lieu de l'accouchement, et conservée jusqu'à l'époque révolutionnaire.

En 1105, une affreuse épidémie, connue sous le nom de *Mal des Ardents*, décima la population artésienne : la désolation et le découragement étaient partout quand la Vierge apporta à l'évêque Lambert, et aux ménétriers Itier et Norman, la *sainte Chandelle*, dont nous traiterons spécialement, et dont les gouttes mêlées à l'eau guérirent immédiatement tous ceux qui en burent, et triomphèrent ainsi de la maladie [1].

---

[1] Hennebert, tome II, pages 213 à 235. Dissertation d'autant plus intéressante qu'elle est en partie empruntée au manuscrit du Père Constantin.

En 1111, la mort de Robert II, dit de Jérusalem, inhumé dans l'église de Saint-Vaast, amena à Arras Louis le Gros, qui voulut assister aux funérailles, et qui saisit cette occasion pour faire jurer aux barons flamands *la Paix du pays*.

En 1130, saint Bernard vint à Arras, une croix plantée dans l'ancien cimetière de Saint-Vaast, aujourd'hui place de la Madeleine, perpétua le souvenir de son passage.

En 1135, un incendie dévora d'autant plus de maisons à Arras, que leurs constructions en bois permettaient moins d'en arrêter les progrès [1].

En 1165, saint Thomas de Cantorbéry, vint aussi visiter la Ville, devenue capitale des Flandres et élevée par l'administration de ses Comtes, à ce point de développement, de puissance et de richesse, qu'un poète contemporain put en dire :

> *Atrebatumque potens, urbs antiquissima, plena*
> *Divitiis, inhians lucris et fœnore gaudens,*
> *Auxilium Comiti tanto studiosius addit,*
> *Quod caput et princeps Flandrensis et unica regni*
> *Sedes existat* [2].

Aussi les Flamands se consolèrent-ils si difficilement de la cession d'Arras, « faicte trop légièrement, disaient-ils, et sans le consentement des Estatz du Pays [3] », que pendant longtemps leur cri de guerre fut « *Arras, Arras.* »

> Français crient Montjoie et Normans Dexvie,
> Flamens crient Arras, et Angevins Valie.

Vers cette même époque, les Templiers s'établirent au haut du faubourg Ronville, sur le fond de Saint-Vaast pou-

---

[1] Ce sinistre se renouvela en 1189.
[2] WILLHELMI ARMORICI *Philippidos* lib. II.
[3] BAUDUIN, *Chronique d'Arthois*.

voir de Hées, *de hadis,* du consentement de Gauthier, abbé de ce monastère [1].

Vers cette même époque également, éclata entre l'abbaye de Saint-Vaast et l'évêque d'Arras d'une part, et le monastère de Berclau et le comte Philippe d'Alsace d'autre part, une grande querelle au sujet du chef de l'apôtre saint Jacques subrepticement enlevé à l'abbaye par l'abbé Ledwin, placé à Berclau, et revendiqué cent quarante ans après par l'abbé Martin.

Ramenée de Berclau par Martin et l'évêque André, la relique fut déposée dans l'église de la Prévôté Saint-Michel, où Philippe d'Alsace l'alla violemment enlever *propriâ manu* pour la transporter à Aire.

On en référa au Pape; l'archevêque de Reims, le grand maître du Temple, d'autres personnages illustres la réclamèrent, et après six ans de disputes, le comte restitua la relique à l'abbé qui la rapporta encore à l'église de Saint-Michel, puis de là à l'abbaye de Saint-Vaast, où le comte s'étant rendu humblement, il fut décidé qu'il garderait la portion antérieure du chef par lui sciée en présence et du consentement de l'abbé [2].

Cette relique est conservée dans le Trésor de la cathédrale.

COMTES D'ARTOIS
1180 à 1384.

Philippe d'Alsace ayant doté sa nièce Isabelle de Hainaut des villes d'Arras, Bapaume, Hesdin, Aire et Saint-

---

[1] GUIMANN, n° 325.
[2] GUIMANN, *Cartulaire.* — *Trésor sacré de la Cathédrale,* par M. VAN DRIVAL.

Omer, lors de son mariage avec Philippe Auguste, Arras, en exécution du testament de Louis VIII : « *Volumus siquidem et ordinamus quod filius noster secundus natus habeat totam terram Attrebatesii in feodum et domania* », sortit du domaine des Forestiers, pour tomber bientôt moins la Cité, sous saint Louis, dans l'apanage des comtes d'Artois [1].

Afin de se concilier le bon vouloir des Arrageois, Philippe Auguste publia une charte qui, récognitive et explicative de coutumes préexistantes et de droits antérieurement octroyés, assurait et fixait d'autant mieux les franchises communales, « *Jura et consuetudines civium Attrebatensium* » (1194), charte dont une rédaction nouvelle fut promulguée bientôt après (1211) par Louis son « *aisné fiex.* »

Au nombre des droits acquis et reconnus aux bourgeois d'Arras, était celui d'avoir un échevinage composé de douze prud'hommes se renouvelant alors de quatorze mois en quatorze mois.

« *Preterea*, porte la charte de 1194, *concessimus Burgensibus Attrebati Scabinos novandos de singulis quatuor decem mensibus in quatuor decem menses, ita quod, post singulos quatuor decem menses, Scabini qui eo tempore fuerint, eligent quatuor probos et legitimos viros civitatis, prius præstito sacramento quod magis legitimos bonâ fide eligent : et illi quatuor viri eligent alios viginti viros probos et discretos per suum sacramentum; de quibus viginti quatuor duodecim remaneant Scabini, et alii duodecim viri remaneant ad omnia negotia civitatis, preterquam ad judicium et testimonium de Scabinatu, et preterquam ad clamorem atque responsum. Et eo ordine de singulis quatuordecim menses fiet electio duo-*

---

[1] NANGIS, *Annales du règne de saint Louis*.

decim Scabinorum et duodecim virorum sicut superius dictum est, salvo jure Majoris Attrebati, quale debet habere et omnium aliorum. »

« D'autre part, porte la charte de 1211, avons nous ottriiet as bourgois d'Arras a renouveler eschevins de cascuns XIIII mois en XIIII mois, en tel maniere que, cascuns XIIII mois, li eschevin, qui a cel tans aront été eschevins, esliront IIII preudhommes et loiaus de la chité, et feront tout avant sairement qu'il en bonne foy esliront les plus preudhommes ; et cel IIII aussi esliront autres IIII preudhommes et sages par leur sairement; et de rekief li second IIII esliront aussi autres IIII par leur sairement; et cil XII seront eschevins par XIIII mois et ensi que en l'eschevinage ne peuent estre ensanle cousin germain, ne plus prochain ne seutres ne genres [1]. »

A Bouvines, les milices d'Arras entrèrent en lice et contribuèrent avec le fameux Guillaume des Barres, le Roland d'alors, et la fleur de la chevalerie, à dégager Philippe-Auguste qu'enveloppaient encore les combattants ennemis. Une inscription placée à la porte Saint-Sauveur (depuis

---

[1] Le costume échevinal que nous ne saurions indiquer au temps de Philippe-Auguste finit par se composer d'une robe longue, qui après « avoir été de pourpre et d'écarlate » fut noire. Ces magistrats avaient aussi très-anciennement le droit de porter « ung coustel » c'est-à-dire une dague. La « marque et enseigne de leur auctorité » était la « bloucqz » bloucque, boucle qui se mettait à la ceinture ou sur la manche. (Harduin, page 70, *ad notam.*)

On lit au procès-verbal de la séance du conseil municipal du 28 mai 1793.

« Un membre observe qu'il existe dans cette commune différents effets tels que boucles servant aux ci-devant échevins et autres objets, il demande qu'ils soient fondus.

« L'assemblée autorise la fonte de ces matières d'or et d'argent, etc... »

(Consulter sur l'échevinage les *Observations* de Charles de WIGNACOURT conseiller pensionnaire de la ville d'Arras, manuscrit des archives municipales publié par M. CARON.)

Saint-Nicholas) consacra le souvenir de cet événement.

En 1225, l'administration d'Arras, fit creuser la fontaine *Miolens* pour fournir de l'eau potable aux habitants du quartier voisin.

En 1241, un certain Hugon, écorché vif, « *excoriatus* », fut exposé pendant deux jours à Arras, aux piqûres des mouches, on ne sait pour quelle cause, dit Locrius. On a peine à croire à de telles barbaries.

« Le jour de Carême prenant 9 février 1248, notre premier comte d'Artois à l'âge de 33 ans », suivant les expressions de Maillard, nonobstant les ordres du roi, et les représentations qui lui furent adressées par le grand maître du Temple, s'engagea fougueusement dans les rues de Mansourah à la poursuite des Sarrasins. Mais quand il fallut revenir et traverser de nouveau ces rues, cette brillante imprudence fut chèrement payée. « Là, en effet, dit Joinville, fu mort le comte d'Artois, le sire de Coucy que l'on appelait Raoul, et tant des autres chevaliers que ils furent esmé à trois cens. Le Temple, ainsi comme l'en me dit, y perdit quatorze vingt homes armés et touz à cheval. » (*Histoire de saint Louis*).

Le 12 mars 1269, Robert II, comte d'Artois, confirma par une charte nouvelle celle que l'on tenait déjà de Philippe-Auguste [1].

En mars 1285 éclata une émeute, qui ne respecta ni l'échevinage, ni la Sainte-Manne ; grâce à l'ivresse des insurgés qui s'étaient emparés des caves de la ville le magistrat put sans presque coup férir reprendre les postes et

---

[1] GUESNON, *Cartulaire d'Arras*, page 35. — On voit encore assez communément chez les amateurs de petites monnaies d'argent de Robert I ou de Robert II. A l'avers se trouve l'écu d'Artois, au revers une croix alternativement fleuronnée et fleurdelisée, entre les branches de laquelle sont les lettres A. R. A. S.

les armes tombés aux mains de la populace, et l'émeute se calma [1].

En 1297, pour récompenser la bravoure que Robert II avait montrée à l'affaire de Furnes, l'Artois fut érigé en comté-pairie, à charge d'un épervier féodal à chaque relief, d'où lui vint le surnom de *Fief de l'Epervier*.

Après la désastreuse bataille de Courtrai, où criblé de dix-neuf blessures et même de trente selon le continuateur de Nangis, ce même Robert II resta sur le talus du fossé dans lequel vinrent s'embourber les chevaliers Français, et où l'on put « veoir toute la noblesse du monde gisant à terre, et leurs grands destriers les pieds contre mont et les chevaliers dessous [2]. » Philippe le Bel vint à Arras, et ordonna le remaniement des fortifications, suivant un système dont, dit M. Lecesne, « on voit encore des traces, et qui ne fut plus sensiblement modifié jusqu'au XVIe siècle. »

Quelques années plus tard avait lieu le scandaleux procès de Robert III d'Artois, contre la comtesse Mahaut, procès qui fit brûler vive la fameuse Jehanne de Divion, et à la suite duquel, soupçonné de deux assassinats et accusé de faux et de sorcellerie, Robert passa en Angleterre pour exciter son roi (*Serment du Héron*) à déclarer à la France cette guerre centenaire qui nous valut les tristes journées de Crécy, de Poitiers et d'Azincourt [3].

En 1355 la perception des impôts fit naître une nouvelle sédition. « Le menu peuple d'Arras, sans avoir esgard au consentement et accord du prince lequel il désavoua en cet

---

[1] GODEFROY, *Invent. chron.* 1. — HARBAVILLE, *Mémoires de l'Académie d'Arras*, 1845, pages 335 à 357.

[2] « *Triginta vel amplius sauciatus vulneribus.* » — DESMAZURES, livre VII, titre II, n° 24.

[3] M. LECESNE, Procès de Robert d'Artois, *Mémoires de l'Académie d'Arras*, année 1873.

endroict, ne voulut condescendre à payer le subside, et se mutina en telle sorte qu'il mist à mort dix-huit gros personnages commis pour lever le dict impôt » ; mais le maréchal d'Audrehem ayant amené quatre cents hommes d'armes, cent coupables arrêtés furent décapités ou pendus sur le petit marché [1].

En 1370 et 1380 les Anglais menacèrent Arras. Sans oser toutefois en entreprendre le siége, Robert Knolles se retira devant Charles de Poitiers et Buckingham devant Enguerrand de Coucy.

DUCS DE BOURGOGNE
1384-1492.

Marguerite, fille de Louis de Mâle, petit fils de Philippe le Long, ayant épousé le troisième fils du roi Jean, Philippe le Hardi, duc de Bourgogne, qui s'était si vaillamment comporté à la bataille de Poitiers, l'Artois passa dans le domaine de cette maison.

Avant d'entrer solennellement à Arras en 1384 et 1404, le duc et la duchesse prêtèrent l'un à la porte Saint-Michel spécialement affectée aux *Joyeuses entrées*, l'autre à la *Cour le Comte*, le serment de maintenir et défendre les franchises et les priviléges des bourgeois et habitants. Le livre aux serments existe encore, on peut le voir aux archives municipales. Ce petit in-4° de vélin conserve sa reliure en velours cramoisi, avec coins et fermoirs d'argent et sa miniature à fond d'or représentant le Christ entre la Vierge et S. Jean.

---

[1] BAUDUIN, *Chronique d'Arthois*, page 57.

La formule du serment des comtes d'Artois est ainsi conçue :

« Vous fianchiés et jurés que a vre pooir et escient vous maintenrés la Ville et Cité d'Arras et les bourgeois et habitants d'icelle, aux uz et aux coustumes anciennes, ainsi ou mieulx que vos devanchiers ont fait, et ne yrés, par vous ne par autrui, contre les chartres, priviléges, usages et coustumes de lad. Ville, ni aller ferés ; mais tenrez et ferés tenir inviolablement. Ainsi que vous l'avez fianché, vous le jurés sur ces sains et sur tous autres. »

Sous la maison de Bourgogne, Arras et ses industries, celle surtout des Tapisseries de haute lisse, prirent une importance considérable, aussi vers 1412 la population s'élevat-elle, dit-on, jusqu'à 80,000 âmes.

En 1392, une violente crue d'eau endommagea la forteresse construite près de la Cité, renversa la muraille séparative de la Ville et de la Cité et inonda tous les bas quartiers d'Arras.

En 1405, Marguerite mourut au château de Bellemotte, situé à Blangy près la porte Saint-Michel, forteresse qui, en 1414, fit pour le compte de Jean Sans Peur une fort belle défense contre les troupes du roi Charles VI, campées entre les hauteurs de Saint-Michel et du Temple au faubourg Ronville.

Ce siége de 1414 donna lieu à plusieurs combats singuliers, dont les plus fameux furent ceux de sire de Montagu, seigneur Bourguignon, contre le comte d'Eu ; et de quatre seigneurs français contre quatre gentilshommes du duc Jean.

Il avait été convenu entre le comte d'Eu et le sire de Montagu, qu'armés de haches, de dagues et d'épées, ils se rencontreraient au sortir d'une mine, et qu'un diamant de cent écus serait le prix de la victoire. Forcé de s'avouer vaincu, Montagu envoya galamment le diamant à son adversaire « pour en faire présent à sa dame. »

Dans la rencontre suivante, le chef des tenants de Bourgogne était Cottebrune, et le chef des champions français le bâtard de Bourbon. Après des succès balancés, les combattants se mirent à table, et comme aux temps chantés par Homère, les chefs échangèrent leurs chevaux et leurs armes.

« C'est dans la relation de ce siége (auquel mit fin un traité de paix) que l'on voit pour la première fois une mention bien expresse de l'usage des arquebuses dont l'historien parle en ces termes : « les assiégés firent une continuelle décharge de grosses balles de plomb, qu'ils tiraient avec des tuyaux de fer par plus de deux cents ouvertures qu'ils avaient faites aux murailles et qui causèrent la mort à beaucoup de gens. Ces armes furent alors appelées *canons à main* parce que les autres canons étaient déjà depuis longtemps en usage [1]. »

En 1420, le frère Thomas Connecte fit au cimetière Saint-Nicaise les fameux sermons dans lesquels il s'attaqua surtout aux *hennins,* coiffures des dames « qui portoient de hauts atours sur leurs testes et de la longueur d'une aulne ou environ aiguz comme clochers desquels dépendoient par derrière de longs crespes à riches franges comme étendars » ils eurent tant de succès que les enfants couraient sus aux femmes ainsi attifées ; qu'elles avaient fini par ne plus se montrer en cet accoutrement et que certaines d'entre elles portèrent même au prédicant leurs coiffures que le manuscrit des archives municipales appelle « grands cornes ou hauva- « nons », dont « plusieurs furent brûlées publiquement à la « porte de la Cité [2]. » Mais le frère Thomas parti, elles rele- « vèrent leurs cornes et firent comme les lymaçons, lesquels

---

[1] DANIEL, *Histoire de France,* tome III, page 805, reproduit par HENNEBERT, DEVIENNE, etc.
[2] Le Père IGNACE, *Dictionnaire.* V° *Connecte.*

quand ils entendent quelque bruit retirent et resserrent tout bellement leurs cornes ; mais les bruits passés, soudain ils les relèvent plus grandes que devant. Ainsi firent les dames, car les hennins et atours ne furent jamais plus grans, plus pompeux et plus superbes, qu'après le partement de frère Thomas [1]. »

Les faubourgs, à cette époque, se rapprochaient tellement des murailles de la place, qu'un règlement de 1422 prohiba les constructions et même les jardins à une distance moindre de vingt-deux pieds du fossé du mur d'enceinte. Ce qui, on le voit, ne les éloignait guères encore.

Après avoir assisté à Lille au tournoi de 1423, où un simple bourgeois d'Arras nommé Jean Caulier terrassa le comte de Saint-Pol, et où un autre bourgeois de la même ville du nom de Jean Lanstiers obtint le prix de *ceux du dehors*, Philippe le Bon, grand amateur de jeux de chevalerie, présida à Arras plusieurs passes d'armes de ce genre en 1423, 1428, 1430 et 1435. Elles s'exécutèrent sur la grand'place ; la première entre le fameux Pothon de Xaintrailles descendu à l'hôtel *des Rosettes* (occupant vraisemblablement l'emplacement actuel de la maison portant cette enseigne) et Lyonnel de Wandonne ; la seconde entre des chevaliers et écuyers d'Arras et des chevaliers et

---

[1] Bayle, *Dictionnaire*, etc... V° *Connecte*. — Paradin, *Annales de Bourgogne*. — « Ou mois de febvrier mil IIII° XXVIII vint à Arras un relligieux des freres du Carme, natif de Bretaigne, qui prescha sur hours, en l'attre saint Nicaise et aux Carmes et remonstra fort les vices et pechiés au peuple ; et y venoient gens de touts pais, disoit sa messe sur les hours à notte et puis preschoit IIII ou VI heures, et y avoit communément de XXX à XL mille personnes, et, par sa remontrance, les dames et demoiselles mirent jus les grans cornes que lors portoient, et en y ot pluseurs qui les baillèrent pour ardoir ; furent arses à le porte de Cité par devant le boucherie, et furent ars grant cantité de tabliers, et en fu le peuple très content. » (*Mémorial*, VII° page, 23.)

écuyers étrangers ; la troisième entre cinq gentilshommes bourguignons et cinq gentilshommes français, au nombre desquels était encore Xaintrailles descendu cette fois à l'hôtel *du Heaume*; la quatrième entre Jean de Merlo, chevalier espagnol, et Pierre de Bauffremont, seigneur de Chargny, chevalier de la Toison-d'Or [1].

Ce fut aussi sous ses auspices qu'eut lieu au même endroit un combat à outrance entre Maillotin de Bours et Hector de Flavy, toutes prouesses et vaillantises retracées aux *Mémoriaux* de la ville [2].

Pendant que ces choses se passaient, l'infortunée Jeanne d'Arc, prise à Compiègne, avait été menée à Arras (1430), et enfermée dans la prison du châtelain, disent MM. d'Héricourt et Godin [3], ce qui nous paraît une erreur ; captive en effet du duc de Bourgogne et sur ses terres, Jeanne dut être incarcérée soit en la Cour le Comte, soit au château de Bellemotte, où étaient les geôles de l'Etat, et non à la prison châtelaine purement échevinale. Quoi qu'il en soit, l'histoire rapporte, qu'à Arras un écossais fit le portrait de la Pucelle, couverte encore de l'armure qu'elle avait si glorieusement portée [4].

L'hiver de 1434, au cours duquel la neige et la glace durèrent pendant près de quatre mois, fit inventer d'autres jeux que mentionnent les mêmes registres :

« Memore que ou mois de décembre (mil) IIII° XXXIIII environ le saint Andrieu commencha à geler et negier, et dura la gelée et nege III mois, III sepmaines, avant qu'il comenchast desgeller, et furent grans neges, et durant ledit

---

[1] *Mémoires de S. Remy*, chap. 1337.
[2] HARDUIN, *Mémoires*, pag. 81 à 115. — MONSTRELET.
[3] *Rues d'Arras*, tome I, page 273. — LECESNE, page 16.
[4] QUICHERAT, *Procès de Jeanne d'Arc*, tome I, page 100.

temps furent fais pluseurs choses de neges en pluseurs lieux, dont le teneur s'ensuit :

Primes, devant le maison Jehan Wallois, en le rue des Balances, ung lion sur lequel estoit Sansse le fort ;

Item ou quarfour de l'englentier, le roy de Clacquedent ;

Item en le rue de Ronville unes estuves nommée les IIII fieux Emon, et y avoit personnages de homes estans tout de nege ;

Item en dernestal une grant femme, nommée passe route ;

Item assez prez ung grant homme plus legier que vent que on nomme passe route ;

Item ou carfour de le rue de Hazerue ung prescheur nommé frère Galopin, et faisoit son preschement, espoir, desir et pacience ;

Item devant les Loedieu estoit le dansse machabre, et estoient en figure de nege lEmpereur, le roy, le mort et manouvriers ;

Item devant le porte de Miolens estoit le roy et paudesne ou paudesire et son varlet ;

Item en le rue du Molinel fu fait le grant seigneur de courte vie, et depuis se sépulture ;

Item au goulot de l'abbeye fu fait un homme sauvage et se meschine qui avoit nom Marguerite ;

Item a le porte Saint-Miquiel une bronde d'entendement ;

Item devant le cat cornu, ou grant marchie un nommé maistre Enguerrant et son varlet validur ;

Item devant le Magdalene, ou dit grant marchié estoient les VII dormans ;

Item ou querfour devant le Balaine, ou petit marchié le cappitaine du tournoy ;

Item devant le dragon, le grande puchelle et tout autour de le tour, gens d'armes, et à l'entrée estoit dangier;

Item devant le bar d'or estoit *pochaye?*

Item entre deux maisiaux, le grand veneur et ses chiens;

Item darrière le rose, lermite de le gelée;

Item à le porte de Ronville estoit reuart et aultres en plusieurs lieux..... faisant mention d'iceulx [1]. »

En 1435 se tint à Arras, sous la médiation du Pape et du concile qui y envoyèrent leurs légats le fameux Congrès ou, malgré le mauvais vouloir des Anglais, se cimenta entre Charles VII et le duc de Bourgogne la réconciliation qui mit fin à la guerre de cent ans. Les séances se tinrent dans les salles de l'abbaye de Saint-Vaast. On fit à ce sujet le quatrain suivant :

Illuxit clari pax nobis luce Matthæi.
In quâ Francici debent cum laude lætari
Attrebati primo sonat hæc vox, voce secunda
Christus laudetur cui cuncta subjiciuntur.

Le premier vers indique le jour et l'année de la paix, on y trouve en effet M. III°. III*. V. et la fête de saint Matthieu [2].

En 1342, sainte Brigitte, son mari le suédois Ulphon de Guthmarson, prince de Néricie, et leurs huit enfants revenant d'un pèlerinage à Saint-Jacques en Galice, s'établirent momentanément à Arras, rue des Lombards. Mais le prince étant tombé malade on le transporta en Cité dans la maison d'un chanoine de la cathédrale (maison où depuis séjourna Louis XI), fils du seigneur Bazentin. L'évêque André Ghemy administra les derniers sacrements à Ulphon, qui, guéri, re-

---

[1] *Mémorial*, VII.
[2] Dom Taverne, Notes de Collard, 1649.

tourna en Suède avec toute sa maison ; plus tard il devint profés de l'ordre de Cîteaux, et sainte Brigitte fonda l'ordre célèbre qui lui emprunta son nom.

En 1450 Philippe le Bon établit à Arras une *chambre ardente* afin de rechercher et punir les prétendus crimes de *Vaulderie*, et en donna la présidence au dominicain Lesbloussart (*alias* Lesbroussart), inquisiteur pour la Ville et le diocèse d'Arras.

Les Vaudois étaient accusés de composer un onguent avec des hosties consacrées, des crapauds, du sang d'enfant et des os de pendus, d'en oindre une baguette (de coudrier sans doute) qu'ils enfourchaient ensuite et dont la puissance satanique les emportait à travers les airs aux sabbats nocturnes, tenus tantôt au bois de Thilloy-lez-Mofflaines, tantôt au bois Maugart, tantôt aux Hautes-Fontaines. Puis là, de cracher sur la croix, de la fouler aux pieds; de faire, une chandelle à la main, hommage au diable apparaissant sous forme soit d'homme, soit de bouc, soit de chien, soit de singe, soit de taureau, et de se livrer aux orgies les plus révoltantes.

Quelques personnes d'assez bas étage à qui la torture avait arraché des aveux rétractés ultérieurement furent en 1460 par suite de sentence du tribunal inquisitorial brûlées vives dans la cour de l'Evêché [1]. Puis on s'en prit aux nobles, et différents prévenus, entre autres « Messire Payen de Beauffort, chevalier noble homme et une des anchiennes bannières d'Arthois, âgé de LXXII ans au moins et riche de V à VI cents francs de rente [2] », après avoir été mitrés et prêchés [3], furent condamnés à un emprisonnement prolongé, à une forte

---

[1] Voir l'arrêt dans le *Cartulaire d'Arras*, par M. GUESNON pag. 253 et 254.
[2] Ce Payen ou Colart de Beauffort était seigneur de Ransart et de la Herlière dont il possédait les deux forteresses.
[3] DU CLERCQ, *Mémoires*, livre IV.

amende, et à être préalablement battus de verges sur un échafaud à la vue du public.

Cette condamnation excita l'indignation générale : on alla même jusqu'à penser que la vaulderie n'avait été qu'un prétexte imaginé par la cupidité de misérables, désireux de s'approprier les dépouilles des condamnés, et la Ville fut remplie par des mains inconnues de vers dont la première strophe portait :

> Les traîtours remplis de grande envie,
> De convoitise et de venin couvers,
> Ont fait régner ne scay quelle vaulderie,
> Pour cuider prendre à tort et à travers
> Les biens d'anlciens notables et expers,
> Avec leurs corps, leurs femmes et chevanche
> Et mettre à mort ces gens d'estat divers
> Hach ! noble Arras, tu as bien eu l'avanche.

Et la dernière :

> Seigneurs, pour Dieu ne vous déplaise mye
> S'on veut scavoir la vérité du cas ;
> Car cha esté par trop grande villenie
> De mettre sus les Vauldois en Arras.

Cette opinion fut même partagée par un des hommes les plus considérables de cette époque, le fameux jurisconsulte Bauduin dont Arras s'enorgueillit à juste titre. On lit effectivement en sa *Chronique d'Arthois* : « L'an 1459 la Ville d'Arras fut fort persécutée d'ung crime mensonger faulsement controuvé, et mis en avant par aulcuns meschants gouverneurs du pays, taschiant soubz couleur de justice s'enrichir du bien d'aultruy. C'estoit que on chargeoit ceulx d'Arras d'avoir intelligence et communication avecq les diables, et en l'ayde d'iceux faire je ne scay quels enchantements et sorchelleries, que l'on appeloit vauderies ; soubz couleur de cette resverie que l'on prouvoit aussi legierement par tesmoings subornez, que controuvée estoit par maulvais et malings espritz, l'on condemnoit et exécutoit les principaulx de la ville en confisquant leurs biens [1]. »

Payen et consorts se pourvurent par appel au Parlement de Paris, un premier arrêt de juin 1461 les rendit à la liberté ; un second arrêt du 20 mai 1491, ordonna notamment :

Que les condamnés seraient solennellement réhabilités ;

Qu'ils rentreraient en possession de leurs bien iniquement confisqués ;

Que des messes seraient pour ceux qui étaient morts, célébrées en l'église cathédrale ;

Qu'une croix expiatoire de pierre haute de quinze pieds serait érigée sur un lieu voisin de celui du supplice ;

Que « d'ores en avant les juges n'useraient plus en procès d'exécutions extraordinaires, de gehennes, questions et tortures inhumaines et cruelles, comme capellet, mettre le feu ès plantes des pieds, faire avaller huille ne vinaigre, battre ne frapper le ventre des criminels ou accusés, ny aultres semblables et non accoustumées questions sur peine d'en estre reprins et punis suivant les cas [2]. »

Publié par tous les carrefours de la Ville et de la Cité, à son de trompe et par le crieur accoutumé, cet avis fut suivi de réjouissances publiques [3].

---

[1] Manuscrit de la bibliothèque d'Arras, publié par M. CARON, pages 81 et 82.

[2] DU CLERCQ, *Mémoires*, livre IV, *passim*.

[3] En 1636, époque à laquelle Demazures terminait son grand ouvrage, le Conseil d'Artois se préoccupait beaucoup encore des prétendus crimes de sorcellerie.

Au sixième livre de ses *Remarques et Observations*, ce Procureur général a un chapitre *des sorciers et maléfices* qui prend quatorze pages in-folio.

On y voit que l'auteur croit sérieusement à la magie, et aux diableries de toutes sortes. Il raconte, que souvent les sorciers et sorcières portent

Le 24 janvier 1463, Louis XI, déjà peut-être convoiteux de la possession d'Arras y fit une visite et y montra une débonnaireté qui ne pouvait laisser pressentir les rigueurs quasi sauvages qu'à quelques années de là il devait déployer contre cette malheureuse Ville.

Au lieu de se loger à la Cour-le-Comte ou à l'Évêché, il se contenta de descendre « à l'hôtel de maistre Jehan Thiebault canoine et official d'Arras, qui estoit bien petit hostel et auprès de l'huys du cloistre du costé de Saint-Nicaise [1]. »

Quand les échevins allèrent en son logis lui présenter les clefs de la Ville, il leur répondit : « Vous êtes à bel oncle de Bourgogne, l'homme du monde en qui j'ai la plus grande fiance et à qui je suis le plus tenu. Je me fie bien en vostre

---

sur quelque partie du corps la marque du diable ; ajoute que par « l'expérience journaillière à l'instruction on a remarqué quelque marcque le plus souvent et presqu'ordinairement sy avant que la chair ou est telle marcque (quy est noiratte) a esté faicte insensible et sans sentiment, encore qu'on y fischeroit en icelle quelque épingle et quelque aultre chose poinctue et ce qu'estant sert de quelque indice contre ceux qui seroient ainsi marquez. ...... Et encoires sur le faict des sorcières, j'ay adsisté a la visitation et décision de plusieurs procez criminelz instruicts contre sorcières lesquelles pour la plus part avoient confessées avoir esté marcquées de la marcque du diable, par coluy qui leur estoit particulier au rencontre des danses et assemblées nocturnes des sorcières. Mais qu'auparavant estre marcquées le diable les avoient sollicité à renoncher à chrêsme et baptême, comme aussy à Jésus-Christ et à sa sacrée mère, et qu'ayant à ce condescendu qu'il prendroit d'elles quelques crins de leurs cheveux par forme de gaige de leur part avec iceluy, etc..... » Et conclut qu'il fault « seurement procéder contre semblables sorciers comme ennemis de la nature humaine, du repos et de la tranquillité publicque » puisque par leurs pouvoirs abominables et poudres diaboliques ils causent « la mortalité tant aux créatures raisonnables que irraisonnables. La stérilité de la terre, tempestes et orages » produisant les plus terribles conséquences.....

[1] *Relation* de Dom Pronnier, pag. 211. — *Mémoires* de Du Clercq, liv. V, chap. VII. — Harduin, *Mémoires*, page 55. — Monstrelet. — Théry.

Cette maison est celle où l'on voit encore une porte cochère en plein cintre pratiquée dans un mur d'au moins un mètre d'épaisseur, et qui se trouve à l'angle de la rue des Morts et de la rue de la Paix.

garde et vous veulx entretenir en tous vos priviléges, usaiges et coustumes comme ont fait mes prédécesseurs. »

Sachant que les mêmes échevins comptaient parmi ces priviléges le droit de ne pas admettre que le roi pût grâcier les bannis par semonce au dessus de cinq ans [1], il dit en entrant en Ville, à ceux de ces bannis qui étaient parvenus à se glisser près de lui en-dehors de la porte et qui lui criaient grâce : « Il ne se peult faire, ce n'est mie la coustume », ce dont les échevins furent si satisfaits qu'ils firent écrire ces paroles pour être conservées aux archives de la Ville, et que la banclocque ayant été cassée pendant qu'on la « tombissoit » en l'honneur du roi, ils y firent mettre, quand on la refondit, cette inscription :

Bannitis villæ regressum non dedit ille.

Enfin un certain Olivier Ladain, sonneur précisément de cette cloche, étant, lorsque Louis XI passa près du clocher Saint-Géry, venu en haubert casque en tête et dague au côté saisir « assez rudement le frein du cheval du Roy et lui demander vin pour ceulx qui avaient sonné la cloche », ce qui lui faisait encourir la peine de mort, Louis quoiqu'un peu effrayé d'abord lui fit donner une gratification et le fit élargir de la prison où l'avaient incarcéré les échevins pour qu'il pût en disposer suivant son bon plaisir.

Et pour mieux plaire aux bourgeois il alla vénérer tout spécialement la Sainte-Manne et la Sainte-Chandelle, qui étaient, on le sait, l'objet des dévotions particulières de la Ville et de la Cité.

Charles le Téméraire ayant été tué à la bataille de Nancy, le 5 janvier 1577, « le roy Louis XI voyant l'Arthois effrayé

---

[1] DESMAZURES, *Observations sur la coutume*, etc., livre VII, titre II, N° 12.

et comme désolé de coraige, de garnison, et de prince, pensa incontinent le tout ravir, abismer ou fouldroyer [1]. »

En conséquence « avec grosse gendarmerie et en grand fureur il vint près la Ville d'Arras [2] » pour en faire le siége.

Après des pourparlers à Saint-Éloy et à Péronne, on convint que la Cité ouvrirait ses portes comme « Cambre de Roy. » Louis XI entra dans cette place « *quæ seorsum centum feré passibus ab oppido loco editiore sita est* [3] », alla se loger chez le chanoine du Hamel, et immédiatement il fortifia la Cité contre la Ville, en élevant des terrassements et des palissades en face de la muraille de cette dernière [4].

Une conférence ayant été ouverte au faubourg Méaulens, il fut convenu entre les conseillers de Louis XI et les députés de la Ville, parmi lesquels figurait l'illustre de la Vacquerie, que le roi devait s'attacher ensuite [5], qu'elle promettrait obéissance au roi jusqu'à la prestation d'hommage de Marie de Bourgogne.

A quelque temps de là, le capitaine d'Arsy ayant tenté sur Arras un coup de main qui n'aboutit qu'à faire écharper presque tous ceux de ses gens qui ne se rendirent point, Louis XI, alors à Béthune, revint à Arras, fit décapiter une partie des prisonniers avec « une doloire » [6], fit également décapiter les envoyés de la Ville à Marie de Bourgogne et commença le siége de la Ville.

Bien qu'ils fussent hors d'état de soutenir l'effort, les bour-

---

[1] BAUDUIN, *Chronique d'Arthois*, pages 88 et 89.
[2] BAUDUIN, *Chronique d'Arthois*, ibid.
[3] ROBERT GAGUIN, *Règne de Louis XI*.
[4] GÉRARD ROBERT et BAUDUIN.
[5] On sait que de la Vacquerie devint premier président du Parlement de Paris. L'hôtel qu'il habitait en cette ville paraît exister encore rue de l'Hirondelle. Il est connu sous le nom de la Salamandre. (CAVROIS, *Jean de la Vacquerie*, page 65.)
[6] JEAN MOLINET, *Chronique*. — HARDUIN, *Mémoires*, page 139.

geois « *pugnacissimi et duri animi populus* » se défendirent, plusieurs d'entre eux se laissairent même aller à des bravades aussi déplacées que maladroites, en plantant sur les remparts des potences où appendaient des croix blanches, symboles de la maison de France « *tanquam ipsum regem Francosque suspendio dignos arbitrarentur* » [1], en se montrant « du haut des murs dans l'état de nudité le plus indécent » [2], et en faisant « aultres villenies » [3]. « Ce qui enflamba merveilleusement la charge du Roy, qui soubit, pour les ruyner et fouldroyer, feist de nouveau affuster l'artillerie et donner dedans » [4].

Et cette artillerie et notamment la grosse bombarde appelée *chien d'Orléans*, donnèrent si bien, que la muraille séparative de la Ville et de la Cité étant culbutée, on voyait à travers le boulevard une partie de la Ville : « *tormentorum violentiâ propugnaculum a Francis ita dejicitur, ut in oppidum longè patens prospectus esset* ».

Force fut donc de demander grâce au « roy bossu » [5]. Il consentit à accepter la capitulation, mais il entra en Ville par la brêche, à cheval, au milieu de ses hommes d'armes.

Et pour mieux asseoir sa puissance sur Arras, il fit bâtir deux forteresses, sises l'une au haut du grand marché, près la porte Saint-Michel, l'autre entre le couvent des Clarisses et la porte Sainte-Claire ; élever une muraille dans la Cité contre la Ville, et raser les restes de la muraille de la Ville contre la Cité. Ce qui, toutefois, ne l'empêcha point de construire plusieurs tours en pierres blanches, et ornées de son

---

[1] ROBERT GAGUIN, *Règne de Louis XI*.
[2] HARDUIN, page 141.
[3] MOLINET — JEAN DE TROYES — MONSTRELET.
[4] BAUDUIN, *Chronique*, page 90.
[5] C'est ainsi que les bourgeois d'Arras appelaient Louis XI, naturellement un peu voûté.

image, au mur nord de la porte Méaulens : « *Portæ Meaulanæ muro qui septentrionem respicit, turres aliquot ex albo lapide firmiter compactas imposuit, è quibusdam tres hodiè supersunt cum regis icone* [1]. »

De 1477 à juin 1479, nonobstant certaines exécutions, proscriptions, confiscations et pilleries, faites par suite des ordres du roi, les choses se passèrent à Arras d'une manière relativement tolérable pour la population : mais, irrité d'une tentative infructueuse par lui faite contre Douai, Louis XI exila en masse les habitants de la Ville envoyés à Paris, à Rouen, à Tours, et la repeupla tant bien que mal avec une colonie française. Au nom d'Arras il substitua celui de *Franchise*, et au lieu des anciennes armoiries supprimées, il ordonna que la Ville porterait : *d'azur, semé de fleurs de lys d'or, et au milieu, Monsieur Saint Denis, tenant son chef entre les mains* [2].

Cette dernière violence ruina la Ville et ses industries. Plus de huit cents habitations ne tardèrent point à tomber ou à être démolies, et Franchise présenta partout l'image d'une désolation telle que Louis XI lui-même n'y fut pas complétement insensible.

Enfin, en décembre, quand on arrêta le mariage du Dauphin et de Marguerite, fille de Marie de Bourgogne et de Maximilien d'Autriche, les anciens habitants exilés furent autorisés à rentrer dans leurs foyers et dans leurs biens.

Beaucoup le firent, et Louis XI étant mort en août 1483, son fils, Charles VIII, rendant à Arras son nom, ses armoiries, sa loi échevinale, et accordant à ses habitants certaines exemptions et certains privilèges, s'efforça d'effacer autant

---

[1] PHILIPPE MEYER, Manuscrit de la Bibliothèque municipale, fol. 5, *verso*.
[2] GUESNON, *Sigillographie d'Arras*, planche III.

qu'il fut en lui la trace du mal qu'avait fait son père; mais, appauvrie de tout ce dont elle avait enrichi les industries de Dijon, de Beauvais, de Lille, de Roubaix, etc., la capitale de l'Artois ne recouvra jamais la prospérité dont elle avait joui, aux beaux temps de la domination de la maison de Bourgogne [1].

Cette prospérité néanmoins, il faut le reconnaître, avait, comme le Beauséant du Temple, un côté bien noir.

C'était l'inaction de la justice et l'impunité pour les meurtres, viols, rapines et scélératesses de toutes sortes commis surtout par les gens de guerre ou autres protégés des seigneurs.

En maints endroits de ses mémoires, Du Clerc signale avec amertume cette hideuse plaie de l'époque (Livre III, chap. 36. Livre IV, chap. 22, 31, 40, 46. Livre V, chap. 4, etc...)

« En la Ville d'Arras, dit-il, Cité et allenviron, ny en toute Artois, on ne faisait point ou néant de justice, sinon sur ceulx quy n'avoient de quoy se deffendre, ou bien sur ceulx qui n'estoient point partis des seigneurs.

« En ce temps, ajoute-t-il, c'estoit grande pitié des meurdres, des larcins, violements et aultres grands et horribles crimes qu'on faisoit à Arras et Cité, et ailleurs environ au Comté d'Artois et de Picardie, et s'y n'en faisoit on nulle justice. Combien qu'ailleurs et aultres pays dudict duc on faisoit assez bonne justice, ne sçay à quoy il tenoit qu'on en faisoit moins à Arras et à l'environ que ailleurs. »

On tuait son homme en pleine rue, on continuait son chemin en essuyant tranquillement sa dague, la justice ne soufflait mot et tout était dit, aussi « n'y avoit homme de pied,

---

[1] Voir sur Louis XI et la ville d'Arras, les *Mémoriaux*, GÉRARD ROBERT, JEAN MOLINET, COMMINES, JEAN DE TROYES, ROBERT GAGUIN, LOCHIUS, etc., les études insérées aux *Mémoires de l'Académie d'Arras*, par MM. PROYART, LAROCHE, BOUTIOT, LEURIDAN, et notamment l'excellent travail de M. PARIS, inséré aux mêmes *Mémoires*, année 1868.

laboureur, marchand ny aultre qui osast aller par les champs, quy ne portast ou espées, hache ou aultre baston pour doubte des mauvais garsons, et sembloist que chascun fût homme de guerre. »

Le bailly d'Amiens vint bien une fois avec une soixantaine d'archers, secrètement introduits à Arras, pour y arrêter, ainsi qu'aux environs, douze ou quinze « meurdriers, espiies de chemins, enforceurs de femmes », dont plusieurs furent pendus sommairement aux arbres des routes près Beaurains, Thélus, Bapaume, Hulluch.

Mais qu'était-ce que cela quand il eût fallu en faire autant chaque jour !

Les rigueurs de Louis XI, en ulcérant la population arrageoise, préparèrent une conspiration qui éclata en 1492, et mit fin pour longtemps à la domination française.

« Un certain placqueur (maçon), quy avoit nom Dupuich, fort zéleux à la maison de Bourgogne »[1], conçut cette conspiration que la mort l'empêcha d'exécuter et dont le héros fut un boulanger, petit, replet et facétieux, « *staturâ brevis, corpore obesus, faceto ingenio* », demeurant rue Saint-Géry, nommé Jean le Maire et surnommé Grisard, à cause de sa barbe et de sa chevelure grise, « *Grisardus vulgo multâ a canitie dictus*[2] ».

Ce Grisard « lors pauvre homme et mal habitué, vestu d'une robbe de frize fort deschirée »[3], qui « estoit de si grant estat qu'il ramonoit tous les jours le ruyot devant la porte et sur le pavé »[4], étant parvenu à se procurer de

---

[1] DESMAZURES, livre VII, tit. II, n° 89.
[2] LOORIUS, *Chronicon Belgicum*.
[3] DENYS MATHON. Manuscrit de la bibliothèque municipale.
[4] GÉRARD ROBERT, Journal, page 88. — PHILIPPE MEYER donne de Grisard, le portrait que voici : *erat Marius staturâ brevis, corpore obesus, conditione plebeius et re tenui. Celerâ faceto et acri ingenio, suique*

fausses clefs de la Ville et s'étant mis en relation avec les chefs Bourguignons et Allemands, notamment avec le sieur de Forest, « *vir duplex animo, inconstans in omnibus viis suis* » [1], réussit à les introduire en cette place dans la nuit du cinq novembre par la porte Hagerue, d'autant plus négligemment gardée, qu'elle ne servait guère qu'à la rentrée des foins.

Le signal convenu et qu'avait donné le Maire, était le chant d'un refrain de guerre ainsi conçu :

> Quelle heure est-il ? il n'est pas heure ;
> Quel jour est-il ? il n'est pas jour ;
> Marchez la duron, haut la duraine ;
> Marchez la duron, haut le dureau.

Le grand châtel et le petit châtel que défendaient seulement quelques hommes de garnison, furent emportés d'assaut après une assez faible résistance, et pendant les matines les lansquenets allemands se ruèrent dans la cathédrale en telle sorte que « furent merveilleusement esbahis les chanoines et chapelains de veoir et oyr tels supplicquans sans chappes, surplis ou sarots, montez au plus beau de leurs formes, tenant en main hallebardes, hacquebutes et picques à longues broches au lieu d'encensoirs et de croces » [2].

Cette surprise d'Arras et cette prétendue délivrance du joug français furent célébrés par les vers burlesques que voici :

> *In quinta die*
> *Capta fuit* Arrasque Citéque·
> *Mensis Novembris,*
> Deux ans *post* quatre-vingt-dix,

principis legitimo perquam studioso. Ille vulgo sive a vafritie sive a canitie appellabatur Grisardus. (Manuscrit de la Bibliothèque municip.)
[1] GÉRARD ROBERT, page 99.
[2] JEAN MOLINET, *Chroniques*, chap. 259.

Summo de mane,
Per virum Loys de Waudré,
Associans par un
Nobilis vir Robert de Melun ;
Et erat au guet
Providus vir mynher van Forest,
Adveniens par Tréhou
Vir quidam nomine Raucoux ;
Metu du hasard,
Chantant le gentil Grisard,
Marchez le dureau
Nunc tempus est, rompez les crésteaux ;
Attollite portas,
Intrarunt Bourguignons en Arras :
Alamanorum Cohors
Lucrarunt les châteaux très-forts,
Metu du Mehain,
Servat claves le gentil Lalain,
A l'arbre de Beaumetz,
Castellum erat sur le grand marchié.

Et par ceux-ci encore :

Sy Sainct-Omer veut comparer son chat
A no Grisart ce ne pourroit faire,
Car, sans Arras le pays estoit mat
Non se pouvant restaurer ny refaire :
Mais ce voiant le gentil le Maire
A appelé subtilement Franchois,
Pour quoy Jésus lui doint pour son sallaire
De paradis habiter les hauts tois [1].

---

[1] DENYS MATHON. — HARDUIN. — DESMAZURES. On fit aussi ce quatrain :

O Martis varium genus ! subegit
Taxus Riglacum, Lepus Bapalmam,
Clamans improba Felis Audomarum,
Nux lusit pueros, sed Amblanos.

Consulter sur la surprise d'Arras, l'excellente *Chronique* de cette Ville par BACLER, greffier de l'Échevinage, 1766, in-4°, et le manuscrit de DESMAZURES.

La joie des habitants d'Arras d'être ainsi délivrés des Français ne tarda pas néanmoins à se trouver singulièrement refroidie par les pilleries et voleries que se permit la soldatesque allemande, avec une audace et une rapacité qui seraient incroyables si elles n'étaient traditionnelles chez la nation Germanique, au sujet de laquelle Tacite disait déjà : « *Galli pro libertate, Belgæ pro gloriâ, Germani autem pro lucro dimicabant.* »

« Nul ne sauroit imaginer ou penser, écrit un auteur du temps, le grant desroy et les outhrageuses insolences que lors les dits gendarmes perpétroient sur les manans et habitants de la Ville et Cité d'Arras, non-seulement sur les gens layz et séculiers, mais sur les gens d'esglise, évesques, doyens, chanoines, prieurs et moines en général et en particulier; tout ce où ils pouvoient asseoir les mains, doigts ou graux estoit riflé et ranchonné, et en tant grand multitude de vasselles, joyaulx et chaisnes, que les coffres n'estoient suffisants de les engloutir et emparcier : car les chappaux et bonnets des lacquais, tamburains, paiges et gros valletz estoient chargez et accoutrez d'aighières, tasses, louches et gobelets »[1].

L'Évêque d'Arras, le vénérable Pierre de Ranchicourt, qui avait tâché d'obtenir l'éloignement de ces détrousseurs, fut par eux outrageusement et rigoureusement détenu dans une petite maison sise rue d'Hagerue assez près de la porte, sous la garde « de six allemands fort et puissans de corps, ayant chacuns sa gouge fort tranchant et bien affilé »[2], et forcé « de passer le temps malgré luy en grand dérision entre ribauts affectez et femmes dissolustes »[3].

---

[1] JEAN MOLINET, *Loco citato.*
[2] JEAN MOLINET, *ibid.*
[3] JEAN MOLINET, *ibid.*

Enfin le 19 septembre 1493, à la suite du traité de Senlis, après avoir remis aux bourgeois les clefs de la Ville et de la Cité « à l'heure de huit heures se partirent les Allemans par la porte de Ronville », qui fut immédiatement fermée sur eux au grand contentement de la population.

Jean le Maire dit Grisart avait été, quelques mois auparavant, investi des fonctions de mayeur d'Arras, fonctions qu'il remplit, paraît-il, fort convenablement.

Il fut enterré dans l'église de Saint-Jean-en-Ronville.

Une épitaphe en vers latins que nous rapporterons en son lieu, louangea ses faits et gestes, que le savant jurisconsulte Bauduin apprécie assez différemment : « Aulcuns, dit-il, polroient le comparer a ung Camillus, qui tant bien délivra et affranchist la ville de Rome de la servitude franchoise, ou bien a ung Trasibulus, qui tout honnestement exempta la ville d'Athènes de la tyrannie des Lacédémoniens ; mais il est que le faict du dict Grizart polra sambler estre provenu d'une audace indeue, suyvant la résolution susdicte, conformément à l'escripture saincte, que une personne privée et sans charge ne se doibt de legier esmouvoir contre son prince, voire aussy quelque tyran qu'il soit. »

DOMINATION ESPAGNOLE

1492-1640.

Reconnu comte d'Artois par le traité de Senlis, Philippe le Beau ne tarda pas à venir prendre possession de sa comté. Son fils Charles d'Autriche depuis Charles-Quint en fit au-

---

[1] *Chronique d'Arthois*, page 98.

tant, et s'inscrivit à la confrérie des Archers qu'avait fondée Jean sans Peur, et dont le local était proche la rue du même nom qui existe encore aujourd'hui.

Le 2 mai 1526, il fut pour la première fois question de réunir la Cité et la Ville, et en juin 1531, Charles-Quint écrivit au Magistrat la lettre que voici :

« Chers et bien amés, à la grande et mûre délibération du Conseil, pour le bien de nos Ville et Cité d'Arras, dont dépend la sûreté de notre pays d'Artois, et conséquemment de nos pays voisins, nous avons résolûment conclu l'union des dites Ville et Cité, et les mettre en une clôture dont nous vous avisons et vous ordonnons très-expressément que, pour nous déclarer votre avis sur la manière des dites union et clôture, vous envoyez vos députés, fournis de pouvoir absolu, et instruits de votre dit avis, vers nous au 22e jour du mois de juillet prochain, et qu'il n'y ait faute. Chers et bien amez, Notre-Seigneur vous ait en garde. »

Mais cette réunion n'ayant plu, ni aux bourgeois de la Ville, ni à l'évêque seigneur ruyer de la Cité, les choses en restèrent là jusqu'en 1749.

Le 12 mars 1530, cet empereur « créa le Conseil provincial d'Artois ; il lui attribua la connaissance, sans ressort et par arrêt, de plusieurs matières, et il le subrogea à la place de tous les *Juges de France*, qui exerçaient la justice en Artois ; soit immédiatement ou par ressort, à titre d'attribution de commission ou autrement ; privativement aux juges de l'Artois [1] ». Et lui assigna

---

[1] MAILLART, *Coutume d'Artois*, page 1.

Maillart est assurément l'auteur le plus pratique que nous ayons sur la coutume d'Artois. La dernière édition de son ouvrage forme deux volumes in-folio reliés en un avec carte du ressort.

Avant de publier cette excellente carte qui devient rare, Maillart prit le soin d'envoyer aux personnes compétentes la lettre imprimée que voici et

pour siége l'une des parties de la Cour le Comte [1].

Au *Privilége* de Philippe de Flandre, aux chartes de 1191 et 1211, aux *Anciens usages d'Artois* datant de l'époque de saint Louis, avaient succédé les *Coustumes générales* rédigées le 13 juin 1509 ; Charles-Quint en avait donné une première homologation le 26 décembre 1540 et une seconde le 3 mars 1544. Ces Coutumes régirent avec les *Coutumes locales*, et les *Actes de notoriété du Conseil* la Province et conséquemment Arras jusqu'à l'époque de la Révolution française.

En 1577, sous Philippe II son fils, grâce aux cruautés du duc d'Albe, aux perfidies de don Juan d'Autriche, et sous l'influence du prince d'Orange, éclata dans Arras un mouvement populaire, qu'en 1578, paya de sa tête maître Nico-

---

dont l'exemplaire qui est entre nos mains se trouve probablement le dernier :

« Paris, le 5 avril 1740.

« Monsieur,

« J'ai cru devoir accompagner les notes sur les *Coutumes d'Artois* que je redonne au public, d'une carte corografique, d'une liste des lieux qui s'y trouvent ; mais pour rendre exacts ces deux ouvrages, je vous envoye une carte et une liste de votre jurisdiction afin que vous ayez agréable :

« 1° De confronter l'une avec l'autre ;

« 2° De mettre sur la liste, vis-à-vis le lieu, les réductions et additions qu'il convient d'y faire ;

« 3° Avec la note des lieux qui sont entièrement de votre siège ;

« 4° Et de ceux qui sont communs avec d'autres ;

« 5° De corriger sur la carte et sur la liste l'orthographe des mots ;

« 6° De me renvoyer l'une et l'autre avec les observations que vous et vos amis y auront faites.

« J'ai l'honneur de rester avec un entier dévouement, Monsieur, votre très-humble et très-obéissant serviteur,

« MAILLART. »

« Mon adresse :

« A M. Maillart, ancien bâtonnier de l'ordre des avocats au Parlement, rue des Quatre-Vents, à Paris. »

[1] Sur les officiers du Conseil d'Artois. Voir PLOUVAIN, *Notes historiques*.

las de Gosson, écuyer, seigneur de Mercatel et autres lieux [1], licencié ès-lois, avocat au Conseil d'Artois, le premier des commentateurs de la Coutume, l'un des plus grands jurisconsultes de cette époque, et qui parmi les illustrations de la famille comptait suivant ses *professiones parentum*, le grand maître de Rhodes, Deodatus Gosson, si fameux pour

---

[1] La famille Gosson portait « *de Gueulle freté d'or* »

Elle avait pour cimier « *un oiseau en forme d'aigle ou de griffon issant entre deux ailes du bourlet et d'or de gueulles, les lambrequins de mesme, tenant à droite un lion léopardé d'or, à gauche un griffon aussi d'or.* »

Et pour devise « *entre crainte et espoir Gosson* » (LE PEZ, *Mémoires généalogiques*, tome III, pages 258 et 415. — LEFEBVRE D'AUBREMEZ au P. Ignace, tome IV *des additions aux Mémoires*, pages 399 et 400. — *Epitaphes des églises d'Arras*, pages 68 et 72. — LE PEZ, *Epitaphes*, page 124. — JEAN THELU, *Recueil d'Armoiries*, page 95. — LE FRANÇOIS DE RIGAUVILLE, *Grand Arcenal*, page 415. Tous manuscrits de la bibliothèque municipale.

Né à Ambrines en 1506, admis à la bourgeoisie d'Arras, le 17 juin 1528 (*Registre aux bourgeois* de 1524 à 1558), mort le 25 octobre 1578. Gosson est sans conteste et sans comparaison le premier et le plus célèbre des commentateurs de la Coutume, de même qu'il fut le plus éminent des avocats du Conseil d'Artois. Aussi la préexcellence de Gosson qui répondait si bien à la définition Cicéronienne, *Vir bonus dicendi peritus*, ne fut-elle jamais contestée même par ses ennemis les plus irréconciliables (WALLERAND OBERT — PONTUS PAYEN. — NICOLAS LEDÉ — ROBERT AUBRY. — MEYER. — LE PETIT. — METEREN. — VALÈRE ANDRÉ. — SWERTIUS. — FOPPENS. — GUICHARDIN. — COLLINS. — DESMAZURES. — Le P. IGNACE. — MORERI. — LE PEZ. — GUÉRARD, etc..., etc..)

Jurisconsulte, philosophe, moraliste, politique, érudit et linguiste, pénétré du droit romain, imbu du droit canon, familier avec les auteurs grecs et les auteurs latins, Gosson résumait un ensemble de qualités, d'aptitudes et de connaissances qui faisaient de lui un homme tout à fait transcendant.

Aussi, par l'élégance de la forme, l'élévation des idées, la largeur des vues et la profondeur du fond, son œuvre écrite dans un latin digne du temps d'Auguste, et où sont tour à tour cités les auteurs sacrés et les auteurs profanes, les prosateurs et les poètes, Moyse, Saint-Paul, Lysias, Démosthènes, Aristote, Plutarque, Philostrate, Athénée, Denys d'Halycarnasse, Hérodote, Hippocrate, Caton, Cicéron, César, Virgile, Horace, Ovide, Juvénal, a-t-elle été et restera-t-elle un modèle du genre.

Malheureusement inachevé, ce commentaire, commencé vers l'an 1567 (le Père Ignace) et cent fois interrompu par les soins multiples que Gosson

avoir tué le terrible dragon qui ravageait cette île et en dévorait les habitants¹.

Méconnaissant la souveraineté de l'Espagne, les provinces des Pays-Bas avaient reconnu comme gouverneur général l'archiduc Mathias d'Autriche, qui s'était choisi comme lieutenant le prince d'Orange.

En une foule de localités et à Arras notamment, la population était divisée en trois partis, savoir : les *Johannistes*, c'est-à-dire les sujets restés fidèles à l'occupation espagnole ; les *Orangistes* ou *Patriotes*, c'est-à-dire les tenants des États et du prince d'Orange. Les *Alençonistes*, c'est-à-dire les partisans disposés à passer sous la domination française.

Sur l'ordre de l'archiduc Mathias, le sieur de Cappres, gouverneur d'Arras, avait, après bien des tergiversations, dû

---

donnait aux intérêts privés et à ceux de la chose publique, s'arrête au 26ᵉ article de la Coutume.

Suivant Moréri, « un des premiers magistrats du Conseil provincial d'Artois, assurait que Gosson avait travaillé sur les 201 articles de la Coutume, mais que l'on n'avait pas retrouvé le surplus de ses observations » ; si le fait est vrai, ce travail ne devait être que préparatoire, puisque l'un des motifs que Gosson faisait valoir pour obtenir la vie sauve était « qu'il avait commencé quelques commentaires sur les coustumes génerralles d'Arthois, pour leur interprétation et esclaircissement plus avant, par où la jeunesse en tirerait fruit si tant estoit qu'il y peult mettre la dernière main » (WALLERAND OBERT).

Mis au jour pour la première fois, à Anvers, par Gilles Radée, en 1582, l'ouvrage était précédé d'un touchant avis dans lequel, après avoir brièvement exposé la cause tragique de son inachèvement, l'éditeur disait : « *Quod tamen qualecumque est in lucem damus. Ut quemadmodum in patriâ, toto vitæ cursu, plurimis virtutibus, et beneficiis princeps floruit, ita etiam eo sublato, aliqua ex scriptis, prodeat vicaria utilitas, cum vivus, moriens et mortuus prodesse reipublicæ voluerit.* »

Paroles rigoureusement exactes ; si, en effet, frappées au coin de la raison et de l'équité, *ad justi et æqui normam*, les décisions de Gosson vivant « étoient presque toujours suivies » (le Père Ignace), les solutions de Gosson mort, eurent, comme autrefois celles de Papinien, l'honneur d'avoir presque toujours force de loi, et de devenir la *vox viva consuetudinis* !

¹ DOM LE PEZ, *Mémoires généalogiques*, tome III, page 258.

faire procéder par les quinze compagnies bourgeoises à l'élection de quinze tribuns, qui devaient remplir en cette ville un rôle analogue à celui que jouait le Tribunat à Bruxelles. Gosson fut l'un des élus, mais de même qu'il avait refusé les fonctions d'échevin six mois auparavant, de même il commença par refuser celles de tribun, qu'il n'accepta qu'à regret, et qu'en cédant aux vives instances du Magistrat, désireux de le voir figurer comme modérateur, au sein de ce nouveau pouvoir rival du vieil échevinage.

Les tribuns appartenant à l'Orangisme, et le Magistrat au Johannisme, la mésintelligence ne tarda point à éclater, les choses allèrent même jusqu'à ce point « qu'en pleine assemblée [1] » l'échevin Du Bois « donna, par chaude colère, un coup de poing au tribun Bertoul de telle violence qu'il fut rassis sur un bancq [2]. »

D'où, procès, qu'une sentence conciliatrice termina, sans amener le moindre apaisement entre les parties.

Le Magistrat conspira l'anéantissement des tribuns, dont il résolut « de se despestrer de quelque manière que ce fust [3] », en même temps qu'il aurait, par quelque bonne arquebusade, mis « sur le carreau [4] » un certain capitaine Ambroise Le Ducq, tout dévoué à l'Orangisme, qui commandait une cornette de cinquante chevau-légers, appelés, à cause de leur uniforme, *Verdelets* ou *Verts Vestus*, et qui avait été créé sergent-major des quinze compagnies bourgeoises.

Cette conspiration ayant transpiré, le capitaine Le Ducq s'empara des forteresses, des poudres, de l'artillerie, du Magistrat lui-même, retenu prisonnier dans le salon doré de

---

[1] Ponthus Payen, *Troubles d'Arras*. Manuscrit de la bibliothèque communale, publié par M. d'Héricourt.
[2] Wallerand Obert, *Troubles d'Arras*. Manuscrit de la bibliothèque communale, publié par M. d'Héricourt.
[3] Le Petit, *Grande chronique ancienne et moderne*, page 1578.
[4] Wallerand Obert.

l'hôtel échevinal, et déclara occuper Arras pour le prince d'Orange.

Complétement étranger à cette arrestation, Gosson n'intervint que pour délivrer le lendemain les quatre plus anciens de l'échevinage et empêcher, lui qui « abhorroit l'effusion du sancq humain », que le surplus du Magistrat ne fût « précipité des fenestres de la maison de ville [1]. »

Mais bientôt gagné par les partisans de l'échevinage et notamment par quelques capitaines des compagnies bourgeoises, le capitaine Le Ducq ayant embrassé le parti du Magistrat, celui-ci fut élargi sans coup férir.

Bien que, d'après Meteren, cet élargissement eût été suivi d'une promesse d'oubli du passé, laquelle, d'après Guichardin, en avait même été la condition déterminante, le premier acte des échevins fut l'arrestation et l'incarcération de tout le Tribunat, au procès duquel (chose monstrueuse) les échevins « besoignèrent nuit et jour sans intermission [2] ». pendant qu'à l'avance on plantait « incontinent et sans délay un grand gibet devant la maison de ville [3]. »

On commença par dépêcher trois accusés, jugés et pendus en quelques heures.

Le lendemain arriva le tour de Gosson.

« Le sabmedy, environ les six heures de vespre estant le procez de Gosson instruict, messieurs les échevins, le firent appeler, lui déclarèrent l'état de son procez, et que s'il vouloit proposer quelque chose pour ses justifications ils estoient pretz à l'escouter [4]. »

---

[1] Ponthus Payen. — *Relation du Conseil d'Artois.* Manuscrit de la bibliothèque municipale. — Meyer, *Annales Flandriæ.* Manuscrit de la bibliothèque municipale, folio 361. — Le Père Ignace. — Dom Devienne, partie IV, page 144.
[2] Ponthus Payen.
[3] Ponthus Payen.
[4] Ponthus Payen.

Sachant parfaitement que ses juges qui cependant lui devaient la vie, avaient soif de son sang, Gosson, dans le but de permettre l'intervention de l'archiduc Mathias, demanda un sursis pour préparer sa défense et rétorquer l'accusation, mais voulant que les choses fussent tellement hâtées que l'archiduc « pût entendre aussitost la nouvelle de la mort des tribuns que de leur emprisonnement[1], » les échevins lui répondirent « que les actes qu'on luy imputoit estoient harangues publicques et actes qu'il avoit faict présentement et à la veue de tout le monde, partant n'y avoir apparence de les mettre en dénégation, encoire moings demander temps pour vériffier le contraire[2], » et repoussèrent ses conclusions.

Cet avant faire droit étant susceptible d'un appel, Gosson l'interjeta. Incontinent on le fit passer dans une place voisine, dite l'*Argenterie*, où, *proh pudor !* complice de l'échevinage le Conseil d'Artois n'avait pas rougi de se réunir ; l'appel fut naturellement rejeté, et Gosson renvoyé à plaider au fond par devant le Magistrat.

Le lieutenant du sieur de Cappres requit que l'accusé « *fût condempné au dernier supplice et son corps mis en quatre quartiers*[3] ». Quoique se sentant perdu, Gosson se défendit avec force et habileté, invoqua les services par lui rendus à la chose publique, ses commentaires de la coutume qu'il désirait finir. Vaines paroles. Bien, ainsi que le prouve la sentence, qu'aucun fait précis d'extorsion ou de violence ne pût être relevé à sa charge, et que l'on fût contraint d'invoquer des généralités banales et insignifiantes, pour tâcher de motiver tant bien que mal une mise à mort uniquement

---

[1] WALLERAND OBERT.
[2] PONTHUS PAYEN.
[3] PONTHUS PAYEN.

basée sur l'incrimination des tendances, des opinions et des paroles d'un adversaire dont on voulait quant même se débarrasser, il fut condamné à « estre mis au dernier supplice par l'espée (vu sa noblesse) en devant la halle eschevinale [1]. »

Voici cette sentence :

« Veu le procès criminel fait, pour justice, allencontre de M. *Nicolas Gosson*, prisonnier ici présent, chargié, attaint et convaincu d'avoir esté autheur, et promoteur de plusieurs assemblées illicites, factions et séditions, advenues en cette Ville d'Arras ; de soy estre adrogié, et attribué, jurisdiction puissance et authorité, au préjudice des haulteurs, et prééminences de ceste Ville ; d'avoir diffamé la bourgeoisie notable, et aultres gens de bien de ladicte Ville, de estre de diverses factions ; et imposé que les aulcuns étoient *Johannistes*, et les aultres *Allenchonistes*, tenant le parti des franchois ; les aultres bons *Patriotz*, qui sont tenus factieux, et séditieulx, d'avoir imposé aux sieurs du Magistrat divers crimes, faussement, et contre vérité, et d'avoir eu en mépris l'autorité suprême, tant de messieurs du Conseil d'Artois que dudit Magistrat ; les informations sur ce faites et tenues ; confessions, dénégations, et variations dudit prisonnier : recollement et confrontation des tesmoings : oye la conclusion contre luy prinse par monsieur le lieutenant général ; et celles en droit dudit sieur lieutenant, et dudit prisonnier.

« Messieurs, eu sur ce conseil, et advis, à la semonce, et conjure dudit sieur lieutenant, ont condemné et condemnent ledit *Gosson* prisonnier, estre mis au dernier supplice par l'espée, au devant de la halle échevinale de ceste Ville. »

Gosson se pourvut encore par appel, mais, la sentence

---

[1] MAILLART, *Coutume d'Artois*, page 182.

fut « confirmée *illico* [1] » et « ledict Gosson renvoyé aux dicts échevins pour satisfaire à la dicte sentence [2] » et « *disposer de sa conscience pour franchir le pas* [3]. »

Après s'être pieusement disposé à la mort, traversant la grande salle où il vit « les eschevins appuyez aux fenestres avec monsieur le Gouverneur pour *contempler le supplice futur* [4] », Gosson ne put surmonter un mouvement de dégoût et ne pas s'écrier : « Les voilà les petits gallandiaux ; à la malle heure ai-je empesché l'exécution qu'y s'en debvoit faire, ils seroient maintenant à ma place [5]. » Ce à quoi « personne ne dit mot [6] » ; et pour cause !

Parvenu « au milieu des degretz de la halle au costé du corps de garde, au lieu où il pouvoit estre veu de tous par la grande clarté des fallotz, torses et flambeaux [7], » Gosson adressa à la multitude attérée quelques paroles qui demeurèrent sans écho, puis ayant franchi les marches de l'échafaud « et ne voyant plus remède à son faict, se mect à deux genoulx, s'appuye sur quelque escabelle, abaissé fait son oraison et finit sa vie par l'espée le 25 octobre 1578 [8]. »

Il était minuit ! et le procès avait commencé à six heures du soir !....

Six heures avaient suffi à cette honteuse jonglerie, et pour cet assassinat juridique.

Après avoir ainsi égorgé Gosson, il fallait le traîner aux gémonies, aussi son corps sanglant fut-il promené par le

---

[1] WIGNACOURT.
[2] PONTHUS PAYEN.
[3] WALLERAND OBERT.
[4] PONTHUS PAYEN.
[5] PONTHUS PAYEN.
[6] Le Père IGNACE.
[7] PONTHUS PAYEN.
[8] WALLERAND OBERT.

bourreau « dans une meschante charrette [1] » et sa tête emportée dans « une orde et salle corbeille où l'on avoit apporté le sable [2]. »

Il fallait encore ternir sa mémoire, soin dont se chargèrent deux de ses confrères, Ponthus Payen et Wallerand Obert, l'un de ses juges en l'échevinage.

Il est pourtant à distinguer entre les libelles de ces deux pamphlétaires. Celui de Ponthus Payen ne respire que l'hostilité; plein de fiel et de bave, au contraire, celui de Wallerand Obert n'est qu'un tissu d'injures et de calomnies dont la réfutation résulte en maints endroits de la relation même de Ponthus Payen [3].

Gosson, dont le dernier domicile était, paraît-il, rue des Prêtres (des Récollets maintenant), fut enterré dans l'église

---

[1] PONTHUS PAYEN.

[2] PONTHUS PAYEN.

[3] Ponthus Payen, licencié ès-lois, avocat au Conseil d'Artois, seigneur d'Essars, La Bucquière, Hautecotte, obtint des lettres de ratification de noblesse, le 19 mai 1582, mourut le 9 mai 1609 et fut enterré à Arras en la paroisse de Saint-Nicolas-sur-les-Fossés.

Il avait pour frère Pierre Payen, seigneur de Bellacour, Ecoivres, Hauteclocque, avocat général au Conseil d'Artois, par provisions du 30 avril 1561. Il obtint également des lettres de ratification de noblesse, le 19 mai 1582, de Philippe II d'Espagne, mourut en 1603, et fut inhumé en la chapelle de Bellacour, hameau de Rivière.

De Ponthus Payen descendent les Payen, comtes de La Bucquière et barons de Lallœu.

La famille Payen portait « *d'or à un aigle de sinople membré et becqué de gueules chargé de trois bandes de vair* », avait pour timbre « *un armet ouvert, bourrelet et hachements d'or et de sinople* »; et pour cimier, « *un cigne naissant d'argent becqué de gueules.* »

La bibliothèque d'Arras possède quelques volumes de la bibliothèque de Wallerand Obert, on y lit de sa main cette inscription. « *Ex suppellectile ou ex libris Wallerandi Oberti apud Atrebates Jurisconsulti.*

« *Accendit et Ardet.*
« W. Obert. »

Cette incendiaire devise peint admirablement le caractère de maître Obert.

Saint-Géry[1], sans qu'aucune inscription indiquât le lieu de sa sépulture.

Six autres accusés furent encore pendus; cinquante ou soixante de leurs adhérents « furent appelés publiquement aux droicts de la ville, et après, bannis sur la hart à perpétuité par semonce [2] », forme de bannissement si rigoureuse, que chacun pouvait courir sus à ceux qui en étaient frappés et les assommer impunément.

Partie, témoin et juge en sa propre cause, le Scabinat dont Ponthus Payen et Wallerand font modestement « l'Imaige du Dieu vivant ! » et dont ils déclarent la cause « celle du Dieu éternel », avait, on le voit, « besogné par un bon et vray zèle de Iustice » de manière à mériter pour les âges futurs « gloire et honneur indicibles » [3] !.....

Pas plus qu'elle ne l'avait fait à Athènes lors de la condamnation de Socrate, moins scandaleuse cependant, l'opinion publique ne ratifia dans Arras, les sentences sanguinaires rendues « *contra omnem juris ac consuetudinis formulam* [4] », et la mort de Gosson qui « digne d'un siècle meilleur que le sien a signé de son sang le malheur de nos ayeux [5] », sera pour l'échevinage un opprobre et pour le Conseil d'Artois une tache dont on ne les lavera jamais [6].

---

[1] DE WIGNACOURT.

[2] PONTHUS PAYEN.

[3] Voir notre *Essai sur Gosson*. Mémoires de l'Académie d'Arras, année 1865, page 93 à 194.

[4] MÉTEREN. *Historia Belgica*, page 234.

[5] Le Père IGNACE. *Dictionnaire*, tome III, page 140.
Les Tribuns avaient fait faire un scel d'argent où était « engravé un lion tenant une espée avec ces mots alentour, *sigillum tribunorum plebis Atrebatensis* » (PONTHUS PAYEN) « ung lion rampant à la banderolle d'Arthois » (WALLERAND OBERT).

[6] En dehors de la sentence du Magistrat rapportée par Maillart, rien ne subsiste soit à Arras, soit à Anvers, soit à Bruxelles, ainsi que nous nous en sommes assuré, sur le procès de Gosson.
L'affaire d'abord a été trop étranglée, pour que l'échevinage ait eu le

Quelques personnes se sont figuré que Gosson avait embrassé la religion réformée, mais cette opinion, on ne peut plus fausse, ne saurait supporter le moindre examen.

Adversaires ardents de la réforme, Wallerand Obert et Ponthus Payen n'auraient pas manqué d'accuser Gosson de l'avoir acceptée, s'il en eût été accusé : et il résulte, au contraire, de leurs témoignages, qu'il est mort en parfait catholique.

Gosson, en effet, se confessa au gardien des Cordeliers ; et au moment où la victime franchit les marches de l'échafaud, ce Père déclara « que Gosson s'étoit montré fort bon catholique, et avoit toujours eu en grand respect les saints préceptes et institutions de l'Église apostolique et romaine et faisoit estat de vivre et mourir en cette profession. » Ce à quoi Gosson répondit « que son intention estoit de vivre et mourir selon la doctrine des Apostres [1]. »

Et cela dit, il récita son oraison suprême.

C'est pourquoi on l'inhuma dans l'église Saint-Géry, ce à quoi l'on n'aurait jamais consenti pour un calviniste ou pour un luthérien.

C'est pourquoi également certains membres du clergé se firent les panégyristes de Gosson. On lit, en effet, dans le poëme de Robert Obry, curé de la Madeleine lors des événements que nous venons d'esquisser :

Irruit altera nox multo mœstissima, legum
Consulti morte infamis, quem tota redemptum
Multo auro patria expeteret, si non male perdi
Hoc, salvo, metuat, vivo, haud potis esse superstes.

temps de faire tenir des écritures bien régulières, et puis il aura fait supprimer tout ce qui pouvait conserver la trace de cette honteuse condamnation.

Quant aux *Mémoriaux* de la ville, ils sont aussi complètement muets à cet endroit.

[1] WALLERAND OBERT.

Succubuisse senem gladio defleret alumnum
Ipsa Themis, si non juris, legumque peritum
Jura reum premerent, judex premeretur et œquo.

Vix teneo lacrymas, et inanis verba querelæ :
Quis talem cecidisse virum non horreat? error
Cui non, te fasso, non sit, reticente pudori?
Mors tibi dura fuit, tua molliter ossa quierunt,
Docte senex, sacrisque locis infossa. Precamur
Manibus esse tuis cœli tam numen amicum
Quam sapere optamus, tecum malesana secutos
Consilia, oblato nobiscum et fœdere jungi [1].

Par suite des fréquents incendies qu'occasionnaient et propageaient dans la ville les bâtisses en bois, Philippe de Bourgogne fit le 10 mai 1583, publier un placard, portant défense de construire aux maisons des saillies sur rue, et ordonnant d'ériger les façades en briques ou en pierres de taille.

Dans la nuit du 4 avril 1597, Henri IV à la tête d'une armée de 8,000 hommes choisis tenta d'emporter la Ville et la Cité par surprise. L'attaque fut dirigée contre les portes Baudimont et Méaulens dont les premières défenses tombèrent sans coup férir. Mais l'énergie des bourgeois que stimulait Charles de Longueval fortuitement à Arras, repoussa les assaillants qui battirent en retraite vers huit heures du matin en abandonnant leurs blessés ainsi que leurs « petardz et mortiez. »

En mémoire de cette belle défense le Magistrat fit disposer en trophée ces engins dans la salle échevinale avec cette inscription :

D. O. M.

Et æviternæ posteritati de Henri IV° Francorum rege

---

[1] *De admirandâ liberatione urbis Atrebatensis.* Manuscrit N° 220 de la bibliothèque communale, page 49.

cum sui exercitûs strage dum perruptis portis fulmine petardorum impetu IV° kal. april. anno MCLXXXXVII Atrebatum hostiliter adoritur obnixâ civium virtute fugato trophæum.

Il fit de plus, pour la même salle, peindre l'action sur un tableau au bas duquel on lisait :

Henricus Borbonicus Gallorum rex, hostili comitatus exercitu, nocte concubiâ, effractis ferro et igne pontium valvarumque repagulis, per portas Meolanensem et Baldimontanam Atrebatum tentat invadere, sed civibus strenue repugnantibus, deo et luce temporius ortâ faventibus, tandem multis desideratis, pluribus vulneratis retrocedere cogitur IV° april. MCLXXXXVII [1].

Dans le même but un sieur Gilles Surelles, bourgeois d'Arras, fit également le sonnet que voici :

---

[1] Desmazures, procureur général près le Conseil d'Artois, liv. VII, tit. II, n° 127.

Tableau peint non par Thomas Tieuillier, mais bien par *M. Johannes Conincxloo* (issu d'une famille bruxelloise). Le « tailleur d'imaiges » Thomas Tieuillier ayant, lui, exécuté ce qui est tout différent, « ung tableau de bois » c'est-à-dire une sculpture (en bas-relief sans doute), moyennant la somme de six livres, que Jehan Varlet, peintre, peignit et dora moyennant la somme de neuf livres.

L'attribution à Tieuillier de l'œuvre de Conincxloo était le résultat de la confusion entre la peinture faite par le premier sur panneau de bois, et l' « ouvraige d'une tableau de bois » sculpté par le second.

Ce tableau qu'a restauré M. Demory, existe encore au Musée. Insignifiant comme peinture, il est du plus haut intérêt en tant que monument historique, et pour les renseignements topographiques qu'il donne sur le vieil Arras et sur sa banlieue.

Desmazures, écuyer, licencié ès-droit, procureur général au Conseil d'Artois, seigneur du Val Bernard décédé en septembre 1638 a fait sur la coutume, un traité dogmatique aussi savant que volumineux, qui jamais n'a été imprimé. Cet ouvrage forme cinq énormes volumes in-folio, comprenant le droit civil, le droit criminel et une partie historique intitulée : « pour les ressortz des bailliages, chastellenyes, eschevinaiges et aultres du pays et comté d'Arthois, avec aucunes remarques particulières, tant des esvechés, abbayes, priorés et présvotés, succession des Comtes d'Arthois comme

Or dis moy, Biernois, accablé de fortune,
Qui t'incite amener tant de chatz pour un ra
De leur griffe agripper; encoire qu'Aurora
N'avoit chassé dehors le voil de nuict brune ?

Pour un roy très chrestien cela par trop répugne
D'user tant de larcin, de fraude et de baras
Envers le catholique, ha ! rien ny gaigneras,
Car tout ce que tu fais ne vault pas une prune.

Mais quel proufit ont eu des Gaulois, dès cohortes
Avec poudreux petardz venir rompre nos portes,
Voire en faire emporter d'un massacre le los ?

Rien du nostre abbatu, ils n'ont qu'un sauron malle
Avec une souris ; par de foudreuses balles
Les ont faict le galop prendre nos ratelos [1].

Le 12 février 1600, eut lieu à Arras, la fameuse entrée des archiducs Albert de Isabelle. Les fêtes qui à cette occasion durèrent jusqu'au 16 du même mois, sont minutieusement décrites au registre mémorial de la Ville, commençant en 1598 et se terminant en 1615 (folios 95 et 116).

Malgré les malheurs de la guerre, les Artésiens firent à leurs souverains une réception splendide et enthousiaste.

Les archives de Lille ont conservé une collection de seize dessins coloriés représentant les théâtres, arcs de triomphe et estrades, dressés pour ces fêtes ; à la porte

---

aultrement. » Très-curieuse et très-intéressante cette partie qui compte environ 200 pages, doit être soigneusement consultée par quiconque veut connaître l'histoire locale, on y trouve en effet une foule de documents que l'on chercherait vainement ailleurs. Desmazures portait « *Ecartelé, au 1er et 4e de gueules, a 3 contre hermines d'argent et une gerbe d'or : au 2e et 3e d'azur a 3 fleurs de lys d'argent, 2 et 4 au 2e et 1 et 2 au 3e, et d'une vergette aussi d'argent : sur le tout un écu d'or a la tête de maure de sable, entouré d'un ruban d'argent, accompagné de 3 roses au naturel deux un chef, une en pointe.* »

[1] DORESMIEULX, *Manuscrit*, page 84. Archives municipales. (1597)

Saint-Michel, à la place Saint-Géry, à la rue des Balances, au Grand Marché, vers la porte Méaulens, à la rue des Trois-Visages, contre la maison de ville, rue Saint-Géry, rue Héronval, au Marché au Poisson, à la rue des Bouchers, sur la place Saint-Vaast, etc..... [1].

En 1624 des bornes furent plantées au pourtour d'Arras à 400 pas au-delà du revêtement extérieur des fossés, afin d'indiquer la zone au-dedans de laquelle toute espèce de construction était désormais interdite.

En 1640, Richelieu décida le siége d'Arras, qu'il fit investir par les armées des maréchaux de Châtillon, de Chaulnes et de la Meilleraye.

En 24 jours les lignes de circonvallation et de contrevallation furent parachevées; « elles embrassaient un espace de cinq lieues ; les fossez des lignes estoient larges de 12 pieds et profonds de 10, et leur vuidange faisoit un rempart si élevé qu'estant défendu l'accez en sembloit impossible ; les lignes estoient accompagnées de quantité de redoutes et de forts placés avantageusement sur des éminences, dont les fossez estoient larges de 18 pieds et profonds de 12 [2]. »

Les principales attaques eurent lieu contre les bastions Saint-Nicolas et Saint-Michel.

Quoiqu'assez mal secondés par la garnison irlandaise les bourgeois firent des prodiges de valeur, et renouvelèrent un trait héroïque des temps des anciens.

Au rapport de Joseph [3] certains Juifs du parti d'An-

---

[1] *Notice* de M. DE HAUTECLOCQUE sur Arras et l'Artois, sous le gouvernement des archiducs Albert et Ysabelle. *Mémoires de l'Académie d'Arras*, année 1874.

BOCHIUS, *Historica narratio profectionis et inaugurationis serenissimorum Belgii principum Alberti et Isabellæ Austriæ archiducum.* Plantin, 1602. pag. 390 à 405 — DESMAZURES, liv. VII, tit. II.

[2] ANTOINE GIRARD, édit. in-4, page 380.

[3] *Histoire des Juifs*, liv. XIV, chap. XXVII.

tigone s'étant retirés dans les cavernes de montagnes inaccessibles, Hérode fit descendre dans des coffres, et au grand péril de leur vie, des soldats armés de crocs et de lances qui arrivés à l'entrée des cavernes s'y accrochèrent et s'y précipitèrent pour combattre ceux du dedans. Non moins aventureux et non moins dévoués plusieurs bourgeois se firent avaler du haut des remparts dans des corbeilles, pour aller poignarder les mineurs attachés à la sape.

Malgré tout il fallut se rendre ! la tranchée était ouverte depuis trente-sept jours, une large brèche donnant accès à quarante ou cinquante hommes de front, existait aux murailles et plusieurs mines se trouvaient encore prêtes à jouer.

L'article III de la capitulation stipula « que le saint Cierge, considéré comme le *Palladium* d'Arras et toutes les autres reliques ne seraient pas transportées hors de la Ville et Cité. »

La minute originale de cette capitulation, revêtue des signatures de « Chaulnes, Chastillon, La Melleraye, F. Jean de Saint-André abbé de Marœuil, Philippe de Hamel, G. de Lauretan, P. le Bailli, J. du Val, P. Sellier, de Douay, du Flos, Crugeot, J. Mullet, Le Mercier, P. Le Soing, » de même que la ratification de Louis XIV en minute également, sont conservées aux Archives municipales.

Trois mois avant le siége d'Arras, un individu déguisé en paysan, et portant sur le dos un sac de carottes d'Achicourt, s'était introduit dans la Ville dont il avait examiné le fort et le faible. La capitale de l'Artois prise, Louis XIII, montrant à sa Cour ce porteur de carottes, disait joyeusement : « Sans ce brave homme, je ne serais pas maître d'Arras. » Or, ce brave homme était le futur maréchal Fabert!

DOMINATION FRANÇAISE

1640-1874.

Après cette conquête, qui assura pour jamais Arras à la France, la place eut, en 1654, à soutenir le fameux siége qu'en firent le prince de Condé et l'archiduc d'Autriche, avec une armée de quarante-cinq mille hommes, qui, en dix jours, construisirent des lignes de circonvallation de trois lieues.

Bien que ne disposant que d'une garnison de 24,000 hommes, auxquels se joignirent quelques troupes qui réussirent à se jeter dans la place, le comte de Montejeu, gouverneur d'Arras, se mit résolûment en état de défense et multiplia les sorties.

La principale attaque de Condé eut lieu contre la corne de Guiche, qui se trouvait entre la porte Ronville et l'ancienne porte Hagerue.

Quarante-deux jours de siége n'avaient point entamé l'enceinte de la place. Mais la garnison avait perdu un tiers de son effectif, il était temps qu'une armée de secours opérât énergiquement.

C'est ce qui eut lieu dans la nuit du 24 au 25 août, Turenne, les maréchaux La Ferté et d'Hocquincourt forcèrent, avec 18,000 hommes seulement, les lignes des généraux Espagnols, qui durent lever le siége en laissant aux mains des Français 3,000 hommes, 63 pièces de canon, 2,000 chariots, 6,000 tentes, 9,000 chevaux, les équipages des officiers et les bagages de l'armée [1]. Sans Condé toute l'armée assiégeante eût été littéralement détruite [2].

Une pièce en vers burlesques fut composée à ce sujet; on y lit entre autres choses :

> Voila doncques nos assiégeans
> Qui faisaient tous les braves gens,
> En deux heures mis en déroute :
> Pas un ne montre avoir la goute,
> Tant il sçait bien gagner au pié :
> Mais maint demeure estropié,
> Maint roide mort dessus la place,
> Maint qui voudroit le coup de grace,
> Aïant jambes et bras cassez,
> Et tous les membres fracassez,
> Leur camp est plein de funérailles
> Tant de leurs chefs que des canailles ;
> D'autres iusques a dix milliers,
> Tant fantassins que cavaliers
> Tant soldats comme capitaines,
> Tant plates que pleines bedaines,
> Tant humbles que courages fiers,
> Sont fait des nôtres prisonniers :
> Leurs canons, bien soixante-quatre,
> Dont ils faisoient le diable à quatre
> Tout à l'entour du pauvre Arras :
> Item, pour ne l'oublier pas,
> Vingt et six forts lestes carosses,
> Attelez de bestes non rosses.
> Nombre infini d'autres chevaux,
> Et le meuble des généraux
> Garnis de nipes assez bonnes
> Pour enrichir plusieurs personnes,

[1] D'HÉRICOURT, *Siéges d'Arras*.
[2] Lorsqu'en 1825 on travailla aux remparts qui furent baissés et restaurés, les ouvriers retrouvèrent une quantité considérable de boulets provenant du siége de 1640.

> Sont aussi demeurez au jeu
> Quoi qu'ils en soient fachez un peu [1].

Dans un autre sens, la population d'Arras étant suspectée de conserver encore des prédilections pour les Espagnols, on fit aussi les vers suivants :

> Un bruit a couru ce matin
> Que d'Arras le peuple mutin
> Souhaitant de changer de maître,
> Par un complot cruel et traître,
> Vouloit sans rime ni raison
> Assassiner la garnizon ;
> Et qu'ayant découvert la trame
> De cette populasse infâme,
> Ils avoient été maltraitez
> Par les gens de guerre irritez ;
> Et que tant au soleil qu'à l'ombre
> On en avoit pendu grand nombre.
> Mais ce bruit est si mal fondé
> Qu'il ne m'a pas persuadé [2].

C'est à la suite de cette délivrance d'Arras que fut ordonnée la procession annuelle, faite encore maintenant le dimanche de la fête, instituée en 1811, en commémoration de ce grand événement militaire.

Trois jours après la retraite des Espagnols, Louis XIV arriva à Arras, où il revint en 1667, en 1670 et en 1673.

En 1683, le comte de Vermandois, fils légitimé de Louis XIV, fut enterré dans le chœur de la cathédrale d'Arras, près de l'endroit où avait été inhumée Élisabeth de Vermandois, femme de Philippe d'Alsace.

Le 1er mars 1712, le duc d'Albermale tenta de surprendre

---

[1] Le Père IGNACE, *Addition aux Mémoires*, tome VIII, pages 205 à 245.
[2] LORET, *Muse historique*, 18 juillet 1654.

la ville avec 25,000 hommes, mais ce coup de main ayant été paralysé par d'Artagnan, l'ennemi se retira le surlendemain.

Les habitants d'Arras ayant pris l'habitude d'ornementer les pignons découpés de leurs maisons avec des vases ou des urnes en pierre qui, de temps à autre, tombaient sur la voie publique, un règlement local du 11 mai 1735 enjoignit à tous de les « oster en dedans de trois mois à peine de 50 livres d'amende et d'être responsables des accidents qui pourront arriver. »

En 1744, Louis XV et la duchesse de Chateauroux, accompagnés de toute la Cour, vinrent à Arras, où ils logèrent trois jours : le 8 septembre, après Fontenoy le roi repassa par Arras, où on le revit encore le 21 mai 1746.

En 1749 eut lieu la réunion de la Cité et de la Ville.

En 1757, le fils de la Dauphine prit le nom de comte d'Artois, depuis Charles X.

En juillet 1773 furent données à Compiègne les lettres patentes qui érigèrent la société littéraire d'Arras, fondée dans le courant du mois de mai 1737 en *Académie royale des belles-lettres*. « Voulons et entendons au surplus, porte la finale, que les membres d'icelle jouissent des mêmes honneurs, privilèges, franchises et libertés dont jouissent les membres de nos Académies de Paris, à l'exception néanmoins du droit de *Committimus* [1]. »

Le 5 mai 1778, un règlement de messieurs les mayeur et échevins des Ville et Cité d'Arras, considérant « que plusieurs propriétaires ont fait réparer les pignons de leurs maisons sans se conformer à la décoration des dits pignons; que d'autres ont fait blanchir ou peindre les façades de

---

[1] Ces lettres patentes existent encore aux archives de l'Académie d'Arras. Consulter l'*Histoire de cette Académie*, par M. l'abbé VAN DRIVAL.

leurs maisons, soit en totalité soit seulement en partie, et y font figurer les attributs de leurs métiers ou commerce, sans ordre, sans esprit et sans proportion, ce qui fait une bigarure d'un aspect désagréable, ce que ne peut tolérer une ville bien policée », ne permit de réparer ces pignons qu'à la condition de « substituer briques pour briques et pierres pour pierres, en conservant exactement la décoration de chacun des dits pignons [1]. »

Le 5 octobre 1789 furent supprimés les États d'Artois, composés des trois Ordres de la province, Clergé, Noblesse, Tiers-État.

Peu après, suppression du Magistrat, composé d'un grand bailli, d'un mayeur, de dix échevins, d'un procureur du roi syndic, d'un argentier, d'un greffier et d'un petit bailli.

Pendant longtemps un conseiller pensionnaire avait été adjoint à l'échevinage (l'édit d'octobre 1749 en avait même prescrit deux). Le conseiller pensionnaire jouait près du scabinat un rôle analogue à celui que le *Prudent* remplissait autrefois près du *Judex* romain. A ce propos Gosson dit : « *Licet enim qui judicia exercent præditi non sunt scientiâ civili, iis tamen vel juratis incumbit Jurisperitos consulere, et ex jure sententias proferre. Hinc urbes celebriores habere solent consiliarios jurisperitos qui magistratibus assideant et secundum leges moderentur judicia.* » (Maillart, 1739, page 175. — Voir l'édit perpétuel du 12 juillet 1611, art. 43, et le placard du 30 juillet 1672 pour la Flandre, art. 68 et 69).

Et par décret des 6-7 septembre 1790, suppression du Conseil d'Artois qui, formant deux chambres, comptait

---

[1] Bien que tombé en désuétude pour les rues, ce règlement est toujours rigoureusement appliqué pour la Grande Place, la Petite Place et la rue de la Taillerie.

un premier président, un second président, deux chevaliers d'honneur, seize conseillers, un avocat général, un procureur général, un substitut de l'avocat général, un substitut du procureur général, un greffier en chef : et auquel étaient attachés quatre-vingt onze avocats et quarante-huit procureurs [1].

Lors des premiers symptômes de la Révolution, qui devait bouleverser le pays, Arras se trouva sourdement travaillé, et l'on vit émerger du milieu assez obscur où il s'agitait Maximilien de Robespierre, lors mince avocat au Conseil d'Artois. Peu après se produisit une autre figure non moins sinistre, celle de Joseph Le Bon, dont les scélératesses épouvantèrent tout le nord de la France, et à l'entrée du cabinet duquel on lisait : « Ceux qui entreront ici pour solliciter l'élargissement des détenus politiques n'en sortiront que pour être mis eux-mêmes en état d'arrestation [2]. »

Nous ne nous appesantirons pas sur cette sanglante époque qui fit parmi nous autant de ruines que de victimes, et à propos de laquelle on peut consulter les livres si complets et si remarquables de M. Paris, *Histoire de Joseph Le Bon*; *la Jeunesse de Robespierre* et *Convocation des États généraux*.

Disons seulement que la panique était telle que chacun, ainsi que l'a justement écrit M. Harbaville, s'éloignait de la ville, où l'échafaud était en permanence sur les places publiques et où le sang coulait dans les ruisseaux, de même que l'on s'écarte des localités ravagées par la peste, au haut du clocher desquelles flotte le drapeau noir, « les fermiers, dit un document d'alors, n'osaient plus approvisionner les

---

[1] *Alm nach d'Artois* pour 1790.
[2] *Registre aux délibérations du Conseil municipal*, séance du 7 frimaire an II.

marchés; sur vingt-deux voitures qui arrivaient par décade à Arras, on n'en vit plus une seule. La terreur y était telle que l'on faisait dix lieues de détour pour éviter d'y passer. Si vous étiez deux dans la rue, c'était une trame, un complot. Les marchands cessaient leur négoce et allaient, par crainte, aux séances de la société populaire et du Tribunal. Il n'était plus possible de se procurer un ouvrier; ils étaient soldés pour y assister [1]. »

Le 29 juin 1803, Joséphine, femme du Premier Consul, passa à Arras. Lors de la grande revue des grenadiers dans la plaine de Dainville, on vit en 1804, l'empereur Napoléon [2], à qui les démolisseurs de l'ancienne cathédrale et des autres églises, ne rougirent pas de demander l'autorisation de culbuter ce qui existait de la cathédrale actuelle qu'ils taxèrent de tas de matériaux encombrant la voie publique, requête qu'heureusement le grand homme indigné rejeta, en enjoignant de plus la continuation des travaux depuis longtemps suspendus de cette église.

Le 11 juillet 1807 fut pris par M. Vaillant, maire d'Arras, l'arrêté refondant d'anciens et nombreux règlements échevinaux, aux sages mesures duquel est due la prospérité du marché, principale ressource de la ville et modèle d'une perfection qu'ont vainement cherché à atteindre plusieurs autres localités environnantes.

En cette même année 1807, deux ouragans affreux se déchaînèrent sur Arras.

Le premier, accompagné d'une neige abondante, adhérente, suffocante, qui permettait à peine de voir à quelques pas, et qui obstrua certaines rues et toute la porte d'Amiens,

---

[1] *Procès de Le Bon.*

[2] A cette occasion un arc de triomphe magnifique auquel durent mettre la main Doncre et Lepage, fut élevé en Ville; un dessin de Posteau nous en a conservé le souvenir. Il appartient à M. Henry (Narcisse).

souffla depuis 5 heures 35 minutes du matin le 18 février, jusqu'au lendemain 19 à pareille heure. Les malheurs qu'il occasionna furent nombreux dans Arras, aux environs, et dans les arrondissements de Saint-Pol et de Béthune. 108 personnes y trouvèrent la mort. Parmi les traits de piété filiale et d'amour paternel que fit éclater cette tourmente, on signale surtout ceux de Madeleine Bédu, de Ruyaulcourt, et de Nicolas Toursel, de la Beüvrière.

Six semaines plus tard les neiges n'étaient point encore fondues dans les endroits où le vent les avaient amoncelées.

Le second se déclara le 31 juillet vers 5 heures du soir, deux trombes qui se réunirent près d'Arras, en produisant un éclair très-vif suivi d'une détonation violente, brisèrent les arbres, culbutèrent les moulins, rasèrent les récoltes, renversèrent les maisons qui se trouvèrent sur leur passage, et projetèrent jusque dans la ville une partie des toitures des villages d'Agny et d'Achicourt.

Le 26 juin 1815, après le désastre de Waterloo, la citadelle fut occupée par un corps de fédérés.

« A chaque instant, dit un témoin oculaire, une collision était imminente; le 27, le peuple descend en foule dans la rue, force la porte Ronville, brise les chaînes du pont-levis, et donne entrée à un détachement des gardes du corps. Le drapeau blanc est arboré au milieu des acclamations. Dans la nuit, une patrouille bourgeoise insulte un poste avancé de fédérés qui répondent par un coup de canon, et ils se répandent aussitôt dans les rues, la fusillade est engagée et les bourgeois mal armés sont délogés de la place de la Basse-Ville. Un garde national, le sieur Spineux, est tué rue Saint-Aubert. Une maison est livrée au pillage dans la rue des Fours. Le danger était pressant, un magistrat, M. Lallart

---

[1] Voir l'*Annuaire de 1808*, pages 174 à 176.

se rendit à la citadelle et obtint un armistice. Dans l'après-midi l'arrivée de 2,000 paysans armés de fourches et de faulx qui vinrent camper en ville prétendant prendre d'assaut la forteresse, fut l'occasion de la reprise des hostilités. Suivirent une nuit et un jour d'alarmes. Puis des troupes de volontaires royaux vinrent augmenter et régulariser les moyens de défense. Le 1er juillet, la garnison de la citadelle convint de se retirer quand l'entrée de Louis XVIII à Paris serait officiellement connue [1]. »

En 1817, par suite du vœu émis par le Conseil municipal, et du rapport du Préfet, la *Société Royale des sciences, des lettres et des arts*, d'Arras, fut instituée pour continuer l'ancienne Académie.

Le 9 décembre 1818, le duc d'Angoulême visita la ville, qui, en 1827, reçut avec des transports de la plus vive allégresse, et un enthousiasme indescriptible, son ancien comte, le roi Charles X : il faut avoir vu cette solennité, pour apprécier quelle distance sépare un accueil vraiment populaire d'une réception officielle.

Quelques mois avant le passage du Roi avait eu lieu une grande Mission sous la direction de M. Rauzan [2].

---

[1] HARBAVILLE, *Mémorial*, tome I, page 108 et 109.
[2] Consulter sur le passage du Roi et la Mission deux brochures de M. de Hauteclocque. A la suite de la première est une ode en vers latins (de M. Fauchison, bibliothécaire communal), se terminant ainsi :

Rex, luce ætherea multos potiere per annos!
Floreat alma domus, radient dum lumina cœlo!

On ne prévoyait pas alors les journées de 1830.
Au nombre des spectacles qu'offrit Arras lors du passage du Roi, l'on remarqua surtout l'illumination en verres de couleurs de l'hôtel de ville et du beffroi entier; chose d'un effet réellement magique dont le souvenir aurait mérité d'être conservé par le merveilleux auteur des plus belles féeries des vieux contes arabes.

Elle se clôtura par la plantation d'un calvaire sur la place de la Préfecture. L'affouillement opéré à cet effet, amena la découverte d'une immense auge de pierre renfermant un cercueil en bois d'environ trois pouces d'épaisseur, qui contenait le squelette d'un prélat, évêque ou abbé, mesurant à peu près six pieds, les restes de la crosse accusaient le XIV° ou le XV° siècle.

D'une hauteur excessive la croix de la Mission supportait un Christ ayant trois mètres des pieds à la tête, qui est encore conservé dans l'un des cloîtres de Saint-Vaast.

En 1839 on supprima le grand abreuvoir Saint-Aubert, qui s'étendait entre l'écluse du Claquedent, les anciens remparts de la Cité, la rue des Gauguiers et les casernes, en face desquelles régnait une série d'échoppes adossées au mur de l'abreuvoir.

En 1840 Arras vit le duc d'Orléans, dont l'air chevaleresque séduisit la population entière. (Voir son portrait par Ingres, ou la gravure de Calamatta). En 1847 les ducs de Nemours et de Montpensier : en 1853 l'empereur Napoléon III et l'impératrice Eugénie [1], qui y revinrent en 1867, lors de leur voyage dans le nord de la France.

En juillet 1860 eurent lieu les fêtes de la béatification de Benoît Labre, où figurèrent un cardinal, quatre archevêques, dix-neuf évêques, et qui pendant plusieurs jours attirèrent à Arras une foule qui ne fut pas évaluée à moins de 100,000 personnes [2].

En 1871, Arras qui entendait le canon de Bapaume et avait vu les coureurs ennemis s'avancer jusqu'à ses portes,

---

[1] Voir le *Voyage de l'Empereur et de l'Impératrice dans le nord de la France*, par M. DE SÈDE.
[2] Voir le *Compte-rendu des fêtes*, par M. l'abbé ROBITAILLE et le *Simple récit par un catholique* (M. PARIS).

attendait d'autant plus anxieusement un nouveau siége, qu'une résistance insensée à effectuer du reste sans garnison et sans matériel, ne pouvait avoir d'autre résultat que la destruction certaine de la ville : mais grâce à Dieu, la conclusion de l'armistice vint conjurer cette nouvelle catastrophe, et, malgré les malheurs des temps, les revers que nous venions de subir firent mieux que jamais apprécier ce que vaut la paix, dont un vieil auteur a fort bien dit :

Huc ades, o requies defessis unica rebus,
Pax, o pax, cunctis anteferenda bonis [1].

---

[1] Le 14 septembre 1874, le vainqueur de Malakoff et de Magenta, le héros malheureux mais toujours grand de Reischoffen, le glorieux blessé de Sedan, le maréchal de Mac-Mahon, chef de l'État, et que le comte de Chambord a justement qualifié de « Bayard des temps modernes », fit à sept heures du soir son entrée à Arras, où il séjourna jusqu'au lendemain à la même heure et où il fut accueilli avec toute la déférence due à sa position et à son caractère.

TOPOGRAPHIE

DES CITÉ ET VILLE D'ARRAS

CITÉ

Tous les auteurs qui ont écrit sur Arras se sont accordés, quoi qu'en dise Bultel au début de sa *Notice* [1], à reconnaître que la partie haute de la Cité avait à toute époque fait partie de l'emplacement primitif du *Nemetacum* gaulois; et tous aussi ont déclaré que, entre la porte d'Amiens et la porte Méaulens, vers Wagnonlieu, Etrun et Marœuil, cette Cité s'étendait considérablement au delà de ses limites actuelles.

Que la portion haute de la Cité ait *ab origine* appartenu au *Nemetacum* gaulois, cela ne fait aucune difficulté, et résulte non moins de l'assiette dominante de cet emplacement, que des antiquités romaines et gallo-romaines, du bas et du haut empire, y compris l'époque de Jules César, que l'on a constamment trouvées en monnaies, céramique, verreries, bronzes, ivoires, etc... sur la place de la Préfecture, dans le parc de l'hôtel, dans l'enclos de la Paix et dans tous les jardins des maisons avoisinantes [2].

---

[1] Pages 5 et 6.
[2] Entre autres trouvailles de ce genre, notre collection particulière comprend les restes d'un vase en bronze d'un galbe très-pur et très-élégant, dont les anses ciselées parfaitement intactes, reproduisant des masques et des feuillages, accusent la plus belle époque de l'art romain.

Que la Cité se soit étendue au-delà des murs dans la direction indiquée, cela résulte manifestement encore de la succession non interrompue des mêmes trouvailles faites en très-grande quantité dans les terrains situés au-dessus des fortifications.

« M. Effroy, payeur du Mont-de-Piété d'Arras, disaient les rédacteurs de l'*Annuaire* de 1808, possède une riche et précieuse collection de médailles antiques, d'urnes cinéraires, lacrymatoires, patères, préféricules, simpules, lampes sépulchrales, et autres vases, le tout de différentes matières, formes et grandeurs, dieux pénates, sistres, fibules, amulettes, clefs, miroirs de métal, haches, couteaux, lames, javelots, bagues, pierres gravées, sceaux et beaucoup de morceaux de bronze curieux, qui ont servi à l'usage, ou à l'ornement des Romains, ou des anciens Atrébates.

« La plupart de ces objets ont été trouvés ou recueillis dans les environs d'Arras, notamment par la découverte d'une très-grande quantité de tombeaux romains qui a eu lieu en 1793, entre la porte Baudimont et celle d'Amiens, par un enlèvement de terre, pour les fortifications du dehors de la Cité [1]. »

Cela résulterait enfin des fouilles que l'on pourrait opérer de la porte Maître-Adam à celle d'Amiens, espace dans lequel les fortifications offrent à chaque pas d'innombrables vestiges romains.

C'est ainsi que le 14 mars 1874, M. Terninck nous a

---

[1] Page 531.

Le musée possède un tableau très-remarquable de Doncre où dans le cabinet qui renfermait toutes ces antiquités on voit M. et Mme Effroy et M. et Mme Doncre.

La collection de médailles de M. Effroy en comptait 10,000 hébraïques, samaritaines, grecques, macédoniennes, gauloises, romaines (consulaires, impériales du haut et bas empire), françaises, etc... soigneusement classées et cataloguées.

montré sur le terrain même, en sept ou huit endroits différents, qu'il avait creusés tant soit peu, des murs romains, en grès, en pierres de taille, en pisé, des fragments de colonnes avec ou sans sculptures, des caves, des puits, des poutres carbonisées depuis 15 ou 1600 ans, des tuiles, des fragments de vases rouges, noirs, gris, blancs, dont quelques-uns avec arabesques en relief, ou avec dessins de couleur, des médailles de Posthume, et l'empierrement d'une chaussée passant par-dessus ces restes de construction, tellement cette portion de la Cité a été bouleversée en tous sens et tellement les ruines s'y sont superposées [1].

Mais jusqu'à quels points déterminés faut-il reporter les limites primitives de la Cité ? Voilà qui n'est plus aussi clair.

S'appuyant 1° sur le point de jonction des anciennes voies romaines, inflexiblement rectilignes, d'Arras à Amiens, à Tournai, à Estaires, au *Septemvium*, à Cambrai, à Vermand, et même à Thérouanne, point de jonction que l'itinéraire d'Antonin, la table de Peutinger, les études de Malbrancq et le Mémoire de M. Haigneré, complété par M. Harbaville, placent à Arras ; 2° sur les pans de murs, excavations, tombeaux et objets antiques découverts sur différents points, notamment en 1793 ; 3° sur la situation du camp de César à Étrun qui devait se trouver à proximité de la Cité qu'il était appelé à surveiller et à contenir ; 4° sur l'autorité de Guiman qui, il y a sept siècles, déclarait son opinion formée par les anciennes chroniques, « *sicut in veteribus chronicis legimus* », et par les restes imposants du vieil état de choses « *sicut ruinarum vestigia*

---

[1] Depuis lors, en avril 1875, M. Terninck et M. Dutilleux ont retrouvé sur la demi-lune située presqu'en face la porte Maître-Adam, une construction romaine où l'on voyait des parois recouvertes d'un enduit blanc, d'autres d'un enduit rouge, et où étaient encore en place des tuyaux de poterie pour la distribution de l'air chaud ou de la vapeur.

et vallorum aggeres qui contra Julium Cæsarem et Romanos constructi sunt, hodieque contestari videntur, qui eo tempore apud Strumnum fixis tentoriis civitatem obsidentes dimicabant..... et sicut novitates operum a paganis constructorum quæ illis fodientibus frequenter occurrere solent » ; 5° sur d'autres textes encore ; 6° sur la configuration des lieux dont « plusieurs irrégularités et plis de terrain n'ont rien de semblable à un sol naturel » et prouvent qu' « il y a des ruines sous ces aspérités si tourmentées, si capricieuses; des murailles renversées, des décombres amoncelés », lesquels « seuls ont pu fournir une base aussi peu régulière à la terre végétale qui, peu à peu, a recouvert ces débris séculaires », M. Van Drival, dans un travail avec cartes, inséré en la *Statistique monumentale du Pas-de-Calais* [1], a reculé les limites de la Cité jusqu'à proximité d'Étrun et de Marœuil.

Quel que soit son mérite, cette étude ne nous semble pas résoudre la question *in terminis*.

Les quelques fondations et substructions antiques que fournit la campagne, notamment aux points les plus éloignés de la Cité, pourraient n'attester que des ruines de villas ou établissements agricoles, comme on en trouve partout ailleurs.

La face tourmentée du sol n'est pas plus singulière qu'on ne la voit au mont Saint-Laurent, situé à l'opposite, direction dans laquelle la Cité ne s'est jamais étendue.

Les *Vallorum aggeres* dont parle Guiman, pourraient ne constituer que des retranchements militaires, creusés en avant de la Cité pour en défendre l'approche.

En effet, les travaux considérables dernièrement opérés sur les trente-trois mesures de terres constituant le champ

---

[1] Tome II, livraison VIIe.

de manœuvre n'ont révélé la présence d'aucune construction antique.

Et le champ de bataille du plateau de Wagnonlieu, parsemé encore d'armes gauloises en silex, et de débris d'armures (en bronze) romaines, avec la ligne de retraite clairement indiquée par ces mêmes débris, jusqu'à proximité des fortifications d'Arras [1], tendraient à prouver que la Cité

---

[1] M. Terninck et M. le capitaine (du génie) Dutilleux, ont fait à ce sujet des constatations on ne peut plus intéressantes, que voici :

Sur le plateau culminant de Wagnonlieu, point stratégique d'où l'on découvre la campagne dans un rayon d'au moins deux lieues, ces Messieurs ont été frappés de la présence de certains silex sur un sol qui n'en produit pas.

La trouvaille de quelques haches polies, ayant été pour eux un trait de lumière, un examen plus attentif leur a fait reconnaître que ces silex plus ou moins façonnés, étaient, ou des haches brutes, ou des poignards, ou des casse-têtes, ou des pointes d'armes d'hast ou de jet, et l'évidence leur est apparue, lorsque sur le même terrain ils eurent relevé quelques pièces de bronze antique provenant de débris d'armures.

Étendant leurs explorations, ces Messieurs ont vu que dans la dépression de terrain, comprise entre le versant du plateau, et le versant du terrain opposé vers Louez, se rencontraient moins de haches et d'armes de main, et beaucoup plus de silex taillés en pointes de flèches, de javelots, ou en projectiles de fronde.

Et poursuivant les traces laissées par des silex ayant servi d'armes de toute nature, traces suivant aussi la même dépression de terrain vers Arras et en obliquant vers la Scarpe, ces Messieurs se sont arrêtés à quelque distance des fortifications, point où on cessait de trouver ces silex.

Et de cet état de choses ils ont tiré les inductions que voici :

Le sol ne fournissant naturellement nulle part des silex, ceux que l'on y voit et qui sont presque tous plus ou moins taillés y ont été apportés.

En face de Louez et d'Étrun le plateau de Wagnonlieu, défense stratégique avancée d'Arras, a été occupé par les Gaulois.

Ils y ont été attaqués par les troupes romaines, qui ont masqué leur manœuvre à l'aide des plis de terrains régnant entre le camp d'Étrun et le point fortifié gaulois.

Le combat a commencé comme toujours par les gens de trait, d'où la présence des pointes en silex de javelots et de flèches dans le bas du plateau.

Les Gaulois ont eu le dessous, d'où la présence des haches, casse-têtes et poignards sur le point culminant du plateau où l'on s'est battu corps à corps.

Enfin la retraite gauloise a pu s'effectuer vers la Cité, d'où la présence

~~gauloise était loin d'avoir l'excessive~~ étendue que lui suppose M. Van Drival, et expliquerait parfaitement la situation et l'utilité du camp d'Étrun.

C'est pourquoi les limites moins étendues qu'assignait, à la partie haute de la Cité, un manuscrit conservé au Collége des Jésuites d'Arras nous sembleraient plus admissibles.

« La ville d'Arras (y était-il écrit) estoit anciennement au lieu où de présent est la Cité, laquelle comprenoit du bout d'entrant les fauxbourgs de Beaudimont et autres pourpris, ainsi qu'on voit présentement les anciens fossez, digues et rivières des portes et murailles hors de la dite porte de Beaudimont et vers l'église de Saincte-Catherine [1]. »

Quoi qu'il en soit, après la dévastation d'Arras « *ferro et igne* », suivant les expressions de Balderic, en 881, ce que l'on rebâtit de la Cité ne s'éloigna plus considérablement du bourg de Saint-Vaast. Une enceinte de murailles vint plus tard servir de défense et ne plus permettre d'accéder que par cinq portes : 1° celle de *La Vigne* ou de *Bronnes*, située près du monastère de Sainte-Claire, à l'entrée de la rue de ce nom, en arrière du courant d'eau des hautes fontaines et conduisant au hameau de La Vigne, lequel, avec ses deux chapelles de *Saint-Éloy* et de *Saint-Fiacre*, se trouvait, où sont actuellement les allées, les glacis de la Citadelle et l'Esplanade; 2° celle de *Baudimont*; 3° celle de *Maître-Adam*, sise au bout de la rue de ce nom, et près de laquelle

---

d'armes de toute espèce dans cette direction, alors qu'à droite et à gauche on n'en rencontre plus nulle part.

La présence de nombreux silex et du peu de débris de bronze s'explique naturellement; les premiers n'ayant aucune valeur ont été laissés sur place, les autres, au contraire, ayant une valeur vénale auront été recueillis au fur et à mesure qu'on les aura trouvés.

Ces inductions sont on l'avouera excessivement plausibles.

[1] Notes de COLLART sur Dom Taverne, *Journal de la Paix d'Arras*. Manuscrit de la bibliothèque communale.

était une petite forteresse occupée par le châtelain du roi jusque pendant le XIV° siècle [1]; 4° celle dite *Triperesse* ou de *la Triperie*, sise à peu près en face de la rue des Bouchers-de-Cité, et par laquelle on accédait à la Ville ; 5° la porte de *Cité*, que l'on voit encore aujourd'hui à droite de la cour de la maison bâtie sur les substructions de l'ancien hôtel échevinal de la Cité, et élevée au plus tard vers le temps de Louis XI, alors que, comme nous l'apprend Robert Gaguin, la Cité était située sur une éminence distante d'environ cent pas de la Ville « *quæ seorsum centum fere passibus ab oppido loco editiore sita est* [2]. »

Depuis lors la Cité est descendue vers le fossé Burien, de la largeur de cet ancien Hôtel de Ville et de la maison formant l'angle de la rue de Baudimont et de la rue Terrée-de-Cité, ainsi que le démontre clairement la ligne des pignons, se prolongeant jusqu'au-delà de l'hôtel du *Canard*. Plus tard encore, la Terrée-de-Cité, devenue simple rue, s'est, à droite et à gauche, couverte des maisons que nous voyons aujourd'hui, maisons contre partie desquelles se sont adossées celles construites depuis 1830, au-dessus du fossé sur la rue de Juillet.

Quant à la porte d'*Amiens*, elle n'a été ouverte que lors de la fermeture de la porte de Bronnes.

VILLE

Autour de l'abbaye de Saint-Vaast placée, nous l'avons vu, dans le *Castrum nobiliacum*, se groupèrent des habitations dans l'enceinte même du Castrum, puis du côté des

---

[1] HARBAVILLE, *Mémorial*, tome I, page 63.
[2] Voir le plan de 1590.

grande et petite place et alentours[1]. Plus tard s'établirent les rues Méaulens, Saint-Maurice, du Bloc, des Teinturiers, etc. Tout cela était connu sous le nom de *Bourg du monastère*.

Postérieurement se créèrent les rues Saint-Aubert, des Gauguiers et quartiers environnants. Cette agglomération s'appela *Nouveau bourg*, par opposition au *Vieux bourg*, ainsi qu'il résulte « d'une contestation élevée en 1101 entre le chapitre d'Arras et l'abbaye de Saint-Vaast touchant les limites de leur juridiction, dans l'ancien et le nouveau bourg[2]. »

Quant au terrain compris entre les rues des Augustines et du Pré constituant le quartier des *rues basses*, il était considéré comme *faubourg*, témoin l'acte d'érection de la paroisse de la Chapelette, en 1148, où elle est désignée comme située *in suburbio*.

Comme système de défense, on éleva la porte Ronville, puis celle de Saint-Sauveur (ou Saint-Nicholas), puis celle de Saint-Michel, qui étaient autant de forteresses. Ces trois portes furent reliées par un mur d'enceinte, avec tours, situé en avant de l'ancienne enceinte, en pierres blanches non remparées, très-visible encore, et sur laquelle sont établis les quartiers de derrière des maisons d'un côté de la rue du Saumon. On relia également la porte Ronville à la porte Hagerue et la porte Saint-Michel à la porte Méaulens par d'autres murs, aussi protégés de tours ; enfin la porte Hagerue, la porte Puignel et la porte de l'Estrée furent reliées à la porte Méaulens par un dernier mur d'enceinte, ce qui établit un boulevard continu tout autour de la ville.

Le mur d'enceinte était crénelé, sinon partout, du moins

---

[1] BAUDUIN, *Chronique d'Arthois*.
[2] HARBAVILLE, *Mémorial*, tome I, page 51.

en certaines parties; un document de 1292 (13 kal.) constate un différend élevé entre l'évêque et le comte d'Artois à l'occasion d'un certain Empugue Porée, boucher de Cité, pour le dommage par lui causé « en estoupant les créniaux et les arcières de la forteresse du dict comte [1] ».

On se figure généralement que la Ville et la Cité ont été constamment séparées par le mur abattu lors de leur union sous le roi Louis XV. C'est une erreur capitale, comme le prouve déjà ce que nous venons de dire, et comme le démontrera encore ce qui va suivre.

Au commencement du XIIIᵉ siècle, Louis VIII fit élever près du Wetz-d'Amain, entre l'hôpital Saint-Jean-en-l'Estrée et le pouvoir de Chaulnes, une porte forteresse appelée *Porte de l'Estrée*, dans le mur d'enceinte de la ville du côté de la Cité [2]. Au pied de ce mur coulait l'un des bras du Crinchon.

Il y avait conséquemment entre la Ville et la Cité, dont l'enceinte était derrière le fossé Burien un grand espace, sur lequel s'étendait la juridiction de l'évêque, et qui faisait partie de la paroisse de Saint-Nicolas-en-l'Atre.

Ultérieurement la porte de l'Estrée fut démolie pour être reportée auprès du fossé Burien; la forteresse-porte que l'on construisit en cet endroit prit le nom de porte *Notre-Dame*.

Mais l'évêque ne consentit à ce que la Ville s'étendît jusque-là, qu'à la condition que la circonscription paroissiale ne serait pas modifiée, c'est pourquoi, bien que située en Ville, la rue Saint-Jean-en-Lestrée, fît jusqu'à la Révolution partie de la paroisse de Saint-Nicolas-en-l'Atre de Cité.

Lors de la construction de la porte Notre-Dame, le mur d'enceinte de la Ville fut également reporté en avant et

---

[1] *Archives départementales*, Nº 1099. — *Procès-verbal* de 1740.
[2] Le Père IGNACE, *Mémoires*, tome VI, page 516.

bâti le long du fossé Burien depuis le Claque-dent, jusqu'à la porte Méaulens.

De sorte qu'à cette époque il existait à gauche du fossé Burien, l'enceinte de la Ville, et à droite l'enceinte de la Cité.

Ultérieurement encore l'enceinte de la Cité fut abattue, et il ne resta plus que le mur d'enceinte de la Ville.

« Anciennement, dit le père Ignace, la Cité était séparée de la Ville par un double rempart, et un double fossé, celui du côté de la Ville, qui subsiste encore, était revêtu de murailles. Ce fossé servait de lit à un bras du Crinchon comme on le voit encore. Le rempart et le fossé du côté de la Cité sont, l'un comblé, et l'autre rasé depuis longtemps [1]. »

Toujours, de loin surtout, la Ville et la Cité ont paru constituer deux villes parfaitement distinctes, lorsque l'on considérait quelle distance séparait le beffroi et la chapelle abbatiale de Saint-Vaast, de l'ancienne cathédrale.

Un dicton populaire, rapporté par le père Ignace, nous a transmis cet effet produit, qui du reste existe encore maintenant, quand on mesure la distance séparative de ce même beffroi avec la flèche de la chapelle des Dames du Saint-Sacrement :

> Et bay bay par la vau
> C'ont chez cloquez d'Arau.
> Et bay bay in peu pu d'coté
> Ché chez cloquez ed Chité [2].

Indépendamment des tours extérieures et intérieures qui flanquaient les portes de la Ville, le mur d'enceinte en com-

---

[1] *Mémoires*, tome VII, page 483. — Dom GÉRARD ROBERT, LOCRIUS, HARDUIN et les *Mémoriaux de l'échevinage*.

[2] *Mémoires*, tome VIII, page 195.

ptait beaucoup d'autres, ainsi que cela résulte d'une nomenclature très-authentique, et très-intéressante, datant de 1369, dont nous devons la communication à l'obligeance de notre savant bibliothécaire M. Caron ; nomenclature suivie d'une autre pièce presqu'aussi curieuse, donnant l'indication des armements et approvisionnements aux connétables chargés de la défense de la place et postes avancés.

DE L'AN M CCC LXIX

« Chi s'ensuit chil qui ont les clés des portes et tours d'icelles et aussi des autres tours qui sont autour de la Ville, par l'ordenance et du commandement d'eschevins, par le conseil des xxiiij, par Nieule de Paris, Andrieu Louchart et Jehan de Saint-Vaast.

Primes A Sawalle le Borgne les ij clés des ij tours qui sont nœuves entre le porte Saint-Nichollay et le porte Saint-Michiel.

Item. Gille Crespin connestable, les clés de le porte Saint-Nichollay, est assavoir le clef du moyen estage ; *item,* le clef de l'espringalle ; *item,* le clef de le cambre dessous l'espringale ; *item,* le clef de le tour après le porte en allant vers le porte de Ronville ; *item,* le tour du Quien, le clef à l'espringale ; *item,* le clef de le tour après chelli du Quien, les quelles clefs Gilles Crespins rapporta au buffet en halle, et les prinst Nieules de Paris, et aussi prinst li dis Nieules les ij clés à Sawalle le Borgne.

Item. Galos li clers qui warde l'avant-porte de Saint-Nichollay a le clef du haut estage de le porte de Saint-Nichollay, pour ce qu'il le clot au matin et œuvre au vespre pour les ordures que on y porte de jour.

Item. A Nieule du Luiton, connestable pour le porte de Ronville le clef du bas estage ; *item,* le clef du moyen estage; *item,* le clef de le tour le Bay et le clef de le cambre d'icelli tour ou li espringalle est, ij clés a li tour de Pavie, dont l'une va a la cambre ou li espringalle est, *item,* le clef de le tour Basouel.

Item. A Simon du Boef, conestable de le porte de Haiserue, le clef du bas estage d'icelle porte et ij clés qui vont par deseure a ij huis qui vont a le terrasse; *item,* les clés de le porte de Puignel, est assavoir le clef dessous par terre; *item,* le clef du moyen estage qui est de l'un les a l'autre selon les murs; *item,* le clef de le moyenne cambre de le porte; *item,* le clef de le cambre ou li espringalle est; *item,* ij clés de le tour Malaquin dont l'une va a le cambre ou li espringalle est, que Robers li Lons a; *item,* baillé au dit Simon les clés de le tour le Cornue, dont l'une va a le cambre ou li espringalle est, et doit prendre li dit Simon toutes les clés des tours noeuves qui sont entre Puignel et le porte de Chité as carpentiers et machons qui y ouvroient et qui les avoient, lesquelles ne furent oncques rapporté en halle par devers les dis Nieule, Andrieu, etc.

Item. A Brunaut Paliate, connestable pour le porte de Chité, primes les clés de le tour de Marœul dont l'une va a le cambre de l'espringalle; *item,* le clef de le tour après le porte de Chité, dont l'une va a le cambre où li espringalle est, *item,* le clef de le tour deseure les Liches; *item,* ij clés de le tour qu'on dit Rauvelet après chelli tour dont l'une va a la cambre de l'espringalle,

Item. A Jacquemart Avisé, connestable pour le porte Miaulens les clés de le porte et le clef de le cambre ou li sanglers est; *item,* le clef de le tour après le porte, alant vers le poterne; *item,* le clef de l'autre tour après chelli tour.

Item. A Grard de l'aris, connestable pour le porte saint Miquiel, primes le clef de ij huis du moyen estage; *item,* ij clés de ij huis qui sont par terre; *item,* le clef de le cambre ou li-espringalle est ; *item*, le clef de l'huis ou li planquette est devant le pont ; *item*, le clef de le tour après le porte en alant vers le poterne ; *item*, le clef de le tour qui est après ichelli ; *item*, a li dis Grard le clef de le tour après ychelli ; *item*, encore a il les clés de le tour après ychelli c'on dist le tour du diable et le clef d'icelli ou li espringalle est ; *item*, le clef de le tour de le poterne ou l'espringalle est, et le clef de le cambre d'icelli espringalle et tout est une clef qui y va. »

« *Item*. S'enssuit che que Nieule de Paris, Andrieu Louchars et Jehan de Saint-Vaast ont baillé et délivré de l'artillerie de le Ville, tant pour les portes comme pour les tours, pour le warde, tuition et deffense d'icelle ville,

Premièrement.

Ronville.

Pour le dicte porte, pour les vi connestables qui y sont commis et ordoné, c'est assavoir Guerards li fourriers connestable, i canon et douze garros, i martèl, une cache, i soufflet, i cent de quarrel a i piet, une bannière enanstée, iiij pignonchiaux, i falot et ij livres et demie de pourre, une louche de plonc et un quarteron de tourtiaux.

Item. A Jacquemart de Thellu, pour le dicte porte, i canon, xii garos, i martel, i soufflet, une cache, une bannière enanstée, i cent de quarriaux a un piet, iiij pignonchiaux, i falot, ij livres et demie de pourre et un quarteron de tourtiaux.

Item. A Andrieu des Casteles, connestable pour le dicte porte, i canon, xij garros, i martel, i soufflet, un poussoir, une bannière enanstée, i cent de quarrel a un piet, iiij pignonchiaux, i falot, ij livres et demie de pourre, i quarteron de tourtiaux.

Item. A Willaume de Noeuwe, connestable pour le dicte

porte de Ronville, un canon, xii garros, i martel, i soufflet, un poussoir, une bannière enanstée, un falot, iiij. pignonchiaux, i cent de quarrel à un piet, ij livres et demie de pourre et un quarteron de tourtiaux.

Item. A Henry le Capelier, connestable pour le dicte porte, i canon, xii garros, i martel, i soufflet, i poussoir, une bannière enanstée, i cent de quarrel à un piet, iiij pignonchiaux et i quarteron de tourtiaux.

Item. A Nieule du Luiton, connestable pour le dicte porte de Ronville, i canon, xij garros, i martel, i soufflet, i poussoir, i bannière enanstée, i cent de quarrel à un piet, iiij pignonchiaux, i falot, ii livres et demie de pourre et iiij tourtiaux.

Hagerue.

Item. Pour le porte de Haiserue à Jean de Ghiesy, connestable, i canon et xii garros, i martel, i soufflet, i poussoir, une bannière en anstée, i cent de quarrel à i piet, iiij pignonchiaux, i falot, ij livres de pourre, i quarteron de tourtiaux.

Item. A le dicte porte à Jehan Bichon, connestable, i canon, xii garros, i soufflet, i martel, i poussoir, une bannière estoffée, i falot, i cent de quarriaux à i piet, iiij pignonchiaux enanstés, ii livres i quarteron de pourre, une louchière de plonc et un quarteron de tourtiaux.

Item. Pour le dicte porte à Pierot le Joule, connestable, i canon et xii garros, i martel, i soufflet et un poussoir, i cent de quarrel à un piet, une bannière enanstée, i falot, iiij pignonchiaux enanstés, ij livres de pourre, i quarteron de tourtiaux.

Item. A le dicte porte Simon du Boef, connestable, i canon, xii garros, i martel, i soufflet, i poussoir, une bannière enanstée, i cent de quarrel à un piet, iiij pignonchiaux en anstés, ɪ falot, ɪɪ livres un quarteron de pourre, ɪ quarteron de tourtiaux.

Item. A le dicte à Robert le Lonc, ɪ canon, xɪɪ garros, ɪ martel, ɪ soufflet, ɪ poussoir, une bannière enanstée, ɪ falot et ɪɪɪj pignonchiaux en anstés, ɪ cent de quarrel à un piet, ɪɪ livres ɪ quarteron de pourre et un quarteron de tourtiaux.

Porte de Cité.

Item. A le porte de Chité à Huart le Verrier, connestable, ɪ canon, ɪ soufflet, ɪ martel et un poussoir, xɪɪ garros, une banière enanstée, ɪ falot, ɪ cent de quarriaux à ɪ piet, ɪɪɪj pignonchiaux en anstez, ɪɪ livres et demie de pourre, ɪ quarteron de tourtiaux.

Item. A le porte de Chité à Robert de Ghiesy, connestable ɪ canon, xɪɪ garros, ɪ soufflet, ɪ martel, ɪ poussoir, une bannière enanstée, ɪ fallot, ɪ cent de quarriaux à un piet, ɪɪɪj pignonchiaux enanstés, ɪɪ livres de pourre et un quarteron de tourtiaux.

Item. A le dicte porte à Rasse Nepveu, connestable, ɪ canon, xɪɪ garros, ɪ soufflet, ɪ martel, une bannière enanstée, ɪ fallot, ɪ cent de quarriaux à un piet, ɪɪɪj pignonchiaux, ɪj livres ɪ quarteron de pourre et un quarteron de tourtiaux.

Item. A le dicte porte à Wale Danzaing, connestable, ɪ canon, xɪɪ garros, ɪ soufflet, ɪ martel, ɪ poussoir, ɪ cent de quarrel à ɪ piet, une bannière en anstée, ɪ fallot, ɪɪɪj pignonchiaux en anstés, ɪj livres et demie de pourre et ɪ quarteron de tourtiaux.

Item. A le dicte porte à Bruiant Paliart, connestable, ɪ canon et xɪɪ garros, un soufflet, un martel, ɪ poussoir, ɪ cent de quarriaux à ɪ piet, une banière enanstée, un falot, ɪɪɪj pignonchiaux enanstés, ɪɪ livres et demie de pourre et un quarteron de tourtiaux.

Item. A le dicte à Sawale Wardavoir, connestable, i canon, xii garros, i soufflet, i martel, un poussoir, i cent de quarriaux à i piet, une banière enanstée, i falot et iiij pignonciaux enanstés, ij livres et demie de pourre et un quarteron de tourtiaux.

Item. A la porte de Cité à Grignart Faude, connestable, i canon, xii garros, i martel, i soufflet, i poussoir, i cent de quarrel à i piet, une bannière en anstée, i falot, iiij pignonciaux tous enanstés et ii livres i quarteron de pourre, i quarteron de tourtiaux.

Meaulens.

Item. A le porte de Miaulens à Lambert Caudron, connestable, i canon, xii garros, i soufflet, i martel, i poussoir, i cent de quarrel à i piet, une bannière enanstée, i fallot, iiij pignonciaux enanstés, ii livres i quarteron de poure, une louche de plonc et i quarteron de tourtiaux.

Item. A le porte Miaulens, à Maillin de Gauchin, connestable, i canon et xii garos, i martel, i soufflet, i poussoir, une banière en anstée, i falot et iiij pignonciaux tous enanstés, ii livres i quarteron de poure et i quarteron de tourtiaux.

Item. A le dicte porte, à Thiébaut Alart, connestable, i canon et xii garros, i soufflet, i martel, i poussoir, une banière enanstée, i cent de quarrel à piet et i falot, iiij pignonchiaux tous enanstés, ii livres i quarteron de pourre et un quarteron de tourtiaux.

Item. A le dicte porte à Baude de Henin, connestable, i canon et xii garos, i soufflet, i martel, i poussoir, une banière enanstée, i falot, iiij pignonchiaux tous enanstés, ij livres et i quarteron de pourre et i quarteron de tourtiaux.

Item. A le dicte à Jacquemart Avize, connestable, i canon, xii garos, i martel, i soufflet, i poussoir, une banière enanstée, i cent de quarrel à piet, i falot, iiij pignonchiaux tous enanstés, ij livres et un quarteron de poure et un quarteron de tourtiaux.

Saint-Michel.

Item. Pour le porte Saint-Mikiel, à Maceclier, connestable, I canon, XII garros, I martel, I soufflet, I poussoir, une banière enanstée, IIIj pignonchiaux tous enanstés, I falot, I cent de quarrel à piet et ij livres et un quarteron de poure et I quarteron de tourtiaux.

Item. A le dicte porte, à Mikiel Augrenon, connestable, I canon et XII garos, I martel, I poussoir, I soufflet, une banière enanstée et IIIj pignonchiaux, I falot tous enanstés, I cent de quarrel à piet, ij livres et demie de pourre et un quarteron de tourtiaux.

Item. A le dicte porte, à Baude Fastoul, connestable, I canon et XII garros, I martel, I soufflet, un poussoir, une banière en anstée, un falot, IIIj pignonchiaux tous enanstés, ij livres et I quarteron de poure et un quarteron de tourtiaux.

Item. Pour le porte Saint-Mikiel, à Grard de Paris, connestable, I canon et XII garros, I martel, I soufflet, I poussoir, I cent de quarrel à piet, une banière enanstée, I falot et IIIj pignonchiaux tous enanstés, ij livres et I quarteron de poure et I quarteron de tourtiaux.

Item. A le dicte porte Saint-Mikiel, à Simon Augrenon pour Simon de Lens, connestable, I canon et XII garros, I martel, I soufflet, I poussoir, une banière enanstée, I falot et IIIj pignonchiaux tous enanstés, II livres et demie de poure et un quarteron de tourtiaux.

Item. Pour le dicte porte, à Pierot de Wandelicourt, connestable, I quarteron et XII garros, I martel, I soufflet, I poussoir, une banière enanstée, I falot, IIIj pignonchiaux tous enanstés, I cent de quarrel à I piet, ij livres et un quarteron de poure et un quarteron de tourtiaux.

Saint-Nicolay.

Item. A le porte Saint-Nicolay, à Gille Crepin, connestable, i canon et xii garros, i martel, i soufflet et un poussoir, une banière en anstée, i fallot et iiij pignonchiaux tous enanstés, i cent de quarrel à piet, ij livres de poure et un quarteron de tourtiaux.

Item. Pour le dicte porte, à Gille de Noewe, connestable, i canon, xii garros, i martel, i poussoir, i soufflet, une banière enanstée, i falot et iiij pignonchiaux tous en anstés, i cent de quarrel à i piet, ij livres et demie de poure et un quarteron de tourtiaux.

Item. A le dicte porte, à Robert Wion, connestable, i canon, xii garros, i martel, i soufflet, i poussoir, i cent de quarrel à i piet, une banière en anstée, i falot et iiij pignonchiaux tous enanstés, ii livres et demie de poure et un quarteron de tourtiaux.

Item. A le dicte porte Saint-Nicolay à Jehan de Croisettes, lieutenant de Nieule de Paris, connestable, i canon et xii garroz, i martel, i soufflet, i poussoir, i cent de quarel a i piet, une bannière enanstée, i falot et iiij pignonchiaux tous enanstés, ii livr. i quarteron de pourre, ung pot, une louche de plonc et un quarteron de tourtiaux.

Item. Pour le dicte porte à Jehan de Lille, lieutenant de Sawale le Borgne, connestable, i canon et xii garroz, i martel, i soufflet, et i poussoir, i cent de quarel à piet, une banière enanstée, i falot et iiij pignonchiaux, ii livr. i quarteron de poure et i quarteron de tourtiaux.

Item. Au connestable de dehors le porte de Ronville, de le rue de le Trinité, a Jehan de Mehet une bannière enanstée, iiij pignonchiaux enanstés, i cent de quarel à i piet.

Item. A Martin, de Fampous, esquevin, i fallot enansté.

Item. A Jehan le Normant, eschevin, i fallot enansté.

Item. A Jacquemart de Sainct-Vaast, ı fallot enansté.

Item. A Nieule, de Paris, ı fallot enansté.

Item. A Gille, de Wavrans, ı fallot enansté.

Item. Au maieur d'Arras, ı quarteron de tourtiaux.

Item. A Jehan de Caignicourt, connestable, dehors le porte Saint-Nicolay, et Jehan Coset, ı canon, xıj garoz, ı martel, ı soufflet, ı poussoir, ıj bannière enanstées, un falot et vı pignonchiaux, ı cent de quarel à ı piet, ıj livr. et ı quarteron de poure.

Item. Pour dehors le porte de Ronville, en le rue Saint-Vinchent et le Poterie, à Gardon, connestable, une bannière enanstée et ıııj pignonchiaux enanstés.

Item. Pour dehors le porte de Haiserue, le noeve rue à Pierot le Machon, connestable, une bannière enanstée et ıı pignonchiaux.

Item. Li eschevin ont heu cascun ı quarteron de tourtiaux, c'est assavoir Simon de Lens, Sawale le Borgne, Nieule de Paris, Andrieux Louchart, Jaq. de Saint Vaast, Jehan le Norman, Martin de Fampoux, Gille de Wavrans, Andrieu Wions, Andrieu de Courcelles et Mikiel Saquespée.

Item. Délivré au mois de juillet, l'an LXIX, par Andrieu Louchart et Jehan de Saint-Vaast, à Nieule, de Paris, ııj grans arbalestes de bos au tour et ıj cauques pour le porte Saint-Nicolay et 1 estendart, c'on dist varlet et ıj cent de quariaux pour les dits arbaletres.

Item. Fu délivré par Nieule de Paris audist Louchart et Jehan de Saint-Vaast pour mener en l'ost vj coffres de quariaux à ı piet pour les arbalestres de vj cent ou environ, ıj petis canons et xıj gros, ıj martiaux, ıj souffles et ıj chez, ııj livr. de poure, ıj banières enanstées, et vıj pignonchiaux enanstés, vıj faloz en anstés, xııj cent de tourtiaux et ıııj louches, ıj hauwiaux et humes de fer a faire fu pour les canons, xxx targes et vıj pignonchiaux les vıj cars.

Des coses dictes par dessus fu rapporté vj coffres dont li quatre furent plain et li autres doy furent environ cascun à moitié.

Item. Rapporté v faloz et ij banières enanstées, ij soufflet, I hauwes, I loucet, iiij cent de tourtiaux et xvj targes, I humerel et I petit canon.

Item. Il a en l'artillerie xxx estandars, c'on dist varles pour les arcs à cauque qu'ils firent faire. »

Les postes *extra-muros*, dont il est question dans la pièce concernant l'armement, faisaient peut-être partie, à un degré d'importance plus considérable, de la série d'ouvrages avancés, protégeant l'enceinte continue. On lit en effet au *Dictionnaire universel de Thomas Corneille*, publié en 1708 : « Autour de la Ville, de 50 pas en 50 pas, on voit un petit retranchement qui peut contenir 15 à 20 personnes, et est de forme quarrée et élevé d'environ 40 pieds. Le circuit en est à peu près de 150 pieds de Roy [1] », affirmation que le Père Ignace, qui écrivait un peu plus tard, a reproduite littéralement, mais en mettant au passé ce que Corneille mettait au présent, et en ajoutant : « on a détruit ces forts au commencement de ce siècle [2]. »

Dans les comptes des quatre commis aux ouvrages de la Ville, on trouve la mention de ce qui a été payé.

En 1513, « pour deux treilles de fer, une a le tour des Arbalestriers, et l'autre a le haulte tour. Item pour encoires deux treilles à le tour Sainte-Barbe et l'autre à l'Esquerguette. Item pour troys petites treilles, une à la porte Miaulens, les aultres à le tour Saint-Nicolas. »

En 1543-1544, « pour avoir révisité les tours qu'il s'ens-

---

[1] *Verbo* Arras.
[2] *Mémoires*, tome II, page 146 — Un plan de 1701 (N° 10 des archives) indique une série de vingt petits forts en avant des ouvrages de défense de la place.

suit, assavoir : le tour des Cordeliers, le tour Saint-Andrieu, le tour Saint-George, le tour à Coullon. »

Même année, « pour avoir révisité les tours et guets dessus les murailles, assavoir : le tour des Kacornus, le comble dessus le guet de la porte de Miaulens, le tour de Flandre, le guet de l'Esquerguette, le tour de Saint-Nicolas, le tour Cornière et le tour devant la plate-forme du molin à vent. »

Même année, « pour révisiter les guets qu'ils s'enssuit : le tour devant la ruelle Guairol, le tour de Bourgongne, le hault tour, les tours et guetz de Claquedent, le tour Saint-Georges, les guets de la porte de Cité tant hault que bas, et le tour Sainte-Barbe. [1] »

Des tours de l'enceinte, quatre sont encore existantes entre la porte Méaulens et la Brêche, leur nom avait été modifié, sans doute, car trois d'entre elles s'appelaient, au moment de l'époque révolutionnaire, les tours du Major, du Marais et de l'Étoile [2].

La tour de Bourgogne était située entre les portes Hagerue et Puignel. La tour Sainte-Barbe se trouvait derrière l'hôtel de Chaulnes. La tour Saint-Maurice était près la porte Méaulens.

La porte-forteresse Notre-Dame fit place à une autre porte construite à peu près dans le genre de la porte des Malades, à Lille.

En 1639, alors que l'on craignait sans doute une agression ennemie, on voulut être positivement renseigné sur la véritable situation de la place, et l'un des officiers chargés de l'examen des remparts et ouvrages de défense fit le rapport que voici :

---

[1] Communication de M. Caron.
[2] Voir un grand plan avec Renseing, déposé aux archives du génie.

A Messeigneurs,

Messeigneurs les Chefs Trésorier général et Commis des finances du Roy.

Messeigneurs,

Sur l'ordre qu'il a pleu à vos seigneuries me donner de la part de son alteze touchant les fortifications de la Ville et Citté d'Arras, auxquelles debvoient entrevenir les ingénieurs Gilles et Desfossez en suite des lettres que leur ay faict tenir selon le prescript de voz seigneuries, confortant celles que le magistrat de la dicte Ville avoit faict auparavant tenir procédant de son alteze et d'aultres que le seigneur Coosmans leur at envoyée au mesme effect, après les avoir surattendu par l'espace de trois jours enthiers en la dicte Ville sans y estre venu, j'ai pour l'acquit de mon debvoir et chargé visité la dicte Ville et Citté, tant par dehors que par dedans, à l'intervention du baron d'Ère, seigneur de Termignies, gouverneur de la dicte Ville d'Arras et aultres commis du dit magistrat, en présence de Tobias Massue, ingénieur, résidant par ordre de sa dicte alteze au dict lieu, et remarqué sur chascun ouvrage ce que s'enssuit :

Assavoir :

Touchant la basse partie de prairie nommée la Vigne, olres qu'il y ait beaucoup à travaillier, et plusieurs formes diverses à dresser, toutes avecq bonnes deffenses, néantmoings d'aultant que la dicte partie se poeult facilement inonder, et que d'ailleurs c'est une tenaille bien grande et munie entre deux remparts, il semble plus expédient travailler pour la meilleure deffense,

+ 1° A la pointe d'Hagerue, où s'extenderont les deux lignes de l'ouvrage encommenché en poincte sans tenaille, y laissant le flancq du costé de la dicte Vigne, et faisant la contrescherpe à l'entour, commenchant depuis la dicte Vigne, du côté d'Hagerue.

2° A la demie-lune faicte derrière les Carmes il faut allargir le fossé jusques à cinquante pieds et hausser la poincte d'icelle demie-lune aultres quatre pieds par dessus les trois qu'elle at à présent, avec une contrescherpe et strade couverte à l'entour.

3° Il convient dresser tous les fossés des ouvrages de dehors qui sont sur le hault terroir jusques dens les fossés principaulx de la Ville et Citté.

4° La demie-lune de Ronville est bien flanquée, et il faut hausser la poincte d'icelle 4 pieds et allargir le fossé jusques à cinquante pieds, en y faisant la contrescherpe à l'entour sept pieds plus hault que la chaussée, en ostant aussy le triangle quy est demoeuré joindant le flancq audict fossé, et aussy on y fera le pont en forme, comme la modelle de Massuè pour la demie-lune devant la porte de Saint-Nicolas.

5° Sur le rampart, entre les deux murailles, entre les portes de Saint-Nicolas et Ronville, on continuera les parapets en la mesme forme, comme Bolin at faict derrière les Carmes, observant toutteffois que on commenchera premièrement ès lieux desquels les ouvrages de dehors thirent leur deffense.

6° La contrescherpe audict lieu opposit on l'abbaissera un peu afin que la Ville commande mieulx pardessus.

7° A la porte de Saint-Nicolas, la poincte du fossé quy regarde le midy du côté de la Ville, il fault oster le long triangle jusques au fond du fossé, afin qu'on puisse mieulx descouvrir, et ainsy fera on en semblables occurrences.

8° On mettra le pont deux pieds plus bas que l'orison présente à la sortie de la dicte demie-lune, continuant un doux talud de la chaussée jusques à rencontrer la rue du Trinitoire.

9° On passera oultre avecq la contrescherpe et strade couverte à lentour d'icelle demie-lune en la forme encommenchiée, faisant petitement monter le costé d'icelle qui regarde les croix des Recollets, afin qu'on excuse les grands frais de la forme de la contrescherpe auparavant projecté.

10° En touttes les demies-lunes en général on ferat une batterie dedens leurs poinctes et ne ferat on leurs poinctes quy regardent les fossés de la Ville sy expesses comme celles devant Saint-Nicolas, ains de la poincte extérieure vers les fossés toujours en diminuant, et les dictes poinctes toujours en suite de la raison du terroir opposit, 5, 6 ou 7 piedz plus hault que les deux poinctes qui regardent les fossés, et cecy servira en général pour touttes les demy-lunes.

11° On joindra la poincte de la contrescherpe de Saint-Nicolas vers le croix des Cordeliers à celle quy vat du long du fossé, en forme comme elle est traschée.

+ 12° Il est très nécessaire de faire la demie-lune au Croix des Cordeliers pour pouvoir seurement correspondre de la demie lune de Saint-Nicolas à celle des Pestiférés, aussy pour deffendre le blocqhuys de Saint-Michel, dans lequel se doibvent achever les parapettes et joindre à la Ville.

+ 13° A lentour du dict blocqhuys on fera la contrescherpe et strade couverte, bien entendu que depuis la poincte du dict blocqhuys, en dévalant vers le nord, on taillera la strade couverte entière dens le terroir, et de la terre y provenante on haussera la contrescherpe basse quy y est contigue.

+ 14° On achèvera au plustost la demie lune des Pestiférés en la forme cy dessus prescripte, observant que le côté quy regarde le midy sera orisontal, et celui du nort ira en suite du terroir, dévalant vers le fossé de la Ville, et la contrescherpe à l'entour irat jusques à ce quelle se rende en fausse braie, laquelle s'est joindre à la contrescherpe quy vat du long du fossé vers le molin à l'eau, lequel sera taillé tout entièrement dens le terroir, pour affin qu'on soit couvert contre le commandement de Saint-Nicolas, quy peult tirer au dos.

15° Au molin à l'eau, vis à vis le pat au cheval, on y porroit, en cas de besoing, hausser le fond du fossé entre les deux encluses d'un long trait à l'hauteur du planchier de la première encluse, et il fault remplir pareillement le fossé qui vat en dehors du fossé principal de la Ville collatéralement depuis le molin jusques à l'aultre costé du vert bloquys, affin que l'ennemy ne puisse sy aisément sangler les fossés principaulx.

+ 16° Dens le pat au cheval on fera des parrapez et une espaule à l'esproeuve, comme il est proposé.

+ 17° On rehaussera la poincte du vert blocquys à l'hauteur de sept pieds d'avantage qu'elle n'at maintenant, et après l'avoir mis en deue estat, on le joindra à la Ville, ce qui allargira fort les flanqs à deux costés.

18° Et comme cy dessus on trouve derrière le croix des Cordeliers ung demy bollevert dans le fossé de la Ville pour flancquer dens le fossé, il sera fort à propos de le mettre en bon estat de deffense avecq deux parrapez en forme de fausse braye.

+ 19° Il sera bon de faire une demie lune entre le verd bloqhuys et la porte de Miolens, faisant la contrescherpe du costé de la dicte porte et une digue du costé du vert blocqhuys pour conserver les eaux de la Ville, pour lequel effect on pourra faire illecq au travers du fossé de la Ville, une dosdane ou cousteau large par embas et seullement ung pied pardessus l'eau, affin que on conserve les eaux quy sont du costé de la porte, et continuerat on la contrescherpe depuis icelle demie lune jusques à la demie lune de la dicte porte de Miolens.

+ 20° On fermera la vieille sortie de la demie lune devant la porte de Miolens, laquelle se debvra mettre en bon estat, rehaussant la poincte et n'allargissant point le costé quy regarde l'Union davantage qu'il n'est à présent, et on rompera l'arcade du pont de briques, et on doibt mettre deux ponts nouveaux de bois, l'un sur les fossez, l'aultre sur la rivière de l'Union et le fossé de la dicte demie lune 50 pieds, comme les aultres, de large.

21° On ostera les vieilles ruines quy sont dens le fossé contre la porte de Miolens, et on prolongera le pont de deux arcades au lieu ou que le corps de garde se trouve à présent.

22° On rehaussera la parapette qui est entre le cleff de l'Union jusques au rampart de la Ville, cincq à six pieds plus hault qu'il ne se trouve à présent avecq une bonne esplanade par derrière, commode à mettre du canon, en cas de besoing.

Touchant la Citté d'Arras :

+ 1° On fera tout à l'entour de la Citté d'Arras et sur les bolleverts de Bodimont, Quoette et de Marle des parrapetz de terre à la preuve, et sur celluy de Bodimont et de Marle, à l'hauteur du sommet de leur houbette, et depuis le cleff de l'Union jusques à la vieille porte, on rehaussera les parrapetz de briques tant que faire se poeult.

2° Et devant la vieille porte on fera la demie lune portée par le nouveau plan avec sa contrescherpe comme les aultres ci-dessus, laquelle s'extendra à deux costés jusques à la demie lune de Bodimont, d'un et d'aultre jusques à la rivière et au long de la rivière où qu'on le fermera contre icelle.

3° On accommodera les casemattes du bollevert de Bodimont et les oppositz du costé de Béthune en deux estages ou haulteurs.

4° On haussera la poincte de la demie lune de Bodimont

cinq pieds plus hault qu'elle ne se trouve à présent avecq son fossé de cincquante piedz de sa contrescherpe alentour ensuite comme les aultres de la Ville.

✝ 5° Entre icelle demie lune et le bollevert de Quohette on mettera en délibération de son altèze et de vos seigneuries illustrissimes le faict d'une demie lune quy y seroit besoing pour plusieurs raisons à dire de bouche.

✝ 6° On estouppera le fossé de la tarte à Viser tout entièrement, du moins sy avant qu'on puisse descouvrir et cela au plustot que faire se poeult.

✝ 7° On achevera la demie lune entre les bollevertz Quohette et de Marle en la forme encommenchée tirant les faces jusques au fossé de la Ville et la faisant en suite de toutes les aultres susmentionnées.

8° On fera la contrescherpe en icelle demie lune et celle d'Amiens.

✝ 9° On ostera du fossé à deux costés du bollevert de Marle la terre qui empesche le flancq, comme aussy celle qui est à l'oreillon de Quohette vers le nord.

10° On accommodera la demie lune d'Amiens, haussant sa poincte sept pieds plus hault qu'elle n'est à présent, avec son fossé de cincquante piedz et contrescherpe alentour.

✝ 11° Enfin on accommodera la tenaille du tour à Colomb du demi bollevert comme il est traché sur le nouveau plan, eslargissant son fossé jusques à cincquante piedz du côté de la porte et la faisant communiquer avecq le fossé de la demie lune.

Et comme de tous les articles susditz, tant de la Ville que de la Citté, les unes sont plus hastez d'estre faicts que les aultres, j'ay mis une croix à chacun des articles plus hastez, affin que vos seigneuries illustrissimes soient servis d'entendre à ce quy est inexcusable et ce qui est à faire sans délay, remettant la reste à l'année prochaine, lorsqu'on pourroit achever les susdites fortifications.

Et touchant les ouvrages cy devant faites de quelques années en cha sont pour le plus grand part mesnaigerement et deuement faictes, mais en at il aussi une bonne partie d'ouvrages, lesquels pour avoir esté faict ou par faute d'argent ou de temps point sy solides comme il est requis, il ne faudra poinct changer leur traché ou délinéamens, ains renforcher les rampartz, aggrandir les fossés et extraire leur contrescherpe comme par plusieurs articles cy dessus est dict, hormis deux tenailles quy doibvent estre changées comme il est dict, de sorte que l'affaire de la fortification d'icelle Ville n'at esté en tel désordre, comme on avoit donné à entendre.

Ainsy faict ceste visite comme dessus et achevée aujordhuy 18° d'aoust 1639. » (Inédit.)

En février et mars 1740, et en exécution d'un arrêt rendu par le Conseil d'Artois, les experts Demiaut et Rousselle procédèrent à un examen minutieux et détaillé, de tout le rempart séparatif de la Ville et de la Cité depuis le Claquedent jusqu'à l'Union, et dressèrent du tout un rapport et un plan figuratif.

Le plan, nécessaire à la parfaite intelligence de ce curieux rapport, a malheureusement disparu sans laisser de traces, mais le rapport subsiste, et nous le transcrivons ici d'autant plus volontiers que, retrouvé très-récemment aux Archives au milieu de papiers réputés sans valeur, il est complètement inconnu et tout à fait inédit.

« L'an mil sept cent quarante, le trois du mois de février et autres jours suivants, en exécution du jugement rendu au Conseil provincial d'Artois, le premier dudit mois, entre les sieurs des Trois Etats de la ville Cité d'Arras, conservateurs et administrateurs de tous les droits, franchises, libertés, priviléges, immunités, profits, revenus et du bien publicq d'icelle, y demeurans d'une part; les Mayeur et échevins de la Ville d'Arras, d'autre part, Nous Joseph Demiaut, expert nommé de la part desdits sieurs des Trois Etats, et Mathias Rousselle, expert nommé d'office pour les Mayeur es échevins de la dite Ville d'Arras, tous deux maîtres arpenteurs juréz de la province d'Artois, demeurants en la dite Ville d'Arras, après assignation à nous donnée à comparoir le dit jour trois dudit mois de février, sept heures du matin, en l'hôtel de monsieur Jean-François-Antoine Lefebvre, écuier, seigneur de Gouy et autres lieux, conseiller du Roy en son Conseil provincial d'Artois, commissaire nommé en cette partie, pour prester serment de bien et fidellement procéder aux devoirs ordonnés par ledit jugement, c'est ce que nous avons fait en ses mains, et ensuite de ce sommes transportez sur les lieux litigieux dont s'agit, conjointement avec ledit sieur commissaire, et Mᵉ Jean François Herman, substitut adjoint, et Pierre-Joseph Delys, commis sermenté au greffe de la Cour, où estant nous y avons trouvé le sieur Charles-Ferdinand Demettre, écuier, sieur de Béthonval, prévost de la dite Cité d'Arras, commissaire nommé de la part de monsieur l'Évêque d'Arras, Mʳᵉ Charles-Louis-Valentin de France, prêtre chanoine de l'église cathédralle de Notre-Dame d'Arras, député de la part des sieurs du chapitre de la dite cathédralle, et le sieur Jean-Baptiste Wartelle, lieutenant de ladite Cité et commissaire des sieurs du Magistrat d'icelle Cité représentant ensemble les trois Etats de la dite Cité, et Mᵉ Jean-François Fontaine leur procureur, ensuitte avons procédé au mesurage, plan et cartes figuratifs, suivant les ordonnances particulières de mon dit sieur commissaire, et indications de mesdits sieurs des trois Etats, le tout renseigné comme s'ensuit par lettres alphabétiques et numéros de chiffres.

N°¹ 1. — Corps de garde du Claquedent.

2. — Est un abreuvoir où se rendent les eaux provenantes de la rivière du Crenchon et de celle des Hautes fontaines qui passent ensuitte dessous ledit corps de garde pour se séparer dans la Ville en différents caneaux.

A. — Est le pont du Claquedent communiquant dudit rampart aux Cazernes et dans la Cité pour les gens de pieds.

3. — Sont deux arcades par où passent les eaux sauvages et de ravins venantes par lesdites rivières du Crenchon et des Hautes fontaines.

4. — Est une pille entre les deux arcades.

5. — Est une guéritte.

B. — Désigne le rampart entre la Ville et la Cité.

6 1° — Muraille entre plusieurs particuliers et le rampart.

6 2° — Est une autre muraille faisant la séparation du rampart d'avec le fossé, nous n'avons pu entrer dans les souterrains qui pourroient y avoir sous icelle, attendu que la tour de Saint-Eloy se trouve remplie de poudre, ladite muraille a de longueur, depuis le pont du Claquedent jusqu'au pas de cheval, quatre-vingt-dix toises deux pieds, la largeur du pas de cheval trente toises quatre pieds, depuis ledit pas de cheval jusqu'à la tour de Sainte-Barbe quarante-deux toises trois pieds, la largeur de la dite tour douze toises quatre pieds, et depuis ladite tour jusqu'au rampart de l'Union quarante toises. Ladite muraille a d'hauteur depuis le rampart jusqu'au fond du fossé, premièrement à l'endroit de la guéritte contre le pont du Clacquedent, vingt-six pieds, et de talus un pied et demie, au premier angle du pas de cheval vingt-six pieds et de talus deux pieds, à l'autre angle du

costé de l'Union et à la tour de Sainte-Barbe vint-six pieds et de talus un pied et demie.

NOTA que le fossé Burien se trouve beaucoup rempli par les écoulins ou vases provenants des eaux de ravins ou sauvages.

7. — Est une glacière construit sur ledit rampart.
8. — Grand bâtiment du Refuge de Saint-Eloy.
9. — Sont des arbres que Messieurs du Magistrat de la Ville ont fait planter l'année dernière.
10. — Sont des palissades qui ont esté posées pour renfermer ledit rampart d'avec plusieurs jardins appartenants à différents particuliers.
11. — Est un magasin.
12. — Est une tour nommée la tour de Saint-Eloy, dans laquelle nous n'avons pu y entrer pour observer le souterrain, attendu qu'il y a dans ladite tour des poudres.
C. — Fossé nommé le fossé Burien.
13. — Coulant d'eau dans ledit fossé Burien.
14. — Est une écluse qui sert pour embarasser les eaux provenantes desdites rivières du Crenchon et des Hautes fontaines de passer, et qui s'élève pour faire couler les eaux des ravins par ledit fossé.
15. — Est une descente pour aller de la rue Royale à ladite écluse
16. — Rang de plusieurs maisons de la Cité.
17. — Rue Royale.
18. — Les extrémités des deux grands quartiers de Cazernes.
19. — La rue de Paris.
20. — Isle où sont bâties plusieurs maisons de la dite Cité.
D. — La rue d'Amiens.
21. — Est un égout commençant aux environs de la rue de Paris allant se rendre dans ledit fossé Burien.

22. — Place du marché au bled de la Cité.
23. — Hôtel de ville de la dite Cité.
24. — Rue de Baudimont.
25. — Est un égout où passent les eaux venantes de la rue de Baudimont, allant se rendre dans le fossé Burien.
26. — Terrain où sont bâties plusieurs petites maisons.
27. — Est une muraille où il y a plusieurs créneaux donnant sur la Cité.
28. — Est un jardin derrière le corps de garde.
29. — Muraille où il y a aussi plusieurs créneaux donnant sur la Ville.
30. — Corps de garde contre le pont de la porte de la Cité.
31. — Est un pont sur ledit fossé contre ladite porte de la Cité.

Sensuit le premier plan où sont représentés les souterrains qui sont sous la porte dit de la Cité, et ceux dans le fond du pas de cheval, aussy bien que l'épaisseur et face en nette maçonnerie qui se trouvent à costé de la dite porte.

E. — Est une muraille présentement démontée qui avoit d'épaisseur au n° 32 dix-neuf pieds, à l'angle obtus n° 33 vingt-six pieds, et à la face n° 34 dix-neuf pieds.
32. — Est une face de grès en nette maçonnerie partie contre les terres, partie contre le mur de la lanterne.
33. — Est l'angle obtus.
34. — Est une autre face de grès en nette maçonnerie du costé de la ville d'Arras.
35. — Est aussy une face de grès aussy en nette maçonnerie contre les terres.
36. — Est une muraille en nette maçonnerie ayant d'épaisseur quatre à cinq pieds.

37. — Face de ladite muraille en nette maçonnerie.

38. — Autre muraille, dont la fondation n'est pas jointe avec celle de la muraille n° 36. Il se trouve de la terre entre deux, mais nous croyons qu'elle pourrait bien avoir esté établie massive.

F. — Muraille a costé droite de la dite porte en venant de la Ville, ayant d'épaisseur dix-neuf pieds.

39. — Face de grès en nette maçonnerie.

40. — Autre face en nette maçonnerie.

41 1°. — Face de grès aussy en nette maçonnerie.

41 2°. — Est une autre muraille ayant d'épaisseur cinq pieds en suivant la face n° 41 1°.

G. — Est une autre muraille ayant d'épaisseur huit pieds faisant face en nette maçonnerie du costé de la porte seullement.

Dans lesquelles trois murailles : E, F et G et en dessous du passage de la porte, sont construits les souterrains, coulourés jaune au plan, renseigné comme sensuit.

42. — Escalier pour descendre dans lesdits souterrains.

43. — Est un boyau ou galerie, qui se trouve bouché.

44. — Boyau ou galerie desdits souterrains.

45. — Est une place bien élevée et propre à mettre des munitions.

46. — Est un créneau.

47. — Est une autre place à servir comme la précédente.

48. — Est un créneau.

49. — Est une troisième place.

50. — Est un créneau donnant vers la Cité.

Nota qu'entre la muraille cotté E et celle du pas de Cheval cotté I entre celle cotté F et l'autre muraille dudit pas de cheval cotté H, il se trouve des terres qui masquent les faces des créneaux desdites murailles E et F. Nous croyons que lesdites terres ont été rapportées en cet endroit au temps que l'on a construit le dit pas de cheval.

Plus, nous avons observé qu'aux angles dudit pas de cheval marqué au plan et élévation cotté N que les assises de grès ne sont point en liaisons avec les murailles du rampart; pour tout ce que dessus nous estimons que ledit pas de cheval a esté fait depuis lesdites murailles de rampart et de celles marquées au plan cotté E et F.

H. — Est une partie de muraille du pas de cheval ayant d'épaisseur vingt à vingt-deux pieds.

I. — Est une autre partie de muraille ayant d'épaisseur vingt-deux et vingt-trois pieds, lesquelles murailles H et I font face en nette maçonnerie des deux costés tant du costé du fossé que du costé des terres.

51. — Est un souterrain estant approchant de niveau avec le fossé.

52. — Est un troux percé dans la muraille pour aller dans ledit fossé.

53. — Escalier dudit souterrain.

Sensuit le Renseing du deuxième plan sur lequel est renseigné le plan de la porte de la Cité et plusieurs créneaux tant dans les murailles E et F que dans celle costé H, lesquelles créneaux sont d'environ deux pieds plus haut que le retz-de-chaussée du passage de ladite porte de la Cité.

54. — Entrée de la porte du costé de la Ville, elle avait de largeur treize pieds et demie.

55. — Dessous de la lanterne.

56. — Plan de l'arcade ensuitte de la lanterne ayant de largeur treize pieds et un quart.

Ladite porte a de longueur depuis le n° 54 jusqu'à

la lanterne n° 55 : sept toises un pied. Longueur de ladite lanterne, neuf pieds et demie, et depuis icelle lanterne jusques et compris l'arcade du costé de la Cité a de longueur six toises cinq pieds.

NOTA que la partie depuis le n° 54 jusqu'au n° 56 est aujourd'huy démontée, et le surplus depuis ledit n° 56 jusqu'au n° 58 est encore existant.

57. — Est la place des orgues ou de l'erche du costé de la dite Cité.
58. — Entrée de la porte du costé de la dite Cité.
59. — Est une gallerie creusée dans l'Argillière.
60. — Face de muraille en nette maçonnerie.
61. — Sont quatre créneaux ayant de largeur, sur le fossé, quatre pieds, et du costé de la gallerie, un pied.
62. — Est un petit triangle de maçonnerie.
63. — Est un creux bouché de terre qui nous a paru estre un escalier pour monter au rampart.
64. — Est une porte pour entrer dans lesdits souterrains.
65. — Est un escalier existant que l'on a fait pour monter au rampart, depuis que l'on a placé le Calvaire.
66. — Est une gallerie pris dans l'épaisseur du mur, cotté E, ayant de largeur cinq pieds.
67. — Sont trois créneaux, aussy dans l'épaisseur dudit mur.
68. — Endroit où il nous a paru qu'il y a eu un escalier.
69. — Endroit où il y avoit une place qui pourroit bien avoir servi autrefois de corps de garde.
70. — Est une porte masquée de la gallerie ou souterrain cy après n° 71.
71. — Est un souterrain au niveau du rez-de-chaussée de la porte de la Cité dans l'épaisseur de la muraille cotté

F, dans lequel souterrain nous n'avons vu aucune entrée pour aller dans les boyeaux, que l'on croioit régner le long du mur du rampart du costé de la Ville.

72. — Est un créneau dans ladite muraille.

73. — Est une porte par laquelle nous sommes entrés dans ledit souterrain.

Sensuit le troisième plan où est représenté l'élévation de la partie existante de la porte de la Cité, avec le Calvaire et l'élévation de la muraille du pas de cheval du costé du fossé.

74. — Entrée de la porte du costé de la Cité qui portoit les flèches d'un pont levis, au-dessus de laquelle sont sculptées les armes de l'Empereur à droite, les armes d'Artois à gauche et les armes de France au-dessus.

75. — Est une arche sur quoy est posée une partie de la lanterne.

76. — Est une autre arche qui portoit aussy les flèches d'un pont levis, au dessus duquel arche estoit posée l'autre partie de la lanterne. Plus il estoit figuré au-dessus de la voûte l'image de la Vierge regardant du costé de la Cité.

K. — Est une ligne qui marque la hauteur du rampart, qui est de vingt-cinq pieds, mesurée du retz-de-chaussée de la porte.

L. — Renseigne les garde-fous autour du pas de cheval, ayant d'hauteur en cet endroit quatre pieds.

M. — Renseigne la hauteur des murailles E et G, ayant vingt pieds ou environ du retz-de-chaussée de la porte.

N. — Est l'angle dudit pas de cheval avec le rampart du costé de l'Union, nous avons remarqué que les assises de grès ne sont pas en la même liaison.

O. — Entrée de la porte du costé de la Ville, au-dessus de laquelle il y avait une Notre-Dame de Pitié.

77. — Terrain où sont bâties plusieurs maisons.
78. — Ecuries appartenant à Messieurs du Magistrat de la dite Cité, à l'utilité des troupes pour le service du Roy.
79. — Rue du Vent-de-Bize.
80. — Pavillon du petit Louvre servant de logement aux officiers des troupes du Roy.
81. — Rue des Bouchers de la dite Cité.
82. — Cazernes de l'Union pour loger les troupes.
83. — Motte de l'Union.
84. — Corps de garde de l'Union.
85. — Fossé des fontaines de Méaulens.
86. — Parapet.
87. — Rampart de l'Union.
88. — Ecluse de l'Union.
89. — Grand magasin pour l'artillerie.
P. — Tour de Sainte-Barbe sous laquelle il y a plusieurs souterrains qui seront renseignés cy après.
90. — Porte par où l'on entre à présent dans lesdits souterrains.
91. — Entrée de ladite tour.
92. — Est une place ayant quinze pieds d'hauteur.
93. — Une autre place de la même hauteur.
94. — Est un créneau traversant la muraille de ladite tour.
95. — Epaisseur de ladite muraille ayant dix-neuf pieds.
96. — Sont trois créneaux qui paroissent en dedans et n'ayant pu les apercevoir en dehors.
97. — Escalier pour monter dans une autre place au-dessus.
98. — Est la dite place.
99. — Est un créneau traversant la muraille.
100. — Muraille entre le rampart et plusieurs maisons appartenantes à différents particuliers.

101. — Rue de Saint-Maurice de la Ville d'Arras.
102. — Rue allant au Refuge-Marœuil.
103. — Rue de Saint-Christophe.
104. — Grande rue dite rue de Lestrée.

A l'égard des souterrains qui peuvent estre le long du rampart, depuis le corps de garde du Clacquedent jusqu'à la tour Sainte-Barbe, nous n'avons pu les marquer, n'ayant pu y entrer, attendu que la tour de Saint-Eloy n° 12 est remplie de poudres ; et les autres souterrains depuis la porte de la Cité jusqu'à la dite tour de Sainte-Barbe, personne n'a pu nous indiquer l'endroit par où l'on y entroit.

Tout ce que dessus certiffions sincère et véritable, en foy de quoy avons signé à Arras, le 17 de mars mil sept cent quarante.

Signé : DEMIAUT et ROUSSELLE.

Parafé par nous conseiller commissaire soussigné, pour éviter à changement, comme il est dit par notre procès-verbal de ce jourdhuy, dix-sept mars mil sept cent quarante.

Signé : LEFEBVRE-DEGOUY [1].

La porte de Cité ainsi que toute la muraille séparative de la Ville et de la Cité tombèrent, on le sait, il y a quatre-vingts ans environ, de même que les arbres croissant sur le rempart [2]. Jusqu'au percement des rues de Juillet et de Turenne, les vestiges des remparts furent très-visibles au long et en face du fossé Burien. Cette partie de Ville en était même très-pittoresque : à droite du cours d'eau se dressaient des pans de mur, et les monticules des fortifications, où poussaient les ronces et les giroflées sauvages ; à gauche, toutes

---

[1] Archives départementales. — *Fonds du Conseil d'Artois*, supplément B 974, pièce n° 46.

[2] Dans les procès-verbaux de la municipalité il est question en 1792 de l'abbattage et de la vente de ces arbres.

les maisons avaient, à la suite de jardins plus ou moins grands, des escaliers avec rampes descendant jusqu'à la rivière. De tout cela, il ne reste que quelques parties du terre-plain du rempart dans le jardin de M. Deusy et dans certaines autres propriétés particulières.

Basse-Ville. — L'enceinte de la Ville avait été agrandie de tout l'espace compris entre la rue de l'Arsenal, la ligne des Casernes, le mur reliant la porte Hagerue à la Citadelle, et celle-ci à la porte d'Amiens, espace sur lequel s'établit la Basse-Ville avec ses promenades aboutissant aux glacis de la Citadelle.

La ceinture qui exista alors est encore sa ceinture actuelle. Elle a « 4,509 toises 5 pieds de développement, » d'après les auteurs de l'*Annuaire* de 1808[1].

---

[1] *Annuaire statistique du département du Pas-de-Calais*, page 127.

FORTERESSES

CITÉ

FORTERESSE DU CHATELAIN DE LA CITÉ

Cette forteresse était petite et elle fut construite vers 1349 ou 1350 près de la porte Maître-Adam pour servir de logis à l'officier royal, appelé d'abord *châtelain*, puis *capitaine de la Cité* [1].

VILLE

CASTRUM NOBILIACUM

Cette forteresse romaine, *Castrum*, à laquelle on ajouta l'épithète *Nobiliacum*, lorsque sous Thierry III le monastère de Saint-Vaast fut érigé en abbaye royale [2], « formait un carré long, dont un des côtés s'étendait de la Salle des Concerts à la rue des Agaches; le deuxième longeait les

---

[1] *Rues d'Arras*, tome II, page 436.
[2] GAZET, éd. 1611, page 177.

rues des Agaches et des Teinturiers ; le troisième occupait les derrières de la rue de l'Abbaye et passait entre la rue des Trois-Visages et de l'ancienne Comédie ; le quatrième partant de la rue du Tripot et suivant la rue des Bouchers et des Petits-Viéziers, rejoignait l'angle du premier côté derrière la rue neuve des Récollets, comprenant ainsi dans son enceinte les places de la Comédie, de la Madeleine, l'enclos de Saint-Vaast et celui des Récollets. La principale entrée de cette forteresse était située rue Saint-Aubert, près de l'Egoût [1]. » On y a retrouvé, il y a trente ou quarante ans, les appuis de son pont, détruit en 1477.

Vers le XII° siècle, cette forteresse, notablement amoindrie par la Ville nouvelle qui s'implanta sur ses ruines, fut réduite à trois tronçons.

« L'un au nord circonscrit par la place de la Madeleine et les rues des Agaches et de Saint-Aubert, qui forma la *Cour le Comte* (et au XVI° siècle le Conseil d'Artois, la Conciergerie, la Gouvernance et l'Élection).

« Le deuxième comprenant l'enclos de l'abbaye de Saint-Vaast.

« Le troisième, au sud, limité par la place de la Comédie, la rue Ernestale et la Cour du Poids public (aujourd'hui troisième entrée de la Salle des Concerts), qui forma sur la place du Théâtre la *Prison châtelaine*, et sur la rue Ernestale, le logis du châtelain d'Arras [2]. »

Chacun de ces fragments a laissé des traces.

Le premier, par les jardins de madame Bollet et de M. Le Gentil, infiniment plus exhaussés que le sol de la rue des Agaches.

---

[1] HARBAVILLE, *Mémorial historique*, tome I, pages 40 et 41.
[2] HARBAVILLE, *Bulletin de la Commission des Antiquités départementales*, tome 1, page 131.

Le second, par le parc de Saint-Vaast, dans les mêmes conditions, par rapport à la rue des Teinturiers.

Le troisième, par les murs très-épais construits en blocs de grès non équarris, que reliait un ciment très-dur, ayant évidemment appartenu au Castrum, détruits en partie il y a quelques mois pour la construction du nouveau cercle des Orphéonistes. Ce qui subsiste encore de ces murailles est masqué par un revêtement en briques formant l'entrée du Cercle. En cherchant bien on distingue quelques autres traces de ce mur dans les jardins des maisons de M. Brochart et de madame Dudouit situés rue Poitevin-Maissemy.

Il y a trente ans environ, le jardin (de M. le docteur Duchateau) qui s'étendait derrière la salle de Spectacle et s'élevait au niveau du toit des maisons voisines, n'était autre que le terre-plein des remparts du Castrum, que l'on retrouve encore dans les jardins de MM. Tondelier, Cabuil et Gossart. Ce dernier, en voulant percer un mur il y a quelques années, a rencontré un ciment tellement résistant qu'il renvoyait la pioche exactement comme l'enclume renvoie le marteau [1].

FORTERESSE DE LA VILLE PRÈS LA CITÉ

En 1348 ou 1349, le Magistrat d'Arras, commença « à faire certaine forteresse, en une avant-porte qui estoit au devant d'une porte assise en la dite Ville appelée porte de Cité [2] » pour résister à l'ennemi au cas de besoin ; l'évêque

---

[1] Un manuscrit de la première moitié du siècle dernier, qui appartient à l'Évêché, porte que ce jardin était dans une « tour carrée qui faisoit indubitablement parti de ce château agrandi et élevé exprès pour découvrir les hauteurs de Saint-Sauveur et d'Hachicourt. »

[2] *Lettres de Philippe VI*, archives départementales. — CARON, *Observations sur l'Echevinage*, page 192.

Aimeric, prétendant que les travaux causaient grief à ses droits de seigneurie sur la Cité, et sur les fossés situés entre elle et la Ville, voulut s'opposer à leur continuation, mais à la requête du Magistrat, le Roi, par lettres données à Montargis le 31 mai 1349, ordonna leur parachèvement.

Une violente crue d'eau ayant, en 1392, considérablement détérioré cette forteresse, force fut au Magistrat de la faire réparer, sans préjudice toutefois des droits de « Juridiction, Seigneurie temporelle, haulte, moyenne et basse du révérend père en Dieu, monseigneur l'Évèque d'Arras [1]. »

CITADELLE

Cinq projets avaient eu lieu pour l'établissement de la citadelle d'Arras, savoir : 1° dans la Cité; 2° derrière la Grand'Place entre l'ouvrage nommé la Brèche et le couvent des Dominicains; 3° à la porte Ronville; 4° dans l'ouvrage de Baudimont; 5° entre le bastion de Bourgogne près la porte Hagerue et la porte d'Amiens.

Ce dernier, qui permettait de former équerre avec la Ville et la Cité, prévalut; et commencée sur les plans de Vauban en 1668, la citadelle fut terminée en 1670, ainsi que le constate l'inscription gravée au-dessus de la porte d'entrée. « *Ludovicus Magnus Galliarum et Navarræ rex, Atrebatum paternæ simul ac suæ gloriæ insigne monumentum, paternis armis gallici juris factum, suis servatum, pulso ac deleto ingenti Victoria obsidentium Hispanorum exercitu urbis ad extrema redactæ jam jam potituro,*

---

[1] *Ibid.*, page 315.

quo tutius ad omnes casus esset, hujus arcis magnis expensis extructæ præsidio firmavit [1]. »

La citadelle est de forme pentagonale irrégulière, à cinq bastions, qui ont noms : du *Roi*, de la *Reine*, du *Dauphin*, d'*Orléans* et d'*Anjou* ; deux portes, celle du côté de la Ville dite *Royale*, celle du côté de la campagne dite de *Secours* ; trois poternes et une chapelle construite dans le goût du temps, sous le vocable de *Saint-Louis* ; on y voit deux inscriptions commémoratives, rappelant, la première, le souvenir de trois gouverneurs, la seconde, celui de sa réouverture et de sa restauration en 1867.

L'assiette de la citadelle, très-critiquable et très-critiquée, lui a conservée la qualification que lui avait donné son auteur lui-même, de « *Belle inutile* ».

Disons toutefois qu'impuissante à protéger efficacement la Ville, la citadelle était placée de manière à la foudroyer parfaitement au besoin, et que c'était surtout par cette considération et dans ce but éventuel que Louis XIV craignant toujours l'influence des idées espagnoles à Arras, avait fait élever cette forteresse, aussi Vauban écrivait-il à Louvois : « Elle commandera fort bien la Ville, enfilera beaucoup de rues et en abattra les édifices [2]. »

---

[1] Deux ou trois charmantes lucarnes en pierres sculptées existaient dans le toit du pavillon où est cette porte : on a jugé convenable de les faire disparaître il y a quelques années.

[2] Voir DE CARDEVACQUE, *Notice sur la citadelle d'Arras*, 1873.

PORTES

CITÉ

PORTE DE BRONES

Cette porte appelée aussi porte de *la Vigne* ou *Sainte-Claire*, s'ouvrait entre deux tours défensives, rondes et coiffées d'un toit conique en tuiles [1]. Elle est supprimée depuis longtemps.

PORTE D'AMIENS

C'est, la porte des Soupirs exceptée, la plus récente des portes d'Arras, elle n'offre rien qui soit à signaler.

PORTE BAUDIMONT

Elle était à l'origine fortifiée de quatre tours rondes, deux à l'intérieur, deux à l'extérieur (Voir le plan de 1690), abattues il y a déjà longtemps.

Sombre, ogivique, longue et tortueuse, mais pleine de

---

[1] *Plan de la Vigne*, liasse n° 10 des Archives départementales.

sur pierre 1. La Porte de Bronnes 2. La Porte de St Nicolas lith. Bradier, Arras.

caractère, elle a fait en 1863 place à la double issue qui existe aujourd'hui.

On lui avait, à cette époque, donné assez inexplicablement le nom de porte *Randon*. Mais on lui a rendu à juste titre celui qu'elle n'aurait jamais dû quitter, et que probablement elle ne perdra plus à l'avenir.

Bauduin de Flandre, dont cette porte conserve le souvenir *(Porta Balduini Montis)*, Bauduinmont, comme disait en son *Congié* Baude Fastoul (vers 182) :

> Voloirs et pitié me semont
> Ka Robert de Bauduinmont
> Prenge congié ains k'il m'anuite

était en effet assez grand seigneur et a laissé dans l'histoire une assez belle page pour ne pas s'éclipser devant une de nos personnalités présentes ou futures.

Le lieu dit Baudimont se divisait anciennement entre Baudimont *vieux* et Baudimont *neuf* [1]. Baudimont vieux inclinait, paraît-il, vers Sainte-Catherine.

PORTE MAITRE-ADAM

Cette porte qui de même que la rue à l'extrémité de laquelle elle se trouve, doit son nom, non au fameux trouvère Adam de la Halle, mais à Maitre-Adam de Vimy (conseiller du comte d'Artois, seigneur de Baudimont en 1257) [2], et qui subsiste encore sous une tour, était flanquée d'autres tours ainsi que l'indiquent les anciens plans des archives départementales.

---

[1] 1211. (GODEFROY, *Invent*, page 50.)
[2] Son sceau est dans la *Sigillographie* de la ville d'Arras par M. GUESNON. Voir GODEFROY, actes de 1291.

Bien qu'ayant été reprise en sous-œuvre par des constructions en pierres et en briques, elle continue à offrir à l'intérieur d'assez nombreux vestiges en grès et en pierres blanches de son état primitif.

Voici celui dans lequel elle se présente maintenant.

A vingt pas environ de l'entrée, on aperçoit une voûte ogivique en pierre de grand appareil, datant suivant toute vraisemblance de l'origine de la porte.

Plus loin, à droite et à gauche, se voient deux corps de garde, de bâtisse plus récente, ayant chacun une fenêtre et une porte donnant sous la voûte.

Dans le corps de garde de gauche est une cheminée avec linteau en grès, et un escalier [1] qui descend par quarante-huit marches aux casemates, dans lesquelles sont les piles et les arcades de l'ancien pont ayant donné accès de la porte à l'extérieur, et indiquant par là même, les anciens niveaux du terrain et du fossé près de cette même porte.

Tout cela est vaste et démontre que la porte Maître-Adam dont l'ogive regarnie en sous œuvre sur la rue considérablement remblayée elle-même [2], paraît aujourd'hui basse et étroite, a cependant été jadis fort importante.

PORTE TRIPERESSE

Cette porte appelée aussi de *La Triperie*, se trouvait presqu'à l'extrémité de la rue des Bouchers de Cité et servait à communiquer de la Cité à la Ville.

Plusieurs tours la flanquaient, ainsi qu'il appert de vieux plans des archives départementales.

---

[1] Établis à une époque assez récente.
[2] Le Père IGNACE, *Dictionnaire*, tome I, page 22.

« On voyait encore, dit le l'ère Ignace, l'an 1725, une vieille tour près des restes de cette porte [1]. »

UNE ANCIENNE PORTE DE LA CITÉ

Au mur de droite de la cour de la maison élevée sur les substructions de l'ancien hôtel-de-ville de la Cité, existe en plein-cintre retombant sur des consoles de grès, une arcade immense de même nature, d'une largeur de 7 m. 50 sur une hauteur de 6 m. 50, qui fut ultérieurement bouchée.

Au-dessus de cette baie, règne, en pierre de taille de moyen appareil, un mur épais, surmonté d'un bahut établi en retrait.

A gauche de la cour est un autre mur de même construction, de même époque, offrant en face de l'arcade, une autre ouverture, en partie masquée par les bâtiments y adossés, dont l'ornementation supérieure est quarrée et qui fut également bouchée.

A en juger par l'état de vétusté des matériaux, ces murs remontent à une époque relativement reculée que toutefois le style de l'architecture ne permet ni de reporter au-delà du XVe siècle, ni de ramener au-dessous du XVIe.

Quelle a été la destination de ces débris que peu de personnes connaissent, et dont nul ne s'est occupé jusqu'à présent ?

Incontestablement, jamais ils n'ont été ni pu être destinés à un usage privé. Qu'aurait-on fait de cette baie infiniment plus considérable que celle des portes d'Arras ? de murailles de cette épaisseur et de cette élévation ?

---

[1] *Dictionnaire*, tome IV. Ve Ronville.

Ils ont donc été affectés à un usage public, mais auquel ?

Evidemment, à notre avis, qu'adoptent les personnes les plus compétentes, à constituer l'enceinte et l'une des portes de la Cité.

Les parties renforcées des murs maintenaient le terre-plein du rempart, le bahut en retrait formait le garde-corps.

L'intervalle compris entre la porte intérieure et la porte extérieure, n'était autre chose que l'espacement laissé jadis entre ces deux ouvertures à la Porte-Saint-Nicolas, espacement que l'on voit aujourd'hui encore à la Porte-Ronville et à la Porte-Méaulens.

Cela étant admis reste une question à résoudre. A quelle enceinte de la Cité convient-il d'assigner ce qui a échappé aux démolitions successives de ces anciens remparts ?

Ici les difficultés se présentent et elles sont sérieuses.

Quoique, le procureur-général Desmazures, mort en 1638, ait prétendu qu'au temps de Louis XI « la Cité n'avait murailles et portes contre la Ville non plus qu'il y a ad présent (c'est-à-dire au moment où il écrivait), contre la volonté des habitants d'icelle » et que partant le Roi avait lors de son entrée en Cité, fortifié cette place contre la Ville ; il résulte des témoignages concordants d'autres auteurs, plus anciens que Desmazures et du pays comme lui, que cette Cité avait au contraire des travaux de défense, c'est-à-dire une muraille et conséquemment une porte contre la Ville ; mais que ces travaux étant trop faibles pour une résistance sérieuse, le Roi avait dû les compléter par de nouveaux ouvrages édifiés en pierre blanche « *albo lapide* » suivant Philippe Meyer.

On lit effectivement aux *Chroniques* de Robert Gaguin, mort en 1501, « *sed civitatem (quæ raro muro munita est) Rex instaurat adversus oppidanorum vim atque injuriam* » : aux *Chroniques* de Jean Molinet, mort en 1507, qu'à

Porte et partie du mur de l'ancienne enceinte de la Cité

l'arrivée de Louis XI en Cité « trèves furent prises qui durèrent onze jours pendant lesquels la Cité fut fortifiée de trenchis, bolwerts et bastillons, aussi forts ou plus forts que la Ville » et qu'après la prise de la Ville « le Roy sejournant illec (en Cité) fit réparer la muraille et changer l'ancienne fortification, car il fit la Cité forte contre la Ville »: aux *Chroniques* de Locrius, mort en 1612, « *Rex dimidiæ partis urbis atrebatensis dominus factus* (de la Cité) *eam contra opidum majus novis erectis munitionibus communit. Id enim tunc natura urbis (ut etiamnum) ferebat ut majus et minus opidum portis murisque invicem segregarentur* », passage littéralement reproduit par Heuterus (*Historica omnia Burgundica*, etc.).

Un premier point semble donc établi : Au temps où Louis XI vint en Cité, cette place avait contre la Ville une muraille telle quelle et une porte.

Un second point, qu'après avoir pris la Ville Louis XI fit réparer cette muraille et changer l'ancienne fortification, déjà posée par Molinet, trouve sa confirmation complète dans Gérard Robert, témoin *de visu* des faits qu'il rapporte, et dans tous les documents de l'époque, trop nombreux pour qu'il soit même utile de les indiquer ici.

« En ce tempoire (juin 1477), dit Gérard Robert, a puissance d'ouvriers et en grand nombre de par le Roy, on muroit la ville de Cité contre Arras, et porte nouvelle fremant contre ledit Arras, plusieurs trauées et moinets à l'entour de ladicte porte [1]. »

Comme corollaire de la réparation de l'ancienne fortification de la Cité et de ses nouveaux travaux de défense, Louis XI fit démanteler le mur de la Ville qui se trouvait en regard.

---

[1] *Journal* publié par M. Caron.

Par contre, en 1492, après avoir rappelé que « du temps des feuz les ducz de Bourgongne, comtes d'Artois, la Ville d'Arras estoit enclose de murailles à l'encontre de la Cité et jusques que le feu Roy Loys l'a prinse par force, que lors il fist abattre la dicte muraille et au contraire fist une autre muraille et encloyt la dicte Cité contre la Ville, laquelle muraille a esté entretenue jusqu'à la dernière réduction. » Albert de Saxe, lieutenant-général de Maximilien, « pour remettre la chose au premier estat », ordonna le 9 mars de faire « à toute diligence et sans dissimulation aucune, par les manans et habitants de la Ville et Cité d'Arras et aultres voisins des dis lieux abattre la muraille faicte par le feu Roy Loys en la dicte Cité contre la dicte Ville, en contraignant à ce tous ceux et celles par arrest de leurs personnes et aultrement, deuement ainsi qu'il appartiendra [1]. »

La mise à exécution de cette mesure qui souriait infiniment sinon aux habitants de la Cité, du moins à ceux de la Ville ulcérés des rigueurs de Louis XI, fut commencée le 20 septembre suivant.

« Le XX⁰ jour dudit mois — dit Gérard Robert — estant monsieur de Forest en ceste Ville, la communauté assemblée, conclut, rompre et abattre le casteau de Cité, lequel estoit fort pour tenir, aussy la porte de Cité et la muraille; à quoy se volloit opposer le dict sieur Forest; mais par force il y fut mesné et fust constraint de commander que tout fut demoly sans delay. Chacun s'employa à mettre la main à ce que dit est; en trois jours on y fit telle ouverture qu'il n'estoit possible de le tenir et par succession fut mis par terre [2]. » Locrius dit également : « *Duo-*

---

[1] *Mémorial* de 1184 à 1105, page 11.
[2] *Journal*, page 115.

decimo calend. octob. arx atrebatiæ civitatis juxta claristarum gynœcœum, simul et mœnia ab Ludovico XI rege, in maioris opidi perniciem constructa, lectis Maximiliani quas 14 martii miserat litteris, solo tenus eraduntur. Atque sequente anno, quinto maii Joannes Grisardus opidi prœtor, mœniorum in veterem civitatem instaurandorum primum lapidem in fundamentis jecit [1]. »

Ultérieurement, troisième point à noter, la muraille et la porte de Cité durent être rétablies contre la Ville, puisque Locrius nous a dit déjà, on ne l'a point oublié « *id enim tunc natura urbis (ut etiamnum) ferebat ut majus et minus opidum muris portisque invicem segregarentur.* »

Ces trois points posés, revient la question : à laquelle des trois enceintes convient-il d'assigner l'ancienne porte?

D'ordinaire le démantellement des places, surtout lorsqu'il est subit, consiste bien plus en un éventrement des travaux de défense les rendant intenables qu'à un arasement complet.

On serait donc pratiquement porté à croire que la démolition de la muraille de Cité n'a point dû être totale.

Mais historiquement, Gérard Robert, ne paraît guère à première vue favorable à cette interprétation et Locrius affirme énergiquement le contraire : *solo tenus eraduntur*. N'y aurait-il pas un moyen terme qui viendrait tout concilier?

Ne pourrait-on pas admettre, qu'en haine du « Roy Bossu » dont ils avaient reçus tant de mal, et de tout ce qui rappelait son passage en leur Ville, les Arrageois assez montés pour violenter le sieur de Forest (qui cependant avait été le libérateur de 1492) afin qu'il fît culbuter « sans délay » et *solo tenus* les menaçantes fortifications de la Cité, n'entendaient avoir ainsi raison que des travaux sérieux de Louis XI,

---

[1] *Chronicon Belgicum*.

sans se soucier autrement des portions anciennes et conservées de la vieille enceinte qu'ils avaient l'habitude de voir et dont l'insuffisance stratégique se trouvait manifeste en 1477.

Et n'y aurait-il point à en conclure, que notre porte où du reste n'apparaissent nulle part les « trauées et moinets » signalés par Gérard Robert, est celle de l'enceinte préexistante à 1477, porte conservée par Louis XI et qui a pu servir à l'enceinte rétablie ultérieurement à 1492.

Cette solution dubitative, conjecturale, peut sans doute être combattue, nous ne chercherons point à le dissimuler ; mais à défaut d'autres mérites on lui concédera au moins celui de laisser le champ libre à meilleur avis.

Seulement, quel que soit le parti auquel on s'arrête en attendant que plus expert ait tranché la difficulté, on remarquera que la porte et la portion d'enceinte actuellement subsistantes sont aujourd'hui encore à la place qu'assigne aux limites de la Cité le chroniqueur Gaguin lors de 1477.

Elle était, dit-il, par rapport à la Ville située sur une élévation distante d'environ cent pas : « *Quæ seorsum centum fere passibus ab oppido loco editiore sita est.* »

Si on demandait pourquoi, au lieu de s'ouvrir dans la rue Baudimont même sur laquelle donnait la porte de la Ville, la porte de Cité s'ouvrait latéralement sur l'ancienne Terrée, la réponse serait facile.

La Cité et la Ville constituant deux places distinctes, fortifiées l'une contre l'autre relevant de deux suzerains différents, d'intérêts distincts et souvent opposés, il est naturel d'admettre qu'au point de vue stratégique les portes de ces deux places ne devaient point se faire face ; et que celle de la Ville se trouvant précisément dans l'axe de la rue, celle de la Cité pour se défiler des feux de l'artillerie et de la mousqueterie devait déboucher sur le côté.

Et puis, il n'y a pas à se préoccuper de la direction actuelle des rues Saint-Jean-en-l'Estrée et Baudimont, qui n'étant nullement établies sur la voie romaine longeant l'entrée principale du *Castrum Nobiliacum,* présentent un état de choses relativement moderne.

Lorsqu'au XIII° siècle la Ville s'arrêtait au Wetz-d'Amain la rue Saint-Jean-en-l'Estrée n'existait point même en projet; et il est facile de constater que la rue Baudimont qui (lorsque franchissant son enceinte pour couvrir la Terrée, la Cité est venue se souder à la Ville) s'est, dans sa partie basse, brisée pour se raccorder avec la rue Saint-Jean-en-l'Estrée, devait être jadis inflexiblement rectiligne de la porte Baudimont à notre ancienne porte de Cité : porte par laquelle devait également passer la voie romaine qui, longeant le *Castrum,* se retrouve dans le jardin de M. Deusy, et plus haut, place de la Préfecture et dans la propriété des demoiselles Béghin pour rejoindre, en droite ligne la route de Saint-Pol.

VILLE

PORTE RONVILLE

Elle s'appelle dans Guiman, *Porta rotunda, Porta rotunda villæ.*

Suivant le Père Ignace, elle aurait été ainsi dénommée, à *rotundâ villâ,* parce que l'ancienne Ville sans la Cité affectait une forme ronde (*Dictionnaire* V° Ronville.)

On pourrait trouver une autre étymologie dans la disposition circulaire de la défense extérieure de cette porte, et elle se concilierait mieux avec le texte de Guiman [1]. Cet auteur dit, en effet, *porta rotunda*, porte ronde, *porta rotunda villæ*, porte ronde de la Ville; et non a *rotundâ villâ* ou *rotundæ villæ*, porte de la Ville ronde.

Quoi qu'il en soit, bâtie en 1176 sous Philippe d'Alsace, comte de Flandre, elle constituait une véritable forteresse, « une sorte de donjon » (le Père Ignace), composée d'un bâtiment central, fortifié de six tours, savoir une à chaque angle, une sur le flanc droit et une sur le flanc gauche du bâtiment, le tout avec créneaux, meurtrières et machicoulis.

Elle était, dit le Père Ignace, « faite de pierres de taille en biseau, appelées communément pierres blanches. »

Distinguons : du côté de la Ville, c'est possible, mais de l'autre c'est inexact. En 1854, en effet, les deux tours du côté opposé existaient encore (pour partie du moins), et elles étaient en grès, de même que le mur qui les reliait. Originairement terminée par des plates-formes, ces tours furent plus tard, ainsi que le bâtiment central, coiffées de toitures aiguës surmontées de girouettes.

Cette forteresse, précédée d'un pont-levis vers la campagne, était protégée par un arrondissement en grès du mur d'enceinte, flanqué de deux tours, précédé lui-même d'un autre pont-levis. Vers la Ville, elle était défendue par une enceinte bastionnée, percée de trois ouvertures donnant accès, sur le rempart, sur la rue Saint-Jean-en-Ronville, et sur la rue Ronville. Cette enceinte s'étendait à gauche jusqu'à la porte-cochère de l'auberge de la *Grâce de Dieu*, et couvrait à droite une partie de l'emplacement de l'hôtel *du Commerce*, ainsi que toute la petite place située entre cet hôtel et l'auberge de *la Tête d'Or*. La forteresse s'avançait

---

[1] C'est ce qu'admet l'auteur du manuscrit de l'évêché « porte Ronville ainsi appelée, dit-il, parce qu'elle est ouverte dans une tour ronde. »

dans cet espace comme le montrent les plans de Beaulieu et de 1751.

Entre les deux tours faisant face à la Ville, on remarquait, en caractères gothiques, sur une pierre blanche, la légende suivante :

Tempore Philippi nobilissimi Flandriæ et Viromandiæ Comitis fvndata fvit hæc Turris a magistro Wiltbothemo anno Domini MCLXXVI [1].

« Le maréchal de Montesquiou ci-devant comte d'Artagnan, dit le Père Ignace en parlant de la porte Ronville, gouverneur de la Ville, y a ménagé un logement très-propre et fort commode. Il y a autour un jardin planté d'arbres fruitiers. Elle est assez élevée pour découvrir toutes les fortifications voisines. »

Puis le Père Ignace, dans un autre passage, dit encore « il y fit faire une grande porte pour passer les voitures sur le rempart du côté de Saint-Nicolas, la petite porte d'entrée resta toujours de l'autre côté opposé à la nouvelle. Du temps du maréchal, on passoit plus souvent par la grande porte que par la petite à cause de la commodité qu'il y avoit. » Ce qui doit s'entendre probablement des parties de bâtiment donnant sur le terre-plein du rempart.

[1] Consulter sur la porte Ronville : — Les *Chastellains de Lille*, 1611, page 84. — Le Père IGNACE, *Dictionnaire*, V° Ronville. — *Mémoires*, t. II, page 122. — BEAULIEU, *Plan des attaques de la corne de Guiche*. — Un plan manuscrit de la Bibliothèque. — *Bulletin de la Commission des Antiquités départementales*, page 233 et suivantes. — *Entrée de la Reine à Arras*, par VAN DER MEULEN. — *Vue de la porte Ronville en 1751*. Cabinet de M. Renard de Sorgnis.

En 1763, cette forteresse à la fois si sévère et si pittoresque, tomba presqu'entièrement pour faire place à une porte nouvelle, construite dans le goût pseudo-grec d'après les dessins de M. de Sarcus. « Quoique d'un style un peu bâtard et maniéré, cette porte du côté de la Ville, produisait un grand effet par la silhouette heureuse des trophées qui la couronnaient, par les belles proportions de sa baie, par ses ornements bien distribués et qui ne manquaient pas de finesse dans plusieurs parties, enfin par son ensemble qui s'harmonisait parfaitement avec les constructions de la grande et belle rue Ronville [1]. »

En 1854, cette porte monumentale fut à son tour démolie et remplacée par l'abominable entrée ressemblant à un viaduc de chemin de fer qui déshonore maintenant cette même rue.

Dans les fondations on retrouva une pierre sur laquelle on lisait :

Ludovico decimo quinto Rege
Optimo regni anno XLVIII
Agente, hæc porta ruinis
Collabens a fundamentis
Extructa anno MDCCLXIII
D. Ferrend de Fillancourt
In hoc oppido pro Rege
Locum tenens ab anno
XVIII primum lapidem posuit
Anno MDCCLXIII
M. de Sarcus, ingénieur en chef.

Les travaux de terrassement mirent également à jour trois tours à deux étages engagées dans le rempart. Les chambres qu'elles renfermaient étaient à voûtes d'arêtes

---

[1] GRANDGUILLAUME, *Bulletin des Antiquités départementales*, page 237.

avec clefs sculptées et nervures retombant sur des consoles leur servant de support. Une clef de voûte représentant un agneau porte-croix, accusant le XII⁰ siècle et une console, sont déposées au musée.

PORTE SAINT-NICHOLAS

Cette porte, qui s'est aussi appelée de *Saint-Sauveur*, *porta Salvatoris* (Guiman, an 1162), était située au lieu où est maintenant le bastion du même nom. Son entrée existe encore rue du Saumon, en face de la chapelle des Dames Augustines. Nul doute pour nous que l'impasse actuelle de l'*Ecu de France*, n'ait été anciennement une rue aboutissant directement à cette porte.

A l'extérieur, elle se trouvait protégée par deux fortes tours rondes d'une très-grande hauteur [1], qui subsistent toujours. Ces deux tours ont huit étages établis en retrait. Les deux premiers sont en grès, les autres en briques avec cordon en grès à chaque retrait. L'espace compris entre les deux tours est complétement en grès ; il offre une baie ogivique élancée et légèrement outrepassée, surmontée d'une autre baie dont on distingue surtout la partie inférieure [2]. A l'intérieur elle était défendue par deux autres tours également rondes, infiniment plus grosses où l'on mettait les munitions de guerre.

---

[1] Voir le *plan de Beaulieu* et le tableau du musée commandé par le Magistrat en 1597.

[2] Tout le bastion Saint-Nicolas, qui date du XVI⁰ siècle, est construit comme les tours. Entre les cordons en grès de chaque étage règnent en briques plombées des décorations formées de croix de Bourgogne ou de losanges. Non loin du bastion se voit, dans la courtine, une croix de Bourgogne faite en boulets de grès, et le briquet de la Toison d'Or.

Du côté des champs, on voyait en caractères gothiques au-dessus de la porte intérieure la légende suivante :

« † *Anno incarnationis dominicæ millesimo ducentesimo quarto decimo* † *Tempore domini Philippi illustris Francor. Regis et ejus primogeniti domini Ludovici constructa est hæc porta per manum et operam magistri Petri de Abbatia quæ est vicus in civitate Atrebatensi.* »

Et du côté de la Ville, en caractères de même nature l'inscription que voici [1] :

† Maistre Pieres de Labeie
Fist de cest vevre la maistrie

† En après l'Incarnation
Iesu Ki soffri Passion
Eut XII cens et XIIII ans
Que ceste porte faite eltans
Fu quant Sire de cest pais
Estoit messire Lovveis
Li fius Felipe le buen Roi
Flamenc li fisent maint desroi
Mais Dieus le Roi tans onora
Que as gens ouico lui mena
Cacha de camp en mais dun ior
Oton le faus Empereor
Et prist V contes avec lui
Ki le orent fait maint anui
Si ert de vengier desirans
Li vns ot nom li cuens Fernans
A cui ert Flandre et Hainaus
Et le autres fu cuens Rainaus
De Dantmartin et de Bologne
Et le tiers fu doltre Coloigne

---

[1] C'est la plus ancienne inscription lapidaire que l'on connaisse en langue romane.

Si ert de Tinkenebore Sire
Li quarts fu Cuens de Salesbire
Ce fu Guillaumes Longespée
Qui por la guerre ot mer passée
Frère estoit le roi d'Angleterre
Qui ia ot nom Iohans sans tere
Et le quins fu le Quens de Lus
Et III cens chevaliers et plus
Que mort que pris sans nul délai
Entre Bouines et Tornay
Auint ceste chose certaine
El mois de Iuil une Demaine
V. iors deuant Aoust entrant
Et droit............ ans deuant
Ces V iors mains avec II mois
Fu primes coroné li Rois
Et III cens deuant et VI
Fu desoraisne desconfis
Oteuns Emperere molt fiers
Si le vinqui li Roi Lohiers [1].

Sous la voûte de la porte, se reproduisaient deux pleins cintres en grès. A l'extrémité de cette voûte, se trouvait un assez vaste espace carré entouré de murs, qui, entre la porte extérieure et la porte intérieure, occupait, moins les terre-pleins des quatre faces du bastion, la totalité de ce même bastion, qui n'a été rempli de décombres que de 1825 à 1830. Des déblais opérés en cet endroit feraient peut-être retrouver l'importante inscription sus visée.

Immédiatement après les deux tours intérieures, se trouvait un premier pont-levis, et immédiatement après les deux tours extérieures on en rencontrait un second.

Un ancien plan sur une grande échelle et accompagné

---

[1] *Les Chastelains de Lille*, par FLORIS VAN DER HAER, qui dit tenir ces inscriptions de De Mol, eschevin d'Arras, MDCXI, page 85.

d'une longue légende explicative, qui fut en 1619 dressé par Camp, à l'occasion du projet de construction d'un nouveau pont-levis « en l'entreporte de la porte de Saint-Nicolas », donne une idée fort exacte de la disposition, des dimensions, et de l'importance défensive et stratégique de cette porte [1].

Du bastion Saint-Michel au bastion Saint-Nicolas, et à la porte Ronville, régnait, entre la fausse braye et le rempart, un jardin analogue à celui qui s'étend du bastion Saint-Michel à la Brêche. Ce jardin a également été comblé vers 1830.

A droite de la baie, en plein cintre de la porte Saint-Nicolas, existe encore, rue du Saumon, un soubassement en grès moulurés, qui évidemment a fait partie de l'ancienne ornementation de cette porte. A gauche de cette baie se voyait aussi, il y a quatre ans environ, une baie ogivique en grès, murée, dont la claie de voûte portait, si nos souvenirs sont exacts, la date de 1575.

PORTE HAGERUE

La porte Haiserue, Haieserue, Hayerue (du latin *haga*), c'est-à-dire Haies rue, porte de la rue Haie, de la rue des Haies [2]. Et effectivement, à partir de la porte, on trouvait une rue dite *rue Neuve*, longée de haies et conduisant à Achicourt. Cette porte existe encore (bien que murée à l'extérieur) à l'extrémité de la rue des Capucins ; sa longue voûte passe sous le rempart.

[1] Archives municipales.
[2] Dubus donne une autre étymologie et dit : « Il se trouvait auprès de cette porte une cense ou ferme nommée *Hage-Rue*. Elle a fait donner son nom à cette porte. »

Non loin de cette porte, à gauche, le mur d'enceinte offre une vaste croix de Bourgogne, formée par une double rangée de boulets de grès, et le briquet de la Toison-d'Or. A quelques mètres plus loin est la date de 1534.

Avant la reconstruction du mur de soutènement du rempart, on voyait au-dessus de la porte Hagerue, faisant face à la rue des Capucins, une grande pierre blanche carrée, moulurée, où avait été sans doute encastrée une plaque commémorative, et, soit une grande H également en pierre blanche, soit les deux colonnes accouplées par une banderole qu'avait adoptées Charles-Quint.

PORTE DES SOUPIRS

Cette porte, sise au bout de l'allée du même nom, à la naissance des jeux de Paume et qui a été ouverte dans ces dernières années, n'a rien exactement qui puisse lui valoir ici autre chose qu'une simple mention de son emplacement.

PORTE PUNIEL

Fermée bien avant la porte Hagerue, la porte Puniel ou Punyel, par laquelle on se rendait au faubourg de la Vigne, était située là où se trouve maintenant le collége. Elle s'ouvrait entre deux tours circulaires, et était précisément en face d'une rue aboutissant en droite ligne au portail latéral de l'église Saint-Etienne [1].

---

[1] *Plans* n° 10 des archives départementales, l'un du XVI° siècle; l'autre du 6 août 1604.

Les habitants de ce faubourg allaient, comme la chose se voyait fréquemment au Moyen-Age, plaider sous l'orme, et cet orme était non loin de la porte Puniel : « .... *Sunt inter molendinum de Puniel, et Omundi pratum, et lapidem seu ulmum, ubi ad placitandum hujus Villæ incolæ conveniunt* [1]. » Peut-être, ainsi qu'au temps d'Homère, la pierre était-elle le siége du Juge [2].

CLAQUEDENT OU PORTE BARBAKANE

Grosse tour accompagnée de bâtiments analogues à celui sous lequel sortent de la Ville les eaux du fossé Burien [3], le Claquedent ou porte Barbakane, qui était située sur ce même fossé, à l'entrée de la rue de Juillet, là où est la maison faisant l'angle de cette rue et de la place existant sur l'ancien vaste abreuvoir Saint-Aubert [4], avait à sa partie inférieure les vannes à l'aide desquelles on distribuait l'eau, et à sa partie supérieure un assez vaste corps-de-garde.

Il résulte de plans sans date mais très-anciens des Archives municipales, qu'une demi-lune, reliée au Claquedent, a été établie dans le lieu appelé depuis *Abreuvoir Saint-Aubert*, pour couvrir et défendre ce point de jonction des remparts de la Ville et de la Cité.

On peut notamment consulter à ce sujet celui sur lequel on lit en gothique :

« Platte forme faicte par M⁰ Jos. Robin, Mᵗʳᵉ des œuvres de la ville de St-Omer pour les ouvrages du g. mur depuis le

---

[1] Guiman, N₀ 318.
[2] Iliad., lib. XVIII.
[3] Voir plan, dossier n⁰ 10, archives départementales.
[4] Godefroy, 16 octobre 1292.

tour Clacqdencq jus qu'au bolverd de le porte de Cité pour ung bolverd an-dessus de le dicte tour de Clacqdencq [1]. »

PORTE DE L'ESTRÉE

C'était une forteresse que Louis VIII, *Dominus Attrebati*, fit élever près du Wez-d'Amain, entre l'*opital Saint-Jehan* et l'*hostel de Chaulnes*, dans le mur d'enceinte de la Ville, que l'on reporta par la suite le long du fossé Burien, dit le Père Ignace, dont le vrai nom originaire était fossé de *Bourriane, Borriana* (voir les vieux titres). Seulement, il commet une erreur en appelant cette porte, porte Saint-Sauveur; la porte Saint-Sauveur, près de laquelle était un hospice (ce qui a occasionné la méprise du Père Ignace), n'ayant jamais été autre que la porte Saint-Nicolas.

PORTE DE CITÉ OU NOTRE-DAME

Placée près du fossé Burien, courant entre la Ville et la Cité (lorsque l'on détruisit la porte de l'Estrée), cette porte, construite en 1369, était une forteresse flanquée de tours qui, comme nous l'apprend le Père Ignace, subsistait encore en 1724.

Ce fut, suivant la tradition décisivement corroborée par l'hermite de Soliers [2], sur la porte de la Cité que, lors du siége de 1477 par Louis XI, on mit cette inscription :

---

[1] Archives municipales. Liasse *Union de la Cité et de la Ville*.
[2] *Cabinet de Louis XI* (1561).

> Quand les rats mingeront les cats
> Le Roi sera seigneur d'Arras ;
> Quand la mer qui est grande et lée
> Sera à la Saint-Jean gelée,
> On verra par dessus la glace
> Sortir ceux d'Arras de leur place [1].

Cette porte avait reçu certaines décorations peintes et sculptées.

---

[1] Cette plaisanterie des rats et des chats qui n'avait guères réussi aux Arrageois, devait se reproduire en 1640, époque à laquelle elle ne devait pas leur réussir davantage. « Ils mirent, dit d'Artagnan, sur leurs murailles des rats de carton qu'ils affrontèrent contre des chats faits de la même manière, ce qui vouloit dire que, quand les rats mangeroient les chats, les François prendroient Arras. » (*Mémoires*, tome II, pages 70 et 71.)

Aussi, après la prise d'Arras, les Français firent-ils exécuter une gravure représentant sous les murs de la Ville un combat de rats habillés à la française et de chats costumés à l'espagnole, au premier plan sont des rats pendant un chat à une branche d'arbre, et au-dessous ces vers :

> C'est donc à cette fois que l'on voit accomplie,
> Messieurs les habitants d'Arras,
> Ce que tous vos aïeux tenaient pour prophétie,
> Vos chats étant vaincus par nos valeureux rats.
> A votre barbe enfin de cette forte place
> Nous nous rendons les possesseurs,
> Puisque nos rats françois, méprisant leur grimace,
> Des chats d'Espagne sont demeurés vainqueurs.
> Vous les voyez ici par leur force et courage ;
> Après un signalé combat,
> Garrotter ces matoux, qui frémissent de rage
> De se voir prisonniers d'un simple petit rat.
> En vain demandent-ils ; ayant fait résistance,
> Qu'on leur fasse quelque quartier :
> Ils se verront branchés tous à cette potence
> Pour exemple récent à ceux de leur métier.

Un exemplaire de cette rarissime gravure a été conservé dans l'ouvrage du Père Ignace.

On s'étonne que, nonobstant la tradition locale encore vivante, l'affirmation irréfutable de l'hermite de Soliers, qui a puisé aux sources les plus authentiques, et l'allusion si transparente de ces vers, Harduin ait pu révoquer en doute, voire même nier, l'existence de l'inscription du temps de Louis XI.

On lit aux comptes des quatre commis aux ouvrages, de 1513 à 1214 :

« A Vincent Conrroyer, painctre, pour avoir faict un' Crucefils et deux ymaiges de Sainct Anthoine à la porte de Cité, IIII s. »

Aux comptes de 1511 à 1512 :

« A Simon Leurent, tailleur d'ymaiges, pour avoir taillé un escu de IIII pieds de hault de pierre de Pronville avecq deux lyons tenant ledict escu portant en haulteur VI pieds, pour mettre au-deyant et au-dessus de le porte dudict bolvert VIII livres. »

Ce fut également sur cette porte que plus tard on planta le miraculeux *Calvaire d'Arras*[1].

La porte-forteresse Notre-Dame fut remplacée par une porte d'architecture classique, d'ordre dorique, dans le genre de la porte des Malades, à Lille.

« Elle est, dit le Père Ignace, bâtie de pierres de taille amenées du village de Pronville, vers Cambray. Elle est soutenue de quatre colonnes, deux de chaque côté, le haut est sculpté et orné de plusieurs agréments d'architecture[2]. » Son élévation a du reste été reproduite dans les différentes peintures ou gravures représentant le Calvaire d'Arras, et au plan de 1740, n° 314, des archives départementales.

Le 28 mai 1790, on résolut sa démolition ainsi que celle des parties de rempart adjacentes[3].

Cette démolition ne s'exécuta que très-incomplétement alors, car au 11 mai 1812[4], une délibération du Conseil

---

[1] On voit encore, au-dessus de la fontaine monumentale de la rue de Juillet, quatre fenêtres en anse de panier, éclairant maintenant une sorte de grenier, qui anciennement était un rez-de-chaussée sur le rempart contre la porte de Cité, peut-être même le corps-de-garde.
[2] *Mémoires*, tome VII, page 783.
[3] *Registres aux délibérations*, archives municipales.
[4] *Registres aux délibérations*, archives municipales.

municipal décida en même temps que la suppression de l'abreuvoir connu sous le nom de *Wez-d'Amain*, la démolition de la tour à la porte de Cité, se trouvant sur le *Pont-Montalivet*.

Le procès-verbal d'expertise, dressé le 3 février 1740 en exécution d'un arrêt du conseil d'Artois, par Demiaut et Rousselle, en présence des délégués de l'évêque, du chanoine et du mayeur, qui représentaient les trois états de la Cité, apprend en outre :

Que l'entrée de la porte du côté de la Cité portait à droite les armes de l'Empereur, à gauche celles d'Artois, et au dessus l'Écu de France ;

Que de plus, dans une arche intermédiaire située au défilé de la porte, était au-dessus de la voûte « l'image de la Vierge regardant du côté de la Cité » ;

Qu'enfin, au-dessus de la porte du côté de la Ville était sculptée une « Notre-Dame de Pitié ».

La grosse tour, appelée *Pas de Cheval*, avançant du côté de la Cité et sous laquelle passait le défilé de la porte, avait une largeur de « 30 toises 4 pieds [1] ».

PORTE MÉAULENS

Dans Guiman cette porte s'appelle *de Meallenz, de Meallens, de Mellens* ; elle conduisait au territoire et au pouvoir du même nom « *in potestate Mellens* » (N° 401). « *De portâ de Mellens usque Mellens* ». « *De Mellens redeundo ad prædictam portam.* »

« *In Mellenz*, dit cet auteur, *habet sanctus Vedastus,*

---

[1] Archives départementales.

Report sur pierre.   1 Porte D'Eau.   3 Porte Moulins   Lith. Bradier, Arras.
2 Porte Maître Adam   4 Porte Maître Adam

districtum justitiam, vivarium IIII Molendina et talem censum de curtiliis, etc.... » (N° 399.)

On disait aussi, ajoute-t-il : « Saint-Nicolas en Miolens, » (N° 626.)

On lit au *Congié de Jehan Bodel d'Arras* :

> Or me moustrent loire et reclain
> Cil de *Miaulens* et de Beaurain
> Qui tuit sont porri u fardel.

C'est donc dans ce nom de Méallens, Miolens, Miaulens, Méaulens, d'aujourd'hui, que doit se trouver l'appellation originaire, sa raison d'être, et sa véritable étymologie.

Mais ce qui est simple plaît assez peu, et ces choses ont été cherchées tout autre part.

Meyer qui vivait plusieurs siècles après Guiman et Bodel, nomme cette porte « *Porta Meaulana sive Molendina* ». Un autre auteur la qualifie aussi de « porte des Molins » parce qu'elle menait aux moulins à eau de Saint-Vaast à Sainte-Catherine et à Saint-Nicolas.

« Quelques manuscrits, font auteur ou fondateur de la porte Méaulens ou Miolens, Caterine de Miole, dame qui avait de gros biens dans ces faubourgs aux environs de la Ville. On ne dit pas en quelle année [1]. »

« Le manuscrit de l'Évêché porte que la porte Méaulens s'appelait ainsi « parce qu'il y avoit un château appelé *Mio* de ce côté-là qui étoit le lieu de plaisir de la Comtesse Mahaut ce qui la fit nommer *Mio-allens* [2]. »

Consultée en 1751 par l'académie de Soissons, la Société littéraire d'Arras (sans se préoccuper des dates et de la postériorité de Mahaut à Guiman et même à Bodel), a pré-

---

[1] Le Père IGNACE, *Dictionnaire*, tome IV. V° *Ronville*.
[2] *Archives de l'Évêché*. Fol. 120. v°.

tendu qu'ayant été construite par Mahaut d'Artois, et conduisant à Lens, notre porte avait tiré son nom de celui de sa fondatrice et du lieu auquel aboutissait la route sur laquelle elle s'ouvrait : porte *Mahaut conduisant à Lens* ; par abréviation, *Mahaut à Lens*, puis *Mahaut Lens*, et par corruption *Méhaut Lens*, d'où Méaulens !.....

D'autres savants ont trouvé la racine de Méaulens dans les mots latins *Meo Lensum*, je vais à Lens, d'où par abréviation et francisation Méaulens !!.....

La baie extérieure en grès de cette porte est ancienne, mais les deux tours qui la flanquaient *(Portraict de la ville d'Arras* au musée) ont complétement disparu. Il en est de même des deux tours qui la flanquaient à l'intérieur. (Voir un vieux plan de la bibliothèque.)

Sous la voûte existe encore la rainure dans laquelle glissait la herse.

On remarque sur le mur de gauche de la porte Méaulens les dessins en briques de couleurs, qu'offre le bastion Saint-Nicolas.

Dans la courtine, à droite de la porte, se détache un motif en pierres blanches. Au centre sont deux colonnes reliées par un phylactère ayant porté sans doute une inscription qui a disparue ; au-dessus était probablement une date maintenant effacée ; au-dessous dans un cuir est l'Écu d'Artois (armes de Charles-Quint).

Vers le commencement du XVIe siècle, la porte Méaulens avait été décorée de lions sculptés. On voit, en effet, aux comptes de 1511 à 1512 :

« A Luc Lacheré, carriereur de Pronville, pour avoir livré le nombre de quatre-vingt-quatre pieds de pierres blanches à faire aulcuns lyons pour la dicte porte de Méaulens, au prix de xviii deniers le pied, font ici la somme de vi livres vi s. »

En curant il y a quelques années la fontaine Méaulens,

on a ramené plusieurs rapières du seizième siècle, maintenant déposées au musée, qui provenaient évidemment de la lutte engagée à la porte lors du coup de main tenté par Henri IV sur Arras dans la nuit du 4 avril 1597.

Sur le rempart, à l'endroit appelé *Union*, en avant de la sortie du fossé Burien, dominée par une construction avec machicoulis, existante encore aujourd'hui, se trouvait une tour défensive de la porte. (*Portraict de la ville d'Arras.*)

PORTE D'EAU

Entre la porte Méaulens et l'ancienne porte Saint-Michel se voit la porte d'Eau sise sous un corps de garde muni d'un magnifique machicoulis en pierre de taille, que malheureusement a défiguré un ravalement inintelligemment opéré il y a quelques années.

A proximité de la porte d'Eau sont quatre tours rondes avec meurtrières, construites en grès jusqu'à une certaine hauteur, puis en pierres blanches. Les parties en briques appartiennent à leur dernière restauration.

Presqu'en face de ces tours, on remarque, à l'une des extrémités d'un ouvrage à cornes, une porte en plein cintre avec pilastres. Le soubassement est en grès, et le reste en pierres de taille. Pareille porte, démolie il y a quarante ans, existait à l'autre extrémité du même ouvrage. Cet endroit se nommait anciennement « *les Arches.* »

PORTE SAINT-MICHEL

Consacrée aux « joyeuses entrées », cette porte, qui empruntait son nom à la chapelle Saint-Michel, sise *extra muros*, très à proximité « *Ecclesia Sancti-Michaelis ad portam civitatis sedet, quæ ab eâdem ecclesiâ denominatur* [1], » était située à l'extrémité de la Grand'Place au bout de la rue Fausse-Porte-Saint-Michel.

Il y a trente ans environ, on voyait encore sa baie ogivique en grès, ainsi que la voûte conduisant à l'extérieur.

Les comptes de 1513 à 1514 prouvent qu'elle était ouverte à cette époque. Ceux de 1543 à 1544 établissent qu'alors elle était condamnée.

On l'a détruite lors des modifications apportées à la partie du rempart où elle se trouvait.

Rien n'en subsiste plus, si ce n'est peut-être des contreforts que l'on voit sur le rempart et qui ont pu faire partie des défenses de la porte [2].

Non loin de l'emplacement de la porte Saint-Michel, le mur d'enceinte offre quatre terrasses superposées dont trois constituent le jardin du colonel du génie de la place. Au moment de la floraison des lilas dont sont plantées ces terrasses, cette portion d'enceinte est d'un aspect très-agréable.

Non loin également de l'emplacement de cette même porte se voyaient avant la construction du bastion de la brèche les restes de l'ancien ouvrage circulaire et extérieur appelé *Pas de Cheval*, que figurent les vieux plans d'Arras conservés aux archives municipales et départementales.

---

[1] GUIMAN, n° 398.
[2] Voir les plans des dispositions intérieures de la porte Saint-Michel aux Archives du Génie.

Report sur pierre.   1. Porte de Baudimont   2. Porte S.ᵗ Nicolas   3. Portion des murs d'enceinte   4. Porte S.ᵗ Michel.   Lith. Bradier, Arras

ARRAS.

LA MAISON ROUGE
d'après le tableau de M. Maurice Colin

LA MAISON ROUGE

La *Maison Rouge*, dont on a tant parlé, et dont il ne reste aucune trace, était située derrière la chapelle de la Sainte-Chandelle sur le petit marché, ainsi que l'indiquent les vieux plans de la Ville, et le précieux tableau de M. Maurice Colin, seule peinture qui nous ait conservé l'image de cette construction.

D'origine très-ancienne, probablement antérieure à l'établissement de la place, suivant le Père Ignace (ce qui est une erreur), et datant de Philippe le Bon suivant Harduin (ce qui est exact), la Maison Rouge, édifice à l'aspect sombre, et constituant une vraie forteresse faite de briques, avec pignons droits, fenêtres rectangulaires croisées sur le front à rue, portes cintrées partout et fenêtres également cintrées aux pignons, avait, non comme on l'a dit, la forme d'un parallélogramme allongé, mais bien d'un carré presque parfait. Ses deux angles, du côté de la Sainte-Chandelle, étaient soudés à des tours rondes d'inégale grosseur, montant de fond, coiffées d'un toit aigu et éclairées par des meurtrières. La plus forte renfermait l'escalier à vis qui comptait quarante-trois marches de grès donnant accès à l'étage et au grenier.

Aux deux angles opposés et à l'étage, se liaient deux tourelles à encorbellement, à toits pointus surmontés d'épis. L'une, du côté de la Grand'Place, pleine ; l'autre, celle du côté de la rue des Balances, ajourée en plein-cintre, servait de bretèque; les greffiers criminels y lisaient les sentences des condamnés dont l'exécution avait lieu en face de cette maison.

Le rez-de-chaussée offrait deux pièces voûtées, et l'étage, une autre pièce mesurant environ vingt pieds de long sur douze de large. Ses vitraux étaient blasonnés aux armes des ducs de Bourgogne, de la maison d'Autriche, et des sires de Bournonville.

On lit au Père Ignace [1] qu'entre la Maison Rouge et la Sainte-Chandelle, antérieurement à la construction de la Rotonde, il y avait une rue composée, d'un côté, des boutiques des rôtisseurs, et, de l'autre, des boutiques des changeurs [2], et que (chose inaperçue ou non relevée par tous les auteurs contemporains) cette rue passait sous la Maison Rouge. « Ce qui formoit une espèce de halle entre les quatre tours de la chambre haute où est située la Bertècle ou lit de justice de la gouvernance d'Arras en la Maison-Rouge. »

Et ce que dit le Père Ignace est en parfaite concordance avec un ancien plan de la Maison Rouge « parafé par Bacler, le greffier civil de la Ville d'Arras, pour servir à Pierre de Frémicourt, l'un des quatre commis aux ouvrages de la Ville, le 17 septembre 1687 » plan à l'échelle appuyé de légendes et autres pièces dont nous devons la communication à notre savant bibliothécaire M. Caron. Nous sommes d'autant plus heureux de l'en remercier ici, que ce dessin, depuis longtemps oublié, est l'unique qui subsiste sur ce monument.

---

[1] *Mémoires*, tome VI, pages 457 à 459.

[2] Cette rue a été détruite en 1525. — GUESNON, *Cartulaire d'Arras*, page 377.

[3] Archives municipales.

On y remarque distinctement la voûte dont parle le Père Ignace, rejointe à angle droit par une autre voûte dont l'ouverture était sur le marché au beurre, lequel se tenait alors où on le tient encore aujourd'hui.

Il résulte de ce qui précède, qu'erronnément on a pensé et écrit que la Maison Rouge n'avait qu'une tour montant de fond; et que la rue des Rôtisseurs et des Changeurs fut détruite à l'époque de la construction de cette forteresse

Sur trois faces du rez-de-chaussée s'adossait une série d'échoppes uniformes, couvertes en ardoises, avec logettes dans le toit, du côté du marché au beurre, où le manque de fenêtres avait permis de donner à ce toit plus d'élévation.

Au-dessous de la maison se trouvaient d'assez belles caves.

Domicile généralement élu dans les actes privés, notariés, judiciaires et extra-judiciaires [1], cette vieille forteresse a été détruite en 1757 « parce que (porte un document d'alors) le bâtiment était devenu si caduc qu'il menaçoit ruine prochaine, et que d'ailleurs, par sa difformité, il blessoit la décoration de la place et en embarrassoit l'entrée [2] ».

Banalités invariablement invoquées par les démolisseurs de tous âges et de tous lieux; qui ont été alléguées pour culbuter la croix de grès, la pyramide du Grand-Marché, celle de la Petite-Place, la Cathédrale, l'Hôtel-Dieu, l'Hospice Saint-Jean, une foule d'églises, tous les antiques monuments d'Arras que l'on voudrait tant revoir aujourd'hui, et qui naguère encore, étaient mises en avant pour renverser la belle et regrettable Tour du Temple à Haute-Avesnes.

---

[1] Voir les anciens contrats.
[2] GUESNON, *Cartulaire d'Arras*, page 476.

Plan de la Maison Rouge[1].

1 Le milieux du plan de ladite maison.
2 La porte de la maison faisant face au marché au beure.
3 La tourrel de la Bertècle au-dessus du coing.
4 Sont trois aultres tourelle aux trois aultres coing de ladite maison.
5 Est une porte que Lefebvre a fait pour sa commodité du costé de la rue des Balanches.
6 Audit costé il y at deux bouticles appartenant à Pierre de Frémicourt, où il reste encoire à bâtir aux 2 coings chacun bouticle.
7 Est une bouticle appartenant aux héritiers de Louis Delattre.
8 Du mesme costé, il y at pour bâtir 2 bouticles.
9 Le costé derrière la Chapelle des Ardans où il n'y a point de bouticles.
10 Est une anchienne porte de la Maison Rouge.
11 Est le coing où maistre Pole le Toits a fait faire une nouvel bouticle.
12 La place à faire encoire une aultre bouticle appartenant aux Trenitois, où il y at une voute dessous ladite Maison Rouge.
13 Est encoire une place aux dits Trenitoys à faire.
14 Est le coing à faire encoire une bouticle disant apartenir aussy aux Trenitoys, où il y at aussi une voute dessous le dite maison.

[1] Voir la gravure.

ARRAS.

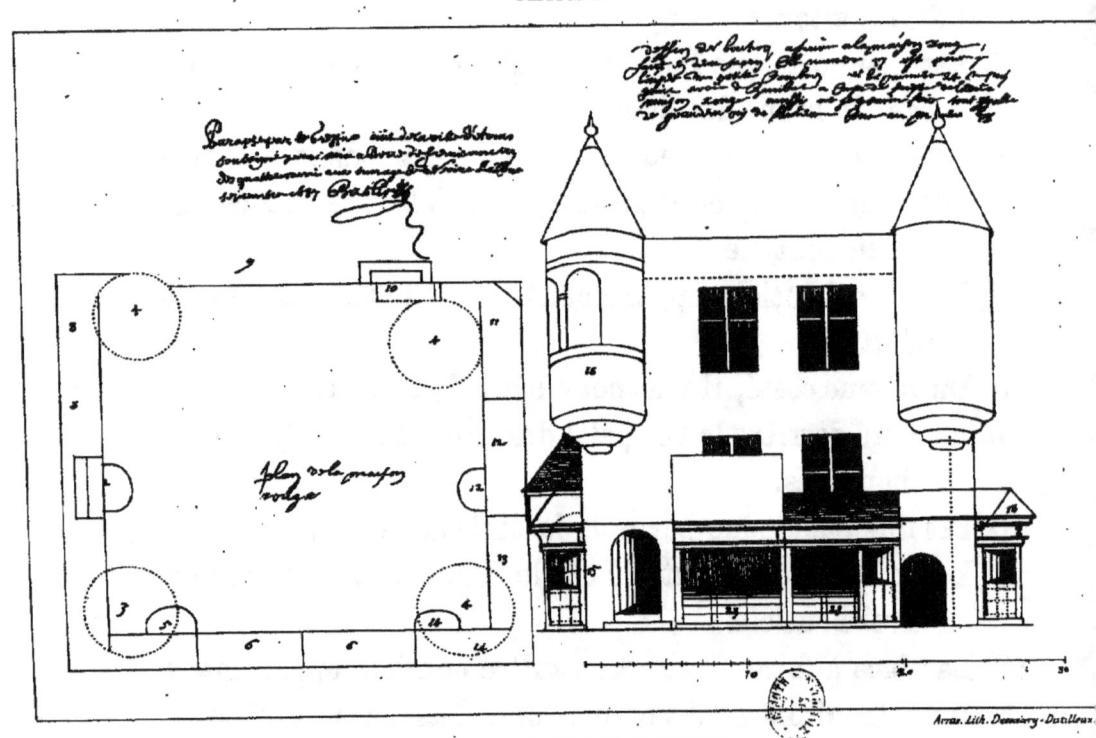

PLAN DE LA MAISON ROUGE.

Aultre dessin d'élévation de la dicte maison avecq deux diférent porte de profil.

15 Représentant le coing de la dite maison.
16 Une porte à la dite maison avecq la bertècle au-dessus.
17 Il y at à faire une bouticle sur le coing avecq sa porte laquel n'auroit qu'un petit grenier large de 5 pieds au dehors.
18 Est un aultre profil à l'auttre coing du costé de la maison Dieu, lequel est représenté de face, estant au droit des fenestres de la Maison Rouge n'y pouvant avoir de guernier du tout à cause des fenestres.
19 L'endroit des fenestres d'en bas de la Maison Rouge.
20 L'endroit de fenestres d'en hault.
21 Est une voûte dessous la maison.
22 Où il faut un nocq de plomb au droit des fenestres.
23 Les escourcheil des bouticles.
24 Les bouticles ouvertes.
25 L'eschelle de 80 pieds d'Arras.

Notre jeune et intelligent archiviste, M. Richard, a récemment retrouvé un dossier relatif à la Maison Rouge, qu'il a eu l'obligeance de nous communiquer.

Il contient notamment un plan de la Petite Place dressé en 1708 par Guillaume Cocquelle, où l'on voit l'emplacement des deux puits, de la Croix de Grès, de la Sainte-Chandelle, de la Maison Rouge, et où il est dit que chacun de ces deux derniers monuments couvroit une superficie de deux verges mesure du pays. Puis les deux pièces suivantes qui sont trop curieuses pour n'être pas reproduites.

« Sensuit la teneur des lettres patentes de Leurs Altesses Sérénissimes, données en leur conseil privé, le vingt-six février mil six cens huit, au moyen desquelles a été tout de nouveau fait et dressé ce présent terrier et cartulaire.

Albert et Izabelle-Clara-Eugénia, infants d'Espagne par la grâce de Dieu, archiducqs d'Autriche, etc., etc... à notre bien amé Augustin le Joenne, huissier servant au comptoir de la recette de notre domaine au quartier d'Arras et à tous aultres huissiers.

La Maison Rouge située sur le petit marché d'Arras était bâtie de bricques, couverte d'ardoises, appartenante pareillement à Leurs Altesses Sérénissimes, étant appliquée pour place publique et de justice, y étant la bretèque servante à toutes ces publications, et attaches de placards et exploits de justice en la quelle maison se prononchent toutes sentences criminelles de la dite Gouvernance d'Arras et se mettent à exécution au devant d'icelle, ou est le lieu patibulaire et ou se dressent les échafauts pour tous criminels condamnés au dernier supplice par sentence de ladite Gouvernance et outre se y tiennent certains plaids extraordinaires pour les causes du fisque et aussi l'on est accoutumé de passer illecq publiquement au plus offrant et dernier renchérisseur toutes les fermes et marchandises de grains et autres choses compétens a Leurs Altesses Sérénissimes et les tonlieues d'Arras pour la moitié aulx religieux abbé et couvent de Saint-Vaast d'Arras, outre ce durant la franche fête de la dite Ville, les canoniers font leur corps de garde en la plache d'en bas, la quelle maison est occupée par un conchierge y établi de la part du Gouverneur de la dite Ville que de la dite conchiergerie, et tout alentour d'iceles Maison Rouge sont fait des obettes couvertes d'ardoises, servantes de petites boutiques de toiliers, wautiers et autres, lesquelles obettes sont possédées par diverses personnes qui les ont obtenu pour leur vie durante moyennant quelque somme d'argent au profit de la dite Gouvernance, qui d'anchienneté est en possession de bailler icelles hobettes après les trépas du dernier possesseur sans que le receveur du domaine en ait aucune connaissance [1].

A Messieurs,

Messieurs le Grand Bailly, lieutenant général et hommes de fief gradués de la Gouvernance d'Arras.

Suplie très-humblement François-Ignace Crochart, bourgeois, maistre quinqualier de la Ville d'Arras, disant que pour l'ambelissement, utilité et de stil de sa marchandise, a trouvé un terrain inutile et propre à faire construire une baracque tenante à la Maison Rouge, faisant face à la chapelle de Nostre-Dame de Joye, sur le terrain vaccant, ce qu'il ne peut faire, Messieurs, sans votre permission et authorisation comme estant maistre du terrain que le suppliant prétend occupper. C'est pourquoi il se retire de vers vous, Messieurs, à ce qu'il vous plaise de lui permettre la construction de la ditte baracque compossé de six pied de largeur, douze de longueur et dix-sept d'hauteur, dont le suppliant offre de la faire construire pour embellir la place et à ses frais, et depens, pour en jouir quatre-vingt-dix-neuf ans, et sans porter aucun préjudice à la vue des maisons et sans mesure l'aplaudissement de tous les peuples du voisinage, attendu que c'est une place qui ne sert à autre chose qu'à recevoir tous les hordures des passans tant petit que grand, ce quy cause une infection continuelle à l'entour du petit marchez

---

[1] En son Mémoire du 25 mars 1758, Camp prétend, page 20, que la comtesse Marguerite ayant établi à Arras « une maison de change et de banque, quelque temps après Philippe de Bourgogne fit bâtir à cet usage la Maison Rouge, qui servait aussi de bourse ou de lieu à l'assemblée des marchands. » Et ajoute : « Cette Maison Rouge, située sur la Petite Place, avait servi depuis pour le siège des officiers du baillage, et dans les derniers temps, n'étant plus l'ancien usage, elle fut démolie. »

que dans les suites surtout dans les chaleurs si on laisse ce terrain inutile, les immondises, les excrément et autres villainies qu'on porte de toute part sur ledit terrain, sont capable de mestre la peste dans la Ville. Ce seul motif, Messieurs, doit vous prévenir pour accorder la ditte construction attendu que c'est un intérêt publicq de viter ce mauvais air et l'infection continuelle du petit marchez, sy le suppliant y est logé, sa bouticque ambelira la ditte place et empeschera le peuple de faire aucune saleté tant de ce costé là que derrière la chapelle de Notre-Dame de Joye, comme l'on en fait journellement ce quy ne sera plus. A ces causes il vous plaira de vos grâces,

Messieurs,

vu l'esposé cy-dessus, permettre et accorder au supliant la construction de la ditte baracque de six pieds de largeur, douze de longueur et dix-sept d'hauteur, à ses frais et depens et faire l'entretien d'ycelle, pour en jouir luy et les siens pendant quatre-vingt-dix-neuf ans, en payant néantmoins la reconnaissans qu'il vous plaira, Messieurs, par an pour ledit terrain et après le dit temps espiré desdittes quatre-vingt-dix-neuf années, la ditte barracque appartiendra à la Maison Rouge, ce que le supliant espère de vos grâces et il prira pour la santé de vous, Messieurs.

FRANÇOIS-IGNACE CARON.

Le Mémorial II, *Résolutions* des Archives municipales, contient aussi sur la Maison Rouge, une intéressante pièce que voici :

DU 5 NOVEMBRE 1707.

« Sur la représentation faite par le Procureur général du Roy de la Ville, qu'il y a eu cy-devant une difficulté portée au Conseil d'Artois, allencontre des sieurs Officiers de la Gouvernance d'Arras, au sujet de ce qu'ils prétendoient faire des hobettes nouvelles allentour de la Maison Rouge dans l'endroit où il n'y en avoit pas, à quoy led. Procureur du Roy s'estoit opposé, attendu qu'il y auroit une difformité sur la place et qu'il falloit prendre une avance considérable sur la place, et pour d'autres raisons qu'on at avancé au procez, dans lequel il est intervenu sentence interlocutoire, mais du depuis ayant esté représenté à cette présente assemblée que pour éviter à toutes difficultés, monsieur le grand Bailly a proposé d'en faire seulement à deux costés de l'entrée de la Maison Rouge, en sorte que cela n'incommodera pas le publicq ny fera nulle difformité au marché, et que les voisins n'y seront pas intéressez. Messieurs, après avoir vu les lieux et ouy le procureur du Roy, ont résolu d'accorder des hobettes aux deux costés de la porte de l'entrée de la Maison Rouge, comme elles estoient cydevant, et que les occupeurs seroient responsables au magistrat comme les autres quy en ont. Ainsy fait les jour et an que dessus [1]. »

[1] Communication de M. GUESNON.

CHATEAUX DE LOUIS XI

Pour maintenir et maîtriser les Arrageois qu'il savait tout dévoués à la maison de Bourgogne, Louis XI, on l'a vu, avait ordonné la construction de deux châteaux-forts, situés, l'un en Cité près le Monastère de Sainte-Claire ; l'autre, en Ville, sur la Grande Place, près la porte Saint-Michel.

L'assiette de ces forteresses qu'entouraient des fossés, et auxquelles il fallait accéder par des ponts-levis [1] ayant fait l'objet de plusieurs controverses, déterminons-la précisément :

CITÉ

PETIT CHATEL

La tradition le place entre la rivière des Hautes-Fontaines et le bâtiment des Clarisses.

Et l'exactitude de cet emplacement résulte pleinement :

Des lettres patentes d'avril 1472 portant que ce château était situé « en la Cité, auprès le Cloux et monastaire de Notre-Dame Sainte-Claire. »

---

[1] Lettres-patentes de 1478. — DENYS MATHON, *Chronique*, Manuscrit de la Bibliothèque d'Arras. — GÉRARD ROBERT, *Journal*.

Des témoignages concordants de tous les auteurs qui ont écrit sur ce sujet : « *Arx Atrebatiæ civitatis juxta Claristarum gynæcœum* » (Locriüs[1]) ; « *juxta Claristarum Vestalium monasterium* » (Meyer[2]) ; « vers les Clarisses de la Cité » (Desmasures[3]) ; « proche le monastère des Clarisses » (Harduin[4]) ; « près la porte Sainte-Claire (au jardin du Gouverneur) » (Harbaville[5]).

Et de l'excellence de cette assiette, offrant la plus grande analogie avec celle du Grand-Chatel : Ainsi placée, en effet, la forteresse de Cité que couvraient le mur d'enceinte et la rivière, commandait la porte Sainte-Claire, enfilait la rue du même nom, coupait la rue d'Amiens, battait tout le terrain compris entre la porte Sainte-Claire, le Claque-Dent et l'hôtel de Chaulnes.

Cette assiette néanmoins a été contestée.

Posteau l'a gratuitement établie sur le rempart actuel, presqu'en dehors de la Cité, entre l'esplanade et la porte d'Amiens, c'est-à-dire derrière les Trinitaires.

D'autres l'ont voulue sur le Bastion de Marles, c'est-à-dire plus loin encore derrière le cimetière Saint-Nicaise entre la porte d'Amiens et la porte Baudimont et en dehors de la Cité.

Ces deux situations sont également inadmissibles, moins encore parce que la forteresse y eût été stratégiquement fort mal placée, que parce qu'elles sont absolument inconciliables avec le lieu que leur assigne Louis XI (bien renseigné apparemment) et que lui reconnaissent les auteurs cités.

---

[1] *Chronicon Belgicum.*
[2] *Annales,* Manuscrit de la Bibliothèque municipale.
[3] Livre VII, tit. II, n° 90.
[4] *Mémoires,* page 219.
[5] *Mémorial,* tome I, page 89.

Examinons toutefois les raisons invoquées à l'appui de l'opinion qui s'arrête au bastion de Marles.

En son ouvrage, sur *les Siéges d'Arras*, dit-on, M. d'Héricourt écrit :

« Sur les neuf heures du matin les chefs bourguignons firent publier la défense de quitter les armes jusqu'à ce que les deux châteaux qui tenaient encore eussent été forcés ; sur les douze heures ils se dirigèrent vers celui de la Cité, et y conduisirent deux pièces d'artillerie nommées serpentines qui furent mises dans le cimetière Saint-Nicaise pour battre *la forteresse en face.* »

D'où la conséquence, ajoute-t-on, que la forteresse ne devait pas être près des Clarisses puisque les maisons placées entre elles et le cimetière eussent empêché de la battre.

M. d'Héricourt a écrit cela, c'est vrai, mais, en résulte-t-il que la forteresse ne devait point se trouver près des Clarisses ? En aucune façon.

Située en cet endroit elle eût encore été parfaitement en face du cimetière Saint-Nicaise.

Nonobstant les maisons interposées, les deux serpentines eussent encore pu battre la forteresse dont les murailles devaient commander les propriétés particulières.

A cette époque et vu les monastères entourés de jardins, qui existaient dans la rue d'Amiens, il se pouvait très-bien que des constructions élevées ne se soient pas dressées comme aujourd'hui entre le cimetière Saint-Nicaise et le château, et que partant ce dernier eût été découvert de ce côté.

Et puis ces mots « *la forteresse en face.* » ne sauraient être sérieusement invoqués qu'à la condition d'appartenir aux auteurs du temps. Or aucun d'eux ne les a écrits. Ils sont du crû de M. d'Héricourt qui, copiant Denys Mathon, les a ajoutés à la relation de ce dernier, de même qu'en parlant de la pièce nommée *Courtau*, il a ajouté qu'on l'avait placée *derrière le château*, chose que Denys Mathon ne signale nullement. « A douze heures, dit-il, fust publié que chascun se disposast pour aller assaillir le chasteau de Citté, que lors on mena deux serpentines de fer, lesquelles estantes mises en l'attre Saint-Nicaise pour tirer sur la porte de devant et un *Courtau* qui fust mis en un gardin contre un mur de terre que l'on percha et tira ledit *Courtau* un seul coup parmi : duquel coup le mur de la Citté fust percé. Et estoit le trou grand d'autant que le mur estoit de pur poinctz, pourquoy le trou fust tant plus grand, et ne tira ledist *Courtau* qu'un seul coup, car l'affut rompit, et recula dans une maison et rompit le principal potteau de la dicte maison. »

Dom Gérard Robert rapporte aussi que le château fut « asségié par dedans la ville et par dehors et qu'après plusieurs engins rués » la garnison se rendit, mais cela ne signifie rien en faveur de l'emplacement de Marles.

De même que le grand châtel a été assailli par la Grand'-Place et par la rue de l'Olliette, de même le petit châtel aura été attaqué en front du côté de la Cité, et en flanc du côté de la Vigne qui s'étendait jusqu'à la porte Sainte-Claire qui confinait à la forteresse.

Rien n'est donc à induire contre la tradition des passages de Denys Mathon et de Gérard Robert, et force est d'admettre ce qui a été dit par Louis XI, adopté par Locrius vers la fin du XVIe siècle (alors sans doute que l'emplacement du châtel était encore très-visible), répété par le procureur général Desmasures dans la première partie du XVIIe siècle, plus tard par Harduin, par M. Harbaville, et finalement par M. d'Héricourt lui-même dans ses *rues d'Arras* [1], publiées onze ans après les *sièges* alors qu'il re-

---

[1] Tome II, page 438.

connaissait que le bastion de Marles n'a été élevé qu'en 1585, plus de cent ans après la construction du petit châtel.

VILLE

GRAND CHATEL

Cette forteresse occupait sur la rue de l'Olliette et au bout de la Grand'Place les terrains de l'hôtel de Beaumetz et logis adjacents, sur lesquels se bâtit plus tard le couvent des Carmes, aujourd'hui remplacé par le château d'eau, la maison contiguë et différentes maisons en construction encore sur la rue de l'Olliette.

Des lettres patentes données par Louis XI en la Cité d'Arras au mois d'avril 1478, portent, que l'un des châteaux déjà commencés est « à l'endroit de la porte Saint-Michiel devant le grand marché » et que pour l'établir ainsi que les fossés et murailles nécessaires besoin sera de « comprendre enclourre et abattre plusieurs maisons et héritages et tenemens » notamment « deux places appartenant au corps et Communauté de la Ville d'Arras, savoir une place nommée la Charpenterie et une autre dans la rue de la Loyette. »

Un compte de 1427 (Povreté) porte également « pour une place séant sur le grant marchié compris l'ostel de Beaumez, en laquelle place soloit avoir une maison nommée le Van d'Or, lequel héritage doit de rente à chacun an, a IIII termes, a le dicte povreté IX s. IIII deniers, laquelle place est à présent ordonnée par mes dits sieurs mayeur et eschevins pour le fait de la Ville d'Arras, et pour y mettre le bos et mairiens, pierres, grez et aultres éstoffes pour ycelle Ville, et pour y carpenter, soyer bos et mairiens, touteffois qu'il en est besoing, et n'en a le dit rien aucune chose, et pour ce yci. . . . . Néant [1]. »

Enfin au Mémorial de 1469 à 1479 on voit que le 16 mars 1468, lors de l'entrée à Arras de Charles-le-Hardi duc de Bourgogne, « la *banclocque* sonna qui estoit lors logée pour le danger du beffroy sur un hangard et beffroy de bos faict pour ceste cause sur le mas et lieu de la *carpenterie de la Ville* sur le grand marché, joignans l'héritage de Beaumetz [2]. »

Indépendamment de ces pièces décisives et qui ne laissent place à aucune controverse, dom Gérard Robert témoin *de visu* des faits relatés en son journal, qui nous apprend que « le VIII° jour de février 1478, fut asize la première pierre du casteau de la porte Saint-Michiel sur le grant marchié, » nous dit encore qu'après avoir pris le châtel de Cité les Bourguignons revinrent attaquer le châtel de la Ville « lequel estoit à la porte Saint-Miquiel, et viendrent en deux bandes, l'une par devant les trois Lupars au grant marchié, l'autre par la rue de l'Olliette au dessoubs du mollin à vent par derrière [3]. »

Or le rentier de 1382 établit que la maison des trois Lupars faisait précisément l'angle de la rue de l'Olliette et du grand marché, et chacun sait qu'un moulin à vent a longtemps existé à l'endroit appelé maintenant la brêche ; on le voit sur les anciens plans d'Arras [4].

Denys Mathon l'un des assaillants de la forteresse de la Grand'Place, dit : « Incontinent que nous fusmes venus entre deux marchez, la où il n'y a point grand espasse le dict sieur

---

[1] Archives municipales.
[2] Archives municipales.
[3] *Journal*, pages 93 et 94.
[4] CARON, *Mémoires de l'Académie d'Arras*, tome XXXVIII, page 387.

(du Forest) haulcha la main en disant hola, hola, que lors le capitaine Quarquellevant monta sur la muraille rez a rez de la porte vers le marché, » ce qui démontre que, pouvant être vu de la rue de la Taillerie, le château se trouvait bien à l'opposite sur le grand marché.

Locrius écrit que le grand chatel était « *in opido juxta forum ad sancti Michaelis portam* [1]. »

Desmazures constate que le grand château « estoit du costé de l'arbre de Beaumetz [2] »; les derniers des vers macaroniques latins-français faits sur la surprise d'Arras en 1792 portent :

À l'arbre de Beaumetz
Castellum erat sur le grand marché [3].

et l'arbre de Beaumetz, nul ne l'ignore, était, comme l'indiquaient les anciens plans, précisément à l'endroit ci-dessus déterminé.

Harduin affirme également que c'est « vers cet endroit (le couvent des Carmes) qu'était le château de la porte Saint-Michel [4]. »

Enfin M. Harbaville et MM. d'Héricourt et Godin répètent aussi que le grand châtel s'élevait sur « l'emplacement des Carmes [5]. »

Tout récemment la démolition des bâtiments claustraux a mis à nu la fondation d'une muraille très-épaisse qui complétement en dehors de leur parallélisme, devait être un débris du châtel.

---

[1] Édit. 1516, page 540.
[2] *Manuscrit*, livre VII, titre II, n° 89.
[3] Denys Mathon et Harduin, *Mémoires*, page 228.
[4] *Mémoires*, page 228, ad notam.
[5] *Mémorial*, tome I, page 89. — *Rues d'Arras*, tome II, page 438.

Impossible de n'être point frappé de l'excellente position de cette forteresse qui, placée au point le plus culminant de de la Ville, commandait la porte Saint-Michel, par laquelle ses communications à l'extérieur se trouvaient largement assurées ; enfilait la Grande-Place, la rue de la Taillerie, la Petite-Place, la rue Sainte-Croix, la place du même nom, et battait tout le bas quartier d'Arras.

Nonobstant cette accumulation de preuves produisant l'évidence même, l'assiette de la forteresse a été reportée autre part.

Posteau a eu la fantaisie de la supposer à peu près là où est l'hôtel du Heaume.

D'autres personnes l'ont mise, derrière la Grand'Place sur le cavalier en avant du bastion Saint-Michel ; et d'autres encore se figurant peut-être que ce bastion construit en 1539 [1] existait au temps de Louis XI, y ont planté la forteresse qui par suite aurait été hors la Ville.

Il se pourrait que les deux dernières opinions eussent été inspirées par le passage d'Harduin, où l'on voit que les capitaines désireux de se saisir d'Arras en 1489, étant arrivés à un quart de lieue de la Ville « détachèrent quarante de leurs gens hardis et expérimentés, pour reconnoitre les approches du château-neuf de la porte Saint-Michel, où il n'y avoit que vingt hommes, et par lequel ils espéroient de pénétrer aisément dans la Ville. »

Ce passage d'Harduin serait inconciliable avec la véritable position de la forteresse, qu'il faudrait n'en tenir aucun compte ; la relation d'un historien de la fin du siècle dernier ne pouvant en rien infirmer les documents irrécusables, géminés, concordants, officiels, de 1382, 1427, 1477 et 1478,

---

[1] Cette date de 1539 est sculptée en relief sur un grès placé à la partie inférieure de l'angle du bastion Saint-Michel.

mais ce passage s'explique tout naturellement par cette assertion de Jean Molinet que la forteresse avait « issue sur les champs vers Douay [1] » et par cette circonstance que toutes les vieilles forteresses se ménageaient des passages secrets, des conduits souterrains et des poternes, pour déboucher au loin sur la campagne, et effectuer soit des retraites, soit des sorties, soit d'autres opérations ou surprises stratégiques.

Ajoutons que toute situation du grand châtel sur le rempart et sur les bastions serait incompatible :

1° Avec une ordonnance de Charles V rendue à Lille le 26 juin 1539, enjoignant de faire bâtir l'emplacement de l'ancien château d'Arras resté vide ;

2° Avec une autre ordonnance des Échevins décidant la construction de cinq maisons à trois étages avec saillie de six pieds trois pouces sur cet emplacement.

[1] *Chroniques*, chap. XL.

ÉGLISES DÉTRUITES

CITÉ

ANCIENNE CATHÉDRALE

Il y aurait tout un volume à écrire sur cette magnifique église, que, suivant Le Febvre d'Aubrometz, on tenait avec la cathédrale de Reims pour *une des merveilles de la chrétienté*, et dont nous ne pouvons parler que d'une façon bien sommaire, en engageant les personnes qui seraient curieuses d'en connaître une description plus complète à se reporter à la *Notice sur l'ancienne Cathédrale d'Arras*, par M. l'abbé de Bray [1], et surtout, à l'*Essai historique et monographique sur l'ancienne Cathédrale d'Arras*, par M. Terninck [2].

Bâtie, place de la Préfecture, à l'endroit où il y avait eu peut-être un autel gaulois, très-certainement un temple dédié à Jupiter, une première église élevée par S. Vaast, une seconde église érigée après la destruction de celle-ci par les Normands, la cathédrale affectait la forme d'une croix latine dont les bras allaient du nord-est au sud-ouest [3].

---

[1] Brochure in-8°, 1839.
[2] 1 volume in-4°, avec planches, 1853.
[3] Le bras de croix gauche se trouvait plus long que l'autre, car il était flanqué de deux tours carrées dites l'une de *Notre-Dame*, l'autre de *Saint-Pierre*; ces dimensions différentes ne s'apercevaient pas à l'intérieur.

La tête était figurée par le chœur au sud-est, le pied au nord-ouest par les deux tours.

La longueur totale de l'édifice mesurait 348 pieds, sa largeur dans les bras de croix, 216; sa hauteur de la voûte au sol, 110.

La tour terminée (l'autre ne l'ayant jamais été) avait une altitude de 240 pieds. On comptait trois-cent vingt marches pour arriver à la chambre du guetteur, logette de 8 pieds de côté. Dans cette tour était la fameuse cloche *Salvator*, la plus forte et la plus sonore de tout le nord de la France.

On entrait dans l'église par cinq porches, situés savoir : trois à l'entrée principale, c'est-à-dire un sous chaque tour et un dans le milieu, auxquels on accédait par sept marches; un au bas du bras de croix droit; un ouvrant sur la nef près du bras de croix gauche, flanqué de deux tourelles octogones, chargé de sculptures et de statues dans la profondeur de la voûte. Ce porche, auquel on montait par un large perron de huit marches était magnifique.

Construite dans le style romano-gothique, l'église remontait, pour le chœur et le transept, à 1030; pour les trois nefs et les tours, à 1370.

Sous le chœur, régnait une crypte couverte de peintures murales, constituant une seconde église souterraine, dite de Saint-André, qui avait le privilége d'être un *lieu d'asile*.

Au-dessus de la croisure des toits de l'église s'élevait une flèche moins haute que les tours.

« Le chœur avait cinq travées jusqu'à la naissance de l'abside qui occupait la moitié d'un décagone : la nef en comptait onze y comprise celle des transepts dont la longueur était double, les bas-côtés faisaient complétement le tour du chœur des transepts et de la nef.

Outre l'autel principal qui, par sa position en avant de

l'abside, rappelait à certains égards les autels dits à la romaine, cette église en comportait encore dix autres; trois de ces autels étaient renfermés dans chacune des chapelles qui rayonnaient autour du sanctuaire; deux d'entre elles étaient placées de chaque côté, à la naissance de l'hémicycle; celle à droite était la *chapelle des évêques*, ainsi appelée parce qu'elle renfermait les portraits de chacun des prélats qui avaient occupé le siège épiscopal d'Arras; l'autre celle de gauche était appelée la chapelle de *Notre-Dame de l'Aurore* ou de *Primes*, probablement à cause de sa position [1]; la troisième de ces chapelles était située au centre du pourtour du rond-point, elle était plus large et plus profonde, elle portait le nom de *Notre-Dame des Fleurs*. » Sous son dôme se voyait, entourée de nombreuses statues, celle de la Vierge en marbre blanc haute de quinze pieds [2].

Le Febvre d'Aubremetz donne, de la chapelle de Notre-Dame de l'Aurore, la curieuse et précieuse description suivante :

« En la chapelle de Nostre-Dame de Primes en icelle dicte église épiscopalle qui est droictement assise en la croisée de la main droicte en entrant, y as esté nouvellement assise en l'an de grâce 1633 une nouvelle table d'autel large de 22 pieds et longue de.... pieds, le tout de mesure, qui composée et fait estoit en bosse de diverses pierres exquises telles que d'albattre, pierre de touche, pierre de roche, marbre blanc, marbre bleu, pierre d'Avesnes, pierre de Pronville, pierre d'Arras, et de briques rouges ; et pour enrichissement de laquelle y estoient plusieurs sainots et sainctes en bosse, avecq encore plusieurs anges et chevaliers soustenant plu-

---

[1] Dans cette chapelle était encore le tableau à compartiments représentant l'histoire du Saint-Cierge que les dames Clarisses ont naguères cédé au musée d'Arras.

[2] Voir le plan en relief du chœur, au musée.

sieurs instruments musicaux ; les représentations estantes de la Très-Saincte et individue Trinité du Paradis, la toute Benoiste et Immaculée Vierge Marie, monsieur sainct Joseph, père putatif de Nostre-Seigneur créateur, sauveur et rédempteur Jésus-Christ, monsieur sainct Nicolas, madame saincte Agnès, vierge et martire, miroir et patronne des filles-vierges et aultres, et au par dessus les armes du chanoine qui en fut le fondateur. »

A son entrée, le chœur avait un jubé en marbre couvert de sculptures, et de figures en bas-relief et en ronde-bosse : à droite et à gauche étaient les ambons où aux jours de solennité se chantaient l'épître et l'évangile.

Autour du chœur étaient reproduits en marbre blanc rehaussé de couleurs et de dorures les mystères de la Passion.

Dans l'église, riche d'une foule de statues et de pierres tumulaires, on remarquait notamment :

Le maître-autel et l'autel des reliques d'une ornementation splendide, dont les élévations nous ont été transmises par un vieux triptyque reposant maintenant en la chapelle du Calvaire.

La figure colossale de S. Christophe, portant l'enfant Jésus, haute d'environ 40 pieds, faite en 1498.

Un groupe en marbre blanc de proportions également très-grandes, représentant la Transfiguration.

Un groupe de douze chevaliers croisés armés de pied en cap. *Ex-voto* très-probablement de ces seigneurs ou de leurs familles.

Deux chevaliers recouverts de leurs armures, visière baissée, les gantelets appendus à la poignée de leurs glaives, agenouillés et mains jointes. C'était, suivant une tradition, les effigies de deux seigneurs auxquels avait été imposée cette pénitence à la suite d'un duel.

Les fonds baptismaux en marbres polychromes, dont une

partie se voit dans l'église et dans le château d'Habarcq. Ils étaient composés « d'une cuve, d'une colonnade circulaire soutenant un dôme ou baldaquin orné de figures, etc... [1]. » Sur leur pied on lisait ces vers :

Quos anguis tristi frondis mulcedine pavit,
Hos sanguis Christi fontis dulcedine lavit.

Un tableau représentant les armoiries de la Cathédrale et celle « des abbayes tant d'hommes comme aussi de femmes ou filles nonnains et religieuses qui étoient immédiatement dépendantes du chapitre canonial de Notre-Dame de la ville de Cité du dit Arras en Artois », savoir : Marchiennes, Anchin, Avesnes, Eaucourt, Marœuil, Hasnon, Mont-St-Eloy, Estrun, Arrouaise, Hénin-Liétard, Sin-le-Noble, la Paix de Douay, Sainte-Brigitte de Cité d'Arras, la Paix d'Arras, Sainte-Brigitte de Valenciennes [2].

La tombe de l'évêque Lambert, sur laquelle était représenté ce prélat debout les mains jointes. A sa droite la Vierge apportait le saint Cierge aux deux ménestrels, à sa gauche les pestiférés buvaient l'eau dans laquelle on avait fait tomber quelques gouttes du *Cereum* [3].

La tombe de l'évêque Frumauld, déposée au musée, mosaïque rare et des plus curieuses.

La tombe en cuivre ciselé de l'évêque Raoul, et celle également en cuivre de l'évêque Ponce.

Les tombes en marbre des évêques Asson, Fortigaire, de Ranchicourt, de Richardot, Moullart, Boudot, etc...

La tombe du comte de Vermandois, fils légitimé de Louis XIV, qui ayant été placée près du lieu de l'inhumation

---

[1] *Conducteur français.* Route d'Arras, page 77. — DELACROIX, *Géog.*
[2] LE FEBVRE D'AUBROMETZ, *Épitaphier des églises d'Arras*. Bibliothèque municipale.
[3] Cette tombe a été reproduite par la gravure.

d'Élisabeth de Vermandois, femme de Philippe d'Alsace, portait cette inscription :

> *Ludovicus Comes Veromanduorum*
> *Utriusque Maris Gallici Architalassus.*
> *Regii Sanguinis, munificæ propensionis, heroïcæ*
> *Indolis,*
> *Perspicacis ingenii, maturi judicii, interminatæ*
> *Spei,*
> *Annos vix XVI egressus adolescens,*
> *Ut uno faustum omen, augustum nomen,*
> *Summum inter Mortales fastigium, complectar,*
> *Verbo,*
> *LUDOVICI MAGNI,*
> *Legitimatus Franciæ Princeps et Filius.*
> *Amor et cura Magnatum, futura spes et fiducia*
> *Militum,*
> *In castris, ipsoque vallo, et aggere obsidii Cortra-*
> *censis,*
> *Febre eheu ! mortali nihilominus urgente,*
> *Ingenitæ martiæ virtutis tyrocinium probans,*
> *Immaturo fato in urbe vivtâ correptus est.*
> *Duodecimo Kal. Decemb. M. D. C. LXXXIII.*
> *Mortales præposteri Herois exuviæ*
> *Cortraco Atrebatum funebri pompâ deductæ,*
> *Gentilitio Elisabethæ Veromanduorum Comitissæ*
> *Tumulo illatæ sunt* [2].

Celles d'une quantité de seigneurs et chevaliers parmi lesquelles étaient la pierre de Gui de Brimeu et d'Antoinette de Rambures sa femme, conservée au musée d'Arras, et la

---

[1] HARDUIN, *Mémoires*, pages 2 et 3.
[2] Lors de l'inhumation de Mathieu Moulard, au milieu du chœur de la Cathédrale « on trouva un cercueil de pierre avec une lame de plomb » contenant cette inscription :
Anno Domini M C LXXXII obiit Elisabeth uxor Philippi Flandriæ et Veromandiæ comitis, filia vero Rudolphi Viromandiæ comitis in præsenti sepulchro quiescit. » LOCRIUS.
Le baron de Vuorden auteur de cette inscription la rapporte coupée

pierre du chanoine Robers Lirois, que conserve aussi le musée.

Les admirables stalles des chanoines; les dalles de pavage du chœur gravées en bas-relief, reproduisant l'histoire de la Genèse, dont les figures se détachaient sur un fond de couleur, et le vaste labyrinthe octogonal en pierres jaunes et bleues, appelé la *lieue* qui se trouvait au milieu de la nef.

L'horloge incomparable qui, avant de sonner l'heure, faisait défiler pendant cinq minutes tous les personnages de la Passion.

« Il y a dans le chœur, lit-on dans un manuscrit de l'Évêché, une horloge assez belle qui montre un calendrier lorsque l'horloge doit sonner, plusieurs figures en passant représentant la Passion, un lion tourne les yeux, saint Pierre remue la tête et frappe trois fois sa poitrine, trois anges

d'une autre manière et avec d'assez importantes variantes, la voici telle qu'il la donne au tome II page 611 de son *Journal historique* :

Ludovicus Comes Veromanduorum
Utriusque Maris Gallici Architalassus,
Regii Sanguinis, munificæ propensionis, heroïcæ indolis,
Perspicacis ingenii, interminatæ spei
Annos viæ XVI egressus adolescens,
Ut uno faustum omen, augustum nomen,
Summum inter Mortales fastigium, complectar verbo,
LUDOVICI MAGNI,
Legitimatus Franciæ Princeps et Filius,
Amor et cura Magnatum,
Futura spes olim et fiducia militum,
In castris, ipsoque vallo et aggere obsidii Cortracensis,
Febre eheu! mortali nihilominus urgente,
Ingenitæ virtutis tyrocinium probans,
Immaturo fato in urbe viclâ correptus est.
Duodecimo Kal. Decemb. M. D. C. LXXXIII.
Mortales præpropreri Heroïs exuviæ
Cortraco Atrebatum funebri pompâ deductæ,
Elizabethæ Philippi Alsatici Comitis Flandriæ Uxoris,
Orbæ et ultimæ Veromanduorum Comitissæ
Gentilitia sepulchro contumulatæ sunt.

sonnent de la trompette, un cocq chante et la mort frappe sur un timbre ¹ ».

Le plan des tours et des flèches qui devaient les surmonter ².

Enfin les colonnes d'argent du maître-autel, le tabernacle de même métal et la Vierge en vermeil du poids de 250 marcs, donnés par Louis XI ³.

Quant au trésor de la Cathédrale, il possédait une infinité de chasses, reliquaires, vases sacrés et ornements précieux de toute espèce ⁴.

Transformée en magasins au fourrage pendant l'époque révolutionnaire, cette église fut rendue au culte en nivôse an IV, mais d'odieux spéculateurs, comme en enfantent toutes les époques profondément troublées, qui avaient déjà battu monnaie en démolissant plusieurs autres églises de la Ville, voulurent s'enrichir encore en culbutant celle-ci ; sous le nom d'un prétendu Vandercoster, soi-disant marchand hollandais, ils demandèrent à soumissionner l'acquisition : 1° de la Cathédrale, 2° du Palais épiscopal, 3° du Cloître ; trouvèrent un architecte qui, moyennant finances, déclara « que la ci-devant église Notre-Dame était bien peu solide dans beaucoup d'endroits, soutenue par des colonnes hors d'aplomb qui pouvaient faire craindre leur écroulement à cause du poids énorme dont elles étaient chargées, n'offrant

---

¹ Archives de l'Évêché. *Manuscrit in-folio*, f° 91, v° (1ʳᵉ moitié du XVIIIᵉ siècle).

² Le Père IGNACE, *Dictionnaire*, tome II, page 670.

³ Voir le *Thesaurus sacrarum reliquiarum Belgii*, de RAISSE, Douai, 1628.

⁴ Ce Roi avait également enrichi le maître-autel de six colonnes d'argent; mais cinq d'entre elles ne tardèrent pas à être volées par les soldats allemands qui s'emparèrent aussi d'un grand Christ couvert de plaques d'argent, de deux calices d'or et de quarante-quatre d'argent (JEAN MOLINET, *Chroniques*, chap. CCLIX).

à l'extérieur que des *masses insignifiantes* décorées *d'ornements grotesques*, ne rappelant ni à l'intérieur, ni à l'extérieur, le génie, le goût et les conceptions hardies des anciens maîtres ». Un complaisant, non moins salarié, en la personne du secrétaire du Directoire exécutif, et nonobstant le rapport des experts, David, Degand, Fontaine, Dubois, Pérot, Perlin et Moniez, attestant la magnificence de l'édifice, reconnaissant sa solidité à toute épreuve, déclarant que l'on ne pouvait « autoriser sa démolition sans se rendre *coupable de prévarication,* sans *commettre un crime de lèze nation* », nonobstant les réclamations indignées de toute la population, constatées par une pétition revêtue de 3,574 signatures; nonobstant la protestation de l'administration municipale, la concession fut accordée le 12 nivôse an VII (1er janvier 1799) au prix de 313,200 fr., dont 237,000 pour la Cathédrale, 64,000 pour l'Évêché, 10,800 pour les bâtiments du Cloître.

Immédiatement, l'Évêché étant revendu au département qui en fit la préfecture, les travaux de démolition de la Cathédrale et du Cloître commencèrent.

On arracha plombs, grilles de fer, marbres d'autel, bois de charpente, fenêtres, portes, boiseries, verrières, le tout fut mis à l'encan ; puis, lorsqu'il ne resta plus que les pierres difficiles à vendre parce qu'il y en avait trop, la bande noire laissa l'édifice, sans plus s'en occuper; le tour était joué : et de même qu'on le faisait aux arènes d'Arles et de Nîmes, chacun put venir s'approvisionner à Notre-Dame comme à une carrière.

Les choses en étaient là quand, en 1804, Napoléon vint à Arras.

Outré de ce qui avait eu lieu, il enjoignit aux acquéreurs de la Cathédrale d'avoir à faire disparaître les ruines et niveler le sol, sous peine de voir le séquestre apposé sur leurs biens.

Force fut d'obéir. Mais pour avoir raison de ces murs prétendûment insolides, menaçant ruine et condamnés par l'architecte rapporteur, on fut obligé de recourir à la sape et à la mine. Ce qui ne put être employé en constructions fut enseveli dans les cryptes effondrées, ou conduit aux décharges publiques. Le terrain, déblayé tant bien que mal, se gazonna sous la direction du jardinier Demay, des plantations eurent lieu, une promenade se forma, au milieu de laquelle, sur une butte qui dominait la ville entière, on éleva le *Calvaire de la Mission*, qui tomba en 1830 et fut ultérieurement remplacé par l'église actuelle.

Pendant longtemps, de tous côtés, dans Arras, et à ses abords, on vit statues mutilées, pierres sculptées, chapiteaux, socles, fûts de piliers, dalles provenant du sac de la cathédrale. Le sol en était littéralement jonché.

A la longue ces débris ont disparu, sauf les échantillons que garde le musée.

Mais dans quelques centaines d'années on en retrouvera encore, lorsque tomberont à leur tour les constructions élevées pendant les trente ou quarante ans qui ont suivi l'époque révolutionnaire ; leurs fondations, en effet, de même que les murailles, ont été, pour la plus grande partie, exécutées avec les matériaux de « *Nostre-Dame !* »

Le chapitre de la cathédrale était composé de quarante chanoines, habillés de violet, couverts d'hermine et portant une croix pectorale.

« Le chapittre de l'église cathédrale Nostre-Dame d'Arras, dit Desmazures, est le premier chapitre de ce pays d'Arthois pour son antiquité, duquel est faicte mention par le Testament de Sainct Remy, archevesque de Rheims, ayant installé Sainct Vaast pour second évesque d'icelle église.

Icelluy chapittre, pour armoiries porte *les armes du royaume de France plaine, avecq une Nostre-Dame tenant* le *petit fils Jésus en ses bras au milieu*, comme étant icelluy chapittre de fondation royalle de France [1]. »

« *Rogaverunt*, porte un registre aux délibérations capitulaires, *Dominum de Cuperly. Parisios prope diem iturum ut fieri curet sigillum æneum in quo per peritum aliquem artificem insculpatur effigies Virginis tribus liliis aureis adornata pro insignibus Capituli. Eum authorisantes impendere ad hoc opus usque ad vigenti libras* [2]. »

On lit également en une délibération d'avril 1726 : « *Authorisaverunt Dominum Brogniart quatenus expensis fabricæ pingi faciat quatuor figuras, scilicet sancti Michaelis, Caroli sexti regis Franciæ, ducis Burgundiæ, et Canardi episcopi atrebatensis ad quatuor pilaria magnæ navis hujusce Ecclesiæ existentes.* » (*Registre aux délibérations capitulaires*. Archives de l'Évêché.)

SAINT-NICOLAS EN L'ATRE

Cette église gothique du XVe siècle, construite en pierres blanches avec soubassement en grès, « à une seule nef, sans transept, dit M. Terninck, ornée de frises et de chapiteaux très-élégants et bien fouillés [3] », avait une flèche de pierre à crossettes du XVIIe, et était bâtie sur la place du Cloître, à gauche en entrant par la grande grille.

Saint-Nicolas possédait trois cloches qui défectueuses sans

---

[1] Livre VII, titre III, nos 80 et 88. — Consulter sur le chapitre d'Arras l'ouvrage de M. l'abbé FANIEN, 1868.
[2] Juillet 1720. Archives de l'Evêché.
[3] *Essai sur la Cathédrale d'Arras*, page 66.

doute en 1770, furent remplacées par trois autres cloches qu'offrit M. Deransart, ancien marguillier.

Aussi lit-on en la délibération du conseil de fabrique en date du 13 mai de cette année : « Nous, curé, marguilliers et paroissiens assemblés, avons accepté et acceptons la ditte donation ; avons en même temps résolu d'employer l'argent de la vente de vieilles cloches qui sera faite aussitôt que les nouvelles seront placé, en la construction de deux chandeliers d'argent conformes aux quattres que nous avons et que sera apposé sur les deux chandeliers les noms du dit sieur Deransart aussi bien que sur les trois cloches nouvelles [1] ».

Jusqu'en avril 1760, Saint-Nicolas-en-l'Atre avait des bancs loués au profit de la fabrique.

Cette église, siége de la confrérie de Saint-Roch, fut vendue nationalement le 4 avril 1792, pour la somme de 15,000 livres.

On voit encore un bout de sa façade faisant saillie sur cette place [2]. On y remarquait, avant la construction des maisons neuves qui se sont substituées à une partie de cette façade, un très-joli cul-de-lampe supportant les restes d'une niche gothique.

SAINT-NICAISE

Sise dans la rue du même nom, près du cimetière, cette église était à trois nefs, avec voûtes ogivales d'une grande hardiesse, reposant sur dix-huit colonnes de grès, et avait un porche remarquable.

---

[1] *Résolutions du Conseil de fabrique 1741 à 1791.* Archives municipales.
[2] Ce pan de mur laisse encore apercevoir une baie cintrée, bouchée, et le fond de deux niches.

Le 16 avril 1730, le Conseil de fabrique résolut de remplacer « le Tabernacle en piramide a costé du grand autel, par un Tabernacle tournant à trois fasses pour exposer et renfermer le vénérable ».

Le 14 janvier 1731, il décida la vente des « deux colomb ou pilasses du grand autel » qui avaient servi à maintenir les draperies qui l'entouraient.

Le 15 juin 1760, il convint que pour la confection de six reliquaires en argent « on se serviroit des figures en argent du Sauveur et de Saint-Nicaise qui servoient autrefois sur les gradins du grand autel et qui par leur vétusté dépérisent ».

Le 22 août 1762, il arrêta la vente au profit de l'église « du chandelattre de cuivre jaune et de fer qui se trouve dedans, du bénitier portatif aussi bien que de la croix de fer avec son pied de gré qui se trouve actuellement vis-à-vis la chapelle de *Notre-Dame de l'heureux Trépas* ».

Saint-Nicaise avait un jubé qui fut augmenté dans le courant de 1750 (délibération du 6 février), et était le siége de la confrérie de Saint-Liévin, qui possédait une figure en argent de son patron. (Délibération du 7 février 1761.)

Dans l'église se trouvaient des bancs que louait la fabrique. Il y avait des bancs d'hommes et de femmes, ainsi que cela résulte manifestement des délibérations des 11 mars 1725, 11 décembre 1735, 5 juin 1746, etc...[1].

« Il y a, dit Desmazures, en l'église paroissiale de Saint-Nicaise, en la Cité d'Arras, deux chanoinies et prébendes quy ne sont asservies à résidence actuelle, et sans faire corps capitulaire, qui ont esté fondées par Jacques Dinant, 45e évesque d'Arras. Cet évêque feist bastir lad. église de Sainct-Nicaise en l'ayant dédié en l'an 1254 ; il l'érigea en paroisse

---

[1] Archives municipales. *Registre aux délibérations* de 1724 à 1746 et de 1747 à 1781.

la séparant de l'église Saint-Nicolas-en-Lattre, les dicts chanoines ont séance en l'église cathédrale Nostre-Dame d'Arras, es basses formes du chœur [1]. »

Saint-Nicaise, qui comprenait 206 toises de terrain, fut aliéné le 21 mars 1792 au prix de 7,800 livres.

De Saint-Nicaise, il ne reste plus que le mur de pierre de grand appareil, parallèle à celui longeant la rue. En entrant dans le magasin de bois existant sur l'emplacement de cette ancienne église, on se rend parfaitement compte des dimensions qu'elle devait présenter.

On voit encore, rue d'Amiens, à la maison faisant le coin de la rue Saint-Nicaise, la petite potence de fer, où s'accrochait le soir la lanterne du curé de la paroisse.

Dans cette maison a été tout récemment trouvée une table d'autel en pierre blanche, moulurée, et portant une légende gothique en mastic noir encastré dans la gravure pratiquée sur cette pierre.

On y lit encore très-distinctement « . . . . ay dame Iake Cossete sa femme ki trespassa l'an MCCC et V le velle de Tousains et fonda cest autel en l'onnour me dame sainct Katerine. »

VILLE

SAINT-GÉRY

Située derrière l'hôtel de Lens, puis d'Egmont, et le long de la place à laquelle elle donna son nom et qui certainement lui servit originairement de cimetière, l'église Saint-

---

[1] *Manuscrit*, livre VII, titre III, n° 116.

Géry était, lorsqu'on la détruisit, un vaisseau composé de trois nefs [1], d'un chœur et d'une croisée d'une plus grande hauteur que les nefs.

On y entrait par trois portails dont un, le principal, sur la rue Saint-Géry, un second sur la place Saint-Géry, là où est maintenant la rue Neuve-Saint-Géry, le troisième presque à l'angle de la place Saint-Géry et au-dessous de la tour. Quadrangulaire et élevée quoiqu'elle manquât de contreforts, cette tour où était anciennement la grosse cloche échevinale fut à usage de beffroi, jusqu'à ce qu'on édifiât celui que nous avons maintenant.

« On ignore, dit le Père Ignace, le temps de l'érection de cette église, mais elle est ancienne et tient le *premier rang de toutes les cures du diocèse.* »

Cette église, toutefois, existait déjà vers l'an 1101. Il résulte en effet d'un répertoire des titres de l'ancienne cathédrale, qu'à cette époque l'évêque Lambert aurait reçu de Paschal II l'autorisation de faire procéder à la délimitation de la paroisse Sainte-Croix « séante au *vieux bourg* d'Arras », et des paroisses Saint-Sauveur et Saint-Géry « séantes au *nouveau bourg* [2]. »

« L'an 1233, écrit Gazet, comme le tonnerre ardant fut tombé sur l'église de Sainct-Géry, le feu devint si aspre et violent que pour grande quantité d'eau des puys voisins qu'on y iettast, on ne le peut esteindre, tant que par l'advis

---

[1] Au tome IV de ses *Additions aux mémoires*, le Père Ignace prétend que Saint-Géry avait quatre nefs.

[2] Suivant LOCRIUS, la contestation qui existait à ce sujet entre Messieurs de Saint-Vaast et le chapitre de Notre-Dame aurait été remise à la solution de douze arbitres choisis parmi les bourgeois de la ville, qui furent : 1° *Hugo Maior;* 2° *Dodo de Hastis* ; 3° *Guazselinus et Gonzselinus fratres;* 4° *Fulco Anselmi filius* ; 6° *Hilvinus, filius Adelfridi;* 7° *Guazselinus Miles* ; 8° *Girardus Saracenus* ; 9° *Gerboidus, pater Balduini* ; 10° *Theobaldus, filius Bonevitœ* ; 11° *Heribertus* ; 12° *Aganus* (page 257).

de quelques gens pieux et dévots on eut meslé quelques goustelettes de ceste eau de la Saincte-Chandelle avec l'eau dont estoyent pleins les vaisseaux. De façon qu'il suffit pour esteindre le feu, d'arrouser de ceste eau ainsi mixtionnée l'endroit qui ardoit et brusloit [1]. »

Réparée alors, elle fut rebâtie par Pierre de Ranchicourt qui en fit la dédicace le 21 août 1473.

De ces constructions nouvelles il ne resta que les nefs et la tour ; le chœur, deux chapelles et les bras de croix furent reconstruits au commencement du XVIe siècle, et établis du consentement des échevins sur la *ruelle du Croissant* allant de la Petite-Place à la place Saint-Géry : et, du consentement de Gilles de Lens, dans le terrain de son hôtel.

L'agrément des échevins fut octroyé à la condition qu'au lieu et place du passage dans la ruelle supprimée, le transept de l'église resterait ouvert aux passants, du matin au soir « *entre deux soleils* [2] », condition qui plus tard fut annihilée.

Et celui de Gilles de Lens, à la condition qu'on lui réserverait une tribune donnant sur le maître-autel, de laquelle il pourrait entendre la messe sans sortir de son logis [3].

Indépendamment du maître-autel, l'église Saint-Géry renfermait les autels de Sainte-Catherine, — de la Sainte-Famille, — de Saint-Pierre, — de Saint-Martin, — de Saint-Géry, — de Sainte-Barbe, — de la Vierge, — de Saint-Adrien, — de Saint-Laurent, — de la Passion, — de Saint-Nicolas, — de Notre-Dame-de-Pitié.

Au-dessus de l'autel de Saint-Géry était la magnifique

---

[1] Voir aussi LOORIUS *Chronicon Belgicum*.

[2] *Lettres patentes* du 15 octobre 1512. — *Reconnaissance* du 26 juillet 1556.

[3] *Lettres patentes* du 15 octobre 1512. — *Revonnaissance* du 26 juillet 1556.

descente de Croix que l'on admire maintenant à Saint-Jean-Baptiste, donnée, en 1640, « par Jean Widebien, bourgeois d'Arras, et Marie de Douai, sa femme »[1].

On remarquait dans cette église, très-riche en argenterie d'autel, chandeliers, lampes, bouquets, bustes, reliquaires, calices, etc., les fonts baptismaux en cuivre du XVᵉ siècle[2]; on y remarquait également une foule de pierres tumulaires, parmi lesquelles on cherchait vainement celle du malheureux Nicolas de Gosson, inhumé là pourtant, ainsi que nous l'apprend de Wignacourt.

Le mauvais goût du XVIIIᵉ siècle avait défiguré Saint-Géry avant sa démolition. La tribune séparative des nefs et du chœur, tribune où se trouvait l'ambon du haut duquel aux jours de solennité on chantait l'Evangile et on procédait à la bénédiction des rameaux, avait été abattue; plus tard, en 1741, « les marguilliers firent faire presqu'à neuf et dans *un genre moderne* les autels de la Sainte-Vierge et de Saint-Géry, et ceux des chapelles qui fermaient le chœur, *et en retranchèrent tout ce qu'ils avoient d'antique !...* »

C'est à Saint-Géry que les Procureurs célébraient la fête de S. Yves, leur patron[3].

C'est là également qu'avaient leur siége, les Confréries des Trépassés, de Saint-Roch, de Saint-Antoine et de Sainte-Isbergue.

Indépendamment des Reliques de Saint-Roch, de Saint-Christophe, de Saint-Antoine et de Sainte-Isbergue, l'église en possédait une de son patron placée dans un buste d'argent.

---

[1] Le Père Ignace. — *Manuscrit historique* de l'Évêché.

[2] Ces fonts pesaient 755 livres 2 onces. (*District d'Arras*, liasse 148. Procès-verbal du 19 décembre 1791. Archives départementales.)

[3] Consulter le Père IGNACE, *Dictionnaire*, tome III, page 78. — *Mémoires*, tome II, page 265. — *Supplément aux Mémoires*, pages 566 et suiv. — Et M. l'abbé PROYART, *Notice sur Saint-Géry. Almanach commercial de la ville d'Arras*, année 1861, pages 9 à 26.

L'aliénation nationale de l'église et du clocher de Saint-Géry ayant été décidée, le sieur Asselin, receveur du comte d'Egmont Pignatelli écrivit aux Administrateurs du Directoire du District :

« Casimir d'Egmont Pignatelli, apprenant qu'on doit vendre incessamment l'église de Saint-Géry, a l'honneur de vous observer que différens bâtimens qui lui appartiennent faisans partie de la maison occuppée par le Directoire du District d'Arras, adossés contre le chœur de la ditte église seroient dans le cas de tomber en ruines si on n'obligeoit ceux qui se rendront adjudicataires du terrain des bâtimens de laditte église de ne démolir les bâtimens qui tiennent à ceux de sa maison que d'une manière qui ne puisse pas préjudicier aux siens; pourquoi il vous supplie de vouloir bien ordonner qu'il soit stipulé dans les clauses de l'adjudication que les adjudicataires seront tenus de laisser subsister les murs de laditte église contre lesquels le remontrant a ses bâtimens adossés, dans l'état où ils se trouvent actuellement ainsi que les autres murs de clôture, comme aussi de boucher à leurs frais les vues qui plongent dans la cour de laditte maison, notamment celle de la sacristie laquelle il devra laisser subsister avec tous les bâtimens qui en dépendent comme et ainsi qu'ils se comprennent, attendu que la démolition du bâtiment de laditte sacristie entraineroit nécessairement la chutte des bâtimens y adossés, qu'il soit stipulé pareillement dans l'adjudication que les adjudicataires seront tenus de tous les dommages qui pourraient être causés par la démolition des bâtimens de laditte église.

« On se persuade, Messieurs, avec la confiance qu'inspire votre sagesse, que vous ne trouverez aucune difficulté d'adopter cette demande, si vous voulez bien considérer que les ancestres du remontrant ont toujours été regardés comme les principaux fondateurs de l'église de Saint-Géry, tant par les différentes sommes qu'ils ont données pour son embellissement, que par les terres qu'ils ont données et laissé prendre dans leur maison, pour l'aggrandissement du chœur, ce qui se manifeste en jettant les yeux sur ces parties de bâtimens de laditte église qui entrent dans la cour de la maison du remontrant, par la tribune que les anciens marguilliers ont accordée vis-à-vis du chœur aux ancestres du remontrant pour entendre la messe, et par les armoiries qui se trouvent de tous cottés autour du chœur et notamment à la maîtresse vitre du cul de lampe du chœur. » (15 février 1792.)

A la suite d'un rapport favorable dressé par l'architecte Gayant (18 février), il fut décidé par les Administrateurs du District :

Que la sacristie serait distraite de la vente et que la porte en serait bouchée ;

Qu'au cas de démolition de l'église, l'adjudicataire serait tenu de laisser subsister les murailles et jambes de force du chœur auxquelles étaient adossés les bâtiments de l'hôtel d'Egmont jusqu'à la hauteur de ces bâtiments, de boucher toutes les vues donnant sur la cour, et de n'ouvrir aucune autre fenêtre,

Et que le sieur d'Egmont pourrait enlever la grille en fer de la tribune donnant sur le chœur, à la charge par lui de boucher cette ouverture (5 mars).

Et cette adjudication, qui eut lieu le 19 mars au profit du citoyen Catenne, moyennant le prix de 28,000 livres, se fit à la condition expresse encore que si l'adjudicataire trouvait bon de débâtir l'église il laisserait « une espace de 15 pieds de roy pour le rétablissement d'une rue qui répondroit de celle de la Wattelette à la place Saint-Géry, conformément au plan paraphé par le directoire et joint au procès-verbal [1]. »

---

[1] Archives départementales. *Dossier de l'adjudication.*

C'est à la réclamation du receveur du comte d'Egmont, que nous devons de voir encore un débris de l'église Saint-Géry dans la cour de la maison n° 2, rue de la Wattelette. C'est un mur d'appui, avec soubassement en grès, et surmonté du glacis avec moulure formant larmier d'une vaste fenêtre ; à gauche existe un écoinçon moulure avec colonnettes et la naissance de l'archivolte de l'ogive. Un contrefort adossé à l'écoinçon présente un cordon au niveau de la naissance de l'archivolte. Le tout en pierre de Habarcq de grand appareil et construit avec une solidité à toute épreuve présente les caractères du XVI° siècle.

Saint-Géry avait 32 toises de longueur sur 18 de largeur; on se fera une idée des proportions grandioses de cette église en la comparant à Saint-Jean-Baptiste si vaste déjà, qui n'a que 26 toises de long sur 11 1/2 de large.

SAINT-NICOLAS SUR LES FOSSÉS

Située sur l'emplacement qu'occupe aujourd'hui le bastion Saint-Nicolas, cette église, d'après M. Terninck, avait trois nefs d'égale hauteur, un transept, et une tour carrée à deux étages surmontée d'un campanile s'élevant sur la croisée [1].

Sa démolition commença le 8 juin 1564.

Lors de son passage à Arras, en 1165, saint Thomas de Cantorbéry, célébra la messe dans l'église Saint-Nicolas, à l'autel de Saint-Antoine. Une table de marbre, placée en commémoration de cet événement, portait, « *antiquis caracteris* », dit Locrius, l'inscription :

« Icy S. Thomas célébra messe certainement . »

---

[1] *Manuscrit inédit sur Arras. — Plan de Guichardin.*
[2] *Chronicon Belgicum*, page 321 et 322.

SAINT-JEAN EN RONVILLE

Bâtie, suivant M. Terninck [1], en 1148, cette église, construite en pierres blanches avec soubassement en grès, avait trois nefs, deux basses, une haute, un transept et une tour au-dessus de l'intersection des bras de croix.

Les voûtes étaient en briques, leurs nervures en pierres de taille, et le toit en tuiles.

L'entrée se trouvait sur la petite rue Saint-Jean.

Entre autres tombes, on remarquait, dans l'église Saint-Jean, celle de Robert Doucés, mort en 1302, en laissant une lignée de cinquante enfants, et celle de Jean Le Maire, dit *Grisard*, qui, en 1492, ouvrit subrepticement une porte de la ville aux troupes Bourguignones.

Sur la première de ces tombes était gravée l'épitaphe suivante :

> En l'an mil trois cent et deus
> Trespassa, dont ce fut grand deus,
> En Iuin, droit le iour S. Eloy.
> Li boins preud'homme de bonne loy.
> Ce fus syre Robert Doucés,
> Li dous, li courtois et li nés.
> Certes langue ne sauroit dire
> Ni mains ne porçit escrire
> La courtoisie de son cœur
> Si noble que pour nul fureur
> Ne fesit une vilenie.
> De sa chair issit grand lignie :
> Dont il i ert cinequante vis,
> Quand ses corps fut icy enfouis.
> Si priés à la douce Dame
> Que ses fix ait mercy de sâme. *Amen* [2].

---

[1] *Manuscrit inédit sur Arras.* — *Plan de Guichurdin.*
[2] LOCRIUS, *Chronicon Belgicum*, page 444.

Sur la seconde qui était en pierre blanche et placée contre un pilier, on voyait un homme couché, et au-dessous, cinq distiques latins composés par un habitant d'Arras, nommé Pisson « *poeta laureatus* »; les voici :

Asseruit patriam qui nobis, mole sub ipsâ
  Confectum senio sic tumulavit honor,
Expulit Attrebato Gallos sine cæde superbos,
  Nestora nec Graii sic habuere suum.
Carmine plus fecit pugnâ quàm mille cohortes
  Oppida principibus restituitque suis.
Ultima stat propius conjux non morte dirempta
  Perpetuus functos associavit amor.
Corpora et ossa jacent, vivit sed fama perennis,
  Grisardum et Bellam tu, Deus, adde polis [1].

En 1668, Montpezat fit briser ce monument comme blessant l'honneur français. C'était, ainsi que le fait très-justement remarquer le Père Ignace, par trop de zèle, puisque « depuis vingt-huit ans qu'Arras était à la France, trois gouverneurs avant lui, aussi zélés pour la gloire du Roi et aussi portés pour l'honneur du nom Français que pouvait l'être le marquis de Montpezat, avaient toujours toléré et laissé subsister cette épitaphe. »

De l'église Saint-Jean en Ronville il subsiste encore entre deux contre-forts, une fenêtre, son glacis et son mur d'appui, dans le jardin de la maison (rue des Portes-Cochères) longtemps habitée par la famille de Larzé.

---

[1] Desmasures, livre VII, titre II, n° 90.

LA MADELEINE

Construite en 1248, dans le cimetière de l'abbaye de Saint-Vaast, cette église, qui d'abord n'eut qu'une nef, servit de chapelle aux comtes d'Artois jusqu'en 1530.

C'est pourquoi la verrière de la croisée, au-dessus du portail du côté de l'évangile, représentait les armoiries de tous les comtes et comtesses d'Artois, depuis 1260 jusqu'au règne de Philippe IV d'Espagne [1].

A cette époque de 1530, on commença à bâtir les deux autres nefs et la tour « quarrée soutenue de doubles pilliers jusqu'en haut, terminée par une galerie ouverte et quatre petites flèches de bois aux quatre coins, séparées de la grande qui est octogone [2]. » Flèches qui ne furent placées qu'en 1667.

Quoiqu'assez éclairées, ces nefs avaient des voûtes très-basses.

En 1571, on reconstruisit le chœur. Le registre de toutes les dépenses faites à ce sujet est conservé aux archives municipales.

On accédait à l'église par trois portails.

Au moment de sa construction primitive « on mit autour de l'église, dans les murs extérieurs, des têtes de morts de distance en distance, en mémoire du cimetière. On y a aussi placé quelques figures où sont au bas des épitaphes dans le goût du XIII siècle. On en voyait encore des unes et des autres en 1723 [3] ».

En 1434, Robert Lemercher ayant fait une donation de cinq mencaudées et demie de terres, à l'église de la Made-

---

[1] Le Père IGNACE, *Supplément aux Mémoires*, page 554.
[2] Le Père IGNACE, *Mémoires*, tome VI, page 426.
[3] Le Père IGNACE, *Dictionnaire*, tome III, page 779.

leine, on fit graver son épitaphe et sculpter en ronde bosse sa statue à l'extérieur de l'église du côté de l'abbaye. Il était représenté en chevalier agenouillé devant Dieu, à son côté Ste Madeleine intercédait en sa faveur.

C'est à la Madeleine que le Magistrat de la Ville venait prêter serment à chaque renouvellement de la loi.

Ce fut le 9 brumaire an V que le Conseil municipal songea à faire démolir le clocher de la Madeleine, prétendûment insolide[1]. Quelque temps après, clocher et église furent livrés à leur acquéreur.

Pour arracher la flèche, on attacha à son sommet un comble auquel on attela un certain nombre de chevaux; lorsqu'elle céda, l'un d'eux emporté par l'effort, alla se fracasser la tête contre le mur de la maison qui fait face à la rue de la Gouvernance et porte la date de 1684.

SAINT-ÉTIENNE

« Cette église (sise place du même nom) a, dit le Père Ignace, trois nefs et un chœur en cul-de-lampe. Le clocher, est au-dessus ce qui fait croire qu'elle étoit bâtie avant le XIIe siècle, telle étoit la manière en ce temps de bâtir les églises.

« Celle-ci fut brûlée autrefois avec le clocher qui étoit plus haut qu'à présent, on croit que ce fut durant un siége mais on ne sait lequel. Cet incendie est arrivé avant le XVIe siècle.

« Le chœur et le clocher sont beaucoup plus anciens que les nefs, qui paroissent postérieures de plus d'un siècle.

---

[1] *Registre aux délibérations.* Archives municipales.

« L'an 1406 la nef gauche fut bâtie.

« La nef droite a été bâtie ou peut-être rebâtie en 1632 [1] »

Jean de Courcelle et sa femme Emma qui, suivant Locrius, avaient, en 1240, fait une donation à cette église, y furent inhumés. Leurs statues en ronde-bosse élevées d'environ deux pieds au-dessus de la table de marbre qui recouvrait leur tombeau, furent conservées jusqu'en 1725, et enlevées alors, sous prétexte que ce monument retrécissait la nef [2]. »

Il résulte du registre aux résolutions du Conseil de Fabrique :

Que le 25 juillet 1756, on a résolu de ne pas vendre la maîtresse cloche ;

Qu'en 1760 « l'on at renouvelé la vieil ostensoir d'argent qui estoit tout gasté et rompu, tellement que l'on ne s'en pouvoit plus servir, et pour la faire plus belle et plus lourde on y at adjousté et incorporé une meschante lampe d'argent » ;

Qu' « aux environ de Pasques 1777, on at redoré la monstre du Saint-Sacrement, augmenté et rehaussé d'ung bourrelet et de deux ailles d'argent [3]. »

S. Étienne avait de fort belles verrières et quatre cloches refondues en 1653.

Après avoir servi de club aux *Amis de la Constitution*, cette église fut vendue le 22 mars 1792, pour 6,000 livres.

Un plan par terre de l'église Saint-Etienne, dressé par Pruvot en 1772, en donne l'exacte configuration [4].

---

[1] *Supplément aux Mémoires*, page 570.
[2] *Rues d'Arras*, tome II, page 365.
[3] Archives municipales. *Registre de 1755 à 1774*.
[4] Archives départementales.

SAINT-AUBERT

Bâtie primitivement par Saint-Omer en 687 à l'angle gauche de la rue Saint-Jean-en-l'Estrée et de la rue des Gaugiers, qui à cette époque était la limite extrême de la Ville, cette église fut reconstruite au XVIe siècle.

« L'église paroissiale de Saint-Aubert, dit le Père Ignace, est composée de trois nefs sans être voûtées, elles sont larges de 40 pieds sur 60 de longueur, le chœur est en cul-de-lampe. Il y a une quatrième nef ajoutée vers le milieu du XVIe siècle et il y a deux autels.... Dans les trois nefs de cette église, il y a cinq autels.

« Le clocher est une tour quarrée et une flèche hexagone, le tout de pierre excepté le bas qui est de grès. Elle contient six cloches. Ce clocher a 105 marches depuis le pavé de l'église jusqu'aux cloches, et 30 environ jusqu'à la galerie ; il a dans la tour 15 pieds en quarré sur 4 1/2 d'épaisseur. Il est appuyé de hauts pilliers ou jambes de forces, elles sont doubles à chaque angle et il y a trois cordons qui règnent sur les quatre faces [1]. »

Tombée en 1705 la flèche fut rebâtie en 1706.

De chaque côté du maître-autel de cette église étaient deux colonnes d'airain données par la famille le Sergeant d'Hendecourt. Elles furent vendues en 1703 et remplacées par des chandeliers d'argent [2].

« A l'entrée et près du portail se voyaient deux statues de pierre blanche, celle de Dieu et de la Vierge à l'Enfant [3] ».

Saint-Aubert fut adjugé nationalement le 27 février 1792, pour la somme de 13,000 livres.

---

[1] *Mémoires*, tome VI, pages 420 et 421.
[2] Le Père Ignace. *Mémoires*, tome V, page 624.
[3] *Rues d'Arras*, tome II, page 348.

LA CHAPELETTE AU JARDIN

(Sancta Maria in horto)

Cet édifice, situé rue de la Fourche, n'était primitivement qu'une chapelle bâtie en faveur des religieux malades de Saint-Vaast, au milieu des immenses jardins et vergers de cette abbaye : *in viridario ad recreationem infirmorum fratrum*. Des habitations étant venues se grouper autour de cette chapelle, on dut l'agrandir et l'ériger en paroisse en 1148.

Peu après, en 1160, un miracle signalé s'y opéra.

Une jeune fille étant tombée dans le Crinchon et s'y étant noyée, sa mère, la recueillant dans ses bras alors qu'elle était complétement inanimée « *sine voce, sine sensu, rigidam atque frigidam* », courut la porter sur l'autel en demandant à grands cris sa résurrection, grâce qui lui fut accordée « *sub oculis omnium* », dit Guiman qui rapporte le fait [1].

Au XV° siècle, cette église fut reconstruite et placée sous le triple vocable de *Notre-Dame des Neiges*, de S. Jérôme et de S. Vaast.

La tour ne fut faite qu'en 1678.

Voici la description que le Père Ignace donne de la chapelette.

« L'église paroissiale de la *Chapelle-aux-Jardins* d'Arras, où comme l'on disait autrefois la *Chapelette*, est composée de trois nefs non-voûtées, on y en a ajouté une quatrième dans laquelle on a placé la chapelle de *Notre-Dame de Foi*.

---

[1] Ce miracle fut le sujet d'une contestation entre les personnes qui l'avaient vu opérer et la Confrérie des Ardents qui avait tenté d'attribuer à sa patronne la résurrection de la petite noyée (GUIMAN.)

Le chœur est en cul-de-lampe, très-étroit quant au sanctuaire. Le clocher qui est hors-d'œuvre derrière la chapelle de Notre-Dame de Foi, est une tour basse, quarrée, étroite, sans appuy, surmontée d'une flèche basse de bois où sont les cloches, à la chapelle du côté de l'évangile est l'autel de *Notre-Dame de Pitié*, à celle du côté de l'épître est l'autel de *Notre-Dame de Milan* [1]. L'église est dédiée a la Sainte-Vierge sous le mistère de la *Présentation de Notre-Dame.* »

La chapelle de Notre-Dame de Foi était le siége de la Confrérie de *Notre-Dame du Bois*, originairement instituée en la chapelle de l'*Ermitage*, à Immercourt (aujourd'hui Saint-Laurent-Blangy).

Mais sa grande Confrérie était celle de « *Nostre-Dame au Gardin.* »

Ordonnances de la Confrérie et Carité de Nostre-Dame au Gardin.

Sachent tout chil qui cest escript verront et orront que, en lan de grasse mil deus cens quatre vins et dix, el mois de jüing, en lonneur Dieu et medame sainte Marie, fu faite, commenchie une sossietes et une compaingnie, en le fourme et en le maniere que vous, chi après, ores deviser :

I. Est assauoir que, en ceste compaingnie doit auoir ung maieur et II argentiers, et doit cascuns argentiers warder une des cles de le boiste, et ne doit li maires riens faire que ce ne soit par lacort de ces deux argentiers et des eschevins.

II. Et est assauoir que, en cheste confrarie, il y doit auoir VIII eschevins qui doivent fournir, pour les confreres, trois messes, porter en leglise et a le fosse, et a aidier a porter le

---

[1] *Mémoires*, tome VI, page 424.
[2] *Mémoires*, tome II, page 701.

candelle auoecq le maieur, le jour Nostre-Dame Candeller, et a celle journee, tout li compagnon, confreres et conseurs doivent venir acompaignier le maieur, mais quil y soient semons du Dien a porter le candelle autour, et dont a lissue de le messe, là doivent il faire maieur par lacort des eschevins et du commun, et li doivent jurer a tenir bien et souffisament lordonnanche et pourfit de le mairie, et puis les compagnons le doivent le reconvoier a se maison, et là doivent sauoir où ils dineront;

III. Item. Est assauoir que ly vies maires et li argentiers et li eschevins doivent prendre III hommes de le compagnie, de quoy chacuns soit souffisans pour estre maieur, et dont doiuent faire li communs de lun de ces III, le maieur, en tel maniere que chacun doit nommer par son serment celuy cui mieulx apartenra a estre maires, et chils, où ly plus se tenra, doit rechevoir par son serment lonneur et le signourie de le mairie, et si doit avoir II hommes esleus que li maires et eschevins doivent prendre pour oyr le serment du commun a nommer le maire et les nommer et appeller lun apres lautre.

IV. Apres li eschevin doivent estre fait en cette journee, en telle fourme que chascuns des vies eschevins doit eslire I homme du commun, qui soit solvent pour estre eschevins celle anée, se chiex ny volloit demorer, et qui fache lonneur et le pourfit de le confrarie; et doit chacun des eschevins paier I denier au serment faire au clerc;

V. Item. De toutes les rechaites que li maires rechevront, il le doivent mettre en le boiste, en le journée quil le recheveront, par le foy de leurs corps, et ne peuvent ly maires ne li argentiers aller à le boiste, se il ny a IV eschevins avoeuc, et doivent ly maire et li argentiers aller autour pour rechevoir largent, et, saucuns ny volloit aller au mandement du maieur il seroit à IIII deniers;

VI. Il est assauoir que quiconques est maires il a le siege

a se maison, le jour Nostre-Dame Candeler, jour du disner, et nest tenus de livrer nulle riens à ses frais, fors pois et lart : et li maires entrans au souper, soret et cresson tant seulement, et sil advenoit que li maieur ne euist lieu souffisant il doit eslire I lieu par lasentement des compaignons, la ou ils devront aller, et le fera on a le maison du maieur.

VII. Et sil avenoit chose que li maires fust empeschies, ou de fardel mortel ou dautre essoine de son corps, par quoy il ne peust parfurnir chou que a le confrarie appartient comme maires, ou il fust telz, que ja naviegne, par quoy il deust estre mis hors, ains le jour du siege, on doit prendre par lasentement du commun et des eschevins ung aultre compagnon souffisant, tel ou ly plus grant partie se tenra, lyquelz ait le meisme pooir du maieur.

VIII. Il est encore assauoir que quiconques entre en ceste compagnie et confrarie il doit jurer a warder lordenance du papier, et de faire lonneur et pourfit de le confrarie, et tant quil y arra XII compagnons il fera le XIII et doit paier I denier au clercq au serment faire, et IIII deniers par an, et V sous a le morte main et non plus, et il doit auoir part en tous les bienfais;

IX. Et nest mie a oublier que, quant aucuns confreres est trespasses, li maires et li eschevins doiuent estre au corps et y porter les ordenances qui a che appartiennent, se chest en place ou en le puist faire, et, se ce non, sy le doiuent li eschevins porter et li maires au mieux que faire se porra au moustier et a le fosse et pryer pour leur confrere, que diex merchi li face, sur l'amende de VI deniers le maieur, et chacun eschevin IIII deniers, et, se li eschevins y vont il ont chacun IIII deniers sur les V sous.

X. Derechief il est assauoir que, en confermance damiste, li compagnon doiuent estre ensamble a chacune des V nuis Nostre-Dame, mais quil y soient semons du Dien, a vigiles et a le messe et ny doit nuls ne nulle par le foy de son corps porter nouvelles ne faire plait ne assemblées qui soit de riens contre les confreres, et quiconques le feroit il seroit pugnis a le vollente du maieur et des argentiers, et exclus a tousjours de le compaignie, et saucuns siet le mal ne anuy de sen compagnon, ne cause nulle dont grifs li puist advenir en queconques maniere que che soit, anonchier li doit par sen serment, et warder lonneur de sen compagnon de tout sen pooir;

XI. Et de toutes les rechoites de cest confrarie on doit faire une candelle qui doit estre alumee tous les samedis a vespres et les diemenches a le grand messe en lonneur Dieu et Medame Sainte Marie, et XIII chierges qui seront alumes a V nuis Nostre-Dame, et a V messes que on dira pour les freres trespasses, que Dieu en ait les ames. Lequelle candelle dessus dicte on offera la ou li maires et li argentiers et li communs vorront et sassentiront, car on ne veult mie quon le tiengne a accoustumance, et, en quelconques lieu quelle soit offerte, on doit mettre en devise au cure quon rara la viele candelle VIII jours devant le siege, pour refaire le nouvelle et pour le porter ou il plaira par lacort du maieur et du commun;

XII. Item li maires ne doit mettre en le candelle nient plus que le recoite puet monter, fors une livre de chire que y doit mettre par les status du papier, par quoy le dite confrarie sentretiengne, et on sera tenu III ans tout entiers a lui rendre I quarteron de chire ouuree, se par sen tavel appert que il ny met que un quarteron de chire;

XIII. Item que li maires ne puet nulle cose amenrir riens qui appartiengne a le dicte confrarie, se che nest par le consentement du commun, et, sil le faisoit il le renderoit du sien meismes;

XIV. Il est assauoir que les VIII eschevins doiuent aidier

a porter le candelle auoec le maire et I escrint, et il doiuent auoir chacun I copon de chire ouvrec de X en le livre, et qui ny met le main il nen a point, et est a IV deniers d'amende;

XV. Et si doit auoir ung clerc qui doit auoir pour le paine descripre les confreres paiant au siege, et pour aller au tour, et estre a refaire le candelle auoecq le maieur, V. s. et I denier a chacun nouuel confrere;

XVI. Item li Diens doit auoir pour chacune des messes a V nuis le Meredieu VI deniers, et le nuit Nostre-Dame Candeler II sous, et uns blancs wans pour semonre tous les confreres destre le jour Nostre-Dame acompaignier le maieur et a faire nouvel maieur, comme dit est; et doit encore auoir li Diens a chacun jour Nostre-Dame que li compagnon mengeront ensamble VI deniers ou le relief, et chest a le vollente du maieur, lequel quil luy plaist le miex; et se il mengoient ensamble, en aultre jour ques jours Nostre-Dame, ly Diens ny a riens, se on ne li fait de grasse;

XVII. Et si doit li meires faire dire une messe de requiem, vegilles et commandasses pour les trespasses, comme dit est, a chacun des V nuis Nostre-Dame sainte Marie par lacort des compagnons; et est assauoir que tous les eschevins et li argentiers doiuent a chacune feste Notre-Dame estre au moustier a le messe; et leur doit li maires pourveir des candelles a offrir au frait de le confrarie; et y doiuent tant estre que le messe soit finee, sour le fourfait de VI deniers, le maire, et chacun eschevin a IV deniers, et eschevins et argentiers doiuent venir avoecq le maieur a se maison et la sara on les deffallans.

Chy sensieuent les choses qui appartienent a la ditte Carite, et prumiers:

Une bulle dargent a une kainette dargent.

Item. Une nape de VI aunes a III croisettes vermelles.

Item. Ung doublier de lie de VIII aunes.
Item. Uns blans draps communs.
Item. Une huche a mettre les dictes coses.
Item. Une boiste a III cles.
Item. Unes tables a escripre.
Item. Ung escrint a porter le candelle.
Item. XIII demy-plas destain.
Item. Une biere a porter les corps.
Item. Ung palle lincheul.
Item. Une crois de balaine.

Au commencement de ce volume est écrit :

« Cest article est des ordonnances de la Confrarie et Carité : Est assauoir que le maire et les eschevins de la dite Carité et Confrarie de Nostre-Dame au Gardin doibvent faire mettre en escript par leur clercq toutes les recheuptes que ilz recepveront de la dite Carité et Confrarie et doivent faire compte bon et souffisant, par leur serment, de point en point de ce quilz arront recheu, en leur annee, a ceste cause, par-devant les nouveaux maieur et eschevins de la dite Carité et Confrarie [1]. »

Là où s'élevait anciennement l'église de la Chapelette, est aujourd'hui le jardin de la maison occupée par Madame V⁰ Camus.

SAINTE-CROIX

Cette église construite vers l'an 1000 et érigée en paroisse en 1064 sous le vocable de S. Marcoul ou Maclou, *Marcul-*

---

[1] Manuscrit de la bibliothèque municipale, acheté à la vente de M. Dancoisne.

phus, Machutus, était sur la place du même nom, et est ainsi décrite par le Père Ignace :

« Entièrement isolée, elle contient trois nefs terminées par un rond point ou cul-de-lampe. Elle fut faite en différents temps. Les nefs et le grand portail sont ce qu'il y a de plus ancien, la croisée sur laquelle est un clocher de bois, le chœur et les deux chapelles sont beaucoup postérieures, plus hautes et plus larges que les nefs, mais les unes et les autres ne sont point voûtées. Il y a trois portes pour y entrer, une au bout de la grande nef, deux autres aux extrémités de la croisée. L'on voit au bas de la nef gauche une espèce de chapelle souterraine où est la représentation du sépulchre de Notre-Seigneur, les figures paraissent être du XV° siècle, les cloches sont à peu près du même temps, c'est à-dire lors qu'on fit ou bien qu'on rebâtit le chœur et la croisée. La fête de S. Maclou est célébrée dans cette église, c'est le premier, le plus ancien patron [1]. »

Dans cette église était, ajoute le Père Ignace, conservé un reliquaire où se trouvait enchassée « la phiole de verre où l'on avoit mis l'an 1723 de l'eau de la Sainte-Chandelle qui s'est changée en cire dans le même vaisseau, chez Ambroise Joachim Payen, écuier, seigneur de l'Hostel, domicilié sur cette paroisse, au bas de la rue du Cornet, vis à vis des religieuses du couvent de la Thieuloye [2]. »

Entre les deux autels de l'une des chapelles situées autour du chœur, dit encore le même auteur, on voyait « un sanctuaire de pierre garni d'une porte de fer grillée où l'on enfermoit un morceau de la vraie croix, enchassé dans une croix d'argent ou vermeil, avec ouvrage. »

---

[1] *Supplément aux Mémoires*, page 750.
[2] *Additions aux Mémoires*, tome I, page 717.
La maison de ce sieur Payen existe encore aujourd'hui à l'angle des rues du Cornet et de la Thieuloye.

On trouve notamment au registre du Conseil de Fabrique les indications suivantes :

9 avril 1679. — Remplacement des anciennes orgues « attendu leur caducité. »

19 octobre 1680. — Transport de l'ancienne table du grand autel à celui de Saint-Quentin.

18 mai 1682. — Don de la table d'autel de Saint-Maclou, par De Monchy, curé de la paroisse.

13 septembre 1684. — Don de deux chandeliers d'argent pour l'autel de Sainte-Catherine.

25 octobre 1698. — Permission « aux mayeur et confrères de Saint-Léonard de mettre et poser un tableau nommé *assistance de Saint-Léonard*, dans la chapelle de Saint-Léonard au-dessus de la clôture du chœur de la dite chapelle. »

10 septembre 1702. — Autorisation de vendre les bancs et siéges « pour le bien et advantage de l'église. »

24 octobre 1717. — Permission « aux mayeur et confrères de la confrérie de Saint-Crépin et Crépinien de faire poser au-dessus de la table de l'autel de la chapelle de Saint-Nicolas une niche pour y poser Saint-Crépin et Saint-Crépinien. »

23 juillet 1719. — Résolution « de donner l'ancienne remontrance et les reliques de Saint-Christophe d'argent, pesant ensemble 62 onces et demi au sieur Jonquier, orphèvre, pour par lui, en faire une nouvelle conforme au dessin représenté à l'Assemblée. »

9 octobre 1721. — Défense « de mettre aucuns anneaux de fer aux bancs pour mettre des mays ou branches d'arbres aux jours solemnels et feste du patron, » défense également d'en mettre « aux tablettes des nèves, chapelles, ny aux formes du chœur non plus qu'aux balustres des autels. »

1er février 1722. — Résolution « de démonter l'autel de

Nostre-Dame de Pitié et de le remonter du côté du fonds, ensemble la tablette des trespassés » et de vendre « le bénitier de cuivre prez l'autel de Nostre-Dame de Pitié. »

24 août 1724. — Permission à « Mlle Flippe de faire faire une nouvelle balustrade à l'autel qui est dans la chapelle de Saint-Nicolas. »

18 mars 1725. — Permission à la Dame Courcol de mettre dans l'église « une plaque de cuivre pour y inscrire ses fondations et celles de son mary. »

Il résulte de la délibération, en date du 5 mai 1720, que l'église renfermait un autel sous le vocable de Jésus flagellé, et de la délibération du 19 janvier 1721, qu'elle était le siége d'une confrérie du Saint-Sacrement [1].

SAINT-MAURICE

Sise au coin de la rue Saint-Maurice et de la rue du Bloc, cette église a trois nefs non voûtées, avec clocher et carillon, qui était construite en pierres de taille avec soubassement en grès et couverte en tuiles, fut érigée en 1059 dans un verger de Saint-Vaast, et eut le chœur reconstruit en 1594. « *Sub ipso monasterio sancti Vedasti hortus antiquus fuerat, in quo capella in honorem sancti Mauritii est consecrata* [2]. »

Le soubassement en grès existe toujours dans la rue du Bloc, et c'est cette année seulement qu'a été détruite, moins le bout où règne encore un glacis, la muraille dans laquelle se distinguait parfaitement l'entrée latérale de l'église (1873).

---

[1] Archives de l'Evêché. *Registre de 1678 à 1727.*
[2] LOGRIUS. *Chronicon Belgieum*, page 226 Anno, 1090. — GUIMAN.

La largeur du porche comprenait la maison du coin et la maison contiguë : en pénétrant dans une de ces maisons, on peut se rendre un compte exact des dimensions de Saint-Maurice.

L'église renfermait un jubé (délibération du 7 avril 1732) et sept autels qui furent réduits à trois (délib. du 7 avril 1752). Les autels conservés furent, le Maître-Autel et ceux de la Vierge et de Saint-Maurice, les autels supprimés furent ceux de Jésus flagellé, de Sainte-Marguerite, de Saints Crépin et Crépinien et de S. N.....

Saint-Maurice était également orné de quatorze statues de saints et patrons de diverses corporations, et d'un groupe représentant le Christ en croix, ayant à ses pieds la Vierge, S. Jean et la Madeleine.

Mademoiselle Lallart, bienfaitrice de l'église ayant désiré ce groupe, le Conseil des marguillers, par délibération du 9 octobre 1749, permit à cette demoiselle « de disposer en faveur de qui elle trouvera convenir du Christ aussi bien que des représentations de la Vierge, S. Jean et la Madeleine qui étoient à costé, ainsy que de la poutre ou sommier sur laquel étoient posés les dites représentations et autres attributs qui servoient à soutenir le tout. »

Le 11 décembre 1763. Il fut par le Conseil de Fabrique « unanimement résolu qu'on changeroit le vieil encensoir d'argent pour en faire faire un dans le goût moderne, et qu'on prendroit les vieux reliquaires pour les employer dans une croix d'argent pour mettre au-dessus du grand autel. »

Et on lit en la délibération du 25 août 1771, qu' « il a été dit que mes demoiselles Briois désiroient de faire à leurs frais deux portes pour fermer le chœur de l'église, l'une du côté de l'autel de Notre-Dame des Sept Douleurs et l'autre du côté de celui de S. Maurice en grilles de fer conformes à celles qui servent de clôture vis-à-vis de la grande nef au-dessus de la grille qui environne tout le chœur. »

Il existait dans Saint-Maurice des bancs d'hommes et des bancs de femmes. (Délib. 3 novembre 1743, 27 avril 1749, 4 avril 1752.)

Un règlement somptuaire très-détaillé pour toutes les cérémonies du culte, fut fait à la date du 11 mai 1755, par le Conseil de Fabrique [1].

L'importante corporation des tanneurs, avait à Saint-Maurice sa confrérie, sous le vocable de S. Crépin.

La corporation des maçons y avait aussi sa confrérie, sous le vocable de S. Pierre.

Cette église fut vendue le 4 avril 1792 au prix de 141,000 livres.

NOTA. Nous venons de constater, que de l'église Saint-Nicaise dont nous avons parlé plus haut, on voit encore un contrefort et trois fenêtres ogiviques dont une remaniée, dans le quartier de derrière de la boulangerie de M. Dangréau, sise rue d'Amiens (septembre 1875).

[1] *Registre aux résolutions des fabriciens* commençant au 14 juin 1682.

ÉGLISES EXISTANTES

CATHÉDRALE

Cette vaste église, érigée maintenant en basilique et qui ne devait être que la chapelle des moines de Saint-Vaast, fut commencée en 1755 [1], sous l'abbé Dom Vigor de Briois; d'après les plans qu'une lettre de Dom Vandendrieche, prévôt de Saint-Michel, nous apprend être de l'architecte *Contant* (20 janvier 1774) [2]. Suspendus en 1792, les travaux ne se poursuivirent qu'en 1804, lors du passage à Arras de l'empereur Napoléon : le 17 septembre 1827 on y célébra la messe en présence du roi Charles X. Mais ce fut seulement le 6 juin 1833 qu'elle s'ouvrit définitivement au culte, grâce aux efforts aussi persévérants qu'infatigables de Monseigneur de la Tour.

« Construit, dit M. de Calonne, dans un style bâtard qui

---

[1] On lit dans la *France pittoresque*, tome II, p. 317 (1835) : « Au milieu de la ville se trouvait la célèbre abbaye de Saint-Vaast. L'église de Saint-Vaast existe encore, *c'est un monument gothique fort curieux*. La cathédrale, *édifice du même genre et d'une grande beauté, fut détruite à la Révolution.* » Quels renseignements et quelles appréciations !.....

[2] Nous devons la révélation de ce nom de l'architecte, vainement cherché jusqu'à présent, à l'obligeante communication de notre érudit archiviste M. Richard, qui publiera la lettre de Dom Vandendrieche avec d'autres pièces complétement inédites et d'un grand intérêt local.

est gothique par le plan en croix, l'abside collatérale et le système de piliers buttants extérieurs, qui se rattache à la renaissance italienne par des portails composés d'ordres superposés, à l'art romain antique, par le plein cintre des arcades et la proportion des piliers, à l'art grec par les plates-bandes et par quelques détails de bases et de chapiteaux, ce temple ne ressemble à rien parce qu'il ressemble à tout. »

Qu'aurait dit M. de Calonne, si au grand portail, très-critiquable assurément, mais qui, en définitive, a une forme, on eût substitué celui qu'en 1808 avait *conçu* l'architecte Verly !

Il ne s'agissait de rien moins que d'installer au rez-de-chaussée un péristyle saillant soutenu par douze colonnes corinthiennes, derrière lesquelles la façade aurait exhibé comme ornementation ses pierres taillées en biseau sur toutes leurs arêtes. Au-dessus de ces colonnes, on aurait contemplé l'inévitable fronton triangulaire surmonté d'un tambour à pierres également biseautées. Sur ce tambour se serait superposé l'étage, formé de six colonnes d'ordre ionique, affublées aussi d'un second fronton non moins triangulaire. Entre les colonnes on aurait retrouvé les assises de pierre non plus biseautées, mais agrémentées de joints creux !......[1].

Conçue dans le style pseudo-grec-corinthien, la cathédrale affecte la forme d'une croix latine, sa longueur est de 102 mètres, sa largeur de 26 et sa hauteur de 32. Son architecture à la fois pauvre et lourde, n'offre rien de remarquable.

On accède à la cathédrale par six portes, situées la première

---

[1] *Projet de portique saillant de la cathédrale d'Arras en remplacement de celui en ruine qui existe, formé d'après le désir de plusieurs membres du Conseil du département et de l'invitation de M. le général La Chaise, par l'architecte Verly, en janvier 1808.* Archives départementales.

et la seconde de chaque côté de la chapelle du fond de l'abside, la troisième à l'extrémité du croisillon de gauche, les autres au porche principal dominant un immense perron de grès à quatre paliers, comptant ensemble quarante huit marches [1] : de telle sorte que de ce côté le pied de l'église se trouve presqu'au niveau du faîte des toits des maisons voisines.

A l'intérieur, elle offre trois nefs, que séparent des colonnes cylindriques unies, dont la triple réunion aux quatre angles de la coupole du transept, intercepte désagréablement le rayon visuel.

Il est regrettable que le dôme projeté par les moines n'ait point été exécuté ; que la tour dont l'altitude devait dépasser celle du beffroi en soit toujours à la gresserie, ou à peu près, et que l'on ait suivi trop à la lettre le prescrit de la délibération du Conseil municipal du 27 ventôse an XII, recommandant de « *Confectionner* l'édifice en abandonnant tout ce qui dans les plans originaires appartient à la *décoration et aux beautés de l'architecture*, pour se borner à ce qu'exigent la solidité et la décence [2]. »

L'ameublement de la cathédrale est heureusement plus riche que son architecture.

On y distingue notamment :

En peinture — une *Mise au tombeau* [3] et une *Descente de Croix*, attribuées par les uns à Rubens, par les autres à Van Dyck, ce qui nous paraît plus probable, — un magnifique Van Thulden, peut-être le chef-d'œuvre de ce maî-

---

[1] Sous le palier supérieur de cet escalier, sont huit compartiments avec portes étroites et basses, lucarnes grillées et fosses d'aisances, que certaines personnes prétendent avoir été ou dû être à usage de cachots.

[2] *Registre aux délibérations*. Archives municipales.

[3] Cette toile a été parfaitement copiée par M. Dutilleux. Voir notre notice sur ce regrettable artiste, *Mémoires de l'Académie d'Arras*, année 1867, pages 1 à 190.

tre, toile pagano-religieuse, pleine d'allégories, où figure S. Bernard, — deux triptyques du douaisien Jehan Bellegambe, le peintre du fameux retable de l'abbaye d'Anchin, donné par M. Escalier à l'église Notre-Dame (de Douai) [1] ; triptyques provenant évidemment de l'abbaye de Saint-Vaast, ainsi que le prouvent les ours et les armoiries de leurs beaux cadres ajourés dans les rinceaux et les enroulements desquels se joue tout un monde d'anges et de chimères [2], et un *Salvator mundi.*

Œuvres auxquelles il convient d'ajouter le triptyque représentant le miracle de la Sainte-Chandelle et deux autels de l'ancienne cathédrale, qui se trouve à la chapelle du Calvaire.

En statuaire, — les statues funéraires couchées de Jean Sarrasin et de Philippe de Caverel, abbés de Saint-Vaast, — les statues agenouillées de Philippe de Torcy, gouverneur d'Arras, mort en 1652, et de Suzanne d'Humières, sa femme, — une Vierge mère, de Cortot, donnée par le roi Charles X. — Le monument du cardinal de La Tour d'Auvergne par Emile Thomas, — celui de Monseigneur Parisis, par Cugnot, — un Sacré-Cœur de Jésus et les statues placées au pied du Calvaire, de Noël Louis [3], — le corps de Christ de ce calvaire de Le Page [4], — enfin les quatre figures colossales des

---

[1] Toutes ces toiles ont été admirablement restaurées par M. Demory-Herbet. Voir notre notice sur cet artiste, *Mémoires de l'Académie,* année 1873, pages 159 à 196.

[2] Voir pour la description des peintures notre *Notice sur les tableaux des églises d'Arras.*

[3] Pleine de sentiment et d'expression, la Vierge mérite une attention particulière. (Voir le journal *le Pas-de-Calais,* n° de septembre ou octobre 1872).
C'est véritablement une œuvre magistrale.

[4] César-Auguste-Joseph Le Page, né à Arras, fils de Jacques-Adrien et de Jacqueline Rappe, veuf de dame Marie Thérèse Joseph Haudouart, est dé-

Evangélistes qui devaient être placées au dessus des angles, soutenus par les faisceaux de piliers situés sous le dôme du transept.

L'un des plus riches de la France en reliques, le Trésor de la Cathédrale qui possède la fameuse custode du *Cereum*, le corps de S. Vaast, ceux des SS. Rahulphe et Hadulphe, le rochet taché de sang de S. Thomas de Cantorbéry, le chef de S. Jacques-le-Majeur, une importante parcelle de la Vraie Croix, une épine de la couronne du Sauveur, etc., etc., renferme entre autres choses :

Un magnifique calice en vermeil du XVIIe siècle, repoussé au marteau et admirablement ciselé. Le nœud représente les trois Vertus Théologales. La coupe et le support des épisodes tirés de l'Ancien et du Nouveau Testament. Il est connu sous le nom de *calice du Chapitre* et a été donné par M. de Seyssel;

Un ciboire analogue également en vermeil.

On y voyait encore, il y a quelques années, un incomparable calice en argent, travail florentin de la Renaissance, que l'on a eu l'inqualifiable barbarie de troquer contre nous ne savons quel abominable objet de commerce dans le genre pseudo-gothique si en vogue maintenant.

cédé à Arras, en son domicile, rue de l'Abbaye, section C, n° 79, à l'âge de 71 ans, le 8 mars 1826. (Voir son acte mortuaire à la date du 9.)

Il a fait entre autres choses :

« Des statues représentant les douze apôtres et plusieurs sujets bibliques qui ornaient autrefois le chœur de l'église de l'abbaye de Mont-Saint-Eloy.

« Ces sculptures sont actuellement en la possession d'un amateur éloigné de la ville [1]. »

Il s'était très-lié avec Doncre, artiste-peintre qui était venu se fixer à Arras où il est aussi décédé.

Le Musée possède un fort beau portrait de Le Page, peint par Doncre. Le statuaire y est ingénieusement représenté sculptant le buste du peintre, son ami.

[1] *Courrier* du 20 juin 1856.

Espérons que dorénavant Messieurs du Chapitre ne permettront plus un pareil vandalisme.

SAINT-JEAN-BAPTISTE

Au XVI° siècle, l'église *Saint-Nicolas-sur-les Fossés*, située au bord des fortifications, là où existe actuellement le bastion Saint-Nicolas, ayant dû être démolie, on la remplaça par l'église Saint-Jean-Baptiste (1571-1584) qui, jusqu'à la Révolution, fut sous le vocable de S. Nicolas.

A trois nefs non voûtées et bras de croix d'égale altitude, avec tour carrée en pierres de taille primitivement surmontée d'une flèche en bois, haute de 30 à 40 pieds, écroulée en 1619 et remplacée en 1723 par les étages à consoles et pans coupés de genre pseudo-grec que l'on voit maintenant, cette église gothique de la dernière période fut en 1726 enrichie, pour fermer le chœur, d'une magnifique grille de fer estimée à plus de 3,000 livres, d'une porte également en fer pour la chapelle de Saint-François, sise à droite de ce même chœur; et à peu près vers la même époque, des lambris et confessionnaux qui y existent encore.

Pendant la Terreur, elle se transforma en *temple de la Raison* et on l'orna de deux grandes compositions allégoriques de Doncre, représentant l'une le *Peuple terrassant la tyrannie avec l'aide de la Liberté*; l'autre, le *Temps tranchant de sa faulx des têtes couronnées sortant du milieu de plantes parasites* [1]. Et on y éleva « une maçonnerie cons-

---

[1] Chose bizarre! Doncre n'a jamais pu toucher les 600 livres qu'il réclama

truite en forme de montagne » au haut de laquelle fut posée la statue de la Liberté, ouvrage de Le Page, sans doute.

Le 23 messidor an III, la municipalité décida que cette montagne serait démolie pour faire place à un simple piédestal.

Elle décida de plus que les bonnets rouges dont étaient coiffés les personnages des tableaux du temple, seraient peints « aux trois couleurs [1] ».

Lors du Concordat, cette église, rendue au culte, servit provisoirement de cathédrale et ne devint Saint-Jean-Baptiste qu'en 1833, à l'ouverture de Saint-Vaast, cathédrale nouvelle [2].

A partir de cette époque, de grands travaux furent opérés à Saint-Jean-Baptiste; on substitua notamment les voûtes actuelles au plancher à compartiments ornés de rosaces polychromes qui avait existé jusqu'alors, et l'on restitua aux fenêtres les meneaux que presque toutes elles avaient perdu depuis longtemps.

Saint-Jean-Baptiste qui a quatre autels, savoir : le maître-autel, l'autel de la Vierge, l'autel du Patron, et l'autel de la Croix [3], renferme des richesses dignes d'attirer toute l'attention des amateurs.

---

pour ces deux œuvres, et elles ont disparu sans que personne ait pu en retrouver la moindre trace. (Voir notre *Notice sur Doncre*, pages 27 à 30 et pages 71 et 72).

[1] *Registre aux délibérations*, archives municipales.

[2] On trouve au registre du Conseil de Fabrique de la Cathédrale, qu'il a été envoyé :

En 1804, à la chapelle de la Préfecture, un tableau représentant S. François d'Assise ;

La même année, à M. Le Febvre des Trois Marquets, un Christ pour la principale salle du Tribunal de première instance ;

Le 8 décembre 1820, à la communauté des Augustines, une Sainte-Famille ;

Et que, le 14 juin 1830, Monseigneur de la Tour a donné au Chapitre une croix d'argent pesant 15 marcs, 3 onces, 3 gros.

[3] Les colonnes grecques, l'entablement et l'autel qui se trouvent aujour-

1° Une magnifique *Descente de Croix* de Rubens, provenant de l'ancienne église Saint-Géry [1] et providentiellement retrouvée sur un fourgon d'artillerie auquel elle avait servi de couverture pendant les dernières campagnes de la république.

Cette œuvre transcendante, est à tous égards l'une des plus belles du grand anversois, et nous n'hésitons pas à la placer, en tant que sentiment, composition, exécution, distinction et couleur locale, infiniment au-dessus de la fameuse Descente de Croix d'Anvers, si pompeusement vantée [2] : et n'étaient les figures (malheureusement trop payennes) du tableau de la chapelle funéraire de Rubens, nous considérerions celles du Christ, de la Vierge et de la Madeleine, de Saint-Jean-Baptiste comme n'ayant point de rivales.

2° Une superbe *Assomption* de Vincent (1771) [3].

3° L'autel de la Vierge provenant en partie de la chapelle de Notre-Dame des Ardents, de la Petite Place. Cet autel, en marbre rouge, blanc et noir, dans le style Louis XIII, se compose : — d'un coffre dû à Le Page, — d'un tabernacle moderne et d'un retable qui, tout entier, sauf peut-être la statue de la Vierge donnée par Mlle d'Aix, provient de Notre-Dame des Ardents [4].

---

d'hui à l'autel de la Croix, constituaient anciennement le maître-autel au-dessus duquel rayonnait une immense gloire ; et c'était entre les colonnes plus espacées qu'elles le sont maintenant qu'avaient été placées les deux compositions de Doncre.

[1] *Rapport de Bergaigne des* 10 *et* 11 *décembre* 1791. Archives départementales, district d'Arras, liasse 48. — *Procès-verbal de Charamond.*

[2] Voir notre *Notice sur les tableaux des églises d'Arras*, où nous avons déduit nos raisons à cet égard, pages 6 à 17.

[3] Ces deux toiles, qui avaient considérablement souffert, ont été admirablement restaurées par M. Demory en 1869.

[4] Voir la délibération du Conseil de fabrique de la Cathédrale, en date du 16 pluviose an XI, on y lit : « un Membre observe qu'il a été fait présent à ladite église, d'un autel en marbre avec invitation de le faire placer

On remarque notamment dans le retable les quatre colonnes torses en marbre blanc, à chapiteaux corinthiens soutenant l'entablement en marbre blanc et noir ; les plates-bandes, richement sculptées, où figurent les armes de l'abbaye de Saint-Vaast, régnant entre les colonnes ; les anges en marbre blanc situés au-dessus de la corniche et la statue de la Vierge Mère, tenant dans la main droite un *Cereum* et remontant à une époque très-reculée.

4° La chaire (faite par M. Buisine, de Lille), très-reprochable assurément comme style, mais parfaitement exécutée.

Les vitraux du maître-autel représentant la Vierge, S. Joseph, S. Michel, S. Vaast, S. Eloy, S. Christophe, S. Nicolas, Ste Catherine, ont été exécutés par M. Courmont, en 1875.

Au milieu de la grande nef, à l'entrée du chœur et au bas de la nef droite, existe encore un certain nombre de dalles funéraires des personnages ou bourgeois anciennement inhumés dans l'église [1].

de suite dans ladite église, ce qui ayant été exécuté, les mémoires des sculpteurs, marbriers et autres ouvriers employés à cet ouvrage se sont trouvés monter à la somme de dix-sept cent quatre-vingt neuf livres quinze sols, qui a été sur le champ payée par un citoyen qui n'a voulu être connu.

Mlle d'Aix a fait présent à ladite église d'une Vierge en marbre, pour être placée à l'autel dont s'agit après avoir fait restaurer ladite Vierge à ses dépens.

Un citoyen de cette ville a déposé à la trésorerie de ladite église la *Sainte-Chandelle* dont l'enveloppe est en argent, plus cinq tapis représentant l'histoire de la Sainte-Chandelle. »

Et il résulte d'une délibération précédente qu'il avait été remis à l'église « différentes parties de marbres, de grilles de fer, de boiseries et de tapisseries provenant de la chapelle du petit marché à Arras. »

[1] La dernière personne que l'on enterra dans Saint-Jean-Baptiste fut Mademoiselle Tranquille Le Gentil, fille de M. François Le Gentil, avocat près le Conseil d'Artois et ancien membre de l'échevinage. Elle ne dut cette faveur qu'au principe, un peu complaisamment forcé peut-être, de la non-rétroactivité des lois. La fosse était ouverte au bras de croix de droite, et le droit de fabrique payé, lors de la promulgation du décret prohibitif des inhumations à l'intérieur des églises.

Le portail, malencontreusement remanié lors de la réédification de la tour qui se raccorde si peu avec le reste de l'édifice, se restaure maintenant avec adjonction de porche extérieur d'après les dessins et sous la direction de MM. les architectes Bourgois et Fouret.

SAINT-NICOLAS

Cette affreuse église a trois nefs d'une égale hauteur avec péristyle de goût prétendûment grec et clocher de goût prétendûment italien, est établie sur l'un des bras de croix de l'ancienne cathédrale. Quand on la bâtit, le fils de l'entrepreneur, M. Grigny, demanda la direction des travaux; elle lui fut refusée sous prétexte d'incapacité, ce à quoi ce jeune maître répondit un peu plus tard en concevant et en édifiant sa merveilleuse chapelle des dames Bénédictines du Saint-Sacrement!.....

On voit en l'église Saint-Nicolas deux tableaux de Claeiss, volets dédoublés d'un triptyque dont a disparu le panneau central. L'un de ces tableaux, peint presqu'en grisaille, représente les quatre principaux Pères de l'Église. L'autre, exécuté d'une façon polychrome, retrace deux épisodes de la Passion.

Une fort belle *Pieta* en bois datant du XVIIe siècle.

La très-ancienne et très-remarquable chasse, dite *de La Manne*, qui, quoiqu'ayant été malencontreusement redorée au gras, il y a quelques années, se recommande toujours par la beauté de sa forme et la curiosité des peintures dont elle est ornée.

La sacristie renferme un *Encolpion*, autre reliquaire, disposé de façon à être attaché sur la poitrine, ou placé sur un support, il contient une dent de S. Nicolas, remonte, paraît-il, au XIV° siècle, et appartient, paraît-il encore, au genre d'ouvrage qui, adapté aux calices et reliquaires, était anciennement appelé *opus persicum, theca persica* [1], et un calice en vermeil du plus beau travail donné par l'un des anciens curés de la paroisse.

Une pierre commémorative encastrée dans le mur de la nef gauche rappelle la mémoire et les traits de l'honorable et regretté M. de Bray, prédécesseur du doyen actuel.

Lors des déblais opérés pour la construction de cette église on découvrit une partie des cryptes faisant autrefois le tour du chœur de l'ancienne cathédrale, et remontant au XI° siècle. Elles donnèrent lieu à un intéressant rapport de M. Boistel, et furent dessinées sous la direction de M. Granguillaume [2].

On découvrit également une mosaïque du XII° siècle portant la date de 1183, longue de 2 mètres 68 centimètres, large de 1 m. 15 c., représentant l'évêque Frumauld, sous laquelle on retrouva le cercueil de plomb de ce pontife; il renfermait des ossements bien conservés, des restes d'ornements pontificaux, un anneau pastoral, une crosse funéraire en cuivre rouge et une plaque de plomb portant « † *Anno Dni. Mo. Co. LXXX. III. duodecimo mensis maii obiit Dnus Frumaldus Venerabilis Atrebatensis episcopus, qui in præsenti sepultura requiescit.* » Cette mosaïque, cette bague et cette crosse, sont déposées au musée. Les sépultures des évêques Etienne Moreau, Guy de Sève de Roche-

---

[1] *Bulletin de la Commission des antiquités départementales*, tome II, pages 109 à 111. — *Exposition d'Arras en 1868*, par M. Van Drival, page 28.

[2] *Bulletin de la Commission des antiquités départementales*, tome I, pages 15, 16, 17, 18. — *Statistique monumentale*. — TERNINCK, *Essai sur l'ancienne cathédrale d'Arras*.

chouart et Jean de Bonneguise ; cinq grosses urnes romaines de 0 m. 60 de diamètre ; une infinité de morceaux de sculptures (appartenant aux époques romanes et ogivales) dont beaucoup d'échantillons sont aussi déposés au musée. Enfin, une série de dalles tumulaires, dont quatre existent encore sous le péristile de Saint-Nicolas. L'une offre une figure de clerc dessinée au trait, dont la tête et les mains ont été en bronze, la seconde, les armoiries d'un évêque, la troisième, les armoiries et l'inscription d'un sire de Warluzel, mort en 1631. Retournée sens dessus dessous, la quatrième ne laisse rien apercevoir [1].

SAINT-GÉRY

En 1860, le Conseil municipal confia cette église à M. Grigny, il la conçut et la construisit dans le goût sobre et sévère du XIII° siècle, sur un terrain mouvant et marécageux qui offrit les plus grandes difficultés.

« D'un aspect un peu simple à l'extérieur, dit M. Lecesne [2], cette église offre à l'intérieur un coup d'œil des plus harmonieux ; la combinaison des matériaux divers qui la composent, la pureté et l'élégance des lignes, l'harmonie de l'ensemble, le jeu et le mouvement des courbes, tout concourt à en faire un édifice plein de recueillement et de goût. »

Appréciation infiniment juste. Ce qui, en effet, distinguait M. Grigny, était le sentiment et le goût. Comme la peinture, la statuaire, la musique et la poésie, l'architecture ne cons-

[1] DE BRAY, *Notice sur l'ancienne cathédrale d'Arras*. — *Bulletin de la Commission des Antiquités départementales*, tome II, pages 16 et suivantes.
[2] *Notice historique monumentale et statistique sur la ville d'Arras*, page 96.

tituait pour lui qu'un mode de traduire les idées, et, chose dont ne paraissent plus se douter les bâtisseurs d'aujourd'hui, il savait parfaitement que toute architecture, procédât-elle d'Ictinus ou de Robert de Luzarches, ne réside que dans l'harmonie des lignes et dans leur proportionnalité. C'est là qu'il trouvait le secret de sa noblesse, de son élégance et de son irréprochabilité, et c'est pour cela que ses monuments sont si parlants, parce qu'ils sont si empreints du caractère qu'ils doivent revêtir.

L'entrée principale de l'église s'ouvre sous la tour que surmonte une flèche de pierre.

A l'intérieur règnent trois nefs supportées par des piliers en pierre bleue diversement accouplés et du meilleur effet.

La chaire, les confessionnaux, le buffet d'orgues, les statues du chœur, les grilles qui l'entourent et les autels, composent un ameublement complet dans le style de l'édifice.

Au bas de la nef gauche on voit un tableau de Natoire, le *Baptême du Christ*, malheureusement fort mal éclairé.

Tirant leur jour par des lucarnes ménagées dans leurs voûtes, les sacristies qui règnent derrière tout le chevet de l'église sont fort remarquables, mais un mobilier moderne nuit à l'aspect de l'ensemble.

NOTRE-DAME DES ARDENTS

La nouvelle église placée sous le vocable de *Notre-Dame des Ardents* est construite en briques et en pierres blanches, dans le style roman du XIIe siècle, sur l'emplacement qu'occupait l'arsenal il y a quelques années.

Elle a trois nefs, des bras de croix et une tour quadrangulaire surmontée d'une flèche. Sous cette tour érigée en avant de la grande nef, s'ouvre un porche qui constitue l'entrée principale de l'église. Chaque basse-nef a de plus une entrée latérale contre le bras de croix.

Les voûtes sont en briques, avec arcatures en pierres blanches : les colonnes en pierres bleues monolithes, et la galerie qui court le long de la grande nef produisent un fort bon effet.

Due à l'initiative de Mgr Lequette et à la piété des habitants d'Arras qui l'ont fait édifier à leurs frais, cette église, mise au concours, a été exécutée sur les plans et sous la direction de l'architecte Normand.

CHAPELLES

CITÉ

CHAPELLE SAINTE-ANNE

Ce petit sanctuaire échevinal du Magistrat de la Cité fut fondé en 1457, embelli en 1715, vendu nationalement et en partie détruit. On en voyait toutefois encore certaines traces en 1844, lors des travaux de démolition ordonnés sur la rue d'Amiens, par les Dames Bénédictines du Saint-Sacrement pour la construction de leur chapelle actuelle.

Le portail de Sainte-Anne était surmonté des armoiries de la Cité.

VILLE

CHAPELLE DU TRIPOT

Préexistante au percement de la rue du Tripot, qui s'est appelée aussi rue Neuve-des-Ardents, cette chapelle s'est élevée ainsi qu'une salle (de 80 pieds de longueur) pour les assemblées des Confrères, dans un vaste préau comprenant les terrains occupés aujourd'hui par les maisons de la rue du Tripot, du Blanc-Pignon et de l'hôtel du Griffon.

Assez méconnaissable maintenant et enclavée dans la brasserie de M. Duquesne, cette chapelle qui mesure intérieurement 11 mètres 10 de longueur, sur 6 mètres de largeur, 8 mètres 10 de hauteur, et qui probablement n'est pas la première, existe encore, sauf cependant le pignon sur la rue, dont il ne reste plus que l'ancienne gresserie.

Un examen attentif permet toutefois de reconstituer ce pignon.

Le remplissage en grès de petit appareil et mal équarris indique l'emplacement et les dimensions de la baie de la porte.

Des restes de socles en pierres blanches subsistant sur les soubassements de grès, dénotent quatre pilastres entre lesquels s'ouvraient probablement des fenêtres.

L'ancien toit en tuiles, légèrement modifié par devant, révèle clairement qu'il était jadis soutenu par un pignon droit, soit à pas de moineaux, soit découpé comme aux maisons des places.

A l'intérieur on retrouve la voûte en chêne, sur laquelle on distingue un semis de fleurs de lys, de forme relativement récente.

Sous la chapelle est une cave voûtée en plein cintre et sous cette cave est une seconde cave ogivique à nefs soutenues par des piliers monolithes en grès.

Tous les ans, dit le Père Ignace, la sainte Chandelle est exposée à la chapelle du Tripot « depuis le mercredy veille du Saint-Sacrement jusques au dimanche suivant. On l'y porte le matin et on la rapporte le jour en cérémonie jusques à la Pyramide ou on la renferme pendant la nuict, après l'avoir exposée allumée pendant quelque temps aux yeux du peuple [1]. »

Voici le procès-verbal de l'inventaire dressé en 1792 en la chapelle du Tripot :

---

[1] *Mémoires*, tome II, page 277.

« L'an 1792, le 21 mars, trois heures de l'après-midy, conformément à l'arrêté du Directoire du département du Pas-de-Calais du 17 de ce mois, et de la Commission du directoire du District d'Arras du même jour, nous Hector-Guislain-Placide Lavallé, officier municipal de la Commune d'Arras, à l'intervention du substitut du Procureur de la commune et accompagné de Théodore-Joseph-Stanislas Forgeois, secrétaire commis en la Municipalité d'Arras, nous sommes transportés au devant de la porte de la chapelle dite du Tripot de cette ville, pour en exécution dudit arrêté faire l'inventaire des meubles, effets et ornements qui s'y trouvent, où étant et après différentes perquisitions faites pour la remise des clefs, nous avons fait appeler le nommé Carpentier, ouvrier serrurier chez la veuve Maniette, lequel s'est introduit par notre ordre et en notre présence dans ladite chapelle par une fenêtre donnant sur la gouttière, entre ladite chapelle et le sieur Renard, pour avoir l'ouverture de ladite porte, et icelle étant ouverte, nous sommes entrés dans la chapelle et en avons fait sur le champ changer la serrure, et avons en outre procédé aux devoirs d'inventaire comme s'ensuit :

Dans ladite chapelle :

L'autel en bois, son tableau en toile, *la statue en bois de la Vierge, couverte de feuille d'argent, tenant dans sa main le saint Cierge et une boule d'argent*; deux pots à bouquets garnis en argent, vingt-quatre offrandes en argent, quatre chandeliers d'autel en argent, deux croix d'ébène, dont une garnie d'un Christ d'argent et l'autre d'un Christ d'ivoire avec des ornements en argent, deux pots et leurs bouquets, plaqués et ouvragés d'argent, un calice de vermeil et sa patène, un canon à cadres dorés, deux petits pots de fayence et leurs bouquets en fleurs artificielles, un pupitre de bois, un missel couvert de maroquin, trois autres missels trouvés sur un banc, à côté de l'autel, quatre cierges, deux nappes blanches et une couverture d'autel ; à côté de l'autel deux crédences en bois de chêne, leur dessus en marbre ; deux tableaux à cadres dorés, *une niche en fer du côté de l'épître, servant à renfermer la Ste Chandelle, dans laquelle ne s'est rien trouvé.*

Ouverture faite d'une armoire trouvée sous l'autel du côté de l'Evangile, ou nous avons trouvé sept tiroirs contenant des linges d'autel, que nous avons laissés dans lesdits tiroirs ensuite avons fait apposer le scellé sur la porte de ladite armoire.

Un Christ en bois.

Une chasuble, étole et manipule, avec un voile de calice en violet.

Une devanture et un gradin violet, à galons d'or.

Dans la chapelle :

Deux grands tableaux, deux rideaux d'indienne et la tringle de fer.

Ouverture faite d'une armoire à côté de la porte, à gauche en entrant, avons trouvé sept devantures de différentes couleurs.

Quatre gradins aussi de différentes couleurs.

Quatre chandeliers de bois, argentés.

Quatre autres petits en cuivre.

Quatre pots à fleurs, plaqués en argent, leurs bouquets de fleurs en broderie.

Quatre petites banquettes en velours d'Utrecht.

Sept bourses, deux petits gradins.

Une chasuble noire, étole, manipule et voile.

Une autre chasuble en rouge, étole, manipule et voile.

Une autre chasuble en rouge, plus commune, étole manipule et voile.

Une autre chasuble violet, étole, manipule et voile.

Une autre verte, étole, manipule et voile.

Une soutane noire, une étole et un manipule blanc.

Six cierges et deux petits paquets douchettes.

Un voile rouge pour la couverture d'une croix.

La robe et la calotte du servant de messes.

Cinq tableaux à cadres dorés ; un vieux canon.

Un petit paquet de linges.

Sur un petit buffet à droite en entrant :

Deux livres intitulés *Journée du Chrétien*.

Deux platelets de cuivre dans lesquels s'est trouvé 40 sols tant en six liards qu'en liards.

Une boite de fer blanc servant à renfermer les pains d'autel, un essuie-main, deux flacons dont un à moitié plein.

Quatre aubes, neuf cordons, deux nappes d'autel, un lavabo et une nappe de communion ; deux gradins en dentelles, deux petits gradins sur chassis, un autre brodé en cordonnet, un pupitre de bois, quatre petits chandeliers de bois argentés, un petit reposoir, un pied de Christ, deux bassins de cuivre servant de candélabres, différents morceaux de bois dorés, un paquet de fronteau de différentes couleurs, un tapis de toile grise, un paquet de vieilles franges ; tous lesquels effets cy-dessus inventoriés ont été remis dans ladite garde-robe, en avons fait fermer les portes sur lesquelles avons fait apposer le scellé, sauf néanmoins la représentation de la Vierge, les vingt-quatre offrandes, les tableaux et les deux rideaux qui sont restés à l'autel et dans ladite chapelle.

Avons au surplus trouvé un bénitier de cuivre, deux livres de prières.

Soixante-trois chaises d'églises, neuf autres à dos.

Au surplus avons apposé le scellé au nombre de quatre, tant sur les deux tiroirs que sur le banc servant de buffet à droite en entrant dans ladite chapelle.

Dans la tribune :

Un marchepied de chêne à deux marches, une armoire de chêne, vide, ouverte et sans clef.

Une autre armoire à deux battants sur laquelle avons fait apposer le scellé sans l'ouvrir.

Un long banc servant d'armoire à deux serrures, sur lequel avons fait apposer le scellé.

Une armoire au-dessus de l'escalier, ayant porte de deux faces, sur lesquelles avons fait apposer le scellé.

Deux éteignoirs, leurs bâtons, un houssoir et son manche, un vieux tronc de bois, une corbeille d'osier blanc, un panier d'osier blanc, deux échelles.

Ainsi fait, clos et arrêté les jour, mois et an que dessus, et a ledit Carpentier déclaré ne savoir écrire : — Signé : H.-G.-P. LAVALLÉ, commissaire, GUILBERT, substitut du procureur de la commune, et FORGEOIS, avec paraphes.

Collationné par le secrétaire-commis de la municipalité d'Arras soussigné.

Signé : FORGEOIS, par ordonnance [1].

CHAPELLE SAINT-MATHIEU.

Elle existait rue des Louez-Dieu et dépendait de l'hospice Saint-Mathieu qui subsiste encore aujourd'hui.

Lorsque le 7 juin 1793, le citoyen Debout se transporta dans cette chapelle pour dresser l'inventaire de son mobilier, il y reconnut : « 1° un autel garni de différents tableaux ; 2° plusieurs saints de bois ; 3° une vieille garde-

---

[1] Archives départementales du Pas-de-Calais, *Série L, liasse 204 du district d'Arras.*

robe de bois de chêne ; 4° quatre gradins ; 5° deux échelles ; 6° deux bancs, un pulpitre et une bierre, » et constata de plus que l'on en avait antérieurement retiré « une lampe, une plume et une couronne d'argent à sainte Reine, deux autres petites couronnes à la Vierge et une petite boule aussi d'argent qui était au pied du Christ [1]. »

CHAPELLE DU CALVAIRE

Construite en 1769, sous l'invocation de la *Sainte-Croix*, cette chapelle sise sur la place de la Basse-Ville, d'une longueur de 70 pieds sur une largeur de 24 [2], avait la forme d'une croix latine [3].

Son portail en pierres de taille offrait une grande baie en plein cintre avec pilastres.

Le Calvaire, ainsi que nous l'apprend le géographe Denis, « était placé dans l'autel, qui était à la romaine [4]. »

Cet autel, qui fut d'abord en bois, fut remplacé par un autel en marbre. Le sanctuaire fut alors pavé en marbre bleu et blanc, et séparé de la nef par une grille de fer [5].

Au nombre des dons faits au Calvaire, on remarquait dans la chapelle une niche dorée avec une Vierge en argent. Niche qui dut être modifiée pour recevoir la statue de saint Joseph en bois argenté de la dimension de celle de la Vierge [6].

---

[1] Archives départementales, *District d'Arras*, liasse 204.
[2] *Liasse I du Calvaire*. Archives municipales.
[3] *Plan de la Basse-Ville*. Archives municipales.
[4] *Conducteur français*. Route d'Arras, page 76.
[5] *Liasse I du Calvaire*. Délibération du 16 juillet 1779.
[6] *Même liasse*. Délibération du 14 juillet 1780.

La cloche de la chapelle portait le nom de *Louise-Mélanie*. Elle avait eu pour parrain le marquis de Beaufort, Mayeur d'Arras, et Marie-Françoise-Mélanie Le Josne Contay [1].

Il n'y a guères plus de trente-cinq à quarante ans qu'a disparu, pour la construction d'une maison particulière le portail découronné de cette chapelle au haut duquel fleurissaient les giroflées sauvages connues ici sous le nom de *murelles*.

CHAPELLE DE LA PETITE-PLACE

La chapelle de *Notre-Dame-des-Ardents*, qui s'élevait sur la Petite-Place, en 1791, était composée de trois corps de bâtiments parfaitement distincts, savoir : 1° la *Pyramide* dont la porte d'entrée se trouvait juste en face de la maison à l'enseigne de la Licorne, et à une quinzaine de mètres de cette maison, ainsi que l'indiquent un plan à vol d'oiseau, rigoureusement exact, dessiné sur les lieux par David (1793) et le plan du Beffara (1766) ; 2° un *pavillon* en briques et blancs en avant de la Pyramide du côté de l'Hôtel-de-Ville ; 3° une *chapelle* circulaire derrière la Pyramide.

Pyramide. — Voici la description qu'en donne, celui qui l'a si merveilleusement reconstruite en des proportions quadruples pour les Dames Ursulines, l'éminent et regrettable architecte M. Grigny.

« Cette Pyramide avait en hauteur 80 pieds, et 7 à 8 pieds de largeur. Le premier étage de sa base était carré et orné

---

[1] *Même liasse*. Procès-verbal.

d'un soubassement et de plusieurs degrés au pourtour de l'édifice, une porte avec plate bande formait l'entrée sur une des faces. Chacune d'elles ornementées dans le haut d'arcatures surbaissées, se trouvait couronnée d'un pignon aigu. Sur ce carré venait s'inscrire un autre carré présentant son angle au sommet des pignons des quatre faces du premier étage. Dans la partie restée vide par la transposition des deux carrés, quatre lucarnes éclairant l'intérieur de la chapelle, étaient établies sur des toits en pierre suivant la pente des pignons, et venaient déverser leurs eaux dans des gargouilles historiées faisant saillie aux quatre angles de l'édifice.

« La seconde partie également carrée, comprenait quatre étages en retrait les uns des autres et séparés par des cordons horizontaux. Le premier de ces étages était orné d'arcatures avec arcs surbaissés ; le deuxième décoré d'arcatures en trèfles couronnées de pignons et de clochetons ouvragés ; le troisième composé d'arcatures trilobées surmontées d'une ogive avec trèfle dans les intervalles triangulaires ; le quatrième, enfin, enrichi d'arcatures trilobées, pignons, clochetons, crossettes et bouquets. Là finissait la partie carrée et commençait la forme octogonale, troisième transformation de l'édifice.

« Cette partie octogonale était composée de huit groupes de piliers : les faces complétement à jour se terminaient par des arcatures ogivales surmontées d'arcades trilobées, couronnées de pignons richement ornés. A la base de ces pignons commençait la naissance de la flèche. Après une courte distance de cette partie fuyante régnait un cordon supportant huit arcatures composées de faisceaux, de colonnes reprenant la perpendiculaire. Les ouvertures étaient terminées en forme ogivique, couronnées d'arcatures trilobées, surmontées de pignons décorés.

« Venait ensuite la flèche aiguë avec ses huit arêtes ornées de crochets, et ses faces à jour.

« Toutes les arcatures indistinctement, sauf celles de la partie octogonale, formaient des sortes de niches et renfermaient une quantité considérable de statues d'égale grandeur représentant les divers personnages qui figurent la légende¹. »

Cette pyramide était surmontée d'un ange sonnant de la trompette.

Au-dessus de la porte d'entrée de la pyramide étaient en lettres onciales avec abréviations « deux inscriptions faites sur deux pierres de taille de deux pieds en carré posées dans les chevrons à trois toises de hauteur » portant, la première « *anno dominicæ incarnationis, MCC. hæc pyramis erecta fuit Fundo sancti Vedasti, per consensum abbatis et capituli.* » La seconde, « *sine quorum assensu nec altare hic potest erigi, nec divina celebrari, nec aliud fieri*². »

« Au-dessus d'un tronc qui était placé à la porte de la Pyramide était une placque de cuivre rouge émaillée en blanc et les lettres dorées longues de douze pouces, haute

---

¹ *Réédification de la flèche de la Sainte-Chandelle d'Arras, par les religieuses Ursulines de cette ville, sur les plans et sous la direction d'Alexandre Grigny, architecte*, 1863, in-folio, avec une magnifique chromolithographie.

² Ces deux inscriptions dessinées sur les lieux en 1791 par Posteau, nous ont été communiquées par M. Laroche, de Duisans. M. Grigny n'en avait pas eu connaissance lorsque, consultant la Commission des antiquités départementales sur ce qu'il y aurait à mettre dans les cadres par lui reproduits à la flèche des dames Ursulines, il écrivait : « A la vue de ces cadres on se demande naturellement les inscriptions qu'ils ont dû contenir dans le monument détruit. Étaient-elles écrites en français avec les abréviations de l'époque, voilà ce que nous ne pouvons connaître, et faute de documents que faire ! » (*Bulletin*, tome II, page 261.)

de treize lignes, portant en caractères gothiques cette autre inscription [1] » :

> Qui a le Carité le mère Dieu veut faire
> Offrande u aucun don chi endroit se doit traire,
> Et dedens ceste toelle le doit mettre, u porter
> Au maieur des bourgois s'il s'en veut aquiter.

Pavillon. — Ce bâtiment renaissance de douze pieds de large et de trente-deux de hauteur, adossé à la pyramide, présentait sur chaque face un rez-de-chaussée à deux fenêtres avec chambranles en bossages et trois termes formant pilastres, un entablement composé d'une architrave, d'une frise et d'une corniche denticulaire. Un étage à deux niches avec figures en demi-bosse. Deux pignons découpés [2] remplacés ensuite par un entablement [3].

Chapelle. — Large de vingt-neuf pieds et haute de soixante-huit [4], elle était décorée de pilastres corinthiens accouplés, reposant sur un stylobate et éclairé par des œils-de-bœuf entourés de palmes que surmontaient un chiffre couronné de la Vierge formant clef. Au-dessus régnait un entablement corinthien riche, orné de modillons et denticules, et d'une frise avec rinceaux, surmonté d'un acrotère avec panneaux et corniche, supportant un dôme hémisphéroïdal, ornementé de nervures moulurées, qui soutenait une lanterne fenestrée reposant sur une corniche, et couronnée par un entablement recouvert d'un autre dôme. Entre les fenêtres étaient des pilastres espacés ayant pour base des consoles renversées se raccordant à la corniche. Au sommet de

---

[1] Même provenance.
[2] Voir le tableau de M. Colin.
[3] Voir les dessins d'après nature de Posteau (à l'échelle).
[4] Dans cette hauteur, sont compris le mur pour 35 pieds, le dôme pour 27, la lanterne pour 12, son dôme pour 4.

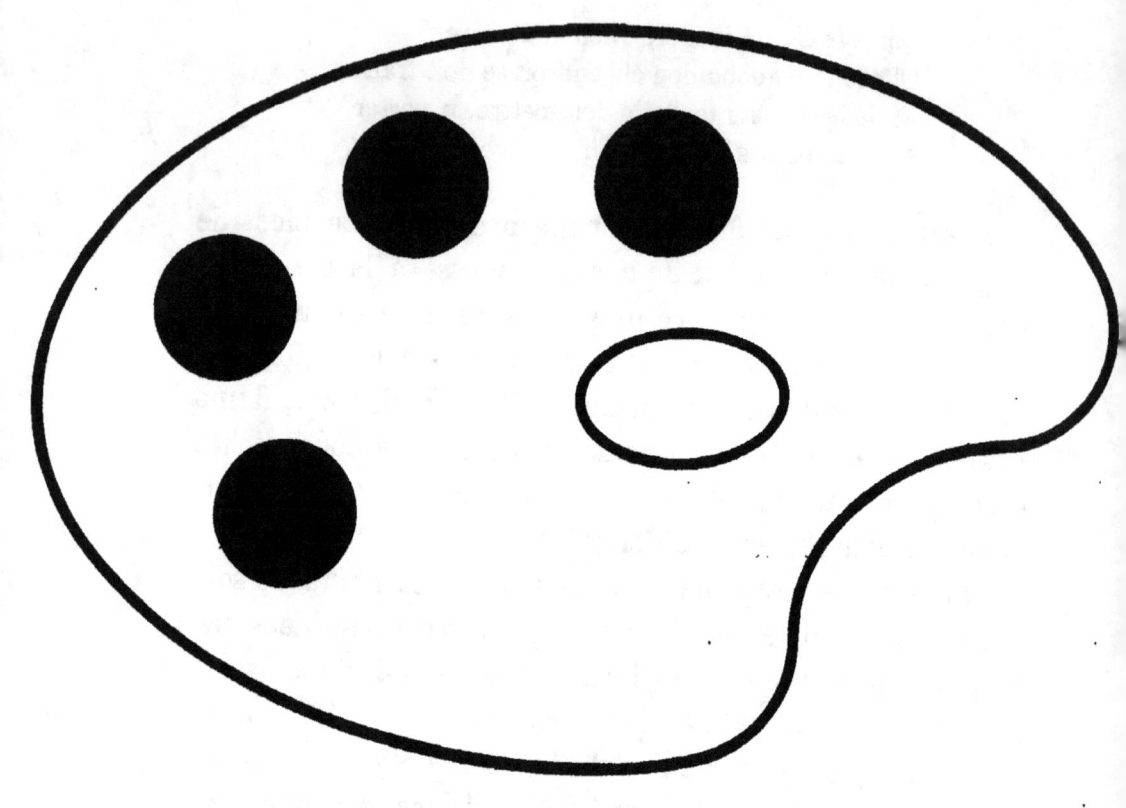

Original en couleur
NF Z 43-120-8

la lanterne était, haute de sept pieds, la statue de la Vierge, couronne en tête, les cheveux flottants, et tenant le saint cierge [1].

CHAPELLE DES PETITS-ARDENTS

Elle était située rue des Charriottes, on en voit encore parfaitement l'emplacement, sur lequel a été bâti une remise.

Construite vers 1226, elle fut reconstruite en 1673 ; au-dessus de son portail on lisait ce chronogramme :

LuX vIrgInIs CereuM aDauXit [2].

L'autel de cette chapelle acheté par la paroisse de Dainville, a été placé dans la nef de droite de l'église, sous le vocable de saint Martin : il y existe toujours.

Son développement prouve qu'il appartenait à un sanctuaire d'une certaine dimension. Ce qu'il offre de mieux est le petit Christ surmontant le tabernacle.

Autour de cette chapelle s'étendait un vaste préau de la contenance de 172 verges comprenant tout le terrain sis entre les rues des Charriottes, du Four-Saint-Adrien, du Coclipas, des Galletoires et de Jérusalem [3].

Le prêtre chargé de desservir cette chapelle demeurait

---

[1] Cette statue était en bois recouvert de plomb doré. Nous nous sommes attaché à décrire d'autant plus minutieusement le pavillon et la chapelle, qu'aucun des historiens de la Sainte-Chandelle ne l'a fait jusqu'à présent, et que l'on a traité ces constructions avec une sorte de dédain assez inexplicable.

[2] Le P. Ignace, *Mémoires*, tome II, page 340.

[3] Voir Archives, *plan n° 104, dressé le 21 août 1761, par Jean-Joseph* GARDE.

ARRAS

Lith. C. Desavary, Arras.

CHAPELLE DITE DES TEMPLIERS

dans une maison contiguë [1] qui est celle où l'on voit au premier étage quatre pilastres de style grec.

Voici le procès-verbal de l'inventaire dressé en 1792 en la chapelle des Petits-Ardents.

« L'an 1792, le 22 mars, trois heures de relevée, conformément à l'arrêté du Directoire du département du Pas-de-Calais du dix-sept de ce mois et de la Commission du Directoire du District d'Arras du même jour, nous Guislain-Placide Lavallé, officier municipal de la Commune d'Arras, à l'intervention du substitut du Procureur de la commune et de Théodore-Joseph-Stanislas Forgeois, commis secrétaire en la Municipalité d'Arras, nous sommes transportés au-devant de la chapelle dite Notre-Dame-aux-Ardans, en cette ville, pour en exécution dudit arrêté faire l'inventaire des meubles, effets et ornements qui s'y trouvent, où étant, nous avons fait ouvrir la porte de la dite chapelle avec les clefs à nous remises, et y étant entrés nous avons procédé comme s'ensuit.

Un autel en bois peint et doré.

Un tabernacle de bois, aussi doré.

Un petit Christ de bois, aussi doré.

Un petit Christ de bois, un missel, deux petits chandeliers de cuivre, deux cierges en fer-blanc, trois nappes dont deux en toile et l'autre de serviette, une devanture de damas fleuragée, une petite clochette à main, un plat et deux burettes d'étain, un pot de terre, un bénitier de cuivre, un goupillon à manche de bois, deux tableaux à cadres dorés, une lampe de bois argenté, un pupitre en fer.

Dans le banc d'œuvre :

Quatre marche-pieds, un platelet de cuivre avec deux liards, un missel, une planche.

---

[1] Le Père IGNACE, *Recueil*, tome VIII, page 282.

Une petite armoire pratiquée dans ledit banc, sur laquelle avons fait apposer le scellé.

Avons fait apposer le scellé sur quatre armoires alentour de la chapelle.

Un petit bénitier en cuivre, attaché à l'entrée de la porte.

Soixante chaises communes et deux autres à dos.

Dans la sacristie :

Une petite armoire en bois, sur un buffet à deux tiroirs, dans un desquels sont enfermés une chasuble, voile et manipule fond blanc, croix rouge.

Un autre idem en verd.

Un autre idem fond bleu fleuragé, croix de velours cramoisi.

Un autre idem en noir.

Un autre idem fond blanc à croix rouge.

Un autre idem violet à croix rouge.

Un calice d'argent, sa patène.

Un missel pour les morts.

Deux aubes, trois amicts, deux cordons, quatorze petites pièces de linge pour le service divin.

Dans le second tiroir :

Treize lavabos, une vieille bourse, une couverture de croix, une étole et un manipule, un paquet de mauvaises dentelles, deux chandeliers en cuivre, deux mauvaises chaises, deux bouteilles vides.

Deux chandeliers de bois, une représentation pour les morts, une corbeille au pain bénit, deux mauvais tableaux.

Dans la cour :

Un appentis en bois, couvert de tuiles.

Un sommier de bois réclamé par le sieur Boyelle, voisin de ladite chapelle.

Ainsi fait les jour, mois et an que dessus. *Signé* : H. G. P. Lavallé, com^{re} ; Guilbert, substitut du procureur de la Com^{ne} et Forgeois, avec paraphe.

Collationné par le secrétaire commis en la municipalité d'Arras, soussigné.

Signé : Forgeois, par ord^{re} [1].

CHAPELLE DE LA BATTERIE

Dédiée à sainte Probe et à sainte Germaine, vierges, cette chapelle (que l'on prétendait avoir servi de paroisse antérieurement à l'érection de l'église Saint-Géry), dans laquelle les fonctions curiales ont été exercées jusqu'au siècle dernier, et qui est tombée en ruines en 1710, avait son portail sis rue de la Batterie, là où cette voie publique s'élargit sensiblement avant d'arriver à la maison des trois marteaux, vieux fief de Saint-Vaast [2]. (Voir le plan de 1704.) Peut-être reste-t-il quelque chose de cet édifice dans la construction à pignon droit qui se trouve à gauche de la porte-cochère ouvrant sur l'ancien emplacement de la chapelle.

CHAPELLE DITE DU TEMPLE

Une tradition assez persistante attribue aux Templiers d'Arras le bâtiment principal, dit *Chapelle*, sis cour de la maison appartenant maintenant à M. Darmenton, et englobé dans le pâté d'habitations circonscrit par la Grande-Place,

---

[1] Archives départementales du Pas-de-Calais, *série L, n° 204 du district d'Arras.*

[2] Le Père Ignace, *Dictionnaire,* tome I, p. 343. — *Mémoires,* tome II, page 277.

les rues du Noble, aux Ours, du Vert-Galant et des Trois-Marteaux.

Cette tradition, rien ne la corrobore, rien même ne la probabilise :

Puisque la Commanderie des Templiers d'Arras avait son siége au haut du faubourg Ronville [1] et son refuge rue du Saumon proche la porte Saint-Nicolas ;

Puisque cette chapelle ne figure nulle part dans la nomenclature des propriétés de l'Ordre à Arras ;

Et puisqu'aucun auteur sérieux n'a appuyé de son autorité la croyance populaire.

Aussi cette tradition a-t-elle été combattue au tome 2e des *Rues d'Arras*, par MM. d'Héricourt et Godin, tentés de faire de ce bâtiment la *Chapelle* de l'hospice fondé par les Louchard.

Allant plus loin que ces Messieurs, nous demanderons si la qualification de chapelle convient bien à cet édifice que l'on ne trouve indiqué comme tel, ni dans les archives générales, ni dans les archives municipales, ni dans celles de l'évêché, ni dans les anciens plans manuscrits ou imprimés de la ville ?

Quoi qu'il en soit, décrivons cette prétendue chapelle.

C'est une construction aux murailles épaisses, en pierre de taille pour l'un des pignons, en briques pour l'un des côtés, et en pierres de taille avec raccommodage en briques pour l'autre côté et l'autre pignon. La couverture est en tuiles.

A l'exception du pignon en pierres de taille qui a souffert infiniment moins que les autres murs, de nombreux rema-

---

[1] En 1763, l'on voyait encore parfaitement l'emplacement de cette Commanderie que l'on commençait seulement à défricher. HARDUIN, *Mémoires*, page 58.

niements apparaissent presque partout à l'extérieur. Empâtements pour soutenir la poussée des voûtes ou maintenir l'écartement, jambes de force, fenêtres défigurées ou bouchées, etc., etc.

Dans l'origine, les murailles ont été complétement exécutées en pierres ; nonobstant, en effet, les briques du pourtour, à l'intérieur les blancs existent de toutes parts.

Composé d'un rez-de-chaussée, d'un étage et d'un grenier, cette construction a vingt-trois mètres de long, huit de large et vingt de hauteur.

Le rez-de-chaussée offre deux nefs dont les voûtes d'arête en plein cintre, sont supportés par les chapiteaux sculptés de piliers monolithes en grès.

A l'étage, les voûtes, si tant est qu'elles aient jamais existé, ont disparu. Près d'une ouverture restent un socle de colonnette et un chapiteau sculptés, débris de l'ornementation de cette même ouverture. Au long des murs saillissent de nombreux corbeaux en grès.

Au grenier, la charpente en chêne équarri de l'époque est magnifique comme combinaison, montage et solidité.

Dans le pignon en pierres de taille, s'ouvrent, accusant le style du XIIIe siècle, deux belles fenêtres ogiviques moulurées, flanquées de colonnettes cylindriques avec chapiteaux sculptés et tailloirs, retombant jadis sans doute sur un meneau central. Au-dessus du tailloir de la colonnette droite de la fenêtre de droite, subsiste encore le coussin de la retombée de l'archivolte.

A la naissance du pignon sont deux autres fenêtres avec linteaux et consoles formant quart de cercle.

L'escalier à vis par lequel on monte actuellement à l'étage et au grenier de cette construction, se trouve dans une tour carrée en briques et blancs, adjacente au pignon et éclairée par deux baies en plein cintre. Au bas est une porte à encadrement de grès, assez basse, assez étroite, avec linteaux et consoles formant aussi quart de cercle.

La porte donnant accès de l'escalier à l'étage, n'est autre que la troisième fenêtre, qui, semblable jadis aux deux autres, a été baissée et convertie en plein cintre pour les besoins du service [1].

Cette tour, de même que la maison en briques et pierres blanches à laquelle elle se relie, offre les caractères du XVI° siècle. On y voit un ancrage de fer ouvré, avec enroulements et fleurons qui est fort remarquable.

Somme toute, quelle qu'ait été l'affectation originaire de la construction dite *Chapelle du Temple*, il faut reconnaître que cette construction très-ancienne a eu son importance, qu'elle constitue un véritable monument, et qu'au point de vue archéologique, il est à désirer que ses propriétaires s'appliquent, par d'intelligentes restaurations à conserver le plus longtemps possible, ce vieux témoin des grandeurs passées de notre vieil Arras [2].

CHAPELLE DES ONZE-MILLE-VIERGES

Bâtie primitivement en juin 1345, elle fut rebâtie en 1622. Elle faisait partie d'un hospice qui existait dès le

---

[1] Au pignon opposé on retrouve les trois fenêtres, mais remaniées et converties également en plein-cintre.

[2] On s'était demandé si le bâtiment dit chapelle du Temple n'aurait pas fait partie de l'hospice de la Madeleine sis sur le Grand Marché et fondé par Audefroi Louchart. Mais cela est impossible, cet hospice s'étant trouvé sur le rang sis en face.

On peut se demander s'il n'a pas appartenu au vieux collège sis également sur le Grand Marché.

XIIIᵉ siècle et qui subsista jusqu'en 1791, époque à laquelle il fut aliéné moyennant la somme de 4,025 fr.

Elle est située, dit le Père Ignace, « au bas du rempart à gauche et vis-à-vis de la rue Méaulens en venant par la porte de ce nom. »

« On disait, écrivait Dubus en 1750, autrefois la messe dans cette chapelle, et je me souviens d'y avoir été plusieurs fois, mais depuis 1740, le bénéficier qui réside hors d'Arras, laisse fermer cet édifice et loue le jardin qui en dépend. Ce que les voisins et les gens de loix du lieu ne devaient point souffrir [1]. »

Cette chapelle qui existait encore il y a environ vingt ans, a été bien regrettablement démolie par M. l'abbé Halluin.

CHAPELLE SAINT-ÉLOY

Dépendance de l'hospice de ce nom (dit aussi le *Pacus*), elle se trouvait en face le rivage. La maison de M. Hermant-Lecomte n'est autre que cet hospice. La chapelle était sous la tourelle qui lui servait de clocher et que surmonte encore son ancien épi.

Le 5 juillet 1793, la municipalité ordonna de procéder à l'inventaire de tous les effets et objets mobiliers appartenant à cette chapelle [2], dont l'argenterie fut ultérieurement vendue.

---

[1] *Manuscrit* appartenant à l'Académie d'Arras. Vᵒ Onze-Mille-Vierges.
[2] *Registre aux délibérations*. Archives municipales.

MONASTÈRES

CITÉ

TRINITAIRES

Leur monastère était situé rue d'Amiens là où sont maintenant les Dames Bénédictines du Saint-Sacrement. Avant l'érection des nouveaux bâtiments conventuels, il devait probablement rester quelques débris de leur maison ; on n'en voit plus aujourd'hui que l'ancien cloître, qui du reste a été parfaitement respecté.

DAMES BÉNÉDICTINES
(DITES DU SAINT-SACREMENT)

Le monastère de ces Dames dont l'enclos très-vaste s'étend jusqu'à l'esplanade, est construit sur l'emplacement des anciens Trinitaires.

La chapelle a une seule nef avec croisée, narthex, abside pentagonal, déambulatoire et portail latéral richement décoré d'arcatures, de niches, clochetons etc..., bâtie par M. Grigny dans le style flamboyant du seizième siècle, est ravissante, aussi les amateurs l'admirent-ils sans réserve.

On voit dans l'intérieur un remarquable autel en pierre dont les anges et le Christ au tombeau couché sous la table sont dus au ciseau de M. Bion, de même que les deux grandes statues placées dans les bras de croix. Pleines de sentiment et d'une belle exécution, toutes ces figures sont également très-appréciées.

A gauche de l'entrée de la chapelle, se trouve sur la rue d'Amiens une charmante petite maison genre renaissance, avec tourelle, affectée au logement de l'aumonier des Dames Bénédictines, qu'a aussi fait élever M. Grigny.

A droite existe un bâtiment massif et du plus mauvais goût, surmonté de trois lourds pignons, qui masque une partie de la chapelle, mais qui par le contraste qu'il établit avec elle, fait plus évidemment encore ressortir, tout ce qu'il y a d'élégance et de richesse dans cette dernière.

CLARISSES

Le monastère des Clarisses occupait avant la Révolution l'emplacement où il est encore aujourd'hui, mais il était infiniment plus important et renfermait un vaste cloître carré dont le milieu servait de cimetière [1].

Sa chapelle très-simple et très-austère, qui a servi d'église paroissiale à la Cité jusqu'au moment où l'on put entrer dans l'église actuelle, est comme le couvent située rue Sainte-Claire.

Elle se composait anciennement d'une nef, et d'un grand retrait où était l'autel de la Vierge, en face duquel donnait la grille de l'oratoire des religieuses.

Ce retrait est maintenant englobé dans les bâtiments claus-

---

[1] *Voir le plan n° 10*, aux Archives départementales.

traux, et la chapelle remaniée a l'autel placé là où était anciennement la porte d'entrée.

Philippe de Saveuse et Marie de Lully son épouse, qui fondèrent en 1459 ce monastère, sont enterrés dans un caveau situé sous la chapelle [1].

DAMES DE LA PAIX

Le monastère des Dames de la Paix se trouvait à l'extrémité de la rue du même nom, on y voit encore la belle baie en plein cintre de la porte d'entrée.

Les bâtiments claustraux ont disparu de même que l'église conventuelle, dont le chevet s'appuyait au mur de l'ancienne rue occupée maintenant par l'artillerie.

A propos de cette église ou chapelle on trouve dans Dubus : « La chapelle de ce monastère est visitée avec plaisir par le peuple qui admire les tableaux dont elle est remplie et qui en font le plus bel ornement. Ils représentent les *Vies de saint Benoît, de saint Bruno, de saint Maurice* et d'un grand nombre d'autres de l'Ordre. »

Vers l'extrémité du Jardin de la Paix dont une partie de l'enclos subsiste toujours, et dont les anciennes limites sont très-reconnaissables, s'élevait la chapelle *Notre-Dame de Lorette*.

Elle était construite en pierres et en briques, avec pignon droit aigu et tourelle au chevet, on la détruisit en 1864, pour bâtir la prison nouvelle.

---

[1] Consulter sur le monastère des Clarisses d'Arras, *la lettre* adressée par l'une des religieuses à un père franciscain de l'Observance. 1863, Brissy, 16 pages in-8°.

On lit dans l'*Almanach commercial de la ville d'Arras* de 1866.

« Ce petit édifice, à l'extérieur n'avait vraîment rien de remarquable sous le rapport de l'architecture. C'était une construction solide en briques avec soubassement en grès. Le chevet était appuyé contre une petite tourelle de forme pentagonale, qui servait d'escalier pour monter au comble. Elle s'élevait à peine d'un mètre au-dessus de la corniche du petit temple et était surmontée d'un toit pyramidal dont la charpente était couverte en ardoises comme le reste du monument.

« La façade ornée de deux pilastres en pierres du pays, était percée de quatre ouvertures y compris le portail, c'est-à-dire de deux fenêtres oblongues à droite et à gauche, et d'une fenêtre assez large au sommet qui éclairait le comble.

« Le portail fait à moulures supportait une niche privée de sa statue, dont le fronton était assez délicatement sculpté. La fenêtre qui éclairait le comble était surmontée d'une image du Saint-Cœur de Marie fruste et mutilé.

« On montait à la chapelle par un escalier de quatre degrés ayant un palier de deux mètres de longueur sur un mètre de largeur.

« La voûte était surbaissée, à anse de panier, avec nervures arrondies ou à boudin, reposant sur des encorbellements décorés de têtes de chérubins. Les clefs de la voûte principale étaient au nombre de trois; il en existait trois autres au chevet qui était ramifié comme on le remarque dans les monuments de la dernière période du style ogival. La clef principale qui donnait ouverture au chevet, était sculptée de telle sorte qu'elle renfermait un cœur sur lequel était gravé le mot *Pax*, le tout entouré d'un palme, cette sculpture n'était pas sans quelque délicatesse. Les autres clefs étaient de simples rosaces, elles sont toutes déposées au musée de la ville.

« La chapelle était éclairée par huit fenêtres à cintre surbaissé décorées de moulures à l'intérieur, dans le style de la renaissance. Elle avait huit mètres de longueur dans œuvre, sur quatre mètres soixante-cinq centimètres de largeur Elle était excavée dans toutes ses dimensions d'une espèce de crypte voûtée. »

Cet almanach donne de plus une lithographie représentant le monument.

Le couvent de la Paix possédait « une image miraculeuse de Notre-Dame la mère de Jésus consolatrice des affligés [1]. »

M. Henry, garde en sa collection une planche de cuivre gravé en taille douce qui nous a conservé un excellent souvenir de cette statue et de sa niche.

La vierge, cheveux flottants, portant sur le chef une couronne ouverte, tient de la main droite un sceptre fleuronné et a sur le bras gauche l'enfant Jésus dont le front est couvert d'une couronne fermée.

A droite et à gauche de la niche surmontée d'une tête d'ange [2], sont deux colonnes torses autour desquelles s'enroulent des ceps de vigne et au-dessus desquelles sont deux anges tenant d'une main des palmes et supportant de l'autre la couronne royale fleurdelysée de France en commémoration sans doute de la visite que Marie-Thérèse fit à ce couvent, où elle communia le 11 mai 1673.

Au-dessous de la vierge, entre deux vases de fleurs, on lit : « *Consolatrix afflictorum, in monasterio Pacis Atrebatensis.* »

---

[1] Le père IGNACE. *Mémoires*, tome II, page 117.
[2] Sous la tête d'ange se voit un écu supporté par des levrettes et timbré d'un armet taré de trois quarts.

BRIGITTINES

Le monastère *Brigittines* ou *Birgittines*, s'élevait rue Baudimont, là où sont maintenant les maisons de Messieurs Demay. Il en reste encore un bout de mur percé de fenêtres moulurées et à croisillons qui ne doit pas tarder à disparaître, et un pignon droit avec porte au-dessus de laquelle se remarquent les traces d'une triple niche en plein cintre.

On le commença en 1605 sous le vocable de *Notre-Dame de Bonne-Espérance*, et plus tard on y plaça le corps du martyr saint Benoît dont la fête se célébra chaque année le premier dimanche d'août [1].

Vendu nationalement 30,000 livres, ce couvent n'a point été rétabli à Arras.

Les abbesses des dames Brigittines portaient au doigt un gros anneau d'or, sur le chaton du quel étaient représentés en relief Jésus en croix entre Marie et saint Jean l'Evangéliste. Sous le chaton était gravé la monogramme du Christ, et sur la partie annulaire extérieure diamétralement opposée au chaton on lisait les mots Sta *Brigitta*.

Deux de ces anneaux (trouvés dans les terrains du monastère) sont en notre possession.

PROVIDENCE

Le monastère des dames de la Providence était sis rue Baudimont, près le Petit Séminaire; il n'en subsiste aucune trace apparente.

[1] Le père IGNACE, *Mémoires*, tomes II et VII.

URSULINES

Trois religieuses d'Abbeville vinrent s'établir à Arras dans une maison sise rue Baudimont près l'hôtel de Gomiecourt dont elles achetèrent une partie après l'incendie de ce dernier en 1605.

Ce monastère fut vendu nationalement en septembre 1792 au prix de 27,000 livres, et se trouva ensuite englobé dans l'établissement Hallette [1].

VILLE

ANCIENNE ABBAYE DE SAINT-VAAST

Il y aurait considérablement à dire sur cette importante abbaye, « la première du pays d'Arthois, célèbre monastère et le plus fameux des Pays-Bas, tant en richesses comme autrement [2] », dont nous ne pourrons parler que d'une manière très-sommaire.

Sauf les rectifications sur la place de la Madeleine où elle a perdu une grande étendue de terrain, l'ancienne abbaye occupait à peu près identiquement l'emplacement qu'elle couvre aujourd'hui, comme il est facile de s'en apercevoir en jetant un coup d'œil sur le plan publié par M. Terninck, offrant sur deux tons l'état actuel d'après le plan cadastral,

---

[1] Voir sur les Ursulines d'Arras, l'*Histoire de Ste Angèle*, par M. l'abbé PARENTY.
[2] DESMAZURES. Livre VII, titre III, n° 3.

et l'état ancien d'après un plan du XVIe siècle. La porte d'entrée se trouvait là où est maintenant le Calvaire de la cathédrale, elle était flanquée d'une haute tourelle que surmontait une flèche.

Indépendamment des bâtiments claustraux (où l'on remarquait surtout le *cloître*, le *réfectoire*, la *salle d'honneur*, et la *bibliothèque* composée de deux salons) et de leurs dépendances aussi multipliées que compliquées, que nous passerons sous silence, l'enclos de l'ancienne abbaye, renfermait, au temps de Guiman, *Notre-Dame en Chatel*, la collégiale de *Saint-Pierre* et la chapelle de *Saint-Jacques*, on lit en effet dans cet auteur :

« *De Ecclesiis infra castrum sitis*

« *In latere dextro monasterii beati Vedasti, vicinæ et pene adhærentes duæ ecclesiæ, scilicet beati Petri et beatæ Mariæ; sitæ sunt : a sinistro autem infra ambitum Abbatiæ, Capella Sancti Jacobi, ipsa nihilominus opere Dei et concursu populi venerabilis; quæ quasi tres filiæ in gremio matris positæ, et ab uberibus consolationis ejus refectæ, integram atque perfectam maternæ libertatis sortiuntur hereditatem*[1]. »

Peu après s'y bâtit la chapelle *Abbatiale*, et bien postérieurement la chapelle de *Saint-Roch*.

Examinons successivement chacun de ces monuments.

---

[1] Parlant de l'abbaye de Saint-Vaast, Baldéric qui dit : « *Huic etiam infra idem Custrum, duæ Basilicæ juxta subjacent canonicorum, una videlicet in honore sanctæ Mariæ, altera vero sancti Petri apostoli,* » se tait sur la chapelle de S. Jacques, ou à cause de son peu d'importance relative, ou parce qu'elle n'existait pas encore de son temps.

NOTRE-DAME EN CHATEL
(Nostra Domina in Castro)

Longue de 40 pieds, large de 20, cette chapelle sise anciennement là où est maintenant la partie du palais occupée par l'Evêque, sur la rue de la Madeleine, était rectangulaire et surmontée d'un petit clocher de forme octogonale. Son portail ouvrait en face l'église de la Madeleine, et son chœur s'adossait au bras de croix de droite de la Collégiale de Saint-Pierre.

Suivant le Père Ignace, ce portail sans aucune ornementation, et qui seul aurait pu appartenir à la construction primitive (le reste ayant été réédifié au XVIe siècle) était d'une architecture brute, antique, et avait une double porte très-étroite.

Suivant certains auteurs, cette chapelle aurait été l'oratoire primitif bâti par saint Vaast en 550, chose assez difficile à admettre, en présence de cette affirmation d'Alcuin, que cet oratoire plus que modeste était en bois « *paupere sumptu, id est ligneis tabulis.* »

Quoi qu'il en soit c'est en cette chapelle que, d'après les chroniques de l'abbaye, fut consacré par saint Vindicien, le premier abbé Hatta en l'an 685, et qu'était spécialement révérée une image miraculeuse de la Vierge « dans un batteau semblable à celle de Boulogne [1]. »

COLLÉGIALE DE SAINT-PIERRE

Située parallèlement à la rue de la Madeleine, dans un emplacement qu'occupent maintenant une partie de la cour de l'évêché et des appartements de l'Evêque, cette chapelle

---

[1] Le père IGNACE. *Mémoires*, tome II, page 492.

de forme cruciale avait « 110 pieds de long sur 32 de large dans la nef et 45 à la croisée. L'abside se terminait en trois hémicycles garnis d'autels, dédiés, celui du milieu à saint Pierre, les autres à sainte Barbe et à sainte Catherine.

« Le portail offrait tous les caractères romans. La grande porte à plein cintre était encadrée par une archivolte à tore qui se prolongeait ensuite jusqu'aux angles latéraux de la façade, tandis qu'au-dessus se découpaient cinq arcades de mêmes caractères et séparées ou portées par des colonnettes à chapiteaux. Celle du milieu était beaucoup plus haute que les autres, et son cintre était percé d'une niche qui renfermait la statue de saint Pierre.

« Au-dessus se dressait un pignon triangulaire au centre duquel s'ouvrait un trèfle circonscrit et à lobes arrondis [1]. »

A en croire Mabillon, cette collégiale où S. Hadulphe fut inhumé en 729, serait l'église que suivant le plan de l'ange, S. Aubert aurait fait élever au lieu même qu'occupait l'oratoire de S. Vaast et où l'on déposa ses reliques. « *Eo in loco, ubi sacrum corpus repositum est, oratorium sancti Petri rudi opere ab ipso beato Vedasto quondam extructum fuerat quod sanctus Autbertus in augustiorem formam restituit* [2]. »

Le père Ignace, qui à tort ou à raison l'a fait remonter à 687, dit : « C'est une œuvre très-antique, fait à la mosaïque : les pilliers qui en font l'ornement sont même de pièces rapportées réunies par un mastique si dur que rien n'a ébranlé jusqu'à présent [3]. » Dubus dit également : « Son antiquité se remarque aisément par la singularité de sa figure et de sa construction gothique [4]. »

---

[1] TERNINCK. *Recherches sur les Monuments de Saint-Vaast*, page 37.
[2] *Annales Ordinis Benedicti*, tome I, page 483.
[3] *Mémoires*, tome IV, page 246.
[4] *Abbaye de Saint-Vaast*.

En 1580, la chapelle fut transformée en infirmerie, on maçonna la porte, et on en ouvrit une petite à côté dans le style ogival.

S. Adulphe, est-il dit au manuscrit de l'évêché fut enterré dans l'église de Saint-Pierre du monastère de Saint-Vaast où l'on voit encore son effigie avec cette épitaphe :

> *Hic jacet sanctus, speculum virtutis, Adulphus*
> *Qui vigil Atrebatum rexit ad astra chorum.*
> *Dulcis ave, Nostris veniam Pater objice culpis*
> *Grataque dilecto dona repende gregi.*

CHAPELLE DE SAINT-JACQUES

Nous ne saurions donner aucun éclaircissement archéologique sur cette chapelle qui destinée peut-être à renfermer le chef de S. Jacques, apôtre, a dû être démolie de très ancienne date, et à propos de laquelle les auteurs gardent un silence complet.

ÉGLISE ABBATIALE

L'église qui tomba vers le milieu du siècle dernier fut commencée en 1259, et la dédicace eut lieu en 1295.

Frappée de la foudre en 1372, la première flèche de sa tour fut réédifiée quelques années plus tard.

La hauteur et la beauté de cette seconde flèche, étaient devenues proverbiales. « *Primum hujus urbis miraculum,* dit Locrius, *in qua nescias an artificium maxime internum, an altitudinem, an sinuosæ pyramidis gratiam prius admireris.* »

Incendiée aussi en 1661, cette flèche qui était en bois fut réédifiée en pierres quelques années plus tard, de la manière que nous indiquerons ci-dessous, et dans le goût de la tour qui doit être exécutée pour la cathédrale actuelle, d'après le modèle qu'a fait dresser l'abbaye et que l'on voit dans l'une des galeries du musée.

Église. — De forme cruciale, d'aspect imposant, cette église qui reflétait l'une des plus belles époques de l'art architectural, était déjà, bien qu'inachevée, proclamée par Guiman, l'honneur et l'illustration de la Ville, et proposée pour modèle à tous architectes présents et à venir. « *Ecclesia igitur beati Vedasti in ipsa Civitatis arce fundata totam suæ majestatis illuminat urbem, admirabili constructâ ædificiorum venustate, in se et de se omnibus præbens exemplar et formam artificibus.* »

Suivant MM. d'Héricourt et Godin, elle avait cinq nefs [1] ; suivant M. Terninck, et cela paraît plus en rapport avec le plan topographique et ce passage de Jacques Du Clercq qui racontant les grands travaux opérés par son oncle l'abbé Jean Du Clercq, dit : « Il feit parfaire la nef de l'église quy n'estoit qu'une vaulsure, oultre le crucifix, et y feit quatre vaulsures de long, c'est à sçavoir quatre grandes vaulsures et huict petites [1] », elle n'en avait que trois. Autour du grand comble de la nef et du transept courait une galerie ajourée masquant une partie de la toiture ; les contreforts à arcs boutants découpés en arcades étaient surmontés de hauts clochetons à crossettes.

A l'intérieur l'église avait une longueur de 225 pieds, sur une largeur de 80, tour et chapelles latérales non comprises. Le transept mesurait 120 pieds, la nef était haute de 80.

Indépendamment du maître-autel, et de l'autel des reliques, qui se trouvaient dans le sanctuaire, l'église comptait douze chapelles, savoir : celles du *Saint-Sépulcre,* des

[1] *Mémoires,* livre IV, chap. XLII.

Vierges et *du Bois* ouvrant sur la basse-nef droite, et celles du *Pennetier*, de la *Sainte-Vierge*, de *Saint-Denis*, des *Saints-Martyrs*, de *Notre-Dame*, de *Saint-Nicolas*, de *Saint Benoist*, de *Saint-Jean* et de *Saint-Jacques* rayonnant autour des ambulatoires qui tournaient derrière le sanctuaire.

Au bas de la nef droite, et contre la chapelle du Bois, était une prison que flanquait extérieurement une tourelle ronde.

Successivement enrichis par l'abbaye et par ses bienfaiteurs, le maître-autel et l'autel des reliques, quoique plusieurs fois dévalisés par la soldatesque allemande, étaient d'une magnificence incomparable. Plus soucieux heureusement de l'or, des gemmes, et des perles fines que des reliques, les pillards n'emportèrent point ces dernières qui constituent maintenant le trésor sacré de la cathédrale.

C'était au maître-autel qu'était la fameuse table en vermeil, pesant 1400 marcs, datant du XIIIe siècle, qui faisait l'objet et l'admiration générale, qu'avaient respectée les Français, mais que ne respecta point la rapacité allemande. « Une riche table d'autel (dit Jean Molinet), estoffée de dignes pierres de admirable et subtille fabricature, et la quelle toujours estoit demeurée en son entier pendant que les Franchois estoient les maistres, fut desbrisée, fondue et butinée, dont le dommage fut moult grant; plus pour la forme fachon et artifice d'icelle qui sembloit estre irréparable, que pour la perte de ses matériaux. »

« On voit dans le chœur derrière le grand autel, porte le manuscrit de l'évêché, un monument fait avec des pierres blanches et tendres d'un art et d'une hardiesse surprenante. Le devant est soutenu par deux colonnes de jaspe, la dorure dont on l'a enrichi diminue beaucoup de son prix à la vue, parce qu'elle couvre les pierres et fait croire que l'ouvrage est de bois. C'est là où l'on garde le corps de S. Vaast au milieu de ceux de S. Ranulphe ou Renoul, martyr, seigneur du village de Télu, et de son fils S. Adulphe, religieux, abbé de Saint-Vaast et évêque d'Arras [1]. »

Tout autour du grand chœur, régnaient 1° les stalles des religieux, stalles admirables au dire des contemporains, « aux quelles estoient représentés l'ancien et le nouveau testament de Notre Sauveur et Rédempteur Jésus-Christ [2], » et que l'on avait substituées à d'autres stalles datant du XIII° siècle ; 2° des tapisseries (d'Arras sans nul doute) représentant l'histoire de la vie de S. Vaast, « *tapetes de vitâ S. Ved. totum Chorum ambientes nunc usque appensos* », disait au siècle dernier l'auteur du *Necrologium Vedastinum*. Au milieu de ce chœur était le pupitre antique et symbolique, dont Lamartinière nous a conservé la description suivante : « Le lutrin ou pupitre est un arbre d'airain que deux ours de même matière soutiennent, ils paraissent droits sur leurs pattes de derrière, et il y a de petits oursons qui semblent grimper autour de cet arbre où ils sont représentés en différentes postures [3]. » Tapis et lutrin achetés vers 1400 par Egidius de Hées, religieux de l'abbaye [4]. On y voyait également quatre mausolées en marbre, ceux de Philippe de Torcy, de Suzanne d'Humières, sa femme, des abbés Jean Sarrazin et Philippe de Caverel, sur lesquels nous ne nous étendrons pas puisqu'on les retrouve dans la cathédrale actuelle, et un cinquième « assez près du grand autel, du côté de l'évangile, sous une petite voûte », qui en raison de son importance historique exceptionnelle, mérite une mention particulière.

---

[1] Fol° 102 v°.
[2] *Dictionnaire*, v° Arras.
[3] *Epitaphier* de Lefebvre d'Aubrometz, p. 122. Eloge de Dom Caverel.
[4] Nécrologe de Saint-Vaast. *In vitâ Egidii de Hées*.

Ce tombeau, en effet, n'était autre que celui du roi Thierry III et de sa femme, enterrés, on le sait, dans le monastère.

« Ce monument, écrit M. Terninck, avait deux faces, la principale tournée vers le chœur, l'autre l'avers, du côté des ambulatoires, en avant de la première et posées sur un socle massif en marbre, reposaient les statues couchées et en ronde bosse du Roi et de la Reine, tous deux couronnés et vêtus du manteau royal. Leurs têtes posaient sur des coussins, et leurs pieds s'appuyaient, ceux du Roi sur un lion symbole de force, ceux de la Reine sur une levrette, emblème de fidélité.

« Au-dessus d'eux, se dressait, incrustée dans le massif d'une sorte de retable que nous allons essayer de décrire, une table de marbre, sur laquelle étaient gravés ces mots :

Rex Theodoricus ditans, ut verus amicus,
Nos ope multimodâ, jacet hic cum conjuge Doda.
Regis larga manus et Præsul Vindicianus
Nobis regale dant et jus pontificale.
In decies nono cum quinquagenies duodeno
Anno, defunctum sciet hunc qui quatuor addet
Quâ legis hæc horâ, Dominum pro regibus ora.
Muneribus quorum stat vita Dei famulorum.

« Le retable était garni au-dessus de cette table, d'un feston qui cachait la base de deux grands cintres trilobés, entre les retombées desquels s'épanouissaient dans les écoinçons trois rosaces délicatement fouillées. Au dessus se posaient trois personnages, au centre le Souverain Pontife, ou le Père Eternel ayant la tiare sur la tête, le bâton pastoral à la main droite, et dans la gauche, tenant un livre, peut-être la charte de fondation ou de privilége de l'abbaye.

« A sa droite s'agenouillait un roi couronné, Thierry sans

doute, le sceptre à la main, et le modèle d'une abbaye de l'autre, qu'il semblait offrir au personnage du milieu, comme expiation sans doute du meurtre de S. Leger. A gauche, était un évêque, S. Vindicien probablement, agenouillé aussi, la crosse d'une main et semblant présenter de l'autre sa mitre comme gage de soumission filiale.

« Ces figures étaient encadrées dans une grande arcade cintrée, garnie de dais et de niches, que peuplaient des statues, et au-dessus desquels s'épanouissait un superbe reliquaire placé dans une niche ornée de clochetons, de pignons, de fenêtres, et d'arcatures. Au milieu de ce petit temple était assis le Très-Haut tenant en main le globe terrestre.

« Puis dans les écoinçons de cette arcade, se sculptaient des anges et des arabesques, et au-dessus courait une crête festonnée, ornée de trilobes et de feuilles élégantes. Ce monument remplissait tout un entrecolonnement.

« Au revers on voyait au-dessus d'une grande plaque de marbre, quatre cintres trilobés, portés sur d'élégants culs-de-lampe et recouverts d'autant de pignons aigus, enrichis d'arabesques sur leurs faces, portant des bouquets sur leurs pointes, et accompagnés de trois chérubins posés entre leurs retombées, et chantant les louanges de Dieu sur le luth et la viole.

« Sous les cintres du milieu étaient debout et les mains jointes, le roi et son épouse, et sous les autres, deux anges semblaient préposés à leur garde et près à les introduire dans l'éternelle béatitude : ils avaient en main un disque ou une sphère.

« Enfin sur les piliers mêmes de la nef, et posés sur de riches culs-de-lampe, étaient deux vénérables personnages S. Pierre et S. Paul semblant aussi veiller sur ces dépouilles royales et intercéder auprès de Dieu pour leurs âmes généreuses [1]. »

Elevé au moment de la reconstruction de l'église au XIIIᵉ siècle, ce monument remplaçait évidemment le monument primitif datant de l'époque de l'inhumation.

Au XIIIᵉ siècle en effet le corps de Thierry et de sa femme furent exhumés et placés avec une couronne royale dans un coffre de plomb de forme oblongue, coiffé d'un toit se terminant à l'arête supérieure par une crête festonnée, qui fut posé sur tréteaux, dans un étroit caveau pratiqué sous le monument funéraire.

En 1747, époque de la démolition de l'église abbatiale, ce coffre fut dessiné par Posteau, d'après les ordres du roi Louis XV, et M. Terninck en donne la description que voici :

« Il était entouré et garni sur toutes les faces d'arcatures ogivales posées sur des colonnettes, et garnies d'un trilobe à l'intérieur, et d'un trèfle circonscrit entre leurs retombées.

« Sur l'une des faces le Père Eternel crossé, mîtré et assis, auquel le roi d'un côté, offrait son sceptre, comme gage de repentir (du meurtre de saint Leger) et un évêque d'autre part, crossé, offrait sa mître. Des moulures séparaient les personnages et derrière les deux derniers étaient de magnifiques fauteuils.

« Sur l'autre face était assis sur une construction, un palais, une ville peut-être, un roi, la couronne en tête, et semblant avec le bras étendu donner des ordres à un soldat placé devant lui et portant à la main sa masse d'armes.

« Plus loin est l'exécution probable de ces ordres : un évêque, S. Leger, est couché sur une vaste pierre, il a les

---

[1] *Recherches sur les monuments de Saint-Vaast*, pages 68 et suiv.

mains jointes, tandis qu'un homme avec une grande tarière lui crève et lui perfore les yeux. Derrière lui se trouve l'homme d'armes du tableau précédent, qui surveille l'exécution des commandements royaux.

« Dans le troisième compartiment est encore sur le même siége que tout à l'heure, le roi couronné, le sceptre à la main, et semblant rendre compte de sa conduite coupable à un personnage assis devant lui, à Doda, peut-être, sa vertueuse épouse.

« Les extrémités du couvercle sont ornés de simples trilobes aigus et fleuragés, enfin l'arête supérieure se relève en crête festonnée surmontée de trois boutons ciselés[1]. »

Dans la chapelle absidale de Notre-Dame étaient « les abbés tous peints suivant leur ordre de succession. Au bas de chaque tableau étaient écrites leurs actions les plus mémorables et ce qui était arrivé de plus singulier dans le monastère pendant leur administration[2]. »

On remarquait encore dans l'église, les verrières représentant Dieu et les douze apôtres[3], les deux portails d'albâtre de l'abbé Du Clercq, une descente de croix de Rubens[4], le pavé, la chaire, et le magnifique jubé en marbre semblable

---

[1] La tourmente révolutionnaire ayant chassé de l'abbaye les moines de Saint-Vaast avant qu'ils eussent pu rebâtir leur chapelle (cathédrale actuelle), ce coffre auquel ils tenaient tant, fut par eux caché avec le monument funéraire dans une de leurs substructions secrètes sans doute, et jusqu'à présent on n'a pu en découvrir la trace.

Puissent, ces curieux et précieux souvenirs historiques d'un autre âge, être un jour retrouvés, ainsi que l'ont été en 1848 les cercueils et les statues funéraires de Philippe de Torcy, de Suzanne d'Humières, de Jean Sarrasin, de Philippe de Caverel, déplacés et cachés en même temps que ceux du roi et de la reine.

Les dessins de Posteau conservés à la bibliothèque de Paris, ont été publiés par M. Terninck dans l'ouvrage sus indiqué.

[2] Le père IGNACE, *Mémoires*, II, 400.

[3] *Epitaphier* de Lefebvre d'Aubrometz, page 122.

[4] *Manuscrit de l'évêché.*

à un arc de triomphe qui avait remplacé les anciennes grilles en fer forgé séparatives du chœur et de la nef.

On y remarquait enfin la *pierre* dite *de S. Leger* « espèce de marbre blanc » sur laquelle on croyait que S. Leger avait eu les yeux crevés.

Elle était placée près de la Trésorerie, et à proximité de cette pierre au-dessus de la porte de la Trésorerie se lisait gravée sur la muraille l'inscription suivante :

« *Lux Leodogarii super hanc lapidem terebrata in fine imperii Theodorici perpetrata.* »

Cette pierre recevait les dévotions de nombreux pèlerins et la visite des mères qui y amenaient leurs enfants noués [1].

Tour. — Voici la description qu'en donne *de visu* le Père Ignace :

« Le clocher de cette abbaye est au commencement de l'église. Il est contigu à la nef du milieu, et le grand et unique portail de cette église est dessous ce clocher. Il a pour base une tour massive de grès, haute et large, appuyée aux angles de doubles jambes de forces de même maçonnerie. Cette tour était surmontée d'une flèche de bois la plus haute du pays. Elle fut brulée par le feu du ciel l'an 1661.

« L'an 1692 elle fut rebâtie de pierres sans toucher néanmoins depuis le rez-de-chaussée jusqu'au haut de la tour qui est quarrée. Sur ce massif l'on a élevé en l'an 1692 une tour de pierres blanches quarrée par le bas et ronde par le haut, avec peu de sculpture et d'ornement au-dehors. Elle a quatre étages.

« Au premier est la grosse cloche nommée *Emmanuel* du nom du cardinal de Bouillon, abbé commendataire de Saint-Vaast et fondue en 17....

---

[1] Le père IGNACE. *Mémoires*, t. II, page 397.

« Au second étage où est la première galerie autour de laquelle on ne peut aller à cause des angles, sont plusieurs cloches grosses et petites avec le carillon qui est composé d'un grand nombre de timbres. C'est le plus harmonieux carillon du païs. Au-dessus du béfroi qui soutient toutes ces cloches est l'horloge qui est un prodige dans cet art. Un Liégeois en est l'auteur et l'ouvrier. Il l'a fabriquée dans le quartier abbatial l'an 1707. Le tambour est un ouvrage achevé. Un homme de taille s'y tient debout. Son circuit est vaste et satisfait beaucoup l'étranger qui n'admireroit pas moins les autres accompagnements de cette machine. Elle dirige quatre grands cadrans qui sont à chaque face du troisième étage au milieu de la croisée.

« Le troisième étage est une plate-forme ronde très-élevée à huit pans terminés en ceintre et à jour, dont quatre sont fermés en partie par un cadran. Une roue placée au milieu de cette place et à la hauteur des croisées fait tourner les quatre cadrans. Cette plate-forme octogone est environnée d'une galerie en dehors, et terminée par une calotte ou dôme voûté. On y monte par un escalier de bois en dedans la tour. Ce dôme est couvert de plomb dans toute sa circonférence, le haut et le bas est doré aussi bien que les avances qui partagent les pans. Il y a une troisième galerie qui règne autour du dôme. On ne peut monter plus haut qu'avec une échelle qui va à la lanterne. Depuis l'église jusqu'à cette dernière galerie il y a 431 marches.

« Le dôme est surmonté d'une lanterne quarrée et ouverte, elle est terminée par une pyramide, le tout de pierre et couvert de plomb. Sur cette pyramide est une boule, sur cette boule [1] une couronne dorée, sur la couronne une croix, le

---

[1] Cette boule suivant un manuscrit de l'évêché était « un globe d'azur avec des fleurs de lys d'or disposées de sorte que de quelque côté qu'on regarde on voit toujours les armes de France. »

tout de fer d'une grandeur énorme. Ce clocher est le plus haut du diocèse, ou du moins de la Ville d'Arras.

« Cette masse de pierres chargées d'un nouveau poids par l'horloge, la grosse cloche, et la couverture du dôme en plomb, fit ouvrir la graisserie en plusieurs endroits; le dommage fut bientôt réparé en 1733, mais la fondation n'en souffre pas moins de la pesanteur énorme [1]. »

Aussi ces quatre étages eurent-ils peu de durée.

En 1741, l'ébranlement causé à la tour par les coups de vent jeta une telle panique dans le quartier, que les propriétaires des maisons voisines les désertèrent, et que le Conseil d'Artois se transporta au palais des Etats. Alors pour éviter les accidents on barra les rues de la Madeleine, des Agaches, des Teinturiers, des Larcins, du Refuge Marœuil, et l'on procéda à la démolition [1]. Le tout en vertu d'un arrêt du Conseil d'Artois en date du 10 janvier, rendu après expertise ordonnée d'office.

Au bas de la tour s'ouvrait, on vient de le voir, le grand portail formant porche auquel on montait par un perron assez élevé.

Dû à la munificence du grand abbé Jean du Clercq, le grand portail fut construit vers 1461 comme le prouve la pièce suivante (et inédite, croyons-nous), que voici :

Aujourd'hui 16° jour d'octobre l'an mil iiij° soixante et ung, a esté concludt et délibéré par révérend père en Dieu Monsieur l'abbé Jo. Du Clerc, abbé de l'église Saint-Vaast d'Arras, et par Messieurs les religieux de la dite église, cy après nommez, est asscavoir, Jo. Barre prieur, G. Carpentier prévost, An. de Nœufville celerier, N. de Fontaine grenetier, P. de Wagnicourt recepveur, Jo. de Warluisel soubz prevost, G. Davrehout vinier, et pluisieurs autres, de

---

[1] *Dictionnaire*, tome VII, p. 426 et 427. — *Mémoires* du père IGNACE, tome VIII, page 278.

encommencher faire et parfaire ung portal qui au plaisir de Dieu sera fait et parfait soubz et au devant de le tour du clocquier d'icelle église, en yssant d'une part devant l'ostellerie et pont St Vaast, et d'aultre part devans le Court le Comte, sur lequel ouvrage, et avant le commencement d'icellui, icellui révérend Père et mesdits sieurs ont eu l'oppinion et délibération de plusieurs ouvriers machons et autres gens en ce congnoissans. Ledit révérend Père désirant de tout son cœur la perfection d'icelle église et portal dessus dit, at ce dit jour baillé et délivré, en la présence de nosdits sieurs les religieulx dessus nommés, à damp Pierre de Wignacourt, recepveur de ladite église, la somme de mil lyons d'or, du pris de 30 s. monnoie courante, la pièce, lesquelz venoient et que avoit espargné de ses revenues venans à cause de sa croche. Et icceulx mil lyons d'or du pris dessus dit, il a donné et ordonné pour estre mis, convertis et employés, tant pour les estoffez, matiere, comme pour paine d'ouvriers, pour le portal dessus dit. Par condition que s'il advenoit que Dieu notre créateur se fist sa voulenté dudit révérend Père avant que icellui portal fust parfait, ou que icelle somme de mil lyons d'or y seroit totalement employée, que mesdits sieurs les religieulx dessus nommés ou autres, ne y doivent ne pevent à icelle somme toucher pour convertir es autres affaires d'icelle église, mais totalement icelle somme estre employée en l'ouvrage et perfection d'icellui portal. Lesquelles choses dessus dites mesdits sieurs les religieulz dessus nommés ont promis et promettent léalment et de bonne foy tenir et entretenir, et non jamais aler ne souffrir aler au contraire.

Fait l'an et jour dessus dits.

Signé : DE WIGNACOURT. [1]

[1] Archives départementales du Pas-de-Calais. Série H. *Comptes de l'abbaye de Saint-Vaast*. Communication de M. Richard, archiviste.

A propos de ce portail qui n'était pas sans analogie avec celui d'Ablain-Saint-Nazaire, M. Terninck écrit : « Il était encadré de voussures chargées de niches, de statues et de dais, et surmonté d'un tympan. Celui-ci se divisait en cinq arcades dans lesquelles étaient autant de statues : au milieu celle d'un pape ou du Père Eternel, crossé, mitré et assis, ayant à sa droite un évêque, à sa gauche un roi, saint Vindicien et Thierry, les bienfaiteurs de l'abbaye, ils étaient agenouillés à ses pieds, et avaient au-dessus d'eux d'autres personnages posés sur des dais élégants.

« L'ouverture de ce portail était surmontée d'arcatures avec meneaux et trèfles, et recouverte d'une sorte de galerie taillée à jour, flanquée de chaque côté par des piliers garnis d'une double arcade dans le bas, de statues avec dais, et de clochetons, puis d'une autre statue posée dans le haut, sur un dais délicatement ciselé. Un troisième pilier à clochetons placé sur la pointe de l'ogive et deux autres plus petits sur les côtés interrompaient les décorations et montaient à la même hauteur que ceux des angles.

« Au-dessus de ces ornements s'ouvrait une large et grande fenêtre éclairant la grande nef. Elle était coupée de meneaux supportant une large rosace ornée de nervures et de trèfles et garnis de superbes vitraux peints [1]. »

Sous ce porche et par le portail, on entrait dans l'église, non par une large ouverture, mais par deux baies que séparait un pied droit.

Le grand portail de l'abbaye a été plusieurs fois reproduit en lithographie.

---

[1] *Recherches sur les Monuments de Saint-Vaast*, page 53.

Une pièce, qui nous a été communiquée depuis l'impression de la feuille précédente, exige que nous revenions sur l'église abbatiale.

Nous avons donné ci-dessus les noms des douze chapelles qui se trouvaient dans cette église : et c'est ainsi que les désigne un plan dressé vers le milieu du XVI° siècle et déposé aux archives départementales.

Antérieurement et postérieurement à cette époque, quelques-uns de ces vocables ne furent point les mêmes.

Postérieurement, puisque le Père Ignace parle des chapelles des *Anges* et des *Vierges*.

Antérieurement, puisqu'une plaque du commencement de ce même siècle (1506) placée à l'entrée du chœur, mentionnait celles de *Sainte-Anne*, de *Saint-Hugues* et de *Saint-Christophe*.

Voici avec les abréviations du temps le texte de cette plaque gravée en caractères gothiques, et le procès-verbal original de sa reconnaissance de son déplacement et de son dépôt aux archives de l'abbaye [1].

Anno Dñi milesimo quingentesimo sexto vigesima julii in templo Sti Vedasti cosecrata fuere per R. D. epum Gibbelden suffragante Morinense quatuor altaria. Duo videlicet choro contigua, unu in dextr parte cosistens ad honore Ste Anæ matris Dei genitricis Marie, et reliquum in honore Sti Hugonis. Item duo, unu in vestibulo R. D. Dni abbatis ad honore Sti Anthonii et alteru in capella de bogio vulgarit dicta in honore Sti Cristophori.

---

[1] Nous devons à M. Richard la communication de ces documents inédits et complétement inconnus.

L'an mil sept cent quarante-six, le dix-neuf octobre, huit heures du matin, les notaires royaux d'Artois de la résidence d'Arras, soussignés, se sont transportés avec dom Maur Lefebvre, sousprieur et secrétaire du chapitre de l'église et abbaye royale de Saint-Vaast d'Arras, dom Armand de Bassecourt, maître des ouvrages, et dom Adrien Hébert, aumônier, tous trois religieux de ladite abbaye, en l'ancienne église d'icelle, où étant arrivés vis-à-vis la principalle entrée du chœur, ledit dom Maur Lefebvre auroit représenté aux dits notaires qu'il se trouvoit, à trois pieds de distance de l'entrée du chœur, à droite, et à six pieds ou environ d'hauteur, un cadre doré d'un pied ou environ, incrusté dans la muraille, où se trouve transcrite l'inscription qui est en teste des présentes, en treize lignes d'écriture d'ancienne, qu'attendu la démolition prochaine de la dite église, il convenait ôter cette pièce pour la mettre en lieu de sureté, ensuite de quoy ledit cadre contenant ladite inscription auroit été ôté à l'instant de la dite muraille, et ensuite transporté dans les archives de ladite abbaye et y laissé pour sa conservation, de tout quoy lesdits notaires ont dressés le présent procès-verbal en présence desdits dom Lefebvre, de Bassecourt et Hébert, pour servir et valoir ce que de raison, et ont signés avec lesdits notaires en la dite abbaye, es archives le dit jour vingt-neuf octobre mil sept cent quarante-six.

Signé : D.-M. Lefebvre.

D.-Ar. de Bassecourt, R. V.

D.-A. Hébert.

---

[1] Archives départementales du Pas-de-Calais. Série H. *Fonds de l'abbaye de Saint-Vaast.*

SAINT-ROCH.

Cette chapelle qui était située à l'extrémité du jardin de l'abbaye ne datait que du XVIIe siècle.

Les vitraux étaient couverts d'armoiries, ainsi que nous l'apprend l'épitaphier de Lefebvre d'Aubrometz ; et elle renfermait une peinture sur bois représentant la mort de l'abbé dom Philippe de Caverel.

L'OURS DE S. VAAST.

L'Ours joue un grand rôle dans la tradition Védastine, on le retrouve partout, au lutrin de l'église abbatiale, dans les ornements des choses appartenant à l'abbaye, dans les effigies de son patron, dans les sceaux, dans les méreaux, dans les travaux même poétiques de ses moines, dans ce dicton populaire en Artois, et qui évidemment est de source Védastine « que vous faut-il un serviteur, un défenseur, etc. ? *Prenez mon ours.* »

Cela tient à n'en pas douter aux récits qu'ont fait les chroniqueurs de deux prétendus épisodes de la vie de S. Vaast.

Comme ce pontife cherchait parmi les ruines de la Cité les vestiges du lieu consacré par S. Diogène, un ours se dressa menaçant, et fit mine de vouloir s'opposer à ses investigations. Mais S. Vaast lui ayant impérieusement ordonné de se retirer au-delà du Crinchon et de ne plus reparaître en la Cité, l'ours lui obéit immédiatement, et s'abstint désormais de franchir la rivière. « *Ecce subito ex ruinosis speluncis ursus prosiluit, cui vir Dei cum indignatione præcepit, ut in deserta secederet loca, et sibi commoda inter condensa sylvarum quæreret habitacula, nec ultra illius fluminis ripas transiret. Qui mox tali territus mi-*

natione fugit, nec unquam postea in illis visus est partibus[1]. »

La légende va plus loin.

S. Vaast étant allé se construire un oratoire au-delà du Crinchon, « dans un lieu appelé *Neuilly* » (suivant le manuscrit de l'Evêché), y retrouva son ours qui comme un gardien fidèle s'attacha à sa personne prêt à dévorer quiconque aurait voulu l'offenser,

> *Non illic aberat fera, non innoxius ursus*
> *Ille idem, templi qui excesserat ante ruinis.*
> *Hærebat lateri custos, semperque paratus*
> *Ceu canis ulcisci, si vis illata fuisset*[2].

dit Meyer; et c'est pourquoi S. Vaast est toujours représenté accompagné de son ours, et pourquoi un ours vivant était toujours gardé par le monastère.

> *Hinc est quod statuam Divi, pictamque figuram*
> *Effigies ursi comitatur more recepto,*
> *Et quod Cœnobium vivus non deserit ursus.*

C'est pourquoi également Toussaint Sailly, autre moine de Saint-Vaast écrivait à la gloire de cet ours légendaire :

> *Hujus adhuc ursi manet æternumque manebit*
> *Gloria, dum vivet tuus ursus, Meiere, musa*
> *Dum mea, dum Divi stabit domus alta Vedasti*[3].

L'ours de Saint-Vaast reçut entre autres visites celle du roi Louis XI, le 29 janvier 1463, ainsi que nous l'apprend dom Gérard Robert.

« Le dimanche XXIX° jour du dit mois de janvier mil

---

[1] Alcuin. *Vita sancti Vedasti.*
[2] *Ursus.* Manuscrit de la Bibliothèque d'Arras.
[3] *Vedastias.* Manuscrit de la Bibliothèque d'Arras.

IIII^eLXIIII à une heure ou deux heures de l'après-disner, nostre sire le Roy de France vint à l'église Saint-Vaast... et de là il voult aller veoir l'ours de l'église, auquel ours nostre sire le Roy fit plusieurs esbatements luy même d'un baston, par dehors le logis dudit ours, et fit nostre dit sire le Roy mettre ung chien avec ledit ours ; mais le chien n'osa oncques remeuvoir d'un onguelet, et quand le Roy vit ce, dit : On fache que mon chien n'ait nul mal, à un nommé Jehan Haret dit Coquillart, varlet des œuvres de ladite église, et garde dudit ours; il entra dedans en donnant à manger à l'ours et en tant le chien salit hors du logis, et le Roy donna audit Haret un escu d'or [1]. »

« Ce logis » était une immense cage placée près de l'église [2].

PILLAGE DE L'ABBAYE EN 1493.

Déjà nous avons parlé des pilleries commises par les Allemands dans les Ville et Cité d'Arras.

Voici le procès-verbal authentique et complétement inédit de tout ce qu'ils dérobèrent dans l'abbaye de Saint-Vaast en l'an 1493 [3].

Déclaration de plusieurs joyaulx, relicquiaires, table d'autel, croix, calixes d'or et d'argent qui furent prins ès ans mil iiij^c iiij^{xx} xii *et* iiij^{xx} xiij *en l'église et abbeye de Saint-Vaast d'Arras par les gens de guerre Alemans et aultres lors estans en icelle ville, qui se disoient estre*

---

[1] Caron. *Journal de Gérard Robert*, page 213.
[2] Terninck. *Recherches sur les monuments de S. Vaast*, page 41.
[3] Cette pièce originale de l'époque, égarée depuis longtemps, a été retrouvée par l'archiviste M. Richard, à l'obligeance duquel nous en devons la très-intéressante communication.

à feu de très-noble mémoire Monsieur l'archiduc d'Austrice, conte de Flandres, d'Artois, etc. Lesquelles parties avec pluisieurs sommes de deniers lesdits gens de guerre ont prins et appliquiet pour les gaiges et souldées qu'ilz maintenoient leur estre deubz par mondit seigneur l'Archiduc, etc.

Et premiers.

Fust prins en la trésorie de ladite église ung benoictier et esperge d'argent doré en pluiseurs lieux, qui pesoient vingt margs d'argent, extimé par ouvriers et gens en ce congnoissans, tant pour estoffe comme façon et dorure xiij^l viij^s p. chacun marg, monte à . . ij^c iiij^{xx} viij^l p.

Item deux grans candellers d'argent dorez en pluiseurs lieux, servans aux bons jours, pesoient xii margs, extimez en valleur que dessus montant à . . viij^{xx} xij^l xvi^s p.

Item deux bastons d'argent servans aux chantre et soubz chantre à tenir cœur, pesans quatre margs audit pris, sont . . . . Lvij^l xii^s p.

Item deux grans plas d'argent et deux moyens plas servans à l'autel, pesans les quatre trente margs d'argent, extimé xij^l xvi^s le marg, vallent . . . iij^c iiij^{xx} iiij^l p.

Item a esté prins aux cappes des revestiaires de ladite église les affiqués d'argent doré et esmaillet richement qui servoient à xxij cappes, pesoient enssemble xxx margs estimez pour la façon esmailz et dorure le double du poix de l'argent qui est à xxiiij^l le marg, monte à . . vij^c xx^l p.

Item deux grans enchenssoirs servans aux bons jours, pesans xii margs d'argent doré, extimé xiii^l viij^s le marg est . . . . viij^{xx} xij^l xvj^s p.

Item ung grant calixe d'or fin qui pesoit trois margs d'or, extimé xviij^l l'onche, porte . . . . iiij^c xxxij^l p.

Item un autre calixe à couppe et plattine d'or fin, pesant

marg et demi d'or et le piet ung marg d'argent, l'or audit pris et l'argent xiiij¹ viij⁸ sont . . . . . ij° xxx¹ iiij⁸ p.

Item sept autres calixes d'argent dorez dedens et dehors, pesans les sept xxi margs extimez xxiiij¹ le marg, porte . . . . v° iiij¹ p.

Item une grant croix de cincq à six piez de hault, de six paulx de large, de laquelle le devant estoit vestu d'or fin les costez et derrière d'argent fort doré, qui pesoit viij margs d'or extimé xviij¹ l'once, et y avoit pluiseurs emaulx de plicque de fin or pesans deulx margs d'or moult riches d'ouvrage, et l'argent pesoit xxiij margs, l'or extimé xviij¹ l'once et l'argent xviiij¹ viij⁸ le marg sont . xvıj° iiijˣˣ v¹ xij⁸ p.

Item une autre croix moyenne de laquelle le devant et les costez estoient d'or fin pesans cincq margs d'or en extimacion comme dessus, sont. . . . . vij° xx¹ p.

Item une autre croix d'argent doré pesant cincq margs d'argent à xiiij¹ viij⁸ le marg sont . . . . . . lxxij¹ p.

Item une grant table d'autel estant lors au cœur de ladite église, qui estoit toute de fin argent fort doré, avoit ung grant bacq d'argent doré faisant le fons d'icelle, en laquelle table avoit pluiseurs ymaiges, pluiseurs pilliers clerevoyes et autres ouvraiges fort somptueulx et riches, qui fut prinse à deux fois par ledits Alemans et livré par poix de cincq cents lxx margs d'argent, qui estoit le tout sy fort doré qu'il estoit extimé valloir le double des poix et valleur de l'argent à xxiiij¹ le marg est . . . . xıij mil vı° iiijˣˣı p.

Item ung ymage de saint Martin à cheval qui pesoit parmi le piet xl margs d'argent doré extimé comme dessus xxiiij le marg, est . . . . ıx° lx¹ p.

Item fut prins le piet capelle et deux grans angeles qui portoient le chef saint Nicaise, le tout d'argent fort doré et esmaillet en pluiseurs lieux et pesoit iiijˣˣ ij margs extimé pareillement xxiiij¹ le marg, est . . . . . xıx° lxviij¹ p.

Item les angeles et le piet qui ont soustenu le chef saint Jacques tout d'argent fort doré, pesoient trente margs d'argent en extimacion telle que dessus portant... VII^c XX^l p.

Item le capse du chef saint Gacien qui estoit doré dedens et dehors, ayant piet de mesmes, le tout pesant xx margs d'argent de ladite estimacion de XXIIIJ^l le marg, est . . . . IIIJ^c IIIJ$^{xx l}$ p.

Item sept plas ou bacins d'argent qui servoient aux candellabres du cœur de ladite église et devant le cruxcifix d'icelle, lesquelz pesoient XXIJ margs d'argent, extimé XIIIJ^l VIIJ^s le marg à cause de la dorure et façon, porte . . . . IIJ^c XVJ^l XVJ^s p.

Item ont esté levez les ymaiges d'argent et foeullage qui estoient aux fiertres de saint Hadulphe et saint Ranulphe, ou fut prins XXIIIJ margs d'argent en extimacion de XIIIJ^l VIIJ$_s$ le marg est . . . . IIJ$_c$ XLV^l XII^s p.

Item deux buirettes d'argent servans à l'autel qui pesoient trois margs d'argent ou ladite valleur est . XLIIJ^l IIIJ^s p.

Item ont esté prins pluiseurs petites capses de relicquiaires de la trésorie de ladite église, qui pesoient VVIIJ margs d'argent, la plus part doré, extimé comme dessus XIIIJ^l VIIJ^s le marg, est . . . . IJ^c LIX IIIJ^s p.

Item les fremeures, serrures et loyeures d'argent doré qui estoient à ung coffre de   pesans lesdites parties vingt margs d'argent doré, extimé comme dessus est . . . . II^c IIIJ^{xx} VIIJ^l p.

Item la croche et baston pastoral de ladite église, qui estoit tout d'argent fort doré et riche ouvrage pesant XLIJ margs en extimacion de valleur du double poix qui est XXIIIJ^l le marg, porte . . . . IX^c LXVIIJ^l p.

Item les hanaps esguieres drageoirs et louches d'argent qui servoient au couvent de ladite église, pesans trente margs d'argent, à XIJ^l le marg monte . . . . IIJ^c LX^l p.

Item les lavoirs de fin estain qni estoient ès cloistres d'icelle église, bien sumptueux en ouvrage pesoient XXXII. cens livres de fin estain et XII^{c l} de plomb, qui est extimé l'estain à VII g. le livre et le plomb L^s le cent, montent ensemble à . . . . V^c IIIj^{xx} x^l p.

Item les plombs dont estoient couvertes deux tourelles ou montées servans aux grans greniers de ladite église, furent mis jus et vendus par les Alemans, lesquelz plombs pesoient enssemble cincq mil livres de plomb extimé XXXII^l le millier parmi la façon, monte à . . . . VIII^{xxl} p.

Montent enssemble les parties cy dessus déclairiés à la somme de xxvj mil vj^c LXVIIj^l p. xx pastars pour chacune livre [1].

ABBAYE ACTUELLE DE SAINT-VAAST.

L'abbaye de Saint-Vaast telle que nous l'a laissée dom Vigor de Briois d'Hulluch, constitue un immense quadrilatère d'une contenance très-considérable, lequel offre assurément le plus remarquable et le plus important spécimen d'architecture monastique que nous ait légué le siècle dernier [2].

---

[1] Archives départementales du Pas-de-Calais. Série H. *Titres et papiers de l'abbaye de Saint-Vaast.*

[2] Messieurs de Saint-Vaast, qui avaient à Douai le *grand Collége de Saint-Vaast* et à Paris le *Collége d'Arras* proche Saint-Victor, avaient constamment aussi dans l'Ordre une pépinière de professeurs de théologie, de philosophie, de grec, d'hébreu, de syriaque et autres langues sémitiques.

Il ne fallait ni noblesse ni richesse pour être admis au nombre des religieux, l'Abbaye étant assez noble et assez riche pour tous, mais il fallait être un sujet de distinction et en avoir donné la preuve.

« A la maison et au chœur, les religieux portaient une grande coule

Les bâtiments forment un rectangle gigantesque de 220 mètres de long sur 80 de large, comprenant trois cours, dont la cour d'honneur donnant sur la rue : au rez-de-chaussée les deux cours intérieures à deux étages, l'une rectangulaire, l'autre carrée sont longées de tous côtés par d'admirables cloîtres, voûtés en anse de panier et richement décorés dans le goût néo-grec.

A l'extrémité du cloître entourant la cour quarrée, et correspondant au bras de croix de droite de la cathédrale, est un magnifique péristyle que soutiennent deux rangs de colonnes ioniques, et par lequel les moines devaient accéder à leur chapelle.

Entourée en hémicycle par la partie des bâtiments réservés anciennement au Roi qui avait droit de gîte à l'abbaye, la cour d'honneur, modèle du genre, est comparable à celle du Luxembourg, compte à chaque étage 38 fenêtres de dimension exceptionnelle, et trois portes fenêtres servant d'entrée.

Les ailes droite et gauche de l'abbaye, comptent le même nombre d'ouvertures à chaque étage. L'aile droite n'a que deux étages, mais en raison de la déclivité du terrain, l'aile gauche, ancien quartier abbatial en a trois. On arrivait à l'entrée principale de cette aile par un magnifique escalier droit tout en grès. On l'a affreusement défiguré dans ces derniers temps, en le découpant en montée à double rampe qui contraste avec le reste de l'édifice, en masque une partie, et en rompt d'autant plus déplorablement les gran-

---

noire et un fort grand capuce ou froc qui tombait presque jusqu'aux talons, une aumusse noire portée en forme d'étole, un bonnet quarré à trois cornes avec un petit rabat ou collet large de trois doigts fendu par derrière.

« Hors du monastère, ils étaient habillés comme les prêtres séculiers, à l'exception d'un scapulaire large d'un bon demi-pied qu'ils portaient par dessus leur habit. » *(Ordres monastiques*; tome VI, page 264.)

des lignes, que, si la cathédrale est critiquable, l'abbaye est irréprochable, comme ordonnance, proportions, correction et harmonie.

Beaucoup de capitales envieraient ce palais : impossible en effet d'imaginer rien de plus sévère, de plus grandiose et de plus monumental.

A l'intérieur on trouve des plafonds, des escaliers à rampes de fer, et des salons comme on n'en voit nulle part. La ville entière pourrait se loger dans l'abbaye.

Tout y est à remarquer, à étonner ; nous nous bornerons à mentionner spécialement *l'ancien réfectoire* des moines, maintenant à usage de chapelle pour les séminaristes, à l'extrémité duquel est une cheminée de marbre rouge haute de 2 mètres 20, et large de 4 mètres 50. Le *salon à galerie supérieure*, dit à *l'italienne*, la *bibliothèque* composée de trois pièces dont celle du milieu ayant la hauteur du premier et du second étage mesurant une longueur de 44 mètres 80 sur une largeur de 7 mètres 10, offre sur toutes ses faces une boiserie avec galerie supérieure dans laquelle est entrée une forêt de chênes, et constitue un vaisseau sans rival dans toutes les bibliothèques publiques. La *grande galerie* des *tableaux*, faisant la contre-partie de la Bibliothèque, et la *chapelle* de l'Évêque.

De l'étage supérieur du quartier abbatial l'œil embrasse au delà de la ville une étendue de terrain que l'horizon seul limite.

L'abbaye de Saint-Vaast, est maintenant occupée par l'Evêché, le Grand Séminaire, les Subsistances militaires, l'Académie, différentes administrations publiques, les 50,000 volumes de la bibliothèque, l'immense dépôt des archives départementales, et les galeries du Musée.

A l'est de l'aile droite, est la terrasse du Grand Séminaire; à l'ouest de l'aile gauche, le parc magnifique qu'avaient planté les moines dans le goût de Le Nôtre ; on en a jeté bas les incomparables marronniers pour établir un jardin botanique qui n'a servi à personne, et que remplace le square à l'anglaise où l'on se promène aujourd'hui.

Un admirable mur, comme celui qui règne de l'Évêché à la rue des Murs-Saint-Vaast a été abattu, depuis l'aile gauche jusqu'à la rue des Teinturiers, pour faire place à la grille actuelle.

Des substructions sans nombre, véritable dédale dans lequel se perdrait irrémissiblement quiconque s'y aventurerait sans guide, règnent sous toute l'abbaye.

DOMINICAINS.

Les dominicains établis en 1233 au faubourg Saint-Sauveur y restèrent jusqu'en 1640, époque à laquelle ils entrèrent dans Arras. En 1642, ils firent l'acquisition de l'hôtel d'Hannescamps sis rue de la Belle-Image, lequel fut le point de départ de ce monastère qui couvre encore maintenant l'espace compris entre cette rue, et celles du Saumon, des Dominicains et du Presbytère-Saint-Nicolas.

Commencés en 1681, les bâtiments claustraux actuels construits en pierre et en briques, sur une haute gresserie, ont beaucoup de caractère du côté de la cour.

Elevée par de la Forge, bourgeois d'Arras, la chapelle qui date de la même époque, et dont les murs subsistent jusqu'à la naissance des croisées, était vaste et avait une tour surmontée d'une flèche de bois recouverte d'ardoises.

Le cul de lampe du chœur s'accuse nettement du côté de la rue du Saumon ; à l'opposé sur la rue des Dominicains, se voit la baie cintrée du portail et les pilastres qui l'ornementaient. L'angle droit de ce portail était flanqué d'une haute tour carrée, soudée aux bâtiments claustraux, et construite dans le même style [1].

Le père Dominicain Proville qui a laissé un manuscrit donnant la description de la chapelle, critique les larges et hautes baies de ses fenêtres.

En certaines églises, dit-il, règne une pénombre mystérieuse, inspirant le recueillement, voire même, une sorte de frayeur religieuse « *sacer horror* », rien de pareil n'existe dans la chapelle qui a l'air d'une « lanterne [2]. »

Au milieu de cette chapelle était une « cave des morts »; où l'on inhumait les religieux; sur la dalle recouvrant l'orifice de la descente on lisait : « *Hæc est ultima domus Prædicatorum Atrebatensium* [3] ».

Près de la chapelle se remarque encore un bout du cloître dont les voûtes portent des nervures diagonales moulurées.

Vers 1830, certaines fouilles opérées dans l'emplacement de la chapelle, ont amené l'exhumation de bon nombre de squelettes, qui ont été portés au cimetière.

L'ancienne horloge du clocher des Dominicains, est maintenant au clocher de Dainville.

La grande cheminée de grès de l'ancienne cuisine du monastère (datant de 1273) a été dernièrement placée dans l'une des galeries du musée.

---

[1] Voir à l'Hôtel des Invalides *le plan en relief d'Arras*, datant de 1716.
[2] Bibliothèque de M. l'abbé Proyart ou du Chapitre.
[3] Le Père IGNACE. *Recueil*, tome VIII, page 187.

JÉSUITES.

Leur couvent était situé sur l'emplacement dont l'hôtel de l'Univers occupe une partie, et leur enclos s'étendait jusqu'à la rue des Quatre-Crosses, en face de celui des Capucins.

Sise sur la place de la Croix-Rouge, l'église des Jésuites, bâtie en pierres et en briques, commencée en 1600, couvrait le terrain sur lequel s'élève la maison entre cour et jardin appartenant actuellement à la famille Proyart. Le porche d'entrée n'a été détruit qu'il y a trente ans environ lors de la construction de cette maison par l'architecte Bourgois.

Cette église qui avait trois nefs soutenues par des piliers cylindriques d'ordre ionique et qui était l'une des plus remarquables de la ville possédait une haute tour quarrée surmontée d'une flèche très-aiguë que flanquaient quatre clochetons [1].

A l'intérieur se remarquaient un superbe jubé de marbre occupant toute la largeur de l'église, l'abside, les sculptures, les boiseries et les confessionaux.

Il existe aux archives départementales un volumineux dossier où se trouve toute une série de plans de l'église.

La maison des Jésuites d'Arras portait « *d'or à un chef de gueules chargé de trois billettes d'argent* [2]. »

CAPUCINS.

Le couvent des Capucins occupait tout l'espace compris entre la rue du même nom, celle des Quatre-Crosses, et le

[1] Voir d'anciennes vues d'Arras, notamment celle de Cochin.
[2] BOREL D'HAUTERIVE, tome II.

terre-plein du rempart : ainsi l'allée dite du Trocadéro, conduisant à la caserne Héronval, et le grand talus situé au delà de cette allée, faisait partie de l'enclos, dont le mur d'enceinte se voit encore parfaitement au haut du rempart entre les deux rangées de tilleuls de la première allée.

Ce grand talus était distribué en trois terrasses auxquelles on arrivait par trois beaux escaliers [1].

Aussi le manuscrit historique de l'évêché dit-il en parlant des Capucins : « ils ont un fort grand jardin embelli d'allées couvertes par terrasses pratiquées dans le rempart de la ville. »

L'église conventuelle placée sous le vocable de S. Jean-Baptiste et de S. François, qu'en 1593 consacra l'évêque Mathieu Moullart, disparut à la suite du mouvement révolutionnaire.

Des bâtiments conventuels il reste, la maison occupée par M. Dorlencourt, président honoraire du tribunal civil d'Arras, et la maison en retour appartenant à M. Catez.

C'est aux Capucins qu'au siècle dernier, le père Ignace Dumetz natif d'Arras, si souvent cité dans ces pages, écrivait modestement les 35 volumes de notes, que doit consulter quiconque aspire à connaître l'histoire de notre ville et de la province d'Artois.

RÉCOLLETS.

Le monastère de ces Pères était situé sur la rue qui porte encore aujourd'hui leur nom.

« Vers la mi-mars 1737, dit le père Ignace, ces religieux

---

[1] *Plan du 6 prairial, an V.* Archives municipales.

firent démolir leur église pour en construire une autre plus grande.

« Les fondations ont donné beaucoup de peines, il y en a qui ont dans des endroits plus de cent pieds de profondeur.

« La consécration a eu lieu le 29 septembre 1740.

« La nouvelle église a 150 pieds de longueur, 37 de largeur, quant à la nef elle est longue de cent pieds, le chœur en a 50, elle est haute de 60 pieds. Elle est voûtée et bien éclairée, une corniche règne tout autour, elle est de briques excepté les fenêtres et le portail, les murailles sont épaisses de six briques. Le grand autel est au bout du cul de lampe, le chœur est fermé d'une grille de fer entre deux autels. Il n'y a qu'une chapelle à gauche sous l'orgue. Elle est sous le nom de la Conception Immaculée de la Sainte Vierge. L'église est dédiée en l'honneur de Sainte Catherine vierge et martyre, patronne de l'ancienne église [1]. »

« Le ciel de la chapelle des Récollets, est-il dit au manuscrit de l'évêché, est lambrissé en berceau et le chœur orné de formes proprement travaillées ainsi que les confessionaux. »

Entre les tableaux que possède cette église, y est-il dit encore, « on en remarque deux très-estimables : l'un de Van Dyck représentant Nostre-Seigneur qu'on met dans la sépulture, l'autre de Rubens représentant un S. François. »

PETITS CARMES.

Ils étaient établis à l'extrémité de la Grand'Place et sur la rue de l'Olliette.

---

[1] *Supplément aux Mémoires*, page 728 et 729.

C'est en 1642 que l'on acquit le fonds sur lequel s'éleva le monastère. La première chapelle dura soixante ans environ, la nouvelle construite en pierres et en briques fut commencée en 1700 et terminée en 1707 [1], l'entrée principale que l'on voyait encore il y a quelques années fut détruite pour la construction de la façade du Château d'eau.

Quant au monastère il a été démoli dans ces dernières années.

Le Père Constantin a dans son ouvrage donné un dessin à l'échelle du portail de la dernière chapelle. D'une largeur de 8 toises sur une hauteur de 14, ce portail composé de trois étages offrait à peu près l'aspect des pignons de la Place.

Le rez-de-chaussée était orné de six pilastres d'ordre dorique dont quatre accouplés deux à deux et de trois niches avec statues. L'une placée au-dessus du porche en plein cintre auquel on accédait par quatre marches ; les deux autres dans l'intervalle des pilastres. Au-dessus de chacune de ces dernières était un œil-de-bœuf, au-dessous une cartouche.

Le premier étage avec volutes supportant des vases d'où s'échappaient des flammes, avait quatre pilastres d'ordre ionique accouplés deux à deux et une grande fenêtre médiane.

Le second à droite et à gauche duquel étaient encore des vases pleins de fleurs, était ornementé de deux pilastres et d'armoiries ayant des anges pour support ; une croix de pierre dominait tout l'édifice.

La chapelle avait trois nefs, de cinq travées ainsi que l'indique le plan du 11 nivôse an III [2], dressé pour la vente nationale de la maison conventuelle.

[1] Le Père IGNACE. *Mémoires*, tome 6, page 502.
[2] N 74 des Archives départementales

GRANDS CARMES.

Établis en 1260 au faubourg Saint-Sauveur près des fossés de la Ville, du côté de la porte Saint-Nicolas, ces religieux entrèrent à Arras en 1414, et se retirèrent provisoirement en Cité dans l'hôtel Sainte-Aldegonde qu'ils quittèrent pour se fixer rue Saint-Jean-en-Ronville, là où existe le monastère des Dames Ursulines, qui conservent une notable partie de l'ancien couvent.

La première pierre de la chapelle des Carmes fut posée en 1497 par Charles de Bourbon, seigneur de Carency, et son portail fut réparé en 1605.

Cette chapelle avait trois nefs non voûtées, primitivement celle du milieu portait un clocher de bois qui fut abattu en 1731, alors que les religieux, dit le Père Ignace « firent construire sur la nef droite celui de pierres et de briques, quarré et surmonté d'une flèche d'ardoises » que l'on voyait de son temps.

On remarquait en cette chapelle, de belles boiseries, de beaux confessionnaux, et une superbe grille de fer, séparant les nefs des autels et servant de table de communion.

A côté de la chapelle était un cloître [1].

En 1861, en procédant à des déblais pour la construction de la chapelle des Dames Ursulines, on retrouva un certain nombre de pierres tumulaires des personnes inhumées soit dans la chapelle des Carmes, soit dans leur cimetière, celles entre autres de Charles de la Vacquerie et de sa femme, Walburge de Wignacourt; de Jehan du Carieul, et de sa femme, Michelle de Caverel; du Père Cyrille de la Mère de

---

[1] *Supplément aux Mémoires*, page 746 et suiv.

Dieu, supérieur du monastère, et de Sylvestre de Saint-Antoine qui en était le prévôt [1].

MONASTÈRE DES DAMES URSULINES.

Ce monastère n'est autre que celui des anciens Carmes d'Arras, étant tout à la fois cloîtré et grillé, nul n'y pénètre, impossible donc de signaler les curiosités ou les particularités qu'il peut présenter. On parle bien d'un ancien *in pace*, et de boves s'étendant très loin sous la campagne. Toutefois, nous ne donnons cela que sous toutes réserves.

Mais ce que chacun peut contempler et admirer, c'est la magnifique chapelle, que grâce à l'initiative de leur éminente supérieure Madame de Saint-Xavier, les Dames Ursulines ont eu l'heureuse idée de faire édifier par notre regrettable architecte M. Grigny.

Cette chapelle offre deux parties bien distinctes à l'œil du spectateur : la flèche, l'église.

Flèche. — Elle est la reproduction exacte et intelligente de la pyramide de la Sainte-Chandelle ; avec cette circonstance que plus osé que son prédécesseur, qui n'avait donné à son monument déjà si hardi que 8 pieds de base et 80 d'élévation, M. Grigny en conservant la même disposition, a décuplé les difficultés de ce tour de force architectonique, en donnant à cette œuvre 15 pieds de largeur par le bas et 160 de hauteur !

Inutile de rapporter ici la description de cette flèche, empruntée à M. Grigny lui-même et reproduite ci-dessus dans l'article concernant la pyramide.

---

[1] *Bulletin de la Commission des Antiquités départementales*, tome II, page 53 et suiv.

Église. — Construite dans le goût si correct, si sévère et si pur du XIII° siècle, cette église a la forme d'une croix latine avec déambulatoire partant seulement du bras de croix. « Elle se compose donc, dit M. l'abbé Van Drival, d'une nef précédée d'un vestibule ou narthex, d'un transsept, d'un chœur et d'un déambulatoire autour du chœur. Elle a, en outre, de vastes sacristies, et de plus un peu en contre bas de l'église, est une crypte qui s'étend sous toute l'église elle-même. A l'étage elle est entourée de galeries, qui l'élargissent autour du chœur, et permettent à de nombreux fidèles de s'y placer lors des cérémonies extraordinaires » [1].

Cette église se recommande par ce sentiment religieux, cette harmonie des proportions et des lignes et cette entente du génie Moyen-Age qui caractérisent toutes les œuvres du maître, et leur impriment tout à la fois un cachet d'originalité et de couleur locale qui arrachait à un architecte, croyons-nous, cet aveu : « Ce qui vous frappe, quand vous êtes en présence de bien des constructions modernes, imitées de l'art admirable du Moyen-Age, c'est que ces œuvres sont des imitations ; ce qui vous frappe au contraire, quand vous êtes en présence d'une œuvre de M. Grigny, c'est que cette œuvre a un tel cachet de vérité, que vous la prendriez pour une œuvre ancienne si vous ne l'aviez pas vu bâtir », et qui faisait dire à M. Van Drival : « M. Grigny est tellement pénétré de l'esprit des âges anciens, il en a tellement compris les idées et les procédés, il s'est tellement imprégné, si l'on peut parler ainsi, de leur manière de voir et d'être, que ses églises sont de vraies églises d'autrefois, et que l'on sent, en y entrant, que l'on entre dans la maison de Dieu. »

---

[1] *Monographie sur l'Église des Dames Ursulines d'Arras*, 1865.

Lors de la visite qu'il nous fit, en 1867, l'Empereur fut frappé de l'église et de la flèche des Dames Ursulines. Aussi, quand le préfet demanda au nom de la ville entière, pour le constructeur de ce monument et de plusieurs autres d'un mérite non moins exceptionnel, la croix de la Légion d'honneur, cette distinction si bien méritée ne fut-elle pas marchandée. Malheureusement pour M. Grigny, déjà frappé d'un mal dont il ne devait pas guérir, elle ne lui fut remise que sur son lit de mort [1].

On distingue dans cette église, trois autels en pierre, exécutés également sur les dessins de M. Grigny : celui du milieu est, au dire des personnes compétentes, un véritable chef-d'œuvre ; la grille qui entoure le chœur, et des vitraux dont ceux de la sacristie ne sont pas les moins remarquables [2].

Le trésor des Dames Ursulines renferme entre autres choses, un reliquaire émaillé du XIIIe siècle, qu'à l'exhibition de Malines, en 1864, le roi Léopold Ier a, paraît-il, considéré comme « la perle de l'Exposition. »

« Cet objet, dit encore M. Van Drival, est un reliquaire

---

[1] Un monument dû à l'admiration de ses concitoyens, s'élève à la mémoire de M. Grigny dans le parc du Palais de Saint-Vaast. Son buste est dû au ciseau de M. Louis Noël de Saint-Omer.

[2] Cette Église a inspiré une pièce de vers, dont voici la première strophe :
>   Vous admirez beaucoup cette flèche élancée
>   Qui semble par le vent sans cesse menacée
>   Et monte vers le Ciel ses gracieux festons.
>   Certes j'admire aussi ses meneaux, ses fleurons,
>   Sa dentelle de pierre élevant dans la nue
>   De ses jours délicats la trame si ténue,
>   Et portant aux rayons du jour ou de la nuit
>   Des effets de clarté dont le charme séduit.

Et la finale :
>   Voilà pourquoi l'on voit, gigantesque Chandelle,
>   S'élancer vers les cieux, cette flèche nouvelle,
>   Image de ces cœurs, brûlé du saint amour
>   Et qui vont chercher Dieu dans le sacré séjour.

monstrance en cuivre rouge, doré, ciselé et émaillé. La forme générale est celle d'une colonne, dont un cylindre de cristal, renfermant les reliques, occupe la plus grande partie. Cette colonne se relie, par une courte tige avec nœud au milieu, à un large pied de calice en portion de sphère ou calotte, reposant sur trois pattes de lion. »

Le catalogue de l'exposition portait au n° 64, afférent à ce reliquaire, « les émaux qui ne sont ni limousins, ni rhénans, ni liégeois, sont probablement sortis d'une fabrique locale dont le siége reste encore inconnu. Ils se distinguent par leur délicatesse, par l'harmonie et la richesse des tons. Ils sont d'une perfection rare. Les dessins sont d'une grande pureté de lignes et d'une grande richesse d'imagination. »

Ce reliquaire a été reproduit aux *Annales archéologiques du Pas-de-Calais* et dans un travail que M. de Linas a fait accompagner d'une fort belle chromolithographie.

ABBAYE DU VIVIER.

Fondé en 1219 par Eustache sire de Neuville, le monastère du Vivier fut d'abord établi entre Wancourt et Guémappe dans un enclos marécageux entouré de digues formant une sorte de rempart couvert de bois. Aussi le chantre de cette abbaye dit-il [1] :

---

[1] *L'Abbaye du Vivier*, par le Père Dom Martin du Buisson, religieux de Clairmarais, directeur du Vivier, 1716. Manuscrit de la bibliothèque d'Arras. Bien que les cours du Cojeul et de la Sensée, qui faisaient anciennement de l'enclos du Vivier une véritable presqu'île, aient été dans ces derniers temps sensiblement modifiés, cet enclos qu'entourent encore les vestiges des vieux parapets, est toujours très-reconnaissable.

A moins d'un fer de bêche se retrouvent les fondations en grès de l'Abbaye qui sont restées en place, de même sans doute que toutes les substructions, qu'il serait intéressant d'explorer.

> Je chante le Vivier, cet ancien marécage,
> Où les loups autrefois à couvert d'un bocage,
> Des troupeaux negligez epioient les agneaux,
> Dont ils ravitailloient souvent leurs louveteaux.
> Le Vivier dont le fond limoneux et stérile,
> Nourissoit tout au plus l'insecte et le reptile.

Dévastée plusieurs fois par les eaux du Cojeul et de la Sensée, et par les armées étrangères, cette abbaye s'acheta (non loin du jardin des petits archers et du pont nommé le *pont Tremblant* [1] jeté sur le Crinchon) un refuge à Arras qui sous l'abbesse Scholastique Boucquel, fut agrandi, rebâti, et devint le couvent (1702).

> Car ayant aujourd'hui des bâtiments superbes,
> Pendant que ceux des champs sont cachés dans les herbes,
> Il faudroit radotter pour vouloir à présent
> Rétablir à nouveau l'ancien lieu du couvent.

Sauf la chapelle qui est démolie, et les bâtiments également détruits qui couvraient l'emplacement sur lequel s'élève aujourd'hui l'église Saint-Géry, l'ancienne Abbaye des Dames du Vivier convertie en hospice des Vieillards, présente encore l'aspect qu'elle avait en 1702.

La chapelle devint en 1802, l'église paroissiale de Saint-Géry.

Bâtie en pierres et en briques, cette chapelle qu'éclairaient six fenêtres à droite, six à gauche et une au-dessus du portail que surmontait la flèche, était à l'intérieur, charmante de proportions, de coupe, et d'ornementation.

Dom du Buisson qui n'avait point été sans en remarquer l'élégance disait :

---

[1] Comptes de 1543 à 1544.

Mais malgré ces délais on verra dans la suite,
Ce beau temple achevé, cette église bénite.
Celle à qui Dieu fait naître un si pieux désir,
Sans doute aura le temps de tout faire à loisir.
Un jour elle verra ces balustres, ces formes,
Ces cloches, ces autels, ces porges uniformes,
Ces orgues, ces jubez, ces chaires, ces lambris,
Dont personne ne peut assez vanter le prix,
Ces pavements de marbre ornés de balustrades
Qui distinguent les chœurs par de riches façades ;
Elle verra finir un jour ces chapitaux,
Leur corniche et leur frise et ses autres travaux.

Provenant des Carmes déchaussés de la Grand'Place, le maître autel de Saint-Géry, appartenant, comme l'a fort bien dit M. Grigny, au temps où « l'artiste n'écoutant ni Vignole ni Vitruve, oubliant la colonne ou le fronton, jetant au loin le compas et l'équerre, laissait courir à la fantaisie son crayon qui ne produisait que feuilles enroulées, bouquets de fleurs, nids d'oiseaux et enfants gracieux », était des plus remarquables.

Voici la description qu'en donne notre regrettable architecte :

« Il se compose d'un retable renfermant le tabernacle, l'exposition et des reliquaires, le tout arrangé dans les dispositions que comporte le style de l'époque, la table de l'autel a la forme d'un tombeau orné de panneaux et d'arabesques. Au centre, dans un cartouche, se trouve une sculpture parfaite dans son exécution, représentant l'agneau pascal couché sur le livre des saintes Écritures, orné des sept sceaux mystiques. Vient ensuite le tabernacle dont la porte représente la Cène, au-dessus une exposition tournante dont la face ordinaire est une croix avec le Christ, surmontée de deux draperies arrangées avec infiniment d'art. Au moment de l'exposition il suffit de tourner le tabernacle dont le brillant ostensoir apparaît dans un cadre d'or et devant une glace qui reflète ses rayons dorés ; ce cadre, qui est l'exposition, est orné de deux anges adorateurs dont l'attitude respectueuse, la grâce infinie avec laquelle ils tiennent une guirlande de fleurs couronnant l'exposition, rend presqu'aussi bien que les anges drapés du Moyen-Age l'idée de grandeur et de respect qui convient à la place qu'ils occupent. L'exposition est surmontée d'un dôme composé d'ornements rocailleux ornés de têtes d'anges, et terminée par une croix magnifique. Ce dôme, par sa composition ressemble à un rocher et rend bien l'idée du mont Calvaire, les côtés des deux retables à panneaux sinueux, ont au centre un reliquaire encadré : le bord de ces panneaux est orné de consoles : celle du bas composée de feuilles de palmier, de guirlandes de fleurs, vient supporter une élégante draperie d'où sort un ange semant des fleurs vers le Tabernacle [1]. »

Acheté 300 fr. il y a cinquante ans environ, cet autel conservé lors de la très-regrettable démolition de la belle chapelle du Vivier a été revendu 1,500 à l'une de nos paroisses rurales. Il est très-fâcheux réellement que ce bijou, chef-d'œuvre en son genre, n'ait point été replacé dans l'une des églises ou chapelles de la ville.

La chapelle du Vivier et son maître-autel ont été reproduits par la lithographie.

Suivant dom du Buisson, les dames du Vivier excellaient dans les ouvrages d'aiguille vers le commencement du XIVe siècle.

Pendant que Sainte ainsi s'occupe utilement
A remettre en état les fermes du couvent,

---

[1] *Bulletin des Antiquités départementales*, tome II, page 179.

Ses filles dans l'ouvroir tous les jours assemblées
Sont à faire leur tâche ardentes et zélées.
Celle-ci de l'aiguille ajuste au petit point
Un bel étuy d'autel, que l'église n'a point,
Broche d'or ou de soye un voile de calice,
L'autre fait un tapis du point de haute lice,
Pour servir certains jours à l'autel de frontal.
Celle-là fait une aube, une autre un corporal.
Une autre une chasuble, ou chape sans pareille,
Où l'or, l'argent, la soye, arrangez à merveille
Représentent des saints vétus plus richement,
Que leur état n'aurait souffert de leur vivant.
L'autre de son carreau détachant la dentelle,
En orne des surplis, ou des aubes nouvelles.

Suivant lui encore, l'abbaye avait eu pour avocat le célèbre Gosson.

Mais quoy que fort habile en matière d'affaire,
Gosson son avocat et son pensionnaire
La servoit au besoin de si prudents avis,
Que tout réussissoit lorsqu'ils étoient suivis :
Ce Gosson si connu par ses beaux commentaires
Qui règlent de l'Artois les arrêts ordinaires [1].

CHARIOTTES

Ce couvent est exactement ce qu'il était en 1789. Sa chapelle dont le fronton porte la date de 1775, a servi,

---

[1] Le plan d'Arras qui est aux Invalides, indique derrière l'enclos des dames du Vivier, et à proximité du rempart, un édifice à pignons droits auquel est soudée une tourelle ronde excessivement élevée, couverte d'un toit conique. Situé à l'extrémité d'un préau très-allongé, cet édifice doit avoir été la maison de Confrérie des Petits Archers.

vers 1802, d'église paroissiale au quartier sous le vocable de *Saint-Charles*.

Construite en briques et en pierres à l'extérieur, elle offre à l'intérieur, rappelant, moins la richesse, celui de la chapelle des dames du Vivier, une nef très-correcte et un autel derrière lequel se trouve un tableau de Doncre [1].

Grâce à l'administration intelligente de la supérieure actuelle, cette chapelle longtemps négligée, est maintenant remarquable comme ameublement et tenue. Stalles de chœur, dallage en marbre, verrières, décoration du sanctuaire ont opéré une transformation complète, dont on doit savoir le plus grand gré à la Mère Anne-Marie.

Les Chariottes possèdent de magnifiques caves voûtées en pierre blanche de petit appareil, et dans lesquelles se trouve une fontaine appelée de *Saint-Julien*, dont les eaux passaient anciennement pour miraculeuses.

LOUEZ-DIEU

Le couvent des Louez-Dieu était situé rue du même nom, là où sont maintenant les R. P. du Saint-Sacrement.

La chapelle actuelle de ces derniers, qui avant l'ouverture de la cathédrale, constituait l'église paroissiale *Saint-Joseph*, fut établie, lors de la restauration du culte, dans une partie des anciens bâtiments conventuels.

C'est tout ce qui en reste aujourd'hui.

---

[1] Voir notre *Notice sur Doncre*. Mémoires de l'Académie, année 1868, pages 87 à 200.

THIEULOYE

Le couvent des dames de la Thieuloye était situé entre les rues du Petit-Atre, de la Thieuloye et de Lavalleau.

Les bâtiments claustraux commencés en 1680 et terminés en 1730, ainsi que la chapelle faite un peu plus tard ont disparu.

De ce monastère, il reste : un mur jalonné de jambes de force en face la place de la Thieuloye, l'enclos de la maison conventuelle, deux travées d'un cloître dont les voûtes en plein cintre portent des nervures moulurées, quelques substructions, et un cul de lampe gothique représentant un moine accroupi.

Le Père Ignace parle longuement d'un démêlé qu'eut Saint-Preuil avec les dames de la Thieuloye et qui contribua à le déconsidérer dans la ville [1].

AUGUSTINES

Le monastère des dames Augustines (qui établies en 1223 au faubourg Saint-Vincent se fixèrent à Arras en 1644) était à l'époque révolutionnaire situé sur la rue du même nom, où l'on voit encore d'importantes parties de cette maison conventuelle, dont les caves ogiviques à voûtes d'arête retombent sur des piliers monolithes en grès. La chapelle se trouvait à l'angle des rues des Augustines et du Four-Saint-Adrien. Lorsque M. Baton entrepreneur en bâtiments, démolit les restes des murs de cette chapelle pour élever sa maison actuelle, les ouvriers trouvèrent sous le sol une sé-

[1] *Mémoires. Supplément*, pages 117 et suivantes.

rie de caveaux renfermant une charretée d'ossements qui fut conduite au cimetière.

Très-vastes, les constructions claustrales, occupaient l'espace compris entre les rues précitées, la rue Guinegatte, la rue de la Cronnerie et celle des Trois-Filloires, espace comprenant une superficie de 159 verges [1]. Beaucoup de substructions de ces constructions subsistent sous les maisons nouvelles qui couvrent aujourd'hui ce même emplacement.

Les religieuses enterrées dans le monastère avaient leurs épitaphes modestement gravées sur des pierres blanches d'environ un pied quarré, on en voit encore environ une vingtaine dans un des murs de la maison n° 21 de la rue des Trois-Filloires appartenant à M. Tison, entrepreneur.

On lit sur l'une d'elles, « Sœur Anne Legrand garde-malade »; sur une seconde, « Sœur Marie Magdeleine de H....... »; sur une troisième, « Sœur Marie Agnès de Douay prieure de ce couvent a fait commencer ce bâtiment l'an 1675 à la gloire de Dieu et de la saincte............... »; sur une quatrième, « Sœur Marie »; sur une cinquième, « .... Boucher »; sur une sixième, « M. Caron curé de Saint-Aubert et confesseur de la maison »; sur trois autres épitaphes, on voit la date de 1675, le reste est illisible.

Les différences considérables existant dans les niveaux des terrains jadis occupés par le monastère, ont donné lieu à des maçonneries telles, que lorsqu'il y a quelques années, on creusa jusqu'à une profondeur de huit mètres pour établir les fondations de la cheminée de la brasserie de M. Robert, on n'atteignit point encore la base d'une maçonnerie en grès.

---

[1] *Plan dressé par Tilloy en 1771.* N° 103 des Archives départementales.

AUGUSTINES ACTUELLES

Les dames Augustines sont maintenant établies à l'angle des rues du Saumon et Fausse-Porte-Saint-Nicolas, dans l'hôtel de Dion où s'élevaient deux tourelles rondes à toits coniques [1] qui ont disparu.

Leur monastère est pourvu d'une chapelle petite, mais jolie, où l'on voit au-dessus de l'autel un tableau (de l'École française) qui n'est point sans mérite, représentant la Sainte-Famille.

A l'entrée de la porte de cette chapelle est un beau bénitier en marbre blanc, aux armes de Philippe de Caverel l'un des abbés de Saint-Vaast, avec cette devise : *Apud bonos jura pietatis.*

Dame Monique Payen, dernière abbesse du Verger, a légué au monastère des Augustines un magnifique reliquaire du XIIIe siècle en cristal de roche et vermeil ciselé d'une élégance de forme et d'une pureté de dessin qui en font un morceau d'orfèvrerie des plus remarquables. Ce reliquaire qui renferme encore un morceau de la Sainte-Épine, et qui affecte la forme d'une Épine lui-même, devait jadis renfermer des parcelles de la lance et des clous de la Passion ; on lit en effet sur le pied en lettres onciales : ✝ *de : spinea : corona : domi : de : lancea : domini : de : clavo : domini :*

On conjecture qu'avant d'appartenir à l'abbaye d'Oisy-le-Verger, ce bijou a été possédé par les moines de Saint-Eloy [2].

Monseigneur Lequette a fait la description de ce reli-

---

[1] *Plan en relief d'Arras.* Hôtel des Invalides. Le même plan indique qu'une tourelle carrée s'élevait également dans la maison voisine qu'un reste d'ancrage assigne au XVIe siècle.

[2] LE NAIN DE TILLEMONT. *Vie de Saint Louis*, tome II, page 343.

quaire dans les *Annales archéologiques* et M. Grandguillaume en a exécuté une photographie très-réussie, que M. Didron a reproduite dans son grand ouvrage sur l'Orfévrerie religieuse [1].

SAINTE-AGNÈS

Le monastère de Sainte-Agnès n'a point changé d'emplacement, depuis sa fondation remontant à 1643. On y voit une chapelle dans le goût du siècle dernier, elle est éclairée de chaque côté par cinq croisées ; plus que modeste à l'extérieur, cet édifice n'offre à l'intérieur rien de remarquable.

NOTA. — Constatons ici :

1º Que dans le chœur de la Cathédrale existait vis-à-vis du grand autel un chandelier à sept branches donné par Robert, 35e évêque d'Arras.

2º Qu'erronément, d'après M. Terninck, nous avons indiqué *Saint-Nicolas-en-l'Atre* comme n'ayant qu'une seule nef, alors que cette église en offrait au contraire trois, ayant chacune un toit indépendant, ainsi que cela résulte du *plan en relief d'Arras* qui est aux Invalides ;

3º Que la grande chapelle des dames de la Paix avait un transept ainsi qu'il appert encore du même plan ;

4º Qu'en 1716, l'église *Saint-Jean-Baptiste* était surmontée d'un campanile à deux étages de fenêtres, surmonté lui-même d'un dôme, en telle sorte qu'à cette époque cette tour

---

[1] Dame Monique est parvenue à sauver ce reliquaire en le cachant dans un chandelier en bois.

présentait l'aspect qu'on lui a vu lorsque, pendant la reconstruction du beffroi, on y a établi une logette polygonale à l'usage du guetteur;

Qu'à cette même époque de 1716 on accédait à la grande nef par une porte à deux baies que séparait un pied droit;

5° Qu'à la chapelle *Sainte-Anne-en-Cité* on voyait différentes verrières armoiriées données au XVI° siècle par des familles nobles ou bourgeoises, et qu'à l'une de ces verrières figurait l'écusson des Créquy [1];

6° Que l'édifice dit *chapelle des Templiers* était flanqué d'une tour ronde avec toit conique, laquelle contenait évidemment l'escalier à hélice de cet édifice [2].

Cette tour dont la partie inférieure et intérieure existe encore dans la brasserie voisine, n'a été baissée et remaniée à l'extérieur qu'il y a environ vingt ou vingt-cinq ans, par M. Grodecœur lors propriétaire de la brasserie.

OBJETS D'ART RELIGIEUX
DES ÉGLISES, CHAPELLES ET MONASTÈRES D'ARRAS

Les églises, chapelles et monastères de la Ville et de la Cité renfermaient en peintures, sculptures, etc...., de nombreux objets d'art qui en furent enlevés en 1791, successivement déposés aux Capucins, à l'hôtel de la Basèque, à Saint-Vaast, et dont une certaine partie fut ultérieurement resti-

---

[1] Dom LE PEZ. *Épitaphier des Églises d'Arras*.

[2] *Plan d'Arras* aux Invalides presqu'en face de la *Chapelle des Templiers*, existe rue du Vert-Galant un ancien logis, où se trouve également une tour servant d'escalier, et qui a dû être baissée à en juger par le Plan d'Arras sus cité.

tuée aux églises réouvertes lors de la restauration du culte.

Voici trois procès-verbaux tenus à ce sujet ; nous n'y joindrons pas ceux relatifs aux vases sacrés, mobilier d'autel et ornements sacerdotaux trouvés dans les églises ; ils sont trop nombreux pour avoir place ici. Les personnes qui désireraient des renseignements sur ce point pourraient consulter aux *Archives départementales* les deux volumineuses liasses 148 et 204 du district d'Arras [1].

« L'an 1791, le dix du mois de décembre, en exécution de l'arrêté du Directoire du district de cette ville d'Arras du neuf dudit, moi Philibert Bergaigne, peintre demeurant en cette ville, me suis transporté avec un de Messieurs les administrateurs dudit Directoire, dans les églises et communautés supprimées, pour y faire le relevé des tableaux qui s'y trouvent, et les désigner comme il suit, savoir :

DANS L'ANCIENNE ÉGLISE DE SAINT-GÉRY.

Les deux petits autels près du sanctuaire étoient dégarnis de leurs tableaux, que les marguilliers avoient fait transporter dans la nouvelle paroisse.

*** L'un est une Descente de Croix, tableau original de Rubens ;

** L'autre, l'Annonciation, par Husson.

Au petit autel à droite :

** Un saint Antoine, tableau estimé, mais altéré.

A gauche :

Un saint Pierre pénitent, et dans le lambris deux sujets

---

[1] Au troisième procès-verbal figurent quelques objets d'une autre provenance.

de la vie dudit saint, lesquels on nous a dit appartenir à la municipalité.

Sur les gradins et corniches :

Six figures peintes en buste, avec leurs cadres.

Dans les nefs :

* Deux grandes pièces, l'une l'Adoration des Mages ;
* L'autre l'Adoration des Bergers ;
** La Fuite en Égypte, paysage intéressant ;
La Circoncision, dans le genre de Vouët, tableau sur bois, avec ses volets.

AUX CARMES CHAUSSÉS.

Au maître-autel :

** Crucifiement, d'après Rubens, par Andreas Lanquier, 1637 ;
* Saint Cyrille faisant condamner Nestorius par un Concile ;
* Le martyre de saint Bertholde, 1684.

Petits autels :

* La Vierge délivrant les âmes du Purgatoire ;
* Une vision de sainte Thérèse.

Sur les gradins :

Six bustes peints sur toile, en cadres dorés.

Contre les croisées :

** Un Christ, petit tableau peint sur cuivre, qui d'en bas m'a paru estimable.

Vis-à-vis :

La vraie effigie de saint Athanase.

Sculptures :

Sainte Thérèse ; } Statues en pierre.
Élie.
Et quatre petites statues le long du balcon de l'orgue.

Dans le Chapitre :

* Adoration des Rois, bonne copie d'après Rubens ;
Adoration des Bergers ;
Couronnement de la Vierge ;
Saint Joseph ;
Deux paysages ;
Deux camayeux ;
Jésus au jardin des Oliviers ;
Un dessus de porte.

Dans le réfectoire :

Saint Simon Stock ;
Christ adoré par des Anges, d'après Le Brun.

Dans la chambre d'hôte :

Quatre portraits.

DANS L'ÉGLISE DE SAINT-JEAN.

Sanctuaire :

** La Visitation ; } Grandes pièces, par Doncre.
* L'Annonciation.

Petits autels :

L'Ange conducteur;
Saint Hubert;
Martyre d'un saint.

Sur les gradins :

Six bustes peints sur toile, en cadres dorés;
Un Crucifiement, avec les volets;
Un Christ en bois.

Sculpture :

* Saint Jean baptisant N.-S., groupe en bois, par De Gand;
  * Deux Adorateurs, par le même;
  * Deux petits bas-reliefs en bois, l'un saint Jean prêchant au désert; l'autre sa décollation. Originaux.

AUX JACOBINS.

Au maître-autel :

** Le martyre de saint Laurent, grande pièce par Larnoult, académicien de Paris.

Petits autels :

* La Circoncision;
* Saint Dominique;
Couronnement de la Vierge;
Quatre portraits en un tableau.

Chambre d'hôte :

Deux portraits.

Autre chambre :

* Une sainte Famille ;
Cinq portraits en pied ;
Un autre en buste ;
Un paysage.

Dans le chapitre :

* Sept papes, figures de grandeur naturelle, par Leger de Busserolles.

Dans le réfectoire :

Sujet de l'ancien Testament ;
Pèlerins d'Emmaüs ;
Deux portraits de papes ;
Un Christ.

AUX CARMES DÉCHAUSSÉS.

Dans l'église :

* L'enlèvement d'Élie ;
* * Sujet de sainte Thérèse ;
* Adoration des Rois ;
Neuf portraits de saints de l'Ordre.
* Sculpture : sept statues.

Derrière l'autel :

Un Christ ;
Quatre portraits ;
Un paysage.

Au-dessus, dans l'oratoire :

Une vision ;
Six pères de l'Église.

Au réfectoire :

* Une sainte Famille ;
Un Crucifix ;
Deux sujets de la vie de sainte Thérèse ;
Trois portraits en un tableau ;
* Un Christ en plâtre.

Chambre basse :

Deux portraits.

Autre :

* Un portrait à mi-corps, de grandeur naturelle, fait au burin.

Cloîtres :

Vingt-quatre ceintres représentant la vie de sainte Thérèse.

AUX TRINITAIRES.

Au grand autel :

** Innocent III recevant d'un ange l'habit de l'Ordre et le donnant à Jean de Matha, grande pièce par un peintre flamand.

Petits autels :

Le rachat des captifs ;
Saint Roch guérissant les malades, d'après Rubens ;
Un buste peint, encadré, dont le pendant ne s'est point trouvé.

Chambre basse :

* Trois pièces de tapisserie de haute lisse, d'après des sujets de Lebrun.

DANS L'ÉGLISE SAINT-NICAISE.

Notre-Dame de Liesse;
Couronnement de la Vierge;
Saint Roch; } d'après Rubens.
Descente de Croix;
* Christ au tombeau, bonne copie par Van-Dyck;
Résurrection;
Sainte Famille;
L'Ange gardien;
Vingt figures de saints et saintes, peintes en buste, avec les cadres dorés, et deux autres dans le même genre, qu'on a dit être dans la sacristie.

La nuit ayant interrompu notre visite, nous avons remis au lendemain à la continuer.

Et le lendemain, onze dudit mois de décembre, je me suis transporté avec ledit administrateur du district dans les églises et communautés cy-après nommées, pour y prendre l'indication des tableaux qui s'y trouvent comme il suit :

AUX RÉCOLLETS.

Dans l'église :

*** Christ au tombeau, original par Van-Dyck;
*** Les Stygmates de saint François, tableau original du même artiste.

Petits autels :

* Saint François; } par Wamps, académicien.
* Saint Antoine de Padoue;
* Quatre statues.

Chapitre :

Trois tableaux, dont un Christ, copié d'après Rubens.

Cloître :

Vingt-six ceintres représentant des sujets de saints de l'Ordre.

Parloir :

Six sujets de la Passion, en très-mauvais état.

Dans une chambre d'hôte :

Cinq portraits ;
Un dessus de cheminée.

DANS L'ÉGLISE DE SAINT-AUBERT.

Au maître-autel :

** Une Résurrection par Dupuich, 1669.

Petits autels :

Sainte Famille ;
La cérémonie de la bénédiction de saint Aubert ;
Crucifix, tableau sur bois.

Dans le lambris :

Vingt-et-un tableaux de différents sujets ;
Une Vierge ;   } sur bois.
Un saint Jean ; }

Chapelle de Saint-Crépin :

Martyre des saints Crépin et Crépinien ;
* Une Flagellation de Jésus-Christ.

Sur les gradins :

Six bustes avec leurs cadres dorés.

Près du petit portail :

Assomption d'après Rubens ;
Christ mort, tableau sur bois, par Franck ;
Les vendeurs chassés du Temple.

DANS L'ÉGLISE DE SAINT-NICOLAS-EN-L'ATRE.

Au grand autel :

** Saint Siméon recevant l'Enfant Jésus des mains de la Vierge, tableau bien peint et d'un bon effet.

Petits autels :

* Une Vierge assise, tenant l'Enfant Jésus, bonne copie ;
La sainte Famille.

Sur les gradins :

Six bustes avec leurs cadres dorés, dont quatre bien peints.

Dans les nefs :

** Cinq grands paysages dans lesquels sont représentés différents sujets de la vie de saint Nicolas, tableaux d'un fort bel effet ;
* Christ au tombeau, bonne copie.

Au-dessus d'une porte :

* Une Vierge en buste, bien peinte.

Au-dessus des tablettes :

Saint Nicolas ;

L'Adoration du Saint-Sacrement ;
Saint Roch ;
* Le repas chez le Pharisien ; } tableaux sur bois, dans le
Résurrection de Lazare ; } genre de Franck.

Aux orgues :

Quatre tableaux en mauvais état.

DANS L'ÉGLISE DE NOTRE-DAME-AUX-JARDINS.

Au maître-autel :

* La présentation de la Vierge, par Ant. Potier.

Petits autels :

Saint Siméon, d'après Rubens ;
Sainte Famille ;
Une Vierge ;
Deux tableaux en bois avec leurs volets.

Sur les gradins :

Six portraits de Jésus-Christ, de Vierge, etc., en buste avec les cadres dorés.

DANS L'ÉGLISE DE SAINT-MAURICE.

Au maître-autel :

* L'Assomption de la Vierge ;
Deux bustes encadrés et bien peints.

Petits autels :

Le martyre de saint Maurice ;
Deux petits tableaux sur bois ;
L'Annonciation ;

Six bustes encadrés qu'on a déclaré être sous le scellé;
Dix-huit statues en bois.

DANS L'ÉGLISE DE SAINT-ÉTIENNE.

Au maître-autel :

* L'Assomption ;
Martyre de saint Étienne;
Les disciples d'Emmaüs.

Petits autels :

Martyre de saint Étienne;
Saint François de Sales;
Martyre de saint Laurent, d'après Larnou.

Sur les gradins et corniches :

Quatorze bustes encadrés;
Deux tableaux près de l'orgue;
Un Crucifix en plâtre.

CHEZ LES CAPUCINS.

Au grand autel :

** Le baptême de Notre-Seigneur, par Natoire, académicien de Paris;
* Quatre grandes pièces, sujets historiques des saints de l'Ordre, d'un bon genre;
Descente de Croix, d'après Le Brun.

Au-dessus de l'autel :

Un Père Éternel à mi-corps.

Dans la nef :

* Une Ascension, grande pièce fort ancienne;

Deux saints de l'Ordre ;
Une Vierge immaculée.

Petits autels :

1ᵉʳ, Saint Antoine de Padoue ;
Sur les gradins : Quatre petits bustes.
2ᵉ, Une gloire ;
Sur les côtés : l'Annonciation et l'Assomption.
3ᵉ *Autel*, une Sainte Famille ;
Sur les côtés : Deux saints de l'Ordre ;
Sur les gradins : Quatre petits tableaux, un Christ de cuivre.
4ᵉ *Chapelle*, cinq sujets historiques des saints de l'Ordre, assez bien peints ;
Sur le pavé : Dix portraits de Notre-Seigneur, de Vierge, etc., avec leurs cadres dorés, dont plusieurs fort bien peints.

D'après le coup d'œil rapide jeté sur tous ces tableaux, pendant cette visite, je les ai divisés en quatre classes principales.

J'ai marqué ceux de la première de trois étoiles, ceux de la seconde de deux, et d'une ceux de la troisième.

Ceux des deux premières classes que leur format permettra d'introduire dans l'intérieur pourront être déposés dans la sacristie et dans l'oratoire des religieux. Les grandes pièces pourront être placées dans l'église, contre les murs de la nef, en observant de ne pas appuyer celles de dessus contre les toiles de celles qui seront en-dessous.

Ceux marqués d'une étoile et qu'on pourra introduire seront déposés dans le réfectoire.

Tous les bustes, dont plusieurs sont bien peints et richement encadrés, devront être déposés dans une chambre haute.

Clos et arrêté, les jours, mois et an que dessus. »

Signé : BERGAIGNE.

« L'an 1791, le 14 décembre, en vertu de l'arrêté du Directoire du district d'Arras du neuf dudit mois, en présence de Nous Louis-Ferdinand Charamond, administrateur membre dudit Directoire, et François-Constant Berrier secrétaire-commis, il a été procédé au transport des tableaux existant dans les églises supprimées de cette ville, et à leur réunion en la maison des cy-devant Capucins, conformément au procès-verbal et instruction du sieur Philibert Bergaigne, peintre, du 10 de ce mois.

Nous avons fait enlever de l'église actuelle de Saint-Géry, deux tableaux qui ornaient l'ancienne, et dont les marguilliers s'étaient emparés, savoir :

Une Descente de Croix, original de Rubens.

Une Annonciation, par Husson.

Lesquels ont été déposés en l'oratoire, et laissés à la garde de Dominique Etourneau et Benjamin-Joseph Olivier, gardiens de ladite maison, qui s'en sont chargés et ont signé avec nous, sauf Etourneau qui a dit ne le savoir.

Signé : L. F. CHARAMOND.

Le seize dudit mois, nous avons fait enlever de l'église des Carmes déchaussés les tableaux suivants :

L'enlèvement d'Elie.

Sujet de Sainte Thérèse.

La *Présentation*, désignée en l'inventaire susdit, *Adoration des Rois*.

Un Christ.

Une Sainte-Famille.

Un autre Christ.

Un portrait à mi-corps, fait au burin.

Lesquels ont été déposés en l'église des cy-devant Capucins, et laissés à la garde desdits Etourneau et Olivier, et avons signé. Le dit Etourneau a déclaré ne savoir le faire.

Signé : L.-F. CHARAMOND.

Le dix-sept dudit mois, nous avons encore fait enlever de l'église et maison des cy-devant Carmes déchaussés :

Dix-neuf portraits.

Lesquels ont été placés dans une chambre haute de celle des Capucins, plus :

Un Paysage.

Une Vision.

Deux sujets de la vie de Sainte Thérèse.

Trois portraits en un tableau.

Lesquels ont été déposés dans le cloître de ladite maison, plus :

Une statue de Vierge.

Deux statues de Saints.

Qui ont été placées dans l'église de ladite maison. Les autres statues et le Christ en plâtre n'ayant pu être transportés à cause de leur vétusté, les deux portraits existant dans une chambre basse ont été laissés pour la décoration de ladite place accordée provisoirement au sieur Berta, entrepreneur de la fonte des cloches de ce département. Les vingt-quatre ceintres représentant la vie de Sainte Thérèse ayant été reconnus trop altérés pour être transportés, ont été laissés en place. Tous les tableaux et autres objets déposés en ladite maison dite des Capucins, ont été laissés à la garde desdits Dominique Etourneau et Benjamin-Joseph Olivier, comme ci-dessus.

Signé : L.-F. CHARAMOND.

Le dix-neuf dudit mois, nous avons fait enlever de l'ancienne église de Saint-Géry.

Un Saint-Antoine.

Six figures peintes en buste.

Que nous avons fait placer dans un chambre haute de la maison dite des Capucins, plus :

La Circoncision, dans le genre de Vouet, qui a été déposée dans le parloir ; plus :

L'Adoration des Mages.

L'Adoration des Bergers.

La Fuite en Egypte.

Le Martyre de Saint Barthélémi.

Qui ont été déposés en l'église de ladite maison, le tout resté à la garde desdits Etourneau et Olivier, comme cy-dessus.

Signé : L.-F. CHARAMOND.

Le vingt dudit mois, nous avons fait enlever de l'église et maison dites des Carmes chaussés :

Saint-Cyrille faisant condamner Nestorius.

Le Martyre de Saint Bertholde. 1684.

La Vierge délivrant les âmes du Purgatoire.

Un Christ sur cuivre.

Sainte Thérèse buvant le sang que fait jaillir un Crucifix.

La vraie effigie de Saint Anastase.

L'Adoration des Rois, d'après Rubens.

L'Adoration des Bergers.

Que nous avons fait placer en l'église des cy-devant Capucins, plus :

Six bustes peints sur toile.

Qui ont été placés dans une chambre haute ; plus :

Le Couronnement de la Vierge.

Saint Joseph.

Deux paysages.

Deux Camayeux.

Jésus au jardin des Oliviers.

Un dessus de porte.

Saint Simon Stock.

Christ adoré par les anges, d'après Lebrun.

Et quatre portraits.

Qui ont été placés dans le cloître ; plus :

Quatre petites statues en pierre.

Qui ont été portées dans le cloître, les deux statues en pierre, Sainte Thérèse et Elie n'ayant dû être transportés à cause de leur délabrement. Tous lesdits objets, déposés en la maison dite des Capucins, ont été laissés à la garde desdits Etourneau et Olivier comme cy-dessus.

Signé : L.-F. CHARAMOND.

Le vingt-un dudit mois, nous avons décidé que les trois tableaux d'autels des Carmes déchaussés, vu la difficulté de leur déplacement, resteraient en place jusqu'après la vente desdits autels, et que l'adjudicataire serait chargé par la demeure de les faire déposer au dépôt général. Nous nous sommes ensuite transportés en la maison des cy-devant Jacobins, de laquelle nous avons fait enlever :

La Circoncision.

Saint Dominique.

Le Couronnement de la Vierge.

Cinq portraits en pied.

Sept Papes en pied, par Leger de Busserolles.

Un sujet de l'histoire de Moyse, en ceintre.

Les pèlerins d'Emmaüs, en ceintre.

Lesquels nous avons fait déposer en l'église des cy-devant Capucins, plus :

Une Sainte Famille.

Qui a été placée dans l'oratoire, plus :

Quatre portraits en un tableau.

Un paysage.

Deux portraits de Papes.

Un Christ.

Qui ont été placés dans le cloître, plus :

Trois portraits en buste.

Qui ont été portés dans une chambre haute.

Le transport d'un grand tableau représentant le martyre de saint Laurent, a été remis au moment où la porte de l'église ne serait plus obstruée par un tas d'avoine qui empêche d'y passer ledit tableau. Le surplus a été laissé à la garde desdits Etourneau et Olivier, comme cy-dessus.

Signé : L.-F. CHARAMOND.

Le vingt-deux dudit mois, nous avons fait enlever de la maison dite des Récollets :

Un Christ au tombeau, original de Van-Dyck.

Les Stigmates de Saint François, par le même.

Lesquels tableaux ont été déposés en l'oratoire de la maison des cy-devant Capucins, plus :

Saint François, par Wamps.

Saint Antoine de Padoue, par le même.

Un Christ, d'après Rubens.

Lesquels ont été déposés en l'église desdits cy-devant Capucins, plus :

Cinq portraits en buste.

Un dessus de cheminée.

Lesquels ont été portés dans une chambre haute ; les quatre statues, les vingt-six ceintres, et les six sujets de la Passion ayant été reconnus très-défectueux et dans le plus grand délabrement, ont été laissés pour être vendus avec les autres meubles. Le surplus resté à la garde desdits Etourneau et Olivier, comme cy-dessus.

Signé : L.-F. CHARAMOND.

Le vingt-trois dudit mois, nous avons fait enlever de l'église de Saint-Jean.

L'Ange conducteur.

Saint Hubert.

Le martyre d'un Saint.

Un Crucifiement, avec les volets.

Un Christ.

Que nous avons fait placer en l'église des cy-devant Capucins ; la Visitation et l'Annonciation ont été réservées, à cause d'une réclamation des marguilliers de Saint-Géry. Les sculptures ont été accordées auxdits marguilliers.

Nous avons ensuite fait enlever de l'église de Saint-Nicaise :

Notre-Dame de Liesse.

Le couronnement de la Vierge.

Saint Roch.

Une Descente de Croix.

Un Christ au tombeau, d'après Van-Dyck.

Une Résurrection.

Une Sainte-Famille.

Un Ange gardien.

Que nous avons fait transporter en l'église des cy-devant Capucins, et laissés à la garde desdits Etourneau et Olivier, comme ci-dessus. »

Signé : L.-F. CHARAMOND.

« *Etat des objets choisis dans le dépôt littéraire d'Arras, pour la décoration des églises de la dite ville, conformément à l'arrêté du Préfet du département du Pas-de-Calais, du 29 prairial an X. Ledit état dressé par Augustin-Benoit Linque, commissaire nommé par Mgr. l'Évêque d'Arras, et Albert-François-Joseph Prévost, conservateur du dépôt littéraire d'Arras, nommé par le Préfet, scavoir.*

[1] Archives départementales du Pas-de-Calais Série L, liasse n° 148 du strict d'Arras.

1° Une Descente de Croix de 15 pieds sur 9, provenant de Sainte-Croix. Cadre doré.

2° Deux dessus d'autel, peints sur bois, provenant de Saint-Vaast.

3° Traits de l'histoire de Saint Léonard, de 12 p. sur 5, provenant de Sainte-Croix. Sans cadre.

4° Un Christ au sépulchre, de 6 p. sur 5, provenant de Saint-Vaast. Cadre doré.

5° Saint Etienne, statue en bois.

6° Descente de Croix de 11 p. sur 7. Original de Rubens, provenant de Saint-Vaast. Cadre peint.

7° La Présentation, de 8 p. sur 7, sans indication. Cadre.

8° Une Sainte Famille, de 8 p. sur 7, provenant de Sainte-Croix. Cadre doré.

9° Une Assomption, de 8 p. sur 5, sans indication. Cadre.

10° Sainte Catherine, de 9 p. sur 6, provenant des Capucins. N° 18. Cadre doré.

11° Cinq tableaux, de 8 p. sur 9, représentant des traits de l'histoire de Saint Nicolas et de Saint Aubert, provenant des Capucins.

12° L'Annonciation, de 9 p. sur 6, provenant des Capucins. N° 26. Cadre.

13° Loth et sa famille, de 8 p. sur 5, provenant des Capucins. N° 19. Cadre.

14° Un lutrin en bois, provenant de Saint-Vaast.

15° Une chaire en bois, provenant de Saint-Vaast.

16° Le baptême de Notre Seigneur, de 12 p. sur 8, provenant des Capucins. Cadre.

17° Deux plaques de cuivre, de 15 pou. sur 7, représentant un Christ, Saint Pierre, Saint Vaast.

18° Adoration des Mages, de 5 pou. sur 3, provenant des Capucins. N° 15. Cadre.

19° Adoration des Mages, de 66 pou. sur 56, copié d'après Rubens. N° 1, La Magdelaine.

20° Trois tableaux : un *Salvator Mundi*, un Christ, une Vierge, provenant de Saint Vaast.

21° Saint Eloy, bas-relief en cuivre doré, de 12 pou. sur 7, provenant de Saint-Vaast.

22° Deux tableaux représentant des figures de Saints, sans indication.

23° Quatre petits saints et trois anges en bois doré, provenant des Capucins.

24° Adoration des Bergers, de 5 p. sur 3. N° 4. La Magdelaine. Cadre.

25° Une Sainte Famille. N° 10, des Capucins. Cadre.

26° Descente de Croix, de 88 pou. sur 72. N° 2. Saint-Géry. Cadre doré.

27° Adoration des Bergers. Grand tableau original. N° 99, de la cathédrale.

28° Un grand Christ. Original. N° 4, des Etats d'Artois. Cadre doré.

29° Un grand Christ, peint par Doncre, provenant du Conseil d'Artois. Cadre doré.

30° Deux tableaux Marthe et Marie ; le mariage de Saint Joseph, N°.

31° Un Saint Roch, de 6 p. sur 3. N° 2, de Béthune. Cadre doré.

32° Un petit Christ sur verre. Sans indication.

33° Treize petits tableaux, Jésus-Christ et les douze apotres, provenant de Saint-Vaast. Cadres dorés.

34° Le cardinal de Bouillon. N° 6, de Saint-Vaast. Cadre doré.

35° Un grand *Salvator Mundi*, provenant de Saint-Vaast. Cadre peint.

36° Saint Séraphin de Anola. N° 15, des Capucins. Cadre doré.

37° Saint Fidel. N° 5, des Capucins. Cadre doré.

38° Saint Aubert. N° 51, de Saint Vaast.

39° Une Assomption. Grand tableau, des Capucins.

40° Le cardinal de Rohan, provenant de Saint-Vaast. Cadre doré.

41° Les Stigmates de Saint François. Original de Van-Dyck, de 72 pou. sur 55. N° 1, des Récollets. Cadre.

42° Le Seigneur au sépulchre. Original de Van-Dyck, de 72 pou. sur 55. N° 2, des Récollets. Cadre.

43° Quatre portes d'autel peintes sur bois, de Saint Vaast.

44° Saint Jérome, de 62 pou. sur 41. N° 12, des Capucins. Cadre doré.

45° Adoration des Mages, de 66 pou. sur 66. N° 1 de La Magdelaine. Cadre doré.

46° Une devanture d'autel en bois doré.

47° Adoration des Bergers. Grand tableau. N° 16, des Capucins.

48° Deux tableaux, Jésus-Christ sous la forme d'un jardinier; les disciples d'Emaüs. Saint-Vaast. Cadres dorés.

49° Un petit Christ avec la Sainte Vierge et Saint Jean, provenant de Saint-Jean. Cadre doré.

50° La Présentation, provenant de Béthune, de 27 pou. sur 20, N° 12. Cadre doré.

51° Saint Jérome. Original de 18 pou. sur 23. N° 30 de Saint-Vaast. Cadre.

52° Jésus-Christ mort, sur les genoux de sa mère. Original de 23 pou. sur 18. N° 2, Capucins. Cadre doré.

53° Saint Antoine qui ressuscite un mort, de 13 pou. sur 12. N° 14, de Béthune. Cadre peint.

54° Les Stigmates de Saint François, de 15 pou. sur 11. N° 53, de Saint-Vaast. Cadre doré.

55° Elie dans le désert, de 15 pou. sur 11, N° 24, de Béthune. Cadre doré.

56° Une Vierge, de 24 pou. sur 17, de Saint-Vaast. Cadre doré.

57° Une Vierge, peinte par Marie Lezinski, princesse de Pologne et reine de France, donnée par S. M. au père Desmaretz, confesseur du Roi en 1763. Cadre doré, glace.

58° Le Seigneur au jardin des Olives, de 34 pou. sur 22. N° 2 de Béthune. Cadre doré.

59° M. de la Motte, évêque d'Amiens. N° 6 Conzié. Cadre doré.

60° Saint Jean l'Evangéliste. N° 3. Conzié. Cadre doré.

61° Le Seigneur qu'on met sépulchre. Gravure par Boulanger. N° 18. Conzié. Cadre doré, glace.

62° Saint Charles Borromée, par le même. N° 19, Conzié. Cadre doré, glace.

63° M. de Sève, évêque d'Arras, gravé par Baudet, d'après Mignart. N° 11, Conzié. Cadre doré, glace.

64° M. d'Apchon, archevêque d'Auch, gravé par Vangelitzi, d'après Lischebein. N° 8, Conzié. Cadre doré, glace.

65° Une Sainte Famille, superbe dessin de Pieters de Dunkerque, d'après Rubens. Sans indication. Cadre doré, glace.

66° Dix cadres dorés de différentes grandeurs.

67° 80 pieds de baguettes dorées pour encadrer des tableaux.

68° 36 pieds de baguettes dorées pour encadrer des tableaux.

Le présent état arrêté par nous soussignés. A Arras le trente prairial. an dix de la République française. »

Signé : PRÉVOST, conservateur du dépôt d'Arras, et LINQUE.

REFUGES

CITÉ

REFUGE D'ÉTRUN.

Situé rue d'Amiens, à gauche de l'impasse d'Elbronne ou de Brones il était composé d'un vaste enclos, de plusieurs bâtiments à usage de grange, remises, boulangerie, etc., et d'un corps de logis du XVIe siècle avec porte-cochère et fenêtres cintrées au rez-de-chaussée, et sept fenêtres rectangulaires à l'étage faisant face à la rue, et qui porte actuellement les nos 41 et 43.

Malgré de nombreux remaniements et de fâcheuses mutilations, on reconnaît très-facilement la disposition primitive de ce bâtiment, surtout du côté de la cour, où le toit n'a point été modifié, et où les ailes en retour sont encore debout.

Celle de droite en entrant est remarquable.

Elle offre au premier étage et au rez-de-chaussée des fenêtres croisées richement moulurées alternant avec des demi-fenêtres. Deux des fenêtres ont conservé leurs meneaux presqu'intacts. Sous le toit court une belle corniche que soutiennent de nombreux corbeaux assez ouvrés.

Son pignon très-aigu est à huit gradins, symbolisant peut-être les huit quartiers de noblesse requis pour l'admission dans l'aristocratique monastère. Le pignon de cette aile rappelle beaucoup celui qui reste encore à la ferme de l'abbaye de Saint-Éloy.

Au-dessus d'une porte voûtée en anse de panier, se détache un grès avec écusson d'attente et banderole où est gravée la date de 1565.

Sous ce bâtiment règnent des caves ogiviques dont les nervures diagonales retombent sur des colonnes de grès monolithes ; sous les caves est une bove à voûte également ogivale.

Dans la cour se voit, un puits très-profond, maçonné du haut en bas en grès piqués sur leurs six faces et cintrés comme la courbe de ce puits.

Les ateliers de la porcelainerie d'Arras ayant été transférés dans ce local, ses propriétaires actuels ont trouvé dans le jardin plusieurs fosses bondées de tessons brisés et de pièces de rebut.

De même que tous les biens de main-morte, le refuge d'Étrun fut déclaré bien national et vendu comme tel.

REFUGE DE CERCAMPS.

Il existait rue Baudimont près l'ancien refuge d'Arrouaise.

Vendu en 1773, le refuge de Cercamps a sans doute laissé quelques traces dans les substructions du petit séminaire actuel.

REFUGE D'AVESNES.

Ce refuge exista d'abord près de la Grand'Place, dans la rue du Cornet, maintenant rue Doncre, là où est aujourd'hui la malterie de M. Blondel. On y voyait une tour carrée flanquée de contreforts, et surmontée d'une tourelle carrée, surmontée elle-même d'une sorte de lanterne[1]. Le corps-de-logis principal, qui subsiste toujours, aurait conservé son cachet extérieur primitif si les fenêtres n'avaient point été dégarnies de leurs meneaux. A l'intérieur, se retrouvent des poutres à aniles sculptées. D'anciens couloirs règnent sous une partie de la cour. Au-dessus de la porte-cochère se remarque un grès portant un écusson d'attente. L'ensemble conserve encore une quasi-physionomie monacale. Plus tard les dames nobles d'Avesnes achetèrent l'hôtel de Mingoval, sis rue Baudimont, où M. Hallette habita depuis et qui est actuellement compris dans les bâtiments du petit séminaire.

Les dames d'Avesnes portaient « *de sable à un château de trois tours d'or, pavillonnées et girouettées de même, ajouré et ouvert de sable.* »

VILLE

REFUGE DU TEMPLE.

Le refuge des Templiers de la commanderie d'Arras, établie au haut du faubourg Ronville était « rue du Saumon proche du rempart [2] » en face la porte Saint-Nicolas sur l'emplacement du monastère actuel de Dames Augustines, dont les caves à voûtes ogivales, à nervures diagonales mou-

---

[1] *Plan de Beaulieu*. Arras à vol d'oiseau, n° 32. *Plan d'Aveline*, n° 28.
[2] HENNEBERT, *Histoire d'Artois*, tome III, page 282.
[3] Voir nos *Souvenirs archéologiques sur les Templiers en Artois*. Bulletin de la Commission des Antiquités départementales, tome III.

lurées comme à Haute-Avesnes, à nefs et à piliers monolithes, donnant rue Fausse-Porte-Saint-Nicolas, et remontant à une époque très-reculée pourraient bien être les anciennes substructions.

REFUGE D'ANCHIN.

La maison renaissance, sise rue des Balances, appartenant à M. Boudringhin, et où était auparavant l'hôtel de la *Cour de France*, devint le 11 juillet 1622, le refuge de la célèbre abbaye d'Anchin. Elle se prolongeait alors jusqu'à la rue de la Wattelette, ce qui n'existe plus aujourd'hui.

Le premier étage de ces bâtiments sur la rue a conservé ses fenêtres à encadrements moulurés, ses pilastres cannelés à chapiteaux corinthiens, sa frise ornementée, et une série de mascarons sous la corniche.

Au rez-de-chaussée, une porte en plein-cintre existait ces années dernières encore à droite de la porte cochère. Il n'en reste plus que les socles en grès des pilastres cannelés qui l'enjolivaient.

Les caves et les boves offrent un certain intérêt.

Dans la cour de la portion droite de ce refuge, les constructions présentent un aspect assez intact de l'état primitif, fenêtres à meneaux inégalement percées et d'inégale dimension pour le corps de logis, arcatures ogiviques surbaissées retombant sur des colonnes monolithes en grès pour les remises, mascarons, etc., etc. Tout cela a grand air et rappelle une grande époque.

M. le docteur Escallier, termine ainsi son remarquable ouvrage sur l'abbaye d'Anchin :

« Pour terminer, disons que l'abbaye d'Anchin dont le premier pasteur avait été l'humble moine Allard, venu du monastère d'Hasnon, eut pour le dernier de ses abbés le dernier des Stuarts, un *Roi de la Grande-Bretagne*; car tel est le titre que le cardinal d'Yorck prenait dans ses actes et dans ses relations. On le qualifiait Henri IX, et, en lui parlant, on disait : Votre Majesté [1]. »

L'abbaye d'Anchin portait *d'azur à un cerf entouré de fleurs de lys*, et avait, paraît-il, pour devise, selon les temps, *inter lilia pascit*, ou *lilia calcat* [2].

REFUGE DE DOMMARTIN.

Il était sis rue du Tripôt, et contigu à la chapelle des Ardents. Rien de particulier n'est à dire sur cette maison conventuelle, appartenant maintenant à M. Duquesne.

REFUGE D'EAUCOURT.

Il occupait en dernier lieu l'emplacement sur lequel a été construit l'hôtel de M. Fagniez, banquier.

Ce refuge comportait, sur la rue des Trois-Faucilles, un corps de bâtiment avec étage.

Au rez-de-chaussée était, à gauche en entrant, une porte-cochère sise entre pilastres franchissant l'étage; à droite, quatre fenêtres.

A l'étage, au-dessus de la grand'porte, s'ouvrait une porte-fenêtre, puis se reproduisaient les quatre fenêtres du rez-de-chaussée.

Toutes les baies étaient coupées en anse de panier. Au-

---

[1] Page 508.
[2] *L'Abbaye d'Anchin*, page 20.

dessus de la porte-cochère, régnait une ornementation dans le milieu de laquelle figuraient probablement les armes de l'abbaye.

REFUGE SAINT-ÉLOY.

« Sur la place du Wez-d'Amain, en face de l'hôpital actuel, se trouvait autrefois un vaste bassin alimenté par les eaux du Crinchon. Derrière ce rempart successivement restreint et définitivement comblé en 1812, s'élevait au XIIIe siècle, l'hôtel de Chaulnes, véritable forteresse encore reconnaissable de nos jours, à ses tourelles, ses larges voûtes et ses murailles épaisses [1]. »

En 1434, ce manoir passa aux mains des religieux de St-Éloy, qui, abandonnant leur ancien refuge, nommé le *Cloquant*, sis en Cité, y établirent un nouveau refuge, encore connu maintenant sous le nom du *Refuge St-Éloy* et constituant incontestablement l'un des souvenirs les plus anciens et les plus curieux de la ville.

A gauche de la porte d'entrée à baie en plein cintre et de construction relativement moderne, on trouve comme dépendance du Refuge, une charmante maison Renaissance, à étage, avec pignons aigus à pas de moineaux, fenêtres inégales et tourelle hexagone surmontée d'un toit en ardoises, et éclairée d'ouvertures moulurées.

Au-dessus de la porte de cette maison construite en pierres et en briques, se voit un motif décoratif ovaloïde, dans lequel paraît avoir été sculpté un personnage debout.

Sous la corniche sont trois écussons. Celui de gauche aux armes d'Artois ; celui du milieu aux armes de Jean Bulot, abbé de St-Éloy, chargé au centre d'un croissant et de trois

---

[1] *Rues d'Arras*, tome II, page 129.

tourteaux, deux en chef, un en pointe ; celui de droite, aux armes de Philippe le Roy également, abbé de St-Éloy, portant à la partie supérieure, une bande chargée d'un croissant et de deux étoiles, à la partie inférieure un oiseau volant.

A l'extrémité d'une avant-cour, s'ouvre une large baie ogivique très-surbaissée, surmontée d'une niche trilobée que protége un larmier, au-dessus de laquelle une baie géminée avec plate-bande et larmier. Le tout en grès.

Sous le passage voûté dont les murs de grès soutiennent une série de corbeaux de même matière, est à gauche la porte d'une remarquable loge, dont la voûte du XV° siècle, consiste en une seule voussure à arceaux croisés retombant sur des culs-de-lampe, avec clef centrale sculptée. Eclairée par une étroite fenêtre rectangulaire, cette loge communique avec la grande cour intérieure par une porte ogivique.

A droite de ce passage en entrant dans cette cour, est une tour hexagone ayant son rez-de-chaussée en grès, et trois étages en pierres de taille qu'éclairent des fenêtres moulurées. Elle contient un escalier à vis.

En retour d'équerre, s'aligne une haute et longue façade à laquelle on monte par deux escaliers de sept marches. Le rez-de-chaussée et le premier étage sont en grès parfaitement piqués. Le second en pierres de taille est percé de fenêtres étroites, très-élégantes, avec moulures et meneaux horizontaux. Au rez-de-chaussée se lit la date de 1662, et au-dessus du second étage, l'ancrage donne celle de 1550.

A gauche de la porte d'entrée, à la clef de laquelle se voit encore l'écusson effacé, d'un abbé ou de l'abbaye, se poursuit l'aile de bâtiment dont le rez-de-chaussée est en grès, et l'étage en pierres de taille. Dans ce rez-de-chaussée existent des portes voûtées en anse de panier, sauf celle de la loge dont il a été parlé ci-dessus.

Sur le jardin de M. Deusy, le pignon du refuge offre au rez-de-chaussée qui (vu la différence des niveaux de terrain correspond au premier étage de la cour), trois riches fenêtres ogivales à voussures moulurées, éclairant autrefois la chapelle, placée sous le vocable de S. Vindicien. Au premier étage, deux fenêtres rectangulaires avec meneaux transversaux, et au second, deux fenêtres superposées dont la supérieure a également un meneau transversal.

Le derrière de ce bâtiment est solidifié par un énorme contre-mur en grès, destiné à supporter la poussée du rempart séparatif de la Ville et de la Cité, auquel il était adossé à peu près en face de la tour Ste-Barbe.

A l'intérieur, une belle et grande salle à voûte en anse de panier, ornementée dans le goût du temps et portant la date de 1662, donne une juste idée du réfectoire des moines, malgré les murs d'entrefend qui les coupent.

A la suite de ce refuge était, longeant la place et aboutissant au Crinchon, un jardin potager, au-delà duquel se trouvaient deux maisons renaissance en briques et pierres, à fenêtres croisées donnant sur la rue des Gauguiers, auxquelles on accédait au moyen d'un pont jeté sur le Crinchon. Elles ont été démolies et remplacées par des constructions nouvelles [1].

Un plan avec renseing portant date du 29 décembre 1775, signé par les notaires royaux Le Clercq et Merchier, que l'on peut consulter aux Archives départementales, donne une idée bien nette de la configuration à cette époque du refuge St-Éloy.

---

[1] Voir *Bulletin des Antiquités départementales*, tome II, pages 138 et 139 avec Notice sur le refuge Saint-Eloy.

REFUGE D'ARROUAISE.

Après avoir été pillés en 1521 par les troupes de François Ier et militairement occupés en 1522 par les soldats de Jean de Longueval baron de Vaulx, les religieux de la puissante abbaye d'Arrouaise achetèrent à Arras pour leur servir de refuge, une maison sise rue Baudimont à l'angle de la rue Maître-Adam.

Le dernier abbé Dom Floride Tabary, céda cette propriété à l'évêque d'Arras, et bâtit un nouvel et vaste refuge à l'angle gauche de la rue des Promenades et des Allées.

Cet hôtel qui a pendant quarante ans appartenu à M. Crespel-Dellisse [1], et qui avant son démembrement, occupait avec ses jardins et dépendances tout l'espace compris, entre l'hôtel de M. Lobez, la rue des Promenades, les Allées et les jeux de Paume, est maintenant sans destination bien déterminée.

Ce fut dans cet hôtel, au temps où il appartint à l'avocat Demory, administrateur du département du Pas-de-Calais, que Doncre fit le portrait de Le Bon que doit posséder maintenant M. Dancoisne.

---

[1] M. Crespel-Dellisse qui est le véritable père de l'industrie sucrière en France, est certainement aussi l'une des illustrations dont Arras peut le plus s'enorgueillir. Lorsque les revers l'atteignirent, vers la fin d'une carrière qui longtemps fut si brillante, le pays par l'organe de ses représentants vota au grand industriel, une pension viagère à titre de récompense nationale. Un monument commémoratif, en bronze et granit, s'élève maintenant à la mémoire de M. Crespel, à l'extrémité du boulevard qui porte son nom.

Les collaborateurs de M. Crespel-Dellisse, furent son cousin M. Parsy, son frère M. Crespel-Pinta, et son beau-frère M. Dellisse-Crespel.

Voir sur M. Crespel-Dellisse, « *L'Industrie sucrière indigène et son véritable fondateur,* » par M. AYMAR BRESSION, brochure de 117 pages, la *Notice sur M. Crespel-Dellisse*, par M. PARENTY. Mémoires de l'Académie d'Arras, année 1868, pages 200 à 314. Le *rapport de M. d'Havrincourt* à la Chambre des députés, etc..., etc ..

REFUGE DE VIMY.

Le refuge des religieuses de Vimy était sis au bas de la rue Lavalleau [1], là où se voient encore les restes d'un bâtiment en briques et pierres offrant, indépendamment de deux pavillons latéraux, un rez-de-chaussée avec portes cochères et dix fenêtres défendues de forts barreaux de fer. Avant l'incendie qui eut lieu dans ces derniers temps, les fenêtres et les barreaux se reproduisaient à l'étage.

REFUGE MARŒUIL.

Situé sur la place Quincaille, ce bâtiment en pierres et en briques à pignons suraigus, dont la porte-cochère, portant la date de 1626, était flanquée d'une tour carrée, a été démoli il y a quatre ou cinq ans.

Fort anciennement acheté par les religieux de Marœuil, ce refuge avait été successivement agrandi en 1416, 1418 1651 et restauré par l'abbé Louis Brisson vers la fin du XVII° siècle.

Une chapelle dont il est question dans un acte du 29 juillet 1668 [2] y était annexée.

Fort heureusement, le souvenir des constructions du refuge Marœuil nous a été conservé par les charmants dessins à la plume de M. Boulangé, ingénieur en chef du département, et par d'excellentes photographies de M. Grandguillaume.

Le dernier abbé de Marœuil, Dom Dorlencourt qui, avec

---

[1] LESENNE, *Notice sur la ville d'Arras*, page 75.
[2] Abbaye de Saint-Vaast, *Reg. aux Grâces*, 1663 à 1668, page 202.

l'abbé Duquesnoy, se comporta si admirablement à Arras pendant la Terreur, avait adopté pour armes parlantes *trois tortues de sable sur champ d'or*, avec cette devise *currite lentè*, son sceau est conservé par sa famille.

REFUGE D'HÉNIN-LIÉTARD.

Il était établi rue des Casernes, dans le magnifique hôtel assez semblable à l'Abbatiale, et dont le jardin aboutit aux Allées.

Au-dessus de la porte d'honneur était un écusson aujourd'hui gratté, au-dessous duquel on voyait un phylactère encore existant portant la date de 1758.

Cet hôtel où depuis fut installée la raffinerie de M. Crespel-Dellisse est maintenant à usage de sucrerie.

CLOITRES

CITÉ

CLOITRE DES CHANOINES

Ce que l'on nommait le *Cloître des Chanoines*, ou *l'Atre*, *Atrium* (parce que ce lieu avait servi de cimetière), ou le *Grand Cloître*, *Claustrum magnum*, était la Place de l'Évêché (maintenant Place de la Préfecture) et les trois rues y aboutissant.

Ce cloître était fermé de quatre portes situées, la première nommée *Galerue* au bas de la rue des Chanoines, la seconde appelée *des Heulmz* au bas de la rue Notre-Dame (1401), la troisième au bas de la rue des Morts, et la quatrième qui était la principale, et dont les pilastres existent encore, à l'entrée de la place sur la rue Baudimont où était la loge, « l'hobette », du gardien « *excubitoris* ».

A l'heure réglementaire les portes étaient closes, et les chanoines retardataires ne pouvaient faire ouvrir que la grande en donnant leur nom au gardien qui en faisait son rapport à l'Evêché; aussi l'évêque Robert qualifiait-il le Cloître de monastère « *in monasterio nostro* ».

Le Cloître des Chanoines que ceux-ci avaient seuls le droit d'habiter, comportait la Cathédrale, Saint-Nicolas-en-l'Atre, l'Évêché, le Cloître des Processions, trente-six maisons canoniales, dont la décanale, « fermées, dit le Père Ignace, l'an 1492, avec des portes de fer garnies de verroux, aux dépens des usufructuaires [1], » la cave du Chapitre ou cellier Saint-Georges, la salle des plaids, les prisons, le pilory du Chapitre, le four du Chapitre, les écoles, leur puits, la synagogue, la pierre des morts, l'arbre de saint Léger, la maîtrise, la maison où logea Louis XI, les greniers du Chapitre et la salle capitulaire.

Les emplacements de la Cathédrale, de Saint-Nicolas-en-l'Atre et de l'Évêché sont assez connus pour qu'il n'y ait pas à les indiquer.

La *maison décanale* était celle habitée maintenant par la famille Boistel, et où l'on voit un élégant oratoire particulier de style ogival. Elle était anciennement fortifiée du côté de la place par un mur crénelé que défendait une tour carrée à quatre étages [2], surmontée d'un toit élancé, mur dont la partie basse construite en grès et pierres blanches subsiste encore. Plus tard on ouvrit dans le mur trois grandes baies ogiviques (destinées sans doute à éclairer un appartement), dont les traces sont très-visibles. Le doyen du Chapitre étant, avant l'érection de Saint-Nicolas-en-l'Atre, le curé de la paroisse, la maison décanale avait pour les besoins de la cure une issue particulière sur la rue Baudimont, issue qui existe encore aujourd'hui [3].

---

[1] *Recueil*, tome VIII, page 325.
[2] *Plan d'Arras. Relief de 1716.* Hôtel des Invalides.
[3] Dans l'ancienne maison canoniale appartenant aujourd'hui à M. Le Gentil, et qui se trouve entre la maison décanale et la maison canoniale habitée maintenant par Mme Wattebled, on lit sur la muraille du salon, derrière une glace, l'inscription suivante :
« Cette maison a été rebâtie en 1777. L'abbé de Cardevac de Gouy de Bailleul, titulaire de la dite maison, en a posé la première pierre au mois de juin de l'année 1777 et a fait faire toutes les boiseries. »

La *cave du Chapitre* ou *cellier de Saint-George (cellarium sancti Georgii)*, se trouvait dans la maison au-devant de laquelle se voit une barrière en bois *(sepimentum ante introitum)*. Il est question de cette cave dans plusieurs documents remontant au commencement du XIII° siècle.

La *salle des plaids* et les *prisons du Chapitre*, se trouvaient dans la maison suivante, siége de la sous-prévôté du Chapitre, juridiction nommée Cour des Poulets en l'Atre, *Curia Pulletorum in Atrio*.

Le *pilory*, que protégeait un auvent, était attaché tout près de cette maison, « contre la muraille contiguë à la cave du Chapitre ». (Le Père Ignace.)

Le *four du Chapitre* attenait à Saint-Nicolas-en-l'Atre.

Les *écoles*, où l'on enseignait la grammaire et le chant, se voyaient là où sont deux pignons et un long mur de jardin appartenant aujourd'hui à la famille Herreng de Bois-Gérard. A l'extrémité, vers la rue des Chanoines, était le *puits dit de l'école*.

La *pierre des morts* se trouvait en face de ce puits.

La *synagogue*, lieu où les chanoines prenaient jadis leur repas en commun, était la maison nouvellement exhaussée d'un étage et au-devant de laquelle existe une pelouse que défend une grille.

La *maîtrise* des enfants de chœur attenait à la synagogue. On la mentionnait en 1389. Il y a trente ans on en voyait encore les fenêtres en plein-cintre et accouplées dans le style roman du XI° ou du XII° siècle.

L'*arbre de saint Léger* était non loin de la synagogue, près de la maîtrise.

La *maison où logea Louis XI* et où, revenant avec son mari du pèlerinage de Compostelle, sainte Brigitte fut favorisée de l'apparition de saint Denys [1] : *Cum jam essent in*

---

[1] *Acta Sanctorum*. Bollandistes. 8ᵇʳⁱˢ. Tome IV, page 489.

reditu, *vir Deo devotus in Atrabato cœpit graviter infirmari ; invalescente autem infirmitate, sponsa Dei in magna anxietate constituta per sanctum Dyonisium sic meruit consolari. Ego, inquit, sum Dyonisius qui a Roma veni in has partes prædicare verbum Dei. Nunc ergo, quia speciali devotione dilexeras me, ideo prædico tibi, quod Deus vult per te innolescere mundo. Et tu tradita es custodiæ meæ, propterea juvabo te. Et hoc tibi signum, quod vir tuus ex hac infirmitate non morietur* [1]. » Cette maison [2], qui appartenait, en 1463, au chanoine Thibault, et, en 1477, au chanoine Du Hamel, était située à l'angle gauche de la rue des Morts et de la rue de la Paix. Sa partie inférieure existe encore aujourd'hui. Dans l'une des substructions de cette maison se trouve une inscription gothique, mais tellement fruste que les mots *hic fuit* sont les seuls qui se puissent déchiffrer.

Les *greniers du Chapitre*, mentionnés déjà aux documents du commencement du XIIIe siècle, étaient au fond de l'impasse de la rue des Morts.

La *salle capitulaire* était contiguë aux greniers et au cloître des Processions.

Le *cloître des Processions* était soudé à la nef de l'épître de la Cathédrale et au bras de croix. Aux temps anciens, la procession dominicale se faisait dans le Grand Atre depuis Pâques jusqu'à la Saint-Rémi [3].

Pour obvier aux fraudes des ventes à faux poids et à fausses mesures, et rendre plus facile la surveillance de la

---

[1] Le Père IGNACE, *Mémoires*, tome II, pages 109 et 110.

[2] Dans la bove de la maison contiguë à cette impasse et qui appartient maintenant à M. Gerbore, on lit en caractères gothiques cette inscription :
« Lan. M^{ccc} XXX VII fist faire : robert : de : le Plaque cheste bove. »

[3] M. PROYART, *Notice sur les processions dans la ville d'Arras. Almanach de la ville d'Arras*, 1876.

police, une ordonnance des sous-prévost et hommes de fief gradués de la justice temporelle du Chapitre, portait :

« Art. 1ᵉʳ. Le marché au beurre, œufs, poulets, volailles, gibier et autres denrées se tiendra dans le cloître de la Cathédrale, les mercredi, vendredi et samedi matin de chaque semaine.

Art. 2. Faisons très expresses, inhibitions et défenses à toutes personnes de quelque qualité et condition qu'elles soient du ressort de ce siége, de vendre ou acheter aucunes volailles, beurre, œufs et autres denrées à leurs portes et ailleurs que dans les marchez publics, ny d'attirer les vendeurs aux dites portes sous peine de vingt livres d'amende pour la première fois, applicables un tiers au dénonciateur et les deux autres tiers a qui il appartiendra, la quelle amende ne pourra être réputée comminatoire.

Art. 3. Faisons pareillement très expresses, inhibitions et deffenses sous pareille amende à tous cuisiniers, rotisseurs, débitans, revendeurs, marchands de beurre et d'œufs d'acheter dans le susdit marché avant les dix heures du matin depuis la Toussaint jusqu'à Pâques, et avant les neuf heures depuis Pâques jusqu'à la Toussaint.

Art. 4. Les officiers et commis par nous établis auront soin de veiller sur la qualité, poids et mesures des denrées qui s'y débitent et que le bon ordre et la police soient exactement observés [1]. »

Le cloître des chanoines était planté. Dans les délibérations de la municipalité, il est en l'an II plusieurs fois question de l'abattage et de l'aliénation de ses arbres.

Le tilleul situé en face de l'ancienne maison décanale est peut-être un des derniers vestiges de cette plantation.

---

[1] *Registre aux délibérations capitulaires*. Octobre 1720. Archives de l'évêché.

[2] Voir notamment la *délibération du 8 nivose*.

Les arcades de pierre surmontant les portes du cloître, ont, sous l'invariable prétexte d'insolidité, dû être démolies en l'an VII [1].

CLOITRE AUX PROCESSIONS

Ambitus Processionis

Formant un vaste quadrilatère d'environ soixante mètres de longueur sur quarante de largeur, « ce cloître, dit le Père Ignace, est un morceau des plus antiques de la Cathédrale. Sa structure, les figures que l'on voit encore dans les murailles, les peintures, les tombes qui servent de pavé montrent l'ancienneté de ce bâtiment à quatre faces. On y enterroit autrefois et c'étoit peut-être le cimetière des chanoines et suppots du chapitre avant qu'on fut dans l'usage d'enterrer en l'église Cathédrale. La chapelle ou l'endroit où se tiennent les assemblées capitulaires a son entrée par le clocher dont le côté près l'église ne sert plus pour cause de vétusté. Le préau du milieu est quarré fermé en partie par des treillis de bois, et il y a un puit : on entre dans le cloître par deux portes qui aboutissent à l'église pour la commodité des chanoines et suppots du chapitre qui demeurent dans ces quartiers la. Il y a dans la nef basse, deux portes beaucoup plus hautes que larges

---

[1] *Délibérations des 1er et 25 ventose.*
Consulter sur le grand cloître : le Père IGNACE, *Additions aux Mémoires*, tome II ; le travail très-complet de M. l'abbé PROYART, inséré aux *Mémoires de l'Académie d'Arras* (1875) ; un autre travail de M. CAVROIS (*Bulletin de la Commission des Antiquités départementales* (1875), et le plan figuratif avec légende, dressé en 1759 par Cornu et Delaby, publié par l'Académie (1875).

qui servent d'entrée au cloître, mais celle du côté de l'Évêché, n'est ouverte que pour les processions [1]. »

C'était dans le cloître des Processions que se trouvait la tombe de Thomas d'Argenteuil, prevôt du chapitre, assassiné en 1226 dans la nef de la Cathédrale. Tombe devant laquelle s'arrêtait la procession dominicale chaque fois qu'elle traversait ce cloître [2].

Et c'est dans la partie du cloître des Processions longeant l'église que fut transférée « *l'immense quantité de livres* [3] » formant la bibliothèque du chapitre.

Il existe au jardin de la maison appartenant maintenant à M. Gerbore dans la rue des Morts une vieille muraille en pierre de taille, avec fondation en grès bruts, où l'on aperçoit cinq ou six anciens cintres, marquant sans doute la place d'anciennes pierres tumulaires. Cette muraille est un reste du mur extérieur du cloître. Un autre mur extérieur de ce cloître sépare la Préfecture des propriétés voisines. On y remarque une série de corbeaux en grès. Avant la construction des maisons bâties il y a trente ou quarante ans entre la Préfecture et le jardin de M. Gerbore, il restait assez de traces du cloître des Processions pour que l'on pût encore juger de son architecture.

Jamais le chapitre n'a toléré que l'on vendît quoi que ce fût dans le Cloître des Processions. *Non fiat mercatum in claustris Ecclesiæ (1454). Perpetua ordinatione decretum ne liceat mercatoribus merces apponere in claustro processionum (1574).*

---

[1] *Inventaire* du 29 prairial an VI, par Isambart, Perrier, Dufour, Pollet et Douchet.

[2] Pithou, *Codex canonum*, page 368. — M. Proyart, *Notice sur les processions dans la ville d'Arras. Almanach de la ville d'Arras.* 1876.

[3] *Additions aux Mémoires*, tome II, page 42.

. Nous ne décrivons pas ici les cloîtres faisant partie intégrante des maisons conventuelles.

CIMETIÈRES

CITÉ

ATRIUM

Le cimetière romain et gallo-romain était, dit M. Harbaville, « en face de la courtine à gauche de la porte dite maître Adam » ainsi que le prouvent une foule d'objets trouvés au siècle précédent et dans ces derniers temps.

L'ATRE

Lorsque l'on cessa d'inhumer en cet antique *atrium*, et avant que fut établi le cimetière Saint-Nicaise, le cimetière de la Cité, l'Atre, régnait autour de l'ancienne cathédrale et couvrait non-seulement la place actuelle de la Préfecture, mais encore une partie des terrains occupés par les maisons comprises entre les rues Baudimont, Terrée-de-Cité, d'Amiens et des Chanoines. Il s'étendait en effet jusqu'au vieux rempart de Cité, passant là où l'on en voit encore un fragment, entre la seconde et la troisième maison de la rue Baudimont en montant cette même rue.

Quand les inhumations se faisaient à Saint-Nicaise, une

bonne partie des pierres funéraires de l'Atre fut transférée, soit dans les galeries du Cloître-aux-Processions, soit dans la Cathédrale. C'étaient, dit le Père Ignace, des marbres plus longs que carrés. Ceux qui représentaient des guerriers à cheval formaient autrefois les tombes des seigneurs tués à la bataille des Eperons dorés d'Enguinegatte. Le Cloître et la Cathédrale en étaient pavés.

CIMETIÈRE SAINT-NICAISE

Créé en 1292, par Simon de Noyon, chanoine de la Cathédrale d'Arras, ce cimetière de forme presque triangulaire avait une contenance de cinq mesures.

Il existait dans l'enclos où sont maintenant le marché aux moutons et le magasin aux fourrages militaires.

Au milieu de ce vaste champ des morts s'élevait sur gradins circulaires, une magnifique croix de grès très-révérée, érigée en 1573, portant l'écusson de l'évêque Richardot [1] et qui figure sur les plans d'Arras.

Deux chemins plantés d'arbres y conduisaient; autour du cimetière régnait aussi une allée plantée d'arbres pour le tour des processions [2]. Le produit de ces arbres était vendu par la fabrique de Saint-Nicaise pour être partagé par moitié entre elle et le curé.

Le Père Ignace nous a transmis l'une des épitaphes du cimetière Saint-Nicaise, elle date de la fin du XVI° siècle et est ainsi conçue :

---

[1] *Manuscrit* de Dubus. Académie d'Arras — Le Père Ignace, *Dictionnaire*, tome II, p. 262.

[2] *Résolutions du Conseil de fabrique de Saint-Nicaise*, en date du 27 février 1763... Registre de 1747 à 1781. Archives municipales.

Le bon Dieu souverain unit par mariage
A Pierre le Gambier pour lui donner lignage
Marie de l'Estrée, et en 20 et six ans
Qu'ensemble se trouvèrent, aquirent en 10 ans
8 filles et 2 fils. Depuis, la mort cruelle
Fit payer le tribut de la loi naturelle
A la dite Marie aiant lors justement
Des ans 40 et sept mois seulement.
Et termina ses jours au mois d'aoust le 5ᵉ
En l'an mil et cinq cent septante troisième.
Or reposent ici et sa cendre et ses os.
Priez, passant, que Dieu donne à s'âme repos.
    Amen [1].

L'église Saint-Nicaise, dit quelque part le même auteur, servait de porte d'entrée au cimetière ; l'exactitude de cette assertion est démontrée par le plan en relief d'Arras qui se trouve aux Invalides.

Les murs des deux basses nefs de cette église se prolongeaient au-delà du porche. La prolongation régnant sur la rue constituait une sorte de portail avec galerie supérieure et contre-forts, entre lesquels, sous une baie aveugle de forme ogivique s'ouvraient deux portes séparées par un pied droit, c'est par là que l'on passait pour accéder au cimetière. La prolongation opposée offrait une disposition similaire, où les portes étaient remplacées par des fenêtres.

Dans le cimetière se trouvait une chapelle élevée en 1666, sous le vocable de *Notre-Dame de l'Heureux-Trépas*; dont le chœur était moins élevé que la nef. A l'entrée à droite était la chapelle Saint-Liévin bâtie en 1498 par le chanoine Jean Penel réprésenté sur le vitrail avec son écusson [2] ; chapelle subsistant encore partiellement et dont le

---

[1] *Mémoires. Suppl*, page 386.
[2] Le Père IGNACE, *Mémoires*, tome II, page 113. — Archives départementales. *Acte du 16 janvier 1515*. Fonds de l'Évêché.

cintre en grès de la porte a été conservé dans le mur de la loge du concierge actuel [1].

Voici le procès-verbal de l'inventaire de cette chapelle dressé en 1792 :

« L'an 1792, le 22 mars, six heures du soir, conformément à l'arrêté du Directoire du département du Pas-de-Calais du 17 de ce mois, et de la Commission du Directoire du district d'Arras du même jour, nous Hector-Guislain-Placide Lavallé, officier municipal de la commune d'Arras, à l'intervention du substitut du procureur de la commune, accompagné de Théodore-Joseph-Stanislas Forgeois, secrétaire commis en la municipalité d'Arras, nous sommes transportés au-devant de la porte de la chapelle dite de Saint-Liévin, située dans le cimetière de Saint-Nicaise en cette ville, pour en exécution dudit arrêté faire l'inventaire des meubles effets et ornements d'icelle, où étant et après ouverture faite de la dite chapelle avec la clef qui nous a été remise, et y étant entrés avons procédé comme s'ensuit :

Dans la dite chapelle :

Un autel en bois de chêne, avec deux représentations de saints en bois dorés, deux tableaux à cadres dorés, une croix de bois d'ébène, avec un Christ d'ivoire, quatre chandeliers de bois argentés, quatre pots de fayence, leurs bouquets; un canon à cadres dorés, une devanture d'autel violet, les gradins de bois peints, un plat et deux burettes d'étain, une petite table, un mauvais fauteuil de bois doré, un missel, un pupitre de bois, deux nappes d'autel, un lavabo, deux

---

[1] Les registres de 1724 à 1746, et de 1747 à 1791 font mention de la chapelle de Saint-Liévin : les 4 juin 1725, pour une assemblée de marguilliers qui y a été tenue; 22 février 1736, à l'occasion d'obits qui devaient y être célébrés; 27 septembre 1763, relativement à la vente d'un tilleul planté en face dans le cimetière, et 31 octobre 1779, à propos de réparations à y faire.

purificatoires, trois pièces de gradins, deux nappes de communion ;

Une mauvaise table sur laquelle se trouve un mauvais tapis d'indienne, la représentation de saint Liévin en bois argenté ayant une mitre d'argent, une croix de cuivre et un reliquaire au pied, garnis d'une feuille d'argent :

Dans une armoire à côté de l'autel, six pots de fayence, onze supports en bois doré, deux candelabres de fer blanc ;

Trois chasubles de différentes couleurs, une aube, un amict et un cordon d'une bourse ;

Cinq tableaux et deux écriteaux, un bénitier de cuivre, un grand Christ en bois, un candelabre de bois ;

Dix-sept chaises, un tronc à la porte d'entrée.

Avons fait apposer le scellé sur les portes d'une armoire pratiquée dans la muraille à gauche en entrant.

Sous l'autel :

Huit devantures de différentes couleurs et vingt gradins.

Ainsi fait les jour, mois et an que dessus, signé : H.-P.-G. Lavallé, com^{re} ; Guilbert, substitut du proc^r de la commune et Forgeois avec paraphe. »

Collationné par le secrétaire-commis en la municipalité

Signé : Forgeois [1].

Chaque année, le Jour des Morts, le clergé de la Cathédrale faisait, en chantant le *De Profundis*, une procession solennelle dans le cimetière Saint-Nicaise. Elle avait été instituée en 1476 par le chanoine Du Hamel, moyennant une fondation de deux cents écus d'or au profit de la fabrique de Notre-Dame. En 1481, une bulle de Sixte IV accorda une indulgence à tous les fidèles qui visiteraient le cimetière

---

[1] Archives départementales du Pas-de-Calais. Série L. *Liasse n° 204 du district d'Arras.*

ce même Jour des Morts, ainsi qu'à ceux qui s'y rendraient les lundis de Pâques, de Pentecôte, de l'Avent et du Carême : « *in die Animarum feriis secundis Paschæ et Pentecostes, et feriis secundis Adventus et Quadragesimæ* »[1].

« Le fossier de Saint-Nicaise, dit Dubus, avait 12 sols suivant la taxe pour la fosse d'une grande personne, sauf à rendre aux bedeaux de la Cathédrale 400 livres par an[2]. »

On lit au procès-verbal de la séance du 22 septembre 1792 de la municipalité d'Arras.

« Les monuments de toutes espèces qui existent dans les différents cimetières de cette ville retraçant aux citoyens des images contradictoires avec les principes de la liberté,

L'Assemblée arrête que tous les monuments de marbre, de cuivre et de bronze qui s'y trouvent seront vendus au profit de la commune, et que ceux en fer seront consacrés à la fabrication des piques[3]. »

Le XIV messidor an V, vu la non-clôture du nouveau local affecté aux sépultures, vu l'étendue du cimetière Saint-Nicaise, vu les rapports constatant que jamais il n'avait été une cause d'insalubrité pour le quartier, même après la bataille de Fontenoy, alors qu'on y avait enterré les nombreux soldats morts aux ambulances établies à Arras, la municipalité émit le vœu de rendre ce cimetière à sa destination primitive ; mais cela ne fut pas exécuté[4].

On voit encore au long des murs de l'ancien cimetière onze niches où se trouvaient les pierres tumulaires dont les mieux conservées ont été transportées, il y a quarante ans environ, au musée de la ville. (Monuments des Valois, des Saquespée, de Robert le Roy, etc....)

---

[1] L'abbé PROYART, *Des Processions dans la ville d'Arras.*
[2] *Manuscrit.* V° Nicaise.
[3] *Registre aux délibérations.* Archives municipales.
[4] *Registre aux délibérations.*

Au cimetière de Saint-Nicaise a succédé le vaste cimetière *extra muros* contenant seize mesures de terre, où l'on inhume maintenant.

VILLE

CIMETIÈRE SAINT-GÉRY

La place Saint-Géry a, très-vraisemblablement, servi de cimetière à l'église de ce nom.

CIMETIÈRE SAINT-JEAN

Il était situé autour de l'église Saint-Jean. Suivant certaines personnes, la baie en plein-cintre de la porte bâtarde que l'on remarque rue Saint-Jean-en-Ronville, au centre de la grande maison à deux étages portant le n° 21, et qui est évidemment antérieure à cette même maison, servait d'entrée au cimetière [1].

CIMETIÈRE DE L'ABBAYE DE SAINT-VAAST

Il se trouvait là où est maintenant la place de la Madeleine.

[1] *Rues d'Arras*, tome II, page 275.

CIMETIÈRE SAINT-AUBERT

Il était contre l'église du même nom.

CIMETIÈRE SAINT-NICOLAS

Il était également contre l'église.

CIMETIÈRE DE L'HOSPICE CHARIOT

Il se trouvait derrière les bâtiments hospitaliers. Une partie de l'un des jardins des dames Chariottes, où l'on a exhumé beaucoup d'ossements, s'appelle encore le *Cimetière*.

CIMETIÈRE DE L'HOSPICE SAINT-JEAN

Il résulte des N°s 754 et 758 du *Répertoire des maisons d'Arras*, que cet hospice et les religieuses y attachées avaient leur « chimetière » particulier dans cet établissement.

CIMETIÈRE DE LA CHAPELETTE

Il résulte également du même *Répertoire* que cette église avait aussi son « chimetière ». (N° 107.)

LE PETIT-ATRE

Sis au bas de la rue du même nom et enclavé entre l'enclos des Dames du Vivier et celui des Dames de la Thieuloye, il avait anciennement servi de cimetière aux paroisses de Sainte-Croix et de la Chapelette, mais au temps du Père Ignace déjà, il « ne servait plus que pour y enterrer les personnes suppliciées par autorité de justice civile ou militaire [1] ».

On lit à propos du Petit-Atre, au N° 213 du *Répertoire de Dom Page* ;

« M. Jacque Lamoury, une héritage tenant d'un côté à l'art. précédent, d'autre au suivant, fait partie du Petit-Atre.

Antoinette Sebert, une héritage tenant d'un côté à l'art. précédent, d'autre au suivant, fait partie du Petit-Atre.

M. Alexandre et autres, du surnom Marseke, une héritage tenant d'un côté à l'article précédent, d'autre au suivant, fait partie du Petit-Atre.

Aux hoirs de Jacque Corugeot, *une héritage jadis la place des Préaux*, a présente usage de chimetière, tenant d'un côté à l'art. précédent, d'autre au flégard des canoniers, dans les quels héritages qui comprenoit cinq maisons il y a aussy a présent un magazin a la poudre. »

Ce cimetière était planté. Le *Mémorial V aux résolutions* porte en effet, à la date du 13 mars 1737 : « Résolu de faire abattre les arbres qui sont au Petit-Lattre pour le profit de la ville ».

Un arrêté du 14 mars 1793 ordonna « que les portes du

[1] Archives municipales.

Petit-Atre seroient fermées et que les clefs seroient remises à la municipalité[1] ».

Le Petit Atre renfermait deux chapelles et un Calvaire.

Adossée au mur du jardin des dames de la Thieuloye, l'une de ces chapelles était sous l'invocation de Jésus flagellé, sa construction ne remontait point à une époque reculée, elle disparut à une date que nous ne saurions préciser, mais postérieurement à 1761 sans doute, car elle paraît figurer encore dans la planche portant ce millésime et dont la reproduction se trouve au tome III du bulletin de la Commission des Antiquités départementales. L'autre était sous le vocable de *Notre-Dame de Bonnes-Nouvelles*, réédifiée vers 1738, elle semble figurer aussi dans cette planche.

Quant au Calvaire, fleurdelisé, constellé d'*ex-voto*, accosté de lanternes et élevé sur gradins au milieu du cimetière d'après la même planche, un arrêté de la municipalité, en date du 18 octobre 1793, porta que le Curé de Sainte-Croix serait invité à le faire transporter dans son église, le local où il se trouvait devant être vendu au profit de la commune[2].

Mais il résulte du procès-verbal de la séance du 27 avril 1793 que cette translation ne s'effectua que quelque temps plus tard.

« Hauwel, dit Marcant, acheta le Christ du Petit-Atre et le cacha sous un tas de charbon de bois dans la cave de la maison sise à l'angle gauche de la rue aux Ours et de la place Sainte-Croix (maison de Clairet); au rétablissement du Culte il le céda à M. Le Gentil, curé des Charriottes sous condition qu'il aurait le privilége d'y allumer les chandelles qui seraient offertes par les fidèles. Ce Christ fut ensuite

---

[1] Archives municipales. *Registre aux délibérations de la municipalité*.
[2] *Registre aux délibérations*.

donné par les religieuses Charriottes aux Pères de la Miséricorde de la rue d'Amiens qui l'ont placé dans leur jardin où on le voit encore aujourd'hui [1]. »

Tous les lundis de chaque semaine le clergé de Sainte-Croix se rendait processionnellement au cimetière du Petit-Atre et pendant ce temps les grosses cloches étaient sonnées [2].

Pratiquées sous une direction intelligente, des fouilles pourraient peut-être indiquer à quelle époque remontent les premières inhumations du Petit-Atre, que les auteurs reportent à une date très-reculée. Le Petit-Atre est actuellement à usage de jardin et se trouve annexé à l'hospice des Vieillards établi dans l'ancienne abbaye du Vivier.

[1] Note remise par M. l'abbé Proyart.
[2] *Registre des résolutions du Conseil de fabrique, 10 juin 1725.*

HOSPICES

Arras passe avec infiniment de raison pour être l'une des villes qui offre le plus de secours pour les misères et les infortunes de toute espèce. Nous ne parlerons pas des établissements de bienfaisance postérieurs à 1800, chacun les connaît, mais nous croyons devoir donner la nomenclature de ceux existant avant cette époque.

On trouvait dans la Cité les maisons suivantes :

L'Hôtel-Dieu (sur la fondation duquel les auteurs varient du IX° au XI° siècle), rue Baudimont en face le Cloître.

Les Trinitaires (1655), rue Baudimont.

Sainte-Anne-en-Cité (XIII° siècle), rue d'Amiens.

Notre-Dame-en-Cité (XIII° siècle), près la Cathédrale.

Maison Hukedieu.

Elyas maistre Adam, rue du même nom.

Le Mandé des Pauvres (1250).

L'Hospice des Orphelines de la Cité, rue de la Paix.

Saint-Liévin (1498), contre le cimetière Saint-Nicaise.

Sainte-Barbe (1630), rue des Bouchers de Cité.

Des Cinq-Plaies (1669), rue Baudimont.

La Providence (1698), rue Baudimont.

En Ville ces maisons étaient encore bien plus multipliées, on y voyait :

L'Hôtellerie de Saint-Vaast (800), dans l'Abbaye.

L'Hôpital Saint-Nicolas (1100), rue des Agaches, au coin du pont Saint-Vaast, vis-à-vis le portail de l'Abbaye.

Saint-Jean-en-l'Estrée (1178), où il est encore aujourd'hui.

Saint-Jacques (1218), d'abord rue Saint-Aubert, au coin de la rue des Agaches, puis place Sainte-Croix.

Saint-Julien (1218), rue Méaulens.

Notre-Dame des Drapiers (1226), rue des Lombards, qui est actuellement celle des Charriottes.

Hôpital des Charriottes (1339), d'abord rue de l'Abbaye, puis où est le couvent.

Saint-Mathieu (XIIIᵉ siècle), rue des Louez-Dieu.

Onze-mille-Vierges (XIIIᵉ siècle), même rue.

Hôpital maistre Joly (XIVᵉ siècle), rue Saint-Maurice.

Maisoncelles.

Hôpital au Grand Markiet (XIVᵉ siècle), Grand'Place.

Marguerite Aymone.

Hôpital des Trompettes, rue Sainte-Croix.

La Pauvreté. Bourse commune (1531).

Hospice des Orphelines, rue Sainte-Croix.

Louez-Dieu (1359), rue Saint-Mathieu, maintenant rue des Louez-Dieu.

Hôpital Saint-Michel (1634), rue des Gauguiers.

Mont-de-Piété (XVIᵉ siècle), où il est maintenant.

Hôpital Saint-Éloy (1635), près du rivage, aujourd'hui maison de M. Herman-Lecomte.

Sainte-Agnès (1636), où elle est maintenant.

Hôpital du Mortier (1640), rue Lavalleau.

Sœurs de la Charité (1656), d'abord rue de la Charité, ensuite dans leur maison actuelle.

Hospice Saint-Dominique (1670), rue de Justice.

Hôpital Saint-Dominique (1684), rue Saint-Étienne.

Les Cinq-Plaies (XVIIe siècle), rue du Bloc (à la niche).

Les Cinq-Plaies (1670), place Saint-Étienne.

Hôpital des Jardinets, où il est actuellement.

Maison Wel (1681), rue Saint-Maurice.

Maison Flippes (1726), rue Sainte-Croix.

Les Cinq-Plaies, rue du Croissant.

Les Cinq-Plaies, rue du Pont-de-Saulty.

Les faubourgs avaient aussi des maisons hospitalières.

Les Filles-Dieu (1222), faubourg Saint-Vincent.

Le Grand Val (XIIIe siècle), à une demi-lieue de la ville, sur la route de Bapaume à Beaurains.

Le Petit-Val, au même lieu.

Saint-Nicolas-en-Méaulens (XIIIe siècle), faubourg Saint-Nicolas.

Couvent Leroy, au Rietz.

Notre-Dame dehors la porte Saint-Nicholas.

La Vigne vers Puignel [1].

Voici un document inédit du XIIIe siècle donnant l'indication des hospices fondés à cette époque :

« Che sont les povres religions, li hospital et les povres congrégations de homes et de femes enquises et aprises par le bailliu d'Arras, si comme il l'a boinement peu savoir et trover.

---

[1] Consulter la *Notice historique sur les établissements de bienfaisance d'Arras*, par M. l'abbé PROYART, et le *Rapport* de M. COLIN. *Mémoires de l'Académie*. 1848, pages 246 à 397.

Premiers, li frère meneur Cordelier d'Arras, leur église et leur maisons sont fondé de don d'aumosnes, et n'ont riens fors aumosnes. Si sont xxii frère et varlés en ledite maison, et sont en dettes par droite poverté en xii^{xx} xviii$^{lb.}$ et xvi^s, si comme il dient.

Li frère prêcheur d'Arras Jacobin sont xxviii, et vi varlés, et sont fondé comme dessus est dit des frères meneurs, d'aumosnes, et n'ont riens, fors aumosnes, et sont en debtes par droite poverté en ix^{xx} lb., si comme il dient.

Li frère du Carme d'Arras sont xiiij et iij varlés, et leur église et leur maison fondé d'aumosne comme li cordelier et li prêcheur, et n'ont rien fors aumosnes, et sont en debte par droite poverté en c. x$^{lb.}$ si comme il dient.

Li frère de le Trinité sont fondé d'aumosnes, et sont ix, à c$^{lb.}$ de rente l'an, et leur convient, pour chou qu'il n'ont mie souffissamment leur vivre, pourcachier leur pain par le ville. Si ont v varlés et si ont tous jours viij povres clers qu'on dist boins enfans alans à l'escole, qu'il soustiennent et gouvernent, leur église est en petit point et ne doivent gaires, si qu'il dient.

Les filles Diu d'Arras sont xxx, fondées d'aumosnes, i varlet et une meskine. Si ont xxxvi$^{lb.}$ de rente. Si leur convient pain et aumosnes pourcachier, leur église et leur maisons sont en petit point et paient leur prestre à leur coust, et doivent par droite poverté xvii$^{lb.}$, si qu'elles dient.

Li hospitaus Saint Jehan en Lestrée, devant le Wez Damain d'Arras est fondés du comte Philippon de Flandres, jadis, et de me dame la comtesse se feme, et pour chou est-il de droit à ma dame, si sont xii hommes et xvii femes, iiij varlés et iiij meskines qui servent les malades gisans, et cheus de laiiens et sont pas l'ospital xxxij lit pour coukier les povres malades en l'enfermerie xiij lit pour coukier les obscurs malades. En le cambre as femes gisans d'enfant ix lits.

Si ont environ iiij° livres de terre ensi comme il l'ont eswardé si comme il dient.

Li hospitaus de le maison Diu en Chité, est fondés des canoines et du capitle d'Arras. Si sont vj personnes femes et homes, vj varlés et iiij meskines qui servent, si que dit est à Saint-Jehan. Et sont par l'ospital xxx lit par tout en le cambre des femes gisans d'enfant et en l'enfermerie. Si ont environ ij° livres de terre ensi qu'il l'ont eswardé, si comme il dient.

Li hospitaus Saint Jakeme fonda Raouls Durans et se feme, bourgeois d'Arras. S'il est mestiers, eskevins y prendent warde. Si ont vj homes et vij femes, et à cascuns vij mencaus de blé l'an pour sen vivre. Si n'ont que vestir ne que que couchier de le maison ne que boire, mais il ont iij fois le semaine potage a bure ou à oile, et au diemence char, et aucunes fois y falent. Si y herberghe on toutes les nuis en ij parties, à l'une partie povres clers et povres prestres en biaus lis et blans dusques à xij; en l'autre partie tous autres povres souffissamment. Et au coukier ont à cauffer, s'il en ont mestier, et à souper des biens de le maison. Si y a ij varlés et ij meskines pour servir partout, s'est li maisons en povre point, et doivent par droite poverté bien xxxii livres parisis. Si doit li maisons de rente c*· cascun an, et ne porroient vivre se on ne les pourcachoit par la ville et par les églises iij fois le semaine.

L'ospitals Saint Julien est dautel manière que Saint Jakemes, d'autels vivres et d'auteles ...... Si le fonda li dis Raouls Durans et Audeline se feme, bourgeois d'Arras, et y a xxxiiij lis biaus et blans pour herbergier toutes manières de povres, et sont chil lit si grant qu'il n'est nulle nuis sans faute qu'il ne herberghent du mains iiij** povres, et ne se passent mie en cascun an pour xx^{lb.} en toiles, s'est li maisons en petit point. Si ont li povres des pois, du pain et du fu pour cauffer. Si doit li maisons en cascun an viij$^{lb.}$ de rente, et si doivent bien xl$^{lb.}$ Si y a ij varlés et ij meskines pour servir par tout, et sont en chele maison vj et vi femes .... chou gouvernant, et ne porroient vivre sans pourcachier comme chil de Saint Jakeme.

Li hospitaus Saint Mahiu fu fondés de singneur Guiffroy A. Chariot. Si y a xx lis pour herberghier povres, et vi personnes de le maison et ij meskines. Si n'ont que x$^{lb.}$ de rente et i dist on cascun jour messe, et s'il y kiet malades, il sont wardé tant qu'il sont mort ou wari.

Li maladerie Saint Nicholay de Miaulens a de revenu cascun an environ iiij^{xx} $^{lb.}$ par. Si sont xx persones, xiij haitiet et vij mezel. Si leur couste li prestres et li clers pour leur cappelle, xiij$^{lb.}$ l'an. Si doit li maisons de rente par an lxx^s et xx mencaus d'avaine et si doivent dettes bien lxx$^{lb.}$ Et fu li maisons fondée des bourgois de le ville.

Li maisons du Grant Val est fondée des bourgois de le ville, pour iij^{c} $^{lb.}$ de revenue l'an. Si i sont xiiij homes, x femes et vij meziaus et les maisnies qui sont bien tout l personnes. Si y a une capelerie qui couste a deservir xvi$^{lb.}$, et doivent de rente xxxvi mencaus d'avaine.

Li maisons du Petit Val est fondée du veske d'Arras sour lv$^{lb.}$ de terre. Si sont xiii personnes li iiij sont mezel. Si ont iii varlés et iii meskines et leur prestre de xii$^{lb.}$, et doivent bien .... de rente l'an, et doivent de rente xxv mencaus d'avaine.

L'abbaye des Nonnains du Vivier fonda li dis Raouls Durans et Audeline Espans se feme... d'Arras, qui fondèrent lesdis Saint Jakemes et Saint Julien, et sont l dames nonnains... veves enfant, vi meskines et vi varlés, leur prestre et leur clerc qui ont xx$^{lb.}$ .... mie plainement iiij$^{clb.}$ de terre. Si ont povre maison et povres vivres et ne peussent vivre se on ne leur aidast, et mout en sont leur ami kerkiet, car elles sont très-povres.

Li pauvre mezel des maisonceles sont xiii persones très-povre, cascun a sen maisnil fondé sour nient car il n'ont riens, fors leurs maisoncelles et aumosnes.

Li hospitaus au grant markiet fonda Audeffrois Louchars, pour une ..... lb. de rente que si hoir paient et ne sont autrement assis. Si y a ij personnes demourans, qui vivent de chou qu'il ont et wardent chele maison, et xij lis. Si y herberghe on cascune nuit xxiiij povres. Si ont du pain et du fu pour cauffer, se mestier est.

L'ospital en le rue Saint Morisse fonda maistre Nicholes Jolis pour vj^{lb.} Si i sont ij persones et xii lis pour les povres.

Li maisons des Ardans de Notre-Dame i sont uns homs et une feme, et n'ont riens. Si y iij lis pour les malades Ardans; si est fondée de bourgois.

Li maisons Nostre-Dame des Drapiers fondées de bourgois. Si y sont ij homes et xiiij femes, et n'ont rien fors l'ostel.

Li maisons Sainte Anne en Chité fondé de bourgois de Chité. Si sont iiij home et L femes, et n'ont rien fors l'ostel.

Li maisons Notre-Dame en Chité fondée de bourgois de Chité, sont vij femes et n'ont riens fors l'ostel.

Li couvens qu'on dist le Roy de femes, fondés et acatés du Saint Roy Looys, si que elles dient, sont LXXij femes et I home, et n'ont riens fort l'ostel et vj^{lb.} de rente s'en doivent LX ^s.

Li maisons que fist et donna dame Tasse Hukediu, sont xii femes, si n'ont riens fors l'ostel.

Li maisons Notre-Dame dehors le porte Saint Nicholay, fondée de bourgois sont XL femes, si n'ont riens fors l'ostel.

Li rencluse de Miaulens fondée sour nient et si n'a nient.

Li maison de le Thiuloye en costé les cordeliers, fondée de bourgois, sont xxvi femes et n'ont riens.

Li maisons des xi^m viergenes, derrière Saint Julien, fondée de bourgois, sont xx femes, si n'ont riens, fors l'ostel.

Li maisons de le Vingne, vers Puingnyel, une bourgoise le donna, si sont xxiiij femes et n'ont riens fors l'ostel, et fu donnée au non Saint Looys.

Li maisons que dame Marguerite Amyonne donna sont xxii femes, si n'ont riens fors l'ostel.

Li maisons que Elyas donna en le rue maistre Adam, qui est ore justiche et singnerie Monsieur le prévost, sont xii femes, si n'ont riens fors l'ostel.

Li hospitaus de Houdaing. Si y a xii persones, ij varlés et ii meskines, sour xxx^{lb.} de revenue escarssement. Si doivent bien xxx^{lb.}, si y a xvi^{lb.} ou tout povre sont rechut et ne poroient vivre s'on ne les pourcachoit.

Li hospitaus du Souverain Bruay est autels d'autel manière et d'autel condition.

La maladerie de Houdaing sont xiiij persone, ix sains et v meziaus, ij varlés et ij meskines pour xxij^{lb.} de rente, si doivent bien xxx^{lb.}

CITÉ

HOTEL-DIEU.

Cet hospice, que l'auteur de l'un des *Annuaires* prétend à tort sans doute avoir été fondé au IXe siècle, était situé

[1] Archives départementales du Pas-de-Calais. Série A. *Trésor des Chartes d'Artois.*

rue Baudimont, en face la grande porte d'entrée du Cloître, là où sont maintenant les dames de la Providence.

Une chapelle bâtie en briques, contemporaine de la Cathédrale et conséquemment construite au XI* siècle, a subsisté, en partie du moins, jusqu'en 1831, époque à laquelle on l'a démolie pour édifier le musée, depuis école mutuelle, dont l'affreuse façade, démolie à son tour, a fait place à la façade actuelle.

Cette chapelle, sous le vocable de saint Gilles, offrait à l'extérieur une porte de goût roman voûtée en plein-cintre avec archivolte ornementée et flanquée de deux énormes contreforts, à laquelle on accédait par un perron de grès à quatre marches. Au-dessus de cette porte, à l'étage, étaient deux fenêtres carrées. A gauche de la porte, au rez-de-chaussée, se voyaient deux hautes fenêtres ogiviques à archivoltes moulurées, et à l'étage quatre fenêtres très-étroites logées dans les espaces formés par sept colonnes engagées et qu'accouplaient des pleins-cintres. Entre le rez-de-chaussée et le premier étage, courait un cordon d'une ornementation analogue à celle de l'archivolte de la porte.

La baie de cette porte laissait apercevoir une des nefs dont les voûtes en plein-cintre retombaient sur des massifs de maçonnerie. Le toit était coupé par deux étages de fenêtres placées en quinconce [1].

Un dessin très-exact, dû à M. Gautier, dont une photographie retournée a été publiée au volume de l'année 1831 des *Mémoires de l'Académie d'Arras*, a perpétué le souvenir de cet ancien édifice. Il était, hélas ! bien peu apprécié lorsqu'on l'abattit. M. Harbaville, en effet, faisait ainsi son oraison funèbre :

« A la place de l'*élégante façade* du musée que l'admi-

---

[1] *Plan en relief d'Arras*, à l'Hôtel-des-Invalides.

nistration vient de faire construire en cette ville, existait un monument d'*architecture gothique mêlée* et *d'assez mauvais goût* [1]..... »

Plus tard, dégrisé de l'*élégante façade*, M. Harbaville écrivait dans son *Mémorial* : « Le vestibule sur la rue Baudimont, *vénérable* monument gothique, a été remplacé en 1831 par une façade à fronton qui ne *vieillira pas !*... »

Derrière cette chapelle était la grande salle de l'hospice, dont les murs restaurés et reconstruits en certains endroits, existent encore maintenant.

Une autre chapelle gothique, éclairée par des fenêtres très-hautes et très-étroites, s'éleva dans l'hôtel-Dieu en l'année 1596, ainsi qu'il appert de la clef de voûte de la porte d'entrée.

A cette chapelle, sous le vocable de sainte Barbe, est soudé un cloître à quatre faces, parfaitement conservé dont les voûtes ogiviques à clefs sculptées et à nervures diagonales retombent sur des culs-de-lampe à écussons.

Les murs de ce cloître ont conservé cinq peintures du temps retrouvées dans ces dernières années sous les couches superposées du badigeon qui les cachaient depuis longtemps.

De l'autre côté de la chapelle et la reliant avec l'ancien bâtiment primitif, est une construction dont les ancres en fer donnent la date de 1594 [2].

[1] *Mémoires de l'Académie d'Arras*, 1831, page 24.
[2] Voir sur l'Hôtel-Dieu, le travail de M. PROYART, *Mémoires de l'Académie d'Arras*, 1846, pages 251 à 259.

VILLE

HOSPICE SAINT-JEAN.

Fondé par Philippe d'Alsace et sa femme vers 1178 [1], cet hospice subsista sur l'emplacement qu'il occupe aujourd'hui jusqu'en 1810, époque de sa reconstruction.

M. Terninck si versé dans tout ce qui concerne le vieil Arras, a bien voulu nous donner sur cet antique hospice, les renseignements que voici :

« La façade de l'hôpital Saint-Jean-en-l'Estrée, en face du Wez-d'Amin était en blancs. Elle s'étendait, chapelle comprise, sur toute la largeur de l'hospice de ce côté, moins les maisons qu'on y a annexées depuis lors.

Au milieu était un haut et grand portail à arcade ogivale orné de colonnes soudées portant les arcs doubleaux ou nervures qui le garnissaient. Entre les colonnes et entre les nervures étaient des niches peuplées de statues.

Une niche grande et ornée s'ouvrait en outre de chaque côté de ce portail et contenait les statues des fondateurs Philippe d'Alsace et Isabelle de Vermandois sa femme [2]. Le surplus de la façade était garni de deux rangs de fenêtres ogivales.

Sous la voûte de cette entrée, étaient aussi disposées deux grandes niches, une de chaque côté, contenant, l'une un Christ attaché à la colonne et flagellé par les bourreaux, et l'autre Notre-Seigneur au tombeau entouré des apôtres et des pieuses femmes occupées à l'ensevelir. »

---

[1] Desmazures. Livre VII, titre II, n° 10.
[2] Desmazures. *Loco citato*, dit positivement qu'à la porte de cet hôpital « se voit encore les deux statutz d'iceux comte et comtesse. »

A droite de ce bâtiment derrière un mur donnant sur la rue, se trouvait le chevet de la chapelle de l'hospice, qui par conséquent occupait à peu près la place qu'elle occupe encore aujourd'hui.

Dans l'intérieur de l'hospice s'élevait une tourelle ronde coiffée d'un toit aigu.

Des sceaux de l'hospice datant de 1302, 1306, 1321 et 1340 ont été reproduits par M. Guesnon.

Ils représentent l'aigle traditionnel posé sur l'évangile avec cette légende : *Sigillum hospitalis Sancti Johannis. Atrebatensis* [1].

On vient de placer dans la seconde cour de l'hospice une très-remarquable statue en marbre blanc, grandeur de nature, représentant saint Jean l'évangéliste ; ce beau reste de la statuaire de l'ancien monument était depuis longtemps oublié dans le coin où on l'avait relégué.

HOSPICE SAINT-JACQUES.

Établi d'abord en 1218, près de l'église Saint-Aubert, à l'angle de la rue de ce nom et de celle des Agaches du côté de l'hôpital Saint-Jean, et spécialement destiné aux pèlerins de Saint-Jacques-en-Galice, il fut en 1494 transporté sur la place Sainte-Croix, là où est maintenant le moulin Saint-Jacques.

Cet hospice et sa chapelle, dont le porche était rue Saint-Jacques, [2] ont disparu, à peine en reste-t-il quelques traces dans les caves qui n'ont conservé que leurs anciens piliers.

Cette chapelle d'après le Père Ignace « était en cul-de-

---

[1] *Sigillographie d'Arras*, page 23 et planche XII.
[2] *Plan de l'Hospice Saint-Jacques*. Archives municipales.

lampe avec neuf croisées ..... il régnait en dehors une galerie de pierres avec quelques petites pilastres et crénaux le long du comble. La chapelle en dedans contenait le chœur et la nef, une grille en fer les séparait. »

Le prix de sa couverture en plomb servit en 1745 à l'édification d'un clocher hexagone où l'on plaça les cloches.

La grande salle de l'hospice servit différentes fois aux assemblées des bourgeois, les troubles d'Arras à l'époque des *Verts-Vêtus* en fournissent des exemples.

Dans l'un des appartements figuraient les portraits avec légendes des mayeurs de la Confrérie; lors de l'enlèvement des planchers de l'Hôtel-de-Ville, il y a quelque dix ou douze ans, on retrouva une centaine de ces portraits cloués sous le gitage.

Comme on y voyait des dates, des faits, des costumes, des insignes, des physionomies et des armoiries, le Conseil municipal avait, sur notre rapport, décidé leur restauration si intéressante pour l'histoire locale.

Mais la résolution en est restée là; et plus détériorés que jamais, car on a eu l'ingénieuse idée de les laver à la potasse, ces portraits pourrissent tranquillement dans les greniers de Saint-Vaast !..

Le costume des mayeurs de Saint-Jacques, pourpoint ou robe avec col fraise ou rabat suivant la mode du temps, était noir. Les insignes se composaient d'un médaillon pectoral, argent et or, représentant saint Jacques, supporté par une chaîne formée de coquilles d'argent; et d'un bâton ou bourdon soit recouvert de velours rouge avec nœuds d'argent et pomme de même métal, soit d'argent avec nœuds dorés et surmonté de la statue de saint Jacques également dorée (Voir les Portraits).

Le dernier sceau de la Confrérie de Saint-Jacques, actuellement entre les mains de M. Boistel juge à Saint-Omer, sceau du XVᵉ siècle, représente l'apôtre tenant de la main droite un livre, de la gauche son bourdon de pèlerin, autour de lui existe un semis de coquilles. La légende est : « *Scel aux confrères de Saint-Jaque d'Aras* »[1].

HOSPICE CHARIOT
(OU DES CHARIOTTES).

Cet hospice, fondé en 1339, existait rue de l'Abbaye au coin de l'impasse que l'on voit encore maintenant.

Il se composait d'un grand corps de logis à double pignon à gradins sur la rue de l'Abbaye. Le rez-de-chaussée était en grès. Le premier étage comportait une série non-interrompue de dix fenêtres ogiviques séparées seulement par des colonnes ou par des piliers. Le second étage n'avait lui que six fenêtres également ogiviques que séparaient des trumeaux[2].

Cette construction d'un grand caractère existait encore au commencement du siècle dernier.

NOTA. — Ajoutons pour compléter ce que nous avons dit sur le *Grand-Cloître* :

1° Qu'entre les maisons n° 6 et n° 8 on voit la baie maintenant bouchée d'une porte cochère, dont l'arcature à double rouleau, le premier en grès le second en pierres blanches moulurées, tient le milieu entre l'ogive et le plein-cintre. Porte fermant jadis une ruelle aboutissant à une maison canoniale qui a disparu ;

---

[1] Guesnon. *Sigillographie de la ville d'Arras.*
[2] Hôtel des Invalides, *Plan en relief d'Arras*, 17'6.

2° Que, dans le jardin de la maison n° 17, on retrouve comme vestige de l'ancienne synagogue un mur que termine un pignon droit que buttent deux contreforts, et que percent deux fenêtres en forme d'accolades de la fin du XV° siècle ;

3° Que la porte du Cloître, sise au bas de la rue des Morts, s'appelait porte *Saint-Nicaise*.

Nous avons vu que le Chapitre avait un lieu plaidoyable, *Curia Pulletorum*, et un pilory : disons deux mots de sa juridiction.

On lit dans Desmazures : « Ont lesdits du Chapittre toutte justice haulte, moyenne et basse en tout leur enclos et maisons capitulaires, et non seulement ledit Chapittre en corps, mais aussy chacun chanoine en son particulier pour le regard de leurs maisons. »

On lit également dans l'*Almanach d'Artois* de l'année 1761 : « La juridiction temporelle du Chapitre appelée *la Cour des Poulets en l'Atre (Curia Pulletorum)* est assise dans le Cloître de la cathédrale qui en est le chef-lieu, et où ressortissent tous les villages et toutes les seigneuries de l'ancien domaine du Chapitre. Sa Majesté a maintenu et gardé le Chapitre dans son droit et possession de la juridiction civile, criminelle et de police dans toute l'étendue du Cloître. »

Un procès, dit Gosson, s'éleva entre l'Evêque et le Chapitre à l'occasion d'actes de juridiction faits par ce dernier dans le cimetière Saint-Nicaise.

Le Chapitre prétendant que l'Eglise et tous les lieux d'alentour destinés aux sépultures communes, étaient de sa justice, et que ses agissements les constituaient en cette possession.

L'Évêque, soutenant que le lieu destiné aux sépultures était de son territoire, que toute possession contraire serait inopérante, l'inférieur ne pouvant ni usurper les droits de justice de son supérieur, ni acquérir à son détriment ces droits que certains justiciables consentiraient à lui concéder.

Les parties manquant réciproquement de titres, et l'Évêque étant Seigneur universel de la Cité, les présomptions furent en sa faveur, et le Chapitre n'ayant pu les détruire par des preuves contraires, finit par céder à l'Evêque qui, tenant ses pouvoirs du Roi, les fondait sur le droit commun. « *Cæterum in eâ quæstione, cum utrique parti deesset titulus, et tituli documentum, ad conjecturas utriusque recurrendum erat; in quo denique prævaluerunt præsumptiones Episcopi ; nempe quod esset universalis Dominus Civitatis ; itaque ejus intentio, jure communi fundata, rejiciebat in collegium onus probandi ; quod cum præstare non posset, ultro cessit Episcopo ; quod haberet a Rege Jurisdictionem, eaque ratione fundatam Jure communi.* »

TRADITIONS RELIGIEUSES

Il y avait à Arras trois grandes traditions religieuses :
Celle de la *Manne* remontant à l'année 399 ;
Celle de la *Sainte-Chandelle* datant de 1105 ;
Et celle du *Calvaire* se rapportant à 1667.

SAINTE MANNE.

On lit dans Gazet, curé de Sainte-Madeleine d'Arras (In-4°, 1613, page 192 et suivantes).

« Lorsque sur la fin de l'empire de Julien l'Apostat, Dieu rendit la terre stérile par une ardente seicheresse en beaucoup de pays et endroicts, dont s'ensuyvit une extrême famine, pour l'énormité des péchez du peuple, le territoir d'Arras et du pays circonvoisin n'eschappa cette orage de la vengeance divine. Mais ce peuple ayant beaucoup souffert par une telle aridité de la terre, feit tous ses efforts d'appaiser l'ire de Dieu par prières, ieusnes, aumosnes et autres exercices de piété que pouvoit permettre la condition d'un nouveau peuple nouvellement converty à la foy, qui estoit encore meslé parmy plusieurs infidèles. Et enfin Dieu monstra les admirables effects de sa puissance et miséricorde, lors qu'environ l'an de grâce trois cens soixante-neuf [1] qui

---

[1] Suivant a autres auteurs en 371.

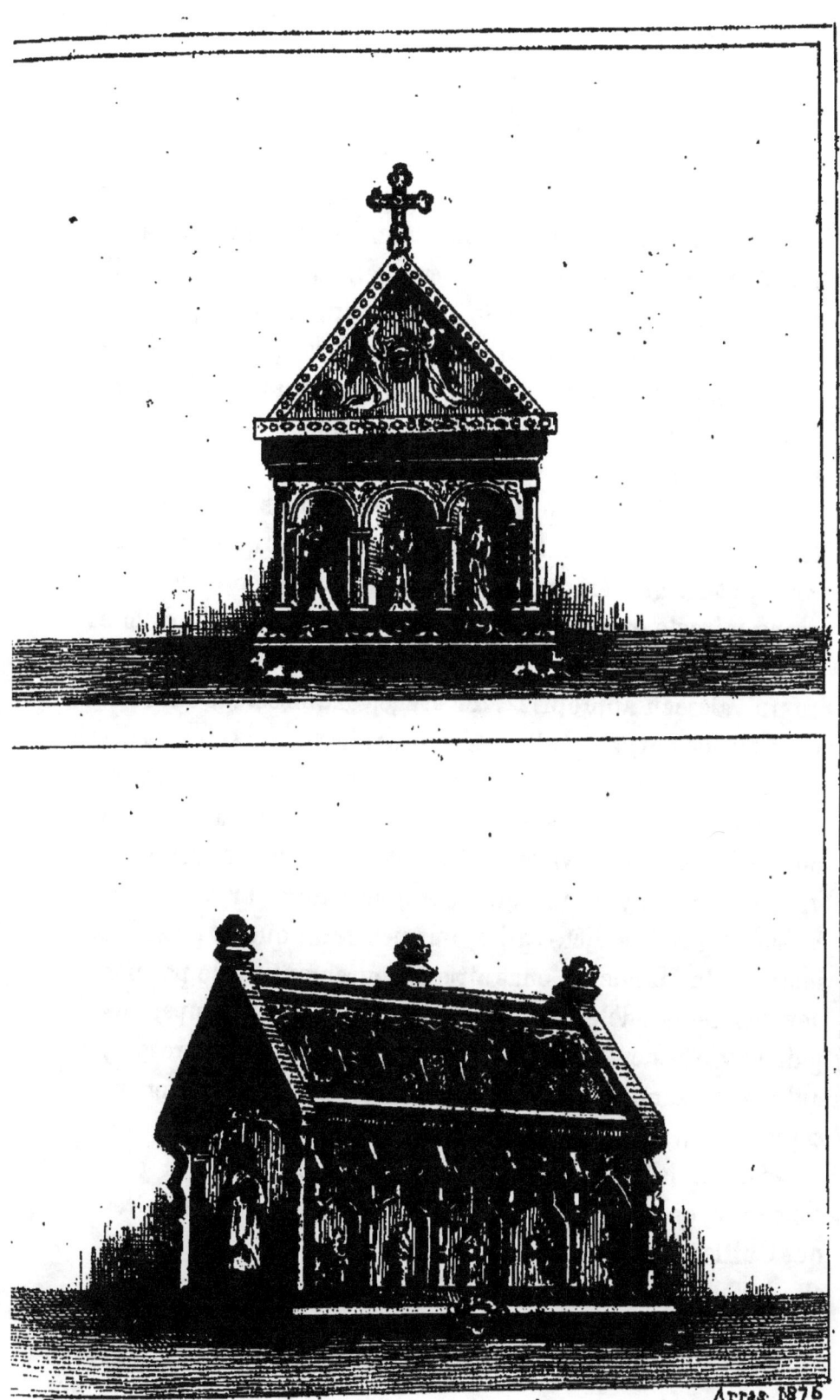

1. Chasse de la Sᵗᵉ Manne

fut le troisiesme de l'empire Valentinian, selon la plus certaine supputation, au temps du pape Damase, il feit tomber du ciel sur le terroir d'Arras, et du pays à l'environ quelque rousée grasse en espèce de laine blanche, entremeslée avec une douce pluye, la quelle engressa tellement la terre et la rendit si fertile, que dès la mesme année, elle produict grains propres à la nourriture humaine, la quelle bénédiction semble encore durer sur ce pays, veu qu'il est demeuré entre tous les voisins très-fertil et très-abondant en toutes sortes de grains.

Or ceste laine fut appelée par les chrestiens qui vivoient lors, Manne, de la quelle aucuns recueillirent quelques parcelles, et les gardèrent religieusement en mémoire d'un si grand miracle et bénéfice. L'Évesque d'Arras qui estoit lors en fit ramasser par son clergé quelque quantité, qui fut mise en un vaisseau approprié à tel usage, exquisement ouvré et orné richement, le quel a esté conservé avec tel soing et diligence parmy la persécution des tyrans et barbares, que ny les Gots, Huns, Vandales, Danois, Normans et autres qui ont à diverses fois ravagé la ville, et tout le pays et pillé l'église d'Arras, ny le feu qu'on trouve avoir par deux fois bruslé et gasté la dicte église, ont peu faire que ce précieux ioieau de la Manne ne nous ait esté seurement gardé par nos devanciers et fidèlement transmis de temps en temps, depuis environ douze cens et trente ans, jusques à présent, qu'on peut admirer pour un miracle des plus illustres et insignes..........

Quant à la châsse en laquelle la sacrée Manne a esté conservée, on trouve par les anciens registres et chartulaires que Guillaume de Isiaco XLII évesque d'Arras, ouvrit et visita les châsses des sainctes reliques de son église, avec la chasse où se gardoit la sacrée Manne, laquelle au jugement des orfebvres qui estoient lors, monstroit une très-grande antiquité : et que la laine qui estoit dedans appelée Manne, fut trouvée aussi blanche et entière que lors qu'elle tomba du ciel. Cest évêque feit faire une nouvelle châsse d'argent doré, plus grande et plus magnifique, qui est celle qu'on voit encore à présent, enrichie de pierres et d'autres bagues précieuses, laquelle représente parfaictement la forme et figure de l'arche de l'Ancien Testament, selon que la dépeint Joseph en ses livres des Antiquitez judaïques ; au lieu des chérubins vous y voyez des anges et l'effigie du Sauveur avec le pourtraict de l'annonciation de Nostre-Dame, et à l'entour les images des dix vierges évangéliques, et au sommet une croix.

Dans la dicte châsse il y a une grille d'argent, sur laquelle la sacrée Manne repose, avec une assez grande pièce de bois de la croix de Nostre-Seigneur, et un voile blanc duquel la sacrée Vierge couvroit sa teste, et quelques autres vénérables reliques[1]. »

En 1586 le nonce du Pape reconnut encore la Manne dont Mattieu Moullart évêque d'Arras lui ouvrit la châsse, et où on n'en trouva « gueres moins qu'un quart de boisseau ».

Une foule de grands personnages, entre autres Louis XI, tinrent à honneur de vénérer la Manne, que l'on exposait et portait processionnellement dans les temps de calamités publiques, guerre, peste, famine, sécheresse, etc......

En 1792 la châsse de la Manne n'échappa point à la rapacité des agents révolutionnaires. La liasse 148, du district d'Arras, aux Archives départementales, contient le procès-verbal suivant :

« L'an mil sept cent quatre-vingt-douze, le douze mars,

---

[1] Guillaume d'Isiaco avait fait mettre dans la chasse ces deux vers :

Atrebati mannah, Romæ pluit unctio sancta,
Hierusalem sanguis, sunt hæc tria dona salutis.

neuf heures du matin, nous Philippe Joncqué et Bruno Gorlier, tous deux orfèvres, demeurans à Arras, nous sommes transportés, à la réquisition de Messieurs les Administrateurs composans le Directoire du district, dans l'église paroissiale de Notre-Dâme en cette ville, à l'effet de constater l'état d'une châsse dite de la saincte Manne qui se trouvoit dans la sacristie de la ditte église ; ce que nous avons fait comme suit : nous avons reconnu que cette pièce dont la figure est un carré long, sur des pieds de cuivre doré ; qu'elle est surmontée de quatre lions servant de consoles ; les quatre côtés sont décorés de figures séparées par des colonnes ; le dessus est un chapiteau en forme de toit, sur chacun des côtés de ce chapiteau se trouve une figure, au milieu une croix qui fait le couronnement de la châsse. Tout ce reliquaire à l'exception des pieds est en argent doré. Nous y avons remarqué quantité de pierres de peu de valeur, telles qu'agathes brutes, cornalines blanches et rouges, agathonistes et amathistes, dont le reliquaire est parsemé ; de tout quoi nous avons dressé un procès-verbal pour valoir ce que de raison.

Fait au dit Arras les jours, mois et an que dessus. »

P. Joncqué, C. Gorlier [1].

A la suite de cette expertise la châsse fut expédiée à la Monnaie, où en un instant fut anéanti, un objet de piété,

---

[1] La châsse reposant sur l'autel des reliques, au volet droit du triptyque de la Cathédrale, est à notre avis celle de la sainte Manne ; indépendamment de cette circonstance qu'elle est ainsi placée en évidence comme étant la plus importante, il suffit de l'examiner avec soin pour se convaincre qu'elle offre la plus grande analogie avec la relation de Gazet et la description des experts sus cités : description qui, sans aucun doute, ne doit pas être d'une exactitude rigoureuse, et parce que la mission de Joncqué et de Gorlier n'avait rien d'archéologique, et parce que ces orfèvres n'avaient aucune compétence en ce regard.

une œuvre d'art et très-probablement l'un des plus remarquables morceaux des fameux « Orphèvres d'Arras ».

Aujourd'hui encore l'église de Saint-Nicolas-en-Cité, conserve une chasse en bois très-ancienne et très-remarquable, malgré l'abominable dorure au gras dont on l'a empatée lors de la béatification de Benoît Labre, toujours connue sous le nom de *châsse de la Manne*, mais nous doutons qu'elle contienne autre chose que des reliques.

Des médailles de la sainte Manne se vendaient aux pèlerins, on n'en retrouve plus qu'une seule, elle est en argent et appartient à M. Dancoisne. Sur l'une des faces, on voit le reliquaire avec ces mots : « *la S. Manne* », sur l'autre face, la Vierge Mère, nimbée, avec cette légende : « *Notre-Dame d'Arras* ».

Terminons en disant qu'en sa continuation de la chronique d'Eusèbe, S. Jérôme écrivait à propos de la Manne : *Anno 371.* « *Apud Atrebatas lana e cœlo pluviæ mixta defluxit.* »

Consulter : Orose, Cassiodore, Paul Diacre, Vincent de Beauvais, Molanus, Malbrancq, Locrius, Dom Gérard, les auteurs du *Gallia christiana*, Alexandre Major, le Père Ignace, Gilles Boucher, l'abbé Lefebure, l'abbé Galhaut, Hennebert, et surtout la dissertation historique de M. l'abbé Proyart, doyen du Chapitre et vicaire général du diocèse [1].

---

[1] *La Sainte-Manne*, brochure in-8, 1873. Et *Mémoires de l'Académie d'Arras*, année 1873.

SAINTE CHANDELLE

« Au temps de Lambert, évesque d'Arras, dit Gazet, environ l'an onze cens et cinq, le peuple estant fort desbordé et addonné à tous vices et pechez, la saison devint intemperée, et l'air si infect et corrompu, que les habitans d'Arras et du pays circonvoisin furent punis et affligez d'une étrange maladie, procédant comme d'un feu ardent qui brusloit la partie du corps atteinte de ce mal. Les médecins n'y pouvans aucunement remédier, plusieurs en mouroyent, aucuns avoyent recours à Dieu et aux Saints, et se trouvèrent en grand nombre devant le portail de l'église de Notre-Dame en Cité, et à l'entour d'icelle, s'escrians, se lamentans, et requérans ayde et secours.

Or côme au mesme temps il y eut deux joüeurs d'instrumens asses fameux et celebres, desquels l'un demeuroit en Brabant, qui se nommoit Itier, et l'autre nommé Pierre Norman se tenoit au chasteau de Sainct-Paul en Ternois, lesquels estoyent grands ennemis et s'entrehayssoyent, pour ce que le dit Norman avoit tué le frère de Itier. Ce nonobstant la Vierge Marie en atour magnifique leur apparut séparement à chacun d'eux le lundy en la nuict, et après avoir appellé l'un et l'autre par son nom, elle leur tinct tout le mesme discours disant : Levez-vous, et vous transportez vers la ville d'Arras, où vous trouverez grand nombres de malades gisans devant l'église à demy morts de feu ardant, et vous adressans à Lambert, évesque du lieu, l'advertirez qu'il soit debout et qu'il veille la nuict samedy prochain visitant les malades parmy l'église, et qu'au premier chant du coq on voira une femme revestue de pareils atours que moy descendre du chœur de la dite église, tenant en ses mains un cierge de cire qu'elle vous baillera, et en ferez dégouster quelque peu de cire dedans des vaisseaux remplis d'eau, que donnerez à boire à tous les malades, et mesme en ferez distiller sur la partie du corps affligé. Ceux qui se serviront de ce remede avec une vifve foy recevront la guerison, et ceux qui la mespriseront perdront la vie.

Outre ce discours commun, elle dit à Norman particulièrement qu'il auroit pour compagnon Itier, combien qu'il luy fust ennemy pour l'homicide advenu, et qu'en ce rencontre ils seroient reconciliez. Norman donc estant esveillé, commence à s'escrier : O combien grande et venerable est la presence de la Vierge Mère de Dieu ! O à la mienne volonté, que par son ayde je puisse estre reconcilié à mon confrère Itier. O pleust à Dieu que par sa miséricorde, et par l'intercession de la Vierge Marie, je puisse annoncer à tant de malades qu'ils recevront santé et guérison. Néantmoins je crains fort (disoit-il) que cette vision ne soit un phantosme et illusion, partant je veilleray toute la nuict suyvante, pour sçavoir si par la permission de Dieu cette vision se representera de rechef. Puis ayant ainsi discouru, il se transporta à l'église de grand matin, et assista à l'Office divin, faisant sa prière à Dieu, qu'il luy pleut donner plus claire intelligence et interpretation de la raison advenuë en la nuict precedente. Itier ne fist moins de devoir de sa part, fut à veiller, fut à prier.

Et la nuict suyvante, la mesme vision de la benoiste Vierge Marie se demonstra à chacun d'eux, les menasçant que s'ils ne se transportoient en diligence au lieu par elle désigné, eux-mesmes seroyent touchez de la susdite maladie, qui fut cause que ils se meirent en chemin le lendemain au matin, et Norman qui estoit le plus proche arriva à Arras le vendredy, et le samedy au matin s'en alla vers l'église de Notre-Dame, où il trouva l'évesque en prieres devant l'autel sainct Severin. Il fut fort confirmé en son propos, quand il

apperceut le grand nombre des malades, qui se lamentoyent près de l'église, comme il luy avoit esté representé par la vision. De façon qu'estant plus constant et résolu, il s'adresse à l'évesque et luy prie se retirer à l'escart, pour lui communiquer quelque affaire d'importance, ce faict il lui dit : Monsieur, lundy dernier en la nuict, m'est apparue une vision de la benoiste Vierge Marie, laquelle m'a commandé venir vers vous, pour vous déclarer que samedy en la nuict vous avez à visiter les malades qui seront dedans et dehors l'église et qu'après le premier chant du coq, pour un singulier bénéfice, elle vous mettra es mains un cierge ardant, duquel en faisant le signe de la croix ferez découler quelques gouttes de cire en des vaisseaux remplis d'eau, et en donnerez à boire aux malades, mesmes en arrouserez leurs charbons et ulcères. Ceux qui ne se voudront servir de ce remede, ou ne le recevront avec une ferme confiance en Dieu, ils en mourront. Voyla (dit-il) la charge et commission qui m'a esté donnée ; si votre Paternité la néglige et ne la met à exécution, ce ne sera ma faute.

L'évesque, fort estonné de ce discours, luy demanda son nom et de quel stil et pays il estoit ; mais quand il respondit qu'il estoit joüeur d'instruments de son stil : Ha, mon amy (dict l'évesque), ne te joüe tu pas de moy ? Et lors le quitta, et se retira en son palais épiscopal, ne faisant estat de ce que luy avoit discouru Norman, lequel tout vergongneux se tint encore en l'église, considerant avec grande pitié et compassion tant de malades et misérablement affligez. Or quelques heures après, voyla Itier venant du plus loing qui arrive en l'église de Notre-Dame, et y ayant fait sa prière à Dieu, s'en va au palais épiscopal, et entre en la chapelle où l'évesque celebroit la Messe. Achevé qu'il eut, Itier le salue reveremment, et ayant humblement requis audience, luy dit : Père sainct, il m'est apparu une vision par deux fois d'une femme d'excellente beauté, qui se disoit la sacrée Vierge Marie, laquelle m'a donné charge de vous venir exposer ses commandements. Elle veut que samedy prochain en la nuict vous visitiez les malades gisans dedans et hors vostre église, et que lors elle vous délivrera un cierge allumé, duquel ferez distiller de la cire, en faisant le signe de la croix dedans quelque vaisseau plein d'eau, et en donnerez à boire à tous ces malades. Quiconque d'iceux y apportera une vraye foye, il s'en guerira, et qui ne le voudra croire, en mourra soudain.

Itier ayant achevé son discours, l'évesque luy demanda comment il se nommoit, et de quel pays, estat, et condition il estoit, il respondit qu'il avoit nom Itier, natif du pays de Brabant, gaignant sa vie à chanter et jouer des instrumens. Alors l'évesque luy dit, qu'un autre de mesme condition nommé Norman lui avoit tenu les mesmes propos, quelque peu auparavant, luy reprochant qu'ils auroyent communiqué par enssemble pour se jouer et mocquer de luy. Tant s'en faut, dit Itier, que si je rencontrois celuy que nommez Norman, je me vengerois de la mort de mon frère, qu'il a misérablement tué. L'évesque ayant entendu ce discours, considéra à part soy que telle vision se pouvoit manifester par la permission de Dieu, pour servir tant de guarison aux malades, comme aussi de bonne réconciliation entre ces deux ennemis : Puis il incita Itier à se réconcilier à Norman, usant d'une paternelle remonstrance tirée de la saincte Ecriture, si bien à propos, qu'il luy persuada de pardonner au dict Norman, se jettant à genoux devant l'évesque, et le se soubmettant à tout ce qu'il ordonneroit pour le faict de ladicte réconciliation. Et lors l'évesque envoya son secrétaire cercher à l'église le dict Norman, lequel y vint aussi tost, et se meit aussi à genoux, priant mercy à Dieu, à l'évesque, et à Itier. Et après que l'évesque leur eut faict un très-beau discours, de la charité fraternelle, il leur commanda de s'entrebaiser pour un signal de paix et amour, afin qu'estans parfaitement réconciliez, ils puissent heureusement exploicter la charge qui leur avoit esté en divers lieux déclarée par la vision apparue les jours précédents. Et ayans tous trois jeusné fort estroictement, et employé tout le jour en bonnes et sainctes prières, sur le soir ils se transportèrent à l'église, et y continuèrent leurs oraisons jusques environ le temps qui leur avoit esté spécifié par la vision, que lors leur apparut de rechef la Vierge Marie en mesmes attours, laquelle sembloit descendre du haut du chœur de l'église, avec un cierge ardant de feu divin qu'elle leur délivra, leur tenant en commun les mesmes propos, qu'elle avoit faict auparavant à ces deux joueurs en particulier, touchant l'operation de ce cierge, et l'ordre qu'il falloit observer pour en bien user à l'endroict des malades, leur ordonnant de le garder et conserver reveremment en perpétuelle mémoire d'un si grand et excellent benefice, puis elle disparut incontinent.

Ils furent tous ravis en admiration, tant pour la glorieuse apparition de la Vierge Mère de Dieu, que pour la grande clairté qui flamboya parmy toute l'église à son arrivée. Estans donc ainsi illuminez, voiré aussi enflambez de ce lieu divin, premièrement louerent et remercièrent Dieu, puis se meirent en devoir d'exploicter promptement tout ce que la dicte Vierge avoit commandé. Et après que quelques vaisseaux furent emplis d'eau, l'évesque formant le signe de la croix avec la chandelle feit degoutter quelque peu de cire dans cette eau, et après il déclara aux malades la vertu d'icelle, et les exhorta d'en boire en grande reverence, et avec ferme confiance en Dieu : puis leur en donnerent à boire, et en laverent leurs charbons et ulceres, et ils en sentirent soudainement grande allegeance de leur mal, tant par dedans aux parties nobles qui se gastoyent par une si ardante inflammation, que au dehors en leurs membres, qui estoyent jà à demy pourris : Ils estoyent lors environ cent et cinquante malades et furent tous guaris, hors mis un pauvre mal-advisé, lequel mesprisant ce divin remede, osa temerairement desboucher qu'il aymeroit mieux du vin, et autres semblables propos par desdain et contemnement. De façon qu'il devint si embrasé de ce feu sacré que tost après il en mourut comme à demy forcené.

Achevé qu'ils eurent, toute l'assemblée se meit à louer et magnifier Dieu en ses œuvres tant admirables. Et comme le clergé estoit ja arrivé à l'église, pour chanter l'Office divin, l'évesque commença le cantique spirituel de sainct Ambroise et sainct Augustin, duquel la saincte Eglise se sert pour action de grâces. *Te Deum laudamus*, etc. Il fut chanté en musique melodieuse, avec une indicible esjouyssance et allegresse de tout ce peuple, qui avoit reçu la guarison tant desirée.

Après tous ces devoirs, la saincte Chandelle [1] fut baillée en garde à ces deux joueurs d'instrumens musicaux, qui l'avoyent reçeu de la Vierge avec l'évesque, par l'advis duquel ils instituerent une venerable Société de gens pieux et devots, qu'ils appellèrent la *Confrairie des Ardants* en la mémoire de ce tant signalé miracle, et en peu de temps grand nombre de gens, voire des principaux et plus honorables Seigneurs et Bourgeois de la ville d'Arras se feirent enrooler en cette Confrairie.

Complétons la notice de Gazet.

---

[1] Le Saint-Cierge, suivant la tradition, brûluit sans diminuer. En 1735, le Père Constantin le mesura publiquement « en la chapelle des Ardans, devant le Tripot de la ville » et lui trouva « 17 pouces de cire depuis le bas de l'étuy d'argent jusqu'à la terminaison de la cire en haut. » Il n'avait point de mêcho pour l'allumer, on l'inclinait horizontalement et on le frottait avec une bougie enflammée « composée de trois bougies qui avaient

Le saint Cierge fut déposé par Itier et Norman, dans l'Église paroissiale de St-Aubert où il resta quatre ans. En 1109 il fut transporté dans la chapelle de l'hôpital St-Nicolas, rue des Agaches.

Vers 1131 S. Bernard de passage à Arras, ayant manifesté le désir de voir le Cierge, l'abbé de Saint-Vaast l'envoya quérir : Saint-Bernard étant allé au devant par déférence, et ayant rencontré les mayeurs qui l'apportaient, pria les moines de Saint-Vaast d'élever là une croix commémorative en grès dont nous traiterons en son lieu.

En 1140, le saint Cierge fut translaté dans une chapelle spéciale[1] sise à peu près, où est la chapelle du Tripot, qu'enclave la brasserie de M. Duquesne située même rue. Enfin en 1215 on l'abrita sous la merveilleuse pyramide que fit élever sur la petite place, Mahaut de Portugal comtesse de

---

chacune cinq fils de cotton recouvert de cire d'environ une feuille de papier épais. » (Le Père Constantin, *Manuscrit des dames Ursulines*).

L'auteur du *manuscrit de l'Évêché* s'exprime ainsi : « Je puis dire n'être pas fort aisé à convaincre sur bien des miracles ou vrais ou faux qu'on veut faire valoir, mais je ne puis m'empêcher de convenir qu'il y a quelque chose de bien extraordinaire dans ce Cierge, que j'ai examiné autant qu'il est possible sans le sortir de son étui ; l'ayant vu allumer et éteindre de fort près, on conçoit aisément que c'est de la cire. On m'a gratifié d'une demi-goutte dont la blancheur n'est altérée que de fumée en l'éteignant, et par le temps. Ce qui me persuade encore davantage c'est que depuis 609 ans qu'elle est entre les mains des séculiers, s'il y avoit de l'abus il n'est presque pas possible que quelqu'un n'ait décélé un secret si contraire à la bonne foy de la religion ; j'avoue que ce miracle me serait fort suspect si ce dépost étoit entre les mains des ecclésiastiques. » Folio 23, r°.

[1] La dernière chapelle du Tripot était ornée à l'extérieur d'une statue de la Vierge placée sans doute dans une niche.

On lit, en effet, au *registre Thieulaine* « demoiselle Catherine Lenfle, veuve de Hierosme Brassart, demeurant joindant la chapelle du Préau a faict repaindre l'ymage de la Vierge Marie, posée à la muraille hors de la dite chapelle et l'entretient de courtines et ornements en l'an 1635 que lors l'on a livré le bois de l'appenty et l'ouvrier a donné la façon » (fol. 95). Communication de M. de Linas.

Flandre, du consentement de Messieurs de Saint-Vaast, seigneurs tréfonciers. Il y resta jusqu'en 1791, époque à laquelle sous le prétexte dérisoire de sécurité publique, on la fit démolir C'était « en haut de cette pyramide, sous différentes portes dont la dernière était de fer, et sous différentes clefs »[1] que reposait la relique.

Vers 1320 la princesse Mahaut comtesse de Bourgogne et d'Artois, fit suivant Bersacius et Locrius placer le Cierge dans l'admirable custode d'argent ciselé, gravé et niellé dont voici la description sommaire.

Elle se compose de deux parties s'emboitant l'une dans l'autre, et donnant une hauteur totale de 0 m. 62.

La partie inférieure se subdivise en deux étages alternant avec des lames d'argent niellé représentant des arabesques entremêlées de chimères. Le premier étage est percé de quatre fenêtres ogiviques à menaux, par lesquelles s'apercevait le *Cereum*. Le second offre quatre plaques d'argent niellé représentant la Vierge couronnée et nimbée, tenant à la main le saint Cierge. L'évêque Lambert crossé et mitré, Iier et Norman avec leurs instruments de menestrels. Ces plaques et ces fenêtres sont séparées par des trumeaux, littéralement couverts de filigranes de vermeil, d'une disposition et d'une exécution ne laissant rien à désirer.

La partie supérieure, est revêtue de neuf lames d'argent superposées, dont cinq niellées aux figures bizarres et fantastiques, et quatre avec filigranes en vermeil.

Le fond de la partie inférieure, représente un *Agnus Dei* gravé.

La partie supérieure se termine par l'épanouissement d'un bouton fleuronné.

---

[1] *Mémoire adressé à Mgr de Conzié.*

Sur cette custode se trouvaient anciennement trois doubles couronnes, que l'on n'y met plus maintenant. Les auteurs modernes n'en ont signalé que deux; l'existence de la plus importante, de quatre pouces de hauteur, feuillagée à la partie supérieure et à la partie inférieure, est révélée par un dessin *de visu* et à l'échelle qu'a fait le Père Constantin en 1736 [1].

Nous possédons toujours ce riche et magnifique morceau d'orfévrerie. En dépit, en effet, de la très regrettable restauration qu'on lui fit subir en 1860, et à la suite de laquelle certains archéologues ont été jusqu'à prétendre, au congrès de Malines, que la vraie custode n'avait point été remise à Arras, mais vendue en Angleterre, M. Van Drival, chanoine de la cathédrale a péremptoirement établi dans un travail minutieux et approfondi qu'heureusement il n'en est rien, et que ce monument d'orfévrerie reste bien entre nos mains. On lit au procès-verbal de la séance du 14 avril 1871 de l'Académie d'Arras : « M. Van Drival donne lecture de son travail sur le reliquaire de la Sainte-Chandelle monument du XIII° siècle soumis en 1860 à une restauration. Après avoir donné l'historique de cette restauration et des discussions dont elle est l'objet, il entre dans l'examen direct très-détaillé de l'étui lui-même dans son état actuel, et ce à l'aide de photographies et empreintes antérieures à la restauration, et la conclusion est, que les parties les plus importantes et réellement essentielles ont été et sont encore conservées et que la susdite restauration n'a atteint généralement que les parties supérieures, fort détériorées et les moins importantes de l'objet d'art [2].

---

[1] *Manuscrit des Dames Ursulines*.

[2] Nous partageons en tout point l'opinion de M. Van Drival, et déclarons même ne pas comprendre l'opinion contraire, que l'on ne soutiendra sans

Au commencement du XVᵉ siècle Jean Sacquespée, bourgeois et mayeur d'Arras, conseiller du duc de Bourgogne, receveur général des aides en Artois et seigneur de Beaudimont fit construire une chapelle près de la pyramide, et renferma la custode d'argent, le *Joyel* (jocale) dans une custode de cuivre rouge à six pans, dit le père Ignace, et ornée d'émaux qui représentaient la légende.

C'est pourquoi l'on voyait à la maîtresse verrière sise au-dessus de l'autel, les armoiries de Jean Saquespée, et de sa femme et dans la chapelle une table de cuivre commémorative de sa fondation par ces donateurs [1].

Frappées d'obus, de bombes et de boulets qui y causèrent les plus grands ravages lors du siége de 1640 cette chapelle dut être démolie; ultérieurement rebâtie par les mayeurs

---

doute, si on la soutient, que parce qu'on l'aura précipitamment hasardée.

Il y aurait beaucoup à dire assurément en faveur de l'authenticité parfaite de notre précieux *Joyel* ; une discussion ne rentrant pas dans le cadre de ce livre, nous nous bornerons à ceci :

Avant cette restauration, une photographie d'au moins deux tiers de nature a été faite par M. Grandguillaume. Or, le rapprochement de la custode et de la photographie ne permet pas de douter de l'identité. Il y a effectivement dans l'exécution de la custode, des irrégularités, des accidents, des fentes de métal, des oublis de détail et de sous-détails infinitésimaux, que le plus adroit coquin n'aurait pas songé à relever, que le plus habile pasticheur n'aurait pu traduire; des soudures, un travail de marteau, des traces de burin et de ciseau que la galvanoplastie ne saurait rendre et qui concordent mathématiquement avec la reproduction photographique dont l'existence n'était même nullement connue du restaurateur.

Quoi qu'il en soit, tout pouvant être contesté, l'évidence même, espérons que la dissertation de M. Van Drival trouvera place au recueil académique ou ailleurs, et qu'elle donnera la démonstration irréfutable et dans le présent et dans l'avenir de l'erreur où sont tombés ceux qui ont méconnu l'identité de notre custode, dont depuis 1860 au surplus on aurait parfaitement retrouvé la trace si elle eût été réellement brocantée.

[1] Après avoir donné plusieurs armoiries figurant, soit aux fenêtres de la chapelle, soit à certains tableaux de bois, Dom Le Pez dit : « En une verrière deseure l'autel de la chappelle y at une verrière où sont telles armoiries assavoir de Saquespée et de Walois.

Et y at une table de cuivre par où appert avoir fet la fondation d'icelle

de la confrérie et par Dom Maximilien de Bourgogne abbé de Saint-Vaast, la chapelle fut détruite avec la pyramide en 1791 [1].

Le Joyel fut alors placé dans la chapelle du Tripot et dans une niche en fer du côté de l'épître, puis vers l'époque où cette chapelle fut elle-même démeublée (18 mars 1792), il fut conservé par M. Wattelet de la Vinelle qui, dans la nuit du 14 au 15 avril, « chargea un vieux et fidèle serviteur,

chappelle ». (*Epitaphes des Églises d'Arras*, page 132. Manuscrit de la Bibliothèque communale.)

Sur cette table on lisait, ainsi que nous l'apprend le Père Ignace. (*Diction.*, tome IV, page 635) :

En l'an mil quatre cens et vingt
De par la grace de Dieu vint
Devotion moult embrazée
Au cœur de Jehan Jacquespée
Conseiller du duc de Bourgoigne,
Qui receveur fut sans meshoigne
Général longtemps en Artois
Des aides au roi François
De chi fonder ceste chapelle
Au nom de la Vierge pucelle
Qui nostre Créateur porta ;
Laquelle capelle il doua
Tous les ans de quarante livres ;
Et pour estre de ce delivres,
Ledit Jehan de Sacquespée
Quicta le quart de la fouée
Qui sien estoit adheritage
Queillié sur l'echevinage
Par vu que la Ville d'Arras
Emprist de pacer sans haras,
La ditte somme tous les ans
Pour et au nom dudit Jéhans
Au capelain qui jouira
Du bénéfice et qui dira
Tous les jours messe en sa personne
S'il n'a ensoine juste et bonne
A huit heures quoi qu'il advienne
Hiver et esté faut qu'il vienne.
Et doict livrer pain et vin
Pour faire l'office divin ;
Lumière aussy à ses despens,
Réparer les aournements.
Et se faute en cela voioient
Mayeur et eschevins feroient
Par aultre la messe chanter,
Et pour cely bien contenter
Retenroient sur le chapelain
Aians le bénéfice en main
Deux sols parisis pour la messe
Que defauroit pour sa promesse.
Et se par mort ou austrement
Le bénéfice aucunement
Vacquoit, la dicte Loi sans visse
Y mestroit un homme propice
Aux despens du premier venant
Possedant l'office avenant.
Pour donner a ceste ordonnanche
Perpetuelle souvenanche,
Furent faictes lettres patentes,
Desquels copie par bonne entente,
Nostre-Dame en a la copie
Et Saint-Vaast en sa trésorie
L'aultre tierche sera trouvée
En la trésorie enfermée
De la halle des eschevins
D'Arras pour tous moulvois commis
Quicter et pour a unir
Tous proches en temps advenir.
Sy prions Dieu pour le fondeur,
Qua s'ame luy soit défendeur
Contre les félons ennemis
Et a tous les loyaulx amis. Amen.

La famille Saquespée, portait, *de sinople a un aigle d'or éployé tenant une épée d'argent posée en bande.*

[1] On n'a trouvé aucune trace de ces constructions lors des fouilles et du nouveau pavage de la Petite-Place il y a quelques années.

Alexis Vermesse, jardinier du château de Louez, d'aller jeter dans le puits du Cloître la custode d'argent et le Saint-Cierge qu'elle renfermait, le tout soigneusement enveloppé¹. »

Accidentellement découvert, le Joyel en fut remonté le même jour². Trois ans on le conserva au dépôt d'Arras, puis, grâce à MM. Corne et Dauchez, au lieu de passer au creuset de la monnaie, il fut vendu par adjudication publique moyennant la somme de 285 livres, à M. Grimbert, qui en juillet 1803 le remit avec la cire qu'il contenait encore aux administrateurs de l'église Saint-Jean-Baptiste.

On fut moins heureux avec la custode de cuivre émaillé donnée par Saquespée. Jetée par M. Wattelet dans un égoût de la maison de la rue du Blanc-Pignon, des ouvriers l'y retrouvèrent et la vendirent clandestinement à un marchand ferrailleur qui la fondit.

Le Joyel est maintenant déposé en la chapelle de l'évêché ; il renferme le Cierge que Monseigneur Parisis a fait fondre, et dans lequel est entré une partie de ce qui subsistait de l'ancien.

De la chapelle de la petite place il reste l'autel de la Vierge de l'église Saint-Jean-Baptiste, (sauf le coffre, le tabernacle et peut-être la statue de la Vierge), les grilles de cet autel et de l'autel correspondant ainsi que l'établissent les pièces les plus probantes et les plus authentiques. (Voir le travail de M. Wattelet, pages 28 et 29)³.

---

¹ M. WATTELET. *La Sainte Chandelle d'Arras*, 1871. Recueil de l'Académie.

² Par les citoyens Lefebvre et Legros : la custode ayant été estimée 600 livres par l'orfèvre Gorlier, une récompense de 30 livres fut allouée à ces citoyens, pour, dit l'arrêté du district d'Arras « avoir trouvé dans le puich du cy devant Cloître du Chapitre d'Arras, une caisse en argent qu'on appeloit cy devant la Sainte-Chandelle ». (Séance du 15 nivôse, an III)

³ Nous avons omis dans notre notice sur Saint-Jean-Baptiste, pages 206

La cloche des dames Charriottes, où l'on voit cette légende : « *Notre-Dame des Ardans. 1771.* »

Les clefs déposées au musée à qui elles ont été données par la famille Wattelet.

On lit dans l'ouvrage du père Fatou : « Il y a à Arras une seconde confrérie appelée des *Petits Ardents*, distinguée de la première qui est celle des *Grands Ardents*. La chapelle des petits Ardents est dans la rue des Drapiers [1] ; leur Cierge pèse environ une livre et demie : en voicy fidèlement l'origine. La tradition qu'on en a à Arras veut qu'en 1226, une demoiselle de Madame de Ghistel, gouvernante de la Ville, étant tombée malade, envoya quérir une fiole de l'eau bénite du Saint-Cierge, qui à cause du crédit de sa dame, obtint avec cette eau une goutte de cire de ce précieux flambeau, qui fut mise dans la fiole, elle but de cette eau avec confiance, et elle guérit. Quelque temps après la demoiselle retomba malade et se ressouvenant de son premier remède, elle demanda sa fiole, on la lui apporta, mais quelle fut sa surprise, qu'au lieu d'eau la fiole se trouva pleine de cire. Ce miracle fut examiné de près par des gens de probité et attesté véritable. On fit de cette cire un cierge, en y ajoutant environ une demi-livre des gouttes de celui de la grande confrérie. Il en fut alors comme d'*Archias* et comme du sépulchre d'*Homère*, que, par une sainte envie, tous les peuples des villes circonvoisines employèrent tout leur crédit pour conserver ce beau trésor. Le corps des drapiers d'Arras était en ce temps là si considérable, qu'il l'emporta sur toutes les demandes qu'en firent quantité de peuples du dehors. Leurs successeurs le conservent aujourd'hui avec la même dévotion.

à 240, de mentionner le remarquable buffet des orgues qui provient de l'ancienne église Saint-Géry.

[1] Aujourd'hui rue des Chariottes, où était anciennement le jardin des Drapiers.

Ils en font la fête tous les ans le dimanche après la Saint-Jean-Baptiste ; ils vont à la Cathédrale, où ils font hommage à Messieurs du Chapitre d'une roue de bougie de cire [1]. »

Cette chapelle fut vendue et démolie, comme tous les autres monuments religieux de la ville d'Arras, en 1793.

Le Cierge de Notre-Dame des Ardents fut vénéré à Arras par beaucoup de hauts personnages et notamment par Louis XI. Sur la liste des Confrères on remarque les noms des comtes et comtesses d'Artois, des ducs et duchesses de Bourgogne, des Rois de France et d'Angleterre, et celui de Pierre Roger qui, devenu pape sous celui de Clément VI, se souvint de la Confrérie et l'investit d'indulgences, auxquelles ajoutèrent, le cardinal de Chypre légat a latere en France, (1435) et Paul V (1609).

Les nombreux miracles opérés avant la fin du XIII° siècle en la chapelle du Joyel, et que nous ne pouvons signaler ici sont reconnus par un arrêt du Parlement de Paris où on lit « *Juxta locum ubi Candela beatæ Mariæ est reposita, et ubi consuetum est a Deo multa miracula operari* [2]. » Inutile d'ajouter que depuis lors, il s'en opéra une foule d'autres.

Des médailles de dévotion, en argent, en cuivre, en plomb, étaient achetées par les pèlerins ; on se les dispute aujourd'hui à prix d'or ; M. Dancoisne les a décrites et gravées dans l'ouvrage de M. Terninck.

Des sceaux de la confrérie des Ardents ont été reproduits par M. Guesnon en sa très-remarquable *Sigillographie de la ville d'Arras* (1865).

Le 15 juillet 1869, Mgr Lequette annonça du haut de la

---

[1] *Discours sur le Saint-Cierge d'Arras*, 1744.
[2] « *Recueil de ce qui s'est passé depuis le mois de juin 1770 à l'occasion du Saint-Cierge, etc...* » Manuscrit de 1771.

châire de la cathédrale de Saint-Omer, sa résolution de restaurer en sa ville épiscopale, le culte de Notre-Dame-des-Ardents, et peu après, il s'inscrivit le premier sur une liste de souscription qui en quelques jours, à Arras, monta au chiffre de 70,000 fr. C'est avec ces fonds, qu'a été entreprise la construction de l'église en train de s'élever près la chapelle de Sainte-Agnès, et que nous ne tarderons pas à voir se terminer [1].

Et c'est dans cette église que sera déposé le *Cereum* que l'on y portera processionnellement, aussitôt que l'achèvement des travaux permettra d'affecter le monument à l'exercice du culte [2].

Sans exposer l'interminable nomenclature des documents écrits ou imprimés à consulter sur la sainte Chandelle dont le *Registre Thieulaine*, manuscrit déposé à l'Evêché, commencé en 1607 et terminé en 1731 est le plus intéressant, sinon le plus considérable, nous citerons pour les personnes qui désireraient connaître plus amplement ce sujet dont nous n'avons donné qu'une indication sommaire, les ouvrages suivants :

Notre-Dame-du-Joyel ou *Histoire légendaire et numismatique de la Chandelle d'Arras et des Cierges qui en ont été tirés*, par Auguste Terninck. Brissy, 1853. 1 vol. in-4°, figures.

La Confrérie de Notre-Dame-des-Ardents d'Arras, par Charles de Linas. Un vol. in-4°, 1857. Brissy, Figures [3].

---

[1] Ajoutons qu'il existait il y a quelques années encore à Arras une confrérie de Ménétriers, sous le patronage de Notre-Dame des Ardents. On en conserve la statue, le livre aux Mayeurs remontant au seizième siècle et certains insignes ; le tout est entre les mains de M. Lacouture.

[2] Derrière le grand autel sera dans le style du XII° siècle la Vierge Mère apportant le Saint-Cierge, figure remarquable due au ciseau de M. Noël Louis, de Saint-Omer.

[3] Consulter l'ouvrage de M. de Linas : 1° Sur les *Documents, manuscrits*

Notice sur la sainte Chandelle d'Arras, par M. Proyart, doyen du chapitre de la cathédrale d'Arras, vicaire général du Diocèse. Un volume in-18. 1860, Brissy. — Autre notice in-32, 1872, sous ce titre, *Sanctuaires de Notre-Dame-des-Ardents, ou notices sur les saints Cierges provenant de la sainte Chandelle d'Arras*.

La sainte Chandelle d'Arras (1791-1803), par M. Louis Wattelet. Cette brochure, d'une exactitude irréprochable, jette le plus grand jour sur les événements de cette période, il serait à désirer que l'on pût connaître aussi sûrement toute l'histoire de la sainte Chandelle.

Le savant M. Guesnon a publié en 1860, d'après un manuscrit de la Bibliothèque nationale, les statuts et règlements de la confrérie des Jongleurs et Bourgeois d'Arras aux XIIIe et XIVe siècles.

Nous allons reproduire, avec l'agrément de l'auteur, ce rarissime opuscule tiré à quelques exemplaires seulement :

« Ceste carité tient on de Deu et de me dame Sainte Marie. Et savés por coi ele fu estorée : por les ardans qui ardoient del fu d'infer. Ele ne fu mie establie por lécherie ne por folie. Ainsi fist Dex tels miracles que le jor qu'ele fu estorée ardoient VII[xx] et IIII ardant en le cité d'Arras. Et puis que en le carité est entrés li confrère, ja puis ne il, ne ses

ou imprimés; 2° sur les *Monuments figurés*, auxquels nous ajouterons la gravure représentant la pierre funéraire de l'Évêque Lambert; les dessins de Posteau appartenant à M. La Roche et reproduisant les fac-simile des inscriptions de la pyramide et du tronc; un dessin au lavis de David (1773) de la Petite-Place avec la pyramide et la chapelle; un dessin au lavis du Posteau, de ces monuments, et un dessin du même architecte, représentant la belle grille en fer forgé du chœur de la chapelle; trois pièces faisant partie de nos collections; 3° sur les *Archives* de la Sainte-Chandelle, dont une partie importante oubliée dans un vieux coffre de la sacristie du Saint Jean-Baptiste n'a été retrouvée qu'il y a vingt ans environ; 4° sur les *Jetons et Médailles de pèlerinage*, pages 50 à 71.

enfès que il ait, n'ardera del fu d'infer, ne ne morra de mort sousbite, s'il foi et créance i a. Et trestot li confrère et les consereurs sont es bienfais de l'iglise me dame Sainte Marie, es messes et es matines, et en toutes les ores qui dites i sont, si qu'il le reciurent del vesque Lambert, et après del vesque Robert, et après del vesques Auvis, et après del vesques Godescal, et après del vesque Andriu, et après del vesque Frumaut, et après del vesque Pieron, *et del vesque Raoul, et del vesque Ponçon.*

Se confrère u consuer muert, tels con li luminaires iert al mostier après le service del cors, li carités doit avoir le moitié.

Se confrère u consereur i a, qui tant soit poures qu'il ne puist maintenir le carité, on le doit tenir en le carité par s'aumosne au sie ; et s'il muert en le cité, on le conréera del catel de le maison, por que si poures soit que conréer ne se puist ; et s'il muert dedens X· liues, on le conréera del catel de le maison, se il le laisse savoir al maieur et as eschevins, por que si poures soit que conréer ne se puist.

Se li chiés entre en le carité, par XIII· d· i entre ; et se li demis chiés i entre, soit hom u feme, par VI· d· O^b, i entre.

Tot cil qui le catel de le maison retenront, puis que semons en ièrent del maieur et des eschievins, s'il puis le retient, se par le maieur et par les eschievins n'est, escumeniés est des cel jor en avant, desci q'il l'aura paié et venus iert à merci.

Cestes carités est estorée des jogleors, et li jogleor en sont signor. Et cil cui il i metent si est, et cui il metent hors n'i puet estre se par els non : car sor jogleors n'i a nus signorie.

Qant li carités siet, li maires doit avoir demi sestier, li clerc cascuns ·I· lot, li echievin chascuns ·I· lot por ·I· d.

De ceste carité est maire cil cui li confrère i vuelent esgarder ; et, cui que on i esgarde, estre li covient ·I· an.

Nostre ancissór ont esgardé por le miels que il sorent que on ne rechoive en le charité ne home ne feme de saine vie por nul avoir, s'a le beuée non qui est après le josdi après le clos cinquesme, et le veresdi autressi, *et le samedi*. Et cil et cele qui donc i enterra, il fiancera par foi que les costumes de le carité tenra et porsiura à son pooir ; et tant com il en i aura XII·, qu'il iert tresimes ; et li seus hom et li seule feme donra VI·d· et O^b. à l'entrer en le charité.

Mais se li hom i entre sans se feme, u li feme i entre sans son baron, li uns i puet l'autre metre qant bons li iert, devant maieurs et devant eschievins, salve le droiture de le charité, ce est qu'il la fiera à tenir et à porsuir les costumes à son pooir, s'il requiert le carité à sen pié.

Et se nus est entechiés de tel mal c'on apele fu, luesque li maire orra le message, li quels que ce soit, il doit avoir II eschievins et plus q'il viegnent avuec lui, et por andeus les clés envoier dont li candoile est enfremée ; et li maire des jogleors, s'il i est, doit prendre le sainte candoile, et porter (al) malade dedens le cité, et alumer ; et, s'on ne trueve le maieur des jogleors, on qière un de ses (compaignons) u eschievins ; et en un vaissel plain d'iaue dégouter, et de cel eue sor son malage espardre, et del remanant boire, et fermement croire en Deu que par çou iert garis.

Et bien sachiés k'à ceste besoigne doivent li doi maieur acorre, s'il le sevent, et s'il n'ont essoine grant, car il ont les clés del saint luminaire.

Et se li eschievins que li maire i apelera n'i vient, se loial essoine n'a, il est à forfait de VIII· d· ; et li uns eschievins puet semonre l'autre à ceste besoigne sor. VIII. d. ; et se li maire n'i vient, et loial essoine n'a, il est à forfait de XVI· d· ; et quicunques port le candoile, se maior n'i a, doner puet congié.

Et si est à savoir que li jogleor n'en puent nului oster, ne autres, se ce n'est par le commun plait.

On n'en puet le cors porter à mains de XX eschievins, se ce n'est par loial essoine; et si ert li première messe chantée de le parroisse là u li cors girra, se ce n'est par l'atirement des XX eschevins, qui le cors en porteront; et li autre eschievin viegnent après por veir c'on a atiré; et s'il ne vient dedens l'asise, li forfait est de VIII· d· cascuns.

Et qui ne verra le cors jeter hors de le maison, il est à VIII· d· de forfait; et se li maieur vienent aussi tart qu'il ne voient jeter le cors hors de le maison, à XVI· d· est chascuns de forfait.

Si le crois de carité passe, il doit .IIII. d. de forfait.

Qui par autre voie va que par celi là on porte le cors al mostier, il doit de forfait .VIII. d.

Qui aillors va oir messe q'al cors; il doit .VIII. d.: car tot doivent ester u seir entor le cors pour faire al cors honeur, et estre entor le cors tant q'il soit enfois, et que les peles soient mises jus, fors cels que li maires apelera avuec lui as tables, *se tant [non que li of]frande dure.*

Qui que porte le cors al mostier, il ne le puet laissier ne metre jus, s'il n'a loial essoine, et autre eschievins ne le prent; et à cui que li sergant commandent qu'il portent le cors, s'il ne le porte, a ·VIII· d· est.

Li eschievins qui à patins va, ne à cheval va al cors, puis le jor de le feste Saint Remi, qui est après Aoust, dusc'al jor de le Pasche, il est à ·VIII· d· de forfait, *et de çou ne puet maires doner congié.*

Uns joglere et troi borgois doivent seir as tables à l'escrit faire al cors, et uns des borgois qi à cel cors siet, redoit seir à l'autre cors, por savoir et dire as autres le conte le maieur et les clers et les sargans; ne departir ne se doivent desci que li maire aura fait ses tables buller; *et li troi qi là ont* sis doivent al premier cors après estre, et garder le tables dusques al mostier, sor ·VII· d.

Ce sachent li maieur et li eschievin de le carité Nostre Dame des jogleors et des borgois, *ke li jogleor et li borgois* doivent eslire lor maieur devant le jor del siège, et qui maire a esté I an, dusc'al tierc ne puet estre maire.

Al jor del grant siège, doit li maire des jogleors forains prendre le candoile à le tor et porter devant Saint Juri à le table; et d'iluec le doit porter à le procession dusc'à le fierte; illoc le doit prendre li maire des jogleors d'Arras, et porter à le maison Nostre Dame, *et par mi tout l'an aussi.*

Cil a cui li maire kerke se bulle ne puet doner ke ·XII· d.

Al jor del grant sie, doivent li jogleor forain prendre ·VIII· preudomes des leur, et cil dedens ·IIII·; et cil ·XII· doivent eslire les ·II· maieurs des jogleors; et cil cui il esgarderont ne puecnt refuser le mairie; et çou concordèrent li jogleor ensamble communément. *Et doit estre li uns des maieurs forains l'une anée à pié et l'autre anée à cheval.*
On ne paie por nului mortemain se mortemain ne paie de cascun cors ·O^b·, u por borgois qi ait rente donée, u por jogleor, u por se feme qi maigne dedens le vile à estage.

Li curitaule ont estoré [qu'on ne] doit aler à cors plus

loing que dusqu'al cief de Brones, et al pié de Baudimont par de là, et en le poroise Sainte Caterine, et tot Mellens, desci al mes Wautier d'Arras, et desci al pont de Blangi, et desci al Petit-Val, et desci à le tor de Harcicort.

Item. Dedens ces bosnes ne puet on nului recoivre s'as costumes de le vile non ; et se nus i moroit dedens ces bousnes aler i doit on, et dedens ces bousnes doit on porter le candoile.

Item. Totes les semonsses que li maior font faire par lor sarjant u par alcun eschievin, si viegne dedens l'eure qu'on le semont sor ·VIII· d. de forfait.

Item. Ki fait semonse sans congié de maieur à ·VIII· d. est.

Item. Se li serjant ne semonent tos cels q'il ont à semonre as besoignes de le carité, VIII· d. doit cascuns.

Item. Si doit cascuns serjans avoir ·XII· d. de semonre le cors, et s'il en semont dex ensamble, XVIII· d. cascuns, et ·IIII· d. cascuns del plait semonre.

Item. Se li clerc ne viennent à le semonse que li serjant font, à ·VIII· d. est cascuns.

On doit cascun de dex clers ·IIII· d. de l'escrit faire, et ·IIII· d. del lire le saltier, et ·IIII· d. por celui ki aie à lire por l'ame del cors, et ·IIII· d. del plait, s'il i sont.

On doit de l'estofe porter ·IIII· d. del luisel et ·VI· d. des ·IIII· candelers, et ·IIII· d. des ·IIII· petis, et des candelles et des peles porter ·VI· d·, et de l'estandart ·I· d·, et des taules porter ·I· d·, et de l'encensoir ·I· d·, et des bans metre ·II· d., et de metre le cors en le fosse ·VI· d·, et de le fosse faire ·IIII· d.

Item. Se cors chiet aillors q'en cité on rabat ·II· d. por les bans ; et s'il i a altre carité on rabat ·II· d. de le fosse.

Item. Se li maior et li eschievin vont entor, li doi clerc et li doi semoneres cascuns doit avoir ·XII· d·, s'il i est.

Item. Qant li maior kerkent lor boles, il remainent eschievin.

Savales li candeliers doit faire le luminarie por ·VII· s. par an, et cuites de ses mortes mains; et ço li paie on al grant siège.

On ne doit nului vin as bouées, se cels non ki vienent as cors et paient forfais.

Item. Se moines ciet à St-Veast, li serjans doit avoir demie semonse.

Ce fu atiré en plain plait ke puis ke li hom est entrés en le carité as us et as costumes de le ville, u qu'il voist, u qu'il viegne, paier doit se carité comme borgois, tant com eschevin le tenront à borgois de le vile. Ce fu fait l'an del Incarnation M· CC· XXIIII· el mois de novembre.

Ce sacent li maieur et li eschevin de le carité Nostre Dame ke tot cil ki eschevin sont de le carité ne pueent iscir de l'eskevinage, tant ke il doivent deniers d'aboutement, s'il ne le paie et about à eschevin ki soffizans soit del rendre; et se il ne le fait, il va contre se carité et contre se fiance.

Ce fu atiré en plain plait ke nus eschevin ne puet avoir respit se .... arité au plait ki est après le grant siège, et au plait ki est après le bouée de le St-Remi, et au premier plait lendemain de le Candelor, et au plait .it d. s... maieur.

Et si fu atiré en plain plait ke on ne puet prendre eschevin de mal aboutement tant com il doivent leur mortemains de plus ke d'un an. . . . .

. . . .

On a atiré en plain plait ke se cors eskiet en le carité,

soit hom soit feme, paier doivent leur morte main por l'un et por l'autre, se souffizans est del paier.

Et si fu atiré c'on ne puet donner en ·I· l... au plait plus haut de ·XX· s.

Et si est à savoir, se li eschevins n'est à *Sanctus*, il est à fortfait de ·VIII· d.

Et se li eschevins ne vient dedens prime sonants au plait, il doit ·VIII· d. de forfait.

Il fu atiré en plein plait ke se cors d'eschevin escheoit avoec cors de confrère et de consereur, tout li eschevin doivent aler au cors del eschevin sans nus respit.

Nus eschievins ki doit séir as taules ne puet avoir respit s'il ne met autre eschevin en sen liu.

Sacent li maieur et li eschevin de le carité Nostre Dame des argans[1] ke li jogleor doivent eslire leur maieur le devenres après le jour del grant siège ; et ki maires ara esté cel an, il ne le puet estre dusqu'à l'an après, ne dedens, ne dehors.

Il fu atiré en plain plait ke nus n'eust merel à le donée des nates, s'il ne manoit dedens les bounes.

(Il y a ici une lacune dans le manuscrit.)

. . . . , ...

office, tout tel que li dis Jehan Vassaus le faisoit, u avoit faire, u devoit faire, entièrement le feroit tout le cours de le vie le dit Jehan Vassal. Et avoec ce estoit et est li dis Robers Cosses Dupré tenus de rendre et paijer depuis le dit joesdi au di Jehan Vassal, tant et si longement qu'il ara le vie u cors, cascune semaine, ·IIII·s. par·. Et u cas u li dis Robers défauroit à paijer au dit Jehan ·IIII·s. le semaine, ·I· mois défali, tous mais gis hors Li dis Jehans Vassaus doit revenir en sen propre service et goir ent en autel point

[1] Ardans.

comme il faisoit audit jour S¹. Thumas. Et le dit Robert sourvivant le dit Jehan [Vassal], li dis Robers demouroit goans et possesseur........ l'office et service dudit Jehan Vassal...... de paijer les dis ·IIII·s· le...... Robert Cosset entre u dit office Jehan Vassal...... trespasse, li dit Robers est tenus à le dite carité en ·X· l^b de pars^s· à paijer es ·IIII· premiers ans commenchans tantost après le déchiès dou dit Jehan Vassal, à rabatre tout premiers de sen service. A çou furent présent : Jehans dis Fouée, lieustenant de Jehanot de   , maieur des jougleurs; Jaquemes Wyons, maires adont des bourgeois; Pieres Wagons; Jehans Crespins; Jakemes Crespins; Jehans Huquedieu; Jaquemes li Anstiers; Jehans de Courcheles; Joziaus Fastous; Henris Wyons; Jehans li Maires; Colars Huquedieu; Andrieus li Maires; Jehans Fastous; Jehans de Basqueham; Andrieus de Paris; Colars Augrenon; Mahieus Cosses li fix; Andrieus Bechons; Lyebers de Furnes; Colart Wagons; Esthevenes de Labroie; Pieres Acharios; Jehans Dubus; Tourderes; Baudes Aurris; Willaumes de le Place; Jehans de l'Escace; Jehans li Grans; Colars de Cambrai; Andrieus de Fampous; Leurens li Maires; Colars de Dievart; Robers li Marchans; Jehans de le Vignete; Rogiers Dureteste; Tassars ses fix; Pieres li Contes; de le Warance; Jehans de le Coute; Jaquemes des Patines, boullenghiers; Gilles li Terceres.

Il est à savoir que Willaumes de Bairy, al issue de se mairie, qui issi le lundi prochain après le Saint Martin c'on dist au boullant, en l'an de grace ·M·III·^c·XXX·VIII·, bailla et délivra en le main de Colart Augrenon, nouvel maieur, les lettres faisant mention de Robert de Caveron, unes de Monsr Jehan de Flandres, et unes de le baillie d'Arras, toukans deniers qu'on doit à le carité.

Et est encore à savoir que furent bailliet à Colart Augrenon, nouvel maieur des bourgois, en le présence de Jehans Camus d'Orreville. adont maieur des Jougleurs; Fouwée, jougleur; Jehan Crespin; Jaquemon Wyon; Jehan Louchart; Henry Wyon; Mahieu Lanstier; Baude Fastoul; Esthevene le fo..... Huart Biauparis; Audefroy Louchart; Andrieus le maieur; [Jak. Baclerot]; Mahieu Cosset; Englebert Louchart, adont [maieur des bourgeois]; Robert le Cheval; Tassart Calonne; Tassart............s d'Arras, cauceteur; Jehan de Bairy........... Gillon Crespin; Mahieu Carée; Andrieus de Paris; Andrieus de Fampous; Huart le nieullier; Gillon le tercheur de le bourze d'or; Robert de Fisseu; Thibaut de Pernes : Jehan le Grant et pliusieurs autres. Et fu le lundi prochant après le Saint Piere..... en l'an de grace ·M-III^c-XXX-VIII·.

Et fu u dit jour renouvelé et accordé en le présence des dis esquevins et maieurs, que étant li service de le dite carité, quel que il soient sont admis tout de commun acort des maieurs et des esquevins, sans ce [que] li maires qui sera pour le tamps y puist riens [avoir fors] se vois tant seulement.

Item. Fu acordé u dit jour que li contes doudit Willaume fu rendus, que li maires des Jougleurs, li jougleurs, li clers, li grant serjant, li petit serjant, et les femes qui sont à le maladie ne poeent ne ne doivent aler hors de le ville plus d'un jour, que ce ne soit par l'assantement et congiet dou maieur des bourgois; et quiconques y eroit, il perderoit sen salaire de tant de jours, de semaines u de mois qu'il demourroit.

Item. Fu accordé ou mois de May ·M-CCC-IIII-et-III·, en le salle de le carité du joyel, ou quel tamps maistre Oudars estoit maires des menestreus, et Jehans Mehaut dis Douchet étoit maires des bourgeois, présents Will. Wagon, Simon le [Corréars], Englebert Louchart, Jehans Cosset, le dis Jehans Mehaut et pliusieurs autres jadis maieur des bourgois, que toutes fois qui venroit aucun malade au joyel, li maire des menestreus seiroit servis à l'autel de sen compaingnon, s'il y estoit ; et, s'il n'y estoit, des sergans de le carité. Et ou cas que li maires des menestreus aroit sen compaignon à l'autel, il fu ordené que il y aroit un des sergans de le carité [d'en costé yaux] pour veir à l'autel.

Et si doivent li mayeur et li eschievin de le carité faire le service du vesque Lambert cascun an au jour demi May.

Et s'est concordé en plain plait ke nus ne soit eskievins tant k'il doive se morte main de plus de ·III· ans.

Et ke [nus maires des] menestreus ne puist aler à tout le tourne [k... aval le prayel].

Et ke nus ne soit payés de dete ki soit faite, s'il ne se fait payer en l'anée du mayeur qui adont sera.

Et que nus ki soit en le carité [comme de forain] ne soit eskievins de Nostre Dame. Et fu acordé au tans [ke ert] Lenormant [fil Simon].

Chi sont les drois des entrées tant à Nostre Dame, comme au maieur et à le [maignie] :

Et prumiers l'entrée du bourgois ou bourgoise de [·XIII· d·] apertient au droit du maieur et non à autre.

Item. Des entrées des nobles de ·XIII· blans, apertient

au maieur ·IIII· blans, à le maignie Nostre Dame ·III· blancs, à Nostre Dame VI· blancs.

Des entrées foraines de ·XII· blans, apertient au maieur ·III· blans à le maignie ·III· blans, à Nostre Dame ·VI· blans.

C'est le serement que fait le maieur de dedens en le main de sen compagnon devant les maieurs des bourgois :

Et prumiers qui gardera le droit de Nostre Dame et de le maignie.

En outre fait serement que l'anée qui sera dehors chantant, ne poet ne doit que ·XIIII· lieues aller chanter arière d'Aras.

Item. Peut si lui plet chanter en une bone vile toute sen anée, devant tous autres que que soient, moiennant que en celle cité devant ditte [ne pora chanter que le ·IIII·° anée en suivant]. »

---

¹ Faisant allusion à la possibilité qu'il aurait eu d'être mayeur de Notre-Dame des Ardents, si n'eût été la mésellerie qui le forçait de quitter Arras et de se retirer dans une léproserie, Baude Fastoul disait :

> Bien doi congié rouver à ceus
> Ki tous jours sont maléureus,
> Sage et soutiu sont à merveille,
> Evrars de le Capelle est teus,
> Jehans Alais est trop honteus;
> A ces deux nus ne s'aparelle
> Fors Hanuis ki par ouvroirs velle
> Et pour son preu faire somelle,
> Trop volentiers fuisse avoec eus,
> Mais li mals que jai me conselle
> Que ne doi porter le Candelle
> Car je suis un hors menestreus.

CALVAIRE.

« En l'année 1677, dit M. Proyart [1] sous l'épiscopat de Gui de Sève de Rochechouart, les Pères Capucins donnèrent à Arras une Mission qu'ils terminèrent par la plantation d'un Calvaire, sur le rempart au-dessus de la porte qui séparait alors la Ville de la Cité. Le prélat bénit lui-même la Croix qui devait y être placée ; puis on la porta processionnellement avec le Christ à l'endroit même qui lui était préparé. Ce signe saint de notre rédemption devint alors l'objet d'une grande vénération : la plupart des personnes qui passaient par cette porte se faisaient un devoir d'y aller réciter leurs prières. La Croix subsista jusqu'en 1738, époque où elle tomba de vétusté [2]. Pendant le carême de cette année, le Père Duplessis donna suivant sa coutume, une retraite aux soldats de la Place (c'était le régiment de Marsan), pour les préparer comme l'année précédente à l'accomplissement du plus saint et du plus grand devoir de la vie chrétienne.

A la fin de ces pieux et sanctifiants exercices, le serviteur de Dieu voulant donner à ces braves l'occasion de faire le bien et d'acquérir des mérites pour le ciel, leur proposa de rétablir le Calvaire. Sa proposition fut acceptée avec enthousiasme : puis secondé par les libéralités que quelques personnes pieuses, que le Père n'eut pas de peine à intéresser à son dessein, on se mit à l'œuvre. Le Magistrat donna l'arbre de la Croix ; une personne charitable acheta le Christ,

---

[1] *Calvaire d'Arras*, 1870, p. 6 et 7. C'est à cette notice aussi complète qu'intéressante qu'est emprunté presque tout ce que nous disons sur le Calvaire.

[2] Suivant le géographe Denis, cette Croix aurait été enterrée à l'endroit qu'elle avait occupé. Assertion d'autant plus probable qu'elle est conforme aux usages en pareilles circonstances. (*Route d'Arras*, p. 76.)

qui au rapport de ceux qui l'ont vu était un chef-d'œuvre de sculpture ; et le directeur général des fortifications, M. de la Reyre, fit l'escalier du rez-de-chaussée jusqu'au haut du Calvaire. Lorsque la Croix fut achevée, le Père Duplessis la fit placer dans l'église du collége, au milieu de la grande nef, et M. Boisot, l'un des grands vicaires du diocèse, en fit la bénédiction solennelle le 18 mars, en présence d'une telle affluence de fidèles, qu'il fut obligé de se tenir dans la chaire de vérité pour procéder à cette cérémonie.

Après la bénédiction, il s'approcha de la Croix au milieu de la presse, suivi du Père Duplessis et de plusieurs clercs, pour adorer cet instrument du salut du monde.

Le lendemain 19, fête de saint Joseph, la Croix resta exposée, dans l'église du collége, à la vénération des fidèles. On peut dire sans exagération que *toute la Ville* vint donner des marques de sa piété et de sa dévotion envers cette Croix, et un témoignage solennel de sa confiance en ce signe adorable de la rédemption. »

« Marie Isabelle Le Grand *(extrait du Mandement de Mgr Baglion de La Salle)* [1], fruitière, fille âgée de 40 ans, native de la Ville d'Arras, y demeurante, sur la petite Place, fut à ladite église le 17 du même mois. Cette fille avoit la hanche gauche démise, et plusieurs vertebres mouvantes et dérangées par une chute qu'elle fit le 28 décembre 1734 sur les degrés d'une cave dans laquelle elle demeuroit ; ce qui empêchoit le mouvement des reins et de la cuisse, et privoit la pauvre afligée de la nourriture nécessaire. C'est ce qu'ont déposé plus au long les Rebouteurs de Bapaume, père et fils, (Estienne et Simon Fernet) qui avoient déclaré dans le tems à la malade, qu'elle ne pouvoit plus attendre

---

[1] *Heures du Calvaire d'Arras*, 1711, p. 8 et suiv.

de guérison de la part des hommes, et qu'il n'y avoit que Dieu seul qui pût la guérir.

Ladite Le Grand avoit de plus un mal au genou gauche, qu'elle fit voir à cinq chirurgiens et un apoticaire, (Guerrio, Hasard, Dumas, Develle et Hatté) qui déposent qu'elle avoit le genou gros et enchilosé, la jambe atrophiée et fléchie par une rétraction des nerfs, qui étoient fort gonflés et durs comme une corde, et par une contraction des muscles fléchisseurs, ce que l'empêchoit de faire des mouvemens d'extension; que la jambe étoit décharnée et fort déssechée, qu'il n'en restoit plus que la peau et les os, et que ce n'étoit plus qu'un squelette.

Depuis la chute qu'elle fit en 1734, on fut premièrement obligé de la soutenir par-dessous les bras pour l'aider à marcher, ensuite elle marcha avec un bâton, ayant le corps extrêmement courbé et panché du côté gauche; quelque tems après elle fut obligée de se servir d'une béquille avec son bâton; et enfin depuis plus d'un an, elle ne pouvoit marcher qu'avec deux béquilles, ayant même encore quelquefois besoin d'être soutenue par le bras, la jambe gauche étoit si retirée que la pointe de son pied étoit élevée à un pied et demi de terre, quand elle étoit debout.

Ces faits connus de tous les habitants de la petite place, étoient devenus de notoriété publique, et la plus grande partie des 51 témoins qui ont été entendus dans l'information en atteste la vérité; quelques uns mêmes, après avoir encore examiné l'état de la malade quelques jours avant sa guérison, comme la mère, la sœur, la tante et l'oncle de la dite le Grand, qui étoient à portée de la voir plus souvent que d'autres, et dans l'obligation de lui donner des secours, dont elle ne pouvoit se passer dans cet état d'affliction, où elle étoit restée jusqu'au dix-neuf mars dernier.

Ce jour là, qui fut celui de sa guérison, ladite Marie Isabelle le Grand pressée et sollicitée intérieurement d'aller à l'église des Jésuites, s'y transporta avec beaucoup de peine à l'aide de sa sœur, et de deux béquilles. Arrivée à l'église elle fit à Dieu cette prière en pleurant : *Ah ! Seigneur ! C'est pour moi que vous êtes attaché à cette Croix, parce que je suis une grande pécheresse ; Seigneur guérissez mon âme et mon corps !* Et elle alla baiser les pieds du Crucifix avec beaucoup de dévotion, et en versant des larmes.

Tout à coup il se fit une révolution extraordinaire dans tout son corps ; les os de sa hanche se remirent dans leur état naturel, les nerfs s'étendirent, sa jambe gauche s'allongea, et toute seule, sans béquilles, sans assistance de personne et sans peine, elle se leva, fit plusieurs fois le tour de la Croix, et après avoir baisé les pieds du Crucifix après chaque tour, elle alla aux pieds du maître-autel pour rendre grâce à Dieu de sa guérison. Elle retourna ensuite chez elle marchant seule, d'un pas ferme et assuré, et le même jour elle revint aux Jésuites, elle sortit de l'église et s'en alla avec la même facilité.

Le lendemain 20 du mois de mars, Marie Isabelle le Grand accompagna la procession qui se fit pour porter solennellement la Croix nouvellement bénie jusqu'au Calvaire, et depuis elle a toujours marché avec autant d'aisance, que l'auroit pu faire la personne qui auroit toujours été dans la plus parfaite santé.

Les médecins, chirurgiens et rebouteurs, commis pour examiner quelques jours après l'état ou étoit alors le corps et la jambe de Marie Isabelle le Grand ont déclaré qu'ils les ont trouvé aussi sains et dans un état aussi naturel que si elle n'avoit jamais été raccomodée.

C'est ce qui a porté Monseigneur notre Evêque à donner

un mandement, par lequel il juge que la guérison arrivée dans l'Église des RR. PP. Jésuites de cette Ville le 19 mars, 1738, en la personne de Marie Isabelle le Grand, est extraordinaire, surnaturelle et miraculeuse, en conséquence il ordonne des actions de grâces, et accorde quarante jours d'indulgence à ceux et celles qui réciteront dévotement cinq *Pater* et cinq *Ave* aux pieds de la Croix nouvellement bénie, et ce pour chaque vendredi de la présente année, et afin que la mémoire d'un si grand bienfait se conserve à la postérité, il permet d'attacher à la Croix les deux béquilles de ladite le Grand a laissées dans l'église des Jésuites, et de mettre une pierre dans ladite église, et une au pied de ladite Croix, sur lesquelles on gravera l'extrait du dispositif du mandement. »

A la suite de ce miracle plus de 250 paroisses du diocèse vinrent processionnellement en pèlerinage au Calvaire qu'elles couvrirent *d'ex voto* d'or et d'argent et inaugurèrent la vénération locale, qui dans une moindre mesure existe encore aujourd'hui.

En 1739 eut lieu une autre guérison aussi surnaturelle que le chirurgien-major des hospices du Roi à Douai, M. J. Majault, constate à peu près en ces termes :

« J'ai pansé il y a quarante ans, le nommé Jean Charpentier pour lors soldat de la milice, d'un coup de faulx à la partie inférieure moyenne de la cuisse gauche, s'étendant de la partie interne jusqu'à la partie externe, coupant dans son trajet tous les muscles extenseurs de la jambe transversalement, la plaie pénétrant jusqu'à l'os. L'ayant pansé pendant trois mois ou environ la plaie était guérie, je le fis lever pour marcher, les muscles fléchisseurs portèrent la jambe en arrière et lui firent faire la flexion, de manière qu'elle est restée dans cette situation, malgré tous les remèdes que j'employai pour les lui faire allonger. Deux années s'étant écoulées, voyant l'état de ce pauvre homme qui se trouvait fatigué de deux béquilles je lui fis donner une jambe de bois par les magistrats pour le soulager; et depuis onze ans qu'il s'en est toujours servi, aidé d'une béquille pour demander l'aumône, l'article du genou s'est ankilosé par la succession du temps: la jambe toute desséchée et sans nourriture, s'est collée contre la cuisse, et la cicatrice toucha à l'os du fémur.

Cet infortuné a été depuis ce temps dans l'état de mendiant à la porte des églises de Douai et dans les rues. Dans le cours de l'année 1739 il fit le pèlerinage du Calvaire d'Arras et alla adorer Jésus-Christ au pied du Crucifix que le père Duplessis a planté sur le rempart de cette ville. Je l'ai vu depuis ce temps marchant bien et travaillant, comme s'il n'avait jamais eu d'accident, ayant porté en ma présence, et chez moi, depuis environ trois semaines un sac de blé pesant environ 150 livres, étant obligé de monter avec ce fardeau plus de 50 marches. J'ai depuis examiné la cicatrice de sa plaie, devant être collée à l'os, comme je l'ai dit ci-dessus; elle se trouve à présent remplie et de niveau avec les autres téguments, l'individu ne sentant seulement pas de faiblesse dans cette partie, qui pendant plus de quatorze ans était engourdie et même en quelque façon incurable. Comme cette guérison n'est pas naturelle, ni même possible, par le secours des hommes, et cependant réelle et effective, j'ai donné cette présente déclaration. »

En 1740 les travaux opérés à la porte de Cité ayant exigé que le Calvaire fût reculé de trois mètres sur le rempart [1], il fut replacé dans les conditions que M. Proyart indique ainsi: « La motte du Calvaire était une rotonde en

---

[1] Voir notamment au *Mémorial V des Résolutions*, celles des 15 décembre 1739, 18 mars et 20 octobre 1740, 1ᵉʳ septembre 1741, etc.

maçonnerie de deux mètres d'élévation, dont la base était en grès et la partie supérieure en pierres. On y montait par un double escalier aboutissant à une plate-forme pavée en petites pierres ainsi que son contour. Il était orné sur les quatre faces de cœurs d'argent et d'or, de bras de jambes de petits enfants, et autres offrandes des fidèles. Aux pieds du Christ étaient suspendues les deux béquilles de Marie Isabelle le Grand; on avait placé quatre troncs pour recevoir les aumônes des fidèles, et vis-à-vis deux poteaux en bois surmontés d'un reverbère toujours allumé. Enfin pour garantir le monument de toute insulte et de toutes dégradations, surtout pour en éloigner les voleurs, on avait construit derrière la Croix sur le mur extérieur, une guérite en briques et en pierres où se tenait la sentinelle qui veillait à sa garde [1]. »

Vers 1758, la porte de Cité donnant certaines inquiétudes au point de vue de la solidité, il fut décidé que le Calvaire serait transféré dans une chapelle sise place de la Basse-Ville dont le portail n'a été détruit qu'il y a environ trente-cinq ans. Cette chapelle ayant été bénie le 26 mai 1770, le Calvaire y fut transporté le lendemain en présence de M. de Conzié, du Chapitre et du Magistrat.

Le 18 octobre 1792, la municipalité décida que l'argenterie provenant du Calvaire était une propriété commu-

---

[1] Un peu plus tard, le soubassement de maçonnerie reçut l'inscription suivante :

O Croix miraculeuse ! honneur de ces murailles,
Faites-les respecter du démon des batailles.
Un ennemi plus fort, le tyran des enfers,
Nous livre à chaque instant une implacable guerre,
Et brûle d'entraîner nos âmes dans les fers ;
Que par vous nous bravions les efforts de la terre,
Que par vous, des enfers nous demeurions vainqueurs,
Croix sainte, défendez nos remparts et nos cœurs.

Ces vers, d'un amateur peu expert, furent tolérés là où on les trouva placés.

nale ; puis « l'Assemblée *fondée sur les principes de la tolérance*, arrêta, que le *ministre salarié du culte catholique* dans l'arrondissement duquel se trouvait la chapelle dudit Calvaire, serait invité d'en faire transporter le Calvaire en son église, et que la chapelle serait ensuite vendue au profit de la commune [1]. »

Sur la réclamation des habitants de la Basse-Ville, l'arrêté concernant la translation de la Croix et la vente de la chapelle, fut rapporté le 27 du même mois [2].

Mais le 12 mars 1793, un arrêté du département du Pas-de-Calais ayant ordonné cette translation, la municipalité décida le lendemain, qu'elle s'effectuerait sous la protection de cent hommes de garde nationale [3], et peu après le Calvaire fut placé dans la cathédrale au bras de croix du côté de la rue des Morts [4], où il était encore le 22 prairial an VI. Car un inventaire estimatif en date de ce jour porte « une grande Croix de bois, son Christ, deux troncs, quatre Christs de cuivre, son pied de marbre, et les marbres qui entourent ladite Croix, soixante francs, ci . . . . . . 60 »

Enfin en février 1799, les terroristes résolurent de brûler le Calvaire que l'on avait fini par descendre dans la crypte de Saint-André située sous le chœur, et procédèrent au nombre de treize à cette sacrilége destruction le 11 de ce mois vers cinq heures du soir.

Au même moment éclata sur la ville d'Arras, un ouragan

[1,2,3] *Registre aux délibérations.* Archives municipales.

[4] La dévotion au Calvaire ne se ralentissait pas dans ce nouveau local On lit en effet au procès-verbal de la séance du 7 juin 1793, de la municipalité d'Arras :

« Un membre propose et observe que les troncs du Calvaire sont pleins, qu'il est absolument nécessaire de nommer des commissaires pour retirer l'argent qui s'y trouve. »

Voir les *Factums* de Chevalier et de Bertin et consorts, à l'occasion du Calvaire 29 germinal an VII, 3 floréal an VII, etc., etc.

indicible, le ciel s'était complétement obscurci et l'on n'y voyait plus qu'à la lueur sinistre des éclairs qui le sillonnaient en tous sens. Les roulements du tonnerre se succédaient sans interruption avec un fracas épouvantable, les vents déchaînés enlevaient partout des cheminées et des toits entiers, des décombres desquels les rues se trouvaient littéralement jonchées. La tourmente sévissait si furieuse que le sol d'Arras et des environs en fut profondément ébranlé, on aurait pu croire assister à l'un de ces signes précurseurs de la fin du monde dont parlent les Écritures [1]; les brûleurs du Calvaire s'en effrayèrent au point qu'ils s'enfuirent affolés, leurs agents coururent implorer dans les maisons du voisinage quelques gouttes d'eau bénite qu'ils se procurèrent chez M. Le Gentil, ancien bailli de Bihucourt, de telle sorte que le Calvaire ne fut pas entièrement consumé. Mais le V floréal suivant, ses restes furent incendiés à nouveau ainsi que le constate un acte des administrateurs municipaux. On y lit notamment qu'il a été payé « pour nourriture des citoyens qui ont passé tout le jour dans la ci-devant cathédrale d'Arras, et salaire *des ouvriers de confiance*. . . . . **21 fr.**

Pour salaire des ouvriers qui ont passé trois jours et deux nuits à *achever le brûlement*. . . . . **30 fr.**

En 1802, le clergé fit ériger au milieu du bras de croix de droite de l'église Saint-Nicolas-sur-les-Fossés (maintenant Saint-Jean-Baptiste) entre deux autels, un Calvaire dont le beau Christ fut sculpté par le statuaire Le Page [1] et peint par Doncre. Il ne tarda pas à devenir l'objet de nombreux pèlerinages surtout aux fêtes de Pentecôte, et à être entiè-

---

[1] On n'a point encore oublié cet ouragan toujours connu sous le nom d'*Orage du Calvaire d'Arras*. A quarante ans de là, ceux qui l'avaient entendu en parlaient encore avec une certaine frayeur.

[1] Il demeurait rue Méaulens, là où ont été bâtis depuis les magasins et ateliers de M. Leplan.

rement couvert d'argent par les *ex-voto* dont on l'enrichit.

Quand en 1833, Saint-Vaast devint la cathédrale, le Calvaire y fut transporté et placé le 6 juin à l'endroit qu'il occupe aujourd'hui.

Le 18 mars 1837, Mgr de la Tour, déclara avoir « fait sceller à l'arbre du Calvaire dans le piédestal une boîte de fer blanc, renfermant le procès-verbal de la cérémonie de l'inauguration de la chapelle du Calvaire et la déclaration certifiée par lui de la pose au-dessous du pied de l'arbre d'un morceau de bois de l'ancien Calvaire d'Arras extrait en 1802, du trou où existait encore le tronc de la Croix enlevée et supprimée pendant la révolution de 1793 [1]. »

Une guérison surnaturelle paraît avoir eu lieu à ce Calvaire en 1842 en la personne de sœur Augustine des dames de Saint-Agnès. Privée depuis trois ans de la parole, souffrant considérablement de la poitrine, et ne pouvant plus se traîner que péniblement à l'aide d'un bras et d'un bâton, elle recouvra instantanément les forces, la voix et sentit disparaître toute trace de douleurs. La presse locale signala le fait, lorsqu'il se produisit.

Pendant l'octave de la Pentecôte, époque des grands pèlerinages, on expose de chaque côté du Calvaire, la Sainte-Chandelle, un morceau de la vraie Croix donné en 1630 à la cathédrale d'Arras par M. Delattre prévôt du chapitre, et une sainte Epine provenant de la couronne du Christ, donnée en 1556 à la même église par Antoine Perrenot, évêque d'Arras. Reliques dont la parfaite authenticité a été sura-

---

[1] D'après M. Advielle, « la pierre bleue dans laquelle était scellé l'arbre du Calvaire miraculeux fut donnée, par sa grand'mère, à Mgr de la Tour d'Auvergne, et elle servit à cette époque à recevoir la Croix actuelle du cimetière d'Arras. »

bondamment constatée dans le savant ouvrage de M. Rohault de Fleury [1].

On expose également une tête de Christ qui semble noircie par la flamme et que l'on croit être celle du Christ de l'ancien Calvaire d'Arras. Elle aurait été sauvée par l'un des incendiaires et conservée chez lui rue du Croissant. Elle aurait de plus été reconnue par messieurs Wallard et Ramburc, chanoines de la cathédrale, et par M. de Créquy, chantre de Saint-Agnès.

Sans contester quoi que ce soit à ce sujet, nous nous permettrions si les reconnaissances étaient moins autorisées d'émettre un doute ; et voici pourquoi.

Une peinture de l'ancien Calvaire qui existe dans la sacristie de la cathédrale, une autre peinture que possèdent les dames Charriottes, sept gravures dont quatre sur cuivre et trois sur bois que l'on retrouve chez les amateurs, une autre gravure figurant aux *Heures du Calvaire* et d'autres encore représentent toutes, le Christ priant, la tête levée et les yeux tournés vers le ciel. Or la tête conservée, est au contraire inclinée vers la terre, comme celle d'un Christ mort.

Quoi qu'il en soit, appliqué purement et simplement contre le mur nu du bras de croix gauche de la cathédrale, le *Calvaire d'Arras*, pouvait paraître un peu négligé sous Monseigneur Parisis. Enfant du pays, et imbu de ses traditions, Monseigneur Lequette a remédié à ce regrettable état de choses ; un nouveau soubassement, un socle plus important, une disposition mieux entendue de la niche, une décoration polychrome, et surtout les deux remarquables statues de la Vierge et de saint Jean (dues au ciseau de

[1] *Reliques de la Passion.*

M. Noël Louis) qui se trouvent à droite et gauche de l'arbre de la Croix, appellent maintenant l'œil sur le Calvaire et indiquent qu'il est toujours l'objet d'une vénération locale.

COUR-LE-COMTE.

C'était l'ancien hôtel du Comte d'Artois, bâti sur une partie de l'emplacement du *castrum* romain ; il couvrait le terrain compris entre la place de la Madeleine, la rue de la Gouvernance, la rue Saint-Aubert et la rue des Agaches.

En pénétrant dans la maison n° 11 de cette rue, l'on voit encore un bel échantillon du mur d'enceinte de la Cour-le-Comte, mur en grès et en pierre de taille parfaitement appareillées, au bas duquel coule l'un des bras du Crinchon.

Il existe aux archives départementales, un compte-rendu par un sieur Regnault Lanoul au duc de Bourgogne pour les travaux opérés à la Cour-le-Comte « depuis le VII° jour du mois de novembre l'an M.CCC.XXXIX jusque par tout le jour de Saint-Andrien en l'an de grâce M.CCC.XL. »

Le flégard appartenant à M. Le Gentil, à M. et à Madame V° Bollet, et à l'Institution de Saint-Joseph, était une entrée de la Cour-le-Comte.

Les prisons de cet hôtel donnaient sur la rue de la Gouvernance. Elles furent démolies vers le milieu du siècle dernier.

C'est dans les bâtiments et dans l'enclos de la Cour-le-Comte que s'établirent le *Conseil d'Artois*, la *Gouvernance* et l'*Election d'Artois*.

CONSEIL D'ARTOIS.

Les Officiers composant ce Parlement créé par Charles-Quint le 12 mars 1530, et qui conférait la noblesse après vingt ans d'exercice, siégeaient dans une chambre spécialement construite à cet effet du 10 juin 1532 au 27 juin 1533, ainsi qu'il appert d'un « estat et compte que fait a Messeigneurs, Nosseigneurs, Gouverneur, Président et Gens du Conseil provincial d'Arthois, Jehan Delatour [1]. »

Cette chambre avait des verrières peintes, d'après des cartons d'artistes dont l'un au moins était très-distingué ; on trouve en effet dans ce compte :

« A Jehan Lallier painctre pour avoir faict quatorze patrons de rondz de verrières pour ladicte chambre a este payé pour chaque patron VII sols. »

« A *Jehan Bellegambe*, painctre demeurant a Douay, pour avoir faict deux patrons de verrières pour icelle chambre tant en rondz comme en bordure, a este payé XX sols, et au carton dudict Douay pour avoir apporté lesdicts deux patrons VII sols. »

La construction dans laquelle se trouvait cette chambre, était en briques et sise sur la partie haute des jardins de l'hôtel de M. Le Gentil et de la maison de Mme Bollet, on y accédait par un perron élevé sis à l'angle de la rue du Pont du Conseil.

« Le Conseil d'Artois, dit l'auteur d'un ancien manuscrit, est un bâtiment fort antique qui servoit de palais aux anciens Comtes de Flandre et d'Artois, il n'y a rien de beau dans

---

[1] Conseil provincial d'Artois. *Bâtiments*, 1532 à 1581. Archives départementales.

cet édifice, cependant on ne laisse pas d'y trouver un air de grandeur.

On a embelli ce bâtiment d'une porte en architecture avec le buste du Roy en 1712 accompagné de deux figures soutenantes les armes de France sous le chapiteau représentant la Force et la Justice, on y a fait depuis une très-belle salle pour les harangues et les décrets.

Il y a dans les deux chambres des conseillers beaucoup de tableaux des Roys et des Comtes d'Artois, tant sur toile que sur bois mais peint d'un très-bon goût [1]. »

« Le Conseil d'Artois, est-il écrit au manuscrit de l'évêché est un bâtiment fort antique, la salle par où on entre est fort vaste, les deux chambres de ce siége sont proprement arrangées, on y voit les tableaux de quelques Comtes souverains d'Artois, dont partie sont de très-bon goût et d'une peinture sur bois exquise qui ont été donnés par feu M. Caron, président à Saint-Omer.

MÉMOIRE DES TABLEAUX.

1re Chambre.

Philippe de Valois dit le Hardy, Duc de Bourgogne.

Margueritte de Malle, épouse de Philippe le Hardy.

Louis de Malle, Comte de Flandre et d'Artois.

Margueritte de Brabant, épouse de Louis de Malle.

Le portrait sur toile et en grand de Charles-Quint, figure pédestre et armée.

Louis VIII, Roi de France et Comte d'Artois.

Louis XIV, Roi de France et Comte d'Artois, sur toile, posé

---

[1] *Mémoire historique sur l'Artois*, Académie d'Arras, collection de M. GODIN.

à la cheminée en habits royaux et assis sur un fauteuil.

Philippe II, Roi d'Espagne et Comte d'Artois représenté en grand sur toile, figure pédestre et armée.

Blanche, femme d'Alphonse, Roi de Castille.

Baudouin, Comte d'Haynaut.

Margueritte d'Alzace, Comtesse de Flandre.

Robert, l'illustre Comte d'Artois.

De Courtenai, Comtesse d'Artois.

Philippe-Auguste, Roi de France, Comte d'Artois.

2me Chambre.

Philippe le Bon Ier, du nom Comte d'Artois.

Mahaut, femme d'Henry, Duc de Brabant.

Philippe de Valois, dit le Long, Comte d'Artois.

Jeanne de Valois, Comtesse d'Artois.

Eudes, Duc de Bourgogne.

Jeanne de Bourgogne, Comtesse d'Artois.

Philippe d'Alzace, Comte de Flandre.

Isabelle, femme de Rodolphe Comte de Vermandois.

Louis de Crécy, Comte de Flandre et de Nevers.

Marguerite de Valois, Comtesse d'Artois, 1380.

Othon, Comte de Bourgogne.

Mahaut, Comtesse d'Artois.

Et sur la porte du parquet est le portrait du Comte de Fosseux, premier Gouverneur d'Arras sous le Roi d'Espagne, représenté en grand, figure pédestre armée, et orné du collier de la Toison-d'Or [1]. »

Au-dessus de la porte du Conseil d'Artois, à gauche en entrant, existait une bretèque [2].

La chapelle du Conseil longeait le jardin de M. Le Gentil

---

[1] Archives de l'Evêché, Fol. 114, V°.
[2] Le Père IGNACE, *Dictionnaire*, Tom. I, Page 584.

sur la place de la Madeleine, et avait son autel du côté de la rue de la Gouvernance.

A propos du chapelain de cette chapelle on trouve aux Archives du Conseil la pièce que voici :

« Les Présidens et Gens tenant le Conseil provincial d'Artois, certifient à tous qu'il appartiendra, que la chapelle du palais dudit Conseil n'est point un bénéfice, mais une simple chapelle castrale anciennement fondée par les Comtes d'Artois dans leur palais où se tient à présent le dit Conseil, que le chapelain qui en estoit lors pourvu y faisoit journellement la messe pour le Comte d'Artois et près de sa personne, et que depuis l'institution dudit Conseil fait par l'Empereur Charles-Quint en 1530, il décharge la messe journalièrement dans la mesme chapelle à la mesme intention une demie heure avant la séance. Sçavoir depuis Pasques jusqu'à la Saint-Remy à sept heures, et depuis la Saint-Remy jusqu'à Pasques à huit heures ; que Me Jean-François Pothier prestre déchargeant présentement ladite messe journalièrement, ses provisions de Sa Majesté comme ont eu tous les autres avant luy, en vertu desquelles ils ont été mis en possession d'icelle par ledit Conseil, et nullement par l'Évêque diocésain auquel lesdites lettres ne sont et n'ont jamais été présentées ; qu'il a sa demeure dans les bastimens de l'enclos dudit palais jouissant des mêmes immunités, franchises, priviléges et exemptions que les suppots et officiers dudit Conseil suivant la dite institution dans laquelle il est compris avec eux, et que la dixme dont il jouit pour la décharge desdites messes est de l'ancienne fondation desdits Comtes d'Artois : de quoy nous ayant été requis acte par le Procureur général du Roy audit Conseil, nous lui avons accordé le présent pour servir et valoir où il appartiendra. Fait et résolu en chambre du Conseil le neuf décembre mil six cent quatre-vingt-douze. Signé Lemerchier. »

(Conseil d'Artois, registre aux actes de notoriété B. 1642 à 1788).

Lors de l'inventaire qui fut le Iᵉʳ octobre 1791 dressé pour constater le mobilier de la chapelle du Conseil on mentionna en dehors des vêtements sacerdotaux et du linge d'autel.

« Un calice, une patène, et une petite cuillère en argent.
Un plat et deux burettes d'argent.
Une croix et ses chandeliers de cuivre argentés [1]. »

« La moitié des deniers payés pour les réceptions au Conseil d'Artois des avocats, notaires, procureurs et huissiers appartenait à la chapelle dudit Conseil, l'autre partie étant affectée à l'entretien des chambres du palais [2]. »

Peu avant 1789 à l'occasion de travaux opérés par les religieux de Saint-Vaast dans leurs bâtiments adjacents à ceux du Conseil, fut rédigé un mémoire ou on lit.

« Il y a à l'entrée du Conseil une espèce de pavillon quarré soutenu de trois grandes arcades à jour, au-dessus desquelles est la chambre des chartres d'Artois, entre deux voûtes qui menacent ruine aussi bien que la couverture de ce bâtiment qui sert de dépôt pour les titres du Comte d'Artois, du Boulenois pays conquis et reconquis.

Il y a dessous l'appartement du greffier du Conseil une rue assez étendue et couverte, remplie d'ordures et d'immondices, capable de produire dans les grandes chaleurs une infection au milieu de la ville.

Cet endroit peu fréquenté faute d'habitation voisine et obscurci par les bâtiments qui le couvrent, a souvent servi de rendez-vous aux duellistes, de toute condition, et est

---

[1] *District d'Arras*, Liasse 148. Archives départementales.
[2] *Conseil d'Artois*, B. 295, Registre, 1698; — B 607; Liasse, 1549 à 1709. Archives départementales.

encore le plus secret refuge des désordres et libertinages nocturnes.

Le seul moyen de remédier à ces désordres, est de mettre cette rue à jour comme toutes les autres de la ville, d'y établir des habitations d'un chacun côté sur le terrain du Roy..... »

Un autre document du même temps, porte que « les chartes étoient placées dans un étage au-dessus du passage, couvert d'un plancher et d'un comble en piramide. »

Il résulte encore de plusieurs autres pièces, que ce passage ouvert sous le pavillon quarré et principale entrée du Conseil, était entre les prisons royales, et l'Élection d'Artois, du côté de l'église de la Madeleine [1]. »

Ces indications permettent en présence surtout du plan général du Conseil d'Artois dressé par David arpenteur, le 8 mars 1787 [2] », d'affirmer que ce passage était là où est encore le flégard commun entre M. Le Gentil, Mme Bollet, M. Bollet, et l'Institution de Saint-Joseph. Le mur gauche en entrant dans ce flégard présente des signes nombreux et très-apparents de l'ancien passage démoli en 1769 à la suite d'une expertise faite par Vichery et Beffara.

Quant à la rue couverte sous l'appartement du greffier du Conseil, elle n'était autre, ainsi que l'indique toujours le même plan, que la rue du Pont du Conseil, constituant l'impasse actuelle qui s'ouvre dans la rue des Agaches, et qui est située derrière l'hôtel de M. Le Gentil.

Déshonoré par les condamnations y prononcées sous le règne de la Terreur par le Tribunal révolutionnaire qui s'y était installé, le Conseil fut détruit, mais postérieure-

---

[1] *Intendance*, N° 31 bis, page 42. Archives départementales.

[2] Archives départementales. Les bâtiments du Conseil d'Artois constitueraient un dédale inextricable.

ment au 24 pluviôse an X ; car une délibération sous cette date du Conseil municipal mentionne encore les bâtiments du Conseil ¹.

Dans le jardin de Mme Bollet, existe un quartier isolé dont le rez-de-chaussée a fait partie des constructions du Conseil, il y reste encore une cheminée de l'époque.

Partie intégrante de la Cour-le-Comte, l'hôtel du second Président du Conseil d'Artois, était celui qui se trouve à l'angle de la rue de la Gouvernance, et que la famille Lallart a vendu à l'Istitution de Saint-Joseph.

L'hôtel du Premier Président était le superbe logis sis au chevet de l'ancienne église de la Madeleine, qui est maintenant occupé par la Recette générale et où existent des boiseries sculptées avec une finesse et une richesse incroyables.

Transcrivons ici un curieux document du siècle dernier touchant les exécutions de Justice.

RÈGLEMENT

Du Conseil provincial d'Artois concernant les salaires des bourreaux et autres frais des exécutions de justice.

du 28 juin 1875.

Vu par la Cour le réquisitoire du Procureur Général du Roi, contenant que plusieurs Maîtres des Hautes-Œuvres en cette Province exigent souvent pour les Exécutions qu'ils y font et dans le ressort, des sommes considérables que les Juges sont obligés de leur refuser ; ce qui procure à ces derniers des discussions désagréables, lesquelles ne

---

¹ *Registres aux délibérations*, Archives municipales. — Consulter sur le Conseil d'Artois la *Notice* de BULTEL (1748) et les *Notes historiques* de PLOUVAIN, conseiller à Douai.

sont occasionnées que par l'incertitude de ce qui leur est dû, et que par les taxes arbitraires que les Juges subalternes sont obligés d'en faire à chaque occasion. Pourquoi il réquerait qu'il plaise à Cour y pourvoir par un règlement général, suivant les Mémoires qu'il a laissé sur le bureau, et qui ont été dressés sur l'usage anciennement observé en la Cour; en conséquence, qu'il soit enjoint aux dits Maîtres des Hautes-Œuvres de s'y conformer, à peine de prison ou autres s'il échoit. Ouï le Rapport du conseiller Merland;

Tout considéré, la Cour, par son jugement et arrêt, ordonne que les salaires des Maîtres des Hautes-Œuvres et autres frais concernant les Exécuteurs de Justice en cette province, seront payés comme s'ensuit :

Sçavoir :

Pour bruler, quatre-vingt-dix livres.	90 00
Pour jet de cendres au vent, six livres.	6 00
Pour rompre, soixante livres	60 00
Pour exposer sur la roue, quinze livres.	15 00
Pour pendre, trente livres	30 00
Pour conduire aux fourches patibulaires, trois livres.	3 00
Pour appliquer ou présenter à la question par chaque personne, quinze livres.	15 00
Au médecin, pour sa présence à la question pour chaque personne, cinq livres.	5 00
Au chirurgien, quatre livres.	4 00
Au broutteur, dans tous les cas d'exécution, trois livres	3 00
Au même broutteur pour conduire les cadavres dans les lieux ordonnés, trois livres.	3 00

Pour faire baiser la potence, pour fouet et flétrissure, de chaque personne, vingt-deux livres dix sols 22 10

Pour fouet et flétrissure seulement, quinze livres. 15 00

Pour flétrissure de chaque personne, sept livres dix sols 7 10

Pour amende honorable, trois livres. 3 00

Pour attacher un tableau à la potence, dix livres. 10 00

Pour l'attacher à un poteau, sept livres dix sols 7 10

Pour exposition du carcan ou pilori, de chaque personne, dix livres 10 00

Pour bruler des livres, six livres. 6 00

Au peintre, pour effigie, six livres. 6 00

Au peintre pour tableau contenant condamnation, trois livres 3 00

Au charpentier pour dresser et déplanter un échaffaud, cinquante livres. 50 00

Pour dresser et déplanter une potence, six livres. 6 00

Pour dresser et déplanter un poteau, quatre livres 4 00

Fait défenses aux bourreaux d'emporter aucun bois qui auront servis aux exécutions, lesquels seront repris par les charpentiers.

Le bois employé pour brûler, demeurera fixé à cinq cordes de bois sur le pied de quarante livres chacune, trois cens fagots sur le pied de dix-huit livres le cent, etc., trois sacs de charbon sur le pied de six livres le sac; le tout compris voiture au lieu de l'exécution.

Dans les cas où les bourreaux se transporteront hors le lieu de leur résidence, il leur sera payé cinq livres par jour, à raison de huit lieues pour un jour.

Et le présent Règlement sera lu, publié et registré et copie d'icelui envoyée aux Bailliages, Sénéchaussées et autres Juridictions du Ressort, pour y être pareillement lue, publiée, registrée et exécutée : enjoint aux substituts du Procureur Général d'y tenir la main et d'en certifier la Cour dans le mois.

Du vingt-huit juin mil sept cent cinquante-sept.

Signé : Briois et Merland.

Lu, publié au Parquet de la Cour, et registré au Greffe d'icelle, pour être exécuté selon sa forme et teneur, et copies collationnées, envoyées aux Bailliages, Sénéchaussées et autres du Ressort, pour y être pareillement lues, publiées, registrées et exécutées : Enjoint aux substituts du Procureur général du Roi d'y tenir la main et d'en certifier la Cour dans le mois.

A Arras, au Conseil provincial d'Artois, ledit jour vingt-huit juin mil sept cent cinquante-sept.

Delys.

GOUVERNANCE

La partie de la Cour-le-Comte connue sous le nom de Gouvernance, faisait face à la rue qui lui a emprunté son apellation. Les prisons de la Gouvernance étaient situées à l'angle de cette rue et de la place de la Madeleine, et s'étendaient partie sur la rue, partie sur la place, jusqu'au flégard commun.

La Gouvernance était dit Desmazures [1] un « siége composé du Gouverneur d'Arras, son Lieutenant-général, Lieutenant particulier et hommes de fiefz qui relèvent immédiatement du Château d'Arras. »

---

[1] Livre VII, Titre 1, N° 2.

Il y avait dans les constructions de la Gouvernance une « tour où estoit le dépos » qui est figurée en un plan des archives municipales. Construite en briques, et de forme quadrangulaire, elle avait deux étages surmontés d'un pignon à gradins. Son escalier se trouvait sur la contre-partie du même bâtiment à un étage seulement.

Tout dernièrement des fouilles ont été opérées pour la construction des nouveaux bâtiments de Saint-Joseph, sur le lieu jadis occupé par la Gouvernance. Les différentes sub-tructions en briques que les fouilles ont mises à jour, n'ont présenté rien qui fût digne de l'intérêt des archéologues.

ÉLECTION.

Les bâtiments affectés à l'Élection d'Artois, se trouvaient entre le flégard dont il vient d'être parlé et la chapelle du Conseil.

L'Élection s'occupait surtout du fait de noblesse, des armoiries, etc. Presque toutes ses archives ont été brûlées à l'époque révolutionnaire.

HALLES ÉCHEVINALES.

CITE

HOTEL ÉCHEVINAL.

La *Halle* de l'échevinage de la Cité se trouvait là où existe après la place substituée à l'ancien pont, la seconde maison à gauche de la rue Baudimont en la montant pour aller à la Préfecture.

Elle était construite en briques et pierres de taille dans le genre hispano-flamand des maisons de la grande et de la petite place.

Le rez-de-chaussée offrait une façade supportée par cinq colonnes monolithes en grès avec socles et chapiteaux, sur lesquelles retombaient quatre arcatures en plein cintre également en grès (formant galerie [1]). Au-dessus de la première se trouvait un écusson portant deux crosses épiscopales disposées en sautoir ; au-dessus de la quatrième un autre écusson armorié.

Le milieu du premier étage était occupé par une bretèque hexagone avec colonnes reposant sur un cul de lampe orné d'une statue, et coiffée d'un toit à pans surmonté d'une

---

[1] Cette galerie était complétement en saillie sur la rue Beaudimont, Voir le *plan dressé le 22 septembre 1774 par* POSTEAU, GAYANT et GILLET. (Archives municipales.)

fleur de lys. Au centre de cette bretèque s'ouvrait une fenêtre, à droite et à gauche de la bretèque étaient deux fenêtres croisées et carrées d'inégale largeur quoique symétriques entre elles ; séparées par quatre pilastres canelés à chapiteaux corinthiens supportant un entablement avec corniche et frise dans les sculptures de laquelle se détachaient deux têtes d'ange.

Le pignon droit coupé par trois corniches se composait de quatre compartiments très-ornementés ; le premier présentait deux fenêtres croisées, entre lesquelles était un troisième écusson surmonté de la mitre, de la crosse et du chapeau de cardinal ; le deuxième, une lucarne circulaire ; le troisième, une fleur de lys ; le quatrième, une pierre portant des palmes disposées en forme de couronne.

Tout cela se trouvait surmonté d'un beffroi. « C'était, dit le père Ignace, un petit clocher de bois couvert d'ardoises ouvert de tous côtés, de figure hexagone où est une cloche[1]. »

Un dessin fort exact et à l'échelle a conservé le souvenir de ce monument détruit en 1759 dont il reste cependant :

Au rez-de-chaussée les cinq colonnes avec leurs cintres de grès.

Les caves (deux étages), à nefs, à piliers monolithes avec chapiteaux en grès, voûtées en plein cintre et en pierre de petit appareil, il y existe une ancienne cheminée de grès. Mais ces substructions remontent à une époque très-antérieure à l'élévation de la Halle qui fut construite par l'Évêque Boudot, dont l'épiscopat dura de 1628 à 1635[2].

Le Magistrat de la Cité se composait d'un prévôt maire lieutenant, sept échevins, un conseiller pensionnaire, un greffier et un argentier.

---

[1] *Mémoires*, t. VII. Page 482.
[2] *Epitaphier* de *d'Aubrometz*.

L'Évêque était seigneur temporel de la Cité, et y avait haute, moyenne et basse justice. Le 8 mai 1759 l'Hôtel-de-Ville de la Cité a été vendu en adjudication publique pour la somme de 14,350 livres. (Voir le procès-verbal aux archives départementales).

VILLE

ANCIENNE HALLE ÉCHEVINALE

Antérieurement à la seconde moitié du XVe, siècle la commune d'Arras malgré son importance et son ancienneté, n'avait point de Beffroi, la *Ban-Clocque* qui annonçait les réunions des bourgeois et les assemblées échevinales, était, de même que la cloche à l'*Effroy* ou tocsin et la cloche *du Sang* sonnée seulement pour les exécutions capitales, dans le clocher de l'église Saint-Géry.

Quant à la Halle Échevinale, elle se trouvait à cette époque, dit Wignacourt, « en la placette de Saint-Géry en une maison appartenant présentement aux hoirs Ferry du Flos. » Et quant aux publications elles se faisaient en la maison de la *Balaine*, sur le petit marché [1].

M. Guesnon, dans sa *Sigillographie de la ville d'Arras* place cette vieille Halle dans « la rue Saint-Nicolas » actuellement rue des Trois-Faucilles [2].

Au premier abord, et en présence de la topographie actuelle de cette rue et de la place Saint-Géry, il paraîtrait ou qu'il y a eu deux halles successives, ou qu'une contradiction

---

[1] *Répertoire. De la Halle-Maison et Hostel-de-Ville.*
[2] *Introduction*, page XXXV.

existe entre Wignacourt, qui Conseiller pensionnaire de la Ville d'Arras et vivant dans la dernière partie du XVI° siècle devait être d'autant plus au courant de la situation qu'il avait connu la vieille halle, et M. Guesnon dont l'autorité et l'exactitude sont indiscutables.

Mais il n'y a point eu deux Halles, et il n'existe aucune contradiction entre ces deux dires ainsi que nous l'allons démontrer.

Et d'abord, il faut n'oublier pas que la place Saint-Géry a été profondément modifiée, et que infiniment plus longue autrefois qu'elle ne l'est aujourd'hui, elle s'étendait sur la rue Saint-Nicolas, vers celle de la Wattelette [1];

Et puis se rappeler que tout le rang de la rue Saint-Nicolas, compris entre la rue de la Marche, et la rue Saint-Géry, côté faisant conséquemment face à la place Saint-Géry, était sur la paroisse de Saint-Jehan-en-Ronville.

Ceci posé, la démonstration va devenir sensible et mathématique.

Les rentiers de 1382 et de 1395 [2] indiquent dix maisons entre celle qui faisait le *Touquet* de la place Saint-Géry et la rue de la Marche.

La dixième maison est en effet indiquée par ces rentiers comme étant celle de « M. le Conte le Marche, » qui a donné son nom à la rue dont elle faisait l'angle :

Or les deux rentiers, s'accordent à placer « la Halle de Messieurs les Eschevins d'Arras » à la septième maison à partir du Touquet de la place Saint-Géry. Et ajoutent que la maison « ensievant » c'est-à-dire huitième, est au « Maieur d'Arras. »

---

[1] Consulter à titre de simple renseignement le plan de Guichardin, inexact, du reste, puisqu'il supprime l'hôtel de Lens ou d'Egmont.
[2] Archives municipales.

Voilà qui est clair et catégorique, mais il y a plus.

Dans un compte de 1465, l'ordre des maisons de la rue Saint-Nicolas à partir « du coing de la ruelle de le Marche vers la rue Saint-Géry, est ainsi indiqué : 1° hôtel de le Marche. 2° Maître Ricard Pinchon. 3 Maître Jehan Mansel. 4° Halle de l'Echevinage.

N'est-ce pas l'évidence même, et tout n'est il pas concilié puis que sise comme le dit justement M. Guesnon en la rue Saint-Nicolas, la Halle faisait face à la place Saint-Géry, ce qui explique ces mots très-justes aussi de Wignacourt « en la placette Saint-Géry.

Cette vieille Halle (que l'on peut approximativement placer là où est maintenant l'hôtel de M. Fagniez, bâti sur le terrain de l'ancien refuge d'Eaucourt) bien que très insolide déjà en 1501, ne fut cependant démolie que vers 1580, d'où il suit que ce que dit de Wignacourt de la maison des hoirs de Ferry du Flos doit s'entendre non de la Halle elle même, n'existant plus en 1608 temps où de Wignacourt écrivait; mais de l'emplacement de cette Halle sur lequel s'était élevée une construction nouvelle.

La Halle avait une porte de derrière « *posticum* » donnant sur la place actuelle des États. Le rentier de 1395 constate en effet qu'une redevance était due à Messieurs de Saint-Vaast pour « la porte de le Halle sur la place de l'Advoué. » Cette porte était très probablement celle qui fut supprimée ainsi que le couloir y aboutissant lors des travaux exécutés au Palais de Justice et a l'occasion desquels a été bouchée la porte cochère sise, à l'extrémité de la façade, contre l'école de médecine [1].

---

[1] Lors de la construction du Palais, cette porte cochère avait été ménagée précisément pour faciliter par la petite porte (*posticum*) débouchant autrefois sur la place, l'accès aux propriétés que ce couloir et cette porte desservaient.

Dans cette vieille Halle, dit M. Guesnon (d'après un *Vidimus* de la charte de 1211, par Robert Mauvergne, lieutenant général du juge et garde de la prévôté de Bauquesne; les registres III, IV, V et X des *mémoriaux*; le registre I *des renouvellements de la loi; un compte de 1484, et un inventaire des chartes de 1588)*, « la chambre du Conseil communiquait avec un cabinet ménagé dans une tourelle de pierre où était la *Trésorerie*. Là se trouvait une armoire, ou plutôt un buffet dans le style bien connu de cette époque, appelé le *coffre* ou *huchel au sceaux*. Il fermait à deux serrures à chacune desquelles correspondaient six clefs, chaque année les douze clefs étaient réparties entre les douze échevins nouveaux. Un second buffet semblable au précédent, mais beaucoup plus grand, laissait voir en s'ouvrant une sorte de coffre-fort à triple serrure et armature en fer : c'était le *huchel aux chartes*. Sur ce coffre reposait un petit coffret de cuivre aussi garni de fer, qui renfermait le scels de la communauté »[1].

Il faut ajouter à ces renseignements si curieux, que la Halle possédait une chapelle pour que l'on pût y dire « messe cascun jour, et, tantost après che que le cloque du plait à sonné, adfin que esquevin et vint-quatre se peussent assanler, auïr le dicte messe, se il leur plaisoit, pour tantost après che, entendre et plus diligamment.... au pourfit de la Ville et as autres besoignes, que li esquevin pucent avoir à faire, ensi que elles sourviennent de jour en jour »[2].

On allait de la petite place à la vieille Halle en passant par la petite voûte Saint-Géry *(Vaulte, Vaultette, Vautelette, Wattelette)* et en suivant la rue de la Wattelette, ou en sui-

---

[1] *Sigillographie. Loco supra citato.*
[2] CARON. *Chartes et documents concernant l'Echevinage d'Arras.* Lettres de 1361, page 249.

vant la *ruelle du Croissant*[1] sur laquelle fut en 1516 établi le transept de l'église Saint-Géry, que remplace la rue Neuve-Saint-Géry actuelle.

Aussi les échevins veillaient-ils scrupuleusement à la propreté de ces rues, où ils passaient si souvent, et avaient-elles un *ramoneur* spécial[2].

En ce qui touche les publications échevinales que Wignacourt rapporte s'être faites en la maison de *la Balaine* sise sur la petite place, il est à remarquer, que les rentiers de 1382 et 1395 indiquent une maison « de le Bretesque » séparée par une autre maison de celle « de le Balaine »; que cette maison de le Bretesque appartenait à la communauté des habitants d'Arras puisque l'échevinage la vendit vers 1501; et que conséquemment avant de se faire en la maison de la Balaine les publications avaient pu se crier en la maison de la Bretesque « toute caducque » déjà lors de son aliénation[3].

C'est évidemment à cette maison au devant de laquelle s'élevait un pilory, que s'applique l'article du compte de 1465 portant :

« A Tassart Huchier pour avoir fait et livré quatre fenestres de aisselles de quesne à le chambre haulte, de le maison de le Bretesque a esté paié pour 2 jours par marchez faict avec lui, XIIII sols »[4].

---

[1] Conduisant du petit marché « dans la grant rue en passant par la vieille Halle ». La *Grand rue* était la rue Saint-Nicolas.

[2] Nous nous faisons un devoir autant qu'un plaisir de remercier M. Guesnon des éclaircissements qu'il a bien voulu nous fournir sur la situation si peu connue et si intéressante de la vieille Halle échevinale.

[3] Délibération du 30 juillet 1501. *Mémorial de 1495 à 1508*.

[4] Archives départementales. *Comptes des quatre commis aux ouvrages de la Ville d'Arras*. La maison construite sur l'emplacement de la vieille Bretesque, portait au temps de Dom Page le nom du *Soleil d'or*. (*Répertoire des maisons d'Arras*.)

BEFFROI ET HOTEL-DE-VILLE ACTUELS.

Beffroi. — Un document de 1463 constate qu'à cette époque, le Beffroi était commencé sur l'emplacement de la *halle aux cuirs*, près de l'endroit où étaient également les étaux de l'importante corporation des bouchers.

Par suite d'une foule de circonstances que nous n'avons pas à énumérer ici, les travaux ne furent parachevés qu'en 1554, sur les plans d'un maître maçon, nommé Jacques Le-Caron, natif du village de Vaulx.

Une pierre commémorative placée dans la chambre des guetteurs et actuellement déposée au musée, indiquait ainsi cette date :

> L'an mil cinq cent cinquante-quatre
> Par un second jour de juillet
> Jean Delamotte et Pierre Goulâtre
> Firent en ce lieu le premier guet
> Etant nouveau le Beffroy fait
> Par un nommé Jacques Caron
> Maître en cet art un des parfaits
> Car il avait un grand renom.

En 1833 force fut de démolir le Beffroi, jusqu'au dessous des abat-vent de la partie inférieure. En 1839 le 1er mai, la première pierre de la reconstruction bénie par Mgr de La Tour d'Auvergne, fut posée par le maire d'Arras avec une boîte de plomb contenant copie du procès-verbal, et le 18 juin de l'année suivante la dernière pierre fut posée par le même fonctionnaire, ainsi que le rappelle une nouvelle inscription commémorative placée encore dans la chambre des guetteurs où on lit :

« Dernière pierre du Beffroy, posée par M. Maurice Colin, maire d'Arras, le 18 juin 1840. »

En 1872 et commencement de 1873, quelques réparations

d'assez peu d'importance furent opérées aux parties supérieures de la tour.

Le Beffroi qui est sans conteste et sans comparaison la plus belle, la plus importante et la plus haute tour du Nord de la France, mesure 75 mètres 36 centimètres d'élévation depuis le pavé de la place, jusqu'au sommet de la girouette. (330 marches à gravir.)

« Carré à sa base, il est soutenu par des contre-forts géminés : ils s'élèvent jusqu'à la première galerie qui, pour l'harmonie de l'édifice, soutient des clochetons rentrants ; chaque face est percée de deux baies ogivales, dont la partie inférieure indique déjà le style de la renaissance ; d'élégants clochetons aux crosses végétales se terminent à la hauteur des premiers auvents. Le sommet est coupé par trois galeries dont chaque partie octogone est rentrante, entre la première et la seconde galerie se trouve l'horloge, dont les cadrans sont accolés aux ornementations. Ce majestueux édifice est terminé par une couronne (anciennement en pierres, maintenant en fer) que surmonte le lion rampant des armoiries de la Ville d'Arras. Il s'appuie sur la hampe de la girouette »[1].

Le Beffroi renferme notamment quatre cloches principales :

1° La cloche *Joyeuse* pesant environ 18,000 livres.

Dans le principe on l'appelait Ban-Clocque ou Clocque-à-Ban, fêlée en 1464 pendant le séjour de Louis XI à Arras, on la refondit bientôt, et prenant le nom de *Désirée*, elle porta en caractères gothiques les vers que voici :

Desiderata vocor, milleno facta sub anno

---

[1] D'Héricourt et Godin. *Rues d'Arras*, pages 261-262. L'ancien lion en cuivre est déposé au Musée, on l'a remplacé par un lion en fonte, plus gracieux mais moins héraldique.

La gresserie extérieure du Beffroi et ses fondations également en grès sont magnifiques.

Quadringenteno sexageno quoque quarto
Rex Ludovicus cum primûm venerat istuc ;
Sed libertates confirmans Atrebatenses
Bannitis villæ regressum non dedit ille
Burgundosque brabantigenas ducente Philippo
Artesii Comite cum pluribus et dominante
Præsul erat Petrus de Ranchicourt que vocatus
Dimenche Magret et Jean Boisez; m'ont faict
Par bon conseil.

Refondue de nouveau en 1728 sous le nom de *Joyeuse*, cette cloche, porte aujourd'hui cette légende.

« *Primitus* ban-clocque ceu clocque-a-ban, *deinde Desiderata dicta, tandem a populo jam dudum Læta vocor, Gallice Joyeuse, quæ quondam casu fracta anno 1464 renovata fui. Me iterum fortuito fessam feliciter redintegrare curarunt Major et Scabini Atrebati, anno 1728, regnante Ludovico XV.* »

Au bas de la cloche on trouve, d'un côté :

« Michel et Jean les Hanriot m'ont fait. »

De l'autre :

« Nicolas Damien m'a soignée. »

Sur le battant est gravée la date de 1759.

2° La cloche du *Guet* ou de la *Répétition*.

Elle porte cette inscription :

« Au mois d'octobre 1682 ceste cloche a esté refondue estans lors Maieur de cette Ville d'Arras Messire Ignace de Belvalet che[er] s[r] de Famechon colonel d'un rég[t] royal d'infanterie Wallon, Messire Phles Francois Palisot Che[er] s[r] d'Incourt Con[er] et les Eschevins Francois Boucquel, Nicolas Caudron, Guillaume Postel marchand, Maximilien Gery advocat, Hierosme Leroux marchand, Messire Alexandre-Augustin Le Sergent Che[er] s[r] de Marsigny, Adrien Camp, Antoine de Fontaines, Jean-François Dupuis, Claude Dambrines, Gabriel Maioul, Jacques François Prevost advocat, Paul Guérard advocat et Procureur général, René Chollet argentier, Hector Bacler greffier civil et Jean-François Leleu greffier criminel. »

Elle porte également un écusson aux armes d'Artois, entouré d'une bordure de lauriers.

Un autre écusson dans lequel est une cloche surmontée d'un compas, autour, on lit « *Denainville à Amiens fecit* » et au-dessous « Denainville à Amiens ».

3° La cloche du *Couvre-Feu*, ou de la *Retraite*.

Elle porte en lettres gothiques cette légende :

> ⁝ *Dulci : Pulsa : Sono : Tibi :*
> *Gaugerice : Patrono ⁝ Servio : Jure :*
> *Pari : Ville : Teneor : Famulari* ⁝

4° La cloche à l'*Effroy* ou de *Sang*, maintenant dite cloche d'*Alarme*, ou cloche au *Feu*.

Elle est placée dans la couronne, a la forme d'un timbre, et en a aussi le métal.

On y lit en caractères gothiques ornementés :

« Je fuis fais lan M:CCCC:E:XXXIII »

D'un côté de la cloche est un écusson aux armes de la Ville ayant deux rats pour supports, de l'autre, même écusson sans supports.

La première horloge du Beffroi fut commandée le 7 septembre 1571 à un sieur Hallot d'Arras. Elle fut remplacée en 1776 par une autre horloge due à un sieur Marguet d'Houdain. Celle qui existe aujourd'hui et qui a été posée en 1870 sort des ateliers de M. Collin.

Hôtel-de-Ville. — En 1501 « Maistre Jean Jonglet, licencié ez-lois, Conseiller de la Ville, ayant remonstré comment le lieu et place de l'eschevinage étoit caduque et cheoit en ruyne » il fut décidé que l'on hâterait la construction de la Maison de Ville sur la petite place en avant du beffroi, « afin que illecq, ceulx de Justice se pussent refugier et eulx trouver pour conclure et besongner les affaires de la Ville[1]. »

Cet Hôtel ne devait comprendre d'abord que le corps principal faisant face à la place.

Mais on ne tarda point à s'apercevoir que ce bâtiment était trop restreint, et on y relia perpendiculairement et en arrière, une autre construction de quatre-vingt-huit pieds de longueur sur trente de largueur » sur la devise de Mahieu Martin, Machon »[2].

Vers 1572, de nouveaux agrandissements devenant nécessaires on adjoignit au corps principal un pavillon dont une partie donna sur la place, et l'autre sur la rue Vinocq.

Édifié d'après les « pourtrait et patron qu'en avoit baillé M° Mathias Tesson », ce pavillon fut traité non plus dans le style gothique de la Maison de Ville et du beffroi, mais dans le goût de la Renaissance[3].

A cette époque la Maison de Ville présentait donc sur la place deux constructions bien distinctes.

Le grand corps de logis gothique, supporté au rez-de-chaussée par deux contre-forts et six piliers octogonaux monolithes en grès sur lesquels reposaient sept arceaux d'inégale grandeur, cinq ogiviques, deux en plein cintre, dont les archivoltes (dans le tympan de l'une desquelles on voyait deux guerriers combattant[4]), étaient ornées de crosses

---

[1] *Mémorial* de 1495 à 1502.
[2] *Mémorial* de 1508 à 1524.
[3] *Mémorial* de 1545 à 1576.
[4] Ces combattants portent tous deux le casque à large couvre nuque, la cuirasse à plastrons articulés de la première moitié du XV° siècle et sont armés de masses d'armes. Celui de gauche un vêtement de buffle et

végétales. Entre les retombées des voûtes, régnaient des niches dont les baldaquins et les culs de lampe étaient si finement fouillés qu'on aurait pu les croire ciselés par les ivoiriers Dieppois. A l'étage s'ouvraient les baies de sept grandes fenêtres ogiviques à menaux, et archivoltes à crossettes, alternant avec des œils-de-bœuf supérieurs. Entre les fenêtres se répétaient des niches analogues à celles du bas; mais coiffées de clochetons à lancettes. Sur l'un des piliers du rez-de-chaussée se géminant avec un autre pilier, s'élevait en encorbellement une bretèque surmontée d'une niche recouverte d'un baldaquin très-élancé. Au-dessus de la façade courait supportée par le cordon sculpté, une élégante balustrade de pierre. Le toit était coupé de trois rangées alternées de fenêtres saillantes surmontées de girouettes, et couronné par une crête de pierre.

Le pavillon Renaissance offrant un rez-de-chaussée et deux étages percés de fenêtres carrées et croisées, séparées par des colonnes accouplées et d'ordre différent à chaque étage [1], avec architrave, modillons et mascarons, d'une correction et d'une élégance irréprochables. On accédait à ce pavillon par un escalier en pierre à double rampe, recouvert d'une double coupole très-ornementée, avec colonnes cannelées, cariatides, etc., dont le dôme supérieur, terminé par l'efflorescence d'un clocheton, atteignait le haut de la façade.

Subordonnée comme proportions à la façade principale, cet annexe ne nuisait en rien à l'importance de cette dernière.

---

de grandes bottes molles, celui de droite des brassards, des gantelets, des jambières et des solerets.

[1] Les colonnes du rez-de-chaussée, composées de fûts de marbre noir alternant par leur superposition avec des fûts en grès vermiculés, avaient vivement frappé Jean de Fontaine et Louis Schouberb lors de leur voyage de 1728.

Dans ces termes primitifs l'Hôtel-de-Ville ne devait guère laisser à désirer.

A l'intérieur on remarquait :

Dans le grand bâtiment donnant sur la place (contre l'escalier), le *parquet* ; (au centre), l'*antichambre* dans laquelle s'ouvrait la bretèque ; (à l'extrémité), la *chambre aux honneurs* que chauffait « une cheminée antique de pierre de taille avec sculpture en relief et dorée » et deux poëles. Le dessin du parquet de cette chambre est conservé aux archives municipales *(Plan du 15 mars 1756 par Gallehaut et Decauchy)*.

Dans les bâtiments sur la cour : l'*ancien greffe*, la *chapelle* qu'éclairaient une fenêtre à croisillons et un lanterneau supprimé en 1748 [1], la *chambre du Conseil* dite aussi *salle de Charles-Quint* où se trouvait « une cheminée dans le même goût que celle de la chambre aux honneurs mais plus petite », où se tenaient les audiences et où était la porte « par où les bouchers entrèrent lors qu'ils délivrèrent le Magistrat de l'oppression des Verts-Vêtus » [2].

Au second étage du pavillon Renaissance, la *chambre des* « *Orphèvres* », celle de la *Vingtaine*, celle des *Sergents*, le *cabinet du Procureur du Roi* et celui du *Conseiller* (Voir aux archives municipales *les plans de 1750*).

Plus tard se produisirent des remaniements.

Le corps principal de l'Hôtel perdit successivement la crête de son toit et sa triple rangée d'ouvertures, sa bretèque remplacée par une fenêtre ouvrant sur un balcon en fer, transformé en balcon de pierre vers 1827.

Le pavillon fut dépossédé de son escalier et de ses cou-

---

[1] *Mémorial, résolutions* IV.
[2] Le Père Ignace, *Mémoires* Tom. VI pages 457 à 459. — Voir *les anciens plans de l'hôtel-de-Ville* aux archives municipales.

poles, auxquels on substitua la porte actuelle du rez-de-chaussée et la troisième fenêtre de chaque étage.

Quelque malencontreuses qu'eussent été ces modifications et quelqu'appauvrissement qu'elles eussent apporté dans la décoration de l'édifice « l'Hôtel-de-Ville présentait encore un ensemble satisfaisant: ses grandes lignes n'avaient pas été dénaturées, et certains détails avaient su résister à l'attaque combinée des hommes et du temps » [1], si bien qu'il eût été désirable qu'il restât ainsi. Mais !....

Arrivèrent les travaux opérés dans ces dernières années !!!...

Il eût été simple de se borner à restaurer et à agrandir, si agrandissement il fallait, en respectant l'édifice qui en valait bien la peine, et les règles du sens commun sans lesquelles rien n'est possible, même en architecture, qui n'est affaire ni de caprice, ni d'extravagance.

Seulement il aurait fallu pour cela :

Ne point oublier que cette architecture « est soumise comme tous les produits de l'intelligence, à des principes qui ont leur siége dans la raison humaine, que cette raison n'est pas multiple mais *une*, qu'il n'y a pas deux moyens d'avoir raison devant une question posée, et que si large que l'on veuille faire la part de l'imagination, elle n'a pour constituer une forme, que la voie tracée par la raison » [2].

Ne point ignorer que, conformément à l'inflexible principe :

...... *Sit quodvis simplex duntaxat et unum.*

« dans toute conception de l'art, l'unité est certainement la loi première, celle de laquelle toutes les autres dérivent » [3];

---

[1] MM. MAURICE-COLIN et GODIN *Statistique monumentale du Pas-de-Calais.*

[2,3] VIOLLET LEDUCQ.

qu'il faut que loin de pouvoir constituer « deux boîtes l'une en dedans l'autre en dehors »[1], ne se correspondant pas ou se correspondant mal, un monument « soit combiné dans l'ensemble, de telle manière qu'on ne puisse sans en altérer l'accord, ni rien en retrancher, ni rien y ajouter, ni rien y changer »[2]; qu'en toute circonstance « l'architecture tend à satisfaire à un besoin de l'homme, que la pensée de l'artiste en composant un édifice quelconque ne doit jamais perdre de vue le but à atteindre »[3].

Ne point en être à savoir que la base de l'architecture est la structure; que son caractère et son harmonie tiennent à l'équilibre des vides et des pleins, au balancement des grandes lignes, à l'agencement des creux et des saillies, et non aux détails d'ornementation, à leur accumulation et à leurs mièvreries.

Ne point prendre le gigantesque pour le grandiose, l'entassement pour la richesse, le galimathias pour l'éclectisme, le dévergondage pour l'originalité.

Ne point se figurer que le *criterium* de l'esthétique serait trouvé si la bâtisse devait arracher aux passants ahuris cette fameuse exclamation :

Ce ne sont que festons, ce ne sont qu'astragales.

Et comme tout cela fut ignoré, confondu, dédaigné, on arriva, mutilant, déshonorant les constructions anciennes écrasées par les nouvelles, échafaudant un assemblage inouï d'éléments hybrides, incohérents et grotesques, à composer une insanité sans exemple étalant à la fois toutes les profusions et toutes les pauvretés, toutes les prétentions et toutes

---

[1] *Rapport des experts sur l'Hôtel-de-Ville d'Arras*. 1875.
[2] QUATREMÈRE DE QUINCY.
[3] VIOLLET-LEDUCQ.

les platitudes ; où l'on voit notamment « des porte-à-faux affreux, d'interminables pignons qu'aucun toit ne motive, des fenêtres bouchées par des torchis, coupées par des plafonds ou des murs d'entrefend, des balcons où l'on s'avale comme en des puits, des tribunes où l'on grimpe comme en des cheminées, d'informes colonnes torses s'épatant au milieu de l'art grec, des motifs égyptiens avec accompagnement de vermiculatures, des boiseries à moulures de plâtre, des coupoles suspendues par des fils d'archal, des murs couronnés d'attiques en zinc badigeonné couleur de pierre, des cariatides brandissant des sabres de bois, des avant-corps superposant pompeusement trois étages de colonnes pour supporter une cruche!... »[1], enfin un gâchis de renaissance, de roman, d'arabe, de gothique agrémenté de tarabiscotages et de nœuds d'amour, pour lequel paraîtrait avoir été buriné ce passage d'Horace :

« Qu'un barbouilleur s'avise d'emmancher un chef humain d'une encolure d'âne, de barioler de plumes diparates un assemblage bizarre de membres hétérogènes, de terminer en mollusque le buste d'une jolie femme, pourra-t-on à l'aspect d'une telle drôlerie ne pas éclater de rire? Eh bien voilà, croyez-m'en, l'image fidèle d'une œuvre dans laquelle, semblables aux rêvasseries décousues d'un malade en délire, les idées confuses n'offriraient qu'un amphigouri sans queue ni tête, où rien ne concourrait à l'unité de l'ensemble. Les peintres et les poètes s'arrogent le privilége de beaucoup d'audaces, et ils se les tolèrent réciproquement : à la condition toutefois de ne pas prendre le blanc pour le noir, de ne point faire éclore les vipères dans le nid des fauvettes, et de ne point accoupler les tigres avec les agneaux[2]. »

---

[1] *Pas-de-Calais*, du 3 octobre 1873.
[2] Voir des peintures de M. Manet, entendre les passages dissonants du

Les substructions de l'Hôtel-de-Ville qui offrent trois étages superposés, remontent presque toutes à une époque très antérieure au seizième siècle.

Construites en grès, en briques ou en pierres de taille, elles appartiennent les unes à la période ogivale, les autres à celle du plein cintre. Leurs voûtes sont soutenues tantôt par des colonnes monolithes de grès analogues à celle des places, tantôt par des massifs de même nature.

On y distingue d'anciennes prisons, portant encore à la partie supérieure les ouvertures à encadrements en grès par lesquelles sans doute se descendaient les détenus.

Construites d'après un plan raisonné, ces caves aux communications primitives bouchées, aux murs éventrés en maintes places, aux colonnes engagées dans des remaniements postérieurs, au sol exhaussé de çà et de là, présentent aujourd'hui un dédale d'autant plus inextricable, que lors des derniers travaux opérés à l'Hôtel-de-Ville, elles ont servi pour ainsi dire de décharge publique, et été encombrées de démolitions de toute nature.

Impossible de juger mieux que par ces substructions de la différence existant entre les travaux de nos pères et les travaux actuels.

Ce qui appartient aux vieux âges est indestructible et architectural ; les matériaux sont de choix et mis en œuvre avec le plus grand art : ce qui est contemporain au contraire, est tout à la fois insolide, misérable de forme et pitoyable d'exécution [1].

Au-dessous des caves règnent des boves taillées dans le

Lohengrin dans certains salons de l'Hôtel-de-Ville, serait, à notre avis, jouir de l'échantillon *nec plus ultra* de ce que nous réservent en peinture, musique et architecture les maîtres *Benoiton*, ou de l'Avenir !

[1] Et ce qui est si sensible dans les caves, l'est non moins dans les combles !...

roc, du genre de celles existant sous toutes les parties hautes de la ville.

Il est indispensable de consulter sur l'Hôtel-de-Ville, le travail de MM. d'Héricourt et Godin dans les *Rues d'Arras* et la très-remarquable notice de MM. Maurice Colin et Godin dans la *Statistique monumentale du Pas-de-Calais* [1].

[1] Livraison VI pages, 1 à 16. 1855.

PRISONS

CITÉ.

L'enceinte de la Cité renfermait trois prisons qui étaient sises :

Les Prisons de la Cité, rue d'Amiens, là où est maintenant l'établissement des Pères de la Miséricorde. « Les caves sont divisées, disaient en 1856 Messieurs d'Héricourt et Godin, en plusieurs compartiments ou cachots; on y voit une porte de bois très-épaisse, elle est encore garnie de son guichet, de grilles, de chaînes etc.... » Plus rien de tout cela n'existe, ainsi que nous l'a assuré le R. P. le Carpentier Supérieur de la Maison.

La Prison du Chapitre, dans le Grand Cloître, et non comme on l'a dit à tort, sur la Terrée de Cité, à l'endroit occupé aujourd'hui par la charpenterie de M. Tricart[1].

Les Prisons de l'évêque, au palais épiscopal.

---

[1] *Rues d'Arras*. Tome I, page 142.

VILLE.

Les prisons de la Ville étaient au nombre de quatre :

Les Prisons Royales, en la Cour-le-Comte, dans la partie donnant sur la rue de la Gouvernance.

Nous avons expliqué plus haut que c'était dans ces prisons que Jeanne d'Arc avait dû être enfermée lors de son passage à Arras, alors que l'écossais Powez, le peintre de sa bannière, fit son portrait en costume de guerre. Le journal *la Presse*, annonçait en juillet 1875 que ce portrait venait d'être retrouvé dans le grenier d'un amateur ; il serait on ne peut plus désirable que cela fût exact, et que l'on eût conservé à la France les traits de l'héroïne, l'une de ses gloires les plus pures, les plus grandes et les plus populaires.

Un acte reçu par Jehan le Verrier, lieutenant du bailli d'Arras, le 1er août 1378, constate qu'à la suite de l'évasion de quelques prisonniers, on a fait opérer certains travaux de réparation et de solidification dans les prisons de la Cour-le-Comte [1].

Les Prisons des États, dites *des Archers*, sises rue du Bloc, au long de la rue des Archers, là où est aujourd'hui le couvent du Bon-Pasteur. Elles avaient une chapelle.

Les Prisons du Châtelain situées dans l'enceinte du *Castrum Nobiliacum*, sur la place du Spectacle, là où sont actuellement le Théâtre, les deux maisons adjacentes, et la

---

[1] Archives départementales.

Salle des Concerts. Le logis du Châtelain donnait sur la rue Ernestale ; on y pénétrait par deux voutes en plein cintre ayant depuis servi de caves, détruites en 1851 lors de la reconstitution de la façade de la salle des Concerts.

Ces caves ont été décrites par M. Harbaville, et dessinées par M. Robaut, au tome 1ᵉʳ du *Bulletin de la Commission des Monuments historiques* [1].

On démolit actuellement (septembre 1875) une cave à voûtes ogiviques à nervures diagonales moulurées, retombant à gauche sur des piliers en grès monolithes, à droite sur des consoles également en grès, qui, sise immédiatement contre les caves détruites en 1851, en reproduit exactement les dispositions, et provient évidemment du logis du Châtelain. Sous ces voûtes sont dans les murs de grands arceaux en plein cintre et en grès, d'une solidité à toute épreuve, remontant à une date antérieure aux voûtes, et peut-être à l'époque du *Castrum*.

En 1848, le déblaiement de certains terrassements a fait trouver dans l'un des cachots de cette prison, quelques casques, cuirasses et autres pièces d'armures anciennes qui ont été déposées au Musée.

Les derniers travaux exécutés à la Prison du Châtelain pour l'établissement du Cercle des Orphéonistes, ont mis plus à découvert un fragment de l'ancienne enceinte du *Castrum Nobiliacum* (dessiné pour le *Bulletin de la Commission des Antiquités départementales*), et quelques projectiles de petit calibre provenant très-probablement de l'un des derniers siéges d'Arras [2].

---

[1] Pages 128 à 132.
[2] Tome II, pages 128 et suivantes.
Le massif en maçonnerie recouvert sur la rue Ernestale d'un parement de pierres de taille, qui forme la baie en plein cintre d'une porte cochère

Les Prisons du Châtelain avaient aussi une chapelle particulière.

Les *Prisons de Saint-Vaast*, dans l'enclos du monastère, sur la rue des Murs-Saint-Vaast, non loin de la tour de la cathédrale actuelle[1].

---

servant d'entrée à la cour de la salle de Concerts, pourrait bien être encore un débris de la Prison Châtelaine.

On peut sur la Prison du Châtelain consulter notamment trois plans existant aux Archives municipales, dressés :

Le premier, par Posteau et paraphé par le mayeur Raulin de Belval, le 27 novembre 1779 ;

Le second, par Gillet et David, arpenteurs jurés de la province d'Artois, le 30 novembre 1781 ;

Le troisième, par Laurent Lincque, architecte, et Louis Gayant, maître maçon, le 9 mai 1783.

[1] Voir aux archives départementales et municipales, les projets de reconstruction des Prisons Royales, des Etats et du Châtelain.

MONUMENTS DIVERS.

CITE.

ANCIEN ÉVÊCHÉ.

Archéologiquement, le *plan d'Arras* qui est aux Invalides et le *plan de Sanson* rappellent seuls le souvenir de l'antique Évêché, datant au moins du XIII° siècle.

Sa chapelle que l'on retrouve dans certains vieux dessins, était située non loin de la porte de l'Évêché, sise près du grand portail de l'ancienne cathédrale [1].

Remontant également au XIII° siècle, elle mesurait 23 mètres de longueur et 12 de largeur. Ses murs étaient percés de hautes fenêtres à meneaux et rosaces. Un contrefort adossé flanquait chaque trumeau, et une tourelle ronde soudée à l'angle gauche du portail au-dessus duquel s'élevait un clocher surmonté d'une aiguille, renfermait un escalier à vis par lequel on accédait aux combles [2].

Quant à l'Évêché reconstruit en 1780 par Mgr de Conzié et incendié en 1836, il occupait exactement le même emplacement que la Préfecture actuelle, dont le corps de logis principal, reproduit le précédent, sauf quelques légères modifications.

---

[1] Voir un dessin appartenant à M. Maurice Colin, et une aquarelle appartenant à M. Nocq-Deusy.
[2] TERNINCK. *Essai historique sur l'ancienne cathédrale*, page 65.

L'ancien parc nommé *Brulud,* du palais épiscopal primitif, devait être infiniment plus grand que le parc actuel, à en juger par les énonciations du cartulaire de l'Évêché, lequel nous apprend qu'il contenait encore en 1395 des cerfs et des biches « *cervos et bichias* », bien que 240 ans, auparavant c'est-à-dire en 1155, il eût été coupé en deux à cause du danger de la guerre « *propter pericula guerrarum, ortus fuit fere de media parte restrictus per fossata Civitatis per ipsum ortum transeuncia* [1]. »

L'aspect de ce corps de logis a toutefois singulièrement perdu, depuis la construction des bureaux qui, antérieurement à 1836, avaient infiniment moins d'importance ; et depuis que la baie élégante et dégagée qui existait avant l'incendie, a fait place à la lourde entrée actuelle, qu'étranglent encore les bâtiments de droite et de gauche y annexés.

L'Évêché portait « *d'or, à deux crosses adossées d'argent, et neuf rats de sable posés en orle, trois en chef passants, et les autres adossez et montant* [2]. »

L'Évêché possédait un précieux cartulaire qui a disparu dans ces derniers temps.

C'est un gros in-folio, renfermant 446 feuillets de parchemin et un cahier de papier blanc.

Il contient 465 pièces, dont 421 rapportées à la Table, 8 rescrits de Papes, et 7 autres documents intercalés.

Ces pièces écrites en diverses sortes de caractères des XVe et XVIe siècles, se divisent en 365 latines, 11 latines françaises, et 103 françaises.

Ce volume a été relié deux fois au moins, la couverture est en chêne et peau de truie. Elle est de plus ornée de

---

[1] *Registrum Kartarum et Privilegiorum ad Episcopatum Atrebatensem pertinentium.* Archives de l'Évêché.

[2] Borel d'Hauterive *Armorial d'Artois et de Picardie.* Tom. II, page 32.

quatre feuilles de cuivre disposées en sautoir, et paraît être de la seconde moitié du XV⁰ siècle.

Nous serions heureux que ce signalement pût mettre sur la trace du cartulaire, et faciliter sa réintégration à l'Évêché.

ANCIEN SÉMINAIRE.

Contigu par son jardin au parc de l'évêché, l'ancien Séminaire avait ses constructions rue Baudimont. Elles occupaient l'emplacement de la maison de M. Henry Demay, bâtie sur les fondations de la chapelle, et de la maison vendue à l'évêché par la famille Desvignes.

Il reste de ce Séminaire des substructions et un bout de mur sur rue, où se voient encore des fenêtres moulurées et à meneaux, qui ne tarderont pas à disparaître : cette muraille récemment vendue devant être prochainement démolie.

PIERRE DES MORTS.

« De 1601 à 1732, on voyait dans le Cloître près de *l'Arbre de saint Leger*, et vis-à-vis du *Puits de l'École*, une pierre plus longue que large pour y placer les corps que l'on portait de la Ville au cimetière, afin de donner la facilité aux porteurs de se reposer et de reprendre haleine. C'était un marbre bleu, à quatre faces, orné de quelques ciselures. Haute de quatre pieds, longue de cinq, sur deux et quelques pouces de large, avec cette inscription en devant au-dessus de la corniche. *Mathieu Boullin m'a fait poser en 1601. Requiescat in pace amen*[1]. »

---

[1] Le Père IGNACE. *Additions*. Tome , II, page 154.

TOMBEAU DE L'ÉVÊQUE LAMBERT.

Le tombeau de l'évêque Lambert qui se trouvait dans l'ancienne Cathédrale au lieu même où apparut la Vierge apportant le saint Cierge, était composé de deux marbres, l'un dressé contre la muraille, l'autre recouvrant la tombe.

Le premier représentait le Prélat debout, les mains jointes, à sa droite la très-sainte Vierge apportait le saint Cierge aux ménestrels Itier et Norman, à sa gauche les Ardents buvaient l'eau dans laquelle on avait fait dégoutter le *Cereum*. Autour de cette représentation on lisait en lettres onciales : « *Anno domini millesimo centesimo decimo quinto, decimo sexto kalendas junii obiit beatæ memoriæ Lambertus hujus atrebatensis sedis cardinalis episcopus. Per hunc restituta est dignitas hujus episcopatus, qui per multa tempora cameracensi episcopo fuerat commendata. Huic episcopo et duobus joculatoribus Itherio et Normanno beata Maria in hac ecclesia apparuit, dans eis Candelam, per quam sanantur Ardentes igne malo.*

Sur le second était gravé cette épitaphe :

Vedastus proprius fuit hujus episcopus urbis;
Post cujus obitum proprio sine præsule languens,
Hæc sedes flevit subjecta diu Cameraco :
Donec Lambertum, tumulo qui clauditur isto,
Moribus egregium, sapientem relligiosum
Romæ sacravit Urbanus papa secundus ;
Et proprium sedi pastorem reddidit iste ;
Mundo decessit, quorum maius ab idibus erit.
Præstet ei requiem Dominus sine fine manentem.

Le premier de ces marbres[1] a été fidèlement reproduit dans

---

[1] *Belgica Christiana.*

une grande et belle gravure devenue très-rare, et dont un exemplaire existe dans le cabinet de notre regretté collègue M. Wattelet [1].

MAISON CAUDRON.

Non loin des prisons de la Cité, et près de la maison de bois, dite l'*Ange*, existait à la fin du siècle dernier une autre maison très-curieuse appartenant au maréchal-ferrant Pierre-Eloy Caudron.

Le rez-de-chaussée était supporté par huit piliers.

Au premier étage s'ouvraient quatre fenêtres en anse de panier, au-dessous desquelles régnaient des cartouches élégamment sculptés.

Au second se reproduisaient les mêmes fenêtres avec cartouches analogues.

Au-dessus courait une galerie coupée par six pilastres, et offrant à la partie inférieure cinq compartiments, dont les deux de droite et les deux de gauche portaient les chiffres 1752. Au-dessus de la partie centrale de la galerie, s'élevait un motif décoratif.

Les cintres du premier étage, du second, et de la partie inférieure de la galerie, se composaient d'un large trumeau coupé par les cordons de la façade, et où l'on remarquait :

Au premier étage une forge avec les forgerons en activité ;

Au second, une armure sous l'écu de France ;

Au compartiment de la galerie, un soleil rayonnant.

---

[1] La description de cette tombe aurait dû régulièrement se trouver dans la notice de l'ancienne cathédrale ; c'est une omission, que nous réparons ici.

Dans le cartouche situé au-dessous de la sculpture, représentant la forge, on lisait *cuncta in tempore* [1].

PETIT SÉMINAIRE ACTUEL.

Construit sur les rues Baudimont, Maître-Adam et des Bouchers-de-Cité, le Petit Séminaire couvre l'emplacement des anciens refuges d'Arrouaise, de Cercamps et d'Avesnes.

Toute la partie en briques et pierres blanches, élevée par M. Grigny, dans le milieu de la cour, a été incendiée peu de temps après son parachèvement.

Une restauration s'en est suivie, mais avec des modifications souvent malheureuses ; l'élégante chapelle notamment que des fenêtres éclairaient à droite, à gauche et au chevet, n'a conservé que celles de gauche : ce qui la rend obscure et la prive de symétrie.

La partie qui fait face à la rue Baudimont, et qu'a également relevée M. Grigny, en conservant l'ordonnance du bâtiment, sous lequel s'ouvre la porte d'entrée, n'a point souffert de l'incendie, on n'a donc pas eu à la défigurer !

VILLE.

CROIX DE SAINT-BERNARD.

Elle avait été plantée en 1130 dans le cimetière de l'Abbaye, devenu place Saint-Vaast, puis place de la Madeleine.

Primitivement en grès, elle portait cette inscription.

---

[1] Voir un dessin à la plume dans le manuscrit de M. Godin sur les rues d'Arras.

« *Sanctus Bernardus Sacri Cerei e supero per Virginem allati, videndi et honorandi causa venit Atrebatum : quo viso et laudibus suis ornato, tanta mellifluus doctor dulcedine repletus est ut ci.....* »

En 1447 on la remplaça par une autre Croix, dont voici la description.

Coupée crucialement avec soubassement, corniche et panneaux moulurés, son piédestal portait à la partie supérieure une grille protégeant le fut de la Croix, qui, reposant sur une base conique également moulurée, était annelé en deux endroits de sa hauteur, et se couronnait par un chapiteau encore mouluré.

Sur le chapiteau, s'élevait garnie de trèfles à ses trois extrémités supérieures la Croix, sur laquelle était attaché le Christ. Du bas de l'arbre partaient deux volutes ornementées se terminant par des plates-formes où étaient agenouillés se faisant face, et tournés vers le Christ, deux moines, les mains jointes, représentant sans doute saint Bernard et l'abbé Dom Henry.

Cette Croix disparut en 1740.

Son dessin original se trouve dans le manuscrit du religieux Dominicain Constantin, et fait partie de la collection de M. Maurice Colin. Il a été reproduit par M. Terninck dans sa notice intitulée *Arras et ses monuments*.

FONTAINE DE SAINT-THOMAS.

Cette fontaine aux eaux limpides « *fons lympidus* » comme le dit Locrius, dans laquelle saint Thomas de Cantorbery avait étanché sa soif, lors de son séjour à Arras, et qui passait pour avoir la propriété de guérir les fiévreux, « *cujus* aqua *febricitantibus sæpe contulit sanitatem* [1] » était situé non loin de l'église de la Madeleine et de la maison presbytérale, dans la rue Putevin qui paraît en avoir tiré son nom, *Puteus divus*.

CROIX DE GRÈS.

En 1307, lors de l'émeute qu'il excita contre l'abbaye de Saint-Vaast, Bursarius fit ériger sur la Petite Place, en signe de protestation contre les droits des religieux une Croix de grès « bien polie, assez haute, de figure triangulaire [2] « suivant Hennebert, et hexagonale, suivant le Père Ignace, « ayant pour soubassement un socle hexagone et un escalier de même forme à trois marches, dont la première était de trois pieds environ pour empêcher les enfants d'y monter [3]. » Elle était située en face du corps-de-garde, à cinquante deux pieds un pouce du milieu de la porte d'entrée [4]. A la mort de Bursarius, le Magistrat obtint des religieux l'autorisation de conserver la Croix à la condition de reconnaître leur droit tréfoncier par l'hommage annuel d'un pigeon blanc.

Cette Croix à laquelle « étoit attaché le carcan ou collier de fer pour la justice [5], » et qui plusieurs fois servit de gibet ou pilori, fut détruite en 1747 ou 1748, sous prétexte de vétusté.

---

[1] *Chronicon Belgicum*, page 322.

[2] HENNEBERT. Tome, II, page 7.

[3] Le Père IGNACE. *Additions*. Tome V, page 38 et *Recueil* Tome. IV, page 12.

[4] *Procès-verbal du 8 juillet 1747 dressé par Cornu arpenteur juré du Conseil d'Artois à la requête des Grand-Prieur et Religieux de St-Vaast* (Archives départementales).

[5] Le Père IGNACE. *Additions*. Tome V, page 98.

Un architecte et deux maîtres maçons avaient constaté, paraît-il, que « le piétement était miné et dégradé au-dessous, tout autour et principalement du côté de la place, que le couronnement du piédestal était tout brisé et mutilé, et que la Croix posée sur la couronne de grès était prête à tomber[1]. »

Quoi qu'il en soit, cette Croix devait avoir une certaine importance puisque les grès et autres matériaux dont elle était composée furent vendus 400 livres.

LION DE GRÈS.

Il exista aussi sur la Petite Place, un modeste monument qui, bien qu'ayant survécu à la Révolution, n'est indiqué par aucun auteur.

C'était un Lion de grès assis, soutenant un écusson, ayant pour piédestal une colonne également en grès, plantée à environ deux mètres du pavillon renaissance de l'Hôtel-de-Ville, précisément en face la date de 1573.

Ce monument qui figure dans la « *Vue perspective de l'Hôtel-de-Ville et du Béfroi de la ville d'Arras,* » dessinée sur les lieux par David, le 18 janvier 1773, a été connu par des personnes qui se le rappellent parfaitement ; il n'y a pas plus de quarante ans que l'on pouvait revoir ce Lion mutilé, sur la muraille de la cour de M. Simon, marchand ferblantier rue Vinocq ; peut-être subsiste-t-il ignoré dans quelque recoin de ce quartier de la ville.

Cette colonne, et ce Lion ne sont évidemment autres suivant nous, ainsi que le démontre la comparaison de différents dessins, que la colonne et le Lion qui surmontaient le

---

[1] GUESNON. *Cartulaire d'Arras*, page 470.

bas de la balustrade gauche du double escalier, par lequel on accédait primitivement au pavillon renaissance de l'Hôtel-de-Ville.

PERRON ROBERT COSSET.

Il exista enfin sur la Petite Place un Perron dit « *Perron Robert Cosset* », où l'on sommait de se présenter « les semons sur le teste. »

« A l'issue des eschevinaiges on déclaire au Perron Robert Cosset les semons sur le teste. » (Vers 1366.)

« Tel je te semons que tu viengnes au Perron Robert Cosset. » (1417) [1].

MAISON DE LA BALEINE.

La maison de la Baleine où se sont faites, ainsi qu'on l'a vu, les publications de l'échevinage, et qui était ainsi appelée à cause de son enseigne, a été rebâtie à une époque relativement moderne.

« La cour de la Balaine, à Arras, dit Dubus, est devenue flégard, parce que cette maison qui, dans le siècle dernier, appartenait à un seul particulier, a été divisée en différentes habitations.

Ce particulier était un marchand de draps ou de chausses, sa boutique était sur la place aux maisons 28, 29 et 30, bâties dans ce siècle à usage de deux ou trois demeures, toujours sous le nom de la Balaine [2]. »

---

[1] Renseignement fourni par M. Guesnon.
[2] V° Flégard. Dubus écrivait au siècle dernier.
Il y avait la grande et la petite Baleine. DOM PAGE, *Répertoire des maisons d'Arras*.

Les substructions de la maison de la Baleine remontent, à l'exception de la cave en briques, datant de la reconstruction de cette maison, à une époque très-reculée.

Elles se composent, d'une cave à deux nefs, en grès et pierres blanches, avec voûtes d'arêtes en plein cintre et arcs doubleaux à boudins retombant sur des piliers de grès et sur une colonne monolithe médiane également en grès avec socle et chapiteau sculptés accusant la fin du XII° siècle ou le commencement du XIII° : dans les murs de droite et de gauche de cette cave existent de grandes niches en plein cintre. D'un petit retrait en pierre blanche avec bahut de même appareil sis à l'extrémité gauche de cette cave et d'une bove taillée dans le roc, sise à l'extrémité droite.

ARBRES DE LA LIBERTÉ.

Le premier Arbre de cette nature fut planté en 1792 sur la Petite Place, à une certaine distance et en face du corps-de-garde. C'était un chêne que l'on entoura d'une grille ultérieurement embellie de six « pilasses » surmontés de vases.

A propos de son inauguration, on lit dans le procès-verbal de la délibération du Conseil municipal, en date du 25 avril de cette année, qu'en indiquant ce qui ne convenait pas au caractère d'une pareille cérémonie, un membre a dit entre autres choses :

« Il faut aussi bannir de la fête ce figurant du fanatisme, fantôme hideux et atroce. Ce spectre y seroit infiniment dégoûtant et déplacé. Il donneroit à la même fête un caractère grossier, de légèreté et de momerie. Il y introduiroit l'immoralité d'une farce, et provoqueroit les applications, les personalités. Il indisposeroit indubitablement ceux qui s'y croiroient eux ou leurs opinions jouées ; certes, les amis de la Constitution en y réfléchissant sérieusement, jugeront eux-mêmes ce simulacre trop burlesque et petit, ils l'écarteront d'une fête où ils ne veulent manifester que des sentiments de fraternité et d'amour.

Par les mêmes considérations, un vrai cliqueti d'armes, une vraie grimace de combat, un trainage de chaînes, de cordons, d'armoiries, n'offrirait au bon esprit que des allusions inutiles et sans conclusion. Quelques-unes sont illégales, toutes sont étrangères à une fête qui n'étant pas commandée par la loy, qui ne pouvant l'être par les autorités constituées, n'est qu'une démonstration libre du patriotisme du citoyen. Cette fête sentimentale ne doit exercer n'y critique, n'y contrainte, n'y empire, en un mot, nulle autorité publique ; loin d'y traîner les caractères des vices, il n'y faut offrir que les douces images des actions louables, honnestes et chères . . . .
. . . .

Et qu'en indiquant ce qui convenait, il a entre autres choses ajouté, « des devises neuves et laconiques, des chants, de la musique, tout cela convient à une pareille fête, y convient beaucoup mieux que le brillant tapage de l'artillerie qui ne se fit jusqu'ici entendre, hors des combats, que pour obliger servilement les flatteurs et leurs idoles.

Des groupes de vieillards, d'enfants, de jeunes filles, des groupes d'artisans, de cultivateurs, tout ce qui rappelle l'industrie, la richesse de la nation, ses espérances, sa force, tout ce qui indique ses ressources, sa prospérité naturelle, tout ce qui respire l'union, tous ces tableaux consolants et attachans, bien dessinés, bien exécutés, bien mariés et fondus entre eux, embeliront la cérémonie, leurs donneront un caractère vray de civisme. Ils conserveront une douce et aimable tranquilité, propre à faire vanter et chérir la Révolution, propre à provoquer peut-être les regrets, mais à coup sûr l'administration des villes voisines. »

Et ces propositions furent admises par le Conseil à l'unanimité !.....

Le second Arbre de Liberté fut placé en 1848, vers le milieu de la Petite Place encore. C'était un peuplier qui disparut en 1852.

POLAINE.

Au début du XIe siècle, Ogine de Luxembourg (fille de sainte Cunégonde), femme de Beaudoin IV le barbu, Comte de Flandre et seigneur d'Arras, arrivée à l'âge de 50 ans, sans avoir d'enfants, étant devenue grosse, « *et ea res suspecta multis, ne vanus aut fartus sit tumor, non a natura et puero,* » une tente fut, on le sait, dressée sur la Grand'Place pour que la délivrance de la Comtesse en présence de toutes les honnêtes femmes, pût leur permettre « *oculis arbitrandi an verus ille sit partus.* »

En commémoration de cet événement qui avait dissipé tous les doutes « *omnes rumusculos qui de sterilitate erant dispersi*[1], » une pierre dite *Polaine* ou *Polène*, du celtique *Pel* ou *Pol*, ou du grec πόλις d'après les savants, ou « par ce qu'on y avait représenté une sorte de visage et de gorges de femme », d'après le Père Ignace, marqua le lieu de l'accouchement.

Près de cette pierre[2] fut élevé un monument en grès, d'une hauteur de trente pieds[3] environ, dont le dessin à l'échelle

---

[1] LOCRIUS *Chronicon Belgicum*, page 177.
[2] *Près* et non pas *sur* la pierre Polaine, ainsi que l'ont dit inexactement plusieurs écrivains de nos jours. Voir le Père IGNACE. *Recueil*. Tome II, page 98.
[3] HENNEBERT. Tome II, page 184, porte cette hauteur à 45 pieds.

nous a été conservé dans le manuscrit du Père Constantin, (Carme déchaussé, Prieur du couvent d'Arras¹).

C'était une cage quarrée, posée en encorbellement sur une colonne hexagonale, les quatre montants monolithes formant la cage, soutenaient un toit aigu à quatre pans, surmonté d'une boule portant une croix.

« L'opinion que l'on avait que cette pyramide servoit autrefois de bucher aux sorciers, sorcières, etc... l'avoit fait charger de cailloux et d'autres morceaux de pierre que les enfants y jetterent². »

Pour cette cause ou pour une autre, ce monument, ainsi que les deux corps-de-garde situés, l'un en face la rue du Rouge-Chevalier, l'autre en face l'ancien hôtel des monnaies³, et un gibet à deux montants, fut en 1700 ou 1701 abattu du consentement de l'Abbé de Saint-Vaast, par un sieur Jean-Baptiste Barbeau « en ayant acquis la propriété, comme aussi les matériaux des échevins de la Ville d'Arras⁴ »

Un dessin d'un architecte Arrageois, du siècle dernier, représentant un monument de construction bizarre, à trois étages en pierres et briques, reposant sur une colonne renfermant un escalier à vis, et surmonté de deux figures, élevant au bout d'un pique un dragon porte-hache, le tout d'une hauteur de 45 pieds d'après les uns, et de 60 d'après les autres, a fait croire à certaines personnes, qu'une seconde pyramide avait été substituée à la première⁵.

---

¹ Collection de M. Maurice Colin.
² Le Père IGNACE.
³ Le Père IGNACE. Recueil. Tome II, page 428.
⁴ Registre aux Grâces de l'Abbaye de St-Vaast (17 avril 1700)
⁵ TERNINCK. Arras et ses monuments. Cet auteur va même jusqu'à dire que c'est cette seconde pyramide elle-même qui aurait été nommée Polenne à cause « d'un certain Pollain favori de l'empereur Maximilien, et qui fait prisonnier par Louis XI, fut enfermé à Arras et sans doute enfermé dans ce monument. »

Mais nonobstant les termes du *registre aux grâces* de Saint-Vaast, parlant du « démolissement d'une pyramide en creux *de pierre* sur piédestal de même nature, » il nous paraît évident que ce projet fantaisiste n'a point été exécuté.

Parce que l'expression *pierre* ne doit pas être plus prise au pied de la lettre à propos de la pyramide, qu'à propos de la *pierre* Polaine que chacun sait avoir été un grès.

Parce que sa bizarrerie de structure rendait son exécution à peu près impossible.

Parce qu'aucun auteur contemporain ne fait mention de ce tour de force architectonique.

Et parce qu'Hennebert, et le Père Ignace affirment positivement que la pyramide *en grès* détruite en 1700 ou 1701, était bien le monument primitif.

Cette pyramide était située en face de l'auberge à l'enseigne *du Chaudron*.

Quant à la pierre *Polaine* proprement dite, sur le sort de laquelle sont muets tous les auteurs, voici ce qu'elle est devenue.

Déplacée probablement lors de la destruction de la pyramide, elle fut replantée en face de la maison de M. Linque, (appartenant maintenant à M. Way Pillain) sise au milieu du rang gauche des maisons de la place, en y arrivant par la rue de la Taillerie.

C'était bien une colonne de grès dans le genre de *toutes les autres* colonnes du marché[1], ainsi que le dit le Père Ignace, mais surmontée d'un buste de femme à gorge très-prononcée.

Elle occupa cet emplacement jusqu'en 1792, époque à la-

---

[1] C'est précisément à cause de cela que dans le peuple les colonnes de la place s'appellent encore « *chés Polaines.* »

quelle abattue comme souvenir féodal, on la charria dans la cour de l'Hôtel-de-Ville.

Après y avoir séjourné pendant plusieurs années, elle fut vendue en compagnie d'autres grès à M. Verdevoye propriétaire du château Saint-Michel, qui la fit fendre en long pour en faire des marches. La portion sculptée fut cassée en deux pièces, employée à soutenir la retombée d'une voute d'écurie, qui a disparu ; et qu'elle a quittée pour entrer sans doute dans quelqu'autre partie des dépendances du château.

Nous tenons ces renseignements de plusieurs personnes parlant *de visu*, et au témoignage desquelles nous ajoutons la plus entière confiance.

STATUE DE LA LIBERTÉ.

Due au ciseau de notre statuaire Le Page, cette figure de dimension colossale (commandée par Le Bon le 9 floréal an II), et qui coûta 12,730 francs [1], fut placée sur un piédestal de grès érigé précisément à l'endroit où se trouvait en 92 la pierre Polaine. Comme autrefois les statues des dieux à Athènes, on la vit un matin mutilée par une main inconnue. Enlevée alors, elle fut remplacée par le buste Impérial qui fut lui-même brisé plus tard : quant au piédestal autour duquel se groupaient chaque jour les voitures à main de la place, il ne disparut que longtemps après, il y a environ quarante ans.

---

[1] Séance du 18 frimaire an III. *Registres aux délibérations du Conseil municipal*.

[2] *Arrêtés du district d'Arras*. Séance du 19 brumaire an IV. Archives départementales.

HOTEL DES MONNAIES.

Il était sis sur la Grand'Place, près de l'église des Carmes déchaussés, remplacée maintenant par les constructions du château d'eau.

Dans la dernière moitié du siècle dernier, on lisait encore sur un cartouche placé au-dessus de la porte d'entrée.

Monnoie du Roy nostre Sire, établie
A Arras en 1582.

Au-dessus était un écusson aux armes d'Autriche, telles que les portaient les Rois d'Espagne.

Plus bas se voyaient trois autres écussons : au centre, celui des Bournonville, à droite, celui des de Melun-Epinoy, à gauche, un blason effacé par le temps.

Plus bas encore, près du cintre de la porte, était l'écu des comtes de Lallaing.

C'est cet hôtel le plus ancien suivant le Père Ignace, de tous les logis de la Grand'Place, qui devint par la suite la maison du *Poids public*[2].

Au 25 ventose an IV, une partie du matériel de l'Hôtel des Monnaies, était encore gisant dans les bâtiments des Carmes[3] ; ces ustensiles furent ultérieurement expédiés à l'atelier monétaire de Lille.

Toutefois, il y a trente ans environ, on découvrit dans les combles du Tribunal une masse de lingots de fer, que l'on vendit à un fripier, lequel les étala sur la place : passa un amateur, M. Dancoisne, qui reconnut en ces lingots les coins

---

[1] *Recueil*. Tome III, page 4.

[2] Le Père IGNACE. *Supplément.* Tome II, page 855. — *Mémoires*. Tome V, page 322.

[3] *Registre aux délibérations*. Archives municipales.

de l'ancien Hôtel des Monnaies, et les acheta au poids de la mitraille.

Ces coins sont maintenant au musée d'Arras [1].

Le cartouche surmonté des armes d'Autriche existe encore dans un mur du jardin de la maison sise sur l'emplacement de l'ancien Hôtel des Monnaies, où nous l'avons récemment découvert.

Quoique très-fruste il est reconnaissable pour l'œil d'un chercheur.

La pierre sur laquelle se trouve l'écusson a 0^{m}75 environ de hauteur sur 0^{m}60 de largeur.

Autour de l'écu dont es armoiries sont complétement effacées, on distingue parfaitement le collier de la Toison d'Or, au-dessus se voient les restes de la couronne.

La pierre dans laquelle étaient le cartouche et l'inscription, mesure environ 1^{m}26 de large sur environ 0^{m}35 de haut.

On y retrouve l'encadrement mouluré, certains ornements dans le goût de la Renaissance, quelques lettres de l'inscription et la date complétement intacte.

Il en résulte que cette inscription rapportée par le Père Ignace a été mal coupée et qu'elle doit être rétablie ainsi :

Monnoie du Roy nostre Sire
Établie à Arras en
1582.

Lors de la reconstruction de la maison existante aujourd'hui, on a replacé dans la gresserie, un grès provenant de l'ancien Hôtel et portant la date de 1554.

[1] Il existait dans la Cité une maison « nommée *La Monnoye* » ou Jacques du Clercq écrivit ses mémoires. (Voir sa préface.))

ARBRE DE BEAUMETZ

C'était un vieil arbre, « miné par le temps, au tronc dé-« chiré, mais aux puissants rameaux », disent Messieurs d'Héricourt et Godin, que l'on voyait encore il y a une centaine d'années environ, planté sur la Grand'Place, en avant de l'église des Carmes, dont il n'existe plus que la muraille de la nef gauche. Le sol sur lequel était cet arbre, et qui comprenait deux boistelées de terre, suivant Dom Page [1], s'appelait le *Fief de Beaumetz*, et formait la *première baronnie* de Saint-Vaast.

Les anciennes cartes et les vieux plans d'Arras, figurent l'arbre de Beaumetz, tant avait d'importance sa symbolique foncière et seigneuriale.

CHATEAU D'EAU

Le Château-d'Eau est situé sur la Grand'Place, il est construit en briques, les décors en pierre blanche ; la façade principale est en tout semblable à celles des maisons élevées sur cette place par les Espagnols, cette façade est supportée par six colonnes monolithes en grès et de l'ordre toscan, des arcades avec refend surmontent les colonnes, leurs retombées reposent sur les chapiteaux et forment avec elles la hauteur du rez-de-chaussée, au centre des tympans entre les arcades et sur le prolongement de l'axe des colonnes, sont sculptées des têtes de lion formant consoles dans le but de

---

[1] *Répertoire des Maisons d'Arras* N₀ 271. Archives municipales. L'Église des Carmes et une partie de leur couvent s'élevaient sur le fief de Beaumetz.

supporter le bandeau et le balcon au centre de cette façade, sur lesquels viennent reposer les six pilastres comprenant la hauteur du 1ᵉʳ et du 2ᵉ étages, les chapiteaux de ces pilastres de l'ordre ionique sont ornés de guirlandes de fleurs venant se rattacher à chacune des oreilles des volutes et retomber à droite et à gauche le long du fut; les bases sont recouvertes d'entrelacs sculptés sur les tores; le fût, à environ un tiers de sa hauteur porte un médaillon de forme ovale des extrémités duquel part un ornement en zig-zag qui se se termine d'un côté à la base, de l'autre à un astragale sur lequel viennent reposer les canelures creusées sur le reste de la hauteur des fûts de ces pilastres; dans les autres pilastres se trouvent les croisées des deux étages, elles sont entourées de chambranles formant bossages ornés alternativement de stalactites, celles du 1ᵉʳ étage sont couronnées par les appuis de celles du 2ᵉ, on remarque dans l'intérieur des panneaux de ces appuis des cuirs sculptés et au centre desquels se trouve une coquille marine destinée à concourir avec les autres ornements à déterminer plus particulièrement le caractère de l'édifice.

Les deux étages ci-dessus sont terminés par un entablement riche composé d'un architrave entremêlé de stalactites, d'une frise avec panneau ornés de cuirs de formes diverses terminé par une corniche avec modillons.

Un pignon formé de deux étages superposés s'élève au-dessus de l'entablement; au milieu de la première partie se trouve une croisée accompagnée de deux pilastres et consoles ornées de guirlandes de fleurs; un archivolte surmonte cette croisée, une coquille forme la clef du cintre de cet archivolte, de chaque côté un Terme ou cariathide supportent l'entablement de ce premier étage où prennent naissance deux grandes volutes dont les enroulements viennent reposer sur la grande corniche couronnant le bâtiment; de chacune des spirales de ces grandes volutes partent des bouquets de fleurs aquatiques venant retomber en gerbes sur le premier entablement.

La seconde partie du pignon qui nous occupe est décoré au centre par un œil de bœuf orné d'une guirlande de laurier; de chaque côté, des pilastres avec enroulement de volutes, coquilles et stalactites sculptés sur la hauteur du fût, supportent l'entablement, puis des dauphins adossés contre chacun de ces pilastres, vomissent par leurs narines des eaux abondantes qui tombant en nappes sur la place indiquent qu'elles ont pour but d'alimenter la ville d'Arras.

Un fronton en demi-cercle avec archivolte termine ce pignon, au centre se trouve une grande coquille derrière laquelle croissent d'abondants roseaux couverts de fruits.

Enfin de chaque côté des grandes volutes du pignon, sur un stylobate, une statue assise au milieu de roseaux symbolisant chacune un fleuve (le Crinchon et la Scarpe) déversant d'une conque, des eaux limpides qui réunies avec celles que font jaillir les deux dauphins contribuent à donner à cette façade le caractère aquatique propre à sa destination.

Derrière les deux statues et le pignon dont il vient d'être parlé se trouve le réservoir d'eau; la cuve est en forte tole et pèse 36,336 kilog., elle contient 500 mètres cubes, ce qui représente un poids de 50,000 kil., si à ces poids on ajoutait les poûtres en fer et la maçonnerie évaluées à 50,000 kil., le poids total s'éleverait à 179,679 kil.[1]

---

[1] Note remise par M. Bourgois architecte, constructeur de l'œuvre.

SALLE SAINT-MICHEL.

Cette Salle couverte de peintures murales, très-anciennes et très-curieuses, servait de lieu de réunion de l'importante corporation des bouchers.

Elle était située derrière la chapelle du Tripot, et faisait partie dans ces derniers temps des dépendances de la brasserie de M. Duquesne, qui l'a détruite, il y a quelques années.

Très à proximité de cette Salle, étaient les rues des Boucheries, de la Braderie, des Bouchers, de la Larderie, et les boucheries de la Ville, sises sous la halle échevinale : l'une, la *grande*, là où se trouvait il y a quelques dix ans, la boucherie dite d'Avesnes, l'autre, la *petite*, entre cette boucherie et le premier corps-de-garde, c'est-à-dire là où est maintenant le second.

La corporation des bouchers, dont l'écusson gratté se voit encore à la clef de voûte de la travée, sous laquelle s'ouvrait la porte de la grande boucherie, portait, « *d'or à un bœuf passant de gueules en chef, et un porc aussi passant de sable en pointe ; et une bordure d'azur chargée de sept pieds de mouton d'argent* [1]. »

SALLE D'ARMES.

La Salle d'Armes de la Ville, où les bourgeois, et les membres de la confrérie du « *Jeu de l'Épée* » allaient apprendre à tirer l'épée ou à manier l'épée à deux mains, était située vers l'angle de la rue de la Braderie, et de la rue des Boucheries, contre la salle Saint-Michel. Aussi lit-on aux

[1] *Armorial de Picardie de 1696.*

nᵒˢ 1057 et 1057 1/2 du *répertoire des maisons d'Arras*, par Dom Page, « les bouchers d'Arras, leur salle....., les jeux d'armes, tenant d'un costé aux boucheries, etc... »

Suivant les auteurs des *rues d'Arras*, « la Salle d'Escrime n'avait, d'après les plans, rien qui pût la faire distinguer des maisons voisines. »

JEU DE PAUME.

Cet établissement municipal était situé rue de l'Ancienne Comédie, qui porta le nom de Larderie[1], avec un retour sur la rue du Tripot qui s'appela aussi, *Neuve des Ardents*, en face l'ancienne chapelle du même nom : la portion non détruite de ce bâtiment, sur la partie duquel a été élevée la vieille salle de spectacle, maison maintenant de M. le docteur Trannoy, et qui couvrait sans doute aussi le jardin qui y fait suite, donne encore par son ancrage la date de 1566.

Sous cette maison existent des caves dont les voûtes d'arête en plein cintre retombent sur les chapiteaux de colonnes de grès. Très-antérieures au XVIᵉ siècle, ces caves pourraient parfaitement être celles de la grande salle des Confrères des Ardents, bâtie vers 1140 dans le préau du Tripot, en même temps que la chapelle de ce nom.

MAISON DE LE MAIRE DIT GRISARD

Arras fut, on le sait, livré aux troupes bourguignones en 1792 par un nommé Jehan le Maire dit Grisard, ancien boulanger, qui devint mayeur de la Ville, quoiqu'il « eût ra-

---

[1] Nᵒ 338.

moné tous les jours le ruyot, devant la porte et sur le pavé. »

Sa maison était sise rue Saint-Géry, près la de place des États ; au-dessus de l'entrée principale, on plaça sous une petite voûte, une pierre commémorative du fait sus-indiqué. Elle était blanche, quarrée, et représentait une porte de ville sous laquelle on voyait un chef à cheval à la tête de sa troupe, et Grisard qui leur livrait passage.

Ce monument et cette maison disparurent en 1701, pour faire place à l'Hôtel des États d'Artois, Palais de Justice actuel [1].

MAISON DE L'ADVOUÉ

Le Père Ignace dit que la place des États s'est appelée place *Mahaut,* parce que la comtesse de ce nom avait anciennement un palais sis à l'angle de cette place.

C'est une erreur : la maison sise à cet endroit était la maison de l'Advoué, *domus Advocati,* dont parlent souvent les vieux titres. Aussi la place s'est-elle nommée place de l'Advoué : *Platea Advocati* (Guiman, n° 278). Elle a aussi porté le nom de place *My-Awe,* (ce qui a causé la méprise du Père Ignace), soit en raison d'une enseigne d'auberge, soit en raison d'une redevance payée à l'Advoué [2]. Elle s'est enfin appelée place *Cardevacque,* du nom d'un fameux avocat, dont la maison était sise en cet endroit (le Père Ignace). C'est ainsi qu'elle est encore désignée dans l'Almanach d'Artois de 1790.

Très-probablement, les magnifiques caves ogivales du

---

[1] D'HÉRICOURT. *Siège d'Arras,* pages 130 et 131.
[2] Renseignement fourni par M. Guesnon. Par corruption cette place s'est également appelée de *mi-août* de *mi-aoulst.*

Palais de Justice, ne sont autres que celles de la maison de l'Advoué.

PALAIS DES ÉTATS

Avant 1700, les Députés du Clergé, de la Noblesse et du Tiers-État de la province d'Artois, composant sous le nom d'*États d'Artois* la représentation provinciale [1], se réunissaient dans l'un des locaux de l'Abbaye de Saint-Vaast.

En 1701, ces États résolurent d'avoir un Palais qui leur fût propre, et qui devait couvrir tout le terrain compris entre la place des États, la rue Saint-Géry et la place du même nom.

Commencée vers le 4 mars 1724, la grande porte d'entrée fut terminée vers le 4 septembre de la même année.

D'une ordonnance grandiose et très-correcte, ce Palais de style corinthien où siègent maintenant les Tribunaux Civil et de Commerce, et que le manuscrit de l'Évêché qualifie de « plus parfait morceau d'architecture qu'il y ait dans la Ville, » ne fut malheureusement pas achevé, et l'on voit sur la place Saint-Géry et dans la rue Saint-Géry, une lacune excessivement regrettable.

A l'intérieur on retrouve dans la Chambre d'Instruction, et dans la Salle d'Audience du Tribunal de Commerce de fort belles boiseries, encore dans leur état primitif. On retrouve également l'ancien escalier d'honneur qui n'a point été modifié.

La grande Salle des États, aujourd'hui grande Salle du

---

[1] Voir sur les États d'Artois l'ouvrage de M. Filon, et la *Notice* de Bultel, 1748.

Tribunal Civil, était des plus remarquables avant les mutilations successives dont elle a été l'objet.

Voûtée en ogive, elle était originairement ornementée à sa partie supérieure de poutres et poutrelles en chêne sculpté que l'on a fait disparaître il y a quarante ou cinquante ans.

Puis lors de la prétendue restauration qui s'est effectuée en 1855, cette voûte a disparu pour faire place au plafond actuel ; on a en même temps supprimé l'un des deux magnifiques poêles de faience, destinés au chauffage de l'emplacement, enlevé la balustrade, séparative du bureau des Juges et du Prétoire, et substitué au style sobre et sévère de la décoration première les vulgaires colifichets en carton-pierre qui papillottent de tous côtés.

Ajoutons que l'emploi des tentures, et la méconnaissance des principes de l'acoustique ont rendu cette Salle écrasante pour ceux qui parlent et fatiguante pour ceux qui écoutent.

Nous ne dirons rien de la singulière entrée sur la cour, du malencontreux remplacement de la coupole du grand escalier, par un lanterneau, sans avantages et plein d'inconvénients ; aimant mieux constater, que si l'on peut critiquer la composition du fronton symbolique qui couronne l'entrée principale sur la rue, il faut du moins reconnaître que l'exécution est irréprochable, et que là, comme en une foule d'autres endroits, les frères Duthoit se sont montrés de grands artistes.

Suivant un dessin du Père Constantin, la fenêtre du balcon de la façade sise rue Saint-Géry, aurait été une porte d'entrée à laquelle on aurait accédé par un perron à double rampe, sous lequel aurait été la porte de la cave.

Des trophées auraient surmonté les piédestaux de la galerie.

Et l'écu de France entouré de drapeaux et d'armes, aurait orné le milieu du fronton.

HOTEL D'EGMONT

Il s'étendait sur tout l'emplacement compris entre les rues des Trois-Faucilles, de la Wattelette, Neuve Saint-Géry, et la place du même nom. Le chœur de l'église-Saint-Géry s'y trouvait entièrement enclavé, sur une longueur égale à celle des nefs longeant la place Saint-Géry [1]; une entrée avec perron était située rue des Trois-Faucilles, une porte cochère rue de la Wattelette, là où est encore la grande porte cochère actuelle. Une troisième issue débouchait place Saint-Géry, contre le chœur de l'église, une haute tour carrée s'élevait dans la cour.

Il existe aux archives départementales un plan du 8 janvier 1722, dressé par Héroguel arpenteur, juré de la province d'Artois, donnant la configuration exacte et compliquée du rez-de-chaussée de cet hôtel.

Après sa démolition, on construisit sur une partie du sol qu'il occupait, des masures, auxquelles on accédait par deux perrons, sis rue des Trois-Faucilles, et habitées par des mendiants et des volailles de toute nature. Ce local rappelait la fameuse *Truanderie* si merveilleusement dépeinte par Victor Hugo dans son roman de *Notre-Dame de Paris*, au haut d'une muraille couverte de giroflées sauvages, se voyait encore une sorte de frise composée de pierres ornementées provenant soit de l'hôtel d'Egmont, soit de l'église Saint-Géry.

---

[1] *Voir le plan en relief d'Arras* aux Invalides.

HOTEL DU GOUVERNEMENT

Il était situé sur la rue des Trois-Faucilles à l'angle de la rue de la Marche, et compose maintenant quatre maisons particulières.

Il fut élevé là où était l'hôtel qui appartint aux familles de sainte Aldegonde, de Mingoval, de Marles, de la Marche, et finalement de Gomiecourt, logis qui d'après la description du Père Ignace devait avoir grande tournure, avec sa tour, rappelant un peu la fameuse *Tour de Nesle*.

Cet hôtel comportait en effet « trois corps de logis à pignons sur rue, bâtis à la fin du XVIe siècle en 1592, en 1595 et 1597 à trois étages, » son escalier unique et étroit était inscrit dans la tour, laquelle « avait 10 pieds en quarré et 139 marches depuis le bas. Elle contenait 5 étages : au 2e l'escalier sortait du dedans de la tour, et entrait dans une tour ronde et contiguë qui s'élevait de 10 pieds au-dessus de la tour quarrée, sur laquelle on entrait par une porte assez basse. La tour et la tourelle étaient couvertes de plomb en plate-forme. Celle-ci était percée de plusieurs fenêtres à chaque étage[1]. »

Déclarée « bonne » la muraille de l'aile gauche de l'hôtel de Gomiecourt, « muraille qui fait face à la rue de la Marche[2] » a été conservée ; on y voit encore quatre fenêtres croisées, dont l'une a gardé ses meneaux. C'est par l'une d'elles sans doute, que logé au Gouvernement en 1744, Louis XV se rendait chez la duchesse de Chateauroux, descendue à l'hôtel de la Basèque[3], mis en communication avec

---

[1] *Mémoires*. Tome VII, page 415.

[2] *Chronique d'Arras*. 1738 à 1741. Manuscrit de la bibliothèque communale. N° 643.

[3] A côté de l'Hôtel de la Basèque, appartenant aujourd'hui à la famille le Caron de Canettemont, est l'Hôtel de la Verdure reconstruit en 1711

l'hôtel du Gouvernement, par un pont jeté au-dessus de la rue de la Marche que le Magistrat avait fait fermer de murailles à chaque bout.

Provisoirement établis, tantôt au refuge Saint-Eloy, tantôt à l'hôtel d'Egmont, tantôt dans tel ou tel logis particulier, les Gouverneurs d'Artois réclamaient depuis longtemps une habitation convenable et définitive, lorsque le prince d'Isenghien fut investi de ces hautes fonctions en 1727.

On jeta donc les yeux, sur l'hôtel d'Epinoy situé rue Saint-Jean-en-Ronville, les terrains du *Grand Turc* et de *la Bourse* sis rue des Teinturiers, là où sont les dames de la Charité[1], le *Poids Public* qui se trouvait au bout de la Grand'Place, le *pré Cagnon*[2] s'étendant là où existe maintenant la Basse-Ville, et après avoir successivement rejeté tous ces projets, on s'arrêta à l'Hôtel de Gomiecourt, dont le Magistrat se rendit acquéreur le 12 août 1739, et qu'il fit aussitôt démolir pour y substituer la construction actuelle, terminée en 1742, construction qui toutefois ne devait constituer qu'une partie du Gouvernement, lequel avait son entrée sur la rue des Portes-Cochères.

L'établissement du Gouvernement, fut de 1738 à 1741, le sujet d'une très-grosse affaire, au cours de laquelle plusieurs échevins furent même emprisonnés. On peut à cet égard consulter les *Mémoriaux* de la Ville, la *Chronique*

---

par M. de Nuncques. Acheté ensuite par M. Donjon et puis par M. Plichon, ancien Maire d'Arras qui l'habite maintenant. Impossible de parler de ce dernier Hôtel sans mentionner son magnifique salon encore dans son état primitif. On y remarque sa grande cheminée, ses lambris de chêne, ses dessus de porte, et son plafond où voltige une légion d'amours, semant partout des roses, dont la restauration a été confiée à notre regretté M. Demory.

[1] La maison du *Grand Turc* et dépendances avaient été jadis à usage de casernes. *Répertoire des Maisons d'Arras.* N° 682.

[2] Les plans de l'Hôtel du Gouvernement pour les emplacements du *poids public* et du *pré Cagnon* sont aux archives municipales.

d'Artois, et le travail de M. Lecesne (*Mémoires de l'Académie d'Arras*, Année 1870, page 126 à 159).

Les archives municipales renferment une foule d'études, de plans et de projets relatifs à la construction de l'Hôtel du Gouvernement, deux non exécutés et dressés pour le terrain du *Grand Turc* sont revêtus du visa, de l'approbation et de la signature du prince d'Isenghien.

Le plan de l'Hôtel actuel a subi, comme on peut s'en convaincre, de sensibles modifications. Des dépendances de l'Hôtel du Gouvernement il reste à l'angle de la rue de la Marche et de la rue des Portes-Cochères, quelques écuries d'une très-belle ordonnance.

HOTEL DE SÉCHELLES

Il était là où est maintenant l'hôtel de Madame Goudemetz, sis sur la rue Saint-Jean-en-Ronville.

Au fond de la cour, se voit adossé au rempart un ancien bâtiment flanqué d'une tourelle hexagone haute et élégante, renfermant un escalier de pierre bleue à vis, auquel on accède par une jolie porte en anse de panier surmontée d'un écusson écartelé (où se distinguent encore des croix fleuronnées), et ouverte sous une niche.

C'est là, suivant la tradition, que Saint-Preuil aurait caché la *belle meunière* (des environs d'Arras), dont le romanesque enlèvement complaisamment traité dans les *mémoires de d'Artagnan*[1], et longuement raconté par le Père Ignace[2], contribua tant à sa condamnation[3]; et que le comte de Mont-

---

[1] *Mémoires*. Tome I, pages 91 à 100.
[2] *Mémoires*. Tome VII, pages 611 à 617.
[3] Cette meunière devait être aussi intelligente que belle ; en effet, dit le Père IGNACE, quand après l'avoir conservée longtemps enfermée, Saint-Preuil

dejeu très-jaloux de sa femme, l'aurait tenue recluse pendant les absences que nécessitait son service.

HOTEL D'ÉPINOY

Cet important Hôtel était contre le *retranchement* de la porte, dont il n'était séparé que par une ruelle¹, situé rue Saint-Jean-en-Ronville, et rue des Baudets.

La partie faisant face à la rue Saint-Jean-en-Ronville, et qui constitue maintenant le corps de logis principal de l'hôtel du *Commerce*, a été rebâtie au siècle dernier. On y retrouve deux écussons en grès aux armes de la famille d'Epinoy, dont l'un porte la date de 1595. Les caves sont pleines d'inscriptions et de millésimes. On y distingue ceux de 1409 avec le monogramme du Christ et une phrase latine, de 1601, 1610, 1611, 1781, avec ces mots *Vive l'amour*, de 1789 et 1812, avec ce cri jadis si populaire *Vive Napoléon!*

La partie sise rue des Baudets, quoiqu'ayant éprouvé bien des remaniements offre encore de nombreuses traces de l'ancien Hôtel.

L'angle droit du pignon de la partie, faisant anciennement face à la rue Saint-Jean-en-Ronville était flanqué d'une tourelle carrée. Derrière l'angle, formé par cette partie, et l'aile longeant la rue des Baudets s'élevaient deux tours carrées accouplées, l'une de cinq étages, l'autre de quatre².

« lui laissa prendre l'essort, elle sut bientôt par ses manières se faire rendre autant de respect que si elle eût été Madame la Gouvernante. »

La tête de St Preuil a été conservée à Amiens ; on la voit au Musée.

¹ *Répertoire des Maisons d'Arras*. Nᵒˢ 1682 et 1683.
² Voir aux Invalides le *plan en relief d'Arras de 1716*.

HOTEL DE BUCQUOY

Il s'élevait à la suite de l'hôtel d'Epinoy, rue des Baudets, et s'étendait jusqu'aux rues Ronville et des Trois-Faucilles.

On retrouve encore de ce logis des restes qui sont :

1° Une tour quadrangulaire en briques et pierres blanches à 5 étages sise derrière l'hôtel de M. de Galametz, et le mur de derrière de cet hôtel.

2° Presque en face de cette tour, une grande arcade en grès supportée par deux colonnes monolithes, et engagée dans le mur séparatif des dépendances de l'hôtel du *Berceau d'Or*, et de la maison voisine.

3° Quelques substructions, à voûtes d'arête, retombant sur piliers de grès.

4° Les parties de la maison faisant l'angle des rues des Baudets et des Trois-Faucilles, où se voient une porte cochère ogivique, une fenêtre coupée par des meneaux, et une autre fenêtre en pierre dans le toit[2].

Une autre tour analogue à celle dont nous venons de parler a été démolie; on la retrouve sur le plan qui est aux Invalides.

HOTEL DE HAYNIN

Il est situé entre la rue des Trois-Faucilles, la rue des Baudets et la rue des Portes-Cochères.

---

[1] Dom Page. *Répertoire des Maisons d'Arras*, N° 1686, 1687 et 1689.
[2] L'hôtel des dames Proyart, situé sur une partie de l'emplacement de l'ancien hôtel de Bucquoy, offre sur la rue des Baudets une façade enjolivée de guirlandes de fleurs. A l'intérieur on remarque dans un salon orné de boiseries rappelant la façade, et de trophées représentant les attributs de la guerre, de l'agriculture, du commerce et des beaux-arts, une magnifique cheminée, genre Louis XVI, en marbre dit de Ste Anne avec

La porte d'entrée, sise rue des Trois-Faucilles est ornée d'élégantes colonnes cannelées en grès à chapiteaux corinthiens; l'une porte la date de 1546 avec les bâtons noueux de Bourgogne et le briquet de la Toison d'Or, l'autre la date de 1743.

A gauche de la porte est un pavillon genre italien, autrefois ajouré, ainsi que le prouvent les arcatures reposant sur les colonnes d'angles surmontées de cariatides.

Cet Hôtel appartint au sieur d'Ignacourt Seigneur de Trèze qui avait acheté en 1700 la seigneurie de Ransart.

A ce propos on lit au Père Ignace [1], « la porte de cet Hôtel qui fut rebâtie en 1734 [2], était soutenue de deux colonnes de grais bien piqué surmontées d'un entablement en équerre avec une double corniche, et au milieu une cartouche où était gravées les armes de la maison de Marles avec leurs alliances, au-dessous était un bas relief d'une belle sculpture, au côté de cette porte à gauche en entrant, il y a un petit clocher tout à jour au-dessus de l'escalier, qui conduit d'abord à une grande salle, au milieu de laquelle est un autre escalier pour aller aux bâtiments d'en haut. L'Hôtel fut bâti en 1587 [3].

Le sujet de cette sculpture indiquée par le Père Ignace, était un guerrier à demi-couché.

Au rez-de-chaussée le plafond en pierre, à caissons et rosaces du pavillon italien, date de la construction.

Le vaste Hôtel de Haynin, au long du rez-de-chaussée

ornements en marbre blanc d'Italie, d'un goût et d'une exécution irréprochables. Il se pourrait que toutes ces sculptures sur marbre, sur pierre et sur bois fussent de Le Page.

[1] *Dictionnaire.* — V° Ransart.
[2] Ceci est évidemment une interpolation de chiffres.
[3] Ici encore il y a erreur de date.

duquel règne intérieurement une grande terrasse, a subi un morcellement. Il y a vingt ans environ, moitié a été acquise par M° Henry commissaire-priseur, moitié par M. Lefebvre qui a fait construire sur la rue des Baudets, et sur la rue des Portes-Cochères, une série de maisons prises dans la partie de l'immense cour correspondant à la moitié de l'Hôtel dont il est propriétaire.

LE PONT D'ARGENT

C'est ainsi que s'appelait jadis l'hôtel qui appartient maintenant à M. Morel et qui fut successivement habité par les familles de Ronsoy, d'Ogimond, de la Ferté et de Sartel.

Le grattage de la façade en 1875 démontra qu'elle avait subi un remaniement complet.

Au-dessus du larmier du rez-de-chaussée, ont été retrouvées les retombées en grès piqués de larges arcatures en plein-cintre, et au-dessus de ces arcatures est apparue une série non interrompue d'ogives (dont les moulures existent encore sous le plâtre dont on les a recouvertes) reposant deux à deux sur d'étroits piliers.

A voûtes ogivales avec clefs sculptées et nervures diagonales moulurées retombant en faisceaux sur des grès monolithes de forme tantôt cylindrique tantôt hexagonale dont les chapiteaux riches et variés datent de l'époque romane, les caves offrent plutôt l'aspect d'une vaste chapelle souterraine que d'une substruction particulière[1].

---

[1] Beaucoup de remaniements ont eu lieu dans cette rue.
C'est ainsi qu'en face de la maison de M. Morel, et dans le mur séparatif du couvent des Augustines et de la maison voisine on a trouvé en juillet 1875 deux grandes ogives, leurs piliers, et un grand plein cintre, révélant l'existence soit d'un vieux cloître, soit d'une vieille chapelle, vestiges peut-être de l'antique refuge du Temple.

HÔTEL DES POISSONNIERS

Au centre, du côté droit de la place du Théâtre, ancien marché au poisson, (quand on y arrive par la rue des Murs-Saint-Vaast) se voit une maison du XVII° siècle, à pignon découpé qui, suivant les traditions que probabilisent son emplacement, la proximité de l'ancien minck et les attributs qui la décorent, était le vieil « *Ostel des Poissonnyers.* »

Dans les trumeaux reliant le rez-de-chaussée à l'entablement, se détachaient en demi-bosse un Triton et deux Syrènes, genre renaissance, se terminant classiquement en queues de poissons, au-dessous desquelles s'échappaient des fleurs épanouies, et des guirlandes de feuillages d'arrangement symétrique.

Composée d'un rez-de-chaussée originairement formé d'une ou de deux arcatures de grès retombant sur piliers ; de deux étages et du pignon s'élevant au-dessus de l'entablement, cette maison était réellement remarquable.

Le pignon était formé par une haute lucarne en plein cintre, flanquée à droite et à gauche de pilastres, contre chacun desquels s'adossaient, en manière de consoles deux statues assises, personnifiant, l'une le Crinchon, l'autre la Scarpe.

Ensemble homogène qui ne manquait ni de caractère, ni même d'élégance, et qui naturellement, fut défiguré dans ces derniers temps, comme une foule d'autres maisons d'Arras ; c'était la mode !

Les arcades du rez-de-chaussée firent place à une devanture en bois, bien vulgaire et bien plate.

Le pignon retaillé, il y a environ quinze ans, fut dépouillé de ses sculptures, en sorte que le premier et le second étage conservèrent seuls leur physionomie.

Très-heureusement, cette lucarne vient d'être reconstruite

avec accompagnement de Syrènes, rappelant celles des trumeaux.

La restitution des figures primitives moins uniformes eût été préférable; nous aurions aussi désiré des proportions moins fortes dans les Syrènes actuelles, qui, à notre avis, écrasent la lucarne et toute la construction.

Mais sous ces réserves, nous n'en féliciterons pas moins M. Mathon, notre habile ornemaniste, d'avoir conçu et exécuté ce travail qui ne peut assurément que lui faire honneur.

Quoiqu'un peu fortes peut-être, les têtes des Syrènes sont gracieuses et d'un beau galbe, les torses à peu près irréprochables, et les enroulements des queues géminées très-habilement agencés.

Au demeurant, cette œuvre révèle en son auteur un statuaire d'avenir, au point de vue architectural.

A quand l'enlèvement de la devanture en bois, et la reconstitution de l'arcature ou des arcatures du rez-de-chaussée?

THÉATRE

Sis sur l'emplacement d'une partie de l'ancienne prison du Châtelain, et construit dans le style grec, ce monument que surmontaient, il y a quelques années encore, les statues des Muses, n'offre à l'extérieur rien de bien intéressant.

A l'intérieur, c'est autre chose : admirablement coupée, en effet, la Salle est certes l'une des plus gracieuses qui se puissent voir.

Elle a été restaurée une première fois sous l'administration de M. de Hauteclocque, et une seconde fois en 1853, par le célèbre décorateur Cambon, sous celle de M. Plichon.

SALLE DES CONCERTS

Elle fut également vers 1827 élevée par M. de Hauteclocque sur l'emplacement de la *maison d'Ablainsevelle*, ancienne propriété des Comtes d'Artois, enclavée dans la prison du Châtelain; cette Salle, en hémicycle, est précédée d'une salle rectangulaire, dite d'harmonie.

Lors de la restauration de 1853, on établit autour de la Salle des Concerts une galerie supérieure, qui l'assombrit désagréablement. On y ajouta aussi un salon assez restreint et sans utilité, en face de la porte duquel a été très-malencontreusement placé l'escalier de la galerie, ce qui de ce côté rend l'entrée difficile, et la sortie presqu'impossible par suite de l'aheurtement des deux courants de personnes venant de la galerie et du rez-de-chaussée.

La façade de la Salle des Concerts, bien qu'assez lourde, n'est cependant point dépourvue de toute espèce de goût, au dire des bienveillants critiques.

HOTEL DE MONTMORENCY

L'Hôtel des Princes de Montmorency, Seigneurs de Neuville-Vitasse, Mercatel, Carency, Logny, Roulers, Amongies, Rousseignies, Houchain, Bléguin, Beaurepaire, Cleves, Nancré, etc., etc...., qui s'intitulaient « *premiers barons et premiers chrétiens de France* [1], » tenait dit Dom Page « d'un bout, à la rue des Lombards, d'autre, au jardin des religieuses de Chariotte, dé liste, et faisant un coin de la

---

[1] Du Chesne. *Histoire de la Maison de Montmorency*, pages 37 et suiv. et 51 et suiv.

rue de Jérusalem, ou de Neuf-Église, d'autre, à l'hospice de Chariotte et à la maison des héritiers de Nicolas du Pavay nommée le grand Sauvage », c'est sur son emplacement qu'ont été élevés l'église et les bâtiments conventuels, donnant sur cette même rue [1].

MONT-DE-PIÉTÉ.

Les vastes bâtiments du Mont-de-Piété s'étendent le long de la rue de ce nom, où l'on remarque trois belles portes voûtées en plein cintre avec pierre taillées en bossage, et les attributs du Mont-de-Piété, exécutés ou retouchés par le sculpteur Le Page ; ils donnent aussi sur la rue du Marché-au-Filet.

Au milieu de la cour est une pierre remontant à l'origine de cet établissement et portant la date de 1576.

L'intérieur du Mont-de-Piété, offre un escalier et des portes grillées en fer, assez remarquables ; bien que reprises en sous-œuvre, les caves méritent aussi quelqu'attention.

PAUVRETÉ.

Cet hospice sis rue du même nom et où sont maintenant les sourds et muets fut construit en 1702. Un sceau de 1740 qui est maintenant entre nos mains porte au milieu d'un cartouche une poule sur ses poussins. Au-dessous ces mots : *Fovet et nutrit* ; au-dessus un buste de génie se

---

[1] Voir le plan de ce couvent aux archives départementales.

dresse entre deux cornes d'abondance : autour on lit :
Sigillum domus paupertatis attrebatensis (0ᵐ 04 de
diamètre) [1].

HOTEL DES CANONNIERS.

Les canonniers de la Ville avaient un hôtel dont la situation topographique est ainsi indiquée par Dom Page :

« Les canoniers de la Ville d'Arras, une maison et grand jardin à présent à usage de blanchirie avec un accrossement prins sur le flégard en la rue Douizienne le tout apliqué à leur ditte maison et jardin, tenant de liste à la rue des canoniers (supprimée en 1821) ou de Fauquembergues devant le Petit-Atre, et le jardin des Dames du Vivier, d'autre au Crinchon d'un bout à la rue Douiziène d'autre à la rue de Lobel ou de Zavaleaux » (Lavalleau) [2].

MAISON DES ARCHERS.

Les Grands-Archers, ou Archers du Grand-Serment d'Arras, dont la confrérie fût fondée en 1407 par le duc de Bourgogne Jean-sans-Peur, avaient un établissement situé rue du Bloc, entre la rue des Archers et celle des Teinturiers ; la façade d'après le plan d'Arras dressé en 1766 avait une longueur de 221 pieds.

C'est sur les anciens terrains des Archers, que s'élèvent maintenant les constructions conventuelles des Dames du Bon-Pasteur.

[1] Ce sceau que ne connaissait sans doute point M. Guesnon ne figure pas dans sa *Sigillographie d'Arras*.
[2] *Répertoire des maisons d'Arras* nº 117.

« Les archers devaient avoir chacun « une auberge, un brassard et une chapelure. »

HOTEL DES TANNEURS

Il était situé rue Méaulens à peu près en face la rue des Onze-mille-vierges, on l'a détruit il y a environ trente-cinq ans.

Il reposait sur des arcades en plein cintre au rez-de-chaussée, qui étaient en grès, et qui portaient des têtes de bœuf, symboles de la corporation.

HOTEL DE SOMMYEVRE

Bâti dit-on sur l'emplacement d'une ancienne caserne des Arbalétriers [1] cet hôtel qui a appartenu à M. d'Assignies marquis d'Oisy, est situé rue Saint-Maurice et touche au rempart.

Sur cette rue la façade tout en pierre de taille porte les dates de 1717 et 1727.

Sur la cour et le jardin les constructions sont en pierres rencontrées de briques.

Par suite du dénivellement des terrains, l'étage devient rez-de-chaussée sur le jardin. Et de ce côté la construction offre à l'œil de belles fenêtres à clefs artistement sculptées et d'élégants trumeaux où l'on voit des amours se suspendant à des guirlandes de fleurs.

[1] *Rues d'Arras*, pages 390 et 391, tome II.

HOTEL DE BRIOIS

Ce vaste hôtel situé à l'angle des rues du Bloc et Saint-Maurice, construit et partiellement reconstruit à des époques différentes, appartient maintenant à la famille Dewilde.

On remarque à l'intérieur les grands appartements de l'époque, dont plusieurs ont conservé leurs boiseries primitives, leurs dessus de porte, assez médiocres du reste, leurs plafonds et leurs cheminées; une anti-chambre qui a gardé sa tapisserie peinte sur toile ; des tentures d'Arras, un vaste escalier d'honneur avec rampe en fer remarquablement ouvrée; des arbres séculaires dans le jardin à l'extrémité duquel on voit encore les restes d'une fontaine dans le goût du temps. Elle se composait sans doute d'un bassin, d'une statue, et d'une niche. Le bassin et la statue ont disparu, mais la niche subsiste. La frise qui la surmonte présente un flambeau et un arc maintenus par un nœud d'amour de style Louis XVI.

M. de Briois premier président au Conseil d'Artois quitta cet hôtel, lorsque fut affecté à cette présidence celui situé derrière l'église de la Madeleine entre la rue du même nom, celle du Conseil et celle des Jongleurs.

PAVILLON SAINT-MAURICE

Il forme l'angle de la rue de ce nom sur laquel il présente une façade à deux étages construits en pierres rencontrées de briques, et de la rue Méaulens, sur laquelle il offre une façade moins importante mais infiniment plus décorée, que nous allons analyser.

Le rez-de-chaussée tout en grès piqués forme une galerie

de trois arcades supportée dans le milieu par deux colonnes monolithes, et à chaque angle par de forts piliers.

Au-dessus s'élèvent deux étages bâtis en pierre de taille, et franchis à droite et à gauche par des pilastres d'ordre ionique, que surmonte un entablement.

Chaque étage est percé de trois fenêtres en anse de panier.

Au-dessous de chacune des fenêtres du premier est un trophée d'un fort bon goût parfaitement sculpté.

Au-dessous de chacune des fenêtres du second, sont deux armets de forme variée.

Ces six fenêtres ont leur clefs formées par six têtes dont quatre casquées.

L'ensemble est très-correct comme style et proportions.

La construction a eu lieu, suivant le père Ignace, en 1741 et 1742.

ABBATIALE

L'ancien hôtel de Beaufort construit dans la seconde partie du siècle dernier, et qui est maintenant affecté à usage de collége prit le nom d'Abbatiale lorsqu'il fut vendu au cardinal de Rohan, abbé commendataire de Saint-Vaast.

C'est une construction vaste et correcte, dans le goût de l'époque. La porte d'entrée et la cour qui étaient remarquables sont défigurées par l'étage récemment bâti sur la rue de l'Arsenal, et par les classes se reliant au corps de logis principal qui, se voyant jadis parfaitement de la rue, est aujourd'hui complétement masqué.

MANÉGE COUVERT

Il est situé en face des casernes ; sa charpente, au dire des hommes de l'art, est une des plus remarquables qui se puissent rencontrer.

FONTAINE MONUMENTALE

La Fontaine élevée à l'emplacement de l'ancienne porte de la Cité est adossée contre un vieux mur des fortifications, elle se compose de deux colonnes isolées accompagnées de pilastres d'angle dont les bases reposent sur un stylobate en pierre de taille de grès. L'ordre dorique grec est celui qui a été adopté. Les fûts formés de pierres en bossages sont alternativement recouverts de stalactites, un entablement riche composé d'un architrave d'une frise ornée de coquilles marines et de congélations, enfin d'une corniche ornementée complète l'ordre architectural adopté pour l'exécution de cette fontaine.

L'entablement ci-dessus décrit est surmonté par un acrotère, avec piédestaux entre lesquels se trouve une balustrade formée d'un ornement rustique non évidé ; les piédestaux au-dessus des pilastres supportent un vase surmonté de congélations, ceux au-dessus des colonnes reçoivent les retombées d'une voûte formant avant-corps, comme les colonnes au-dessous de laquelle sont suspendues de nombreuses stalactites ; en avant la tête de voûte est terminée par un fronton avec corniche circulaire au centre de laquelle se trouve un mascaron représentant une tête de fleuve ; entre l'intrados de la voûte dont nous venons de parler et la corniche de l'entablement sur le mur du fond se trouve une grande coquille entourée de congélations sculptées dans un demi-cercle ; au-dessous, entre la frise de l'entablement et le stylobate se trouve un grand chambranle avec archivolte simulant une niche, il est orné de rosaces sculptées sur tout son contour.

De chaque côté entre la colonne et le pilastre d'angle, un grand cadre rectangulaire orné d'une moulure sur tout son pourtour est recouvert de stalactites avec losange au centre et tête de lion.

L'entrecolonnement reçoit au centre en avant du mur sur un socle en fonte surmonté d'un rocher la statue de Neptune brandissant son trident au dessus des deux dauphins placés à ses côtés, par les narines desquels l'eau s'échappe et vient se déverser dans un vaste bassin placé en avant du socle qui supporte la statue.

Une grille avec barreaux et piédestaux, en fer forgé, placée en avant du bassin protége la fontaine contre la malveillance. Les piédestaux placés sur le périmètre ont leur panneau orné d'un dauphin ; au-dessus sur un plateau couronnant chaque piédestal on remarque une grenouille accroupie, ornements qui avec ceux aquatiques placés au-dessus des barreaux de la grille et sur le mur de face donnent à cette fontaine le caractère qui convient à sa destination. Enfin deux candelabres placés à droite et à gauche sur un des piédestaux de la grille éclairent le monument dont les frais de construction supportés par la Compagnie des eaux a eu pour but de faire disparaître les ruines d'un ancien mur des anciennes fortifications dont l'aspect était on ne peut plus désagréable à la vue [1].

---

[1] Note remise par M. Bourgois architecte, constructeur de l'œuvre.

MUSÉE

Il existe dans les vastes galeries de St-Vaast. On y trouve :

1° *Au rez-de-chaussée :* une collection de moulages sur l'antique.

Les curiosités et anciennes sculptures locales où l'on distingue l'élévation sur une assez grande échelle de l'église cathédrale. L'ancien lion de bronze qui surmontait le beffroi avant sa restauration. La mosaïque sépulcrale de l'évêque Frumauld, la pierre tumulaire de Gui de Brimeu et de sa femme, de la famille Sakespée, de la famille Valois, du chanoine le Roy, de Gazet, de Dupuich, de Le François, d'Oudard de Bournonville etc... Une plaque de foyer aux armes d'Artois, d'anciennes cheminées de St-Vaast et des Dominicains. Des tapisseries d'Arras. Des bas-reliefs, statues, colonnes, chapiteaux, frises, archivoltes, de toutes les époques de l'ancienne cathédrale.

Les tableaux anciens où l'on voit une saturnale de *Jordens*, un superbe portrait de *Maës*, quelques *Watteau*, des fleurs de *Monnoyer*, et de *Seghers* : un joli tableautin de *Parrocel*, un *Goltzius*, différents tableaux et portraits de *Doncre*, artiste d'Arras, un portrait de *Hals*, une charmante esquisse de *Fragonard*.

Les tableaux modernes entre autres, un magnifique martyre de S. Etienne d'*Eugène Delacroix*, un brouillard matinal de l'enchanteur *Corot*, un souvenir d'Orient de *Diaz*. Plusieurs sujets de madame *Husson*, une chasse au tigre de *Leuillet*, une scène de *Clément Verdier*, un Narcisse d'*Hersent*, un moulin arabe d'*Hédouin*, des toiles de messieurs *Dutilleux, Demory, Toursel, Daverdoingt, de Tramecourt, Jules Breton, Emile Breton, Dubois, Colette* et *Gustave Colin* artistes artésiens, la mort de Foscari par *Ziegler*, une meute et son piqueur par *Jadin*, une messe en Auvergne par *Berton*, une marine par *Morel Fatio*, un Joas sauvé par *Levy*, une scène de cour par *Leman*.

Une assez remarquable collection de dessins originaux des maîtres des écoles italienne, espagnole, flamande et française.

2° *Au premier étage* : les antiquités romaines et gallo-romaines découvertes à Arras et aux environs. Les curieuses trouvailles mérovingiennes faites à Mareuil. Le plan en relief du chœur de l'ancienne cathédrale et les objets exhumés de ses fouilles. Le modèle de la Frégate l'*Artois* offerte au gouvernement par les États d'Artois pour la guerre de l'indépendance de l'Amérique. Quantité de chinoiseries données par M. le Capitaine Balay. Les clefs de la Ste-Chandelle. Une série de tableaux épisodiques retraçant sa légende, une tabatière émaillée où est représentée l'ancienne abbaye de St-Vaast, le scrutin des États d'Artois. D'anciennes armes, notamment celles retirées de la prison du Châtelain. Un médailler, une collection de sceaux. La plupart des coins ayant servi à battre monnaie à Arras. Différentes pièces de céramique. *Un portrait des Ville et Cité d'Arras en 1597*, enfin l'écrin renfermant la fameuse parure mérovingienne composée : 1° d'une grande agrafe, formée de deux dragons, 2° d'une paire de boucles d'oreilles en or, 3° d'un fermoir en or, 4° d'un autre fermoir en or de forme circulaire portant au centre un gros cabochon entouré d'autres pierres, 5° d'une fibule en cristal de roche, 6° d'un anneau et de deux coulants de bronze, parure trouvée lors de l'établissement du chemin de Lens à La Bassée, et qui ne seraient nullement déplacée à côté des objets recueillis dans le tombeau de Chilpéric.

3° *Au second* : une galerie des produits industriels du département; une galerie minéralogique, et une immense galerie d'histoire naturelle, où existe tout un monde d'oiseaux et d'animaux abattus et rapportés par le douaisien *Delegorgue*, plus connu sous le nom de *Tueur d'Éléphants* [1].

JUBÉ
DE LA CHAPELLE ABBATIALE DE SAINT-VAAST [2].

« Comparut en sa personne Laurens Gallet, maitre sculpteur et architect, demeurant en la ville de Cambray, de présent en ceste Ville d'Arras, et recognent avoir faict accord et marché avecq monsieur le prélat de l'église et abbaye de St-Vaast d'Arras en la forme et manière que s'ensuit, c'est asscavoir de faire une devanture au devant du cœur et des carolles de son église, quy se comprendra et extendra tout depuis la paroisse de la sachristie jusques à la closture de la chapelle du revestiaire abbatial, comprendant en tout trois espaces sy comme celle de devant le cœur, une en l'entre deux du costé de ladite sachristie, et la 3ᵉ du costé dudit revestiaire, avecq les gros piliers dudit cœur, et les demy piliers des carolles, portant en tout cent cincq pieds et de haulteur vingt à vingt et un pieds jusques au dessus de la cornice, et sera composé de pierres descochines, pierres de touches, de gennes qui est de ransse albatre, pierre danesere, et de touttes telles autres que ledit sieur prélat y vouldra employer, et aurat ses plats pilastres, ses coulonnes

---

[1] Consulter sur le musée d'Arras le *Catalogue des tableaux* dressé par M. Hirache, et la *Notice* de M. de Linas, insérée en l'*Annuaire du Pas-de-Calais* année 1856.

[2] Métho liquement cet article et ceux qui suivent auraient du être placés dans notre notice sur l'abbaye de Saint-Vaast, mais ces documents archéoogiques d'une importance capitale et complètement inédits, dont nous devons l'obligeante communication à M. Richard, n'ayant été découverts que tout récemment, force nous est de les donner ici.

avecq leurs bases, chapiteaux, arcitraves randissantes avecq arcures, une plaincte aussy randissante au dessus et au dessoubs, entre laquelle seront enclavés divers parquets où se tailleront plusieurs et diverses histoires relesvées à demie bosche, et une autre architrave en dessus, et sur icelle une frize, et finablement une grosse cornice aussy randissante et saillante, avecq crenelures et autres ouvraiges. Davantage, au dessus icelle cornice sera eslevé en forme de portice une ouvraige quy aura une plainte, sur laquelle seront assis les plats pilastres, et au devant les coulonnes avecq leurs bases et chapiteaux, et au dessus une arcure et une ouvraige composée d'arcitraves, frices et cornices avecq leurs timpans au dessus quy auront leurs tours et retours, et au dessus dudit timpan ung petit mont de calvaire avecq une petitte croix et deux imaiges couchées à costé. Cy aurat aussy au dedens dudit portiche une grande table d'albastre fort bien et curieusement taillée d'histoire et ouvraiges, et sera ledit portiche taillé et poly par derrière, avecq bonne ordre, représentant la contre face de celle de devant, sans coulonnes, lequel portiche se prendrat justement au dessus de l'entré du cœur, et aurat en largeurs douze pieds, et en haulteur quinze et seize pieds, comprins le timpan, aux costez duquel portiche se prendront deux couronnements quy auront chacun leur oval, au milieu l'histoire avecq ornemens de divers fœuillaiges pour remplir le reste des parquets, et seront closes de pierres noires randissantes, avecq ung petit architral sur le hault, et au dessus de tout à chacun une belle imaige, et seront taillez et ornez par derrière comme ledit portiche, et entre deux desdites clostures s'érigeront aussy sur chacun...., au dessus de ladite cornice, ung couronnement quy s'esleverat petit à petit, et aurat l'arcitrave timpan et ses parquetz, et au dessus une imaige eslevée, avecq deux autres couchées, et autres ornemens. Sur les piliers et demy piliers seront assis semblablement quelques couronnemens et demy couronnemens. Le portiche de la principalle entrée du cœur sera faict et embely honestement en dedens le cœur jusques au retour des formes, et sera tellement dressée l'œuvre qu'elle aille soustenir convenablement l'architrave, friche, cornice, et le portiche quy se mettrat au dessus, aux costés de ladite entrée dudit cœur; à égale distance se prendront deux arcures, et au milieu d'icelle à chacun son autel, et sur iceux les tables d'autel bien historiées, relesvées à demie bosche, avecq leurs mollures, architraves, timpans et autres ornemens, lesdites tables d'autel deuement renfondrées tant par l'ouvraige des plats pilastres quy seront aux costés comme aultrement et es nices qui se prendront en nombre de huict en toutte l'ouvraige ; entre les maistresses coulonnes seront taillées et posées des fort belles imaiges, du costé des closlures et carolles, les deux closlures seront faictes à double parement avecq couronnement comme est dict cy devant, quy seront aussy à deux paremens, sauf que parderrière ne s'érigeront aulcunes coulonnes. Et sera toutte ladite ouvraige faicte des pierres spécifiées cy dessus, fort bien chigelées, taillées, polyes et lustrées, en sorte qu'elle soit trouvée très-belle et exquise, et pour le moins aussy belle et suffisante qu'est représenté par le patron quy en at esté monstré audit Gallet passant ces présentes, approuvez par les notaires soubsignés, et généralement faire et parfaire à ses despens ce que sera requis à la perfection de ladite œuvre, en luy livrant par le sieur prélat touttes les pierres et férailles qui entreront en ladite ouvraige rendue en son abbaye, et les mortiers quy seront nécessaires pour ladite œuvre, sans aulcune autre chose. Et pour toutte ladite œuvre luy sera payé et furny par ledit sieur prélat faict à faict qu'elle ira advant, la somme de trois milz flourins, monnoye d'Arthois, une fois demeurant au prouffit dudit comparant, l'advanchement qu'at esté faict desdits ouvraiges par Mathias Thrun, statuaire, autant qu'elles seront trouvées suffisantes pour entrer en l'œuvre susdite. Sy at esté conditionné que s'il advient que une des petittes maisons séantes derrière les pères jésuittes demeure et soit vaccante durant ladite œuvre, qu'iceluy comparant y pourrat avoir sa demeure autant et sy longtemps que ladite œuvre durera. Pareillement sera tenu ledit comparant d'asseoir ce qu'il aurat faict de ladite œuvre de six sepmaines en six sepmaines, à commencher pour l'expiration des premières six sepmaines ou jour de S. Jean-Baptiste prochain, a effect que le tout sera faict et achevé au plus tard en dedens trois dudit jour de S. Jean-Baptiste prochain. Promettant le dit comparant tout ce que dessus est dict, tenir, entretenir, etc.

Faict et passé en la ville d'Arras le neuvième jour de mars 1617, pardevant notaires soubsignés et dudit comparant [1].

CRUCIFIX
DE LA CHAPELLE ABBATIALE DE SAINT-VAAST.

Devises et conditions de la Croix, Crucifix, Vierge Marie, S. Jean, et Ste Marie-Magdelaine qui se poseront sur les pied-stats de dessus les enrichissemens du sommier d'entre le cœur et la nef de l'église de St-Vaast.

La croix sera de cincq et douze, de trent pieds de hault, affin qu'elle puist estre enaiguillée dens la clef du somier à travers du pied-stat, et au dessus y aura ung tiltre en forme de compartiment; plus aux extrémitées scavoir soubz les pieds du crucifix et en dessus ledit tiltre seront deux évangélistes faicts de relief hors du nud de la croix, de deux piedz de diamettre de dehors en dehors.

Le travers sera de cincq de douze poulches, long de dix-huict pieds, aux deux extrémitées duquel seront aussy deux aultres évangélistes de telle ouvraige que dict est, oultre lequels se feront deux fleurons, comme aussy s'en fera ung oultre l'évangéliste d'en hault, le tout comprins en la haulteur et longueur dechy dessus, et aux eirettes de ladite croix sy poussera un boument (?) ou moullure.

Le crucifix aura nœuf pieds d'Arthois de haulteur de ronde bosche, taillé tant en haulteur et longueur qu'en espesseur après le naturel; aussy bien en tous ses membres qu'en aultres particularités.

La Vierge Marie et S. Jean auront huictz piedz Arthois de haulteur, taillez de bonne grace et posture, tant en proportion après le naturel comme aultrement, avecq bonne drappière contentant l'œil pour le regard de la haulteur, arrondy sur tous sens.

La Magdelaine aussy arondie sur tous sens sera taillée aussy de bonne grace et posture, estante à genoulx après le naturel, accoustrée de bonne drapperie avecq enrichissemens et en telle proportion qu'estante droicte elle seroit de huict piedz de haulteur.

Et sera le tout taillé en suitte de telle planche de prenocte ou modèl qu'il plaira à Monseigneur délivrer de bon bois de chesnes bien chauché et sans aulcun vices, mondit seigneur enthier de livrer ledit bois et le faire livrer par l'ouvrier avecq lequel on se pourra accorder. Touttes lesquelles ouvraiges Laurent Galé at emprins de faire bien et deuement en dedens les Pasques communaulx de l'an seize cens treize, et ayder à les asseoir en dessus le sommier d'entre la nef et le cœur pour le pris de deux cens cinquante flourins pour touttes lesdites ouvraiges avecq tout ce qu'en dépend et que la perfection de l'œuvre requiert, dont s'en fera visitation par gens en ce cognoissans aux despens communs, demeurant à la charge de mondit seigneur de livrer le bois propre et bien chausé en bonne saison, de sorte que les ouvriers n'attendent après ; pour touttes lesquelles ouvraiges faire et parfaire tout ce qu'en dépend, maitre Jacques Caron s'est joinct avecq ledit Galé, s'oblegeant à tout comme sy seul les auroit emprins l'ung avecq l'aultre et ung pour tout.

Aujourd'hui pénultiesme jour d'aoust mil six cens et douze, sont comparus pardevant les notaires soubzsignez lesdits Laurens Gallé et Jacques Caron, demourans en la ville d'Arras, lesquels ont agréé et rattiffié tout le contenu en l'accord et escript cy dessus, etc. [1]..... »

CHAPELLE DES TRÉPASSÉS
DE LA CHAPELLE ABBATIALE DE SAINT-VAAST.

« Devises pour la closture de la chappelle des Trespassez.

Ladite closture sera longue de vingt-huict pieds et demy, haulte de unze pieds quattre poulches, à prendre depuis le pavement des carolles jusqu'en desssus la corniee d'en hault, et large de deux pieds, y comprinses les saillyes, et se fera comme s'ensuit.

Sur ledit pavement se mettra ung apast de nette taille, sans ouvraiges, à la haulteur de deux pieds et à ladite lonlongueur et largeur, de blanches pierres, à l'endroit de l'huis où il sera de marbre, avec chanfrains en dessoubs, à la longueur de cincq pieds et demy.

Sur ledit apast se poseront les soubases des coulonnes et seront haultes de treize poulches, larges de douze et longues de deux pieds.

[1] Archives départementales du Pas-de-Calais. — *Fonds de Saint-Vaast. Registre de 1600 à 1622.*

Sur lesdites soubases se mettront des pied-stats en forme de consolles, avec mufles de lions, griffes, estragalles et autres enrichissemens, et auront lesdits pied-stats deux pieds de hault, douze poulches de large et deux pieds de long.

En dessus lesdits pied-stats s'assira une cornice portante sa frise et architrave, et sera ladite cornice haulte de six poulches, longue de deux pieds et large de douze poulches, et aura deux poulches de saillie hors des coullomnes.

Entre deux pied-stats se posera ung penneau hault de deulx pieds deux poulches, large de douze poulches, renfondré de quatre poulches avec moullures desdits pied-stats servantes de retour audit penneau qui sera enrichy de belles histoires de la mort ou de la vie des SS. Denis et Nicaise à demy bosche au choix de Monseigneur.

Sur lesdicts pied-stats se mettront les coullomnes qui seront haultes de cinq pieds quattre poulches, y comprins chapiteau et base, et auront huict poulches et demy de diamettre, desquelles coulomnes la tierce partie seront enrichye d'anticques ou crotesque, et les deux autres parties seront cannelées, le tout de l'ordre corynthe.

Sur lesdites coullonnes se poseront l'architrave frise et cornice, et sera l'architrave haulte de trois poulches, la frise de sept et la cornice de cincq poulches, faisans ensamble quinze poulches ; la frise sera enrichie de panniers et pentes de fruicts, avec oiseaux, compartimens, satires, mufles de lions et testes de chérubins.

Entre deux coullomnes se fera une nice à jour de quatre pieds huit poulches, avec cornice et arcades enrichies de fruicts et muffles, et aux deux costés de l'arcade seront deux figures en forme d'anges tenantes ung chappeau de triomphe d'une main, et de l'autre ung palme.

En dessus la nice se mettra ung penneau hault de huict poulches et large de douze poulches, et sera enrichy d'histoires telles que dict est, relevées plus qu'à demy bosche.

En ladite nice sera ung pied-stats hault de sept poulches, long de douze poulches, de l'ordre corinthe en la frise duquel se fera une teste de chérubins.

Sur ledit pied-stats se posera une figure haulte de trois pieds trois poulches, de telle représentation que sera trouvée convenir, si comme pour les quattre de S. Nicaise et d'Eutropie sa sœur, de S. Denis et Rustique son compaignon avec Eleuthère, mettant ces deux en un niche.

Entre les coullomnes sur la soubase d'embas se posera ung grand penneau de cincq pieds et demy de long, de deux pieds deux poulches de hault, renfondrée avec mollures, randissante allentour, et en icelluy penneau se représentera telle histoire que sera trouvée convenir de la vie desdicts saincts.

Sur ledit penneau randiront la cornice, frize et architrave desdicts piedstats, et en dessus se poseront six coullomnes des pierres de rause avec chapiteau corinthe et base d'allebastre, et aura la base cinq poulches et demy de dyamettre, la coullomne cincq pieds trois poulches de hault et quattre poulches de diamettre,

Sur lesdicts chapiteaux se posera une architrave rondissante sur le nud des coulomnes : sur laquelle architrave se mettront des arcades avec consolles entre deux pour racheter le plancher de l'architrave en dessus, et seront lesdites consolles enrichies de fueilles par le bout.

Allendroict des nices sur la cornice se mettra un piedstats sur lequel se poseront des figures allendroit de chacune coulomne.

Sur la cornice desdites six collomnes de ranse se fera ung

couronnement de trois pieds de hault, avec compartiment, tenu de deux anges, où se feront telles armoyries ou escriptures que conviendra, avec divers enrichissemens.

Toutes lesquelles ouvraiges se feront bien et deuement de belle et nette taille à deux faces, et sera prins le modèle et moulle sur la closture de la chapelle du prévost Taffu, selon laquelle les ouvriers se debvront reigler punctuellement sans en rien altérer ny changer, sauf ce qu'est dict chy dessus, et sera ordonné par Monseigneur pour rendre icelles ouvraiges assises aussy bien et nettement faictes et aussy bien proportionnées que celles de ladite closture pour le moins, au dire de gens en ce cognoissants, à peine de desduire la moindre vaille.

Ce que Mathias Trhun a emprins faire fidellement et en homme de bien et d'encommencher promptement et continuer sans intermission, pour avoir tout achevé ce que généralement l'œuvre requérera en dedens la S. Remi de l'an prochain qu'on dira seize cens treize, pour le pris de quattre cens livres dont s'en fera paiement faict à faict que l'ouvraige s'advanchera, sans en rien advancer autrement pour l'ouvraige seullement, demeurants tous les matériaulx et la machonnerie à la charge de mondit Seigneur, sans que touttesfois lesdits ouvriers puissent prétendre aulcune chose pour les outils et ustensils colles et cyments ils se servront le moins que sera possible, faisans les pièches entières sans tasseauz. En tesmoing de quoy mondit Seigneur at signé ce présent marché avec ledit Mathias Trhun le 20e de juillet 1612 [1]. »

---

[1] Archives départementales du Pas de-Calais. — *Fonds de Saint-Vaast. Registre de 1609 à 1622.*

CHEMINÉE DU RÉFECTOIRE DE SAINT-VAAST

« Devises et marché de la double cheminée du grand réfectoire de l'abbaye de St-Vaast.

Sur le premier pavement dudict grand réfectoire seront posées deux plintes de pieds d'estal avec mollures tout allentour à la largeur en carrure de quatorze poulches et haulteur de cincq poulches.

En dessus desquelles plintes se poseront deux noiaulx larges en carrure de nœuf poulches, haulz de douze poulches, avec tablettes renfondrées à poinctes de dyament et doucinne randissante allentour du renfondrement.

En dessus lesdicts deux noiaulx se posera la cornice haulte de trois poulches, de mesme largeur et longueur que les plintes, avec mollures randissantes et saultes à proportion desdicts noyaulx.

Sur laquelle cornice se poseront deux bases de coulomnes haultes de six poulches et larges de neuf en carrure, enrichies en suitte du plan en relief.

Les coulomnes qui se poseront sur les bases auront de haulteur trois pieds huict poulches et de dyamettre sept poulches et demy, enrichies et cannelées à l'ordre ionicque.

Derrière lesquelles coulomnes seront des plats pillastres larges de quatorze poulches à la hauteur d'icelles coulomnes et des pieds d'estat et de leurs parties renfondrez avec doucinne espois de douze poulches chascun.

Sur lesdictes coulonnes seront posez les capiteauz larges en carrure d'un piedz et haults de six poulches, de l'ordre ionicque, comme aussy les bases.

En dessus desquels capiteauz sera le manteau, large de deux pieds et demy, long de douze pieds espois de huict poulches, portant architrave large de sept poulches et saillant deux poulches en la frize duquel manteau seront taillées à bosche les armoiries de Monseigneur, de l'Eglise et du Couvent, avec rolleaux contenant les devises. Si y sera gravés ung enrichissement de roses et fleurons comme est à veoir audict relief.

Les sommiers faisans retours audict manteau seront de mesme largeur que le manteau et espesseur de quatorze poulches, portans leur architrave de mesme que dict est, et seront chascun de telle longueur que les deux pièches esgalles en longueur puissent affranchir les deux cheminées, et qu'ils parviennent jusqu'à la moictié du capiteau pour y entailler ledit sommier.

Sur lesquels sommiers et manteau se posera la cornice randissante avec mollures à la saulte de huict poulches et espesseur de sept poulches.

Toutes lesquelles ouvraiges seront doubles, faisantes deux cheminées, l'une regardant le chauffoire et l'autre ledict réfectoire, de pierres d'Escauchines, polies et enrichies comme dict est et qu'est porté par le relief faict à ces fins.

Et outre ce que dessus, du costé du réfectoire sur ladite cornice se poseront trois cornices de pierre de Pronville faisans plats pillastres aux costez : chascune desquelles nices sera large de vingt deux poulches et haulte de quatre pieds trois poulches, enrichies en forme de coquilles et escaffettes, avec une architrave randissante et faisante retours, qui se viendra rendre sur six coulomnes de pierre de ranse sises sur ladicte cornice dont les bases et capiteaux seront de l'ordre corinthe, de pierre d'allebastre que luy sera livrée par Monseigneur, et seront lesdictes coulomnes, bases et capiteaux ensemblement haults de trois pieds deux poulches, les bases en carrure, et les coulomnes auront quatre poulches en dyamettre.

En dessus laquelle architrave, allendroict des coullomnes se prendront des chanbransles randissant allentour des cornices, de mesme largeur que les plats pillastres et de mesme saulte que ladicte architrave de pierre de Pronville.

Entre lesquelles chanbranles et les retours seront taillées des testes d'anges et séraphins, avec enrichissements pendants entre les plats pillastres de pierre de Pronville.

Aux retours desquelles ouvraiges se poseront des consolles servants d'amortissements, de pierre de Pronville.

Et ausdictes nices se poseront trois images de quattre pieds, telles qu'il plaira à mondict Seigneur, de pierre de Pronville.

Au dessus des devant dictes testes de chambransles se posera une architrave randissante de pierres d'Escauchinne espesse de sept poulches et de deux poulches de saulte.

Sur laquelle architrave sera une frise faisante retour de pierre de Pronville, large d'ung pied, enrichie de fueillage et d'anticques.

En dessus de laquelle frize sera posée une cornice de pierre d'Escauchinne espesse de sept poulches, et de huict poulches de saulte.

Sur ladite cornice se fera ung couronnement d'architecture enrichy de fleurons, fueillages et rolleauz de pierre de Pronville : au milieu duquel couronnement y aura une table d'attente pour faire telle escripteau que sera trouvé bon, haulte de deux pieds et large de deux pieds trois poulches, de pierre d'Escauchinne.

Au dessus de laquelle table et des rolleauz se poseront des pieds d'estats pour y mettre telles figures que sera trouvé convenir, lesquels pieds de stats seront haults de nœuf poulches, larges d'unze poulches, et lesdictes figures haultes de trois pieds trois poulches, qui seront de pierre de Pronville.

Toute laquelle ouvraige, depuis le pavement jusqu'au

sommet des figures, sera haulte de vingt-quatre pieds et large de quatorze pieds et demy ou environ, et seront faictes taillées et relevées en bosches conformément au model taillé et réduict, au pied petit d'Arthois.

Toutes lesquelles maitre Thomas Thieullier, sculpteur demeurant en ceste ville d'Arras at emprins faire, livrer et assir bien et deuement en conformitée des devises chy dessus déclarées en dedens le S. Jehan-Baptiste prochainement venant, à ses fraiz et despens, à peine de quarante sols d'amende pour autant de sepmaines qu'il sera en demeure d'asseoir lesdictes ouvraiges, pour la somme de six cens flourins. Moyennant quoy demeureront à sa charge tous les hourdages, ustensiles et généralement tout ce que la perfection de l'œuvre requerera, saulf le plomb et le fer que Monseigneur le prélat de Saint-Vaast luy fera livrer à faict que l'œuvre s'advanchera, sauf que luy seront advanchez cent flourins pour l'achapt desdictes pierres, et autres cent flourins lorsque lesdictes pierres seront chariées en ceste Ville d'Arras. En tesmoing de quoy mondit Seigneur at signé ce présent marché avecq ledict Thieullier le 3ᵉ de janvier XVIᶜXI.

Depuis, sur les remontrances faictes par ledict maitre Tieullier qu'il auroit peu ou poinct de gaignage en entreprenant ladicte ouvaige pour ladicte somme de six cens flourins, mondict Seigneur at promis luy payer cincquante flourins par dessus, si avant que ladicte ouvraige soit faicte et parfaicte au jour limité chy devant, et qu'elle soit trouvée faicte bien et deuement, et du moins aussi et suffisamment qu'est spécifiez chy dessus. En tesmoing de quoy mondict Seigneur at signé ce présent marché avec ledict maitre Thomas ce 26ᵉ febvrier XVIᶜXI [1]. »

[1] Archives départementales du Pas-de-Calais. — *Fonds de Saint-Vaast. Registre de 1609 à 1622.*

CASERNES.

CITÉ.

CASERNE SAINTE-BARBE

Elle était sise rue d'Amiens.

GRAND QUARTIER

Bâties en 1670 les casernes qui s'étendent le long du fossé Burien, depuis le monastère des Clarisses, jusqu'a l'emplacement de l'ancien *Claquedent*, étaient, disait le géographe Denys, « les plus belles qu'il y eût en France ». On y remarque notamment les écuries dont les voûtes retombent sur des colonnes de grès monolithes dans le genre de celles qui entourent les places ; la proximité des promenades est pour ces établissements militaires une garantie de salubrité.

Les grilles en fer qui ferment les casernes, méritent d'être signalées [1].

---

[1] Près du grand quartier existait anciennement rue Sainte-Claire le pavillon militaire dit de *Sainte-Barbe* qui s'écroula vers l'an VIII. Il était érigé sur un terrain de la contenance de 3 ares 4 centiares.

VILLE.

—

CASERNE DES ARBALÉTRIERS

Elle se trouvait avec les terrains et jardins qui en dépendaient, derrière l'hospice Saint-Jean entre la rue Saint-Maurice et la rue d'Elquenterie supprimée maintenant, sauf ses deux extrémités donnant, l'une sur la rue des Teinturiers, l'autre de la rue de l'Estrée à la rue de Juillet (ancien rempart) [1].

Cette caserne sert maintenant d'hôpital militaire.

CASERNE DU GRAND TURC

Elle occupait rue des Teinturiers, l'emplacement actuel de la maison des Sœurs de Charité et de la suivante.

CASERNE DU GRIFFON

Elle était située là où est maintenant l'hôtel du même nom.

CASERNE DES BOULOIRES

On la voyait rue du Coclipas, à l'endroit où existe l'œuvre de S. Vincent de Paule.

[1] *Répertoire des maisons d'Arras* nos 703 et 754.

CASERNE DU POINT DU JOUR

Elle était rue de ce nom, là où se trouvait il y a trente ans la caserne de gendarmerie.

CASERNE DE CAVALERIE

Elle s'élevait rue du Pré[1] et sur le Rivage, et se composait d'un bâtiment à deux ou trois étages, derrière lequel se dressaient une tourelle ronde et une haute tour quarrée.

Le plan en relief d'Arras qui est aux Invalides donne une juste idée de cette vieille bâtisse qui était en briques.

CASERNE HÉRONVAL

Elle était contre le rempart entre le couvent des Jésuites et celui des Capucins, à l'extrémité de la rue Héronval.

Composée d'abord « d'un corps de logis bâti de briques sous la domination d'Espagne » construit « sur trois faces ou pavillons unis qui formaient une place presque carrée d'où ils tiraient leur vue [2] » elle fut démolie en avril 1747 et recommencée sur le plan actuel.

---

[1] *Répertoire des maisons d'Arras* n° 528.
[2] Le P. IGNACE, add. aux *Mém.* page 316.

CORPS DE GARDE

Voici quels étaient en 1732 les Corps de Garde des Ville et Cité d'Arras.

CITÉ.

DE L'UNION

Sept hommes : un poste près le corps de garde, et un autre près le quartier des officiers.

DE LA PORTE BAUDIMONT

Un sergent, un tambour et dix-sept hommes : deux postes à la porte, un au-dessus pour le magasin, un derrière les Ursulines, au bastion appelé de *tous les diables* « où les soldats croyaient par tradition qu'il revenait des esprits ».

DU BASTION DERRIÈRE LA PAIX

Neuf hommes : un poste près le jardin du monastère, pour le magasin à poudre, et un autre sur le rempart près le corps de garde.

DU BASTION DE MARLES

Quatre hommes : un poste près le magasin à poudre, derrière Saint-Nicaise.

DE LA PORTE D'AMIENS

Un sergent, un tambour et douze hommes : deux postes à la porte, et un sur le rempart au-dessus du jardin du Gouverneur de la province.

DE L'ÉCLUSE ENTRE LA CITADELLE ET LA CITÉ

Sept hommes : deux postes l'un sur l'écluse, l'autre au magasin au fourrage près la citadelle.

DE LA COMMUNICATION DE BOURGOGNE

Neuf hommes : un poste sur l'écluse, l'autre sur le rempart appelé l'allée des Soupirs.

DU CLAQUEDENT

« Au-dessus de la communication du rempart de la Ville à la Cité, sous lequel passe le Crinchon qui fait tourner un moulin, et près le pont neuf pour aller de la Ville en Cité par les casernes » sept hommes : deux postes, un au magasin

à poudre derrière le refuge Saint-Éloi (tour Sainte-Barbe),
l'autre au pont.

VILLE.

DU PETIT MARCHÉ

Un sergeant, seize hommes : quatre postes, un à l'Hôtel de Ville, un à la porte du commandant de Place, un à la prison du Châtelain, un au Trésorier.

DE LA PORTE RONVILLE

Un capitaine, un lieutenant, un sergeant, deux caporaux, un tambour, vingt-quatre hommes : deux postes à la porte Ronville, un au magasin à poudre des Bourgeois sur le rempart près la rue du Saumon, un à l'hôtel du Gouverneur d'Arras sur la porte Ronville, un derrière les grands Carmes, à cause des jardins de l'état-major sis au bas des murailles, un aux canons près le magasin en face la caserne Héronval.

DE SAINT-MICHEL

Au-dessus de la porte de ce nom, un caporal, sept hommes : deux postes sur le rempart pour les jardins de l'état-major, la conservation des fossés et l'empêchement de la contrebande.

DE LA BRÈCHE

Un caporal, huit hommes : un poste sur le rempart, un au Petit-Atre pour le magasin à poudre.

DU RIVAGE

Un sergeant, dix hommes : un poste à la sortie des bateaux, un près le Rivage pour l'artillerie.

DE MÉAULENS

A la porte et à l'avancée, d'un côté cinq hommes, de l'autre un sergeant, un tambour et treize hommes : un poste au-dessus du dernier pont-levis, deux à la porte, un au-dessus pour la fontaine.

DE LA PORTE DE CITÉ

Cinq hommes : un poste.

DE LA TOUR DE BOURGOGNE

Sur la porte Hagerue, neuf hommes : un poste près Sainte-Agnès, un derrière les Capucins [1].

[1] Le P. IGNACE, *Supplément au Dictionnaire*, page 784.

PLACES.

PETITE PLACE, GRAND'PLACE, RUE DE LA TAILLERIE.

La Petite Place et la Grand'Place reliées entre elles par la rue de la Taillerie présentent un ensemble sans exemple et peut-être sans égal. Les Flandres en effet ainsi que l'Espagne n'ont conservé rien qui puisse lui être comparé.

Toutes les maisons hispano-flamandes, de cet ensemble, avec leurs pignons droits découpés, leurs façades ornementées, leurs galeries supportées par des colonnes de grès monolithes (dont plusieurs sont surmontées de chapiteaux remontant au XIIe siècle) sur lesquelles retombe une interminable série d'arcatures également en grès et en plein cintre frappent d'étonnement et d'admiration quiconque les voit pour la première fois ; aussi ces places ont-elles une renommée que l'on peut sans exagération appeler européenne.

Elles comportent avec la rue de la Taillerie 155 maisons et 345 colonnes [1].

Néanmoins un membre de l'Institut national en ventôse an XI, qui préférait au beffroi d'Arras dont il avait vu, paraît-il, « toutes les parties cramponnées, soudées, retenues

---

[1] Savoir :
Grand'Place. 75 maisons et 182 colonnes.
Petite place. 52 maisons et 109 colonnes.
Rue de la Taillerie. 28 maisons et 54 colonnes.

avec des morceaux de fer » la « bâtisse légère et solide des beffrois de Mons et de Maestricht !.. » un membre de l'Institut, disons-nous, a écrit : « Il y a à Arras de grandes places ; mais des arcades *qui ne sont ni simples ni décorées* (que sont-elles alors ?) les entourent et semblent plutôt les attrister que les embellir !... » A tout triomphe ne faut-il pas un insulteur ? et le parlement de Toulouse, patrie de Clémence Isaure, n'a-t-il pas doctement décidé que les truffes étaient vénéneuses ?

En face de l'Hôtel de Ville s'élevaient autrefois sur la Petite Place, la fameuse *pyramide de la Chandelle d'Arras* avec la *Chapelle* et la *Maison Rouge* [1] ; on voyait égale-

---

[1] Nous avons, dans la *notice* sur la *Maison Rouge*, exposé (page 147) qu'on l'avait jetée bas sous prétexte de *caducité*.

A la requête du Mayeur et de l'Échevinage d'Arras ; cette démolition avait été ordonnée par un Arrêt du Conseil du Roi en date du 29 mars 1757, « Sa Majesté ayant été informée (porte entre autre chose l'arrêt) que ce bâtiment qui n'est aujourd'hui d'aucune utilité pour son service, est néantmoins entretenu à ses frais, *pendant que les officiers du Baillage ou de la Gouvernance en retirent depuis longtemps des loyers qu'ils partagent entre eux sans aucun droit ni titre* et voulant faire cesser un pareil abus etc... »

Peu flattés de cette considération sans doute, et dans tous les cas, trouvant cet abus productif, les officiers de la Gouvernance tentèrent de s'opposer à l'exécution de l'arrêt, mais l'adjudicataire sans s'arrêter à leur inhibition fit procéder à une démolition immédiate ainsi que le prouvent les pièces de procédure très-curieuses et très-inédites que M. Richard a bien voulu nous communiquer au cours de l'impression de ce livre, et trop tard pour que nous ayons pu les ajouter à celles que comprend la *notice*.

« M⁰ Jean-Barthélemy-Joseph Flahaut, grand Bailly, etc., salut. Savoir faisons que vu le réquisitoire du Procureur du Roi de ce jour hui, contenant qu'il étoit informé que l'on devoit adjuger la démolition de la Maison Rouge, en laquelle de tout tems les officiers de cette Gouvernance ont eu non seulement le droit d'y rendre la justice pour le Roi, mais aussi une tribune pour vis-à-vis d'icelle y faire faire les exécutions des procès criminels, que cette maison appartient au Roi et fait partie du siège de la Gouvernance et que sa démolition préjudicie aux intérêts de Sa Majesté. A ces causes, le dit Procureur du Roi requiert les officiers de la Gouvernance de lui donner acte de l'opposition qu'il forme à l'arrêt qui a pu en ordonner la démolition, que sur la dite oposition il se pourvoiroit vers le Roi, et que

ment sur cette place une *Croix de Grès*¹, une colonne surmontée d'un lion également en grès, et le *Perron Robert Cosset*².

Des anciennes enseignes sculptées sur les façades des maisons il subsiste : la *Baleine* (qui a donné son nom à la cour contiguë *cour des Miracles d'Arras*) le *Paon*, la *Harpe*, le *Bas d'or*, le *Peigne*, les *trois Coqs*, la *Syrène*, l'*Amiral* (au beau milieu duquel on a bêtement fiché le support d'un

---

sur provision il fut fait défense sous peine de droit à toutes personnes de toucher à lad. Maison Rouge et que le jugement à intervenir fut affiché à lad. Maison Rouge, signifié à l'adjudicataire. Tout considéré le Lieutenant général et autres officiers de cette Gouvernance jugeant à notre conjure, donnent acte au Procureur du Roi de sa dénonciation et de son opposition. En conséquence font défense à toutes personnes sous peine de droit de toucher à la Maison Rouge, jusqu'à ce qu'il ait plu à Sa Majesté de statuer sur l'opposition du Procureur du Roi pour la conservation des droits de Sa Majesté, ordonnent que le présent jugement sera affiché à lad. Maison Rouge et signifié à l'adjudicataire de lad. démolition.

Fait en chambre du conseil le dix-huit avril mil sept cent cinquante-sept.
FLAHAULT, OZENNE, DE WARENGHIEN, DESQUESNES.

Signifié le jour même par Crétel sergeant de la Gouvernance.

« Le 18 avril 1757 en vertu d'un Arrêt du Conseil d'État du Roi obtenu par le Magistrat, le subdélégué de M. l'Intendant a procédé à l'adjudication des matériaux et de la démolition de la Maison Rouge en l'hotel de l'Intendance. le nommé Quiliet s'en est rendu adjudicataire moyennant la somme de 2,200 fr, et a fait monter aussitôt les ouvriers sur lad. Maison pour la démolir au mépris de l'opposition du Procureur du Roi, du siège et d'un jugement portant défense à tout adjudicataire d'y toucher tant qu'il soit fait droit sur lad. opposition. »

Nonobstant cette démolition et vu les recommandations faites par les officiers de la Gouvernance, les exécutions criminelles continuèrent à se pratiquer à l'endroit « ou étoit cy devant la maison Rouge. »

Délibération du 22 février 1777. OZENNE, DE WARENGHIEN, BRUNEL, MEURILLE.

Registre mémorial du siège de la Gouvernance d'Arras commençant en 1637, page 143.

¹ Près de la Croix de Grès existait jadis une hobette couverte en paille. *Mémorial IX. fol. 109. R°* archives municipales.

² En 1338 on voit un Robert Cosset figurer dans les *additions aux statuts de la Confrérie des Ardents*.

bec de gaz, quand il y avait tant de champ à droite et à gauche), la *Licorne* et la *Nef*.

Il y a sous les maisons de la Petite Place trois passages voûtés, communiquant, le premier avec la cour de la Baleine, le second avec la rue de la Batterie, le troisième avec la rue Neuve-Saint-Géry et celle de la Wattelette aboutissant ainsi qu'on l'a vu à l'ancienne Halle Échevinale, sise en la rue Saint-Nicolas, en la paroisse Saint-Jean-en-Ronville [1].

La Petite Place avait jadis des maisons appelées les *Tournelles*, le *Soleil d'or*, l'*Écu de Guyenne*, la *Rose*, le *Bœuf couronné*, le *Haubert*, la *Couronne*, le *Carieul*, la *Croix d'or*, la *Plume blanche*, le *Croissant*, le *Hanap d'argent*, la *Tourtereulle*, l'*Asne rayé*, l'*Épingle d'argent*, la *Bague d'argent*, la *Danse*, le *Lièvre*, la *Bourse d'argent*, le *Change d'or*, les *Louchettes*, la *Petite cloche*, la *Grappe d'or*, le *Pastoureau*, le *Cygne*, le *Dragon*, *Saint-Michel*, les *Pomettes*, le *Chapelet*, la *Vieille Bretesque* [2].

La superficie de la Petite Place est de soixante-un ares, soixante-dix centiares.

---

[1] Comme confirmation surabondante de l'emplacement exact que nous avons assigné à cette Halle voici deux passages de documents de 1372 figurant au *Mémorial II folios 8 et 9 verso* à propos de la chapelle de la Halle.

« *In Hala seu domo Scabinorum Attrebatensium in parochiâ sancti Joannis in rotunda villa attrebatensi situata in qua Scabini Attrebatenses placita sua tenere et judicia sua reddere consueverunt propter hoc specialiter ad sonum campanæ Scabinorum prædictorum congregari.* »

« En une halle desquevinaige située en le parosche de St-Jehan en Ronville avons faict faire et ordonné une honorable et devote capelle et ichelle avons pourveu de tous boins et honnêtes aournements. »

Ajoutons qu'au *Mémorial X. 1484 à 1495 fol. 46 verso*. La Halle Échevinale est appelée « le Halle de le Vautelette. »

[2] *Répertoire des maisons d'Arras au XVIIe siècle*, par Dom PAGE sous-Prévôt de Saint-Vaast. — Archives départementales.

L'auteur du *manuscrit de l'Évêché* écrivait il y a plus de 150 ans : « La Petite Place seroit magnifique si on otoit la Chapelle de la Sainte-Chandelle comme aussi la Maison Rouge !...... »

Ce souhait ne s'est que trop réalisé.

Bâtie sur l'ancien verger de Saint-Vaast, et ainsi qualifiée dans les vieux plans, la Grand'Place *forum spatiosum et eximiè pulchrum*, contient un hectare soixante-dix centiares.

C'est au bout de cette place, sur l'emplacement actuel du Château d'eau, substitué lui-même à l'église *des Carmes*, que Louis XI éleva le *Grand Châtel*, forteresse destinée à maîtriser la haute Ville. En face se voyait *l'arbre de Beaumetz*. En face encore vers l'autre extrémité de la place était la fameuse *pierre Polaine*. Près du grand châtel se trouvait *l'Hôtel des Monnaies*.

Comme curiosités, il nous reste sur la Grand'Place : 1° la maison à piliers romans, à arcatures aiguës, à grandes baies ogiviques, coupées jadis de croisillons [1], et à pignons à pas de moineaux, avec tourelle en encorbellement maintenant assez baissée pour que certains auteurs l'aient erronément qualifiée de tribune, mais qui, il y a cinquante ans, montrait encore ses créneaux au-dessus du faîte des pignons [2], (vis-à-vis de cette maison se dressait autrefois un gi-

---

[1] Ils ont été enlevés en 1817 lorsque toute la distribution intérieure a été modifiée

[2] Renseignement fourni *de visu* par M. l'abbé Proyart. Il est regrettable que la façade en briques de cette maison (que le Père Ignace dit avoir été bâtie dans le même goût que la Maison Rouge. *Mémoires* tome VI, pages 457 à 459) ait été plâtrée, badigeonnée et privée d'une partie de ses ornements, en 1825, au moment du passage de Charles X à Arras.

La maison à pilastres portant la date de 1081 et formant l'angle gauche de la rue du Pignon bigarré, est établie sur un ancien mur longeant cette rue. On y remarque à deux endroits une gresserie d'une grande hauteur, et au-

bet¹). 2° L'élégante et svelte tourelle hexagone en briques et pierres blanches soudée à un riche pignon à triple étage, également en briques et pierres, faisant face à un autre pignon du même genre ; le tout situé dans la cour de la maison voisine : il n'y a pas vingt ans que les planchers avec solives moulurées, servant de plafond aux appartements de cette maison, étaient encore peints en bleu, rehaussé d'ornements dorés, ce qui était leur décoration primitive. 3° La chapelle dite *du Temple*, sise derrière la maison de M. Darmenton.

En enseignes sculptées on retrouve le *Chaudron* (maison de naissance de Jean Sarrasin, qui fut abbé de Saint-Vaast, puis archevêque de Cambrai) le *Heaume*, les *Moutons*, la *Cloche*, le *Chapeau vert*, les *Rosettes*, les *Amis*, les *Forgerons*.

Sur la Grand' Place étaient encore jadis les maisons nommées : le *Grand Saint-Nicolas*, le *Secrétaire*, l'*Épée Royale*, l'*Éspingle*, la *Roue d'argent*, le *Veau d'or*, les *Archerons*, l'*Ange*, les *trois Maillets*, l'*Eschiquier*, les *Petites* et les *Grandes chaînes*, les *Louchets d'argent*, le *Chapeau amoureux*, le *Dauphin*, le *Mouton d'or*, le *Croissant d'or*, *Saint-Georges*, le *Constantin*, la *Grande Autruche*, le *Petit chef*, la *Brique d'or*, l'*Écu d'or*, la *Roue de fer*, la *Madeleine*, le *Mouton d'argent*, le *Mouton blanc*, le *Vert hostel*, la *Fleur de Lys*, le *Vieil tripot*, le *Tambourin*, le *Griffon volant*, les *Pastourelles*, le *Chevron d'or*, le *Chevron d'argent*, les *Lupars*, le *Noir Lion*, la *Beste sau-*

---

dessus des fenêtres du premier étage une large arcade en plein cintre indiquant une ouverture bouchée qui plus tard a été remplacée par une ouverture ogivique infiniment plus petite, qui fut également bouchée, lors probablement de la construction qui existe aujourd'hui.

¹ Renseignement fourni par M. Roussel qui a connu le grand grès percé dans lequel se plantait le gibet.

vage, le *Gobelet*, le *Pot de cuivre*, le *Blanc cheval*, le *Mouton d'or*, la *Grosse tête* [1].

Une maison renaissance portant à l'un de ses angles une niche, et dans son retour une fenêtre dont on distingue encore les meneaux disposés en croix, mérite quelque attention, nous en dirons autant de la façade en briques et pierres blanches si richement décorée et si intelligemment restaurée (sous la direction de M. Bourgois architecte de la ville) qui appartient à M. Bernard.

On remarque aussi sur la Grand'Place un spécimen des pignons jadis accompagnés de vases, qu'un règlement du 21 mai 1735 enjoignit prudemment à tous propriétaires « de oster en dedans trois mois à peine de cinquante livres d'amende, et d'être responsables des accidents qui pourraient arriver [2]. »

La Grand'Place d'Arras à l'époque des Ducs de Bourgogne a vu plusieurs joutes ou tournois ; ainsi que nous l'avons dit en son lieu.

Les caves des maisons de la Grand'Place sont immenses

---

[1] Dom PAGE. *Répertoire des maisons d'Arras*.

[2] D'après un usage local, l'administration municipale ne permet de toucher aux façades des maisons des deux places et de la rue de la Taillerie, qu'à la condition *sine quâ non*, de respecter leur caractère, et de restituer les moindres détails de leur ornementation. Il serait à désirer qu'elle s'opposât au badigeonnement de ces mêmes maisons qui toutes en pierre de taille et en briques offriraient un bien plus beau coup d'œil, si elles se présentaient sur deux tons comme celle dont il s'agit.

Presque toutes les vieilles maisons d'Arras, bâties pignons sur rue, avaient ces pignons ornementés, droits et découpés jusqu'au haut, exactement ainsi que sur les places ; depuis cinquante ans on s'est appliqué à les décapiter pour les coiffer d'un affreux toit rabattu. C'est en vertu de *cette amélioration*, que les constructions nouvelles de la rue Vinocq et de la rue de la Braderie qu'il était si naturel et si logique d'édifier avec pignons découpés, comme continuation de la Petite Place qu'elles prolongent, ont été pourvues (malgré toutes les instances par nous faites au sein du Conseil municipal, voir notre rapport) du toit disgracieux qui les réunit.

et superposées, il en est dans lesquelles on trouve des hôtelleries complètes avec leurs écuries ; celles par exemple du Heaume et de la Fleur de Lys [1]. »

A l'extrémité de la Grand'Place près de la rue Fausse Porte Saint-Michel, sont deux maisons assez basses, sans arcades, remontant au XIIIe siècle. Fortement remanié, le pignon de la première, n'a conservé que l'indication de fenêtres en plein cintre et accouplées. Mieux conservé le pignon de la seconde montre encore ses pas de moineaux, ses ouvertures cintrées avec pierres en bossages, et une enseigne trop fruste pour qu'on puisse la déchiffrer. Ces maisons rappellent celles que l'on voit à Bruges sur le canal près le palais des comtes de Flandre.

Vers la fin du XVIIe siècle, certaines maisons de la rue de la Taillerie étaient appelées : la *Tête noire*, la *Chasse du cerf*, l'*Angelot d'or*, la *Maison Dieu*, le *Jobart*, le *Cheval échappé*, le *Vert Chevalier*, la *Brasserie des trois Rois*, l'*Échelle d'argent*[2].

C'était à droite de la rue de la Taillerie, en allant vers le Grand Marché, que se trouvaient jadis la *halle aux Draps*, et la *halle aux Toiles*; à gauche, se voyait la *halle aux Souliers de vache*.

Dans la rue de la Taillerie existe un passage voûté aboutissant à celle du Cardinal.

---

[1] Une partie de la Grand'Place (à commencer à la rue du Cornet jusqu'à la rue de l'Olliette) servant de marché aux chevaux n'a été pavée qu'à la fin du siècle dernier. Sur un grès sis à 25 ou 30 mètres en avant de la maison du *Chapeau vert*, on lit : « fait par A^{ne} Josse en 1777. »
Un peu plus loin on voit un autre grès plus grand, où est figuré un losange avec la date de 1767. C'est sous cette pierre que lors de l'une des fêtes de la révolution on enterra un exemplaire des pièces de monnaie depuis celle de 0,20 jusqu'à celle de 40 francs.

[2] Dom PAGE.

PLACE DU THÉATRE.

En dehors de la Salle de Spectacle et de l'Hôtel des Poissonniers rien n'est à dire au point de vue archéologique de cette place dont les cafés ont depuis longtemps fait une sorte de rendez-vous des promeneurs et des désœuvrés de la Ville.

PLACE DE LA MADELAINE.

Sise sur l'ancien cimetière de Saint-Vaast, cette place que longent les constructions et le jardin de l'Abbaye, se trouvait jadis longée de l'autre côté par les constructions de la Cour le Comte, où s'était établi le Conseil d'Artois touchant lequel nous sommes heureux de pouvoir donner les renseignements topographiques qui vont suivre, et qui sont tirés du procès verbal d'estimation en date du 27 nivôse an X, dressé par l'Arpenteur David [1].

On y trouve notamment :

« 1° Que le terrain en général formant l'enclos du ci-devant *Conseil d'Artois*, contient le nombre de trente-neuf perches cinq mètres (91 verges environ).

2° Que ce terrain de figure irrégulière tient d'un sens vers midi au terrain des anciennes Prisons aliéné au citoyen Roger marchand de vin, et au terrain de la ci-devant *Gouvernance*, vendu au citoyen Brongniart, de deuxième sens vers couchant au jardin du citoyen Lefebvre, de troisième sens encore vers midi au susdit jardin, de quatrième sens vers couchant, à différentes maisons particulières faisant face à

---

[1] Archives départementales. — *Domaines nationaux.*

la rue Saint-Aubert, du cinquième sens vers nord à des maisons particulières faisant face à la rue des Agaches, à une partie de la rue restant du *passage couvert nommé autrefois le Pont de Saint-Vaast*, à la maison du citoyen Mercier, occupée par le citoyen Catez menuisier, et à celle appartenant à la veuve Bossu, de sixième sens vers midi à la place du ci-devant Conseil et de huitième sens vers levant encore à ladite place.

3° Que différents quartiers de derrière des maisons sises rue Saint-Aubert et des Agaches, sont adossés et logés contre et dans les murs de clôture dudit ci-devant Conseil.

4° Qu'il existe sur la partie dudit terrain vers midi, contigü aux jardins des citoyens Roger et Brongniart, un droit de passage pour communiquer tant aux dits jardins, formés dans l'emplacement des anciennes Prisons et de l'ancienne Gouvernance (lesquels terrains ont été vendus par la République), que pour accéder au jardin du citoyen Lefebvre.

5° Que la majeure partie des bâtiments est dans un tel état de dépérissement qu'ils font craindre une ruine prochaine, une partie de ceux au-dessus de l'ancienne rue ou passage supprimé, nommé le pont Saint-Vaast, s'étant écroulée il y a quelque temps. »

Que le tout a été estimé : « valoir en revenu annuel à l'époque de 1790, la somme de 1,140 francs. »

Que dans l'intérêt de la vente il était utile de morceler l'immeuble en quatre portions, comme suit :

« La première portion de six perches quarante-quatre mètres (quinze verges environ), sur laquelle est le droit de passage précité, et où se trouvait l'ancien bâtiment de l'*Élection*, et partie de celui qui servait de logement à l'aumônier..........

La deuxième portion de quinze perches quarante-cinq mètres (trente-six verges environ), comprenant la *Chapelle*, la *petite cour* à côté, partie du *jardin* et du *logement de l'aumônier*, la *Chambre des Avocats*, adossée et prise entre deux jambes de force de la grande salle d'audience, le *grand jardin*, l'ancien logement du jardinier dans un angle d'icelui et la partie des bâtimens du ci-devant Conseil composant *trois pièces saillantes et ayant vue sur ledit jardin* est prise en forme de coignée........

La troisième portion de onze perches cinquante-neuf mètres (vingt-sept verges environ), comprenant *l'escalier en grès à l'entrée dudit ci-devant Conseil*, la majeure partie des bâtiments d'icelui qui formoient les *Parquet, Grande Salle d'Audience* et le *corridor ou gallerie à côté*, le *petit jardin en terrasse* derrière ladite grande salle, le *Greffe moderne* ayant vue sur ledit jardin, le *vestibule ou parquet des huissiers*, contigü à ce greffe, la *Chambre d'Audience* du coté opposé, la *cour de l'ancien Greffe* et le *bâtiment qui servait à cet usage*.

La quatrième et dernière portion de cent perches, cinquante-sept mètres (treize verges environ), comprenant les *bâtimens et cour qui étoient à l'usage d'habitation de l'ancien Greffier* du Conseil, aussi bien que le terrain d'une rue ou passage supprimé, nommé autrefois le *pont Saint-Vaast* avec les bâtiments ci-dessus........

Qu'enfin l'ancien logement du Greffier avait une « *façade saillante en bois.* »

PLACE DU WEZ D'AMAIN.

Cette place qu'a complétement gâtée la halle à la boucherie, était très-pittoresque, lorsque plantée de platanes, elle offrait, d'un côté, la façade de l'antique hospice Saint Jean, de l'autre, l'entrée du Refuge Saint-Éloy, acompagnée de sa jolie maison à tourelle hexagone, et au-dessus d'une descente du Crinchon, deux autres anciennes constructions renaissance en briques et pierres, avec fenêtres croisées pignons aigus, à lucarnes, pas de moineaux et ornementations de l'époque, lesquelles avait fait partie du Refuge Saint-Éloy.

En 1382, un moulin existait sur le Wez-d'Amain, ainsi que cela résulte positivement du Rentier de cette époque.

PLACE DE LA BASSE VILLE.

Cette place de forme octogonale percée à angles droits par quatre larges rues fut construite sur les dessins de l'habile architecte Beffara [1].

Au centre s'élève une pyramide haute de 40 pieds, dans le goût du siècle dernier, que l'on a vue surmontée tour à tour, d'une Fleur de Lys, d'une girouette, de l'Aigle impériale, et de l'informe sphère à ombilic qui existe aujourd'hui.

Le dessin primordial de cette pyramide, conservé aux archives municipales, indique à mi-corps de l'obélisque, et pour cacher la jointure des deux blocs dont se compose l'aiguille, une ornementation brisée probablement en 1793, au sujet de laquelle l'article 4 du devis porte : « Il y aura sur deux faces de l'éguille deux ovales entouré de paquets de lauriers, et les armes de la Ville sculpté en bas-relief dans le milieu, le tout en marbre. » Hâtons-nous d'ajouter que le dessin valait mieux que le style et l'orthographe. A l'opposite des armes de la ville devait être le médaillon du Roi.

[1] Nous passons sous silence les autres places de moindre importance.

Sur les faces de la pyramide sont gravées les inscriptions que voici :

Civium utilitati — Amplificatæ urbis ornamento — Regnante Ludovico XVI, anno regni VI — Sumptibus publicis MDCCLXXIX.

Une foule d'autres inscriptions latines et françaises avaient été proposées au Magistrat, en 1779 et 1780. Ne voulant pas avoir la responsabilité du choix il en référa à messieurs de l'Académie des Inscriptions et Belles-Lettres ; ceux-ci sans s'arrêter à ces inscriptions, en envoyèrent quatre qui furent

Pour la face de l'obélisque située vis-à-vis la rue . . . . . .
. . . . . . où étaient les armes de la Ville.

Aqua saluberrima
Terebrato primum terræ sinu
Deinde addito pneumaticæ rationis.
Artificio
ad CLXXXIV pedum altitudinem
feliciter educta

Pour la face opposée où devait être le médaillon du Roi.

Regnante Ludovico XVI
Benefico principe
Fontem obeliscumque statuerunt
Ædiles Atrebatenses
Anno MDCCLXXIX

Pour la face droite :

Amplificatæ urbis
ornamento

Pour la face gauche :

Civium utilitati

Toutes inoffensives qu'elles fussent, ces inscriptions effarouchèrent cependant l'ombrageux républicanisme de 1792 car en sa séance du 17 décembre, le Corps municipal arrêta « qu'on ferait disparaître de dessus l'obélisque de la fontaine de la Basse-Ville les inscriptions *inciviques* qui s'y trouvent[1]. »

L'appareil hydraulique de la fontaine tentée en 1749, puis délaissée, et enfin parachevée en 1779, ayant été imaginé et exécuté par un habile pompier du nom de Félix Fruy, l'une des inscriptions proposées au Magistrat portait :

Ars Felix *vivas quæ promit Civibus undas*
Fas, ope cujus, erit, divite fonte Frui [2].

---

[1] *Registre aux délibérations.* — Archives municipales.
[2] Archives municipales. *Dossier de la Fontaine.*

CAVES ET BOVES.

« Il y a dans cette Ville, dit le Père Ignace, de profondes caves qu'on appelle bove, en latin *hypogea*, ce sont des lieux souterrains assez vastes sans soupirail, voûtés la plupart sans maçonnerie, mais soutenus par des pilliers de pierre. Ces boves servent à y mettre la bierre, vin, etc., et pour s'y retirer pendant les sièges, ou y cacher les meubles et autres effets[1]. »

Et bien avant lui, Guichardin avait écrit : « En toutes les maisons y a des caves et celliers voutez et pavez très-bien, et, de grand artifice ; d'autant que les caves sont merveilleusement larges et profondes, et les ont exprès faictes ainsi belles et accommodées pour s'en servir en temps de guerre et d'autant qu'ils prétendent au besoing (ainsi que autres foys leur est advenu), y retirer leur famille et ménage pour les deffendre de la furie de la batterie du canon de l'ennemy, et la dedans endurer toutes les extrémitez que peut causer un long siège[2]. »

Les caves et les boves que l'on voit généralement dans la Cité, et dans une foule d'endroits de la Haute-Ville sont effectivement très-remarquables.

[1] *Dictionnaire*, tom. I, 177.
[2] *Description des Pays Bas*. Artois. Arras.

Voûtées, par fois en plein cintre, plus souvent en ogive, avec clefs sculptées et nervures diagonales moulurées, retombant sur des colonnes de grès monolithes à chapiteaux romans ou gothiques, ouvrés dans le genre de ceux des places, les caves à deux et parfois à trois nefs, construites en pierres blanches parfaitement appareillées, ressemblent à des églises souterraines, et en ont tout à fait le caractère.

Sous ces caves règnent habituellement des boves, (du celtique *Bau*, caserne, ou de l'espagnol *Boveda*, cave creusée dans le roc, et où l'on mettait les bœufs) assez fréquemment superposées, dont certaines sont bien à soixante pieds sous terre. Non voûtées presque toujours, à part les descentes, et soutenues seulement par la réserve de massifs, ces boves ne sont autre chose que les carrières d'où ont été tirées les pierres ayant servi à construire la Ville, aussi présentent-elles des puits d'extraction. Le sous-sol des rues et des places est sillonné en tous sens par les boves, dont quelques-unes s'étendent même jusqu'au dehors de la Ville.

Bon nombre de boves, surtout sur les Grande et Petite Places, sont habitées, il en est dans lesquelles se trouvent des estaminets tenus avec une propreté extrême. Cette habitation des caves n'est pas nouvelle. Celles en effet des maisons de la Fleur de Lys et du Heaume offraient des hôtelleries complètes remontant au moins au XVI° siècle.

Que quelques-unes de ces caves habitées soient mal propres, c'est possible, certain même, c'est ce qui a également lieu dans d'autres logements des quartiers pauvres : mais il n'en est pas moins vrai, que quiconque aura vu ces caves où généralement la propreté domine, s'expliquera difficilement ce passage de Camus : « A Arras les caves sont presque toutes habitées ; les portes en sont toujours ouvertes, au grand risque des passants, qui s'y précipitent s'ils s'approchent trop près des maisons. L'intérieur est hideux, point d'autre jour que par la porte, point de circulation d'air ; un mauvais lit pour coucher toute la famille ; une table autour de laquelle on se rassemble pour faire de la dentelle, et qui n'est éclairée le soir que par une triste lampe dont la lumière est avivée par des boules d'eau : dans quelques autres de ces caves, des cabarets et des estaminets dont l'odeur forte se répand au loin ; tel est l'aspect des rues d'Arras [1] » et se demandera, comment l'auteur qualifierait ces bouges du Midi sur la litière desquels, on voit pêle-mêle, demi-nus et rongés de vermine, père, mère, enfants, bestiaux et volailles.

Au nombre des caves les plus remarquables, que nous connaissions du moins, il faut citer, celles du Palais de Justice, de l'Hôtel de Ville, de M. Morel, des Dames Augustines, de la maison de La Baleine, de la Fleur de Lys, du Heaume etc., etc...

[1] *Voyage dans les départements.* Tom. I, page 187.

ANCIENNES MAISONS.

Quoiqu'on en ait énormément démoli depuis soixante ans, il existe encore bon nombre d'anciennes maisons à Arras, nous nous bornerons à signaler sommairement les plus curieuses.

Rue Baudimont n° 19, maison à trois étages, briques et pierres blanches dont l'ancrage donne la date de 1551.

Le rez-de-chaussée en grès, se compose de quatre pilastres supportant trois arcades en plein cintre. La clef de l'arcade gauche porte la date de 1591, celle de l'arcade du milieu, un monogramme, celle de l'arcade de droite le monogramme du Christ.

Au premier on lit sur une pierre à gauche, *Deus dedit Deus abstulit*, sur une pierre à droite, *sit nomen domini benedictum*.

Au second étage on lit sur une pierre à gauche : *Benedictus Deus et Pater domini nostri Jesu-Christi*, sur une pierre du milieu, *Pater misericordiarum et Deus totius consolationis*, sur une pierre de droite : *qui consolatur nos in tribulatione nostrâ*.

Suivant certaines personnes le rez-de-chaussée de cette maison aurait aux jours de grandes fêtes servi de triple entrée au Cloître pour accéder à St-Nicolas en l'Atre et à la Cathédrale; et les étages supérieurs auraient été affectés au logement de familles déchues.

A l'appui de ces dires elles invoqueraient ces circonstances qu'au rez-de-chaussée il n'existe que des cloisons, et que les inscriptions tirées de Job et de St Paul, cadrant parfaitement avec l'affectation des étages supérieurs.

Mais nous ne saurions admettre la première de ces assertions.

D'abord en ce que l'existence de cette halle ne résulte d'aucun écrit, ni même d'aucune tradition sérieuse. Ensuite parce que la construction du rez-de-chaussées résiste à l'idée de halle. Les deux fenêtres qui existent maintenant remontent à l'origine de la construction de même que la descente de cave donnant sur la rue, et puis entourée par les maisons canoniales et par le presbytère de St-Nicolas-en-l'Atre, cette maison n'a jamais eu d'entrée sur la place.

Rue St-Jean en Ronville, au coin de celles des Carmes. — Maison dans le genre renaissance portant à la clef de voûte de la porte cochère la date de 1675. Elle a des fenêtres d'inégale dimension à moulures riches et à colonnettes, une série de mascarons dans le goût de l'époque, et des pignons à pas de moineaux, une charmante fenêtre de grenier surmontée d'une coquille, se remarque dans le pignon donnant sur la rue des Carmes.

Même rue n° 6. — Maison renaissance datée de 1570, au dessus de la voûte de la porte d'entrée que surmonte une lucarne sont d'assez jolis restes de sculptures malheureusement frustes [1].

Place des États. La maison renaissance portant la date de 1583 ayant autrefois appartenu au fameux avocat de

---

[1] Près de cette maison existe une autre maison dont la façade Louis XV, est certainement malgré son front à rue restreint, la plus monumentale de toutes les constructions modernes de la ville.

Cardevacq, puis au président Mabille, puis à la famille le Josne Contay que, son propriétaire actuel M. Boutry, juge au tribunal d'Arras, vient de faire très-intelligemment restaurer sous la direction de M. Joliet architecte.

Cette maison présentait encore il y a quarante ans deux pignons à pas de moineaux sur la place des États, et c'est ainsi que la figure le *plan d'Arras* qui est aux Invalides.

Rue des Balances n° 6. — Maison renaissance à deux étages, à fenêtres jadis croisées, dont le pignon droit a été supprimé.

Rue des Trois Faucilles n° 4. — Maison appartenant à M° Lenglet avocat, dont le quartier de devant est relié au quartier de derrière, par un galerie du XVI° siècle des plus curieuses.

Rue Hernestale n° 29. — Maison dite de la *Croix-Rouge* en briques et pierres blanches, à trois étages, avec lucarne au-dessus et pignon découpé. L'un des cartouches porte le monogramme de Jésus, un autre celui de Marie.

Rue des Trois-Visages, au bout de la rue du Marché au Filet. — Une maison à deux étages, à fenêtres croisées et d'inégale dimension, dont l'ancrage donne la date de 1577. Son haut pignon à pas de moineaux offre au dessus du rez-de-chaussée, quatre séries d'ouvertures superposées [1].

Rue des Grands-Viéziers, au coin de la rue des Récollets. — Maison du XVI° siècle, à fenêtres d'inégale dimension et inégalement percées. Le rez-de-chaussée repose sur

---

[1] Presqu'en face de cette maison existe rue Méaulens, no 61 une maison à pilastres cannelés avec chapiteaux ioniques, guirlandes à tous les étages, que surmonte une galerie à balustres.

Aux fenêtres du premier étage sont de remarquables balcons en fer repoussé, avec nœuds d'amour, cornes d'abondances chargées de fleurs, etc., ouvrages de M. Bourgois maître serrurier à Arras, auteur de la grande grille du palais de Justice à Paris.

des arcatures en grès, à l'angle et au-dessus du premier étage est un socle supportant anciennement une statue dont il ne reste que les pieds.

Place St-Croix n°s 7 et 9. — Maison derrière laquelle se voit un cloître rectangulaire du XVIe siècle, au quatre coins duquel se dressent des pavillons : les plates-formes du rez-de-chaussée sont soutenues par des arcatures en pierre de de Liais que supportent des colonnes de même nature, rappelant beaucoup les galeries de la Bourse d'Anvers. La face la plus ornementée de ce cloître a été démolie lors de la construction de l'asile St-Joseph.

Rue St-Jean en l'Estrée. — Maison style renaissance portant la date de 1634. Tout en grès le rez-de-chaussée se compose de quatre voûtes en plein-cintre avec archivoltes, retombant sur des piliers carrés ; au premier et au second, sont quatre fenêtres anciennement croisées à encadrements moulurés, séparées par des pilastres cannelés à chapiteaux ioniques. Un écusson sans armoiries est placé sur un phylactère où on lit : *Rans sart*.

Avec ses frises ornementées, ses cartouches, ses mascarons correctement ouvrés et son architecture néo-grecque, cette maison, offre sans contredit, la façade la plus fine et la plus élégante de toutes les constructions privées de la ville.

Quel dommage qu'on l'ait décapitée du pignon droit qu'elle possédait originairement, et qu'il est question de lui restituer, paraît-il.

ENSEIGNES.

Les vieux documents concernant Arras prouvent qu'anciennement, on y voyait considérablement d'enseignes sculptées, et le Rentier de 1382 atteste qu'à cette époque différentes maisons comme celles du *Bar d'Or* et d'autres, étaient déjà connues sous le nom qu'elles portent encore aujourd'hui.

Beaucoup de ces enseignes se retrouvaient il y a quelques cinquante ans. Mais depuis lors la rage d'innover les a fait presque toutes disparaître en compagnie des nombreuses niches qui décoraient bon nombre de propriétés [1].

Indépendamment des dix-huit enseignes relevées sur la Grande et Petite Place, on voit encore les suivantes :

En Cité. — *La Renommée*, rue d'Amiens, n° 65.
Le Chaudron, rue Terrée-de-Cité, n° 20.

---

[1] Ces niches renfermaient des statues de piété, au sujet desquelles on lit au procès-verbal de la municipalité en date du 23 février 1798.

« On fait lecture d'une lettre du district qui enjoint au conseil général de faire disparaître tous les signes de royalisme, de féodalité et de fanatisme, et de faire tomber sous le ciseau toutes les Vierges et les Jésus placés soit au coin des rues, soit au dessus des portes, *lesquels objets offensent encore l'œil du philosophe et insultent aux principes de la tolérance.*

L'assemblée a chargé ses commissaires aux ouvrages de faire disparoître le plus tôt possible tous les signes énoncés en la lettre du district d'Arras. »

En Ville. — *Les trois pochons*, rue Fausse-Porte-St-Nicolas, 12.

La Belle Carpe, rue de la Housse, 5.

Le Brochet, rue de Justice, 16.

Le Jardinier, rue Neuve-du-Vivier, 2.

Le Lion, place Ste-Croix, 13.

La Charette, rue du Marché-au-Filet, 18.

Le Miroir de Venise, même rue, 4.

Les Forgerons, rue St-Aubert, 83.

Les Trois-Marteaux, au bout de la rue du même nom.

La Galère, rue du Coclipas, 17.

La Salamandre, rue de la Batterie au-dessus de la voûte.

La Levrette, rue des Teinturiers à l'angle de la rue du Refuge-Marœuil.

Le Renard tenant une Coupe, rue des Récollets, n° 15 [1].

---

[1] On remarque dans les anciennes rues d'Arras, de curieux grès finement sculptés formant clefs de voûte, portant des armoiries, symboles, chronogrammes ou monogrammes. Nous citerons notamment ceux qui existent rues de Justice, de la Batterie, de Doncre, du Marché au Filet, de la Pauvreté de la Belle Image, du Noble, du Cheval rouge.......

PROMENADES.

Plantées d'abord en 1714 par les soins du maréchal de Montesquiou ; négligées ensuite, puis défrichées et réarrangées par les soins de Ferant de Filancourt, malgré les obstacles qu'apportèrent à cela les officiers du Génie « Elles devinrent bientôt l'admiration des étrangers à cause de l'ordre, de la propreté et de la beauté des allées [1], elles contribuèrent aussi beaucoup à l'augmentation du luxe et de la magnificence dans les habits et surtout parmi le sexe [2]. »

Dessinées et replantées par l'architecte Posteau en 1792, comparables à La Hautoye d'Amiens et préférables à l'Esplanade de Lille, les Promenades réunies aux glacis de la citadelle convertis maintenant en square sont aussi vastes que remarquables. Elles doivent en effet contenir de quarante à cinquante mesures de terre, et sont ornées d'ormes magnifiques, dont un certain nombre, au rond-point notamment, ne dépareraient pas la fameuse avenue de Spa, où sont les plus gros ormes qui se puissent voir : la grande allée conduisant à la citadelle offre une voûte de verdure difficile à rencontrer.

[1] et [2] Dubus V° *Promenades.*
La grande allée contre la rivière mesure 180 toises. Celle conduisant aux Capucins en a 170.

Et pourtant chose stupéfiante, ce bel endroit où

Sans sortir de la ville on trouve la campagne

et où la population entière se rassemble les jours de dimanches et de fêtes sous les frais ombrages de ces grands arbres, quand l'ardeur du soleil d'été rend la ville insupportable, ce bel endroit, disons-nous, a plusieurs fois failli être indignement vandalisé.

Il a été question de loger un entrepôt nauséabond sur l'emplacement des jeux de balle, ce qui eût empuanti les allées proprement dites, rendu impraticable leur abord par la rue des Capucins, c'est-à-dire par la voie la plus fréquentée et chassé à tout jamais les promeneurs.

Il a été question également d'abattre les ormes, oui d'abattre les ormes, de convertir les allées en sahara pendant la belle saison et voici pourquoi :

L'un de nos préfets très-autoritaire, et que les grandes mesures n'effrayaient pas, ainsi qu'il l'a souvent prouvé, ayant trouvé convenable de venir un soir visiter les allées encore humides d'une pluie diluvienne du matin déclara qu'elles n'étaient qu'un « cloaque » et que sans plus tarder il fallait culbuter les arbres cause de cette insalubrité.

Il eût été simple cependant de reporter à l'exceptionnelle ondée qui avait tout trempé l'accidentelle humidité du lieu, et de se dire justement en ce cas, *post hoc, ergo propter hoc*, mais M. le préfet préféra raisonner à la manière de cet anglais qui, ayant eu à Verdun, je crois, maille à partir avec une hôtesse d'un blond ardent et d'une humeur peu agréable, écrivit sur ses tablettes : « Toutes les femmes de Verdun sont rousses et acariâtres. »

Quoi qu'il en soit, un oracle tombé de lèvres préfectorales devait naturellement faire des prosélytes, ouvrir les yeux et l'intelligence de ceux que l'inconvénient des arbres n'avait point encore frappé, c'est ce qui arriva ; et la question de l'abattage fut, posée et sinon presque résolue, du moins administrativement discutée pendant plusieurs années.

Les incrédules pourraient se reporter, aux procès-verbaux du Conseil municipal et à la polémique engagée à ce sujet dans les journaux de la localité et, lecture faite, ils seraient complétement édifiés.

Justement jaloux de la conservation des Promenades, l'Echevinage fit pour l'assurer, le 19 mai 1786, un règlement de police en neuf articles, très-sages et très-fermes prononçant des amendes variant de 5 sols à 50 livres, et dont il serait désirable que les dispositions reçussent encore leur application aujourd'hui.

PRINCIPALES INDUSTRIES.

TEINTURES, ÉTOFFES, TAPISSERIES, SAYETTERIE, DRAPERIE

La plus ancienne des industries dont parlent les auteurs latins est celle des étoffes teintes d'Arras. Maillard était donc autorisé à écrire : « la ville d'Arras a eu de tous temps des manufactures considérables d'étoffes, dont les vêtements étaient mis autrefois entre les parures les plus magnifiques[1]. »

En apprenant que Posthume s'est emparé des Gaules, dit Trebellius Pollio, l'insouciant Gallien se contente de répondre narquoisement : « *num sine sagis Atrebaticis tuta est respublica ?* »

Reprochant à ceux de son temps leurs folles prodigalités, l'auteur de la vie de César, Vopiscus, dit également « *donati sunt ab Atrebatensibus birri petiti.* »

Vitupérant le faste de l'hérésiarque Jovinien St Jérome s'écrie : « *nunc lineis et sericis vestibus, et Atrebati ac Laodiceæ indumentis ornatus incedis.* »

En sa satire *Mulieres*, Juvénal parle de vêtement nommés *Xérampelinæ*.

Et Xerampelinas veteres donaverit ipse

---

[1] *Coutume d'Artois*. 1739, page 135.

Et suivant Suidas ces vêtements se seraient confectionnés à Arras.

Il se faisait donc à Arras trois espèces de vêtements, les *Sagi*, les *Birri* et les *Xerampelinæ*.

Le *sagum* ou *sagus* était, dit M. Rich, « une pièce d'étoffe carrée ou tout au moins rectangulaire qui détachée du corps pouvait être étendue comme drap, mais que pour la mettre on pliait en deux, et que l'on attachait au moyen d'une broche (d'où *sagum fibulatorium*), ou par un nœud sur l'épaule gauche, la broche rattachait l'un à l'autre aux deux tiers environ de leur longueur deux des bords de l'étoffe, de sorte que le côté et le bras gauches étaient couverts, le bras et le côté droits étant libres et découverts : deux des coins de l'étoffe retombant sur la poitrine et le bras, tandis que les deux autres pendaient devant et derrière au niveau des genoux [1]. »

Les statues, les bas-reliefs et les monnaies antiques offrent de nombreux specimens du *sagus*, vêtement de qualité généralement commune porté par les gens de guerre.

> . . . . *Pingues aliquando lacernas,*
> *Munimenta togæ, duri crassique coloris*
> *Et male percussas textoris pectine Galli*
> *Accipimus* [2]. . . . .

Le *Birrus* était un manteau beaucoup plus long et plus fin, très en usage dans les derniers temps surtout de l'Empire romain et dont on se servait pour envelopper le corps pardessus les autres vêtements, et même se couvrir la tête. Cet ample manteau se trouve également reproduit par les monuments antiques que nous venons d'indiquer.

Sagus et *Birrus*, pouvaient être assurément tantôt d'une couleur tantôt d'une autre, mais la couleur rousse ou rouge

[1] et [2] Verbo *Sagum*.

couleur éclatante propre aux Gaulois, plaisant aux enfants, qu'elle éblouissait et aux soldats parce qu'elle supportait bien les tâches de sang, devait être souvent celle du *sagus*.

. . . . vestitur Gallia rufis
Et placet hic puero, militibusque color

La couleur pourpre devait aussi prédominer souvent dans les manteaux longs, servant à couvrir les rois, les chefs, les sénateurs.

Il ne faut cependant pas oublier que les tissus quadrillés dans le genre des plaids écossais étant d'invention gauloise, devaient conséquemment, soit comme fond, soit comme garniture se reproduire habituellement dans les vêtements atrébates : « *Trabeis usos accipio reges : . . . . plurimis vero liciis texere, quæ polymita appellant, Alexandria instituit : scutulis dividere Gallia* [1] »

Vêtements d'hommes ou surplus, le *sagus* et le *Birrus*, ordinairement tissés en laine l'étaient aussi parfois en soie, *Birri serici* [2].

Les *Xerampelinæ*, étaient au contraire des vêtements de femmes, de cette nuance particulière aux feuilles de vigne lors de leur chûte, où au jus du raisin nouvellement pressé, et qui paraît servir de transition entre le pourpre et l'écarlate « *Vestes scilicet matronarum fuerunt ampelini coloris, qui inter coccinum et muricem medius est. Xerum vero siccum significat* [3]. »

Nul doute que la garance spécialement cultivée par les Atrébates, et à laquelle les propriétés tinctoriales des eaux du Crinchon ajoutaient un éclat particulier, ne fut la principale base colorante des *indumenta Atrebatica*.

---

[1] PLINE, *Hist. Natur.* Lib. VIII, n° 74.
[2] DU CANGE V° *Birrus*.
[3] Scholiaste de Juvénal sur le vers 519 de la sat. VI. — Du Cange V° *Xerampinus*.

Cette garance était reconnue comme d'une qualité tellement supérieure, qu'on finit par défendre de la mélanger avec d'autres garances.

Le *Livre Rouge* de la *Vingtaine* portait à la page 3 une ordonnance réputée antérieure à 1287 où on lisait :

« Que nul ne nulle, quel qu'il soit, ne soit se hardi, ne se hardie, qui puisse en avant melle etrange Warance d'autre teroir avecque Warance d'Arras en bale, ne autrement, ne se face maulve estrange Warance avec celle d'Arras, ains le vendent et ambulent a par ly le Warance d'Arras, ainsi que on a fait anchiennement, et sur le péene de 26 s. et porter le qualité du meffait as Esquevins »

Longtemps la rue du Miroir-de-Venise et celle des Trois-Visages, s'appelèrent *Le Warance*. On lit dans Guiman : « *Ab ipsâ capella eundo en le warance per domum Johannis divitis et inde girando ad ipsam capellam — a capellâ ipsâ sanctæ Crucis usque ad capellam sanctæ Mariæ in parvo foro par le warance*[1]. »

Les *tentures* ou *tapisseries* d'Arras, ne remontent point aussi haut, mais s'autorisant des textes d'Alcuin, du chroniqueur cité par Ghesquière, de Dom Marlot, et s'appuyant de cette tradition incontestée qu'Arras fut la première ville du Nord des Gaules à s'occuper de ces sortes de travaux (Francisque Michel, — Alexandre Pinchart, — Lacordaire, — Perathon, — Arthur Dinaux...). M. l'abbé Van Drival les aperçoit déjà, ce qui est contestable et contesté, dès le Ve siècle, sans préjudice de ce que pouvaient faire nos *aranearii*, une époque antérieure.

Ces tapisseries, étaient ou au *petit point*, c'est-à-dire brodées à l'aiguille, dans le genre de celles actuellement exécutées aux Gobelins, ou de *haulte liche* ou de *basse liche*.

[1] N° 266.

On y employait ou la laine fine ou la soie, ou la soie mélangée d'argent ou d'or; mais en raison de leur dimension la plupart des tapisseries étaient en laine.

Exécutées d'après des cartons de grands maîtres (Raphaël ne dédaigna pas d'en faire). Elles représentaient des sujets tirés de l'Ecriture sainte, de l'histoire ancienne, de la mythologie, de l'histoire contemporaine ou simplement des paysages, des arabesques, des animaux et des oiseaux.

Ce fut sous la domination de la Maison de Bourgogne que les tapisseries d'Arras parvinrent à leur apogée. Ces magnifiques seigneurs en offraient à toutes les têtes couronnées très-jalouses d'en posséder.

Ces tapisseries étaient effectivement considérées comme le *nec plus ultra* de la richesse et du bon goût.

Quand il s'agit de racheter les prisonniers de Nicopolis, ce qui figura en première ligne parmi les présents envoyés à Bajazet, pour la rançon du comte de Nevers, fut la tapisserie d'Arras [1], que le roi de Hongrie s'indigna de voir offrir à l'*Amorabaquin*.

François Ier ne trouva rien de mieux pour orner le palais qu'on lui éleva au Camp du Drap d'Or, que d'y mettre des tapisseries d'Arras.

Malgré les rigueurs de Louis XI la fabrique de tapisseries comptait encore à Arras 1,500 métiers lors du siége de 1640; à partir de cette époque elle ne fit plus qu'agoniser jusqu'en 1789

---

[1] A ce propos, PHILIPPE MEYER fait dire au comte :

Trans mare quæ locuples confestim Flandria misit
Non mea passa diu compede crura premi,
Me quoque servarunt Atrebatia dona tapetes
Quæ Mahumetano grata fuere Duci.

Suivant HARDUIN, ces tapisseries auraient encore existé de son temps dans le sérail de Constantinople.

Le dernier des manufacturiers en renom fut un sieur *Plantez* ; mais il n'exécutait plus que des *verdures*, c'est-à-dire des paysages, avec fleurs et animaux, beaucoup de ces verdures se retrouveraient encore à Arras, soit comme tentures d'appartements, soit comme tapis de pieds.

Les derniers endroits où l'on a fabriqué la tapisserie sont, paraît-il, la maison n° 2 de la rue des Lyons, et le terrain du *Grand Turc*, sur lequel s'élève aujourd'hui la maison des sœurs de la Charité.

On peut voir des tapisseries d'Arras de la belle époque, au Vatican (*Arrazzi*), au Louvre, au musée de Cluny, à la Bibliothèque nationale, à Windsor, à Berne, à Tournai, à Nancy, à Beauvais. Il en existe également quelques-unes au Musée d'Arras, qui sans être remarquables, méritent néanmoins d'attirer l'attention des amateurs [1].

La *sayetterie* et la *draperie*, occupaient aussi considérablement des métiers à Arras.

Ces deux industries se confondaient ou à peu près : la sayetterie comprenant les tissus les plus fins, la draperie les tissus plus communs.

Au XVII° siècle, la sayetterie Arrageoise était encore en tel honneur, que Guichardin en disait : « les sarges d'Arras tant cogneues et requises en la pluspart de l'Europe. »

Dans la première partie du XIII° siècle Robert II comte d'Artois fit construire pour les drapiers une halle située derrière les murs de l'abbaye de St-Vaast.

En 1392, Philippe le Hardi duc de Bourgogne, reporta

---

[1] Voir, sur les tapisseries d'Arras, CAMP, *Notes historiques sur l'origine de l'ancien usage de la garance en Artois*, in-4° de 40 pages 1758. Le travail inséré par M. l'abbé Van Drival aux Mémoires de l'Académie d'Arras, année 1864, pages 1 à 193. Et les dissertations de MM. les abbés Proyart et Van Drival insérées aux mêmes mémoires, année 1863, pages 145 à 175 et pages 176 à 186.

la halle entre deux places, dans l'endroit appelé depuis rue de la Taillerie, à cause, dit un auteur moderne, de la taille en usage pour mesurer les draps. Cette halle dont l'entrée principale était rue de la Taillerie, se prolongeait jusqu'à la rue du Chevalier Rouge, ou du Cardinal.

Les drapiers étaient on le sait propriétaires du grand préau sis derrière la chapelle des Ardents, qui se trouvait elle-même en la rue des Drapiers (des Chariottes aujourd'hui).

L'exagération des frais nécessités par l'admission à la maîtrise chez les drapiers, frais qui parfois s'élevaient au chiffre de 4 ou 5,000 livres, fit décider par une résolution du 4 mars 1719 homologuée le 11 octobre 1720, que la dépense ne pourrait à l'avenir excéder une somme de 120 livres, non comprise toutefois « l'honnêteté ordinaire qu'on fait à Messieurs les Eschevins, comme à la haute Vingtaines, aux deux issans, au greffier ou receveur et aux marchands drapiers [1]. »

Aux statuts primitifs de la corporation des drapiers, on substitua de nouveaux statuts qu'elle adopta le 27 septembre 1751 et que sanctionnèrent des lettres-patentes d'octobre 1788.

ORFÉVRERIE

Les orfèvres d'Arras jouissaient d'une haute réputation. Leur tradition remontait à une époque reculée, et ils prétendaient que plusieurs des leurs avaient travaillé sous la direction de S. Éloy, ce qui n'avait rien d'impossible.

---

[1] Archives municipales, *Mémorial aux résolutions*. — PARENTY *Anciennes corporations d'Arts et métiers dans la ville d'Arras.*

On peut comme spécimen de l'orfévrerie d'Arras, voir le reliquaire d'Amettes [1], la garniture des plats de la reliure du *livre aux serments* d'Arras, et la custode du *Cereum*, que l'on regarde aussi comme un ouvrage du pays.

Depuis longtemps un rat figurait constamment aux poinçons des orfévres d'Arras, et c'est à cette marque que les amateurs reconnaissent maintenant leurs travaux pour le commerce, tels que cafetières, théières, couverts etc....

BRODERIES

Les broderies d'Arras jouirent d'une grande vogue aux XIII°, XIV°, XV° siècles. Elles se faisaient en soie, en argent et en or.

L'exposition de Malines et l'exposition de Lille (1874) en ont offert comme ornements sacerdotaux de forts remarquables échantillons.

DENTELLES

Exécutées en pur fil les dentelles d'Arras luttaient avec les dentelles de Valenciennes et celles de Belgique. Lors de l'invasion du coton en France, la fabrique d'Arras le substitua au fil dans la confection de la dentelle, et ce fut l'arrêt de mort de cette industrie qui maintenant presque complétement tombée n'occupe plus que de rares ouvrières.

[1] *Bulletin de la Commission des antiquités départementales*, tome II, page 111.

PORCELAINES

Une note placée par M. Petit dans son Exposition céramique d'août 1873, portait :

« En 1769 Françoise-Josèphe Delemer, Bonne-Marguerite Delemer, Robertine-Josèphe Delemer et Claire-Constance Delemer, marchandes de fayences, rue Royale à Arras, en face de la porte du grand quartier des casernes, s'associèrent avec le sieur Claude-François Coquelard, marchand, demeurant rue St-Aubert, pour créer en cette ville une fabrique de porcelaines à l'imitation de celles de Saxe et de Tournay.

Le capital social fut de 100,000 francs, plus 10,000 francs prêtés par les Etats d'Artois, sous la garantie du sieur Coquelard, on attira des ouvriers de Tournay, et on établit la manufacture rue de la Comédie, aujourd'hui rue du Blanc-Pignon, le magasin de vente rue St-Aubert, dans la maison occupée successivement depuis, par M. Poulet, bijoutier, Mme Bigour, et aujourd'hui, par M. Rivière-Courmont, le dépôt des matières premières dans un corps de garde appartenant à l'Etat, et situé entre les ponts de la porte Ronville.

Il résulte d'un procès-verbal dressé le 9 octobre 1771, par les députés généraux et ordinaires des Etats d'Artois, qu'il existait huit fourneaux de différents systèmes, des moufles pour cuire la dorure et un moulin à bras pour broyer les matières premières.

En 1772 l'établissement fut transféré dans la rue d'Amiens, dans la maison occupée maintenant par M. Ambroise Grégoire. On construisit un moulin tournant à l'aide d'un cheval, puis, les demoiselles Delemer obtinrent l'autorisation de relever les ruines d'un moulin à farine situé près de la Géole, et presque détruit depuis plus de quarante ans mais elles durent bientôt le démolir sur les réclamations des marchands de charbon et des bateliers, fondées sur l'abaissement du niveau des eaux occasionné par ce moulin. Elles reçurent comme indemnités la remise de la dette de 10,000 francs qu'elles avaient contractée envers les Etats.

En 1784 les demoiselles Delemer ruinées par la concurrence que leur faisait la fabrique de Tournay, ruinées par les impôts qui frappaient leurs produits (12 livres les cent livres pesant, plus 8 sous pour livre), durent fermer leur manufacture dont les épaves furent recueillies par sa rivale de Tournay. »

D'autre part on trouve au manuscrit de Dubus, lequel écrivait au moment de la fabrication de la porcelaine d'Arras.

« 1770 un sieur Boussemard obligé d'abandonner à Lille une fabrique de fayence, vint se réfugier à Arras. Il y forma le projet d'une fabrique de porcelaine ; elle fut d'abord établie rue de la Comédie au n° 15. Quoique ses premiers essais n'ayent point réussi, il trouva des associés séduits par ses promesses qui l'aidèrent à soutenir ce petit établissement. Plusieurs de ses associés pour faire rembourser une partie des fonds, eurent le talent et le crédit d'obtenir des États de la province une somme de dix mille livres. Alors cette fabrique presque tombée se ranima ; les principaux associés, brouillés et séparés de Boussemard (1773), la transportèrent dans un autre emplacement plus vaste et par conséquent plus commode, dans la rue d'Amiens, au refuge d'Etrun, où elle se continue sous la protection des États de la province [1]. »

En Janvier 1792, on voit les demoiselles Delemer présenter une requête au district afin d'obtenir, dit la délibéra-

---

[1] V° Fayence.

tion qui la rejette, « une réduction sur leur contribution patriotique, sous le prétexte de cessation de leur manufacture de porcelaines en cette ville. »

Les porcelaines d'Arras qui avaient la grande qualité d'aller au feu, étaient généralement blanches avec décors bleus.

L'un de ces décors était dit *ordinaire*, l'autre *de Calonne* et se cotait plus cher que le premier.

Parfois aussi on exécuta des porcelaines avec bouquets polychromes, ne le cédant point aux Saxe, et même avec un semis de fleurs d'or. Le prix en était infiniment supérieur à celui des porcelaines ordinaires qui du reste se vendaient à un taux assez élevé, comme on peut s'en convaincre par un prix courant de l'époque que conserve M. Petit.

La collection céramique de M. le chanoine Derguesse, riche de douze mille pièces environ, et dont on a offert en 1861 la somme de 180,000 fr. et depuis celle de 250,000 offre en porcelaines d'Arras les plus beaux échantillons qui se puissent voir [1].

MARCHÉ

Privé de ses anciennes industries, Arras à qui les chemins de fer ont porté un coup funeste en le rapprochant trop de Paris, d'Amiens et de Lille, n'a plus guère d'importance que par son Marché, le plus considérable peut-être de toute la France.

Grâce à l'excellence réglementaire de son organisation, aux

---

[1] Un sieur Mathieu Sandon avait tenté d'établir en octobre 1723 une manufacture de fayence à Arras. *Mémorial aux résolutions*, IV, folio 73, V° etc..

facilités et aux garanties de toute espèce et ne permettant point la moindre perte qu'offre aux acheteurs et aux vendeurs le personnel des *inspecteurs, experts, mesureurs, bouteurs, grainetiers* et *portefaix*, le chiffre des opérations faites sur le marché d'Arras, s'élève annuellement à vingt millions.

Douze cent cinquante mille hectolitres de graines y sont vendus « sacs à terre », et à certains jours on en compte de dix-huit à vingt mille sur place.

C'est réellement chose étonnante que de voir cette immense place si déserte à certains jours, trop petite alors, pour le monde de négociants et de cultivateurs qui y fourmillent, pour les employés qui la sillonnent, pour les denrées qui s'y empilent, et pour la myriade de chariots qui entoure tout cela. Aussi beaucoup de voyageurs avouent-ils que ce spectacle est un des plus remarquables de ceux auxquels il leur a été donné d'assister.

CORPORATIONS.

Les Corporations remontent, on le sait, à une antiquité tellement reculée que leur origine se perd dans la nuit des âges. A Athènes et à Jérusalem, on les aperçoit déjà au temps de Salomon et de Thésée. Pline et Plutarque les constatent à Rome sous Numa bien que Florus ne les attribue qu'à Servius Tullius : quoi qu'il en soit Denys d'Halycarnasse démontre qu'elles étaient très-puissantes au règne de Tarquin le Superbe. La loi Décemvirale en parle, puis Alexandre Sévère, puis Charlemagne, puis saint Louis, Henri III, Henri IV etc... ainsi qu'une quantité de lois ordonnances et coutumes locales.

Une ville de l'importance d'Arras devait infailliblement présenter une foule de corporations (confréries, maîtrises, jurandes) qui toutes avaient leurs statuts, priviléges, locaux de réunion, armoiries et hiérarchie.

L'examen et l'étude des corporations arrageoises suffiraient à remplir tout un livre, et ne sauraient conséquemment trouver place ici. Aussi nous contenterons-nous de dire quelques mots de quelques-unes seulement de ces corporations, en renvoyant ceux qui seraient désireux d'en plus savoir à la notice de notre regretté collègue M. Parenty sur *les Anciennes Corporations d'Arts et Métiers de la ville d'Arras*[1].

---

[1] Brochure de 95 pages 1868.

Leur nombre, ainsi que l'écrit fort bien M. Parenty[1], a varié à diverses époques de l'histoire d'Arras, et la plus ancienne nomenclature connue de ces corporations, qui date de 1598, est ainsi conçue :

ORDRE

du corps des métiers et sermens de cette Ville d'Arras qui se tiendra le dimanche 7 juin 1598, à la procession générale que se fera à la publication de la paix, le tout par provision.

à scavoir :

Les porteurs au sacq	Cordiers
Les chavetiers	Seilliers
Les charbonnyers	Pottiers de terre
Les mosniers	Mandeliers et calliers
Fournyers	Conreurs
Avalleurs de vin	Cordonnyers
Cuveliers	Messagiers
Theliers	Murquigniers.
Lingiers	Couvreurs de thuiles
Pigneurs de sayettes	Huchiers
Foulons	Charpentiers
Faconyers de draps	Brasseurs
Tondeurs de grandes forches	Saiteurs
Tainturriers	Drappiers et chaussetiers
Pourpointiers	Merchiers et grossiers
Viéziers	Estaiguiers
Parmentiers	Bouchiers [2]

[1] *Les anciennes corporations d'art et métiers de la Ville d'Arras.*

[2] Il y avait d'autres gens de métier n'appartenant à aucun corps, au nombre des quels étaient notamment :

Les *Fayenciers*, les *Éperonniers*, les *Coutelliers*, les *Armuriers* et *Fourbisseurs*, les *Graveurs*, les *Horlogers*, les *Cartiers*, les *Boutonniers*, les *Fripiers*, les *Relieurs*, les *Tapissiers*, etc...

Un document du XIVe siècle déposé aux archives départementales, indicatif de la vente mobilière d'un bourgeois d'Arras, indique que son équi-

Armoiriers
Chaudreliers
Feronyers
Cabaretiers et brocqueteurs
Tarteliers
Cuisinyers
Hostelains
Poissonnyers,
Orphevres

Peintres et brodeurs
Cirurgiens.
St Claude
St Pierre
St Jacques
Joueurs d'espée
Cannonnyers
Archiers
Arbalestriers.

BOUCHERS

La corporation des bouchers était très-puissante; ses membres habitaient presque toutes les rues avoisinant la Halle Echevinale où se trouvaient les deux halles à la viande nommées la *grande Boucherie* et la *petite Boucherie* [1].

Et en raison de son importance, elle figurait avec distinction dans les cérémonies, cortéges... notamment lors des joyeuses entrées, et receptions des souverains qui venaient visiter la Ville.

Le Père de M. Emile Lenglet, avocat, a donné à M. Godin archiviste, qui l'a légué à l'Académie, un registre contenant des chartes, titres et délibérations de la Corporation des bouchers à partir de 1407 jusqu'au 7 juillet 1730.

---

pement se composait alors d'un *haubergeon*, d'un *camail*, d'une *gorgerette*, d'une *épée*, d'un *bouclier*, d'un *coustel à pointe*, d'un *gant de fer*, d'un *bachinet*, d'un *hoqueton*, et donne par là même l'idée d'une partie des choses que devaient savoir faire les armuriers d'Arras.

[1] Il y a quinze ou dix-huit ans, avant l'agrandissement de l'Hôtel-de-Ville sous lequel était toujours la halle à la viande, anciennement *grande Boucherie*, dite depuis *Boucherie d'Avesnes*, les rues de la Braderie, des Maisiaux (a), des Bouchers et des Boucheries, étaient encore presqu'exclusivement habitées par les bouchers et les tripiers.

(a) « Maisel, Maiselière, Maiseloire: Bocherie, *Macellaria taberna*. » (Roquefort. *Dictionnaire de langue Romans*. Tome II, page 119.)

Les bouchers étaient entre autres choses tenus « de comparoir la nuict de la fêste de S. Michel, leur Patron, en l'église de la Magdelaine aux premieres vespres qui s'y chantent et le lendemain aux secondes, et de se transporter le dit lendemain, fêste de leur dit patron…. environ les neuf heures en l'église et Prévosté du dit St Michel hors de la Ville, prochaine des Maretz communs, en la quelle église » ils devaient faire « pareillement célébrer autres messes solempnelles par les Prévots et religieux du dit lieu » et presenter « deux grands chierges et une torse. »

Ils ne pouvaient être reçus à la maîtrise, qu'à la condition d'être fils de maîtres bouchers d'Arras, et ils ne pouvaient se marier qu'avec des filles de maîtres bouchers de la même Ville.

Dans la formule du serment qu'ils prêtaient, en présence des chapelain, mayeur et confrères, « sur l'imaige du Crucifix et sur les saincts Evangilles », ils s'engageaient notamment à garder « les droits de Dieu de M. sainct Michel leur Patron, de Monseigneur le Comte d'Artois et de la Confrairie [1]. »

En exécution de ce serment, les bouchers s'abstinrent longtemps d'exercer leur commerce pendant le carême ; et, en raison du caractère religieux de cette corporation, on trouve parmi les peines qu'elle infligeait à certains de ses membres, l'obligation d'aller en pèlerinage à N.-D. de Bapaume, ou à N.-D. de Liesse, ou à N.-D. de Grâce de Cambrai, ou à St-Jean d'Amiens, ou à St-Amé de Douai, ou de St-Quentin.

Suivant le Père Ignace ce furent les bouchers qui firent

---

[1] Charte du 25 février 1564 publiée à la bretèque de la Halle Échevinale ainsi qu'à la bretèque de la Maison Rouge, et confirmée par arrêt du Parlement le 16 juillet 1704.

irruption dans la Halle Échevinale en 1578, et délivrèrent le Magistrat emprisonné par les Tribuns.

BOULANGERS

Il existe une ordonnance du Magistrat d'Arras en date du 19 mars 1383 ou 1385, qui les autorise à élire un Mayeur et des échevins, à la charge par ceux-ci de prêter serment en la Halle Échevinale.

A partir de 1772, les boulangers durent sous peine d'amende, assister le 16 mai jour de St Honoré leur Patron, « dans l'Eglise St-Aubert, à la messe, aux vepres et au salut. »

CUISINIERS

La curieuse pièce que voici, initiera le lecteur au genre de cuisine qui se faisait à Arras en 1543.

« Comptes des receptes et mises des ouvrages de la Ville d'Arras pour ung an et eschevinaige, commenchant le jœudy, jour de la Toussaint, premier jour de novembre mil cincq cens quarante et trois et finant à pareil jour de la Toussaint mil cinq cent quarante et quatre, ou quel an furent esludz et denommez Jehan Widebien, bon lenffant, Michel pinguilem et regnauld Bultel pour veoir, solliciter et entendre aux dits ouvraiges. Lequel compte se fect à patars et à Karolus, XIII pour le patart et XL patars pour le Karolus, ainsy et comme il s'ensuit :

A esté paié aux personnes cy aprez nommez la somme de vingt sept Karolus, sept patars, dix deniers, pour la despense faicte en le halle de l'eschevinaige de ceste dicte ville d'Arras, le sabmedy troisième jour de novembre mil cincq cens quarante et trois au convive y feit au disner que l'on dict la bienvenue desdits quatres commis aux dicts ouvraiges d'icelle ville, assavoir, à Charles Vinchant cuiginier, pour avoir vendu et livré noeuf platz de viande furnis de porée d'espignards, ung plat de sallade et deux soretz, ung plat de herens fraitz fourrer au burre, ung plat de naviaulx fect au potaiges, ung plat d'anguilles et de carppe au potaige, une plaich au blanc burre, un plat de merlens aussy au blanc burre, ung cappe à le verde sausse, ung plat de merle refricte au burre et un plat de poires de coing à l'ipogras, le tout paié par marchié feict avec luy à XX pattars, III demie, chascun plat sont noeuf Karolus, deux patars, trois deniers, et sy a ancoire livré outtre et pardessus les ditz noeuf platz, ung carppade quatre patars six deniers, pour ce IX karolus, VI pattars, VIII deniers.

A Leurent Dumont, Tartelier pour avoir livré noeuf tartes et noeuf watiaulx fourrez au burre luy a esté paié par marchié avec luy XXXII pattars, VI deniers.

A Guillaume Noiret, vignier du chelier au vin de la dicte ville, pour avoir oudit convive le nombre de XXXII lotz et demy de vin, tant rouge que blancq au pris de six pattars le lot, sont neouf karolus, XV pattars.

Item aultres trois lotz de vin nouviaulx au pris de sept pattars, six deniers, le lot, sont XXII pattars, VI deniers, en ce comprins deux lotz de vin donnés aux sergians du lieutenant.

A luy pour avoir livré le pain, chervoise, burre, bois à chauffer, issues, nappes, serviettes, louaige d'estain, et pour le laveresse qui a lavé ledit estain luy a esté payé par marchié LX pattars.

Et pour la despense, en faisant le compte des partyes cy dessus L pattars, II deniers, laquelle somme de XXVII karolus, VII pattars X deniers a esté paié par le dit argentier.

Auquel convive estoient les officiers de l'Empereur en sa Gouvernance, Messieurs Maieur et Eschevins, tant nouviaulx qui vielz, les officiers de la dicte Ville et pluiseurs nottables bourgeois à ce evocquiez.

Icy pour tout, selon le billet, par forme de compte, pour ce feit par les dits quatres, signé de nous la ditte somme de XXVII Karolus VII pattars, X deniers[1]. »

LINGERS.

Ils formaient une Confrérie dite de Ste-Véronique qui avait son siége en l'église St-Nicolas sur les Fossés. Les statuts furent approuvés par lettres du Magistrat, en date du 2 septembre 1574, puis de nouveaux statuts furent admis par ce Magistrat le 9 février 1773.

Voici la formule des brevets de réception dans cette maitrise. L'original que nous a offert M. Roussel est peut-être la seule pièce de ce genre existant encore aujourd'hui.

Au haut du parchemin se voit une figure de Ste Véronique avec ces mots : « Cps et Cric des lingers d'Arras. »

Brevet de Réception.

« Extrait du registre aux actes de résolutions et réceptions dans le Corps et Communauté des marchands lingers de la Ville et Cité d'Arras, institué sous le titre de Confrérie de Ste-Véronique.

L'an mil sept cent quatre-vingt-*huit* le *vingt-neuf* de septembre par-devant nous *Théodore Joseph Stanislas For-*

[1] Communication de M. Caron.

geois, Louis François Jean-Baptiste Lenglet, Jean Antoine Hemery, Louis Piteux et Ambroise Claudoré, Mayeur et quatre frères du Corps et Communauté des marchands lingers de la Ville et Cité d'Arras, institué sous le titre de la Confrérie de Ste-Véronique, assemblés en la maison du dit *sieur Lenglet sortant* de mayeur en exercice, après convocation faite en la forme ordinaire, est comparu le *sieur Adrien Benoit Joseph Rousselle,* demeurant audit Arras; à effet d'être reçu et admis maître dans ledit corps, communauté et confrérie des marchands lingers pour tenir boutique de *marchand linger,* et *ledit sieur Rousselle* ayant satisfait aux questions qui lui ont été proposées sur la qualité de marchandises, aunes et mesures.

Les dits Mayeur et quatre ont reçu et admis *ledit sieur Rousselle* maître dans ledit Corps, Communauté et Confrérie des marchands lingers, pour tenir boutique de *marchand linger,* ayant *ledit sieur Adrien Rousselle payé comptant quarante-huit* louis pour droit de réception *comme Fils de Bourgeois, six* livres aux examinateurs et vingt sols au valet : auquel effet *ledit sieur Rousselle* promet et s'engage de suivre et exécuter les statuts de messieurs les Mayeur et Échevins de la Ville et Cité d'Arras, en date du 9 février 1773, et de contribuer à toutes les charges, demandes et impositions que l'on pourra former à la charge dudit Corps, Communauté et Confrérie de marchands lingers, et a signé avec les Mayeur et quatre sus-nommés. A Arras les jours mois et an susdits : signés, *Rousselle, Forgeois, Lenglet, Hemery, Piteux et Claudoré.*

Il est ainsy au dit registre témoin le Mayeur sortant d'exercice soussigné, Arras le 29 septembre 1788. »

Lenglet.

Nota. Les mots en italiques sont manuscrits, le reste est imprimé.

CHIRURGIENS.

Les Chirurgiens furent, on le sait, confondus avec les barbiers jusque vers le milieu du XVIII° siècle. Indifféremment ils maniaient les rasoirs ou le scalpel, ainsi que l'ont souvent dit avec force plaisanteries les auteurs du temps ; ce qui n'empêchait point chirurgiens et barbiers d'avoir force prétentions de se montrer très-jaloux de *leur science*, et de prétendre à maints priviléges.

Des documents de nos archives municipales constatent qu'en août 1546, les chirurgiens et barbiers d'Arras, présentèrent requête à l'Empereur « pour faire interdire et defendre a tous dorenavant, d'exercer le *style de chirurgie et barberie*, dans cette Ville et les faubourgs, jusqu'a ce qu'ils eussent-été dument examinés par les maîtres chirurgiens et barbiers de la dite Ville, et pour ce prété serment et fait les devoirs pertinens. »

On trouve aux mêmes archives un « livre des chirurgiens de la Ville d'Arras, dans lequel est contenu les noms, les temps de leur majorité, leur règne et avec le nom des apprentifs, et quy a esté faict aux despens des dits maistres chirurgiens quy sont ici nommés. Charles Boniface, Siméon de Baufort, Nicolas Macré, Arnould Gadolet, Ignace Sénéchal, Louis Valet, Pierre de Flers, Jean Gradel, Henry Husson, François Desjardins, George du Pressoir, Pierre Bégond, Jean Hasard » (1677 à 1745 ; 92 feuillets en parchemin, reliure veau, fermoirs en cuivre, doré sur tranche).

CONFRÉRIES.

Les Corporations donnèrent lieu à beaucoup de Confréries qui eurent nom :

De *St-Sébastien*, patron des archers.

De *Ste-Barbe*, patronne des canonniers.

De *St-Nicolas*, patron des grainetiers.

De *St-Eloy*, patron des orfévres, des serruriers, des maréchaux, etc.

De *St-Christophe*, patron des portefaix.

De *St-Arnould*, patron des brasseurs.

De *St-Maur*, patron des fripiers.

De *St-Michel*, patron des bouchers et charcutiers.

De *St-Honoré*, patron des boulangers.

De *Sts-Crépin* et *Crépinien*, patrons des cordonniers majeurs, des cordonniers mineurs ou savetiers et des tanneurs.

De *St-Luc*, patron des peintres, des sculpteurs, vitriers et brodeurs.

De *St-Pierre* et *St-Paul*, patrons des maçons.

De *Ste-Elisabeth*, patronne des tailleurs et couturières.

De *Ste-Anne*, patron des menuisiers, charpentiers, etc.

De *St-François*, patron des drapiers.

De *Ste-Véronique*, patronne des lingers.

De *St-Louis*, patron des marchands.

De *St-Mathias*, patron des tonneliers.

De *Ste-Marthe*, patronne des hôteliers, aubergistes et cabaretiers.

De *St-Vindicien*, patron des Arbalétriers.

Il existait d'autres Confréries indépendantes de toute idée de corporation, c'étaient celles :

Du *T.-S. Sacrement*.
De *N.-D. des Ardents*.
De *N.-D. du Jardin*.
De *N.-D. du Bois*.
De *St-Roch*.
De *St-Liévin*.

De *St-Nicolas*.
De *Ste-Catherine*.
De *St-Antoine*.
Des *Trépassés*.
De *Ste-Isbergue*.
De *St-Léonard*.

Presque toutes les Confréries faisaient distribuer aux jours de leur fête patronale, dans l'église où se célébrait la messe, des petits guidons en papier représentant le patron, et divers emblèmes, attributs ou symboles. Il existe encore quatorze de ces planches dans la typographie de M. Brissy, qui les a utilisées pour la fête de *N.-D. des Ardents*.

CONFRÉRIE DES ARDENTS.

Cette Confrérie, à laquelle Mgr de Conzié avait d'une façon aussi malheureuse qu'inexplicable porté une atteinte grave, sous prétexte d'abus somptuaires qui n'étaient nullement de nature à motiver et encore moins à justifier la regrettable ordonnance du 13 juin 1770, et qui comme tant d'autres fut mortellement frappée par l'arrêté du directoire du département en date du 18 mars 1792, va être à la satisfaction générale de la population Arrageoise reconstituée par Monseigneur Lequette, le pieux restaurateur du culte huit fois séculaire de *Notre-Dame du Joyel*.

La restauration solennelle de ce culte se relie trop intimement avec la plus populaire de nos traditions religieuses locales, et se trouve être un trop grand événement dans l'histoire d'Arras pour que nous n'en disions pas ici quelques mots.

Du 14 au 20 mai (1876) Monseigneur Mermillod, évêque de Genève, donna, de sept heures et demie à neuf heures du soir, dans la Cathédrale, des sermons qui furent suivis par toute la ville.

Le 18, à sept heures du matin, la nouvelle église fut solennellement consacrée par Monseigneur Lequette, évêque d'Arras.

Le 21, à deux heures et demie du soir, eut lieu dans ce nouveau sanctuaire la translation du Saint-Cierge, provisoirement déposé dans la chapelle de l'Évêché.

Toutes les rues dont la procession devait suivre le parcours avaient été décorées de tentures, banderolles, oriflammes et draperies, alternant avec des sapins envoyés de Belgique ; dans la rue Ronville, à l'angle de celle de la Charité, s'élevait une porte romane crénelée d'une hauteur de quatorze mètres. Dans la rue Ernestale, à la naissance de la place du Théâtre, se voyait une seconde porte de style grec ; enfin, dans la rue St-Jean-en-Lestrée, là où finissait jadis la Ville, on trouvait l'ancienne porte de Cité, avec sa baie ogivique, surmontée de créneaux, flanquée de deux tourelles hexagones à deux étages, dominées aussi par des créneaux et des machicoulis ; au-dessus de la porte se dressait une reproduction de l'ancien Calvaire d'Arras. Sur la place de la Préfecture, à l'endroit même où la Vierge était apparue en 1105, on avait construit un autel gothique ; un autre petit monument avait été édifié sur la place La Vacquerie, en souvenir de la chapelle du Tripot.

Un temps magnifique favorisa la procession, dont l'interminable défilé eut lieu à travers une population sympathique et recueillie d'environ cent mille âmes, d'après l'appréciation qui en fut approximativement faite, ainsi que le constatent les comptes-rendus des journaux de la localité.

D'une richesse incomparable, cette procession, la plus pompeuse qui se soit faite dans les pays du Nord, offrait aux yeux des spectateurs émerveillés une foule d'objets et de groupes où l'on remarquait notamment :

Les anciens Cierges provenant du *Cereum* d'Arras ; celui de Tournai reposant dans son superbe étui d'argent du XIV° siècle, suivi de l'incomparable châsse en argent aussi de la Confrérie des Damoiseaux, la gracieuse réduction de l'ancienne pyramide de la Petite Place, portée par les élèves des Dames Ursulines, une importante représentation de l'ancienne cathédrale Notre-Dame, portée par les élèves des Dames Bénédictines du St-Sacrement : les groupes des chanoinesses de Nivelles, de Mons, de Denain et d'Estrun, en robe noire, rochet blanc et long manteau traînant en velours noir brodé et doublé d'hermine, au dernier rang desquels marchaient les abbesses portant crosses : les matelottes du Portel en grand costume traditionnel, les matelots du même lieu, la poitrine couverte de médailles de sauvetages, accompagnées pour l'un d'eux par la croix de la Légion d'honneur : la châsse, dite de *la Manne*, les grandes reliques de la Cathédrale, enfin, le *Cereum* dans sa fameuse custode du XIII° siècle, portée par M. Proyart, vicaire-général et doyen du chapitre.

A la suite marchaient Nosseigneurs les Évêques d'Arras, d'Amiens, de la Réunion, de Lydda, de Genève, et Monseigneur l'Archevêque de Bourges, présidant la cérémonie en remplacement de Son Eminence le cardinal-archevêque de Cambrai, qui en était empêché.

Le soir, une illumination éblouissante fit étinceler la ville entière : le porche tout flamboyant de la nouvelle église, les rues St-Aubert, St-Jean-en-Lestrée, St-Jean en-Ronville,

St-Géry, la Grande Place, la rue de la Taillerie, la Petite Place, resplendissantes de feux multicolores, une représentation de l'ancienne chapelle embrasée de gaz, présentaient un coup d'œil féérique.

Du 21 au 28 eurent lieu une série non interrompue de pèlerinages parmi lesquels se fit distinguer spécialement celui de la commune de St-Laurent-Blangy.

Le dimanche 28, Monseigneur d'Arras, par une lettre pastorale lue dans toutes les églises, remercia la ville épiscopale et le diocèse, de ce qui avait été fait si unanimement et si généreusement pour la solennité de ces fêtes.

Quant à la statue de N.-D. des Ardents, due à M. Louis Noël, de St-Omer, et qui domine l'autel de la nouvelle église, voici comment nous avons cru devoir l'apprécier et la décrire :

« Debout, Marie tient Jésus assis sur le bras gauche et offre de la main droite le Cierge miraculeux. Elle est vêtue d'une longue tunique tombant jusqu'à terre, entourée d'un large manteau, et porte sur le chef le voile des vierges que surmonte la couronne royale.

Intentionnellement petite, la tête est à la fois douce et grave; les mains effilées, sans exagération cependant, sont d'une distinction parfaite.

L'Enfant-Dieu qui, par la physionomie, l'attitude et le geste exprime une divine mansuétude, constitue un modèle du genre.

L'ensemble est calme et reposé, comme il convient au sujet et à toute statue architecturale. L'aspect général affecte légèrement la forme *gaine* caractéristique dans la figure droite du style roman et de la période gothique qui l'a suivi.

La ligne enveloppant est sobre, correcte, sévère : parfaitement équilibrées et très-harmoniques entre elles, les lignes enveloppées laissent, grande difficulté vaincue dans un local tenant son jour d'en haut, courir partout la lumière sans efforts et sans heurt.

Savant, habile, d'un goût châtié, très-cherché, sans sentir la recherche, et fort réussi, l'*arrangement* ne laisse rien à désirer.

Somme toute cette figure élégante, a bien le caractère religieux, digne et solennel de la statuaire du XII° siècle, quoiqu'en certaines parties, ainsi que par exemple dans les plis tuyautés de la tunique elle laisse percer ce que l'on ne saurait blâmer des réminiscences grecques de l'école d'Égine, peut-être même de l'école d'Athènes, au temps de Phidias, et accuse nettement la main magistrale de l'auteur de la belle figure antique de Rebecca, médaillée au salon de 1875. »

On peut, sur les fêtes de N.-D. des Ardents, consulter le *Programme de la Procession* et la *Description des fêtes*, par M. le chanoine Van Drival; le *Courrier du Pas-de-Calais*, le *Pas-de-Calais*, l'*Avenir* du 23, les *Propagateur* des 23, 24, et la *Semaine Religieuse* d'Arras du 25 mai renfermant une longue et remarquable relation de M. l'abbé Ansart; la *Semaine Religieuse* de Lille, le *Monde illustré*, etc.

A cette occasion, M. Cavrois avait publié le *Cartulaire de N.-D. des Ardents*, intéressant recueil contenant une foule de pièces curieuses et authentiques au nombre desquelles figurent les règlements inédits de la Confrérie que M. Guesnon avait bien voulu nous remettre, ainsi que nous l'avons dit en son lieu, alors que nous les imprimions, sans même soupçonner la future publication du travail non encore conçu de M. Cavrois.

A cette occasion encore on avait fait frapper en trois modules différents une médaille commémorative représentant à l'avers l'apparition de N.-D. apportant le *Cereum* aux deux Jongleurs et à l'évêque Lambert, et au revers le Calvaire d'Arras : médaille si peu satisfaisante, malgré les recommandations faites au *fabricant*, que d'autres coins, où l'on respectera plus la vérité locale et les principes de toute monétaire, devront être demandés à des mains plus expertes, ou moins mercantiles.

CONFRÉRIE DE SAINT LUC.

Elle se composait des peintres, des tailleurs d'images (sculpteurs statuaires) des verriers et brodeurs de la Ville.

Ses membres devaient chaque année assister à certains offices religieux « en la paroisse de St-Jean-en-Ronville, au nom de Dieu et de Monsieur St-Luc en la chapelle où reposait l'image du dit saint. »

Aucun étranger ne pouvait être habile à faire son chef-d'œuvre pour être admis dans la confrérie, s'il ne prouvait « être homme de bien, de bonne vie, conversation, fâme et renommée, vivant catholiquement, selon les ordonnances de Notre Mère la sainte Eglise Catholique, Apostolique et Romaine. »

Pour chef-d'œuvre les peintres sur toile ou sur bois devaient exécuter un tableau à l'huile de 3 pieds de haut et de 2 pieds 1/2 de large « représentant un mystère de la Passion ou tout autre sujet désigné par le maître à ce commis. »

Les peintres sur étoffes « blanchir, platrer et dorer une image avec un drap d'or désigné par les maîtres et jurés. »

Les tailleurs d'images, sculpter « une image en bois ou pierre de trois pieds arrondis. »

Les brodeurs « faire une image telle qu'elle leur serait indiquée. »

Les verriers en verres de couleur « faire un panneau de quatre pieds un quart avec une histoire. »

Les verriers en verre blanc « faire un panneau de deux pieds un quart suivant certaines indications. »

Pour éviter les fraudes et s'assurer de la réalité du talent des aspirants le chef-d'œuvre devait se faire « chez le mayeur ou chez tout autre maître » dans un local « ouvert tant aux examinateurs qu'aux autres maîtres » [1].

Conditions aux quelles on tenait rigoureusement ainsi que le démontre la pièce suivante que nous devons à l'obligeante communication de M. La Roche.

« L'an 1722, le quatre du mois de février avant midi, les anciens mayeurs, quatre et confrères de la confrérie de St-Luc érigée en cette Ville d'Arras pour les maitres peintres, vitriers, sculpteurs, brodeurs et doreurs étant assemblés dans la maison de.... Dumoulin, maitre peintre, mayeur régnant de ladite confrérie de St-Luc sise en cette Ville vis-à-vis l'église paroissiale de St-Géry après convocation faite par le doyen d'icelle confrérie en la manière accoutumée de la part de Adrien La Vine garçon vitrier demeurant audit Arras à effet d'examiner et visiter la pièce pour chef-d'œuvre d'un panneau de vitre de deux pieds carrés qui lui avait été ordonné de faire pour son dit chef d'œuvre par les dits mayeur et quatre de ladite confrérie de St-Luc sur le dessin qu'ils en ont donné audit La Vine qu'icelui a agréé; ont lesdits mayeurs anciens quatre et confrères de ladite confrérie de St-Luc ici assemblés déclaré ne vouloir accepter ledit chef

---

[1] Édit de Philippe II d'Espagne du 9 octobre 1596.

d'œuvre à eux représenté et qu'ils ont exactement examiné pour plusieurs raisons 1° que ledit La Vine ne pouvait travailler à son dit chef d'œuvre, suivant les statuts de ladite confrérie qu'en présence des quatre jurés ainsi qu'il y a travaillé jusqu'au jour du samedi dernier cinq heures du soir présent lesdits jurés, auquel jour et heure il restait bien pour dix à douze jours à travailler pour finir ledit chef d'œuvre, que le jour d'hier sur les neuf heures du matin Marc Antoine Hugo et Antoine Fontaine deux desdits jurés se sont transportés dans la chambre de la maison dudit Dumoulin où ledit La Vine devait faire son chef d'œuvre, icelui Dumoulin leur a représenté ledit panneau de vitre et leur dit que c'était le chef d'œuvre dudit La Vine à quoi lesdits jurés lui ont répliqué que ledit La Vine ne pouvait avoir achevé son dit chef d'œuvre en si peu de temps qui n'avait été que de deux jours d'un Dimanche et d'une fête puisqu'il restait bien pour dix à douze jours de travail au jour du samedi dernier cinq heures du soir pour achever ledit chef d'œuvre pourquoi ils doivent croire et soutiennent aussi bien que lesdits anciens mayeurs quatre et confrères que ledit prétendu chef d'œuvre représenté ne peut avoir été achevé par ledit La Vine, du moins sans assistance et qu'en y travaillant à plusieurs même pendant ledit jour de Dimanche et de la fête de la Purification de la Ste-Vierge et les nuits desdits jours ayant Robert Taffin, maître brodeur, l'un des confrères de St-Luc demeurant dans un appartement de la maison qu'occupe ledit Dumoulin mayeur déclaré d'avoir ouvert la porte de ladite maison ledit jour de la Purification de la Vierge sur les cinq heures du matin au nommé Gottrand, maître vitrier, l'un des confrères demeurant dans la Cité de cette Ville, dans laquelle il a entré; outre lesquelles raisons ci-dessus esquelles lesdits anciens mayeurs quatre jurés et confrères persistent, ils trouvent de l'imperfection et défectuosité dans ledit panneau de vitre offert pour chef d'œuvre lequel ils rejettent et refusent d'accepter et pour d'autres raisons qu'ils diront en temps et lieu. De quoi ayant été requis acte ausd. Notaires, ces présentes leur ont été accordées pour leur servir et valoir ce que de raison. Ainsi fait et passé par devant les notaires royaux d'Artois soussignés les jours mois et an susdits. Est signé Jean Monvoisin, Laurent Alliemat, Alexandre Levrain, Philippe Dautricourt, J. A. de Somain, Pierre Patigny, Philippe François Morel, Robert Taffin, Joseph David, Pierre Cannesson, Marc Antoine Hugo, Antoine Fontaine, Pierre-Joseph le Josne, Adrien Cannesson, Charles Michel le Prêtre, Jean Pierre Monvoisin, marque de Christophe Taffin, marque de Nicolas François Canlers, Hermet Doyen et comme notaires est signé Bosquet et Ridou avec paraphes.

Il est ainsi à l'original témoin le notaire soussigné. »

BOSQUET [1].

Le registre de la Confrérie de St-Luc est conservé aux archives municipales.

Il est intitulé « Registre en papier des chefs-d'œuvre de la Confrairie de Dieu et de Monseigneur Sainct Luc en la Ville d'Arras renouvelé l'an 1612 par Mayeur et quatre de ladicte Confrairie a scavoir Estienne Guéry, Andrien Languer, Jacques Lenfle, Nicolas de Berse et Jacques Caron. »

Il commence en 1687 s'arrête fin avril 1789 et contient 118 feuillets.

On y voit figurer dans le principe Jehan où Hans de Connixcloo, peintre ; Thomas Thieuillier ; Jan Varlet Jacques Caron ......

On y trouve à la date du 2 avril 1772 la réception de

---

[1] Archives de l'étude de M⁰ Braine, notaire à Arras.

Doncre [1], et à la date du 15 février 1781 la réception de Le Page.

Il offre de plus une foule de signatures aussi curieuses que bizarres, accompagnées d'écussons, d'emblèmes, de girouettes, et d'autres dessins fantaisistes.

[1] L'Académie d'Arras va publier le volumineux travail dressé par Doncre, et récemment retrouvé aux Archives, des œuvres d'art (de toutes provenances) qu'il estimait avoir assez de mérite pour être envoyées au Muséum de la Ville.

FAUBOURGS.

CITÉ

Il y a peu à dire, au point de vue archéologique du moins, sur les faubourgs des Ville et Cité d'Arras.

Faubourg de la Vigne, ainsi nommé à cause du vignoble qui s'y trouvait

. . . . *dedit cui Vinea nomen.*

Il n'en reste aucune trace. Il existait encore en 1668[1], là où sont aujourd'hui les jeux de balle, la Basse-Ville, les Allées et l'Esplanade. On y accédait, de la Ville, par la porte *Pugniel*; et, de la Cité, par la porte de la *Vigne* ou de *Brones*.

Ce faubourg avait deux chapelles, celle de *St-Fiacre*, et celle de *St-Eloy* qui renfermait quelques sépultures relevées dans l'épitaphier de *Le Febvre d'Aubrometz*. Deux ponts, l'un sur le Crinchon, l'autre sur le cours des Hautes-Fontaines; deux portes du côté de la campagne; on y voyait aussi le moulin *St-Fiacre* et la maison de *l'Advoué de Béthune*.

Un plan colorié du XVIe siècle figurant au dossier n° 10

---

[1] Voir le rapport du 15 septembre 1668 relatif à l'établissement de la citadelle.

des archives départementales et représentant une vue à vol d'oiseau de ce faubourg permet de s'en faire une idée bien complète.

L'immense enclos de l'Avouerie de Béthune alors aux mains du seigneur de Habarc, occupait une grande partie de la Vigne (la moitié environ).

Entouré de murs dans lesquels s'ouvraient deux grandes portes crénelées, il se constituait de trois parties fort distinctes :

1° Un vaste pré avec avenues aboutissant au corps de logis principal. (Pré qui est devenu depuis le *Pré Cagnon, Pratum Canneum.*)

2° Une cour rectangulaire offrant du côté du jardin un mur crénelé, en retour un autre mur, et des dépendances régnant au long des deux autres côtés ; dans l'angle formé par les murs sus-indiqués se trouvait le manoir. C'était une construction en briques avec cordons, fenestration et ornementation en pierre de taille. Elle se composait d'un bâtiment à double toit et à doubles pignons découpés, flanqué d'une tour carrée de quatre étages, coiffée d'une toiture aiguë surmontée d'une girouette. Les fenêtres du rez-de-chaussée du logis étaient en plein cintre et accouplées ; des lucarnes en pierre et pointues coupaient le toit.

3° Un jardin avec motte seigneuriale circulaire entourée d'eau et plantée d'un rideau d'arbres ; on y accédait par un pont-levis correspondant à une porte crénelée.

A côté de l'Avouerie, existait une autre maison très-élevée bâtie également en briques et couverte en ardoises ; à l'étage régnaient des fenêtres cintrées, des lucarnes existaient aussi dans le toit. A cette maison était soudée une haute tour hexagonale à quatre étages, terminée par une plate forme.

La plupart des autres maisons ou fermes constituant le

faubourg était en bois, de disposition fort pittoresque, avec toits à auvents et galeries, dans le genre des fabriques que l'on voit dans les paysages des vieux maîtres flamands [1].

Suivant Du Clercq, les désœuvrés de la Ville hantaient les tavernes de la Vigne, qui sans doute offraient autre chose que le détestable vin du crû, si tant est que les raisins aient jamais pu permettre de faire autre chose que du verjus [2].

Les juges de la Vigne ne devaient, ainsi que nous l'apprend Guiman, statuer qu'en ce lieu,

« *In suburbio Atrebatæ civitatis ad portam de Puniel est villa quæ Vinea dicitur, in hoc Advocatus de Bethunia tenet in fœdum ligium de sancto Vedasto, vivarium, molendinum, mediatam justitiæ et redituum, habent ibi Abbas et Advocatus villicos suos et scabinos qui in hoc loco ad hoc deputato, in mediâ Villâ et non alibi, de justitiâ ejusdem Vineæ tractant et judicant. Sunt ibi centum et sexdecim curtilia.* » Et ils siégeaient, on doit se le rappeler, ainsi que nous l'avons dit page 130, soit à la pierre soit à l'orme : *Lapidem seu ulmum*, sis entre un moulin, et certaine prairie, *inter molendinum de Puniel et Omundi pratum*.

La Vigne avait une coutume particulière rédigée en VI articles [3].

Faubourg d'Amiens. — A droite de ce faubourg et en sortant de la Ville, se voit encore l'éminence sur laquelle se dressaient les antiques fourches patibulaires de la juridiction épiscopale [4]. Cette éminence porte le nom de *Hochettes*.

---

[1] On peut consulter un autre plan de la Vigne figurant au n° 10 des plans des archives départementales.
[2] M. Proyart a fait sur ce sujet une étude spéciale lue à l'Académie d'Arras.
[3] *Coutumier général.* Tome I, page 420.
[4] L'Évêque étant Haut Justicier, ces fourches devaient avoir plus de deux

« L'an mil IIIJ CVIIJ le XIIIJ° de may, dit Du Clercq, en la Cité d'Arras fort preins Jennin Boulois..... et fust le dict Jennin bruslé et ars léz le gibet de l'Evesque nommé les Hoschettes. »

Faubourg Baudimont. — Très important jadis et bâti sur une partie de l'emplacement de l'antique Cité il fut détruit en 1414. « Pareillement, rapporte Monstrelet, furent ars et démolis tous les faubours de Vaudemont ou il y avait très grand circuit, et habitation de leurs notables édifices, tant hotelleries comme autres lieux. » On dut toutefois le reconstruire ne fut-ce qu'en partie, car Le Febvre d'Aubrometz dit que l'Évêque Boudot mort le 11 novembre 1635 « donna le fonds de vingt maisons pestiférées pour servir au bourgeois de la Cité, gisants en dehors du fort nommé la *tarte advisée* [1].

Entre les quelques maisons qui restent de ce faubourg, et la Cité, s'élève à droite de la route de St-Pol un remblai considérable effectué sur l'ancienne tour *l'Avisée ou des tard avisés*.

De ce point culminant qui domine toute la vallée de la Scarpe, on découvre une vaste étendue de campagne accidentée, couronnée par les tours de St-Eloy se détachant d'une manière bien pittoresque sur le fond des forêts voisines que malheureusement la hache éclaircit de plus en plus.

« Dans l'un des fauxbourgs que l'on nomme Baudimont, rapporte le père Ignace, d'après Guiman, la Chronique d'Anchin, Locrius et d'autres auteurs, ou l'on voit encore des vestiges de Ville, on y brula un clercq avec sa sœur accusés d'homicide l'an 1194. La fille fut préservée du feu par l'intercession de la Vierge. »

piliers. *Coutume d'Artois* art. XXXV. BAUDUIN et MAILLART sur cet article.

[1] *Epitaphier*, page 329.

« *Mira res*, dit la *Chronique d'Anchin*, *facies ejus et loquela non est immutata, capillus ejus nec pilus adustus, nec etiam odor incendii remansit in ea. Cum autem requireretur ab eâ salvationis modus, dicebat speciosissimam Dominam secum fuisse, et ab igne extraxisse.* »

On rendit grâces à Dieu dans la cathédrale où la fille fut conduite après avoir été descendue du bûcher. Toute la ville y accourut ; chacun la vit saine et sauve. L'Évêque fit publier le miracle le jour de la Pentecôte de la même année[1]. »

Le faubourg Baudimont avait une Coutume particulière rédigée en X articles[2].

Faubourg Maître-Adam. — Le faubourg qui dut dans le principe porter ce nom se confondit ensuite avec le faubourg Sainte-Catherine.

A ces faubourgs, le Père Ignace, les Almanachs d'Artois et une foule d'autres documents de l'époque ajoutent :

St-Aubin avec le hameau d'*Anzin*, où était la campagne du Grand Prieur de Saint-Vaast, nommée l'*Abiette*[3] « corps de logis irrégulier, environné de fossés, bâti en 1664 par le Grand Prieur de Beaumarchez[4]. »

VILLE.

Faubourg Ste-Catherine. — Son nom primitif était suivant le Père Ignace *Emercourt*, du mot latin *Emergor*,

---

[1] *Mémoires* tome II, pages 118 et 119.
[2] *Coutumier général*. Tome I, page 443. La famille Sasquépée avait, ainsi que l'indique cette Coutume la seigneurie de Beaudimont.
[3] *Mémoires* tome II, page 733.
[4] *Mémoires*, tome IV, page 817.

ce faubourg se trouvant plus élevé que celui de St-Nicolas et autres terrains environnants [1] d'ou par corruption *Emencourt* (comme dans Du Clercq et les vieux plans) et *Demencourt* (*Domincæ curtis*[2]).

On y a replacé dans ces dernières années l'ancienne *Croix de Grès* sur laquelle se remarque la croix ancrée de St-Vaast.

Renversés en 93 l'arbre cylindrique et le croisillon gisaient depuis lors, l'un comme banc, l'autre comme chasse-roue sur les accotements du chemin de Ste-Catherine à la porte Baudimont, (ancienne rue de la Fleur de Lys), ils reconstituent maintenant un monument d'un peu plus de deux mètres de hauteur.

Dans ses *Promenades archéologiques et historiques* (1874), M. Terninck traduit une légende que rapportent Alcuin [3] et Guiman [4] touchant Demencourt.

Anciennement toute la partie du faubourg comprise entre le pont de la porte appelé *pont Burien*, et la Croix de Grès, était complétement bâtie de chaque côté de la route actuelle, nommée *rue d'Emencourt*.

A droite, à l'angle de cette rue et du chemin de St-Nicolas connu sous le nom de *Rue des quatre fils-Aymon* était *l'hôtellerie du même nom*, dont les substructions sont sous la crête de ce terrain élevé. En face la croix de *Demencourt*, plantée alors immédiatement contre la chaussée, était la maison du *sieur Hapiot*, actuellement établissement de blanchisserie appartenant à M. Leclercq.

---

[1] *Supplément aux Recueils*, tome I, page 503.
[2] Le pouvoir de Demencourt avait une coutume particulière en XI articles (*Coutumier général*, page 431.)
[3] *In vila sancti Vedasti*.
[4] *Cartulaire de l'abbaye de St-Vaast*.

A gauche de la rue d'*Emencourt*, en face les quatre fils Aymon était la *rue Maître-Adam*, regagnant la porte du même nom ; plus loin la *rue Maugré* ou *du Pourchelet*, plus loin encore la *rue de la Fleur-de-Lys*, remontant toutes deux vers la Cité.

A l'angle de la rue Maître-Adam et de la rue d'Emencourt, se voyait la *Maison des Maillets*, puis celle *du Cat*, puis celle de *la Loge*, etc.

Entre la rue du Pourchelet et celle de la Fleur-de-Lys, on trouvait notamment les maisons dites de *Saint-Hubert*, de *l'Ange* et de *la Fleur-de-Lys*.

La maison, en face de laquelle est maintenant la Croix de Grès, s'appelait l'*Erche*.

Depuis le premier pont de Sainte-Catherine, nommé le *Vert-Gallant*, jusqu'au second pont auquel on accédait en passant sous une arche jetée au dessus de la route, s'étendait l'enclos de *la Falecque*[1].

C'était une vaste ferme avec pigeonnier au milieu de la cour, et deux corps de logis à étage, disposés à angle droit à la pointe duquel s'élevait une haute tour carrée coiffée d'une flèche surmontée d'une grande girouette.

En face de l'enclos de la Falecque, se trouvait une propriété, dont le corps de logis était aussi flanqué d'une tour carrée, à cinq étages, terminée par une flèche cantonnée de quatre autres[2].

« L'abbé Jean du Clercq était-il dit dans un ancien manuscrit, avait fait faire à Demencourt ès fauxbourgs d'Arras une fort belle maison de plaisance, et jardin, ayant acheté

---

[1] *Voir au fonds de Saint-Vaast série H, Commune de Ste-Catherine*, l'acquisition de la seigneurie de la Falecque, et le procès contre les officiers fiscaux du Conseil d'Artois au sujet de cette acquisition.

[2] Plan de 1594, n° 425 des archives départementales.

la place de ses deniers, et estoit pour soy aller esbattre et aucunes fois y mener son couvent pour s'y recréer[1]. »

Un peu au-dessus, là où est maintenant la maison de campagne bâtie par M. Pinta, était une redoute pour battre le pont, à gauche duquel sont les vieux *Moulins Saint-Vaast*.

Plus haut que l'église qui avait jadis une tour carrée de quelqu'altitude, « Trois nefs et un dôme surmonté d'un lanterneau au dessus du chœur[2] », se remarque encore une vieille ferme, qui au-dessus de la porte d'entrée conserve une pierre portant des armoiries : c'est la cense de la Falecque que l'on rebâtit à cet endroit lorsque fut détruite l'autre cense du même nom, dont nous venons de parler[3].

Sur la chaussée Brunehaut était la *Ferme de Couturelle*.

Faubourg Saint-Nicolas — On n'y distingue plus guère que les antiques *Moulins de Saint-Vaast*, que la vétusté et le défaut d'entretien ne tarderont pas à faire disparaître, et *deux fontaines* ayant leur source sous des voûtes de grès, l'une à la porte de la propriété de M. Bellon (ancien Grand Sapin) non loin du lieu où était la *chapelle Saint-Quilien*, l'autre à l'intérieur de cette même propriété.

Entre Arras et la Scarpe existaient anciennement, à proximité de la rue des Quatre-Fils-Aymond :

A droite, un château nommé *le Cat*, assemblage de constructions formant un carré, dont la porte d'entrée était flanquée d'une tour quadrangulaire avec flèche.

A gauche, « *la maison du S*^r *de Dinville* » manoir rectangulaire composé de quatre corps de batiments, dont le prin-

---

[1] *Manuscrit des Jésuites d'Arras*, rapporté par Jean Collart, annotateur de dom Taverne, page 177.
[2] TERNINCK, *Promenades archéologiques*, page 102.
[3] *Grand plan* n° 644 des archives départementales.

cipal avait des pignons à gradins, de l'intérieur de la cour s'élançait une haute tour carrée en pierres de taille, solidifiée de contre-forts, et portant une flèche en ardoises ¹.

Plus loin une propriété appelée *Château de mon père* ou *Château de la motte*. Elle comportait une construction en équerre bâtie sur un terrain circulaire entouré d'une plantation et d'un fossé alimenté par les eaux de la Scarpe.

Derrière se voyait un fortin carré, pour défendre la rivière ².

Sur la chaussée, entre les deux ponts, l'abbaye de Saint-Vaast possédait un « manoir et héritage nommé les *Hautes-Loges*, amasé de maisons manables et autres édifices ³. »

A droite de Saint-Nicolas et sur la gauche du chemin de Bailleul en face la fabrique de bougies stéariques, a été découvert un cimetière mérovingien que l'on explore actuellement.

Beaucoup de squelettes ont été mis à jour, et beaucoups d'autres existent dans les terrains adjacents.

Orientés les pieds vers le levant, ces squelettes ont tous des proportions gigantesques, plusieurs mesuraient 2 m. 20; un squelette de femme à 1 m. 85, un crâne est épais de 0 m. 04.

---

¹ *Portraict d'Arras*, au musée.
Sur la chaussée entre les deux ponts, l'abbaye de St-Vaast possédait un « manoir et héritage nommé les *hautes loges* amasé de maison manables et autres édifices. »

² *Plan de 1630*, n° 425 des archives départementales, et *plan de 1702*, dressé par *Sailly*, n° 477.

³ *Fonds de St-Vaast*, série H. St-Nicolas-en-Miolens, acte du 9 septembre 1587 et une série d'autres jusqu'en 1643.

Au bas d'une pièce concernant la maladrerie de St-Nicolas, et datant de 1473, se trouve le sceau de *Pierre Paien* auditeur en la Prévôté de Beauquesne, au-dessus de l'écu placé en abime et supporté par deux lévriers est un armet ayant une tête de cerf pour cimier.

Ils paraissent avoir appartenu à des sujets jeunes encore, car les dents sont intactes, et certaines têtes en offrent 34 et même 36.

Quelques tombes sont faites d'énormes grès bruts, à l'une d'elles on remarque une grande dalle en pierre bleue.

Quelques débris de vases en terre grise et en verre blanc traînent çà et là.

Un squelette avait une framée entre les jambes, la pointe aux pieds, et à chaque hanche un scramasax à poignée de bronze.

Faubourg Saint-Michel. — Détruit en 1640 ce faubourg était situé entre la porte du même nom, et la forteresse de *Bellemotte*. On y voyait une antique chapelle sous le vocable de *Saint Michel*, que Guiman mentionne déjà en 1166, dépendant de l'abbaye de Saint-Vaast; et une *Prévôté*, construite en 1133 par le 49° abbé de ce monastère, dom Henry « *ob loci amœnitatem et fratrum repausationem* [1] ». En juillet 1133, dit le Febvre d'Aubrometz on y enterra « dom Antoine Géry Grand Prévost de Saint-Vaast et aussi à son tour Prévost de la Prévosté de Monsieur Saint-Michel-lez-Arras. »

A l'endroit où était cette Prévôté, on planta un *Calvaire de fer* sur le piédestal en pierre bleue duquel on lisait : « *Urbis obsidione deleta — Ecclesia et Præpositura sancti Michaelis — olim hic sita — anno MDCXL*[2].»

Elle a été ultérieurement reportée à Saint-Laurent, là où elle s'élève encore aujourd'hui.

Non loin de l'ancienne Prévôté de Saint-Michel, était l'établissement hospitalier des *Pestiférés*.

---

[1] Guiman n° 398.
[2] Le Père Ignace. *Mémoires*, tome II, pages 325 et 721. *Manuscrit de l'Évêché.*

Saint-Michel-lez-Arras avait une coutume particulière datant du XVIe siècle [1] et rédigée en 24 articles.

Faubourg Saint-Sauveur. — Il possède une promenade fort bien plantée, donnée en 1436 par une dame du Rietz à la jeunesse d'Arras. « L'acte, dit M. Harbaville, porte que la donatrice, a *baillé al jeunesse d'Arras sen pré de Saint-Sauveur pour s'y esbaudir et s'y abanier.* »

« Elle séparait anciennement le couvent des Dominicains de celui des dames de la Thieuloye. L'an 1710 l'on y fit abattre près de 500 ormes qui appartenaient à la Communauté d'Arras ». Les archers « y allaient tirer leur geai tous les ans le jour du 1er mai » depuis la fin du XVIIe siècle jusqu'à l'époque révolutionnaire [2].

Le Trésor des chartes de l'ancienne cathédrale en renfermait une de l'an 1100 où était mentionnée l'église de St-Sauveur, *Altare sancti Salvatoris* [3].

Au-dessus du portail de cette église était une verrière qui fut détruite en 1606, et que l'abbé de St-Vaast fit remplacer en 1610, ainsi qu'il résulte des comptes de cette Abbaye [4].

Dans son rapport du 23 septembre au 31 décembre 1783, Gayant dit en parlant de cette église : « Le chœur est construit en briques avec piettement de grès couvert en tuiles, de 43 pieds de longueur et de 19 pieds 1/2 de largeur compris la sacristie derrière l'autel carrelé en carreaux de pierres bleues et blanches avec un plancher en bois blanc blanchi, éclairé de quatre croisées avec croisillons en fer [5]. »

Cette église dont le portail était surmonté d'une flèche assez élevée, se trouvait située à l'extrémité du Riez dans

---

[1] *Coutumier général*, tome I, page 444.
[2] Le Père Ignace, *Dictionnaire*, tome IV, page 596.
[3] *Dictionnaire*, tome IV, page 596.
[4] *Registre de 1609 à 1622* Archives départementales
[5] Archives départementales.

l'angle formé par la route d'Arras à Cambrai et le chemin conduisant au Temple [1].

En 1781 survint une difficulté entre les paroissiens de St-Sauveur et Messieurs de St-Vaast et du Chapitre qui refusaient de travailler « à la réparation du chœur sur les anciens fondements », avant que les paroissiens n'eussent travaillé « à la réparation de la nef sur les anchiennes fondations. » Il fut vidé par Arrêt du Conseil en date du 4 novembre 1682 [2].

Faubourg Saint-Vincent. — Il existait anciennement entre les murs d'Arras, le faubourg Ronville et le faubourg St-Sauveur. Il a complétement disparu en 1414, époque à laquelle on le rasa dans l'attente du siége de la Ville.

Faubourg Ronville. — Ainsi nommé, suivant Balderic, à cause du domaine *Radonivilla* compris dans la donation faite en mai 674 par saint Vindicien au Chapitre d'Arras, et suivant d'autres, en raison de son voisinage de la porte Ronville *Porta rotunda, Porta rotunda villæ (Guiman).* Sur la hauteur de ce faubourg, au lieu dit les *Hées (hadas)* à droite dans l'angle formé par cette route et le chemin de Saint-Sauveur à Agny, toujours appelé *chemin du Temple,* s'éleva au XII° siècle une *commanderie de Templiers,* qui à la destruction de cet ordre échut aux chevaliers de Saint-Jean de Jérusalem. Elle fut détruite lors du siége d'Arras par les Anglais, mais la chapelle qui figure encore sur le plan de 1590 ne fut incendiée que vers la fin du XVI° siècle.

Cette chapelle était probablement celle que les chevaliers de Saint-Jean de Jérusalem, édifièrent du consentement de Gauthier, abbé de Saint-Vaast [3].

---

[1] *Plan de 1590.*
[2] *Fonds de Saint-Vaast, série H, paroisse de St-Sauveur.*
[3] *Fonds de Saint-Vaast, série H. Achicourt.*

C'est par erreur que ce plan de 1590, porte la Commanderie au-delà du chemin, sur le terrain qu'occupe actuellement le petit Bapaume, elle était en deçà contre ce même chemin.

En 1414 Charles VI établit sa tente royale près les ruines de cette Commanderie, dont on ne commença à défricher l'emplacement que vers l'année 1763 [1].

D'Aubrometz parle de pestiférés « Trespassez en l'*hermitage du Temple*, gisant emprès la Ville d'Arras en l'an 1636 »; donc la Léproserie et sa chapelle qui se trouvaient près du Temple au temps de Guiman existaient encore alors [2].

A cause de la Commanderie, le Faubourg Ronville a été anciennement appelé *Faubourg du Temple*; puis Faubourg *des Allouettes*, à cause d'une de ses maisons ainsi nommée et sise sur la route d'Arras à Bapaume.

Le faubourg Ronville a été doté dans ces derniers temps d'une église placée sous le vocable de *Notre-Dame de Bonnes-Nouvelles*. Commencée en 1868, elle fut bénie fin octobre 1875. Elle est à trois nefs, avec tour et flèche en pierres de taille cantonnée de quatre aiguilles également en pierre, et appartient, dit-on, au style ogival du milieu du XIIIe siècle.

Les piliers y sont disposés de telle sorte que des basses nefs il est impossible d'apercevoir le maître-autel; quant à la grande nef, elle est percée de lucarnes ouvrant sous les toits des bas côtés, où l'on a dû percer des jours en tabatière correspondant avec ces lucarnes !!..... Double combinaison dont le XIIIe siècle ne doit guère offrir d'exemples.

Au XIIIe siècle les lieux dits aujourd'hui le *grand Val*

---

[1] HARDUIN, *Mémoires*, page 58 *ad notam*.
[2] « *Juxta templum de quo supra diximus, manent leprosi quorum domus et capella etc...* » Plan de 1590.

le *petit Val* et situés au-dessus du Faubourg vers Beaurains portaient déjà ces noms; on lit en effet au *Congié* de « Baude Fastoul, d'Arras » :

> Cil de Beaurain et du grant Val
> Dient que j'ai trop demouré.

Là était une maladrerie à laquelle font allusion ces vers.

Il y a cinquante ans, l'espace compris entre Beaurains et le faubourg Ronville était parsemé d'une myriade de moulins de bois à vent et à l'huile nommés *Tordoirs*, dans quelques années il n'en restera plus. Ces moulins sont infiniment plus durables qu'on le pense généralement; on lisait sur un de ceux qu'a culbutés l'ouragan de mars 1876 : « J'ai été charpenté par Corrion en 1772. »

Ces trois faubourgs contigus comptaient jadis d'importants établissements monastiques, les *Béguines* ou *Augustines*[1] dont l'église avait une flèche très-élevée[2], les *Dames de la Thieuloye*, les *Carmes*, les *Cordeliers*, les *Dominicains*. On y voyait aussi près la porte Ronville[3] : l'église *St-Vincent*, avec le triple toit de ses nefs, et sa tour carrée[4], et à droite de la route de Cambrai, l'église *St-Sauveur*, démolies depuis longtemps.

Après avoir donné l'indication des sépultures renfermées en l'église St-Vincent, Le Febvre d'Aubrometz ajoute :

---

[1] Un tronçon de pilastre en pierre bleue qui se trouve chez le sieur Delécolle aubergiste établi sur un bout du terrain qu'occupait le couvent des Augustines, relate que les colonnes de l'un des autels de l'église avaient été données par Barbe du Bois morte le 16 septembre 635 et par sa compagne.

[2] *Plan de 1590*.

[3] Pour la démolition de l'église St-Vincent, consulter le *Registre mémorial* de 1524 à 1545, folio 377.

[4] Archives municipales. *Plans d'Arras et environs, liasse n° 10*.

« Ce fut le dict sieur du Mortier qui dit et aussy raconta a Monsieur Le Sergeant Ecuier sieur de Gudecourt Beaurain ..... qu'en l'espace de douze a quinze mois estoient morts ès Ville Cité et dans tous les fauxbourgs des dictes deux villes de la maladie pestilencieuse compris le quatre du mois d'aout mil six cents et trente six, neuf mil créatures tant grandes que petites nobles et ignobles [1]. »

Dans l'enclos des Dominicains était la fameuse chapelle de *Notre-Dame de Bonnes-Nouvelles*, où l'on venait en pèlerinage de tous les points de l'Artois; que visita plusieurs fois le roi Louis XI et à laquelle il donna un cierge du poids de 151 livres qui faisait juste celui de son corps [2], et un autre cierge pesant une livre de plus [3].

D'Aubrometz nous apprend qu'elle avait trois nefs, et qu'un cloître y était adjacent (*Epitaphier*).

Une chapelle sous le même vocable fut rebâtie postérieurement à la destruction du couvent des Dominicains. On lit en effet au père Ignace « la chapelle dite de *Bonnes-Nouvelles* vis-à-vis le Riez a droite, le chemin entre deux, fut bâtie en 1683 sur le terrain où était situé autrefois le couvent des Dominicains, elle est toute de pierre blanche et faite en ovale. Elle est si étroite et si petite qu'elle ne peut à peine contenir que trois personnes. C'est un pèlerinage en l'honneur de la Ste-Vierge sous le titre de *Notre-Dame des Bonnes-Nouvelles*. Le souvenir en est presque perdu depuis la démolition du couvent des Dominicains, l'on ne dit pas la messe dans cette chapelle, et les sœurs du Tiers-Ordre de St-Dominique ont soin de l'orner [4]. »

---

[1] Le Père IGNACE, *Additions aux mémoires*, tome VI.
[2] Dom GÉRARD ROBERT.
[3] M. l'abbé PROYART, *Almanach commercial de la ville d'Arras*, année 1866.
[4] *Dictionnaire*, tome IV, page 436.

L'enclos des Dames de la Thieuloye embrassait une superficie non moins étendue que celle de Bapaume ; elles possédaient également les prés du *Beau Regard*, au faubourg Méaulens et un petit bois à Wagnonlieu.

La route de Bapaume au faubourg Ronville, passait sous la voûte d'un corps de garde, il en était de même de la route de Cambrai au faubourg St-Sauveur [1].

Faubourg de la Basècle. — Il était situé entre la porte Hagerue, le faubourg Ronville et la maison du Temple, jusqu'à laquelle il s'étendait à partir de l'arbre de « *la Potterie* » dont on voit le moulin dans le plan de 1590.

Il avait un nombre considérable de maisons reprises au Rentier de 1382 publié par M. Caron en 1866 dans le tome 38 des Mémoires de l'Académie d'Arras.

Les maisons les plus rapprochées de la Ville se composèrent, à certaine époque, dans les faubourgs, d'une sorte de sous-sol voûté et recouvert d'une épaisse couche de terre de façon à se trouver à l'épreuve des projectiles de l'assaillant, et à ne pas gêner le tir de la place, il reste quelques-unes de ces vieilles constructions aux abords des portes Ronville et Méaulens.

A ces faubourgs il faut ajouter encore, d'après le Père Ignace, les Almanachs d'Artois et d'autres autorités :

Achicourt (dans Guiman, *Harcicourt*) *Harchicourt*, *Herchicourt*. Baude Fastoul disait *Hacecourt*.

> Congié demanc par connoissance
> A un chevalier de vaillance
> Qui tient Hacecourt et Vimi.

Il dépendait de St-Vaast à cause du pouvoir et de la ferme nommée *Hadas*, *de Hadis*, *de Hées*, dont l'empla-

---

[1] *Plan de 1618*, Archives départementales.

cement voisin sans doute du pont de Hées, a été compris dans les ouvrages de la citadelle.

Cette ferme comportait, ainsi que le prouvent les *Visitations* de 1530 et 1539 [1], un appartement composé d'une chambre et d'une chambrette à l'usage du Prévost; elle possédait aussi d'après Dubus un étang que fit combler l'Échevinage.

Le pouvoir de Hées avait une coutume particulière en VIII articles [2].

A Robert de Hées jehist.

dit encore Fastoul.

« Il y a, écrit le père Ignace, une ancienne et des plus antiques forteresses sur le Crinchon à droite au-dessous de Wailly sur le territoire d'Achicourt. C'est un fort quarré très-régulier, étroit, selon la méthode des Romains. Ce fort est quarré en-dedans, flanqué de quatre angles rondes. Il y avait tout autour des embrazures ouvertes en diminuant sur la superficie extérieure. Les plus anciens habitants croient que dessous ce château sont des conduits souterrains, larges, spatieux et profonds, dans les guerres des siècles passés ces habitants s'y sont sauvez avec tous leurs bestiaux. Ce fort a plus de 26 pieds en quarré, dont au dedans les murailles sont épaisses de 5 à 6 pieds, le haut est détruit. C'est un des plus anciens monuments que nous aions de l'antiquité la plus reculée en fait de fortifications [3]. »

Ajoutons qu'il y a quarante ans environ, un peu au-dessus du pont d'Achicourt, s'élevait près de la rivière, au lieu dit *la Seigneurie*, d'un milieu de ronces, de broussailles et de sureaux, les restes d'une forte tour, ronde, d'un dia-

---

[1] *Fonds de St-Vaast*, série H, Achicourt.
[2] *Coutumier général*, tome I, page 421.
[3] *Mémoires*, tome VI, pages 213.

mètre de vingt-cinq mètres et dont il restait sept ou huit mètres de hauteur. Elle était construite en énormes blocs de grès bruts, réunis par un ciment tellement dur que les pioches se cassaient sur lui ; plusieurs de ces grès ont été employés dans la construction du pont existant avant le pont actuel; quelques-uns traînent peut-être encore à proximité. L'emplacement très-visible de ce débris peut-être de la forteresse des seigneurs d'Achicourt, est toujours appelé *la Tour* par les habitants de la localité.

Entre Achicourt et Arras était le fief de Wailly. « Il est situé, dit le père Ignace, près la Ville d'Arras entre le sud et l'ouest ; le chef-lieu étoit autrefois ou est à présent la citadelle, son étendue va au fauxbourg d'Achicourt ou il a quelques mouvances, du côté où quartier appelé aujourd'hui la neuve Rue. Ce fief s'étend jusque dans Arras par l'ancienne porte de Hagerue dont la plus voisine maison contigue le rempart est aussi tenue. Le maître des hautes Œuvres occupoit cette maison au commencement de ce siècle et avant [1] ».

Les trois plus belles cloches d'Arras et des environs, sont, on le sait, celles de Saint-Jean-Baptiste, de Dainville et d'Achicourt dues, paraît-il au même maître fondeur.

Lorsqu'eut lieu la fonte de cette dernière, un religieux envoyé par l'abbaye de Saint-Vaast pour présider à l'opération jeta, dit-on, dans le métal en fusion, un sac d'argent : circonstance à laquelle certaines personnes qui trouvent le son de la cloche d'Achicourt plus argentin que celui des deux autres attribuent cette richesse de tonalité [2].

---

[1] *Mémoires*, tome VI. page 213.
[2] Il y a moins d'un demi-siècle que les femmes d'Achicourt et d'Agny portaient les dimanches et jours de fêtes un costume traditionnel qui ne manquait pas de caractère.

Il se composait de bas invariablement bleus, d'un jupon court très-plissé

On lit au procès-verbal, dressé par Gayant du 23 septembre au 31 décembre 1783 cette description du chœur de l'église d'Achicourt. « 35 pieds de longueur 20 pieds de largeur construit en pierres blanches avec piétement en grès et quatre jambes de force, carrelé en carreaux de pierre bleue et le sanctuaire en carreaux de terre cuite à six pans dans lequel on monte deux marches, ledit chœur est éclairé de six croisées avec croisillons en fer, lambrissé en bois de chêne en forme de voûte avec quatre chaînes de fer et couvert en tuiles et le cul de lampe en ardoises, à droite dudit chœur, il y a une chapelle de même construction [1] ».

Les faubourgs si restreints aujourd'hui, étaient anciennement très-étendus et excessivement peuplés.

Lorsqu'en effet Arras compta (dit-on) 80,000 habitants, la Basse-Ville n'existait pas, la Cité ne comprenait guère que des maisons canoniales, des couvents et des refuges entourés de vastes jardins, et la Ville avec ses enclos de corporations et ses maisons sans étages [2], en bien des quar-

---

sur les hanches, rouge ou noir, en futaine ou indienne suivant la saison, d'un spencer en tricot noir sur lequel se croisait un mouchoir généralement blanc ou rouge avec bordure et ramages, et d'une coiffe à fond et à barbes plates, ou d'un bonnet ruché en éventail suivant l'âge : le tout rehaussé d'une croix en strass, en filigrane d'or, ou en or plein avec cœur, qu'attachait un velours noir retombant souvent très-bas sur le dos, et de longues boucles d'oreilles.

De même que la plupart des traditions, ce costume a complétement disparu, et les modes achicouriennes, cela va sans dire, n'y ont nullement gagné.

[1] Archives départementales.
[2] Quoiqu'on en ait détruit beaucoup depuis trente ans, il en reste encore d'assez nombreux spécimens aujourd'hui.

On lit au *manuscrit de l'Évêché* : « La Ville d'Arras se divise en 12 cantons à cause que l'Hôtel-de-Ville est composé de douze Échevins.

Ces cantons ont le nombre de maisons suivant (Cité non comprise) :

Le premier.	177
Second	165
Troisième	215

tiers, devait avoir moins d'habitants qu'elle n'en possède maintenant. La majeure partie de la population donc se logeait dans les faubourgs.

Quatrième	208
Cinquième	161
Sixième	228
Septième	167
Huitième	133
Neuvième	144
Dixième	162
Onzième	168
Douzième	190
	2118

Folios 118 R° et V°.

BANLIEUE.

La Ville d'Arras avait une *banlieue criminelle* et une *banlieue civile* [1] dont les limites n'étaient point les mêmes. La banlieue criminelle étant infiniment plus étendue que la banlieue civile.

BANLIEUE CRIMINELLE

« S'ensuit l'étendue des limites de la banlieue criminelle de ladite Ville d'Arras, tirée d'un ancien cartulaire en parchemin coté sur la couverture C commençant en 1469 et finissant en 1493. Reposant es archives du Magistrat de ladite Ville d'Arras, où est écrit ce qui suit :

Fol° 16 R° et V°.

Copie de la déclaration ja pieça prinse de plusieurs mesures prinses sur les chemins et limites de la banlieue d'Arras.

Et primes.

Depuis le porte de Miolens, jusqu'au pont de pierre sur le chemin de Therewane, VJ° XVJ vergues.

Depuis ledite porte jusque au Bourne que on dit la ban-

---

[1] Circonscriptions dans lesquelles s'exerçaient les juridictions criminelle et civile de l'Échevinage.

lieue, tenant au camp de la maladrie de Roquelaincourt sur le chemin de Lille, VJ° LXXIIIJ vergues.

Depuis le porte de Saint-Miquiel jusques au Flos Harduin sur le chemin d'Equerchin, VIIJ° XV vergues.

Depuis ledite porte, jusqu'à le Mongoye que on dit Banlieue sur le chemin de Douay, XIIJ° IIIJX vergues.

Depuis ledite porte, jusques a une haulte Bourne assez prez de Feuchy, d'emprez le pons d'Athies, VJ°LXX vergues.

Depuis le porte de Saint-Nicolay, jusques a une Mongoye de cailloux assez près de l'enseignement du chemin de Monchy-Leperreux sur le chemin de Cambray, VJ° X vergues.

Depuis le porte de Ronville, jusques au Bourne qui est emprez le Puis de la petite maladrie, à l'opposite de Beaurains sur le chemin de Bappalmes, V° XLIJ vergues.

Depuis ledite porte de Ronville, jusques au buisson nommé le Banlieue, qui est emprez le chemin qui meine a Busquoy, VJ° CXIJ vergues.

Depuis le porte de Hagerue jusques a une Mongoye qui est a l'opposite du pré Jehan de Bailly, sur le chemin Corbie, VJ° LXVJ vergues et le dit Mongoye jusques à la Croix brisée decha Wailly LXXIIIJ vergues, sont sur tout. VIJ° XL vergues.

Depuis le porte que ferme contre Cité, jusques à le Mongoye qui est sur le creste de le première valée envers Dainville sur le chemin d'Amiens VIJ° vergues.

Depuis ledite porte de Cité jusques au deux gros arbres de Wagnonlieu sur le chemin d'Avesnes-le-Comte y a VIJ° XXVJ vergues.

Et depuis ledite porte de Cité jusques au Bourne que on dit le Banlieue sur le chemin d'Hédin [1]. V° LIX vergues. »

---

[1] *Recueil de chartes.* Bibliothèque de M. le comte d'Héricourt.

BANLIEUE CIVILE

« Somière declaration de la comprehention et extendue des banlieue et Eschevinage de la Ville d'Arras, hors l'enclos d'icelle, selon diuerses visitations faites par ledit de Wignacourt et qu'il at entendu des plus anciens sergens, et peût remarquer par diuers tiltres et papiers de la Ville, instruisans le procès sur la reparation des chaussées contre Messieurs de St-Vaast.

Ascauoir, du costé de Miolens sur le rang de la maison des *quatre fils Aymon* depuis les barrières des portes jusques à la grande porte de la maison de M. *Jean Hapiot* que fut par ci-devant a *Feutrois*, au deuant de la *Croix de Grès* plantée au mitan de la rue, a laquelle correspond un bouton de grè, enclos dans et poussant hors la muraille dudit Hapiot pour marque de la fin des banlieux.

Mais au dela le ruyot a l'autre rang du costé de la maison *du Cat* au coing ladite rue jusques a ladite croix assize au deuant de la *Fleur de Lis*, c'est juridiction de St-Vaast pouvoir de Demencourt, auquel il se trouve avoir esté exploité par les Eschevins d'Arras.

Item et quant a l'autre rue croisante au coing de la maison des quatre fils Aymon, allant vers St-Nicolas de Miolens chemin de Lens c'est tout Escheuinage tant d'un costé que d'autre jusques au petit huis de la maison du sieur d'*Jnville* quy fut par cy deuant l'archidiacre *Desroza*.

Et allant pardela jusques au premier pont et moulin du costé dudit moulin, c'est Escheuinage, et de l'autre costé c'est juridiction de St-Vaast,

Et oultre ledit premier moulin finit la banlieue, estant tout de St-Vaast.

Item du costé de la porte St-Nicolas ou estoit cy deuant

la porte de St-Michel allant vers Douay, la banlieue d'Arras s'extend jusque par dela le *Luton* ou estoit par cy deuant planté l'ancien perron, joindant l'héritage du *chasteau de Belmotte*, a présent des *Dames d'Avesnes*.

Et par dela Saint-Vaast et Gouvernance et depuis ledit ancien perron la rue en montant vers les trois *Esclistres* c'est.....

Item depuis la porte de Saint-Nicolas passant le *Riez* jusques au bout des murs de l'enclos de St-Sauveur c'est banlieue d'Arras.

Item du costé du *Temple* la rue croisante ou est le moulin de la *Vignette*, c'est banlieue, avec plusieurs mesures de terre, abordant audit chemin allant jusques aux *Allouettes*, et de la jusques à St-Venant.

Item du costé de Hachicourt, a scauoir depuis la porte de Ronville la banlieue s'extend jusques à certaine borne de planche de grès, assise au deuant ou fourche le chemin allant vers Busquoy.

Laquelle borne ledit de Wignacourt a veu de son temps, et a esté ostée par les soldats lorsque le camp logea aux faubourgs en l'an 1597.

Item du costé de la porte de Hagerue, la banlieue s'extend jusques au pont pour entrer en la Vigne et sur le grand chemin jusque en maison du *blan lincheul.* »

Les limites de la banlieue d'Arras étaient, ainsi que cela résulte des anciens documents et des vieux plans, assez souvent indiquées par des *Perrons* (ou bornes, en grès de grande dimension) tantôt quarrés, tantôt cylindriques.

Nous possédons l'un de ces perrons cylindriques. Il ressemble aux colonnes des places, en haut l'on a gravé : *Perron 1740*.

D'où l'on peut inférer que pour plus d'apparence et d'authenticité certains de ces perrons portaient leur nom et la date de leur plantation¹.

¹ Trois perrons quarrés existent encore dans la commune de St-Laurent, à l'angle de la maison de M. Thilorier dans la cour du quai de M. Leconte et derrière le cimetière de l'église. Mais ils n'occupent plus leur place primitive.

ENVIRONS

SAINT-LAURENT-BLANGY

Ce joli village, situé sur la Scarpe et le plus visité de tous ceux qui sont sous ville, en est distant de trois kilomètres, et compte environ 1,700 âmes.

Il est formé de la réunion de l'ancienne paroisse d'*Immericurtis*, *Ymeircurt*, *Immercurt* (Guiman n° 152)[1], *Immercourt*, et du hameau de *Blangianum*, *Blanginium* (Guiman, *Eod. loc*), Blangy[2].

L'église d'Immercourt étant placée sous le vocable de S. Laurent qu'allaient anciennement y révérer de nombreux pèlerins, le nom du patron a fini par se substituer à celui de de la paroisse, qui du reste à une époque très-reculée était accidentellement désignée par ce dernier nom. C'est ainsi qu'en février 1071, on voit S. Liébert donner à l'église d'Arras un moulin sis à Saint-Laurent « *molendinum apud S. Laurentium.* »

De 1793 néanmoins à l'an X la philosophie sans-culottide, qui avait rayé du calendrier tous les *ex-saints*, fit dans

---

[1] *Cartulaire*. Copie de l'Évêché.
[2] Les arrêtés du District prouvent que la commune d'Immercourt « curieuse de conserver sa tranquillité » protesta contre l'annexion de Blangy.

les registres de l'état civil et autres actes plus ou moins officiels reparaître le nom d'Immercourt.

Examinons successivement ces deux intéressantes localités, en commençant par la plus rapprochée d'Arras.

BLANGY (*Blangi* dans Guiman). — Ce hameau qui dépendait de la paroisse Sainte-Croix dépendante elle-même de Saint-Vaast, a donné lieu à bien des contestations entre cette abbaye et le Magistrat de la Ville. Ce dernier prétendant que Blangy était banlieue [1], et Messieurs de Saint-Vaast soutenant au contraire, en se fondant sur une bulle de 1237 du pape Grégoire, confirmative des priviléges et prérogatives de l'abbaye « *infra bannileugam atrebatensem ...... Blangy montem* » sur un concordat de 1418, sur une sentence de l'Election d'Artois du 30 janvier 1700, confirmée par le Conseil d'Artois le 21 octobre suivant etc....., que cette banlieue ne s'étendait que jusqu'au *perron* situé comme l'indiquent les plans nos 75 et 559 des Archives départementales à quatre-vingts toises en deçà du château de Bellemotte dont nous parlerons bientôt [2].

On allait jadis à Blangy par la porte Saint-Michel dite « des Joyeuses entrées » en passant devant les chapelle et Prévôté du même nom, situées « sur une élévation à droite du Crinchon. » (Le Père Ignace).

Excessivement ancienne la chapelle Saint-Michel, ou lors

---

[1] « 31 mai 1683. — Saisie d'un pot de lot, deux demi-pots, deux pintes, une demi-pinte, une potée et deux demi-potées, le tout d'estain » en « la maison de l'*ostellerie de Saint-Jean* sise devant la *fontaine à mouchrens* occupée par Jeanne Camus, veuve de Joseph Huleux » et ce parce qu'ils étaient poinçonnés « flatry » de la *crosse* de Saint-Vaast au lieu de l'être du *rat* de l'échevinage. Archives municipales. *Mémorial. Résolutions* II, folio 84.

[2] Ce perron était encore à peu près à son ancienne place il y a quelques années.

de la grande querelle de Philippe d'Alsace et des religieux de Saint-Vaast, fut en 1166 deux fois déposé le chef de l'apôtre S. Jacques, était, ainsi que l'apprend Guiman, très-révérée par la bourgeoisie d'Arras : *Hæc Ecclesia ab universis civibus multo amore et honore colitur, et in die festivitatis ejusdem Archangeli, ibi primorum civitatis et totius plebis concursus plurima ambitione et festa devotione et multis eleemosynarum et caritatum agitur.*

En 1199 une Prévôté fut, par l'abbé Dom Henry, du consentement du légat Conon cardinal de Preneste, adjointe à cette chapelle comme le constatent les lettres suivantes :

Ego Cono Dei gratia Prænestinus episcopus sanctæ Sedis Apostolicæ Legatus omnibus christianæ religionis cultoribus, apostolicis instruimur et exemplis ut omnes qui sanctæ religionis filii esse volumus Christi sponsam sanctam videlicet Ecclesiam honoremus et commodis omnibus subveniamus qua propter cum contigisset nos Atrebatum venire secundum petitionem Domini Henrici venerabilis abbatis monasterii Sancti-Vedasti et fratrum suorum ea quæ ecclesiæ Sancti-Michaelis quæ in suburbio Atrebatensi sita est consilio capituli sui ad sustentationem et gubernationem monachorum inibi Deo servientium ipse concessit scilicet culturam juxta aquam quæ adhæret portæ civitatis : terram quam habebat Hamblen arabilem cum decima exceptis hospitibus, terram Novæ Villulæ, cum decima, terram de Telu, terram de Razincourt centum solidos de Berberia in Flandria, nos authoritate sancti Petri et romanæ Ecclesiæ cujus legatione licet indigni fungimur, confirmavimus si quæ sane alia eidem monasterio fidelium devotio ad usus fratrum propter recreationem ex obedientia abbatis Sancti-Vedasti ibi vicissim succedentium conferre voluerit et quæ juste acquisierint nos eadem authoritate firma eis manere in perpe-

PRÉVOTÉ St MICHEL ACTUELLE

tuum sancivimus eadem tamen conditione ut semper maneant in subjectione et dispositione Abbatis Sancti-Vedasti et Capituli sui. Si quæ vero Ecclesiastica sæcularis ve persona contra hanc nostræ confirmationis paginam ire præsumpserit perpetuæ excommunicationi (ne si resipierit et satisfecerit) subjaceat. Ut autem firma et inconvulsa permaneat sigilli nostri impressione signavimus. Actum Atrebati anno Incarnationis Verbi millesimo centesimo decimo nono Indictione duodecimo, regnante Ludovico rege Francorum, Balduino juniore Comite Flandriarum : Ego Cono sanctæ romanæ Ecclesiæ legatus scripsi et subscripsi et confirmavi de ejus vero erectionis executione et dictæ præpositurae mutus seculis continuatio usu inter plurima alia sic habetur in registro VIII° *hujus sæculi, fol.* CXIX [1].

Primitivement affectée aux délassements, *ad recreationem*, des religieux cette Prévôté fut ultérieurement destinée à leur servir aussi d'infirmerie, lorsque celle de l'abbaye « fut accordée et appliquée à l'usage du peuple » d'Arras.

Une lettre de l'abbé Philippe de Caverel, sous la date du 23 août 1625 porte en effet :

« Nous Philippes abbé de l'église et abbaye de Saint-Vaast d'Arras, voyans qu'il a pleu à Dieu visiter ceste ville d'Arras de la maladie contagieuse, et considérans que le mal se poldroit glisser en notre abbaye qui est de petitte extendue, et pourquoy il n'y at telle commoditée que conviendroit pour séparer et traicter bien et deuement noz religieulxs ou autres qui poldroient estre surprins ou attains de ce mal, et d'aillieur, scachans que notre Prévosté de Sainct-Michiel at esté bastye pour le soulas des malades lorsque la Chapelle

---

[1] Archives départementales du Pas-de-Calais. Série H. *Fonds de Saint-Vaast. Prévôté Saint-Michel.*

au Jardin et place de l'infirmerie anchienne fut accordée et appliquée à la Ville et usage du peuple, avons ordonné et ordonnons par ceste à notre prevost de Sainct-Michiel qu'il ait à se tenir apperceu pour donner place à nosditz religieulx ou suppostz de notre abbaye, et à cest effect qu'il soit prest de retirer les meubles dont il aura besoing hors dudit lieu, lors que luy sera ordonné. Déclarons estre notre intention user pour nosdits religieulx premièrement de la chambre qui est sur la porte et entrée dudit Sainct-Michiel, et en après des chambres tant d'embas que d'enhault de la maison principalle regardant du costé d'Orient, et successivement des autres s'il en est besoing.

Et au regard d'autres suppostz de notre dite abbaye, user des maisonnettes qu'avons fait et ferons dresser au jardin, du costé d'Orient, et que soit ouvert un huis au mur qui est basty le long de la grand chaussée, pour pouvoir sortir et entrer sans empescher la principalle maison s'il est possible. Et affin que ledit prévost ne soit trop incommodé, luy avons permis de tenir aperceus la chambre basse et haute de notre hostel de Hervang qui respond sur le petit jardinet où il y at entrée et huis particulier pour y pouvoir entrer et sortir sans passer en la court du fermier, pour en user en cas que nous ayons besoing le faire desplacer dudit Sainct-Michiel. Nous entiers toutefois en cas d'accroissement de maladie de pouvoir pareillement user de notre maison de Hervang pour le soulas desdits malades, ce qu'advenant sera pourveu d'autre demeure audit prévost, soit en notre maison de Courtaubois, soit aillieurs. En tesmoing de quoy avons signé ceste ce 23° d'août 1625. Plus bas estoit signé Phles abbé de Saint-Vaast [1]. »

---

[1] Archives départementales du Pas-de-Calais. Série H. *Fonds de Saint-Vaast, Prévôté Saint-Michel.*

Le procureur général Desmazures disait également que la Prévôté devait servir « de lieu pour la santé des religieux infirmes »[1].

L'enclos dans lequel étaient construites la chapelle et la Prévôté comportait 13 mesures 54 verges et s'étendait jusqu'à la Scarpe[2].

On y pénétrait en passant sous un pavillon composé d'un rez-de-chaussée avec porte-cochère, d'un étage éclairé de fenêtres, et d'un toit à lucarnes en pierre.

La chapelle et les bâtiments de la Prévôté, construits en grès et en pierre de taille, formaient trois côtés d'un rectangle comme suit :

D'une part, la chapelle a une nef à sept fenêtres en plein cintre de chaque côté, alternant avec un nombre égal de contre-forts. Au milieu de la nef s'élevait une tour massive flanquée à chaque angle de deux contre-forts, au haut de laquelle se trouvait éclairée par des fenêtres en plein cintre une chambre « pour y tenir fort », le tout surmonté d'une flèche.

En regard de l'église était la Prévôté, bâtie avec pignons droits et découpés. Au rez-de-chaussée existaient huit fenêtres rectangulaires de dimensions diverses et quatre portes d'entrée en plein cintre. A l'étage, sept fenêtres uniformes rectangulaires à croisillons. Dans le toit trois lucarnes découpées en maçonnerie.

La chapelle et la Prévôté se trouvaient reliées par un cloître à huit arcatures en plein cintre, retombant sur colonnes au rez-de-chaussée. Elles étaient dominées par un étage percé de quatre fenêtres et par un toit où s'ouvraient deux lucarnes en maçonnerie.

---

[1] Livre VII. Titre III, n° 140.
[2] *Plan de* 1596. N° 559. Archives départementales.
[3] *Plan de réparations faites au clocher en* 1590. *Fonds de Saint-Vaast*, Série II. **Prévôté Saint-Michel**.

Ce troisième bâtiment était sensiblement moins élevé que les deux autres.

Au centre de la cour se voyait un parterre entouré de palissades [1].

Cette Prévôté, dont le titulaire était révocable *ad nutum*, avait une Coutume spéciale en 22 articles [2].

Son tribunal se composait d'un prévôt et bailly commis par l'église de Saint-Vaast et de sept échevins nommés par le prévôt [3].

Aussi Desmazures dit-il : « La dicte Prevosté a jurisdiction sur diverses jurisdictions et tenement avoecq officiers et lieu plaidoiable dont le ressort est par devant le grand prevost et hommes de fief de l'abbaye du dict Saint-Vaast. »

La Prévôté de Saint-Michel fut, ainsi que sa chapelle, détruite de fond en comble « *penitus diruta et solo adæquata* » lors du siége de 1640 : et l'extension des fortifications de la Ville, ne permettant plus de rebâtir sur son emplacement enclavé dans les zones militaires, il resta signalé par une croix en fer avec inscription commémorative, et chapelle et bâtiments furent reportés à Saint-Laurent ainsi que nous le dirons plus bas.

Le nécrologe de Saint-Vaast nous a conservé les noms des cinquante huit prévôts qui, de 1213 à 1740, ont administré la Prévôté, les voici [4] :

---

[1] *Plan sur parchemin de 1590. Fonds de Saint-Vaast.* Série II. Prévôté Saint-Michel.

[2] *Copie collationnée par Guillaume-François Hébert, conseiller au Conseil d'Artois* (7 mars 1593) même fonds. — En 1635 le Bailli touchait annuellement 4 livres, le Lieutenant 6 livres, le Sergeant 4 livres. En 1690 le Bailly touchait 6 livres, le Lieutenant 4 livres, le Sergeant 1 livre. *Comptes de la Prevôté St-Michel.* Archives départementales.

[3] Même copie.

[4] Bibliothèque de l'Évêché, *Manuscrit in-folio*.

Guéric, 1213. — Eloy de Hées, 1294. — Philippe de M...., 1298. — Jean de Sainte-Gemme, 1316. — Robert de Vhé, 1318. — Pierre de Tournay, 1323. — Pierre de Douay, 1330. — Pierre de Soissons, 1334. — Gauthiers de Molaines, 1339. — Regnier, 1343. — Jean Méhaut qui avait avec lui trois religieux, 1345. — Jean de Baillelet, 1350. — Jacques de Dion, 1363. — Jean de Neuville, 1365, 1380. — Robert le Bescot, 1375. — Eustache de Bailleuil, 1380. — Jacques de Castelain, 1391. — Nicolas Devery 1403, 1410. — Jean Potier, 1420. — Pierre Martin de Lorgies, 1427. — Jean Hourrier-Beaumont, 1420. — Jacques de Hertem, 1431, 1439, 1450. — Pierre de Herlin, 1435, 1439, 1442. — Pierre de Bus, 1445. — Gauthier de la Houssière, 1448. — Guillaume Moque, 1453. — David de Bulleux, 1460. — Jean Wallois, 1468. — Philippe Gomméz, 1472. — Godefroy Dubos, 1474. — Jean Barre, 1477. — Georges d'Averoult 1485. — Fremion Everlencq, 1489. — Wallerand de Wignacourt, 1491. — Hugues de Villers, 1505. — Philippe Walois qui avait avec lui deux religieux, 1506. — Jean Leuriot, 1512. — Payen, 1513. — Leduin de Paris, 1516. — Jean Tordeur, 1526. — Jacques de Wignacourt d'Ourton, 1532. — Jean de Boufflers, 1557. — Jean Dumortier-Cawet, 1559. — Jean Lefebure, 1564. — Michel Daire 1567. — Nicolas le Sergeant, 1576. — Antoine de Frameries, 1578. — Jacques Monvoisin (par interim), 1588. — Jean Bourgeois, 1589. — Louis Doresmieux, 1596. — Alphonse Doresmieux, 1596. — Philippe Leclercq. 1597, 1610. — Guillaume Bosquet, 1605. — Albert Gazet, 1611. — Antoine Géry, 1626 [1]. — Pierre Denis, 1633. — Nicolas Lemaire, 1635. — Jacques Gallois, 1636.

---

[1] Il devint Grand Prieur, décéda en 1663 et fut inhumé dans la Prévôté.

Depuis la fermeture de la porte Saint-Michel on se rend à Blangy soit par celle de Ronville, soit par celle de Méaulens.

Au-dessus de la Prévôté Saint-Michel se trouvaient :

La propriété de M. Couronnel composée de l'habitation, de jardins où était une motte au milieu d'un grand vivier quarré et de prés s'étendant jusqu'à la Scarpe, le tout d'une contenance de 8 mesures 1/2 [1].

La maison et la prairie du *Luton*, comprenant une mesure 69 verges [2].

Le château de Bellemotte, *castrum Bellomotteum.*

Après avoir appartenu à Jakemon Esturion (acte de mai 1285) [3], parent sans doute du fameux Symon Esturion dont Adam de la Halle dit en son *Congié* :

> Sans mesdit, sans fiel et sans mal,
> Biaus parlier, honneste et rians,
> Et se aime d'amour coral,
> Je ne sai homme chi aval
> Que femes doivent amer tant.
> Congié demant de cuer dolant
> Au milleur et au plus vaillant
> D'Arras, et tout le plus loial
> Symon Esturion avant
> Sage, débonnaire et souffrant,
> Large en ostel, preu au cheval,
> Compaignon liet et libéral.

---

[1] *Plan de 1596.* N° 559 des Archives départementales, et *plan de 1617.*
[2] *Même Plan.*
[3] *Inventaire de Godefroy.*

On voit figurer dans ces actes Robert, châtelain de Bapaume, sire de Beaumetz, dont parle Jehan Bodel :

> Pitié ki en moi es empointe
> Dus k'a Biaumés fai une pointe,
> Si me salue a cuer haitié
> Le Castelain en cui s'apointe
> Honors qui le fait sage et cointe
> Et débonaire et afaitié.

et au sire Baude le Normant (mai 1285)¹, dont le trouvère dit aussi :

> Bien doi avoir en ramembranche
> Deux freres en cui j'ai flanche,
> Signeur Baude et signeur Robert
> Le Normant, car il m'ont d'enfanche
> Nourri et fait mainte honnestanche,
> Et se li cors ne le dessert,
> Li cuers a tel cose s'aert,
> Que, se Dieu plaist, meri leur iert,
> Si Diex adreche m'esperanche,
> Leur huis m'ont esté bien ouvert.
> Cuers qui tel compaignie pert,
> Doit bien plourer le dessevranche.

il tomba aux mains des comtes d'Artois : et Marguerite de Flandre, qui l'avait apporté en dot à Philippe-le-Hardi, y mourut en 1405.

Flanquée de quatre grosses tours en grès, non comprise celle où était la « clochette²,» cette forteresse, que les eaux environnaient de toutes parts (et qu'en 1356 ou 1357, l'on arma de deux pièces de canon de cuivre de petit calibre)³, fut, lors du siége d'Arras en 1414, violemment attaquée par le duc d'Armagnac lui-même ; mais tous ses efforts échouèrent contre la vigoureuse défense de la garnison bourguignonne, et, dit Meyer : « *Arx Bellæ Mottæ ubi præcipua semper dimicatio fuit, invicta permansit.* »

Il existe aux archives départementales un compte-rendu « par Regnault Lenoul, garde de la maison de Bellemotte,

---

¹ *Inventaire* de Godefroy.
² Compte du Baillage, 1439.
³ Renseignement donné par M. GUESNON.
En avril 1462, on voit un sieur « Jacque Parent escuyer chastellein de Bellemotte ». (Archives municipales, *Registre aux procurations*.)

à ce comis et establi de Monsieur le duc de Bourgongne, Conte d'Artois, des ouvraiges fais a Bellemotte depuis le VII° jour du mois de novembre l'an MCCCXXXIX jusques par tout le jour de saint Adrien en l'an de grâce MCCCXL. »

Vendue en 1565 moyennant la somme de 6,820 livres de Flandre, et à charge de toutes les rentes foncières et autres qui la grevaient (notamment au profit de Messieurs de Saint-Vaast)[1] par Philippe II d'Espagne aux dames nobles et bénédictines d'Avesnes, cette forteresse eut non-seulement ses fortifications détruites, mais même son corps-de-logis rasé. Gazet affirme positivement en effet que « tous les bastiments furent renouvellez de fond en comble et accomodez à l'vsage monastique par la diligence de Margverite de Warlvsier abbesse de ce liev ».

Quant au cloître de l'abbaye, il ne fut construit qu'en 1605, ainsi que l'indique une pierre tumulaire récemment retrouvée et sur laquelle on lit :

« Cy gist noble et vertvevse dame, Madame Florisse Bayart, dite de Cantav, laquelle, aprez avoir exercé l'estat de Prievse vingt-trois ans, fut abbesse l'espas de six ans, dvrant lesquelz elle feit bastir le cloistre de céans. Elle trespassa le XXVIII° iour d'octobre 1605. *Requiescat in pace*[2]. »

Le monastère des dames d'Avesnes constituait un quadrilatère, flanqué de trois tourelles (Voir aux Archives départementales les plans de 1490, 1494 et 1618.) ayant conservé les fossés larges et profonds de l'ancienne forteresse, il n'était accessible que par deux ponts dont l'un se trouvait en face de la porte d'entrée donnant sur la route, et l'autre à main droite vers les moulins de Blangy.

---

[1] *Fonds de Saint-Vaast*, série H. *Commune de Saint-Laurent. Acte de vente de 1565.* Archives départementales.

[2] On retrouva en même temps la dalle tumulaire d'une autre abbesse, dame de Hauteclocque de Wail.

Cette porte d'entrée constituait un pavillon, où l'on voyait au rez-de-chaussée une porte cochère, trois fenêtres sur rue à l'étage, et une grande mansarde dans le toit [1].

La contenance totale de l'enclos, s'étendant entre la route et la Scarpe, jusqu'au pont de Blangy, était de 23 mesures [2].

C'est au château de Bellemotte, ou mieux à l'abbaye d'Avesnes, qu'en 1649 furent arrêtés les trente-un articles de la capitulation d'Arras.

Lors du siége de 1654 par les Espagnols, le marquis de Mondejeu, gouverneur de la Ville fit incendier l'église et le cloître de cette même abbaye qui, abandonnée alors, ne reçut ses restaurations qu'en 1690.

Comme beaucoup de biens de main-morte elle fut aliénée nationalement ; ses tableaux devaient être remarquables, car le procès-verbal du 16 octobre 1792 de la municipalité d'Arras constate que le citoyen Carlier s'est plaint de ce que l'on avait « contre les règlements prescrits à l'égard des ventes, prolongé jusqu'à neuf heures du soir, celle de l'abbaye d'Avesnes, où des chefs-d'œuvre de peinture pouvaient à la faveur de l'obscurité être portés beaucoup au-dessous de leur valeur réelle. »

Au nombre des riches présents qu'avaient fait à l'abbaye d'Avesnes de hauts personnages, figurait une étole brodée par la fille d'Arnould II, comte de Guisnes, et de Béatrice Bourbourg, et troisième femme de Hugues I*er*, de Chatillon.

On lit, en effet, aux annales des comtes de Saint-Paul :

« *Adstipulatur necrologium Bertinianum his verbis,*

---

[1] Plan de 1594.
[2] *Atlas dédié à Mgr le cardinal de Bouillon, abbé de Saint-Vaast, et à Messieurs les grand prévôt et religieux de ladite abbaye*, par DESAILLY, 1704. Archives départementales. — *Répertoire de la carte de Thilloy et de St-Sauveur, dressée en 1753 et 1760, qui porte en plus 62 verges* 1/2.

anno MCCLXII obiit Mactildis comitissa de Guisnes et sancti Pauli, vidua Hugonis de sancto Paulo et Balduini comitis Guisnensis soror. Idem astruitur ex stola quæ apud moniales de Avesnis Attrebatum servatur, in qua verba hæc acu et serico exarata cernuntur: Mehaus de Guisnes jadis comtesse de Saint-Paul me fist [1]. »

Les démolisseurs ne se firent pas faute, bien entendu, de culbuter l'abbaye d'Avesnes, dont néanmoins on reconnaît encore l'emplacement jalonné par une rangée de peupliers, et limité par deux des quatre viviers qui l'entouraient jadis; des dépendances il ne reste plus que la jolie baie en plein cintre flanquée de deux pavillons qui se trouve sur la route et donne accès à la propriété de M. Champon. Cette porte et ses pavillons qui avaient succédé au vieux pavillon dont nous venons de parler ne remontent qu'au siècle dernier.

Il y a douze ou quinze ans lors des terrassements opérés pour le remaniement du parc, on découvrit les caveaux funéraires des dames d'Avesnes, dont une partie n'a point été fouillée. On rencontra de plus des restes de la forteresse, savoir: des couloirs de 1 m. 50 de largeur en grès parfaitement piqués, et les fondations d'une tour également en blocs de grès énormes que rattachaient des agrafes de fer et que liait un ciment si dur que malgré la valeur des matériaux on aima mieux les laisser en terre, que de payer la main-d'œuvre qu'eût coûté leur extraction.

Nul doute que les moindres fouilles feraient retrouver quantité de débris du monastère, et de l'ancien château.

C'était à proximité de l'abbaye d'Avesnes, sans que l'on puisse en déterminer positivement l'endroit [2], que sous un

---

[1] *Comitum Tervanensium Annales historici collectore. R. P. Thoma Turpin Paulinate.* 1731. Page 129.
[2] Peut-être dans la propriété appartenant actuellement à M. Riboud.

berceau de troène, à côté d'une source dont les eaux baignaient des massifs de rosiers en fleurs, de 1778 à 1789, le 21 juin de chaque année; se réunit l'aimable et frivole société des *Rosati*.

Vaguement indicatif de cet endroit, le diplôme de M. de Fosseux, portait :

> C'est non loin du châtel
> Que l'on appelle Avesne,
> Sur la route qui mène
> Au Valmuse Immortel !

Ce qui signifie « prosaïquement route de Douai » comme le dit M. Paris : l'Immortel Valmuse dont on ne se souvient guères aujourd'hui, ayant été à Brunnellemont le rendez-vous anacréontique des bocagers et bocagères Valmusiens et Valmusiennes.

En 1596, le premier des moulins de Saint-Vaast à Blangy était un moulin à draps, au devant duquel s'élevait un grand arbre. Le second s'appuyait sur une construction à pignons droits jetée au-dessus de la route et composée d'un rez-de-chaussée ne constituant qu'une large baie, d'un étage où s'ouvraient quatre fenêtres, et d'un toit avec grande lucarne en maçonnerie [1].

On remarque à Blangy la maison de campagne de M. Dumortier, et celle moins importante de M. Riboud, laquelle appartint à la famille de Gantès et on y remarquera bientôt la grande construction romano-gothique tout en briques qu'y font élever Messieurs Laurent.

Blangy est maintenant un centre industriel vraiment exceptionnel. Il compte quatre fonderies immenses et monumentales, une malterie, un établissement de scieries méca-

---

[1] Plan de cette époque sus-visé.

niques, un atelier de construction, une sucrerie, deux brasseries, et deux usines à la fois à vapeur et hydrauliques (anciens moulins de Saint-Vaast) dont l'une à farine et l'autre à l'huile.

SAINT-LAURENT. — Il dépendait jadis « en partie de la justice de l'abbaye de Saint-Vaast, l'autre de la Gouvernance d'Arras, Election et Conseil d'Artois, Parlement de Paris, Subdélégation, Recette et Gouvernement d'Arras, Intendance de Picardie et d'Amiens [1]. »

Au XIIe siècle sa seigneurie appartenait à un sire *Augrenons*; on lit en effet au poëme qui date du XIIe siècle, « sur l'advenement de la Saincte-Chandelle d'Arras. »

> Quand Norman fut mort et Ithiers
> A Arras obt deux cheüaliers
> Que aüoient moult grande vieulte
> De ce que ceste carité
> Estoit par deux chanteurs menée
> Et eulx qui sont de renommée.
> Falloit qu'ilz fussent dessoubz eulz
> Or vous diray les noms diceulx
> L'ung fust Nicholas Augrenons
> Moult fust poissans et riches homs
> Il tint Bailloeul et Immercourt.
> Et l'auttre estoit Jehan de Wancourt

Ce qui frappe à l'entrée du village et ce qui le domine entièrement est l'ex-*Prévôté de Saint-Michel* que Messieurs de Saint-Vaast, Mgr Emmanuel-Théodore de La Tour d'Auvergne, cardinal de Bouillon, grand-aumônier de France,

---

[1] Le Père Ignace, *Dictionnaire*, tome III. V. *St-Laurent*. S. Laurent qui en 1730 avait 68 feux n'en avait plus, chose singulière, que 49 au moment où le Père Ignace écrivait sa notice.

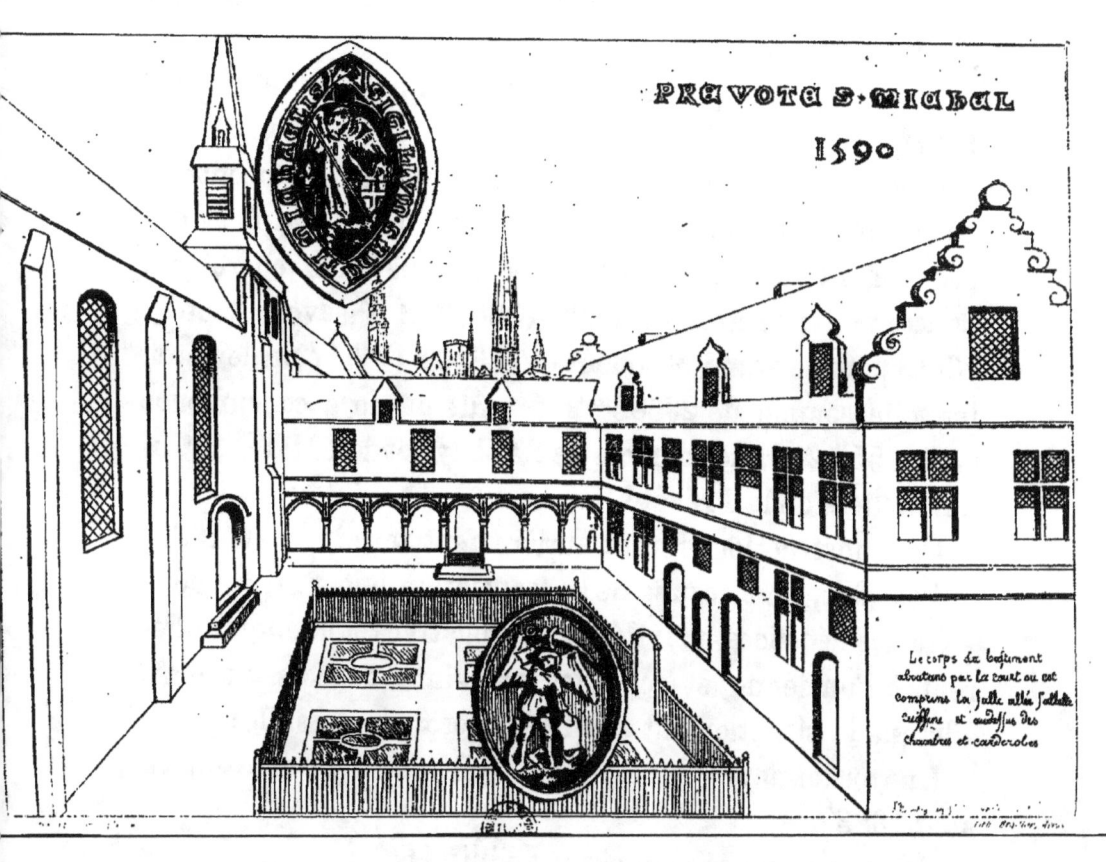

étant abbé commendataire et Dom Antoine Chasse étant grand-prieur [1], firent élever en 1684 et 1685.

Dom Chasse ayant acheté un terrain d'environ trois arpents « *ad tria circiter jugera patentem* », en entoura de murs de briques et de murs de pisé « *muris partim lateritiis, partim terreis* » une partie destinée à usage de jardin, et y construisit une chapelle et une Prévôté dont le coût s'éleva à 40,000 livres, somme considérable pour cette époque. (Le Père Ignace.)

Bâtie en grès et pierres de taille la chapelle coûta 16316^{lb} 17^s 7^d.

Composée de deux bâtiments en grès et pierres rencontrées de briques dans le style Louis XIII, l'un grand, la Prévôté, proprement dite avec toit suraigu et pavillon en retour, l'autre petit : la Prévôté coûta 23683^{lb} 2^s 5^d savoir 20962^{lb} 16^s 0^d pour le grand bâtiment et 16316^{lb} 17^s 7^d pour le petit, laquelle somme de 23683^{lb} 2^s 5^d, fut payée à concurrence de 13955^{lb} 9^s 0^d des deniers de l'Abbaye et de 10125^{lb} 13^s 5^d des deniers de la Prévôté [2].

Ces constructions furent entièrement terminées en 1685.

Cela fait, on s'occupa de la translation à la Prévôté nouvelle des bénéfices, priviléges, prérogatives et honneurs afférents à l'ancienne, et à ce sujet intervinrent successivement, afin que la situation fût aussi régulière que possible :

Une ordonnance du cardinal de Bouillon en date du 19 août 1686 ;

Une bulle du pape Innocent de juin 1687 ;

Une fulmination de cette bulle par sentence de l'Official d'Arras, du 9 février 1688 ;

---

[1] Il portait « *de gueules à trois olifants d'or posés 2 et 1.* » *Nécrologe de Saint-Vaast.*

[2] *Fonds de St-Vaast*, série H. *Prévôté de St-Michel, compte des dépenses.*

Des lettres-patentes du roi Louis XIV, données à Versailles en août 1693 ;

Et un enregistrement « par la Cour les Grand Chambre et Tournelle de Paris » du 8 mai 1694 [1].

De tout ce que dessus, il résultait que la Prévôté nouvelle devait jouir des Immunités et droits de la précédente, à la condition de conserver le même vocable, de n'avoir qu'un prévôt pourvu d'un simple office révocable *ad nutum*, et de rester affectée à la récréation et aux soins de la santé des religieux.

Pour prévenir toute espèce de tiraillements ou de malentendus dans l'administration de la Prévôté, l'ordonnance en avait déterminé une division tripartite ainsi conçue :

« *Pars ea quæ respicit meridiem et continet quatuor cubicula duo inferiora et duo superiora usibus ægrorum monasterii destinabitur. Pars vero quæ respicit aquilonem et continet aulam cum adjuncto conclavi, cum partibus superioribus recreationi Communitatis cedet, cum ipsius sumptibus extructa sit. Pars vero media quæ continet duo cubicula inferiora et duo superiora habitationi Præpositi inserviet ad quem spectabit usus horti et columbarii, sacellum vero et culina cum caveis communia erunt.* »

Et, pour parfaitement préciser que la Prévôté nouvelle se trouvait identiquement aux droits de l'ancienne, la bulle s'exprime ainsi :

« *Cum illius privilegiis, indultis, honoribus missarum et anniversariorum et aliis illi quibuslibet incumbentibus oneribus, nec non fructibus, redditibus et proventibus juribus obvenientibus emolumentis rebus et bonis illius universis, calicibus quoque crucibus, candelabris,*

---

[1] Voir ces pièces aux archives départementales. *Fonds de Saint-Vaast, Série H. Prévôté Saint-Michel.*

vestibus, indumentis et aliis ornamentis et paramentis ad eam pertinentibus. »

Le jardin très-restreint d'abord de la Prévôté ne tarda sans doute point à s'étendre ; séduit, en effet, par la beauté de ses parterres, de ses vergers et de ses eaux, le Père de Beuville des Jésuites d'Arras dédia à Dom de Loos, premier prévôt [1], un petit poëme en vers latins (imprimé chez Philippe Cornu) [2]. Nous nous estimons d'autant plus heureux de pouvoir le reproduire que cet opuscule est rare à ce point de ne figurer ni à la bibliothèque nationale, ni au catalogue si soigneusement dressé par les Jésuites de la rue des Postes de tous les ouvrages publiés par leurs congréganistes [3].

S. MICHAELIS
VILLA
REVERENDO DOMINO
D. DE LOZ
SANCTI MICHAELIS PRÆPOSITO

Ne mihi flammivomo quondam vigilata draconi
Hesperidum jactes rutilo conflata metallo
Poma, nec Elisios mendaci fabula versu
Extollat saltus, ditesque Semiramis hortos :
Quo mentem, Lossi, juvat oblectare colendo
Ante alios nostrum sibi vindicat hortus amorem.

FLORIGER HORTUS.

Haud procul a domina Floram miraberis æde
Spargere purpureo florentem lumine campum
Nec, mihi si calami centum, si Mantua vocem
Sufficiat, varios possim describere flores

---

[1] Dom de Loos portait *un pin sur champ d'argent*. (Nécrologe de Saint Vaast.)

[2] Le Père Ignace. *Prévôté Saint-Michel.*

[3] Un exemplaire de ce poème et le dernier peut-être qui existe a été retrouvé par notre savant collègue M. La Roche qui a bien voulu nous l'offrir, ce dont il nous permettra de le remercier ici.

Quos rediviva sinu fundit natura recluso,
Dum Zephyrus blandos instaurat ruris honores,
Pictaque lascivo ludit per prata volatu
Hic ne virgineo noceat sua forma pudori
Inficiunt violæ blandos ferrugine vultus,
Utque procos lateant humili de cespite surgunt,
Quid dicam ut teneros vibret Narcissus odores?
Qui se dum speculo demens miratur aquarum,
Irrita dum jactat fugienti brachia collo
Et captare manu simulacra evanida tentat
Naufragus egregio fecit de corpore florem.
Quid loquar ut vultus profert tulipa decorem?
Hæc rubet aut vivo pallens ebur excitat ostro,
Hæc rutilum densa ferrugine temperat aurum,
Illa suum niveo jactat candore pudorem,
Altera distinctum filis imitatur Achaten
Et vario diversa comas intersecat auro.
Purpureos anemona sinus, flammasque comantes
Explicat et rutilo Solem fulgore lacescit;
Hic etiam foliis se versicoloribus effert
Et blandum blande jaculatur ocellus odorem,
Particulasque leves pretiosaque nubila fundit.

VIRIDARIA.

Nunc te, qua variis ornat se fructibus arbos
Et tener immenso premitur sub pondere ramus,
Te, Pomona, canam : blandi miracula ruris
Et quem diverso pinxit Natura colore
Se locus Alcinoï par aut formosior hortis
Objicit et nostros in se convertit amores.
Qua saliens venis manat bullantibus unda
Et sese extendit longos imitata canales;
Incipit hac facili tellus assurgere clivo
Et molli sensim tumet altior aggere campus.
Arborei fœtus sua per discrimina surgunt
Et cerasi dulces florent, et pruna Canopi
Et Baccho inventæ ficus, et persica mala,
Et varia quidquid tellus regione locorum

Parturit hic læto congessit prodiga partu :
Quid memorem ut sese lætis sub frondibus arbos
Explicet ad murum, pictosque imitata tapetas
Alliciat spectantum oculos, dextramque legentum;
Hic etiam vitis murum captiva per omnem
Serpit et ambrosia turgentes porrigit uvas;
Hic plantis ultro curam præstare colendis
Et te naturam cultu mollire frequenti
Arboris, aut nimium ferro compescere luxum
Et tenera sylvestrem animum emendare juventa
Vidimus, incisoque oculos imponere libro,
Ut matrem et succos ramus dediscat acerbos,
Conjugioque feros valeat deponere mores.
Interea tellus teneræ te stirpis amantem
Gratatur, tantoque arbos cultore superba
Plus viget et largo compensat fœnore curas,
Cultoremque probat saturatum nectare pomum,
Eque tua dulces traxit dulcedine succos.

AQUÆ.

Quin etiam plantis ne desit mollibus humor
Purior argento vitroque simillima lympha
Insinuat sese furtivo lubrica lapsu
Perque sinus ipsos et ruptæ viscera terræ
Funditur et largo partitur flumine vitam.
Labere perspicuis, fons o pulcherrime, lymphis
Jam tibi Pimplæusque larex et Hyantidos unda
Cessere, Aonias, musæ, nunc tranfuga lymphas
Fastidit Vates, meliori e fonte liquorem
Lossius et blandos in carmina sufficit ignes.
Ac, si sunt veri Vates et vera loquuti,
Nympha fuit socias inter pulcherrima nymphas
Quæ fontes inter fons est pulcherrimus omnes
Hanc olim supera vidit depulsus ab arce
Dum Phœbus varias exul pervaderet oras
Ut vidit, sese vultu confessus amantem est
Et blandis animum studuit deprendere dictis :
Proripuit sese nullas capienda per artes,

Et saltus fontesque inter deserta latebat ;
Uritur, admissoque Deus vestigia passu
Urget amans ; placidas Scarpæ Mucronia ripas
Venerat, intactum, si flumina numen habetis,
Si sensum fontes, inquit, servate pudorem.
Vix ea, cum toto manant de corpore guttæ,
Solvitur in rivos, vitreasque liquescit in undas,
Immaduit tellus, ac venis perbibit imis,
Eque sinu fontem liquidas emisit in auras,
Qui statim in immensos longo fluit agmine rivos,
Hic magnos tractus undarum atque æquora lata
Efficit, hic blando fugientes murmure rivos.
Qui torto flores inter se corpore flectunt,
Et queruli imbelles gaudent assurgere in iras
Offensosque minis spumaque lacessere calles
Hinc variis gemmant distincta coloribus arva
Hinc violæ florent, hinc vos floretis ocelli
Ipseque narcissus molli redivivus ab unda
Calthaque flagranti vixit jam decolor æstu.
Hinc nemus, et longe veniunt felicius umbræ,
Hinc gelidum captas frigus, radiosque retundis,
Dum Phœbus rapidum supra quatit irritus æstum :
Hinc Zephiri molles viridi sub fornice Solem
Infensum rident, planctu Philomela canoro
Personat, aut veteres atrox denunciat iras
Atque tuos implet Terei de crimine saltus.
O utinam nostros per tot miracula visus
Ferre, tuamque mihi liceat comprendere villam ;
Ingenium quam mite solo, moresque benigni
Dicere, quam blande sensus grassetur in omnes,
Quam sit dives agro, sed ditior hospite Villa.

Les eaux chantées par le Père de Beuville étaient évidemment celles de la *Fontaine à Moucherons* jaillissant presqu'au pied de la Prevôté et nommée ainsi en raison de la quantité de ces insectes qu'elle attirait aux jours d'été.

Le long des jardins de la Prévôté et en contre-bas contre la Fontaine à Moucherons et son canal qui se déverse dans la Scarpe, s'étendait jusqu'à cette rivière un vaste terrain comprenant des eaux, des oseraies, des près, deux moulins, dont un s'appelle *Vaudriet* ou *Waudriette* et plusieurs constructions assez importantes.

Il appartenait à Messieurs de Saint-Vaast, et avait été par eux cédé, en tout ou en partie, et à bail emphytéotique, à un sieur Joffroy qui y fit construire une maison ; ses affaires étant devenues mauvaises, son droit au bail et sa maison furent rétrocédés à Monsieur de Vallicourt, qui de son côté afferma sans doute à quelqu'industriel de la ville cette maison sise sans doute aussi près de la Fontaine à Moucherons, laquelle suivant un ancien manuscrit « faisoit autrefois un des plus grands plaisirs du peuple d'Arras qui venoit s'y promener » [1].

Cette maison fut convertie en guinguette et grâce au voisinage et à la réputation de la fontaine, elle attira bientôt les amateurs de la ville et de la garnison. Les désordres y devinrent tels qu'elle fut nommément interdite aux ecclésiastiques de la ville par un mandement de Monseigneur Guy de Sève, de Rochechouart, en date du 7 février 1696 [2], et que le 16 mai 1699, Dom de Loos racheta moyennant la somme de 3,000 livres cet emphytéose de Joseph d'Iscar de Montjeu, seigneur de Villefort, et de Suzanne de Vallicourt, son épouse [3] et que le grand prieur de Saint-Vaast imposa aux locataires ultérieurs l'obligation de ne « pouvoir plus y débiter ni vin ni bière [4]. »

En 1733, Messieurs de Saint-Vaast ayant jugé convenable de modifier cette propriété et les constructions qui s'y trou-

---

[1] Bibliothèque de l'Evêché. Fol. 103.

[2] *Recueil des Ordonnances et Mandements de l'Evêque d'Arras* 1710, page 93.

[3] Voir l'acte de cession *au Fonds de Saint-Vaast*, série H. Saint-Laurent.

[4] *Même Fonds*. Baux de septembre 1716, février en 1720, etc.

vaient, des difficultés s'élevèrent entre eux et les officiers fiscaux au sujet de la plus-value que ceux-ci prétendaient résulter des dispositions nouvelles ; à ce sujet l'abbaye fit comme moyen de défense procéder à la rédaction du procès-verbal qui va suivre et dans lequel on trouvera la plus curieuse et la plus minutieuse description topographique de la propriété :

« Pardevant les notaires royaux résidens à Arras soussignez fut présent Joseph Desmiaut, maître arpenteur-géomètre juré de cette province, Jacques Gayant, maître maçon, et Pierre Devienne, maître charpentier, tous demeurans audit Arras, lesquels ouys et interrogez de la part de Messieurs de l'abbaye de Saint-Vaast dudit Arras, ont dit, juré attesté et déclaré d'avoir une parfaite connaissance d'un certain terrain appellé la Fontaine aux Moucherons, appartenant auxdits sieurs de Saint-Vaast, scitué entre la Prévosté de Saint-Michel et la rivière de Scarpe, dans lequel y avoit un grand corps de logis, maison et édifices, scavoir un bastiment à double étage de graiz et de pierre de taille, de la longueur de soixante-quinze pieds, où il y avoit cave, cinq places basses et autant en haut ; deux autres édifices ou maisons, l'un de cinquante pieds de longueur et l'autre de quarante, pareillement construits de graiz et de pierre de taille, un autre édifice à usage de brasserie et d'estable, auquel il y avoit aussi une cave, ensemble un cabinet fait de graiz et de briques placé dans le jardin potager planté d'arbres fruitiers où étoient deux viviers, l'un quarré et l'autre en triangle, plusieurs fossez et une grande fontaine, tous lesdits bastimens et édifices menaçans ruine par leur vétusté et caducité ont esté démolis, avec lesquelles démolitions et les fondations de deux vieux moulins, l'un à taillant et l'autre à papier qu'on dit avoir esté ruinés par les guerres existant dans le même terrain prez la rivière d'Escarpe, et quantité de graiz et de blanc trouvés dans ce lieu, ensemble les fondations de l'ancienne ferme nommée Waudrifontaine, scituée au bout du même terrain, où on a aussi trouvé une grande quantité de graiz et de pierre blanche, on a construit trois corps de bastiment à un étage seullement, ainsy que s'ensuit, sçavoir, une maison composée de quatre places basses, d'une cave, d'une serre au-dessus pour conserver les fruits, quatre places en paillotis dans les greniers, appuyées contre les pignons, destinées pour le logement des domestiques, une estable à mettre six vaches, une petite grange pour y mettre les fourages, le bois pour l'usage de la cuisine et ustensiles de jardinage, dans laquelle est pratiquée une petite escurie, et finalement un petit appenty contre la muraille pour servir d'estable pour deux ou trois cochons, lesquels bastimens nouveaux n'ont point absorbé toutes les matières des vieux, puisqu'il en est resté grande quantité, tant de bois que de graiz et pierres blanches qui ont esté hachées pour faire la chaux pour la construction des bastimens et dont il en reste encore considérablement, ce qu'ils sçavent, sçavoir ledit Demiaut pour avoir dirigé les ouvrages, ledit Gayant pour avoir mis en œuvre les vieux graiz, libages, briques et pierres de taille dans les nouveaux bastimens, et ledit Devienne, pour avoir employé les bois provenans desdittes démolitions, tels que sommiers, gittes, pannes, chevrons, ventrières et autres pièces de cette nature, convenables aux nouveaux bastimens, et d'y avoir fait servir aussy les vielles ferailles, telles qu'ancres, tirans et touttes autres pièces de service, sçachant aussy tous trois, pour l'avoir vu et bien remarqué que dans le terrain qui compose aujourd'huy le jardin en la forme qu'il est, il y avoit auparavant un jardin mais plus petit, avec quantité d'arbres fruitiers, dans lequel il y avoit aussy deux viviers et une fontaine spacieuse dont les eaux descendoient vers la rivière, et quantité de fossez, et qu'au bout de cet ancien jardin il y avoit un bois rempli d'osiers, d'aulnes et d'arbres montans, sçachant de plus que pour rendre cet ancien jardin bon et dans la forme qu'il est aujourd'huy, il a fallu combler et remplir les anciens viviers, fossés et fontaines, et relever le terrain, ce qui n'a pu estre fait qu'en creusant le nouveau vivier ou bassin pour en avoir la terre, sans quoy il estoit impossible de relever le jardin nouveau et remplir les anciens viviers, fossés et fontaine en partie, en sorte que l'on n'a fait autres choses dans tous ces nouveaux ouvrages que de donner une nouvelle forme au vieux jardin et bois, et des anciens bastimens, maisons et édifices, en faire une nouvelle plus petite et telle qu'on l'a dépeinte cy dessus ; déclarant aussy qu'ils croient en leur conscience, après avoir bien examiné toutes choses, que ces nouveaux travaux ne méliorent point les fonds et ne servent que d'embellissement, qu'au contraire l'abbaye en est plus tost endommagée, en ce qu'elle perd les loyers desdits deux moulins et le profit qu'elle tiroit du bois cy dessus, ne trouvant rien en tout ce qu'on a fait qu'un changement de superficie, sans méliorer le fond ny l'avoir augmenté, ce qu'ils promettent ratifier au besoin en justice partout où il appartiendra.

Ainsy fait et certifié à Arras le onzième jour de décembre mil sept cens trente-quatre, et ont signé avec lesdits notaires. »

Signé : DEMIAUT, J. GAYANT, PIERRE DE VIENNE, et comme notaires HENRY ET MATHIEU [1].

Messieurs de Saint-Vaast avaient sans doute à cette époque l'intention de réunir la partie basse de leur propriété

[1] (Archives départementales du Pas-de-Calais. Série H. *Fonds de Saint-Vaast. Prévôté Saint-Michel.*)

à la partie haute sur laquelle était érigée la Prévôté, car un plan de 1753 « de la Prévosté de Saint-Michel » publié par M. de Cardevacque au *Bulletin de la Commission des bâtiments historiques* [1], montre qu'alors ces deux parties formaient un seul tout, symétriquement arrangé et ayant, sauf une légère différence sur la rue, les limites indiquées par le plan cadastral, et même celles qui existent encore aujourd'hui, c'est-à-dire le chemin présentement dit de *Ceinture*, la Scarpe et le chemin des *Blancs-Murs* allant à Feuchy.

Vers la fin de 1757 Dom Cardon lors prévôt de Saint-Michel adressa à l'abbé Dom Vigor de Briois d'Hulluch une lettre pour lui remontrer que « le jardin étoit tellement chargé d'arbres de toutes especes qu'il paraissoit plûtot un bois qu'un jardin, et que désirant donner un autre ordre au jardin, le redresser et y faire des promenades » il demandait, dans l'intérêt de la communauté, d'abattre des arbres et d'en faire une vente « promettant d'en mettre tout le produit en ornements et charmilles et autres promenades. »

Cette autorisation ayant été accordée le 6 janvier 1758, on dut se mettre immédiatement à l'œuvre, et planter la superbe charmille qui s'élève à la hauteur d'une nef de cathédrale, et qui est encore sans rivale malgré les ravages qu'a faits l'ouragan du 12 mars 1876 [2].

Quant à la Fontaine à Moucherons qui avait pris le nom de *Fontaine Saint-Benoit*, nous inclinerions à attribuer l'élégante construction en hémicycle et à balustrade qui la décore, et dans le parvis de laquelle bouillonne sa source principale, au prévôt Dom Vandendriesche, homme très-

---

[1] Tome III, page 110. L'original du plan appartient à M. de Cardevacque.

[2] Cet ouragan, dont tous les journaux locaux ont parlé, a culbuté dans la Prévôté trois cents gros arbres au moins qui ont tout écrasé dans leur chute. Les eaux de l'étang de la Fontaine Saint-Benoît s'élevaient en vagues s'aheurtant entre elles comme celles d'une mer agitée.

versé dans l'art des bâtiments, et grand admirateur « de la belle et vénérable architecture de la sainte antiquité » ainsi que le portent les deux lettres publiées par M. Richard *au tome III du Bulletin des Antiquités départementales*, pages 140 à 190 [1].

Rien de plus correct et de plus pur en effet que cette construction classique, et que les restes des murailles par lesquelles l'étang se trouvait entouré.

C'est à la chapelle de la Prévôté, que conformément à un usage immémorial les bouchers de la ville d'Arras allaient annuellement célébrer leur fête patronale.

« Environ les neuf heures, portait l'édit du 25 février 1561, les bouchiers se transporteront en l'église et Prévosté du dict Sainct-Michel hors de la Ville, prochaine les maretz communs, en laquelle église feront célébrer messes solempnelles par les prévots et religieux du dict lieu, et ils présenteront deux grandz chierges et une torse, aulx quelles messes lesdicts bouchiers seront tenus de comparoir et assister ledict mayeur en toutte honneur, sous paine et amende de six deniers contre chaquun des defaillants a appliquer a la dicte confrairie, n'estoit qu'ils fussent absenz, malades, débilles, impotans ou aultres excuses légitimes, ladicte messe achevée en ladicte Prevostée retourneront en pareil ordre que dessus en leur dicte Halle. »

Ce à quoi le Père Ignace ajoute : que les cierges « de cire blanche » et la torche « de cire jaune » restant allumés pendant la messe devaient « peser chacun six livres » que chaque boucher était obligé d'aller à l'offrande » que « le prévost faisait ordinairement diner dans la maison les quatre

---

[1] Dom Vandendriesche eut une influence décisive sur la construction de la cathédrale actuelle pour laquelle il fit préférer les colonnes aux piliers primitivement admis, et pour laquelle aussi il voulait au haut du grand perron un péristyle qui, sans la Révolution, se fut peut-être exécuté.

plus vieux bouchers » et que les autres précédés par la bannière et le tambour de la Confrérie « revenaient processionnellement en portant l'Image du premier des Archanges¹. »

Une fois aussi chaque année pendant les Rogations, Messieurs de Saint-Vaast venaient processionnellement à cette chapelle et comme ils passaient par l'église d'Achicourt et suivaient le faubourg Saint-Sauveur, le dicton populaire traçait ainsi l'itinéraire :

>Dell' Basèque à saint-Michez
>Tout du long d'ech Riez².

Lors de la destruction de la chapelle abbatiale de Saint-Vaast, celle de la Prévôté Saint-Michel devint la sépulture des religieux. C'est là que fut inhumé, Dom Vigor de Briois d'Hulluch dernier abbé régulier et reconstructeur de l'Abbaye.

Aussi, lorsqu'en 1842 l'on creusa dans l'emplacement de cette chapelle pour la construction d'une serre, rencontra-t-on un foule de tombes renfermant des calices de plomb. L'une d'elles contenait un squelette la tête posée sur des coussins et portant encore au bras des restes de manipule, choses accusant l'un des dignitaires de l'abbaye.

La Prévôté percevait annuellement des redevances sur Arras, — Ronville, — Blangy, — Bailleul, — Brunemont, — Ecourt-Saint-Quentin, — Ecuries, — Estaing, — Hénin-sur-Cojeul, — Izel-lez-Esquerchin, — Neuville-Saint-Vaast, — Neuvireuilles, — Oppy, — Roclincourt, — Vis-en-Artois, — Wagnonlieu, — Acq, — Escout-Saint-Mein, — Feuchy, — Héninel, — L'Escluse, — Montenescourt, — Noyelles-sous-Bellonne, — Razincourt, — Wancourt, — Croisilles, — Chérisy, — Estrée-Cauchy, — Fresnicourt,

---

¹ Recueil. Tome I, page 116.
² Le P. Ignace, *Mémoires*, t. VI p. 208

— Haucourt, — Fresnes-lez-Montauban, — Mauville, — Monchicourt,—Petit-Villers, — Rœux, — Riencourt-lez-Bapaume, — Sains-en-Gohelle, — Sailly-en-Ostrevent, — Saint-Michel [1].

En 1790 les redevances produisaient un revenu de « 3496 livres 12 sols. 176 razières 3 boisseaux de bled. 39 razières d'Avoine. 15 chapons echeants aux jours de St André, Noël et St Remy de chacun an. » Mais « La plus grande partie de ces revenus consistait en dixmes necessitant des reconstructions, réparation des églises, chœurs, sacristies, clochers, presbitaires et ornements nécessaires pour le service du culte. »

Il était dû de plus « pour rentes et impositions royales 186 l., 2 s., 8 d. » [2]

On possède encore les commissions de Dom de Loos—Philippe de la Beccane, 1709. — Barthelemy Hapiot, 1720. — Alphonse Doremieux, 1722, — Vigor de Briois, 1743. — Henry Cardon, 1757. — Jean de Boufflers, 1758. — Athanase Desbaulx, 1761. — Rupert Vandendrissche, 1765 [3].

Ces commissions lorsque l'Abbé était non-régulier mais commendataire, devaient être délivrées par le grand Prieur et le Chapitre : cet usage solennellement reconnu par le cardinal de Bouillon, le Pape et le Roi [4], fut énergiquement soutenu contre le cardinal de Rohan, ainsi que le démontre la résolution suivante :

---

[1] *Comptes de la Prévôté pour* 1632, 1633, 1634, 1682, 1690. Archives départementales.

[2] *Liasse 206 du District d'Arras, Dossier de l'abbaye de St-Vaast.* Archives départementales.

[3] *Fonds de Saint-Vaast*, série H. *Prévôté Saint-Michel.*

[4] *Lettre adressée au Cardinal de Rohan, par le Chapitre de St-Vaast.* Le cardinal de Bouillon avait même donné « un acte de non préjudice pour ce qu'on lui avait laissé faire par déférence et par complaisance. » *Fonds de l'abbaye. Série II. Prévôté Saint-Michel.*

NOTRE-DAME DU BOIS.

« Le Chapitre ayant été assemblé ce jourd'huy par ordre de dom Martin Tirsay, grand Prieur, au son de la cloche, en la forme et manière accoutumée, ledit sieur grand Prieur après avoir enfin fait rapport à la communauté de tout ce qui s'étoit passé à Paris, depuis le mois de novembre 1718 jusqu'au 1ᵉʳ d'aoust 1719, entre son A. E. Monseigneur le Cardinal de Rohan, abbé de St-Vaast, et son conseil d'une part, et luy grand Prieur de l'autre, après avoir aussy représenté et lu le compte arrêté le 26 mars 1719 avec sa dite Altesse Eminentissime et le traité fait le jour suivant pour les années 1718 et 1719, qu'il avoit cru devoir tenir caché jusqu'aujourd'hui pour des raisons à luy connues, a dit qu'il luy étoit revenu qu'un certain frère bénédictin de la congrégation de St-Maur, nommé frère Eloy, avait apporté hier en l'Abbaye à Dom Jean Chrisostome Hardy, et à Dom Alphonse Doresmieux des lettres et provisions de sadite Altesse Eminentissime pour les Prévôtés de St-Michel et d'Angicourt en leur faveur, à l'insçu et sans le consentement et participation de luy grand Prieur leur supérieur légitime.

Ces lettres ayant été ensuite représentées par lesdits religieux et lues en l'assemblée par le secrétaire du Chapitre, ledit grand Prieur leur demanda s'ils étoient d'avis d'en profiter et de s'en servir, à quoy ayant tous deux répondu qu'ouy, on les pria de sortir de la compagnie pour donner la liberté aux Capitulaires de délibérer sur cette matière, et veoir quel party il y auroit à prendre en cette occasion, ce qui s'estant exécuté sur le champ, après avoir fait lecture d'une lettre écrite à feu M. le cardinal de Bouillon par le grand Prieur Dom Guillaume de la Charité en 1695, et d'un acte de non préjudice donné en conséquence ausdits Mᵉˢ grand Prieur et religieux touchant ce qu'il avoit pu faire en cette abbaye afférant à la juridiction régulière, tous les religieux capitulairement assemblés comme dessus, à la réserve desdits Doms Hardy et Doresmieux, ont dit et déclaré d'un consentement unanime qu'ils s'opposoient à l'exécution desdites lettres et provisions ; et sur ce que ledit grand Prieur leur a représenté qu'il avoit cru devoir prendre depuis quelque temps des mesures convenables, pour mettre à couvert les droits, usages et coutumes de la communauté, aussy bien que ses propres prérogatives, de peur que des malveillans n'allassent surprendre la religion de M. le Cardinal et porter ce prince à des excez qui pourroient donner atteinte ausdits droits et prérogatives, et troubler la paix de la maison, comme ledit frère Eloy s'en étoit vanté à Arras et ailleurs par des menaces qui ne luy convenoient guères, tous lesdits religieux du mesme consentement que dessus ayant loué et approuvé la conduite dudit sieur grand Prieur, on s'en alla aussitôt au grand lieu capitulaire accoutumé, encore au son de la cloche, où toute la communauté présente, y compris lesdits Dom Jean Chrisostome Hardy, et Dom Alphonse Doresmieux ; le grand Prieur, présidant à l'assemblée, réclama en la manière de tout temps usitée en cette abbaye, dom Barthélemy Hapiot et luy dit, après l'avoir fait lever sur la natte qu'il le déclaroit ouvertement prévost de St-Michel et luy en feroit délivrer les lettres pertinentes qui avoient été expédiées passé quelque temps, pour les rendre publiques où il seroit nécessaire, afin que personne n'en ignore.

Le même grand Prieur réclama après cela Dom André Dormy, tant en son nom que pour Dom Charles Valory absent, et déclara comme dessus ledit dom André Dormy, principal du Collége de Paris, et dom Charles Valory, prévost d'Angicourt, *Nemine prorsus contradicente*. En foy de quoy lesdits religieux capitulaires représentant le corps et la communauté d'icelle ont signé les jour, mois et an que dessus.

Signé :

Dom Martin Tirsay, grand Prieur. Dom J. Legrand, sacristain.

Dom M. Hurtrel, sousprieur et théologal.
— J. Lecocq, prévost.
— L. Dehamel, cellerier.
— V. Toustain, thrésorier.
— J. De France, grand prévost.
— D. B. Hapiot, ancien sousprieur.
— B. Lallart, vinier.
— G. de Gargan.
— Gatien de Waziers, grenetier.
— A. Rouvroy, hostelier.
— A. Gaillard.
— N. Hébert, rentier.
— F. Cardon, receveur forain.
— M. Palysot, chapelain.

Dom L. Dubois, maître des œuvres.
— C. Beaurains, tiersprieur.
— Belvalet, chantre.
— J. Bryas, chantre.
— M. Beauffremez, quartprieur.
— R. Raulin, maître des novices.
— A. Dormy, principal.
— G. Caulier, bibliothécaire.
— P. Du Mortier, professeur en théologie.
F. M. Lefebvre, diacre.
F. O. Hanotel, sousdiacre.
F. A. Lejosne, sousdiacre.
F. A. Lehardy, sousdiacre.

Les soussignez religieux n'ayant pu assister à l'Assemblée capitulaire du 23 janvier de cette présente année, partie pour leur absence de la ville, partie à cause de leur indisposition, lecture leur ayant été faite par le secrétaire du chapitre de l'acte cy dessus, ont trouvé à propos de joindre leurs signatures à celles de tous les autres confrères. pour marquer leur adhésion à tout ce qui a été fait durant leur absence.

Signé :

Dom P. Decouleur.
— J. Legrand, sacristain.
— N. Delagrange, secrétaire forain.

Dom F. Carondelet, réfecturier.
— T. Coupigny.

Ainsy fait et passé à Arras, le 23 janvier 1720. »

Signé : D. M. Hurtrel, secrétaire [1].

Archives départementales du Pas-de-Calais. Série H. *Fonds de Saint-Vaast: Prévôté de Saint-Michel.*

Arriva la tourmente révolutionnaire !...

Le 1ᵉʳ juin 1790, « en exécution des lettres patentes du Roi, du 26 mars, sur un décret de l'Assemblée nationale des 20 février, 19 et 20 mars », il fut procédé par la municipalité de Saint-Laurent, contradictoirement avec le Prévôt Dom Pottier, « à la description de l'argenterie, argent monnoyé, effets de sacristie, bibliothèque, livres, manuscrits, médailles et du mobilier le plus précieux » de la Prévôté. On trouva notamment :

Dans la sacristie, « un calice d'argent avec patenne et cuiller de même, croix et chandeliers de cuivre, un missel, des canons, deux aubes, douze lavabots et douze purificatoires, six corporaux, quatre napes d'autel, cinq ornements de toutes couleures complets. »

Dans la Prévôté, « deux pendules, vingt plats d'étain, douze assiettes aussi d'étain..... une grande cuiller à soupe, quatre à ragoût, dix-huit cuillers à bouche, dix-huit fourchettes, dix cuillers à caffet, une écuelle garnie et son couvercle, le tout d'argent. » Revendiqués par Dom Pottier.

Le 9 avril 1791, « en exécution d'un arrêté du Directoire du district, du même jour, et conformément au décret précité », eut lieu un complément d'inventaire.

On y signale dans l'une des places « nommée la Salle de la Communauté », la belle « cheminée de marbre » qui existe encore aujourd'hui [1].

Aliénée nationalement le 11 avril 1791, la Prévôté fut abandonnée à M. Verdevoye, receveur « des épices et amendes au Conseil d'Artois [2] » en compensation de la suppression de son office.

L'État payait ainsi sans bourse délier, et l'indemnisé n'a-

---

[1] Archives départementales. *Liasse 206 du district d'Arras. Dossier de l'abbaye de Saint-Vaast.*

[2] *Almanach d'Artois de 1790.*

vait point à déplorer l'accident heureux auquel il devait la plus belle propriété du pays.

Devenu maître de la Prévôté, M. Verdevoye jeta bas la chapelle dont les matériaux entrèrent dans la construction des murs du Préau, dit *le Prié*, situé en face, et servirent à l'ornementation de la sépulture de sa femme inhumée au cimetière de l'église ; démolit les murs de la fontaine ainsi que d'autres dépendances, et fit exhumer Dom Vigor de Briois transporté dans le même cimetière.

Sa tombe se trouve immédiatement à main gauche en entrant ; sur un chapiteau de grès provenant peut-être de l'ancienne abbaye s'élève une croix de fer dont la plaque commémorative détachée maintenant, mais conservée au presbytère porte :

« *Hic jacent Cœmeterio castri sancti Michaelis extractæ reliquiæ R. D. D. Vigoris de Briois d'Hulluch, qui regulares inter monasterii sancti Vedasti atrebatensis prælatos ultimus obiit 5ª julii anno 1780, ætatis vero suæ 79.*

Quem pauperum patrem, nec non virum simplicem, rectum ac timentem Deum, fidelium precibus commendat pia ipsius confratrum gratitudo, ut quantocius.

Requiescat in pace.

Hanc erexit filialis pietas, domino Augustino Hallette sancti Laurentii pastore.

Anno 1818. »

À la mort de M. Verdevoye, la Prévôté passa aux mains de M. Crespel-Pinta ; et alors arrivèrent de nouvelles modifications.

D'une construction trop solide pour que sa démolition n'en devînt pas trop dispendieuse, le haut pigeonnier portant la girouette seigneuriale fut culbuté par la base [1]; le parc que l'on aurait cru tracé par la main sévère de Le Nôtre, fut coquettement anglaisé, et pour ce faire on procéda à un tel abattis d'arbres de haute futaie, que 3,000 furent exposés en vente dans une même adjudication [2]. Malheureusement enfin le corps de logis ne fut pas suffisamment respecté grâce à l'*architecte* Traxler !...

Une entrée à trois baies en plein cintre au premier étage avec colonnes corinthiennes reposant sur un balcon soutenu lui-même par des cariatides séparatives de la triple baie cintrée du rez-de-chaussée substituée, sur le devant, à la porte unique et aux anciennes fenêtres à anse de panier très-surbaissée comme toutes les autres ouvertures, nuisit à la correction de l'ensemble; développées de chaque côté du bâtiment principal, les ailes, en retour, dérangèrent la proportionalité des lignes : et une terrasse accolée à la façade vint encore en diminuer la hauteur. Mais moins remaniée du côté du parc, l'autre façade a gardé en très-grande partie son beau caractère primitif, couleur à part, la pierre de taille ayant éliminé les briques.

Quoi qu'il en soit, cette Prévôté qui a conservé sa fontaine jaillissante et monumentale, ses magnifiques charmilles, sa situation culminante et ses terrains merveilleusement accidentés est encore très-remarquable.

Les travaux opérés l'année dernière (1873) aux murs du *Prié* ont fait retrouver des débris gothiques de la Prévôté détruite en 1640, ainsi que des clefs de voûte et des mor-

---

[1] Voici comment on s'y prit. La muraille fut d'un côté, successivement coupée par le bas, les parties détruites étant successivement remplacées par de forts étais de bois, auxquels on mit ensuite le feu. La masse du pigeonnier était telle que sa chute se fit ressentir dans le village entier.

[2] 16 octobre 1842.

ceaux de l'entablement de la chapelle démolie par M. Verdevoye ; le tout a été soigneusement conservé.

Comme l'abbaye de Saint-Vaast la Prévôté portait « *d'or à une croix ancrée de gueules* » un sceau de 1397 reproduit par M. Guesnon[1], représente un dragon que l'archange saint Michel perce d'un coup de lance tenue en dextre, la senestre appuyée sur un écu portant la croix ancrée. En regard de l'écu se voit une Fleur de Lys témoignant que Saint-Vaast était abbaye royale.

Répétons avant de quitter la Prévôté, que l'antique *Pollène* d'Arras se trouve quelque part dans les fondations des murs construits depuis 1800, temps vers lequel elle a été, chose incroyable, vendue à vil prix avec un tas de matériaux de rebut, à M. Verdevoye par la municipalité de cette ville, peu soucieuse de ce monument historique si regrettablement perdu. (Voir la *Notice*, pages 447 à 450.)

Bâtie sur 11 hectares 28 ares 73 centiares, la Prévôté de Saint-Michel ayant été à la mort de M. Crespel divisée en deux lots, comprenant l'un toute la partie haute, fontaine comprise, adjugée à M°™ Le Gentil-Crespel ; l'autre, la partie basse, adjugée à M™° de Bonnival-Crespel[2] ; cette dernière a fait élever cette année (1874) sur son lot, une maison de campagne en pierres rencontrées de briques avec tourelle dans le style Louis XIII : construction très-correcte et parfaitement entendue qui ne peut que faire honneur à M. Joliet, architecte, sur les plans duquel elle a été exécutée.

Entre la Prévôté Saint-Michel et le marais d'Athies s'allonge une bande de terre plantée d'arbres, qui, bordée d'un côté par la Scarpe et de l'autre par un petit cours d'eau s'appelle *la Longuinière*. C'est elle qu'indique le di-

---

[1] *Sigillographie d'Arras.*
[2] Acte reçu par M° Vasselle, le 17 mars 1873.

plôme d'Hincmar de 870 par le mot *Longobragium*. Un fort beau réservoir en grès y avait été pratiqué pour y conserver le poisson, quelques coups de bêche en feraient retrouver une partie.

Immédiatement au-dessous de la Prévôté, près la fosse encore existante de l'ancien moulin de *Vaudriette* se voyait jadis la ferme de *Waudrifontaine*, *Waldrici* ou *Waudrici fontis* (Guiman), bâtie sur cinq boistelées de terre [1], détruite en 1640 qui appartenait à Saint-Vaast [2], et empruntait son nom d'une source depuis longtemps tarie. (Le Père Ignace.) Suivant le même auteur, près de la ferme existait un hameau du même nom [3].

Le tout avait dans l'église de Saint-Laurent une chapelle paroissiale (Le Père Ignace) sous le vocable « de Sainte-Élisabeth en Waudry-Fontaine et Sire-Berthoult. » (Dubus, V° Saint-Laurent.)

Plus bas, se trouvait l'*Ermitage* et la chapelle de *Notre-Dame du Bois*, appartenant également à l'abbaye, siége d'une *confrérie* fameuse, et visitée par de nombreux pèlerins, qui, le 25 mars surtout, jour de la principale fête [4], appelée *Notre-Dame Marchette*, s'y approvisionnaient de médailles représentant à l'avers la Vierge mère avec cette légende : *N. D. du Bois*, au revers la sainte Face [5].

---

[1] *Fonds de Saint-Vaast*, série H. *Commune de Saint-Laurent*. Actes des 13 octobre 1703 et 22 juin 1716.
Il y avait également une maison de *Waudriette*. Actes des 14 novembre 1533, 5 juin 1587, 15 avril 1597, 15 mars 1604.

[2] *Plan de 1758*. N° 74. Archives départementales.

[3] *Dictionnaire* tome III page 988 — on peut consulter aux archives départementales des états de lieux de la ferme *Waudri Fontaine* et de son moulin, de 1533, 1555, L... (*Fonds de Saint-Vaast série II. Commune de Thilloy*) Et les actes des 13 octobre 1703 et 22 juin 1716 (*Commune de Saint-Laurent même série.*)

[4] Dubus, *Manuscrit* de l'Académie d'Arras.

[5] M. Dancoisne *Numismatique de Saint-Vaast*.

La dévotion à cette chapelle était telle, que ce fut là qu'en 1582 Jean Sarrasin et ses assesseurs de retour d'une ambassade en Portugal, firent placer le tableau votif « pour tesmoin d'action de grâce et de vœux acquittez » sur lequel se lisait la longue inscription latine que nous a conservée la relation de Philippe Caverel [1].

On trouve au registre des « ouvrages pour la 3ᵉ semaine de l'an 1540 » concernant l'Ermitage et la chapelle de Notre-Dame du Bois la mention que voici :

« A Jehan Franchois Carpentier par compte...... item par le commandement de Monsieur le Prieur, avoir mis jus une cambre et maison de l'ermitte, avecq deux appentich, aidié à descouvrir et à délater, et pour tout le bois en le chappelle Notre-Dame du Bois, porter les sommiers solles et pannes auprès de ladite église, deux jours à quatre hommes, à 4 s. chacun homme, font 32 s. p. » [2]

Des croix stationales jalonnaient le chemin conduisant d'Arras à la chapelle, ainsi que le prouve la pièce suivante :

« Du XIIIᵉ septembre 1680, suivant la requeste a nous presentée par les frères hermittes de N.-D. du Bois, tendante à ce qu'il nous pleust leur permettre de poser sur les terres dependantes de cest echevinage et banlieue les croix des sept stations de Nostre-Seigneur dans les lieux marqués à ce sujet, depuis le chemin qui conduit d'Arras a la chapelle du dict hermitage, laquelle requeste estant communiqué au procureur général de ceste ville, et luy sur ce ouy, leur avons permis et permettons de poser les dictes croix sur les

---

[1] *Ambassade en Espagne et au Portugal de Jean Sarrasin par Philippe de Caverel*. Manuscrit n° 454 de la Bibliothèque communale, publié pas M. CARON, pages 404 et 405.

[2] *Série II. Comp. Folio 2 verso.*

terres et leurs dependans de cest eschevinage et banlieue de ceste ville¹. »

Le Père Ignace dans son *Dictionnaire*², affirme que cette chapelle fut détruite en 1640 en même temps que celles de « Saint-Laurent, Saint-Sauveur, Notre-Dame de Bonnes-Nouvelles, Saint-Druon, Saint-Fiacre et autres, » sous prétexte qu'elles étaient trop près de la ville ; et un tableau du Musée sur le cadre duquel est écrit, *Notre-Dame du Bois*, représente un édifice d'une certaine importance dans le style du XII⁰ siècle, avec porche latéral extérieur, clocher, et parfaitement isolé³.

D'autre part, en son *Recueil*⁴, le Père Ignace écrit : « L'an 1737 le dernier hermite de ce lieu ayant été assassiné, Desvignes, grand Prieur de Saint-Vaast d'où relevait cet hermitage le fit démolir de fond en comble. Il y avait longtemps que son dessein était de détruire cet ancien pèlerinage. Le meurtre qui y fut commis servit de prétexte à son exécution ; de sorte qu'au mois de juin de cette année, c'est-à-dire quatre mois après le crime à peine voyait-on quelques haies ou vestiges de cet hermitage. Il consistait en une chapelle obscure, humide, mais assez bien décorée et entretenue. L'hermite et son compagnon avaient chacun leur cellule assez commode et propre, leur jardin étoit spatieux et formé de hayes ». Et l'on trouve aux Archives départementales un plan dressé le 9 mars 1737 par l'arpenteur Démiaut, où l'on voit la chapelle de Notre-Dame du Bois englobée dans des

---

¹ *Mémorial résolutions*. 2 folio 49. — Les sept autres stations étaient sans doute sur les terres de Saint-Vaast.

² Tome III page 644.

³ On aperçoit sous le porche latéral de cette chapelle que nous reproduisons, un tableau de grande dimension. Ne serait-ce pas l'*ex-voto* de Jean Sarrasin.

⁴ Tome II page 447.

bâtiments de l'Ermitage, et indiquée comme n'ayant que 26 pieds de longueur sur 20 de largeur; plan, dont voici la légende :

« Ce jourd'hui 20 mars 1737, nous Joseph Demiaut, juré de la province d'Artois, demeurant en la Ville d'Arras, somme, à la requisition de Monsieur Desvignes, grand Prieur de l'Abbaye Royalle de St-Vaast, dud. Arras, transporté sur l'assiette et situation de l'hermitage de Notre-Dame au Bois de la parroisse de St-Laurent, où etant avons reconnu que ledit hermitage consiste, scavoir : En une chappelle bâtie de pierres blanches et de graiz au dessus des fondements a la hauteur de deux pieds et demy ou environ, contenant en longueur 26 pieds sur 20 pieds de large, en une maison ayant deux chambres basses, sous l'une desquelles est un petit caveau ayant descente par le grand jardin, et grenier au dessus, aussy bati comme dessus, ayant d'hautéur compris les murs et combles, trente pieds sur trente-deux de longueur et vingt de large, y compris le mur, le tout couvert de paille. A côté de ladite chapelle est une étable à murs de terre, entre lesd. chápelle et maison est une cour ayant 20 pieds de long sur 26 pieds de large, y compris un bastiment de la longueur de 24 pieds sur 11 de large, entièrement ruiné, et dont il reste seulement les fondations, au bout de laquelle court, du costé du Calvaire est la porte d'entrée de lad. maison, au bout de lad. chapelle estoit aussy un bastiment de la longueur de 20 pieds sur la largeur de 10 pieds entièrement ruiné, n'y en restant que les fondements. A costé de lad. chapelle et étable est une autre court contenant en longueur 32 pieds sur 20 de largeur, ayant entrée par le Calvaire, item un jardin dans lequel est semé de la luzerne, ayant 88 pieds de longueur sur 68 de largeur, y compris les murs de terre dont il est entouré et la maison cy devant occuppée par les hermites et y etoit led. jardin cy devant séparé de celuy-cy après, par un mur de terre dont il reste actuellement quelques vestiges. Item un jardin contenant en longueur 180 pieds sur 170 pieds de large, le tout mesuré par le milieu, y compris les hayes et fossés, dans lequel jardin est un puich à chapperon comblé de pierres, le tout suivant le plan et carte figurative qui ont esté par nous dressés à la requisition que dessus et pour valloir au sieur grand Prieur ce que de raison. En foy de quoy avons signé le présent procès-verbal les jours et an que dessus. »

DEMIAUT.

D'où la conséquence qu'une première chapelle a été détruite en 1640. Qu'une seconde, indiquée dans l'*Album des plans et cartes des villes d'Artois*[1], et faisant partie d'un ermitage lui a été substituée, et qu'elle a été renversée elle-même en 1737 ; époque à laquelle la confrérie de Notre-Dame-du-Bois fut transférée en la Chapelette d'Arras (le P. Ignace), et époque vers laquelle aussi, probablement, aura été détruit, comme n'ayant plus sa raison d'être, le pont jeté sur la Scarpe, et dont à l'eau basse on distingue encore les piles, afin d'établir entre Saint-Laurent et l'Ermitage une communication directe à l'usage des pèlerins et du curé de Saint-Laurent qui y allait dire la messe (le Père Ignace).

En face de la chapelle était un *Calvaire* élevé sur trois marches et figurant aussi au plan précité.

Le plus connu des ermites de Notre-Dame-du-Bois fut *Jean Delattre*, qui fit le voyage de Jérusalem et écrivit dans l'Ermitage la relation de son pèlerinage, double circonstance qui lui valut l'affluence des visiteurs (le Père Ignace).

[1] Par l'Ingénieur Beaulieu.

Le dernier ermite, celui qui fut assassiné et enterré dans la chapelle, était fort grand et se nommait *Frère Pierre*. On rapporte de lui un mot assez spirituel.

Comme il vivait d'aumônes, une femme de Saint-Laurent lui présentant le jour de la fête du village une tarte pour qu'il en prît un morceau : « Peut-on la couper où l'on veut? dit l'ermite. — Oui, répondit la ménagère. — Eh bien ! répartit-il, je la couperai à l'Ermitage », et il partit emportant la tarte entière.

Son meurtrier fut un pauvre d'esprit, « un imbécile » (Dubus), de Saint-Laurent, qui, le lendemain du crime, se fit lui-même connaître à la justice. Passant le matin par la rue Ronville, il lança dans la cave d'une maison (qui appartint depuis au brasseur Cavrois), son mauvais couteau fermant en s'écriant : « C'est avec cela que j'ai tué l'ermite. » On le pendit !

Il est à remarquer qu'en raison de la dévotion à Notre-Dame-du-Bois les ermites chargés de l'entretien de cette chapelle jouissaient de certains privilèges refusés à tous autres. « Messieurs, porte un document du 17 janvier 1676, défendent expressément à tous hermittes autres que ceux de Nostre-Dame-du-Bois, de quester dans ceste ville (Arras), à peine qu'ils en seront escondults par les commis à chasser les pauvres, auxquels de le faire est donné pouvoir[1]. »

Il y a quelques années, la cave de l'Ermitage s'étant défoncée, on y retrouva une machoire dont les dimensions étaient telles que celui qui la découvrit put sans effort se la mettre comme un masque sur le bas du visage. A la même époque, fut trouvée au même lieu une ancienne poignée d'épée, toute d'argent, qu'acheta l'un des orfévres de la ville.

---

[1] Archives municipales. *Mémorial. Résolution.* 1. folio 590 v°.

Le 17 septembre et jours suivants de cette année (1874), des fouilles ayant été opérées par M. de Bonnival et par nous dans le but de reconnaître l'emplacement exact de l'Ermitage, il a suffi d'enlever à peine six ou huit pouces de terre pour retrouver diverses fondations.

Dans la chapelle, où existait encore une partie de carrelage en carreaux rouges, un affouillement d'environ six pieds cubes a fait exhumer une vingtaine de squelettes d'hommes, de femmes et d'enfants. Trois lits de tombes étaient superposés. Le lit du dessous ne présentait que des cercueils de chêne dont certains débris avec clous subsistaient encore, le lit intermédiaire et le lit supérieur étaient formés de compartiments de pierres grossièrement équaries mais que liait un ciment résistant. D'autres tombes se distinguaient autour du trou ; elles ont été respectées.

A proximité de la chapelle régnaient de nombreuses tombes dont plusieurs affleuraient à peu près le sol.

Des carreaux, soit entiers, soit brisés, en terre émaillée et à dessins variés et polychromes, rencontrés sous le carrelage de la chapelle et remontant au XIVe siècle, accusaient un monument antérieur, celui sans doute détruit en 1640. Il était également accusé, par un épais massif de maçonnerie en pierres taillées et d'assez grande dimension, liées par un ciment sur lequel la pioche ne pouvait mordre. A côté de ce massif, et sous un couloir encore très-reconnaissable, fut trouvé, dans une pierre monolithe creusée, un squelette dont les dimensions gigantesques étaient telles que le fémur mesurait 0^{m}55.

Dans la direction du logis de l'ermite a été mis à jour un pavage en briques lui ayant peut-être servi de trottoir, et ont été retrouvés un fragment de couteau droit, un morceau de verre à pied, un débris de grès de Flandre décoré de bleu et de nombreux tessons de vases en terre, avec ou sans plombure, dont plusieurs conservaient encore les traces du feu sur lequel on les avait placés.

Les squelettes ont été réenfouis et les fondations recouvertes de terre, elles continuent donc à exister sous le sol, et elles pourraient permettre des explorations ultérieures, si l'on voulait encore en opérer.

A droite de l'Ermitage, vers Thilloy, on trouvait les 1,400 mesures de la forêt de Mofflaines, *Mofflinense nemus*, où l'on prétendit que se tenait les sabbats nocturnes et diaboliques de la *Vaulderie d'Arras*, qui fit tant de bruit lors du fameux procès de Payen de Beauffort, seigneur de Ransart et de la Herlière, « l'une des anchiennes bannières d'Arthois [1], » ignominieusement condamné d'abord par le tribunal inquisitorial, puis solennellement réhabilité ensuite par le Parlement de Paris.

Cette forêt, qui s'étendait jusqu'à Thilloy, Feuchy et Monchy-le-Preux, perdit, au rapport de Locrius, cinq mille chênes que coupèrent les soldats de Louis XI et les pillards voisins : « *Mofflainæ Saltus Vedastino monasterio sacer... circiter quinquies mille querquum jactura luit* [2]. » Plusieurs habitations construites sur la lisière de la forêt constituaient la *Villa de Mofflines*. Elles étaient desservies par un oratoire dans la possession duquel Messieurs de Saint-Vaast furent, en 1098, confirmés par l'évêque Lambert.

Là s'établit au commencement du XVII° siècle la ferme de Mofllaines dite *la Cour au Bois*, que Messieurs de Saint-Vaast louèrent comme leurs fermes de Dainville, de Neuville, de Gavrelle, de Vis, etc., à la famille le Gentil de Wailly, qui exerçait leur Lieutenance seigneuriale en toutes ces localités. Cette ferme, qui avait une chapelle et un apparte-

---

[1] *Mémoires* de JACQUES DU CLERCQ.
[2] *Chronicon Belgicum*. Page 544.

ment réservé à l'abbé[1], ce qui lui faisait donner le nom d' « ostel », prit une importance considérable lorsque l'on réunit à son exploitation celle de Waudrifontaine, en 1759. Son enclos, entouré de murailles, comprenait douze mencaudées. Un plan géométral détaillé de cette ferme avec les jardins, enclos et dépendances, dressé le 2 août 1798 par les arpenteurs Caron et Cornu, à la requête de Messieurs de l'Abbaye, existe aux Archives départementales. On y remarque que les bâtiments formant un quadrilatère auquel on arrivait par une avenue plantée, étaient situés à peu près au milieu de l'enclos. Sur place, plusieurs mesures de terre jonchées encore de débris de pierres, de briques et de tuiles, signalent le lieu où s'élevaient les constructions, de même que quelques restes de haies d'épines indiquent la situation des jardins.

Suivant Dubus, 1,800 mesures de terres dépendaient de cette ferme, et elle avait douze charrues[2].

Les douze charrues y étaient réellement, mais un bail du 24 février 1759 ne relève que 1,234 mencaudées affermées, pot-de-vin compris, moyennant la prestation annuelle de « 872 razières de bled, 36 razières de scorion, 436 razières d'avoisnes, 600 bottes de fourages d'avoisnes et 600 bottes d'Essays[3]. »

L'Abbaye se montrait, on le voit, aussi modérée qu'elle était riche, et c'est, au surplus, ainsi qu'agissaient généralement les propriétaires des biens de main-morte.

A l'angle de la route allant à Douai et de la route conduisant aux moulins de Blangy, appartenant anciennement à

---

[1] *Fonds de Saint-Vaast. Série H. Commune de Tilloy-les-Mofflaines.* Actes du 1ᵉʳ février 1583 du 4 septembre 1590 et du 24 février 1759.

[2] *Manuscrit.* V. Cour au Bois.

[3] *Fonds de Saint-Vaast, série H. Commune de Thilloy-lez-Mofflaines.* Bail de 1759.

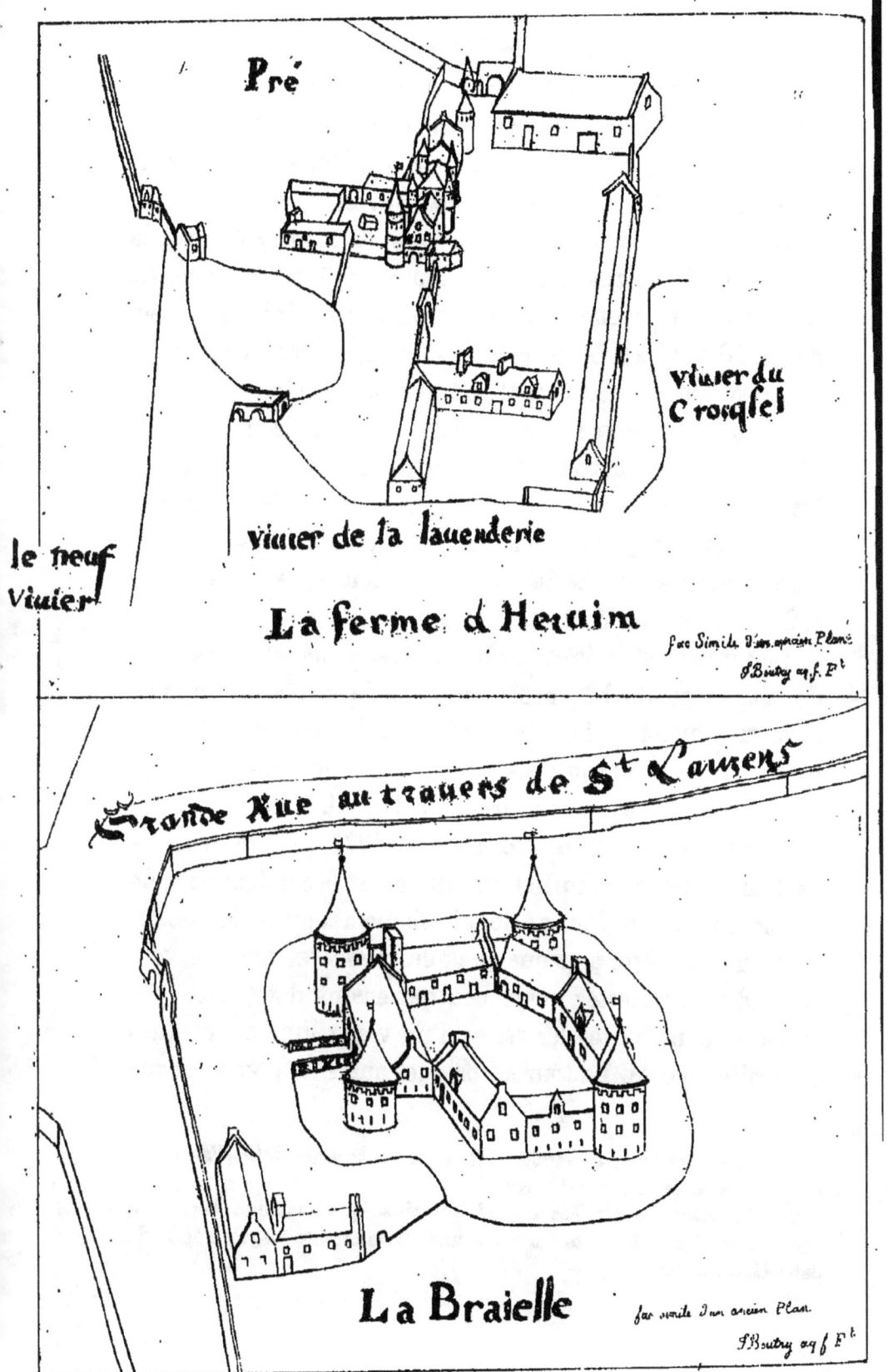

l'Abbaye, était autrefois la forteresse de *La Brayelle*, érigée en baronnie le 9 décembre 1588, par l'abbé messire Jean Sarrasin, au profit de messire Guillaume le Vasseur, sieur du Valhuon d'Antin, la Brayelle, etc... L'acte porte : « La *maison Chastel* et *Motte de la Brayelle* avec la *Motte du Vert-Galland* et le fossé environnant, icelles mottes contenant cinq mencaudées d'héritage ou environ en un seul fief, à 60 sols parisis de relief et le tiers cambellaige, et le reste dudit pourpris contenant 20 mencaudées [1]. »

A cette forteresse étaient annexés « maison, coulombier, granges et autres édifices, » ainsi que l'indiquent les lettres d'ensaisinement de ce manoir, par l'abbé Rogier de Montmorency, au profit de ce même Le Vasseur qui l'avait acheté des héritiers de la demoiselle de Chables (19 novembre 1565 [2]).

La forteresse était un château, avec pont-levis, composé de six corps de bâtiments, flanqué de « quatre tours de grais très-bien piqués » (le père Ignace), rondes, crênelées et coiffées de toits coniques, avec double enceinte de fossés pleins d'eau et redoutes couronnées de palissades.

Un ancien plan à vol d'oiseau (n° 427) des archives départementales reproduit minutieusement la configuration de la forteresse, que l'on reconnaît facilement sur les lieux, bien qu'il ne reste plus que quelques fossés et certains vestiges du pont, assez malencontreusement détruit il y a quelques années avec les restes d'un vieux mur en briques quadrillé de grès. La tour en briques que l'on y voit, et que

---

[1] et [2] Archives départementales. *Titres de l'abbaye de Saint-Vaast, Série H. Commune de Saint-Laurent.*

Ces vingt-cinq mencaudées s'étendaient ainsi que l'indique encore un ancien mur, depuis la route qui mène au pont de Blangy jusqu'à l'église de Saint-Laurent.

l'on a, dans ces derniers temps, déchaperonné de sa toiture conique en chaume pour l'alourdir de créneaux, n'est autre qu'un pigeonnier relativement moderne.

L'histoire locale mentionne une lutte, qui, au XII⁰ siècle, aurait eu lieu dans les prairies de Saint-Nicolas entre un sire d'Immercourt, chevalier croisé, propriétaire du manoir de la Brayelle, et Berthoud, sire de Bailleul, autre chevalier croisé, aidé de Gérard de Sains, sire de Villerval. Suivant la tradition, les vassaux et hommes d'armes tués de part et d'autre auraient été enterrés au lieu où l'on vit longtemps s'élever deux peupliers morts depuis quelques années.

Souvent dans l'enceinte de la Brayelle on trouve des grès énormes, des armes et des projectiles de toute nature ; une rapière assez belle du XVI⁰ siècle a été découverte avec des fers de chevaux ou plutôt de mulets, il y a vingt ans environ, en creusant une tranchée non loin de la porte d'entrée de cette propriété.

La baronnie de la Brayelle conférait, à qui en était investi, la prérogative de porter avec les autres barons de l'Abbaye, ses pairs, « le corps et châsse de S. Vaast, le jour de sa relation quinzième de juillet, aux honneurs et profits anciennement accoutumez quand il servoit en personne et non autrement[1] ».

Entre l'enclos de la Brayelle et la Scarpe, était là, où sont maintenant les anciens magasins en bois de M. Plé, un terrain appelé le *Cat Cornu*[2].

A cent mètres de la Brayelle existait, sur la rue d'Enfer, la *Baronnie de Rasincourt*, également tenue en fief de l'ab-

---

[1] *Déclaration de François-Joseph Chollet, écuyer-seigneur de la Brayelle. 4 juin 1765, série H,* comme dessus.
[2] Voir *un plan de Saint-Laurent* dans cette série.

baye de Saint-Vaast, et dont parle Guiman en son Cartulaire (n° 398, etc.) ¹.

Cette baronnie, sur le terrain de laquelle existait une motte où s'élevait un vieux château détruit par les guerres, et une ferme, était infiniment plus ancienne que celle de la Brayelle; non-seulement, en effet, on voit aux actes de vente et d'ensaisinement préappelés figurer la « maison, cense et *baronnie* de Rasincourt », mais on la trouve indiquée dans le curieux dénombrement de 1575 que voici :

« C'est le raport, déclarasion et denombrement que moy, Anthoine de Pénin, escuier, seigneur et baron de Razincourt, baille a mes très honnourez seigneurs Messieurs les abbé et religieux de l'abbaye Saint-Vaast en Arras, d'ung fief et noble ténement que je tiengz et adveue à tenir de mesdis seigneurs en baronnye, laquelle se comprent en ce qu'il s'enssuit.

Assavoir, en *une motte* où *souloit jadis estre assis le chasteau de Razincourt*, à present demoly et ruyné par les guerres. Et est pour le présent amazé de maison manable, grange, estables et autres édiffices, nommée la seigneurie et baronnie de Razincourt, séant au terroir et paroisse de St-Laurent. Avecq ce se comprent en 12 mencaudées ou environ, tant de prez que de terres à usage de jardins et labour, dont une partie est clos et fermé de murailles, et par dessus ce se consiste en 94 mencaudées de terres à labour séans en plusieurs pièches audit terroyr. Laquelle baronnie je tiengz d'iceux sieurs comme dit est, à dix livres de relief, et quant elle va de main en aultre, soit par vente, don ou transport, leur est deu le 10ᵉ denier. Sy leur doibz de rente annuelle 16 mencauds 6 boisteaux d'avaine de gavele, avecq

---

¹ Un Marotain de Rasincourt est le 16 juin 1294, repris dans un acte cité par Godefroy. (Inventaire.)

une poulle et obole. Sy mapartient encoires ung petit pré nommé le *Marest au Cisne*, pour lequel je doibz de rente par chacun an, à la soubz prevosté de Saint-Vaast, avecq ung chapon. Si doibz encoires servir aux plais de Saint-Vaast avecq mes pers et compaignons, toutes les fois que jen seray deuement sommé et requis.

Et est assavoir que de tout le nombre de prez et terres à labeur, en sont tenues de la Prévosté de St-Michiel cinquante mencaudées, dont est deu par chacun an au prevost 9 livres, et en relief 12 deniers de chacune mencaudée. Moyennant lesquels droits et debvoirs, je puis tous les ans, le jour saint Vaast, 15° jour de juillet, moy trouver à la procession et assister à la messe solempnelle, *à cause de quoy mest deu à disner à la table de Monsieur l'abbé avecq ung lot de claré, deux lotz de vin et deux miches*, que l'on me doit délivrer. En tesmoing de tout ce que dessus, jay signé ce présent dénombrement de mon nom et signe manuel, et y mis mon scel armoryé de mes armes le 12° jour d'aoust l'an mil V° soixante et quinze[1]. »

La ferme avait deux portes charretières, l'une sur la rue dont les pilastres massifs existent encore, l'autre sur la prairie, vers le pont jeté au-dessus du ruisseau, les pignons des bâtiments étaient à pas-de-moineaux. (Plan n° 427), une *fontaine* dite de Razincourt, coule toujours comme par le passé dans l'emplacement de l'ancienne baronnie.

Au siècle dernier, la seigneurie de Razincourt appartint à un sieur Guérard, écuyer conseiller au Conseil d'Artois. Il portait « *de gueules à trois croissants montants d'argent, 2 et 1*[2]. »

---

[1] Archives départementales du Pas-de-Calais. Série H. *Fonds de Saint-Vaast. Commune de Saint-Laurent.*

[2] PLOUVAIN, *Notice sur le Conseil d'Artois*, page 59.

En face la ferme de Razincourt se trouvait le champ des « *Fillettes* ou *Filles Dieu* au-dessus de l'*Arbre d'Or* » et à proximité le manoir amasé nommé « le *Noir-Mouton*[1]. »

On lit au Père Ignace, qu'il existait à Saint-Laurent « la *seigneurie d'Immercourt* ou *de Saint-Laurent*, ancien château au-dessous de l'église, vers la Scarpe. Cette rivière, ajoute-il, étoit anciennement fortifiée et gardée comme toutes les autres par des forteresses de distance en distance, à la faveur desquelles les seigneurs se faisoient la guerre. »

Et effectivement on voit non loin de l'église là où est aujourd'hui la *Cour Gaillard*[2], qu'entourait rectangulairement un fossé large de douze pieds, bien réduit maintenant, un manoir jadis appelé le *Château du Pont-Levis*, où en démolissant une grange on mit à jour, il y a cinquante ans à peu près, des fondations en grès finement piqués et des colonnes monolithes de même nature.

D'autre part, le vieux plan n° 427 indique au bas de la place une construction assez considérable dont la porte d'entrée était défendue par deux tourelles.

Était-ce sur l'un de ces deux points que s'élevait le château dont parle le Père Ignace ?

Ce château n'était-il pas au contraire beaucoup plus bas, au-dessous de la ferme d'Hervain dont nous allons parler, à proximité de la rivière au lieu nommé sur ce plan « *Vivier, dit le Château Fort* » et qui aurait été infiniment mieux

---

[1] *Livre des comptes de l'Église paroissiale de Saint-Laurent en Immercourt-lez-la-ville d'Arras*, l'an *1688*.

[2] A droite de l'église, le plan n° 427 indique une ferme assez importante ; à gauche il en indique une plus importante encore, composée de bâtiments symétriques, dont celui du fond était à pas de moineaux. Cette ferme, qui montre encore quelques débris, le pavé de la porte d'entrée, les massifs de cette porte avec la naissance du plein cintre, différents murs en grès et grosses pierres de taille, etc., tomba aux mains de la famille Gaillard, d'où le nom de *Cour Gaillard*, sa dénomination actuelle.

choisi pour la défense de la Scarpe, et l'interruption de la navigation [1]?

C'est un point douteux que nous ne saurions décider.

Quoi qu'il en soit, en 1639, la dame du sieur de Cuinghem, seigneur d'Immercourt, mourut des suites de la frayeur dont elle fut saisie lorsque les Croates vinrent briser la porte de son château pour le mettre au pillage. Au même moment Antoine Guy, prévôt de Saint-Michel, fut dépouillé de tout son argent.

Vers le haut du village on remarque un beau *pavillon*, avec galerie à balustres autour du toit et ailes en retour que fit construire le fermier-général Gonsse [2], père de M. de Rougeville qui le 20 juin 1792, lors de l'invasion des Tuileries, tira la reine Marie-Antoinette des mains de Santerre et de ses satellites, qui plus tard lui présenta l'œillet dans la Tour du Temple, et qu'Alexandre Dumas rendit populaire par son roman et par son drame, sous le nom de *Chevalier de Maison-Rouge* [3].

---

[1] Repris sous le même nom avec indication de l'emplacement du château dans un autre plan (*Série II des titres de Saint-Vaast pour la commune de Saint-Laurent*).

[2] Le fermier général Gonsse était devenu seigneur de Wetz à Marles, de Marles en partie, de Rougeville, d'Immercourt, de Saint-Laurent-lez-Arras, baron d'Athies et autres lieux. (Saint-Omer paroisse de Sainte-Marguerite. (*Acte du 23 octobre 1787.*)

Il eut pour entre autres enfants :

1° Le marquis Gonsse de Rougeville (Alexandre-Dominique-Joseph), chevalier des Ordres royaux et militaires de Saint-Louis, de Saint-Philippe et de Cincinnatus. Lieutenant-colonel de cavalerie, écuyer et Maréchal-des-logis de la maison de Monsieur, né à Arras le 17 septembre 1761. (*Registre de catholicité de la paroisse Sainte-Croix.*)

2° Albert-François-Joseph-Frédéric Gonsse d'Athies, colonel de cavalerie, chambellan de l'Empereur d'Autriche, né à Arras, paroisse Sainte-Croix,

3° Mademoiselle Julie Gonsse de Saint-Laurent mariée à M. Saint-Amour.

[3] C'est dans la guerre d'Amérique que Rougeville inaugura brillamment

Prévenu de conspiration royaliste et avisé de l'investissement du château de Saint-Laurent par la force armée, de Rougeville, qui était, on le sait, d'une énergie rare, prépara son cheval, plaça sur le pommeau de la selle une lanterne, puis ayant subitement fait ouvrir les deux battants de la porte, il se rua bride aux dents et pistolets aux poings sur l'escouade des gendarmes qui la gardaient, et qui, ahuris de tant d'audace, n'essayèrent même pas de lui disputer le passage.

Son frère cadet, propriétaire du château, était aussi très-violent. Des nuages s'étant élevés entre lui et de Rougeville qu'il avait consigné à la porte, et ce dernier ayant tenté d'entrer malgré les refus du concierge, le châtelain décrocha son fusil, ouvrit la fenêtre et fit feu sur de Rougeville qui dut tourner les talons et ajourner sa visite.

Dans les jardins de cette propriété sont deux étangs parallèles très poissonneux, à l'extrémité desquels s'élevait un cabinet que Doncre avait décoré de chinoiseries détruites assez récemment [1].

---

cette vie d'aventures, de dévouement et d'héroïsme, qui pendant les Cent jours devait aboutir à une condamnation à mort dont l'exécution remplit d'admiration ses exécuteurs eux-mêmes, aux yeux desquels après avoir commandé froidement le feu, il tomba en criant : *Vive le Roi*.

L'an V de la République, Rougeville remit au Conseil des Cinq cents un mémoire aussi intéressant que volumineux, dans lequel on trouve de lui ce signalement donné par le témoin Fontaine : « C'est un homme de cinq pieds deux à trois pouces, marqué de petite vérole, ayant beaucoup de cheveux sur la tête, portant des boucles pendantes, chatain brun, blanc de peau, teint clair, visage un peu rond, bouche petite, nez moyen et les yeux fort vifs » signalement correspondant parfaitement au portrait que possède Madame Saint-Amour et ou Rougeville est représenté en grand uniforme militaire.

[1] Le terrain sur lequel bâtit M. Gonsse fut acheté par lui le 29 septembre 1777 à « Messire Amable-François-Hubert-Marie de Mallet, chevalier baron de Coupigny demeurant au château d'Hulluch, et à dame Valentine-

Le mont Saint-Laurent était couronné jadis d'un bois que sa situation déclive avait fait appeler *Jecte Fort*, et percé de *carrières* ouvertes encore en partie, d'où l'on tira les pierres qui, en 1395, servirent à la reconstruction de l'ancienne cathédrale, ainsi que l'affirme positivement Locrius : « *Porro operi lapidem præbuit Iace fortiæ silvulæ latomia* [1] ».

La liasse 1388-1405 du fonds de l'évêché d'Arras aux Archives départementales renferme une pièce n° 10, traitant d'une amodiation par Pierre de Pas, dit le Baudrain, seigneur de la Brayelle, au Chapitre de la cathédrale d'Arras de « deux rasières seans emprès *le bos de Jeste fort* tenans et joignans a une quarriere de laquelle les dis du Capitle ont fait et font de jour en jour, traire sacquier et mettre hors grant fuison et cantité de pierre pour le mettre et employer et ouvraiges de le dite église tant et pillers comme ailleurs » [2].

Ce bois de Jecte-Fort, fief de Saint-Vaast, est compris

Charlotte du Carieul du Fief » son épouse qui l'avait hérité de sa mère Françoise-Walbierge d'Hangowart qui le tenait elle-même de son père Messire Philippe d'Hangowart, chevalier comte d'Avelin. L'acte d'ensaisissement « *par rame et bâton* » eut lieu le 7 janvier 1778.

Ces deux actes mentionnent que sur ce terrain et en face de la place de Saint-Laurent, existe une « tour relevant de l'Abbaye de Saint-Vaast ».

Derrière ce pavillon et contre le chemin de halage de la Scarpe, on voit, semblable à un nid d'oiseaux, au beau milieu d'un massif de verdure, une petite retraite que s'était bâtie M. le curé Decherf et dans laquelle il mourut. Elle appartient maintenant à M. Souillart.

[1] *Anno 1396.* — *Adde* le Père IGNACE *Dictionnaire* V° Saint-Laurent et tome II, page 671.

[2] Au bas de la pièce pend un sceau de cire rouge, représentant un chevalier armé de pied en cap, tenant à destre la lance, à senestre l'écu, et portant une tête chevelue pour cimier.

Les armes sont, *d'argent à la bande d'azur accompagnée de six croisettes.*

La légende porte : *S. Baudrain de Pas sire de la Brayelle.*

dans la vente consentie par les héritiers de Chables à Guillaume Le Vasseur, et dans l'ensaisinement octroyé à ce dernier par l'abbé Roger de Montmorency, le 19 novembre 1565.

A main droite de ce mont reste une vieille ferme de Saint-Vaast, nommée *cense d'Hervin, Hervain, Hervaing (Herbini curtis* dans les diplômes d'Hincmar, archevêque de Rheims (870) du pape Jean et de Charlemagne) qui, entourée par les viviers *neuf* de la *Lavenderie* et du *Crocqsel* était située précisément en face de l'hermitage de Notre-Dame du Bois. (Voir le plan de 1739 [1].)

Incendiée lors du siége de 1414, cette ferme formait un vaste rectangle avec dépendances ; le corps de logis offrait trois bâtiments, flanqués, le premier, d'une haute tour montant de fond ; le deuxième, de quatre tourelles en encorbellement ; le troisième d'une tour très-élevée à quatre étages montant aussi de fond et portant la grande girouette seigneuriale : tours et tourelles rondes coiffées toutes de toits coniques suraigus. Son enclos où étaient les *blanchisseries* de Saint-Vaast comprenait en jardins, prés et prairies une immense superficie de terrains s'étendant presque jusqu'à la rivière.

Elle fut réédifiée par l'abbé Jean Du Clercq « qui, dit son neveu Jacques Du Clercq, y avoit fait construire une moult noble place pour y mener son couvent ou parauenture soy tenir en temps de mortalité [2] ».

Dans « cette moult noble place » était l'appartement de l'abbé relativement à la décoration duquel un vieux registre de Saint-Vaast nous fournit les curieux renseignements que voici :

---

[1] N° 75, Archives départementales.
[2] Voir aussi JEAN GOLLART, annotateur de Dom Taverne, page 177.

Ouvraiges pour la 3ᵉ sepmaine du 12 mars dudit an mil cinq cens vingt-cinq.

« A mondit sieur l'abbé qu'il a samblablement paié à Jehan Laillier, painctre, par compte fait le 10ᵉ jour de juillet 1526, présent Vincent Lestrele, maistre des œuvres, pour avoir fait et paint les choses cy après déclarées, les sommes qui s'ensieuvent. Asscavoir, avoir painct de couleur de bricque, à l'oille, la sallette bas soubz la chambre de Monsieur, à Hervaing 18 l. p. Item pour avoir painct la cheminée de la chambre de Monsieur audit lieu, les molures de fin or, le manteau de vert, et les jambes de jaspre, le tout à l'ollé, et ès fons fœullaiges de azur, pour tout 6 l. Item pour avoir painct de vert à oille six treilles de fer mises aux fenestres quarées de la dicte sallette bas et de la boutillerie soubz le garde robe de mondit sieur, contenant chacune de sept à huit piedz de hault et de cinq à six pieds de large, pour chacune 30 s. sont 9 l. Item painct aussy de vert à oille deux treilles de fer mises aux deux fenestres croisées de la chambre de mondit sieur audit lieu, et painct les armoieries de fin or, pour chacune 60 s. sont 6 l. Item paing ung treillis de pastourelles et une couronne d'empereur dessus, de couleurs à oille, pour tout 90 s. [1]. »

Il existe aux Archives départementales de nombreux documents sur la ferme d'Hervain. On y remarque une sorte d'état de lieux du 2 août 1610 où sont signalés : — la *cour des Fontaines*, — le *jardin à fruits*, — *l'huis de Loquerie* (petit bois à proximité), — *la première chambre d'en bas du quartier abbatial contre les fontaines*, — la

---

[1] (Archives départementales du Pas-de-Calais. Série H. — *Comptes de l'année 1525*, fº 87 recto.)

deuxième chambre, — *la salle où les serviteurs mangent,* la *chambre sur le jardin aux iolitées* (d'agrément), — la *tour,* — *l'allée de la chambre des prélats,* — *la dicte chambre,* — *la salle des religieux,* — *la grande salle,* — *l'allée de la chapelle,* — *la chapelle,* — *la montée des salles,* — *la cuisine,* — *la chambre du concierge,* — le *jardin de la Motte*[1].

On trouve à ces mêmes Archives un minutieux état descriptif de cette même ferme qui, dressé par Gayant en septembre 1783, comporte 7 pages in-folio.

Elle possédait une chapelle sous le vocable de *Saint-Antoine*, où les religieux célébraient un office quotidien; et qui entre autres immunités jouissait avec « les viviers, fossés et prez y enclos et y adjacents » de celle ne n'être point soumise à « la pature commune d'Arras[2]. »

La porte d'entrée de cette ferme où ont été grattées les armoiries de l'abbaye, son fournil semblable à ceux qu'offrent les intérieurs des vieux maîtres flamands, sa cuisine, sa salle à manger avec voûtes retombant sur des poutrelles de chêne et fenêtres jumelles cintrées, sont encore à peu près dans leur ancien état. Sur la clef de l'arcature en grès de l'une des portes d'étables est sculpté un écusson d'attente avec la date 1597.

Les lavenderies de Saint-Vaast n'ont presque pas laissé de traces, mais on voit toujours la *fontaine Saint-Antoine*, où les princes de Montmorency ne manquaient jamais d'abreuver leurs chevaux lorsqu'ils allaient de Neuville-Vitasse à Douai.

La ferme d'Hervin, au surplus, empruntait son nom au

---

[1] *Fonds de Saint-Vaast.* Série II. *Commune de Thilloy-lez-Mofflaines.*
[2] *Concordat de 1239, entre Messieurs de Saint-Vaast et le comte d'Artois.* Inventaire de Godefroy, page 117.

territoire dont Guiman dit : « *In Hervim habet sanctus Vedastus, districtum, justitiam, foragia, telonium, domum dominicatam, terram ad dimidiam carrucam. Hospites talem in natale domini censum reddentes, etc...* »

Aussi figure-t-elle comme la Cour-au-Bois dans l'album de Beaulieu [1].

Hervain avait une coutume particulière rédigée en XI articles [2].

Un peu plus loin, vers Athies, près de l'ancien château-fort, était un bosquet d'aulnes, nommé *Loquerie*,

Lors des travaux exécutés au mont Saint-Laurent pour la voie ferrée d'Arras à Hazebrouck, on découvrit, à quelques centaines de mètres de la ferme d'Hervin, un certain nombre de tombes romaines renfermant des vases de toute dimension en terre rouge, blanche, noire, et même des urnes de verre et des fers de lance [3].

A droite et à gauche de la tranchée faite en cet endroit existent d'autres tombes non fouillées qu'il serait facile de retrouver.

Construite parallèlement à la route d'Arras à Douai, à triple toit, haute tour quadrangulaire surmontée d'une flèche et nef médiane percée d'une seconde rangée de fenêtres (voir le plan N° 427), l'ancienne église de Saint-Laurent fut détruite en 1640.

En février 1632 avait eu lieu dans la paroisse un « pourchat » à l'effet de remplacer le calice et le ciboire que « des larrons avaient robbés » nuitamment et avec effraction.

En 1637, la grosse cloche ayant dû être refondue, Mes-

---

[1] Quoique très démembré le domaine d'Hervin est encore de 183 hect.
[2] *Coutumier général*. Tome 1, page 414.
[3] L'un de ces vases en terre blanche d'une finesse excessive, et n'ayant pas une épaisseur de plus d'un quart de centimètre pouvait contenir au moins vingt-cinq litres.

sieurs de Saint-Vaast, seigneurs de l'église, cimetière, presbytère et village de Saint-Laurent, y avaient contribué pour une somme de trente florins, à la condition que la nouvelle cloche porterait les armes de l'Abbaye[1].

L'église actuelle a été réédifiée perpendiculairement à la route. Sa tour se trouve en avant et sert d'entrée principale. Un toit conique recouvre les trois nefs à quatre travées en plein cintre supportées par des colonnes d'ordre dorique.

Le *Registre aux comptes* de l'église de Saint-Laurent contient le procès-verbal suivant :

« L'an de grâce 1685, étant pour lors curé, Jean-Philippe Delamotte, lieutenant Michel Jacquart, et marguillier Maximilien Delattre, a esté rebastie l'église paroissiale de St-Laurent en Immercourt lez la Ville d'Arras : scavoir le chœur par Messieurs les religieux de St-Vaast d'Arras, selon leur obligation comme estans decimateurs, et la nef tant la charpente que la massonnerie, couverture et le petit clocher par les habitans, lesquels n'estant pas en estat de fournir aux depenses qu'il falloit faire pour ce retablissement, ont loué d'un commun consentement le marest du village qui est entre St-Laurent et le village d'Athies, tenant d'un bout a quinze mesures de préries de Messieurs de St-Vaast, et de liste a la rivière d'Arras a Douay, pendant trois années consécutives, pour survenir au payemennt des ouvrages lesquels ont monté jusqu'a la somme de douze cent livres et plus, nonobstant les voitures et charrois qu'ont fait chacun des paroissiens, les deblais et autres travaux purement par charité.

Ceux qui desireront savoir en détail et plus particulierement les choses, pourront lire les papiers de l'arpenteur, et

---

[1] *Titres de l'abbaye de Saint-Vaast*, série H. Commune de Saint-Laurent, Archives municipales.

l'accord passé par devant notaire qui sont a la fin de ce present livre de compte ; comme aussy les quittances des particuliers qui ont livré quelque chose pour ladite eglise qui n'est demeurée redevable de rien. Quant à ce qui a cousté pour sa réparation, gloire en soit rendue à Dieu qui a bénit très visiblement l'entreprise, et a la saincte Vierge Marie, et honneur au glorieux martyr St-Laurent, nostre cher patron. Vous, ami lecteur, priez, s'il vous plait, pour les dittes personnes, curé et paroissiens, qui ont rendu beaucoup de peine en cette sainte action et jouissez-en heureusement. »

Requiescant in pace. Amen.

J.-PH. DELAMOTTE,
Curé de St-Laurent.

Les Archives départementales conservent le compte des dépenses faites pour la construction du chœur et le croquis à la sanguine de l'autel de Saint-Laurent qui existe encore dans la nef de l'Épitre [1].

On voit dans cette église la dalle tumulaire de maître François Dupréel, bachelier de Sorbonne, curé de la paroisse, mort en 1752, et la pierre commémorative de M. Arsène Decherf, autre curé, décédé en 1867.

Le sanctuaire est entouré de belles boiseries; on y expose à certains jours de l'année une importante relique du patron très-authentiquement reconnue par l'Évêque Paul Boudot.

Avant la Révolution, le clocher renfermait trois cloches, deux ont disparu en 1793, celle qui reste porte cette inscription :

« Jean-François Scribe, mayeur.

Ignace Leflon, eschevin.

L'an 1781 je fus nommé Laurentiène Josephe par le S. François-Josephe Gonsse, Sr de Wetzamarles Marles en par-

---

[1] *Fonds de Saint-Vaast, série H. Commune de Saint-Laurent.*

tie Rogeville, Saint-Laurent, baron d'Athies et autre lieux, et par mademoiselle Marie-Rose-Françoise-Hélène Deladerrière, bourgeois de la ville Arras, mes parrain et maraine. »

Le *Registre aux comptes* de l'église mentionne « trois obits fondés à perpétuité, par Messire Jacques Hanrequin, curé de la paroisse de Saint-Laurent en l'an mil quatre cent septante-six, lequel a donné a cette église huit mencaudées et demy de terre, séantes au village et terroir de Billy-Montigny et a l'environ, a la condition de célébrer tous les ans dans le temps de caresme trois obits pour le repos de son âme, à la rétribution de trois livres que doit payer le marglier pour la part du curé et de son clercq [1]. »

L'un des iconoclastes locaux de 93, que scandalisait sans doute l'ancienne statue du patron que l'on voit encore dans la niche sise au-dessus de la porte du clocher, résolut d'en finir avec elle. A cet effet il lui attacha au cou une corde qu'il se mit à tirailler en tous sens : ancrée dans la muraille la statue ne bougea point mais la tête se cassa et alla précisément cheoir sur le pied de l'opérateur qui de même que le soldat de Marathon ne put désormais faire un seul pas sans se rappeler sa prouesse, car il en boita toute sa vie [2].

---

[1] Les *Rentes ordinaires* de l'église de Saint-Laurent s'élevaient en 1689 à 120 livres.

Au nombre des *recettes* de l'église figurait chaque année ce qu'on touchait de la personne à laquelle « etoit vendu au prouflt de l'eglise les grains que chacun des paroissiens donnoient par charité au mois d'aoust après avoir fait la récolte pour reconnaitre le souverain domaine et suprême majesté de Dieu, ce qu'on appelle vulgairement *la Glaine de saint Laurent* ». (*Comptes de l'église.*)

Le *Livre des Comptes* constate qu'en 1690 on a acheté des « *images d'estain* pour le jour de la feste de saint Laurent », et qu'en 1695 il a été « acheté un tapis pour mettre sur la table des marguilliers aux festes solennelles, de couleur jaune et verde parsemée de figures d'animaux de la manufacture de Tournay, moyennant 6 livres. »

[2] En face l'église, au coin de la ruelle menant à la *Cavée*, était un héritage nommé *Lorbenda*.

Voici la nomenclature des vases sacrés et autres objets ayant appartenu à l'église, lors de l'état qui en fut fait à l'époque révolutionnaire.

« L'an deuxième de la République française, une et indivisible, le *deuxième jour sans culotide,*

Je Albert-Norbert Du Quesnoy, commissaire, nommé par l'agent national du District d'Arras, je me suis transporté en la commune d'Immercourt, où après avoir représenté le pouvoir qui m'autorise à dresser un état détaillé des effets or et argent, galons d'or et d'argent qui appartenoient à leur cy devant église avant tous recensements qui peuvent avoir été faits.

J'ai requis deux membres de ladite commune de s'adjoindre à moi, et de me donner connaissance de tous les objets cy dessus, de me représenter les registres ou inventaires qui peuvent y avoir. J'ai requis les citoyens Pierre-Joseph Delory, Jean-François Delory, ancien marguilliers de ladite paroisse et le citoyen Poitard, cy devant curé de me déclarer les objets qu'ils se souviennent avoir appartenu à ladite paroisse, ce qu'ils ont fait comme suit :

1° Un ostensoir d'argent ;
2° Un calice avec sa patène d'argent ;
3° Un crochet d'argent ;
4° Douze cœurs ;
5° Trois balles d'argent ;
6° Dix bagues d'argent ;
7° Un petit baton ou sceptre d'argent.

Il existait un autre héritage nommé l'*Hospital* ayant appartenu à un sieur *Philippe Cuvelier*, seigneur du village de Saint-Laurent, et situé près le chemin menant de Blangy à Bailleul.

Une rue du village s'appelait « la *Verde rue* ».

Un petit marais nommé *la place aux Joncs*, tenait d'un « costé aux terres de Razincourt et d'autre à la petite fontaine qui séparait le terroir de Saint-Laurent de celuy de Saint-Nicolas en Meauxlent ». (*Comptes de l'église.*)

8° Un petit cartouche pour un reliquaire d'argent ;
9° Quelques autres *minuties* aussi d'argent ;
10° Deux bagues d'or.

Il m'a été déclaré que tous ces objets ont été remis au District, d'après les ordres que ladite commune à reçus de les y porter. Le récépissé de ces objets, m'a été représenté en date du 2 nivose dernier, signé Cartier, sans qu'il y soit fait mention du poids desdits objets.

Après quoi je les ai interpellés de me déclarer s'il n'étoit pas à leur connoissance qu'il y ait eu d'autres objets d'or et d'argent appartenant à la cy-devant église ou fabrique, ont déclaré qu'il a existé une devanture d'autel et deux petits gradins brodés en or, et une petite boîte remplie de galons et clinquants, objets qui ont été pareillement remis au District, ce qui est constaté d'après un récépissé qui est constaté sous la date du 18 thermidor dernier, signé Cuvillier.

Interpellés de nouveau si ces objets sont tout ce qui a appartenu à ladite église,

Ils m'ont répondu qu'il n'a jamais existé d'autres objets que ceux détaillés dans le procès-verbal cy-dessus mentionné.

Fait audit Immercourt les jour, moi et an que dessus, et ont signé avec moi : »

Signé : Jean-François DELEURY, off. m. ;
Pierre DELEURY, POITART, DAMIENS,
et N. DUQUESNOY [1].

Aux Rogations, le Chapitre de l'ancienne cathédrale d'Arras se transportait processionnellement jusqu'à l'église de Saint-Laurent ; « lorsque l'on était arrivé à la porte, le chœur

---

[1] Archives départementales du Pas-de-Calais, *série L. Liasse n° 149 du District d'Arras*.

entonnait l'antienne : *Beatus Laurentius dum in craticula....* [1]

La garance et la vigne furent très-cultivées sur le territoire de Saint-Laurent, le souvenir s'en est perpétué par deux lieux dits, l'un la *Garance*, l'autre la *Côte d'Or* [2].

Quoique privé depuis longues années des ombrages du bois de Jecte-Fort et de la forêt de Mofflaines, Saint-Laurent offre encore une promenade très-fraîche et très-pittoresque.

Émaillée de primevères et de paquerettes, coupée de rigoles bordées de saules au feuillage argenté, percée d'étangs pleins de nénuphars et de joncs dans lesquels sautillent les rousseroles, parsemée de bouquets de taillis où gazouillent à la saison nouvelle tous les oiseaux chanteurs, la partie de prairie comprise entre le village et la rivière, est vraiment ravissante.

Pendant la triste guerre de 1870-1871, une ambulance nombreuse fut établie à l'ancienne Prévôté Saint-Michel jusqu'à la porte de laquelle vinrent les hulans prussiens.

Sous prétexte de protéger la ville, une redoute, qui théoriquement devait être formidable, mais qui pratiquement resta inachevée et surtout non armée, fut élevée à gauche du

---

[1] L'abbé PROYART, *des Processions dans la ville d'Arras* ; Almanach de cette ville, 1876.

[2] A la culture de la vigne et de la garance, a succédé la culture des légumes pour l'approvisionnement des villes d'Arras et de Douai. Aussi voit-on dans la campagne des champs d'asperges et des champs de pois. Les pois de Saint-Laurent jouissent d'une réputation méritée et ceux que l'on récolte à Agny, à Achicourt, à Wailly et à Rivière ne peuvent leur être comparés.
Parmi les soixante-deux lieux-dits de Blangy et de Saint-Laurent, on remarque ceux de la Prévôté, de l'Ermitage, de la Fosse aux Loups, des Blancs Monts, des Plaisirs, de la Chaudière, de l'Argillière, des Trous aux Renards, de la Blanche Croix, de la Folie, des Grandes Crêtes, des Marais, des Joncs, du bois Mongard, des Fontaines, des Carrières, du Virolage, du Moulin, de la Cense d'Hervin, etc.

mont Saint-Laurent : et dans on ne saurait trop dire quel but, deux barricades furent construites l'une à l'entrée de Blangy, l'autre au pont : la commune regorgea de soldats, on en compta jusqu'à sept mille à la fois ; la ferme d'Hervin en logeait cinq cents.

Un bataillon de mobiles séjourna environ six semaines dans le village sous les ordres du commandant Matis, qui sut maintenir parmi ces hommes si difficiles à gouverner une sévère discipline.

La veille de la bataille de Bapaume, un pêle-mêle indescriptible de canons, de fourgons, de prolonges de troupes de toute espèce où, sauf quelques compagnies conservant encore un certain ordre, chefs et soldats marchaient confondus, dans la neige jusqu'aux genoux, hâves, exténués, tâchant de se défendre du froid en s'entourant de morceaux de tapis, de restes de fourrures, voire même de lambeaux de toiles d'emballage ; pêle-mêle constituant ce que l'on qualifiait pompeusement d'*Armée du Nord*, défila dans Blangy. C'était à fendre le cœur, et l'on ne sait expliquer comment ces hommes qui manquaient de tout et paraissaient ne plus pouvoir supporter le poids de leurs armes, purent le lendemain et le surlendemain puiser dans leur courage assez de forces pour culbuter l'armée allemande, qui était, elle, dans les meilleures conditions et dans la plus grande abondance !...

NEUVILLE-VITASSE.

Nova Villa. (Bulle du 11 février 1152. Locrius, *Chronicon Belgicum*, 310.) *Neuville, sire Wistace*, ainsi appelé suivant le Père Ignace [1], du nom *Wistachius*, *Eustache*, porté par une série de ses seigneurs, de 1047 à 1286, est situé à une grande lieue de la ville, à droite de la chaussée Brunehaut, à gauche de laquelle étaient les fourches patibulaires d'Arras.

Les sires de Neuville qui portaient « *d'or freté de gueules* » étaient bannerets d'Artois au XI° siècle. En 1096, le descendant d'un puîné de cette maison, qui avait pris suivant l'usage du temps le nom d'une terre *de Lamet*, se croisait sous les ordres de Godefroy de Bouillon, et écartelait les armes de Neuville d'un écusson « *de gueules à la bande d'argent, accompagnée de six croix recroisettées au pied tigé de même, mises en orle* [2]. » En 1180 la maison de Neuville avait deux branches, le chef de l'aînée était Robert advoué d'Arras; celui de la cadette, Eustache, qui du consentement de ses quatre fils, dont trois chevaliers et un clerc, donnait certains biens à l'abbaye de St-Éloy.

Un sire de Neuville bâtit le château en 1219. Un autre, du nom d'Eustache, fonda à Wancourt l'abbaye du Vivier, qui depuis s'établit à Arras, à Neuville l'antique confrérie dite « *des Douze Prêtres* » dont faisaient de droit partie le seigneur et son commis [3], à Lens, enfin, le monastère des Frères mineurs.

En 1220 [4], une jeune damoiselle de Neuville, merveilleusement belle, et fille du chevalier Baudoin qui avait pris part à la conquête de Constantinople, eut le nez et les lèvres

---

[1] *Mémoires*, tome VII, page 84.
[2] *Mémoires*, ibid. — HAUDICQUER DE BLANCOURT, *Nobiliaire de Picardie* pages 280 à 283.
[3] Le PÈRE IGNACE. *Dictionnaire*, tome III, et *Suppl. aux Mém*.
[4] VERTOT. *Histoire des Chevaliers de Malte*.

coupés par son fiancé qu'elle avait trahi, et fut cause de la mort de l'empereur Robert de Courtenay pour qui elle avait oublié ses serments.

En 1415, Baudoin de Neuville Lamet fut tué à Azincourt.

Jacques du Clercq rapporte un différend élevé entre les sires de Habart, Payen de la Vacquerie et messire Robert de Coche, seigneur de Neuville, le 2 octobre 1461, au sujet d'une chasse au faucon faite par ceux-ci sur les terres de ce dernier [1].

Au XVe siècle, la seigneurie de Neuville-Vitasse tomba aux mains des Montmorency-Croisilles, dont une branche prit le nom de Montmorency-Neuville et conserva cette seigneurie jusqu'à la Révolution.

Le château de Neuville devait être souvent habité par ces puissants seigneurs; les registres de catholicité de la paroisse de Neuville constatent la naissance et le baptême de plusieurs de leurs enfants.

En ce qui touche le château lui-même, voici la description que nous en donne le Père Ignace :

« C'est un corps de logis de figure hexagone en dehors et dans la cour. Il est flanqué de six tours, trois grosses et trois plus petites; elles sont épaisses de neuf pieds et voûtées au premier étage avec des fenêtres propres à s'y défendre : au second ce sont des chambres assez éclairées. Le château est irrégulier tant en haut qu'en bas, il n'y a presque pas une place qui soit de plein pied. Il faut monter ou descendre de l'une à l'autre : au reste c'est un bâtiment où il y a beaucoup de logement. Il est situé sur une espèce de motte ronde environnée de fossés à sec; il n'y a qu'une porte qui est antique,

---

[1] Livre IV, chap. XXXV.

faite en pointe au milieu du cintre ; il y avait autrefois un pont-levis [1]. »

« La plus haute tour du château est appelée tour *du Guet* à cause que durant les guerres on y a mis plusieurs fois un homme en sentinelle pour avertir le seigneur et les habitants du mouvement des troupes des parties. Il y a un bois, mais peu considérable, près de ce lieu. Le Montmorency qui épousa d'Hornes fit quelques embellissements au château. Il est père de celui qui a épousé Rim, et décéda le 25 mars 1725. Son fils prit au mois d'avril 1725 un cerf vivant qui fut conservé dans l'écurie du château [2]. »

Près du château était la ferme seigneuriale dont le Père Ignace nous dit encore :

« Les écuries, la ferme et le jardin sont au-delà du fossé à gauche en entrant. La grange qui est grande et spatieuse avec une charpente de beau bois est sur la rue. On voit encore dans la muraille l'endroit où les Français firent un trou par lequel ils passèrent et s'emparèrent ainsi du château qu'ils pillèrent; les habitants s'y défendirent quelque temps. Ceci arriva dans la guerre de 1635. »

Cette ferme était occupée « depuis 1729 par l'honorable famille Payen dont les membres étaient en même temps baillis de la terre et seigneuries de Neuville et de Mercatel, appendances et dépendances [3]. »

Les relations entre le château et la ferme étaient telles, que le 26 septembre 1756, Louis Ernest Payen eut pour parrain « haut et puissant seigneur Louis-Ernest-Gabriel, prince de Montmorency, *premier baron et premier chrétien*

---

[1] *Dictionnaire*, tome II. V° *Neuville*.
[2] *Supplément aux Mémoires*, t. 390.
[3] M. ROBITAILLE, *Annuaire du diocèse d'Arras pour 1874*.

de France [1], » chez qui il fut élevé et traité à l'égal de ses propres enfants [2].

Ce château et cette ferme furent démolis à l'époque révolutionnaire, incomplétement toutefois. Longtemps encore on put voir les murailles en grès des remparts du château percées d'embrasures pour l'artillerie, et la cuisine de la ferme, appelée *cuisine des princes*, n'a disparu qu'il y a une vingtaine d'années.

Antérieurement à 1793, Neuville-Vitasse possédait, sous le vocable de Saint-Martin, « une belle et vaste église bâtie sur le manoir des seigneurs de Neuville devenu plus tard celui des princes de Montmorency et due sans doute à leur munificence. »

Simples, sévères, et recouvertes seulement d'un plancher, les nefs à arcatures en grès, soutenues par des colonnes monolithes, d'une solidité à défier les siècles, paraissaient, à en juger par les débris abandonnés dans le cimetière, remonter au XII° siècle.

Les sculptures et nervures peintes et enfouies dans l'emplacement du chœur accusaient au contraire le XV°.

La tour, surmontée d'une flèche en ardoises, avait une très-grande élévation ; sur l'une des faces de cette tour,

---

[1] *Registres de catholicité de Neuville.*

[2] Après avoir étudié en collége du Roi à Douai, ensuite en Sorbonne, et avoir professé la théologie au séminaire de Saint-Firmin, à Paris, M. Ernest Payen, l'un des hommes les plus brillants et les plus érudits de son temps, refusant les fonctions de grand vicaire que lui offrait Mgr de Conzié, puis un canonicat à Cambrai, et se fermant une carrière qui, grâce à la transcendance de ses mérites et à la protection de la maison de Montmorency, l'eût bientôt mené à la dignité épiscopale, *jeta ses grades* sur l'humble cure de Blairville, où il revint après son émigration, et où il mourut en 1843. Son parrain lui avait donné le fief *du Sçavoir* pour qu'il en prit le nom, ce à quoi sa modestie ne lui permit jamais consentir [*].

[3] Dubus. V° Neuville-Vitasse.

[*] Voir une Notice sur M. l'abbé Payen, par M. l'abbé Proyart.

vis-à-vis du château, était la porte castrale par laquelle les seigneurs se rendaient à l'église.

Cette église ayant été vendue nationalement et jetée-bas, le culte s'exerça de 1802 à 1820 dans une grange existant encore près le chemin de Tilloy. A cette dernière époque, une nouvelle église, bâtie en partie sur les fondations de l'ancienne, s'éleva sous l'administration de M. l'avocat Payen. En 1859, son peu de solidité la fit abandonner, et l'on retourna dans la grange, jusqu'au moment où il fut possible d'entrer dans l'église actuelle, qui probablement ne sera pas non plus d'une bien longue durée.

Les travaux de terrassement exécutés pour la construction de cet édifice, amenèrent la découverte d'un grand sarcophage en pierre, d'une série de tombeaux en pierre blanche, en grès tantôt bruts, tantôt taillés ; dont plusieurs renfermaient des vases en terre, et une tête de chevalier grossièrement sculptée, avec quelques monnaies de billon [1].

Joseph Le Bon fut curé de Neuville-Vitasse, qui alors s'appela *Neuville-la-Liberté*, avant d'exercer à Arras ce proconsulat sanguinaire qui fit tant de victimes, et qui frappa si cruellement la famille Payen, l'une des plus décimées de tout le pays.

En 1716, alors qu'il versifiait son *Histoire de l'abbaye du Vivier*, Dom Martin du Buisson, religieux de Clairmarais, disait de Neuville [2] :

> Neuville est un village aux environs d'Arras,
> D'une assiette agréable, et d'un terrain fort gras,
> Baty sur le penchant d'une belle colline.

Sept bois, dont l'un, celui du *Gard*, au milieu du village,

---

[1] M. ROBITAILLE. *Ubi supra.*
[2] *Manuscrit de la Bibliothèque d'Arras.*

et six autour, ceux de la *Vigne*, des *Chênes*, de *Rouvroy*, de *Saulty*, des *Prés*, et *Zimmel*, en faisaient une localité charmante.

Le bois du Gard avait une magnifique avenue aboutissant au château. Le bois de la Vigne était parfaitement percé d'allées symétriques partant toutes d'une étoile centrale où se trouvait une mare répandant autour d'elle une agréable fraîcheur.

De ces bois il ne reste exactement rien.

Les habitants de Neuville, lorsqu'ils étaient infectés de la lèpre, avaient jadis le droit d'être reçus dans la maladrerie de Saint-Nicolas en Méaulens [1].

WAILLY.

De Wallibus (Bulle d'Eugène III déjà citée).

« Village d'Artois, dit le Père Ignace, sur le Crinchon, à gauche, une lieue au-dessous d'Arras, sur le chemin de cette place à Amiens, de la Gouvernance d'Arras, Election et Conseil d'Artois, Parlement de Paris, Subdélégation, Recette et Gouvernement d'Arras, Intendance de Picardie à Amiens [1]. »

---

[1] Le PÈRE IGNACE, *Dictionnaire*, t. III. V° *Neuville-Vitasse.* — Répertoire de WIGNACOURT, « *Des malladreries des lépreux et mézeaux.* » On y lit :

« Il y a diverses espèces de ladrie gros brun et blan, et sy a plusieurs signes a les connoistre ou esprouver, a scauoir ; sy les cendres de plomb bruslé nagent par dessus leur urine, sy jetant en leur sang (lorsqu'on les saigne) du sel, et se fond aussy tost, c'est signe d'une chaleur extraordinaire tendant à la lèpre.

C'estoit à la charge et office du *Roy des ribaux* d'avoir regard sur les mézeaux et lépreux ou entachez de verolle et les faire sortir hors de la ville. »

Les ladres devaient porter un habit spécial, et annoncer leur présence en agitant une *cliquette de bois*, afin que chacun pût se garer de leur passage.

[1] *Dictionnaire*, tome IV, page 973.

Il fit partie, ajoute M. Harbaville, de la dotation de l'abbaye de Corbie, fondée au nom de Clotaire III, par la reine Bathilde, l'an 622, dotation qu'en 825 confirma Louis le Débonnaire.

Par suite de ce, l'abbaye de Corbie avait anciennement l'exercice de la justice, haute, moyenne et basse, « sur les tènements ou mouvances qu'elle possédait à Wailly » (1,300 mesures), ainsi que cela résulte formellement d'une sentence rendue le 9 octobre 1540 par les officiers de la haute justice des Religieux de Corbie à Wailly.

En 1569, l'abbaye de Corbie échangea sa terre et seigneurie de Wailly contre d'autres biens appartenant à l'abbaye d'Arrouaise, laquelle, à partir de cette époque, jouit de la justice haute, vicomtière et basse, ainsi que cela résulte formellement encore d'un arrêt du Conseil d'Artois du 13 décembre 1679, confirmatif d'un concordat intervenu en 1470 entre l'abbaye de Corbie et Philippe de Beaufort qui avait des droits seigneuriaux sur Wailly, Grosville et Monchy.

Indépendamment de la seigneurie d'Arrouaise, il existait encore sur Wailly :

Les seigneuries du Chapitre d'Arras ; de la famille des Chelers qui par alliance passa dans la famille le Prévôts, et du sieur « Imbert, seigneur de la Bazèque, un des grands baillifs, haut justicier de Lille qui y avait le droit de mairie, lequel était une justice supérieure [1]. »

Les décimateurs de Wailly étaient Messieurs d'Arrouaise et le Chapitre de la Cathédrale.

La ferme seigneuriale d'Arrouaise, à Wailly, qui comptait sept charrues, était située contre la rivière à droite. Le corps de logis se composait d'un sombre bâtiment en briques, à étage, à fenêtres cintrées et grillées, inégales et inégalement

---

[1] Le P. IGNACE, loc. cit.

percées. Il existe encore maintenant, mais très-remanié il y a trente cinq ans environ, il a perdu tout caractère.

Depuis le XVI° siècle jusqu'à l'époque révolutionnaire cette ferme fut occupée par la famille Le Gentil dont les membres furent constamment Lieutenants et Baillis d'Arrouaise en même temps que Mayeurs des comtes de la Basèque. Le 27 janvier 1766, un Le Gentil s'intitulait encore « Haut Justicier [1] ». Aussi s'était-il établi entre les religieux d'Arrouaise, M. de la Basèque et la famille Le Gentil, des rapports tels, que les deux enfants de M. Le Gentil-Payen, dernier Lieutenant, étaient présentés aux fonts baptismaux, l'un, Fleury Le Gentil, par messire Dom Fleury Tabary, abbé d'Arrouaise (28 décembre 1784); l'autre, Julie Le Gentil, par « messire Imbert, comte de la Basèque, la Herlière, Veningelt, la Clytle, la Busset, Kemelone, Saint-Amand, Richebourg, Beaucamp, de la mairie de Wailly, de Venancourt et autres lieux » (23 avril 1787).

Jusqu'en 1758, la sépulture de la famille Le Gentil fut à l'église, dans la nef du côté de l'Evangile, au pied de l'autel de la Vierge, et, à partir de cette époque, au cimetière près la tour [2].

En parlant de Wailly, le Père Ignace dit : « Le clocher de cette paroisse est une tour angulaire et carrée, elle est surmontée d'une flèche de bois très haute et qui sert de perspective à quiconque sort d'Arras par la porte Ronville. »

Cette flèche ayant été culbutée par un coup de vent, il ne reste du clocher que la tour bâtie en pierres de taille avec soubassement en grès. L'église a été reconstruite en 1773.

[1] *Registres de catholicité de Wailly.*
[2] *Sur les pierres tumulaires ou plaques commémoratives existant encore, est l'écusson de la famille, qui, timbré d'un armet taré de trois quarts est d'azur au chevron d'or accompagné en chef de deux quintefeuilles tigées et feuillées d'argent sommées d'une étoile de même et en pointe d'un coq de même.*

Elle est a trois nefs, de quatre travées (chœur non compris), soutenues par des colonnes doriques.

La tour devait jadis renfermer trois cloches; on trouve en effet aux *actes de catholicité* de la paroisse, sous la date du 22 décembre 1682, que la « moienne cloche » bénite ce jour a eu pour parrain Jean Blondel, fermier de Messieurs du Chapitre de N.-D. d'Arras, et pour marraine Marie Patou.

Baptisée le 31 août 1757, la cloche actuelle a eu pour parrain M. Philippe-Antoine-Eugène Prévost, seigneur de Wailly, d'Offines Autrœuil, et pour marraine Marie-Angélique-Thérèse Guérard de Rasincourt, mariée à Guillaume-Antoine Dubois, écuyer, seigneur de Duisans.

Les stalles du chœur et le maître-autel de l'église de Wailly sont assez remarquables.

On y voyait, avant 1812, un ostensoir admirable en vermeil provenant de l'abbaye de Dommartin qui malheureusement n'est point resté à l'église [1].

Wailly fut le théâtre de beaucoup d'événements militaires.

En 1414, vers la fin de juillet, le roi Charles VI qui, à la tête d'une armée de 200,000 hommes, venait assiéger Arras, se logea à Wailly, et près du village des escarmouches eurent lieu entre les gens du roi et ceux du duc Jehan de Bourgogne [2].

En 1471, Charles-le-Téméraire, en lutte avec Louis XI, campa à Wailly.

En 1475, « un grant nombre de gens d'armes dont les capitaines només sire Jacques de Saint-Pol, le sire de Contay, le sire de Carency, M. de Cohem et autres, accom-

---

[1] *Registre du Conseil de fabrique de la Cathédrale.* Séances des 4 et 8 mai 1832.

[2] *Mémoires*, tome VI, page 417.

paignés de beaucoup de gens de la ville d'Arras s'en allèrent sur Wailly et de là tirèrent au bosquet de Wagnonlieu [1] », où ils se firent culbuter par 800 lances françaises.

En 1640, le quartier général d'une division composée de six régiments d'infanterie et de deux de cavalerie aux ordres du brave Rantzau fut placé à Wailly.

Aussi reste-t-il aux abords du village vers Arras deux demi-lunes commandant la rivière, et presque jusqu'à Agny des parapets, appelés *chès Laines* (les Lignes).

A droite et à quelque distance de la rivière est un groupe de maisons dit *Faubourg des Allouettes*.

Entre Wailly et Blairville un peu au-dessus du moulin du *Blanc-Mont*, se trouvent assez fréquemment des monnaies romaines du Bas-Empire en alliage.

BLAIRVILLE.

Situé entre Wailly et Ransart, ce village avait autrefois une maison du Temple relevant de la commanderie d'Arras.

Sise rue d'Aubigny, cette maison très-endommagée par les guerres du XVIe siècle fut reconstruite vers 1584 probablement avec les vieux matériaux et sur les vieilles fondations.

« On y voit encore, disait le Père Ignace, deux portes de l'ancienne maison. Elles sont de grès bien maçonnés, mais très-étroites suivant l'usage des XIVe siècle et précédents [2]. »

Ces portes ont été démolies depuis lors, mais il reste

---

[1] MONSTRELET, *Chroniques*, liv. I.
[2] *Dictionnaire*, tome I. V° Blairville.

quelque chose des Templiers dans la gresserie et dans les caves du corps d'habitation de la *ferme* dite *du Temple*, et surtout dans les deux boyaux souterrains également en grès, d'une largeur de 0^{m}70 sur une hauteur de 1^{m}50, partant de la cave principale et se dirigeant l'un au nord du côté de la campagne, l'autre du côté de l'église.

Sous l'église, le cimetière et la cour de l'ancien château, sont des souterrains qui paraissent avoir été habités : on y voit des chambres, un four, des cheminées, des anneaux de fer scellés dans les murs de locaux semblant avoir servi à la stabulation. Ce refuge, où l'on accède par les caves du logis érigé là où était l'ancien château, communiquait jadis, suivant la tradition locale avec la maison des Templiers.

De cet ancien château démantelé depuis longtemps, il restait encore, il y a vingt ou vingt-cinq ans, une tour ronde en grès et briques convertie en pigeonnier.

Le fils de maître Wallerand Obert, l'un des bourreaux, et le diffamateur par excellence de Gosson, posséda la terre de Blairville.

A moins de cinq cents mètres du village, se voit à droite et à gauche du chemin conduisant à Agny, un bois nommé les *Confosses*. On y trouve une immense sablière, où se remarquent des veines d'un assez beau rouge ; un peu plus loin, dans le même bois toujours se tire de la terre de potier.

RANSART.

La seigneurie de Ransart ainsi que celle de la Herlière appartenaient à Payen de Beauffort, condamné comme Vaudois, puis réhabilité.

A propos du château de Ransart, qui, suivant la tradition était défendu par sept tours, on lit au Père Ignace, « il y avait un ancien château entouré de fossés, que l'on voit encore en partie, et flanqué de plusieurs tours dont il y en a encore une, l'an 1730, qui sert de pigeonnier. »

Ce que l'on voyait alors se voit aujourd'hui à peu près dans le même état.

La tour ronde en pierres de taille servant de pigeonnier continue à avoir la même destination.

Les fossés en fer à cheval entourant jadis le donjon qui était situé sur une éminence derrière la ferme actuelle, ont encore une certaine profondeur et s'accusent nettement.

Le locataire de la ferme nous a assuré que les souterrains du donjon subsistaient toujours. Les constructions en cet endroit devaient être en blocs de grès, car à un fer de bêche on en trouve partout.

Le périmètre de l'ancien enclos, en surélévation de tous côtés sur les terrains environnants, notamment à droite est aussi très-reconnaissable.

Touchant la Herlière, le Père Ignace ajoute : « C'étoit une forteresse flanquée de douze tours fermée de murailles, environnée de fossés à sec avec un pont-levis à la principale porte d'entrée. Les bâtiments étaient à l'antique, surtout le corps de logis, la cour était spatieuse et presque ronde telle qu'on la voit encore [1]. »

BAILLEULVAL.

A 10 kilomètres d'Arras, à gauche de la route de Doullens.

On y voit au haut d'une butte couverte de taillis les

[1] *Dictionnaire*, tome IV. V° Ransart.

restes d'une ancienne forteresse. Il n'en subsiste plus que la façade du côté du village.

Elle se compose de deux grosses tours, reliées par un mur dans lequel s'ouvre la porte d'entrée, dont la clef de voûte est un écusson aux armes de la maison de Béthune-Hesdigneul. Il porte « *une fasce accostée d'une étoile cantonnée au coté droit et surmontée d'un heaume à la couronne de marquis.* »

Sous ce manoir règne un souterrain qui le reliait autrefois à celui de Bailleulmont distant de deux kilomètres.

On lit au Père Ignace sur le château de Bailleulval la curieuse et précieuse description que voici :

« L'entrée du château étoit couverte par un ouvrage avancé dans lequel on ne pouvoit entrer que par deux ponts-levis qui sont aux extrémités des flancs ; la face de cet ouvrage est flanquée de deux grosses tours terrassées et la courtine par un redent. Dans une petite tourelle qui est à côté de la grosse méridionale, il y a un moulin à bras dont on se servoit pour l'usage du château surtout dans le tems des guerres. Il y a dans l'intérieur de cet ouvrage, une cour quarrée où des soldats se rangeoient en armes et autour de laquelle sont plusieurs corps-de-garde. Cet ouvrage est entouré d'un fossé revêtu fort large, lequel ainsi que les fossés du château est rempli des eaux de la petite rivière de Salmonille qui vient des étangs de Marcoussis.

Le château est entouré de fossés fort larges, où on n'entre que par un pont-levis du côté du midy, qui a toujours été la principale entrée ; il y avoit un autre pont-levis du côté du nord qui est détruit.

Les bâtiments du château forment une enceinte quarrée, au milieu de laquelle est aussi une cour quarrée plus longue que large. Les quatre angles extérieurs du château sont flanqués de quatre grosses tours rondes, couvertes d'ardoises et les courtines sont toutes à machicoulis et galeries, et flanquées de deux tours découvertes.

Le donjon est du côté du midi; au-dessus de l'entrée de la porte du château, il est flanqué de deux demi-tours découvertes, et au-dessus du donjon s'élève une guérite assez haute pour découvrir au loin dans le pays.

Charles VI est représenté sur un médaillon de pierre qui est au-dessus de la porte, à droite on voit un linteau de pierre de taille au-dessus d'une fenêtre, qui est éclaté et dans lequel est empreinte la forme d'un gros boulet de canon. On voit aussi en d'autres endroits des marques de plusieurs coups de canon que ce château a essuyés dans les tems des guerres civiles.

On voit encore au-dessus de la porte la herse, et des deux côtés les fiches qui servoient à porter les mousquets et les piques de plusieurs corps-de-garde.

A gauche en entrant est la salle des gardes.

Du même côté, dans le fond de la cour est la chapelle, qui est double, c'est-à-dire, l'une au rez-de-chaussée, l'autre au niveau du premier étage : il n'y a plus que celle-ci qui soit entretenue.

Le grand escalier est dans une tour ronde, toute bâtie de briques : les marches sont de pierres de taille, et disposées en vis. La charpente des combles est toute en beau bois et fort belle.

L'entrée des cachots est à gauche dans le coin de la cour.

Les basses fosses sont dans le bas de la tour la plus septentrionale au-dessous du niveau de l'eau des fossés, mais les murs sont si bien cimentés que l'eau n'y pénètre pas [1]. »

Ce château a eu anciennement les honneurs de la gravure, ses ruines ont été dernièrement reproduites au tome II

---

[1] *Supplément aux Mémoires*, tome I, page 211.

du *Bulletin de la Commission des Antiquités départementales*.

BAILLEULMONT.

La forteresse de Bailleulmont se composait d'une enceinte triangulaire bâtie en grès et pierre de taille, flanquée de trois tours rondes ; la plus grosse, dont les murailles mesuraient vingt-quatre pieds d'épaisseur, en avait cent quarante de diamètre, deux cents de hauteur ; elle offrait trois étages et était couronnée de créneaux et de mâchicoulis [1]. En 1733, on lisait encore sur la muraille de la pièce basse de cette tour : « *Soiez nous, Seigneur, la tour de forteresse contre la face des ennemis.* »

Il ne reste plus de cette formidable forteresse remontant, suivant le Père Ignace, au-delà du XIe siècle [2], qu'un pan de mur que l'on ne tardera pas à faire disparaître, *sic transit gloria mundi !*

Une chambre haute de la grosse tour ou donjon, portait le nom de *Salle du Désespoir,* parce que là s'était pendu « avecq une besaighe en quoy on lui avait apporté du fruict » Collart de Bois Huon, écuyer, seigneur de Vis-en-Artois qui avait épousé une bâtarde du sire de Saveuse, propriétaire du château [3].

Des canons d'arquebuses, de fusils de rempart et quelques pommeaux et lames d'épées ont été trouvés, il y a cinq ou six ans, dans les déblais pratiqués au pied de la grosse tour.

---

[1] Le PÈRE IGNACE, *Mémoires,* tome VI, pages 390, et *Supplément,* page 572.

[2] Suivant d'autres auteurs ce château avait été reconstruit au commencement du XVe siècle.

[3] DU CLERCQ, livre III, chap. XXXIX.

D'après le croquis de M. La Garde. J. Boutry

HAUTE-AVESNES.

Presqu'en face du village d'Acq et à gauche de la route de Saint-Pol est à 11 kilomètres d'Arras le petit village de *Haute-Avesnes*.

Ce fut dans cette localité plus que modeste, qu'au XII° siècle, l'Ordre du Temple, fondé en 1118 [1], se bâtit une importante commanderie que nous allons étudier.

Commençons par un sombre et sanglant épisode.

Jaloux de la puissance du Temple, plus désireux encore de s'approprier ses immenses richesses, Philippe-le-Bel qui, en 1304, pour mieux masquer ses projets, avait solennellement confirmé les Templiers dans tous leurs droits privilèges et prérogatives, les avait appelé ses plus chers amis « *dilectissimi amici* » avait même demandé son affiliation à l'Ordre, et qui, en 1306, lors de l'émeute Barbette, s'était réfugié dans leur fameuse forteresse de Paris, les fit sous les prétextes les plus odieux et les plus absurdes, traîtreusement arrêter par toute la France, le 13 octobre 1307.

Districte mandamus portait l'ordre, adressé par le Roi, le 14 septembre de cette année, à tous les baillis et sénéchaux, par lettres closes, qu'ils ne devaient ouvrir sous peine de mort que dans la nuit du 12 au 13 octobre suivant, *ut singulos Fratres, ipsius Ordinis sine exceptione aliquâ capiatis, et captos teneatis Ecclesiæ judicio præservandos, et bona sua mobilia et immobilia saisiatis.*

« Or, ce jour du 13 octobre, comme il était environ

---

[1] Cet Ordre dut, on le sait, sa fondation à six seigneurs croisés, au nombre desquels figurait un gentilhomme picard, *Payen de Montdidier* ou *de Mondésir*, à la famille duquel se rattachent peut-être messire *Payen de Beaufort*, seigneur de Ransart, et *Ponthus Payen*, échevin d'Arras, avocat au Conseil d'Artois, seigneur de La Bucquière.

l'heure de tierce, dit M. Harbaville, le servant d'armes en sentinelle sur la tour de la commanderie de Haute-Avesnes, sonna du cor et signala l'approche d'une troupe armée, qui bientôt réclama l'ouverture des portes au nom du Roi. On connaissait la haine invétérée que Philippe-le-Bel portait à l'Ordre ; quelque chose de ses projets avait transpiré ; la milice du Temple sentit que le moment de la crise était arrivé, la porte de la commanderie fut ouverte ; les sbires se précipitèrent avec un empressement féroce dans cet asile de la valeur et en gardèrent toutes les issues. Le chef ordonna au Commandeur de réunir tous les chevaliers dans la grande salle ; cela fait, l'ordonnance du Roi fut lue ; cette lecture ayant donné lieu à d'énergiques protestations contre cette violence, la troupe des sicaires se rua sur les malheureux chevaliers qui n'opposèrent aucune résistance ; une partie d'entre eux fut lâchement égorgée ; les autres chargés de chaînes furent traînés à Arras au milieu des vociférations d'une populace imbécile et jetés dans les prisons du château.

Ce jour vit flotter pour la dernière fois la noble bannière de l'Ordre, *Beauséant*.

Les corps des chevaliers massacrés furent déposés, sans honneurs, dans une fosse commune derrière la tour. »

Peut-être l'imagination a-t-elle joué un certain rôle dans la mise en scène de cette relation, mais la brutale arrestation des chevaliers et le massacre de plusieurs d'entre eux ne sont malheureusement que trop vrais.

Après avoir écrasé l'Ordre du Temple et l'avoir pillé autant qu'il le pût, Philippe-le-Bel dut abandonner ses biens aux chevaliers de Saint-Jean-de-Jérusalem qui, froissés dans leur amour-propre par les Templiers, en étaient devenus les ardents ennemis.

« En 1312 — écrit M. Mannier — le Roi prescrivit à son bailli d'Amiens de faire mettre les chevaliers de Saint-Jean-de-Jérusalem en possession des biens de l'Ordre du Temple qui se trouvaient dans la Picardie, ainsi qu'en Artois et en Flandre. D'après la répartition qui en fut faite alors, il échut à la commanderie d'Haute-Avesnes, d'abord en Artois les maisons du Temple d'Arras, de Blairville et d'Hénin-Liétard.

Dans la châtellenie de Lille, celles de la Haye-lez-Lille, de Pérenchies, de Maisnil et de Cobrieux, le Temple de Douai, et dans le Tournaisis, la maison de Saint-Léger et celle d'Auseghem près d'Audenarde.

Ces adjonctions ne suffisant pas à l'importance que l'on voulait donner à la commanderie d'Haute-Avesnes; les Hospitaliers y réunirent encore une petite commanderie, qu'ils avaient près de Pas-en-Artois, appelée la commanderie de Gaudiempré avec la maison de Lucheux qui en dépendait.

A partir de ce moment, Haute-Avesnes devint une des commanderies principales du Grand-Prieuré de France; et à cause sans doute de son importance, elle devint une chambre prieuriale de 1370 à 1521. Mais plus tard vers 1550, on la démembra, c'est-à-dire qu'on en retrancha plusieurs maisons, pour fonder une nouvelle commanderie, la commanderie de Caëstre, ce qui réduisit la commanderie de Haute-Avesnes aux membres suivants :

La maison de Gaudiempré,
La maison de Lucheux,
La maison du Temple d'Arras,
La maison d'Agnez,
La maison de Blairville,
La maison d'Hénin-Liétard,
La maison du Temple de Douai,
La maison de Cobrieux,
La maison de Saint-Léger.

Aucun changement ne fut apporté à cette organisation qui existait encore à la fin du XVIII° siècle. »

Ajoutons à cela « que 42 villages dépendaient de la maison de Haute-Avesnes ; qu'ils plaidaient d'abord à la justice de ce lieu, puis au Conseil d'Artois par conciliation, mais par appel, si l'une des parties le voulait, à la justice de l'Ordre dont le siége était au Temple à Paris, » qu'enfin la nomination à la cure de la paroisse appartenait au Commandeur [1].

C'est pour cela sans doute qu'on lui rendait les honneurs épiscopaux lorsqu'il prenait possession de la commanderie. « Le curé allant processionnellement au devant de lui à l'extrémité du village, quelquefois même du terroir, avec croix, bannière [2]. »

On se demande comment cette commanderie si importante n'a point été prise sous la protection de l'État et classée au nombre des monuments historiques.

Mais pour ne pas déranger l'insipide symétrie des rues rectilignes du nouveau Paris, l'Etat n'a-t-il pas abattu la Tour Bichat, l'enclos de Saint-Jean-de-Latran, les tours de Philippe-Auguste ; pourquoi donc aurait-il eu souci de la commanderie de Haute-Avesnes ?

Cette pauvre commanderie qui, vieille de six siècles, aurait pu en défier six autres encore, qu'avaient respecté les guerres des XIV°, XV° et XVI° siècles et la tourmente de 93, a été, dans ces derniers temps, condamnée sous prétexte d'insolidité, grâce, comme toujours, à l'intervention « d'un homme de l'art !.... »

La tour que nous sommes heureux d'avoir très-exactement dessinée, il y a quelques années est presque complétement culbutée, que quelques pierres tombent encore, et l'on pourra dire : *Etiam periere ruinæ !...*

---

[1] et [2] Le PÈRE IGNACE, *Mémoires*, tome III. V° Haute-Avesnes.

Frappé du même arrêt que la tour, le corps-de-logis y attenant doit disparaître au printemps!....

Et l'on verra se substituer alors à ces grands souvenirs, une de ces bâtisses sans nom, sans caractère, et heureusement sans durée qui sont sinon l'image, du moins le propre de notre incomparable époque, *suum cuique!*...

Il devrait réellement y avoir des lois préventives et répressives de pareils vandalismes.

Quoi qu'il en soit, examinons ce qui reste de la commanderie.

Ses bâtiments formaient un quadrilatère assez irrégulier que flanquait la grosse tour défensive; on entrait dans la cour, au centre de laquelle était un vaste abreuvoir, avec murs en blocs de grès bruts, par deux portes cochères : l'une ouvrait sur la rue, l'autre sur la campagne.

Ces dispositions topographiques n'ont point été modifiées.

La porte d'entrée sur la rue n'a pas sensiblement souffert, contruite en grès et en pierre de taille, elle offre, — chose unique en ce pays et presque sans analogue en France — une élégante baie en ogive franchement outrepassée dans ce goût oriental que le séjour de la Palestine avait fait contracter aux chevaliers du Temple.

Se propose-t-on de l'anéantir aussi, pour la remplacer par des pilastres de briques agrémentés de vases en carton pierre et soutenant une grille en fer creux avec décors en fonte ? le laissera-t-on faire ? cela pourrait bien arriver....!

L'autre porte n'a conservé que son piètement en grès; l'abreuvoir existe toujours.

Trois des côtés du quadrilatère ont été généralement réédifiés, mais sur les anciennes fondations.

L'aile importante où se trouvent encore les restes de la

tour (oubliettes et rez-de-chaussée) le corps-de-logis principal, un autre corps-de-logis, puis un long bâtiment à ouvertures bouchées dont la destination première ne se reconnaît pas, doit être à peu près ce qu'elle était à l'origine, sauf certaines modifications toutefois, les voûtes des appartements ayant disparu, de même que le perron, donnant accès de la cour à la salle principale [1].

Toutes ces constructions en pierre (de Montenescourt probablement) de moyen appareil, parfaitement dressées, dont les joints s'aperçoivent peu, sont liés par un ciment si dur, qu'à peine on pouvait arracher celles des parements intérieurs et extérieurs de la tour.

Les tours ou donjons bâtis par les Templiers, avaient toujours, soit en Orient, comme à Tortose, à Safita, à Toron, à Areymech, à Athlit; soit en Occident, comme à Paris (tour du Temple, tour Bichat) la forme quarrée ou barlongue [2].

D'architecture exclusivement militaire, la tour d'Haute-Avesnes était carrée, reposait sur une forte gresserie d'environ six pieds et en mesurait approximativement soixante ou soixante-dix de hauteur. Ses murs que solidifiaient d'énormes contre-forts étaient d'une épaisseur telle que les salles intérieures n'avaient guère plus de douze pieds de côté. Elle offrait un rez-de-chaussée et deux étages surmontés d'une plate-forme, bien pavée encore au siècle dernier et primitivement crénelée.

On accédait à ce rez-de-chaussée et au premier étage par l'intérieur du corps-de-logis (mesure précautionnelle facile à comprendre dans une forteresse), puis à l'étage supérieur [3]

---

[1] Le PÈRE IGNACE, *Mémoires*, tome III, V° Haute-Avesnes. — Ces voûtes et ce perron se voyaient encore en 1725.

[2] VIOLLET LE DUCQ. *Dictionnaire archéologique*. V° Temple et Tour.

[3] Après avoir traversé *diagonalement* la salle du premier étage.

et à la plate-forme par un escalier à vis renfermé dans une tourelle ronde en encorbellement éclairée par des barbacanes accolée à l'un des angles de la tour. Toutes monolithes, les marches de l'escalier étaient en grès du premier étage au deuxième et en pierre du deuxième au terrassement de la plate-forme. (Du rez-de-chaussée à la plate-forme, l'escalier comptait 80 marches).

Soutenue à la fois par des culs-de-lampe et par l'un des contre-forts de la tour, cette tourelle devait anciennement s'élever au-dessus de la plate-forme, et servir de guette.

Plus petite que les salles supérieures puisqu'on y pénètre par un couloir pratiqué dans la tour à droite et au milieu duquel s'ouvre une porte très-basse et très-étroite, la salle du rez-de-chaussée qu'éclaire une meurtrière, a une voûte ogivique à la clef de laquelle est scellé un gros anneau de fer supportant une poulie.

La salle du premier étage qui était très-élevée, avait également une voûte ogivique, mais à nervures diagonales moulurées, supportées par des culs-de-lampe sculptés représentant des masques ou des feuillages; elle tirait son jour par une grande fenêtre.

Voûtée de la même façon, la salle du deuxième, moins haute, recevait sa lumière par trois lucarnes.

Au-dessous du rez-de-chaussée, se trouve une oubliette d'une profondeur de vingt pieds, correspondant avec la salle du rez-de-chaussée par un trou carré d'environ deux pieds et demi de côté, que maintient un cadre de grès (jadis recouvert d'une trappe) placé verticalement sous la poulie; on descendait dans l'oubliette par l'extérieur au moyen d'un escalier de dix marches; et à partir de là par une échelle.

Au-dessus de la porte d'entrée du corps-de-logis attenant à la tour, surplombe un énorme corbeau de grès; à l'intérieur, on remarque entre autres choses, une curieuse cheminée adossée à la tour et d'une hauteur égale; des aniles à têtes grimaçantes sous les poutres, et une fort élégante colonne monolithe, en grès avec socle et chapiteau de même nature.

Au-dessous sont deux caves voûtées en plein cintre; on descend dans la première par vingt marches et dans la seconde par dix; de l'extrémité de cette seconde cave part un corridor taillé dans le roc qui va presque rejoindre l'oubliette.

Quant aux catacombes dont parle M. Harbaville et qui, suivant certaines traditions s'étendaient jusqu'à Étrun, on n'en connaît plus l'entrée.

Dans l'enclos de la commanderie était une chapelle (reste de l'ancienne église jetée en bas il y a quatre ans.) Il n'en subsiste plus trace.

Cette chapelle possédait anciennement deux cloches : la plus vieille et la plus forte a disparu en 1793; l'autre est encore conservée dans la nouvelle église — quelle église ! — de Haute-Avesnes.

Cette cloche porte en capitales, la légende suivante :

« † Ie veux suivre ma compagne en acord, Christophine suis nommé [1] ayant été fondue en 1760, — alens par l'ordre de Monsieur le chevalier de Thumy, de Boissise, commandeur de Haute-Avesnes — pour l'église de Haute-Avesnes. »

Elle porte de plus en bas relief, d'un côté, Notre-Dame de Mont-Carmel; de l'autre un Christ en croix et une sainte femme.

Dans l'intervalle et plus bas sont deux médaillons; le premier reproduisant les armes du Commandeur, au milieu de la Croix de l'Ordre; le second représentant une cloche

---

[1] Le commandeur de Thumery et non de Thumy s'appelait Christophe.

avec ces mots : « Pierre Guillemin » donnant le nom du fondeur.

En 1790, les prêtres de Malte, d'Haute-Avesnes, y célébraient encore la messe, bottés, éperonnés, pistolets à la ceinture.

Ainsi, au temps d'Esdras, les reconstructeurs du Temple y travaillaient en tenant d'une main la truelle et de l'autre l'épée.

Non loin de la commanderie, et en provenant, gît, comme margelle de puits, une antique pierre tumulaire de grès; quadrilatère très-allongé, plus étroit à la base qu'au sommet; sur elle se détache en relief, une bande ou phylactère affectant la forme ogivique légèrement trilobée, où se distingue une inscription en creux non encore déchiffrée; au centre de la pierre, est, également en creux, soit une épée avec poignée à quillons droits, soit une croix latine fleuronnée.

Cette pierre doit être celle d'un chevalier du Temple; on se rappelle, en effet que les *plates-tombes* des membres de cet Ordre étaient d'une excessive simplicité; portant rarement des écussons armoriés et même des inscriptions, on n'y voyait le plus souvent que la croix, le glaive, parlants symboles de ces moines soldats, et le triangle équilatéral, l'un des mystérieux signes par eux adoptés.

Conformément à l'opinion admise *unanimement et sans conteste* jusqu'à ces derniers jours, nous avons attribué la commanderie de Haute-Avesnes aux chevaliers du Temple, mais voilà qu'aujourd'hui cela fait difficulté.

M. Mannier, dans le remarquable ouvrage par lui récemment publié sur l'Ordre de Malte, dit en parlant de cette commanderie :

« On ne sait ni comment ni à quelle époque cette belle terre seigneuriale fut mise en possession des frères de l'Hôpital. Ce fut probablement dans la seconde moitié du douzième siècle, quelque temps avant que l'église avec le cimetière de Haute-Avesnes, *ecclesiam de Hautavesnes cum cimeterio*, leur eût été donnée par un chantre de la cathédrale d'Arras, sous le cens annuel d'une forte livre de cire *sub annuo censu magne libre cere*, comme il est constaté par lettres du doyen du chapitre d'Arras, de l'année 1187. » (Pages 668 et 669.)

Et plus loin, à propos de la commanderie du Temple d'Arras, M. Mannier dit encore :

« A l'époque du procès des Templiers et au moment de leur arrestation, une scène déplorable eut lieu au faubourg d'Arras, dans la maison du Temple. Une bande de soldats sortis de la ville vint envahir le couvent et égorger la moitié des personnes qui s'y trouvaient. Ceux qui échappèrent à la mort furent emmenés dans les prisons de la ville.

Hennebert, Harbaville et autres historiens de l'Artois, indiquent comme témoin de cette scène, la maison de l'Hôpital de Haute-Avesnes. C'est une erreur d'autant plus manifeste qu'il n'y a jamais eu de Templiers à Haute-Avesnes, et que cette commanderie de fondation de l'Hôpital a toujours été en possession des chevaliers de Saint-Jean de Jérusalem. » (page 677.)

On peut au soutien de cette thèse, citer d'autres actes de 1158, 1170, 1179, 1190, 1195 etc..., mentionnant des stipulations, concessions, donations, aliénations, concernant les Hospitaliers, des lettres de confraternité accordées en 1311, par frère Nicolas Brimaux, Commandeur de Haute-Avesnes, à demoiselle Michaud de Menricourt, veuve de Jean Caillau « pour l'octroi et pleine partissipation de tous les biens, de toutes les aumosnes et de toutes les œuvres de miséricorde faites et à faire en la sainte maison de l'Ospital de Saint-Jehan de Jhérusalem, de çà et par de là la mer..... pour çou qu'elle a aumosné audit Ospital une livre de cire par an, au Noël à rendre à chascun an à la maison de Haute-Avesnes, et cinquante sous parisis après son decest » (page 671) ; et faire valoir l'absence des titres se référant aux Templiers.

Messieurs d'Héricourt et Godin (*Rues d'Arras*, tome II, page 74), Harbaville (*Mémorial*, tome I, page 175), Hennebert (*Histoire d'Artois*, tome II, pages 330 et 331), Mansuet chanoine Prémontré (*Histoire des Templiers*, tome I, page 170), affirment au contraire que les Templiers ont fondé la commanderie de Haute-Avesnes, et qu'ils l'ont possédée jusqu'au XVIe siècle.

Mais en vertu de la maxime, *non tam numeranda quam ponderanda sunt testimonia*, aussi vraie quand il s'agit d'histoire qu'elle l'est sur le terrain juridique, ces affirmations sont, nous sommes forcés de l'avouer, sans autorité propre et personnelle ; il y a plus, en remontant à la source, on les voit découler surtout d'un texte assez insignifiant.

Messieurs d'Héricourt, Godin et Harbaville, en effet, ne font que reproduire Hennebert, et ce dernier atteste Rymer (*Fœdera*) qui ne dit exactement rien, et le Mire (*Opera diplomatica*, tome II, page 1165) également invoqué par Mansuet. Or, le Mire n'attribue que d'une façon bien équivoque et bien contestable Haute-Avesnes aux chevaliers du Temple.

Dans son chapitre XLVI intitulé : « *Godefridus I, dux Lotharingiæ eleemosynam tradit Equitibus Templi Jerosolymitaniti anno 1142,* ». Le Mire met cette note : *Ordo Equitum Jerosolymitanitorum, qui nunc Melitenses ab insulâ quam ex beneficio Caroli V Cæsaris incolunt appellantur, varias habet præfecturas in Belgio admodum opulentas, quarum hæ sunt præcipuæ :*

Chantereine, in Gallo-Brabantiâ prope Geldoniam.....
Braeckel, in majoratu Sylvæducensi.....
Picton in Hannoniâ.....
Slispe in Flandriâ......
Caestres in Flandria.....
Haut-Avesnes, prope Atrebatum in Arthesiâ.....
Loison prope Hesdinium, in Arthesiâ.....

Imbus de la tradition, et sous l'influence de cette idée sans doute, que les biens énumérés en la note devaient avoir appartenu dans le principe aux chevaliers du Temple, dont traite le chapitre XLVI, Hennebert et Mansuet ont cru que le Mire l'assurait virtuellement, c'est assurément fort possible ; mais cette affirmation ne nous paraît point résulter nécessairement du texte, et, dans tous les cas, elle ne constituerait qu'une simple affirmation.

C'est donc par des considérations étrangères aux écrits de ces historiens que doit être combattue l'opinion de M. Mannier, et c'est ainsi que nous allons procéder.

Reportée sans aucun adminicule de preuves d'Haute-Avesnes au faubourg Ronville, par cette raison principalement qu'il n'y a jamais eu de Templiers à Haute-Avesnes, ce qui est précisément le *quod demonstrandum*, la scène d'arrestation et d'égorgement des chevaliers du Temple, ainsi arbitrairement placée aux portes d'Arras, n'a rien qui doive embarrasser, inutile de s'y arrêter.

L'acte de 1187 prouve qu'à cette époque les Hospitaliers ont été investis de la propriété de l'église et du cimetière de Haute-Avesnes, c'est incontestable; les autres actes prouvent également l'existence des Hospitaliers à Haute-Avesnes on peut même en inférer qu'ils y avaient un établissement. On peut encore inférer de l'acte de 1311, que cet établissement était dirigé par un *præceptor*, nous voulons bien l'admettre à titre de concession car il se pourrait que Nicolas Brimaux se fût intitulé le Commandeur de Haute-Avesnes, soit en raison de ce que les propriétés Hospitalières de cette localité relevaient d'une autre commanderie dont il était le chef, soit en raison de ce qu'il se trouvait déjà, pendant la tenue du concile de Vienne qui attribuait à l'Hôpital tous les biens du Temple, le *præceptor* désigné de la commanderie d'Haute-Avesnes ; mais tout cela ne démontre nullement que les Templiers n'ont point été à Haute-Avesnes ; qu'ils n'y ont point eu de commanderie ; et la coexistence de Templiers et des Hospitaliers n'a exactement rien qui puisse répugner.

Le manque de documents touchant la présence des Templiers à Haute-Avesnes, est fâcheux, très-fâcheux, oui ; mais en présence de la dislocation de l'Ordre, de son abolition, de la perturbation jetée dans ses affaires, il n'implique rien de plus qu'une disparition facile à concevoir.

Rien donc qui vienne justifier les conséquences forcées tirées par M. Mannier des documents dont il s'étaye et ruiner l'opinion unanimement admise jusqu'à lui.

Voici maintenant ce que cette opinion peut faire valoir en sa faveur :

Premièrement, la tradition immémoriale « *traditio inveteratæ et fidelissimæ vetustatis* » dont se sont constitués l'écho tous les auteurs qui ont écrit sur la matière et *que nul ne s'est avisé de contredire au temps des Hospitaliers.*

Et il ne s'agit point ici, que l'on veuille bien le remarquer, de l'une de ces légendes fantastiques, racontées par les vieux bergers ou par les bonnes aïeules sous le manteau de la cheminée, dans les veillées d'hiver, légendes qu'admet seulement la crédulité populaire ; mais de faits historiques matériellement appréciés par les contemporains, et auxquels ont depuis ajouté foi, et les personnes graves, et les savants du pays.

Comment expliquer d'une manière tant soit peu plausible, cette tradition invariable et inattaquée ; comment probabiliser sa raison d'être, si toujours *ab origine* jusqu'en 92, la commanderie d'Haute-Avesnes avait été aux mains des Hospitaliers ?

Secondement, le nom constamment porté par le chemin de Haute-Avesnes à Agnez-lez-Duisans, qui s'appelle toujours *la Voie des Templiers.*

Le Temple avait, il est vrai, dans cette commune un petit manoir où peut-être n'habitait aucun frère de l'Ordre ; mais quand encore quelques-uns s'y fussent trouvés, pourquoi ce chemin aurait-il pris le nom des propriétaires de l'insignifiante maison d'Agnez au lieu de prendre celui des Hospitaliers, si ceux-ci avaient réellement possédé l'importante commanderie de Haute-Avesnes ?

Troisièmement, l'explication toute naturelle de certains points que ne résout pas ce que prétend M. Mannier.

Il dit, on ne l'a point oublié :

« On ne sait ni comment ni à quelle époque la belle terre seigneuriale de Haute-Avesnes fut mise en la possession des frères de l'Hôpital. »

Ne serait-ce pas précisément parce qu'elle est d'origine du Temple qui en a perdu les titres, on l'a vu plus haut, que les Hospitaliers dont les archives sont si complètes, ne conservent aucune trace à cet égard ?

M. Mannier dit encore (page 669) :

« On ignore également en vertu de quel droit, le Commandeur de Haute-Avesnes, levait au XIV° siècle à son profit tous les reliefs des fiefs tenus des Souverains dans le comté d'Artois, et la terre de Saint-Venant, nous pensons que ce privilége avait appartenu auparavant aux Templiers dans l'héritage desquels les frères de l'Hôpital l'avaient recueilli. »

Très-bien, mais pourtant de deux choses l'une.

Ou les Hospitaliers tenaient ce droit de concessions faites à eux-mêmes,

Ou ils le tenaient de priviléges octroyés au Temple.

Dans la première hypothèse, comment peut-on ignorer l'origine et la cause d'une prérogative de cette valeur, alors que l'on sait si minutieusement des détails relativement infinitésimaux tels que par exemple la livre de cire et les cinquante sous de la veuve Caillau ?

Dans la seconde hypothèse, n'est-il pas logique et rationnel d'attribuer cette prérogative précisément aux Templiers d'Haute-Avesnes, desquels les Hospitaliers l'auraient tenu avec les autres apanages de la commanderie ?

Quatrièmement, la circonstance que la tour d'Haute-Avesnes est intérieurement et extérieurement construite sur le plan uniforme et invariable adopté par le Temple tant en Orient qu'en Occident pour les donjons et tours défensives ; caractère significatif et d'une puissance que l'on ne saurait méconnaître.

Ajoutons qu'un fait matériel constaté peut-être *propriis sensibus* et, dans tous les cas, rapporté par le Père Ignace est tellement précis et tellement concluant qu'il en devient décisif.

Après avoir comme l'unanimité des écrivains reconnu aux Templiers la commanderie d'Haute-Avesnes et dit : « Qu'il y avait de leur temps tous les lundis, mercredis et jeudis une messe d'obligation pour les étrangers à onze heures et demie, qu'on l'appelait *messe de la table ronde*, et qu'elle se disait immédiatement avant le dîner, » il écrit : « *On voit encore sur les vitres de l'église quels étaient leurs habil-*

lements; ils étaient vêtus de blanc à peu près comme les Chartreux; au chœur, ils portaient un manteau rouge bordé d'hermine. »

Si les Templiers n'ont jamais possédé la commanderie d'Haute-Avesnes, pourquoi les verrières de l'église reproduisent-elles leurs costumes au lieu de retracer les vêtements noirs de *leurs ennemis* les Hospitaliers ?....

Reste enfin d'une manière tout-à-fait surabondante une preuve de preuve qui ne saurait tarder à se produire : nous faisons allusion, on l'a pressenti déjà, à ce que porte la plate tombe signalée plus haut.

Si elle est, comme nous le pensons, d'un chevalier du Temple, plus de difficultés, « *lapides ipsi clamabunt* » et la science qui sait comprendre le langage des pierres; l'archéologie dont on croit de bon goût de plaisanter parfois, l'archéologie qui, suivant les expressions du savant épigraphiste, M. le chevalier de Rossi, « ne transcrit pas les annales composées par les écrivains, mais découvre et restitue en tirant partie de tout indice et de tout fragment, guidée par le sens et par le tact de l'antiquité », aura donné la solution définitive d'un problème qu'abandonnée à ses seules forces l'histoire n'aurait peut-être jamais pu si victorieusement résoudre.

Mais, quoi qu'il arrive, nous estimons pleinement qu'il nous est toujours permis d'attribuer *more majorum* la commanderie d'Haute-Avesnes à l'Ordre du Temple.

La tradition est au moins à la vérité de l'histoire ce qu'est la coutume à l'autorité de la loi.

Ea quæ longâ consuetudine comprobata sunt, disait un grand jurisconsulte romain, *ac per annos plurimos observata, velut tacita civium conventio non minus, quam ea, quæ scripta sunt jura servantur*; principe admis alors même, et, Dieu merci, nous n'en sommes point réduits là, que ne se pourrait donner la raison de la coutume : *etenim non omnium quæ a majoribus instituta sunt, ratio reddi potest* [1].

ÉTRUN.

A 4 kilomètres d'Arras à droite de la route de Saint-Pol.

On y voit encore l'entrée crénelée, avec porte charretière et guichet en plein cintre, de l'abbaye des dames nobles d'Étrun fondée, suivant la tradition, au temps de Charlemagne (Gazet). Elle est placée dans l'ancien camp romain appelé *Camp de César*, dont la castramétation est parfaitement accusée, en certains endroits surtout, où les ouvrages de défense ne semblent point avoir été modifiés depuis l'an 703 de Rome, époque à laquelle on fait généralement remonter l'origine de ce camp, alors que 51 ans avant l'ère chrétienne César vint hiverner à Arras.

Les romains avaient, on le sait, trois sortes de camps : les *Castra hyberna* où l'on passait la saison d'hiver, les *Castra æstiva* qui n'étaient que passagers, et les *Castra stativa* qui abritaient les troupes sédentaires.

Le camp d'Étrun constituait évidemment un *Castrum stativum*, destiné à surveiller et à contenir la ville gauloise, et voici quelles sont nos raisons de le penser ainsi :

---

[1] Il existe aux archives départementales un acte sur parchemin de Pierre de Hauteavesnes, Commandeur de Haute-Avesnes, au bas duquel pend son sceau particulier, de la dimension d'une pièce d'un franc, ou à peu près, et parfaitement intact.

Aux pieds de la Vierge, debout, portant sur le bras l'enfant Jésus, se trouve agenouillé le Commandeur. Le tout est agencé dans un motif architectural gothique; autour du sceau se lit : *S. Petri, prioris de Altavesnes.*

Cette pièce est du 13 mai 1378.

Suivant Hygin, les remparts des *Castra hyberna* n'étaient que de six pieds, ce que Flavius Joseph appelle quatre coudées. Au rapport de Végèce, les armées négligeaient souvent de fortifier les *Castra æstiva*, et, en cas de danger, elles ne les protégeaient que par un fossé de neuf pieds de largeur, sur douze pieds de profondeur, et un parapet de quatre pieds. Or le camp d'Étrun, aux endroits où les retranchements n'ont pas été modifiés, offre encore un rempart de trente pieds au moins.

Ce camp est ensuite protégé par la rivière du Gy, et les marais de Marœuil.

Enfin, bien qu'il ait été établi par César, on y trouve des monnaies romaines comprenant, en dehors de celles remontant au temps de ce dernier, une série d'empereurs depuis Auguste jusqu'à Gallien, ce qui prouve qu'il a servi pendant trois siècles.

Ses dimensions sont de nature à faire supposer qu'il contenait une légion [1].

La crosse de Marguerite de Ranchicourt, abbesse d'Étrun, qui appartient à M. le baron de Beauffort du Cauroy, offre un des plus beaux spécimens de l'art de l'orfévrerie au XVe siècle.

Les dames d'Étrun portaient *d'or parti d'azur, à un dextrochère d'argent, vêtu de sable, brochant sur le tout de droite à gauche, et tenant une crosse en pal* [2].

A proximité de la coupure opérée dans le camp de César, pour le percement de la route, existe une chapelle dite *des Mordreux*, bâtie en 1624, par trois dames d'Étrun.

---

[1] Consulter, sur le camp d'Étrun, le Rapport de M. TERNINCK, *Bulletin de la Commission des Antiquités départementales du Pas-de-Calais*, tome II, pages 286 à 291.

[2] *Bulletin de la Commission des Antiquités départementales*, tome II, pages 297 à 305. Rapport de M. DE LINAS.

« Sur cette appellation et dénomination d'Étrun (dit Desmazures) convient noter au rapport de Panagius (*Vedastiados*, lib. I) qu'au temps de Clovis premier, roy de France, régnoit en la France la malladie des écrouelles ou guattarallæ (*latinè* appellée *Strumæ*), auquel saint Vaast, évesque d'Arras, son précepteur en la foy chrestienne, luy promet la faculté et puissance de les guérir, comme il a faict et du depuis les roys de France ses successeurs, auquel temps icelle maladie avoit aussy cours en la ville d'Arras pour a quoy trouver soulagement icelluy saint Vaast fit bastir une église dédiée à la benoiste Vierge Marie, proche d'icelle ville appelée *de Strummis*, ou présentement est située icelle abbaye [1] ».

« Noble et vertueuse dame Isabeau de Hauteclocque de Quattrevaux bien vertueuse avait, dit le même auteur, bastie une église nouvelle de fond en comble très superbe et d'ingénieuse structure ou avaient este empliez les cent mil florins et mieulx. »

Non loin de l'assiette du camp, sur le terroir de la commune de Marœuil, au lieu dit *Marc Empereur*, et à la cavée *Bornobus*, on a retrouvé, en juillet 1869, un *cimetière Franc* dont une partie seulement a été fouillée.

Ces fouilles ont amené la découverte d'environ deux cent vingt squelettes, dont plusieurs mesuraient six pieds. Avec ces squelettes étaient des vases en cuivre, en grès et en verre, des lances, des haches, des javelots, des scramasax, un bouclier, des agrafes de ceinturon, des bagues, des boucles d'oreilles, des épingles à cheveux, des boules en cristal et en verre émaillé, etc., objets maintenant déposés au Musée d'Arras [2].

---

[1] Livre VII, tit. III, n. 72.
[2] Rapport de M. Lecesne, *Bulletin de la Commission des Antiquités départementales*, tome III, pages 60 à 65.

On put constater qu'aux temps mérovingiens, les lances étaient comme de nos jours armées aux deux extrémités. A chaque squelette, en effet, muni d'une lance, on retrouvait à la tête le fer, et aux pieds la douille qui terminait la hampe.

Depuis lors, en septembre 1874, a été découverte, au même lieu, une tombe, celle d'un chef probablement, qui renfermait, outre les ossements, une francisque, trois framées, deux scramasax, de larges plaques de baudrier avec bossettes en cuivre, une brochette ouvrée en bronze, une épingle et une agrafe également en bronze avec cercle d'argent ciselé, trois perles en poterie polychrome, et six vases de formes et de dimensions diverses, dont un d'un galbe irréprochable.

Plus récemment encore, en octobre 1875, de nouvelles fouilles ont amené la découverte de 150 ou 200 tombes dont 8 en pierre, toutes violées, une seule, oubliée sans doute, offrit les ferrures de la bière, un umbo, une épée large de trois doigts et longue de 90 centimètres, une framée, une francisque, six flèches, deux couteaux avec un bout de gaîne en or, une paire de ciseaux, trois appliques de baudrier, une plaque de bronze ajourée, et les débris d'un petit sceau également en bronze.

Une tombe monolithe d'un creux de 2 mètres de long sur 75 centimètres de large, pesant 2,000 kilogrammes, a été transportée à Bois-Bernard, chez M. Terninck, sous la direction de qui les recherches ont été opérées.

Ne serait-il pas naturel de supposer que ce cimetière Franc, d'où l'on n'a exhumé que des squelettes de guerriers, était le lieu de sépulture du corps auxiliaire dont le campement confinait au *Castrum* romain.

Très à proximité de ce cimetière Franc, se voit la *fontaine de sainte Bertille* (morte dans la dernière partie du VIIe siè-

PAS-DE-CALAIS.

TOURS DE L'ABBAYE DU MONT-ST ÉLOI

cle), aux eaux de laquelle les habitants du pays attribuaient et attribuent encore la propriété de guérir les maux d'yeux.

En 1842, le défrichement d'un bois, près Marœuil, a fait découvrir une quantité de monnaies gauloises en *electrum*, frappées d'un coté seulement au coin du cheval gaulois. Presque toutes ont été mises au creuset.

MONT-SAINT-ÉLOY.

Situé sur l'ancienne voie romaine (reliant Arras à Thérouanne), connue sous le nom de *chaussée Brunehaut*, ce curieux et important village se trouve à 8 kilomètres d'Arras, et à droite de Marœuil.

En 640, après la mort de Dagobert, saint Éloy se retira au haut du Mont Blanc, *Mont Albanus*, et y fonda un oratoire, près duquel saint Vindicien, évêque d'Arras, fut inhumé en 705.

En 881, les Normands détruisirent cet oratoire, que des moines rétablirent plus tard.

En 1219, fut érigée une église plus grande. En 1274, l'abbaye et son enclos furent entourés de murs. En 1413, cette enceinte fut fortifiée de tours.

Vers 1750, on commença la reconstruction du monastère qui prit des proportions immenses, et les fondements de l'église nouvelle furent jetés en 1751. La pierre fondamentale qui a été retrouvée porte « pierre fondamentale posé par sire Vindicien Rousel, abbé de l'abbaye du Mont-Saint-Éloy, posé le quatorze d'avril l'année 1751 [1]. »

---

[1] *Bulletin de la Commission des Antiquités départementales*, tome II, page 34.

Bâtie à peu près comme Saint-Vaast sur quatre faces avec cours intérieures, l'abbaye d'un côté présentait à chaque étage, trente-cinq grandes ouvertures, dont trois portes et trente-deux fenêtres : les cloîtres, les caves, le réfectoire et la bibliothèque, que chauffaient deux cheminées énormes étaient incomparables. L'église avait trois nefs, une haute et deux basses. Comprenant environ quatre-vingts arpents et composés de terrasses étagées que soutenaient d'admirables murailles en grès, les jardins offraient un coup d'œil enchanteur et dominaient tout le pays.

De cette riche abbaye qu'ont commencé à détruire les démolisseurs de 93, et qu'ont achevé de jeter bas les spéculateurs de ces derniers temps, il reste :

1° Les deux hautes tours de l'église qui se voient de dix lieues, et dont la gresserie est peut-être unique [1].

2° Un antique pignon en grès et à pas de moineaux auquel est adossé un bâtiment servant de grange.

3° Un puits d'une profondeur excessive (trois cents pieds environ). C'est de ce puits que le procureur général Demazures disait : « Il y at un puict de Profondeur admirable au quel se rend l'eau par toutes les places de la dite abbaye [2] ».

4° Un bout de l'enceinte fortifiée construite en grès, vers l'an 1413, et encore flanquée d'une tour.

5° Les terrasses étagées, au sommet desquelles était construite l'abbaye et d'où l'on distingue facilement Douai, voire même Cambrai, quand l'état de l'atmosphère le permet.

6° L'une des portes latérales de l'entrée principale en hé-

---

[1] L'auteur de la *France pittoresque*, dont nous avons déjà constaté le genre d'exactitude dit : « Il reste encore de l'antique abbaye de St-Eloy deux tours *qu'on met au nombre des curiosités de la ville.* « *Risum teneatis?...* »

[2] *Observations sur la Coutume*, livre VII, titre III, n° 34.

micycle décorée d'ornements offrant un mélange du style grec et du goût du siècle dernier [1].

7° La ferme appartenant maintenant à la comtesse de Wazières.

8° Les caves à triple étage au fond desquelles on descend par 80 marches monolithes en grès.

9° Le corps de logis dit *l'Administration*, dans lequel on retrouve deux beaux grès ayant autrefois figuré dans l'immense cheminée de la cuisine de l'abbaye; ils représentent des ceps de vigne autour desquels sont enroulés des banderolles, portant l'une « *Si Deus pro nobis quis contra nos,* » l'autre « *In Domino victoria,* avec la date 1575, » une pierre fondamentale avec les armes de l'abbé Toursel et cette inscription : « Pierre fondamentale | posée par Dom | Toursel, abbé de l'abbaïe | de Mont-Saint-Eloy, | les 22 de mars | 1728 », et une autre où on lit : « .... par | abbé de | l'abbaye du | Mont-Saint-Eloy | 1755. » Des chapiteaux et des soubassements découverts récemment dans les fondations de l'abbaye, prouvent que les colonnes de l'ancienne église gothique, étaient en pierre bleue.

10° La totalité de l'enclos que quatre routes indiquent parfaitement.

Les tours de l'église qui offrent une certaine analogie avec celles de Saint-Sulpice, mais sur lesquelles elles l'emportent en grâce et en élévation, ont été maintes fois reproduites par la peinture (Demory, Toursel, Leclercq), la mine de plomb (Leclercq), la lithographie (Tavernier, Désavary), et la photographie. On peut donc s'en procurer facilement des souvenirs qu'elles méritent à tous égards.

[1] A propos de cette porte, on lit au Père Ignace, *Supplément au Recueil*, tome II, page 1.. : « L'an 1749, l'abbé Roussel fit démolir l'ancienne porte d'entrée du monastère ornée, de figures et sculptures, avec quelques défenses et créneaux, c'étoit un ouvrage du XIIe ou XIIIe siècle. »

Un dessin du quartier abbatial, par madame de Bonnival, reproduit dans l'ouvrage de M. de Cardevacque, et une peinture du magnifique pigeonnier seigneurial Louis XIII, par madame Le Gentil, rappellent fidèlement ces constructions si regrettablement démolies.

Le corps de Saint-Vindicien, conservé à l'abbaye de Saint-Eloy, a été sauvé en 93, par sire Le Gentil, chanoine du monastère, et par lui remis à Mgr de La Tour. Ces reliques sont actuellement déposées en la chapelle de l'Evêché[1].

Les abbés de Saint-Eloy avaient le titre d'évêque et en portaient les insignes, « croches, mitre et anneaux, » jouissaient des privilèges apostoliques, « de donner la bénédiction solennelle au peuple après l'office divin, bénir les ornements et vaisseaux d'église, réconcilier les dites églises et cimetières pollués, comme aussy de donner la tonsure et les quatre petits ordres à ses ditz subjects » (Desmazures), de la prérogative de nommer à quarante une cures, et siégaient aux Etats d'Artois.

Les chanoines réguliers de l'abbaye portaient, eux, la soutane violette avec boutons et boutonnières rouges et le rochet par-dessus : costume auquel ils ajoutaient selon les circonstances, une aumusse, une chape, un camail, une soutanelle, un manteau.

Dans l'intérieur de l'abbaye ainsi qu'au chœur, ils étaient coiffés du bonnet carré, auquel en voyage ils substituaient le chapeau.

---

[1] Voir M. Van Drival. *Trésor de la Cathédrale*, pages 124 à 130.
Consulter, sur l'abbaye, Harbaville, *Mémorial historique et archéologiques du Pas-de-Calais*, page 251 et suivantes ; — de Cardevacque, *Abbaye de St-Eloy* ; — *Album Artésien*, pages 47 et 48. — *Bulletin de la Commission des Antiquités départementales du Pas-de-Calais*, tomes I, II, passim.

En 1790, les revenus de l'abbaye montaient à 134,488 livres, 11 sous, 1 denier.

Les armoiries de l'abbaye étaient « *fascé de vair et de gueules à six pièces.* »

Il y avait, à l'abbaye de Saint-Eloy, un quartier « nommé *Saint-Louis*, dit Desmasures, bastie par le roy Saint-Louis, y prendant sa demeure aucune fois. »

Elle « avouait tenir en fief de sa Majesté le Roy de France, à cause de son comté d'Artois et château d'Arras, les portes, tours, créstaux, allées et forteresses de l'abbaye, pourquoi elle reconnaissait être tenu bailler à sa dite Majesté à chaque mutation d'abbé une *lance blanche*, ferrée estimée de longtemps à 22 sols 6 deniers, comme aussi de présenter à sa dite Majesté nombre d'hommes suffisants pour garder ladite forteresse lorsque ses ennemis seroient dans le pays et comté d'Artois. Et icelle faire garder convenablement audit cas aux dépens de ladite abbaye [1]. »

Les archives municipales d'Arras conservent un curieux plan à vue de l'abbaye de Saint-Eloy, indiquant minutieusement l'emplacement des bâtiments, terrasses, jardins, bosquets etc., dressé pour la vente nationale de cette abbaye; il est accompagné d'un procès-verbal, signé à « *Mont-la-Liberté* », le 18 ventôse an III de la République par Lemaire, maire ; de Saint-Leger, officier municipal ; Levas, commissaire expert ; Bize, arpenteur, et J.-B. Heren, greffier [2].

---

[1] *Conseil d'Artois*, B. 778, registre, 1776-1779.

[2] Achetées par M. Dumetz et données ensuite par lui à l'Evêché, les magnifiques boiseries du réfectoire des moines de St-Éloy sont maintenant, en partie du moins, dans une maison particulière de la ville. L'une des cheminées du réfectoire est dans une autre maison.

ÉCOIVRES.

Un peu à gauche de Saint-Eloy, entre la chaussée Brunehaut et la route de Saint-Pol, on trouve le charmant hameau d'Ecoivres situé presqu'en face d'Haute-Avesnes dont nous avons parlé ci-dessus.

En 862 (d'après Oudegerst, Locrius, Le Vaillant, Dom Devienne, le Père Ignace, Georges Vallée, *Les Forestiers de Flandre*) la guerre ayant éclaté entre les Flamands et la France par suite de l'enlèvement de Judith, et l'armée de Charles le Chauve ayant été défaite par les troupes de Bauduin, « *Primum non procul Bertonvalensi villâ* [1], *indè juxta Acsum,* » celui-ci, dit André Vaillant, fit planter comme trophée de sa victoire les deux grandes pierres « *Prægrandia saxa* [2], » que l'on voit encore à proximité du chemin d'Acq à Ecoivres, et que les gens du pays appellent en patois les *pierres d'Acques*.

« Elles sont, écrit M. Harbaville, en grès de grosseur inégale, hautes de dix à douze pieds, et assez rapprochées l'une de l'autre. Les amateurs d'antiquités Celtiques ne voient dans ces pierres qu'un monument du genre de ceux qu'on appelle *Peuleven*, ou pierres levées. »

L'origine Celtique de ce monument est généralement admise par les érudits, origine que rend très-vraisemblable le cercueil en grès renfermant des ossements pulvérisés et des armes barbares découvert entre les deux pierres ; et la proximité du *dolmen* de Fresnicourt [3].

---

[1] Ferme de St-Eloy située à droite de l'abbaye.
[2] Locrius, *Chronicon Belgicum*, page 117.—Quenson, *les Pierres d'Acques*, brochure 1840.
[3] Terninck, *Promenades archéologiques*, page 96 et suiv.

FRESNICOURT.

En continuant, à partir de Saint-Eloy, à suivre la chaussée Brunehaut, qui laisse à gauche la commune de Camblain dont l'église possède une voûte en bois avec poutrelles et consoles sculptées des plus intéressantes [1] et celle de Cambligneul, on arrive à *Gauchin-le-Gal*, « célèbre par un grès erratique plus connu sous le nom de galet auquel la tradition attribue des goûts tapageurs; on prétend en effet que vers la fin du siècle dernier, ce galet poussé sans doute par l'esprit malin parcourait les rues du village, heurtait les portes, et troublait le sommeil des habitants. On leur conseilla de l'enchaîner, et depuis lors il ne bougea plus » [2].

Ce galet enchaîné à une borne gît en effet sur un petit tertre entouré d'arbres en surélévation d'un mètre environ par rapport aux chemins qui l'entourent; quelques traces de bornes en grès rompues au niveau du sol semblent indiquer une petite enceinte quadrilatère. Il ne serait nullement impossible que cet ensemble constituât un monument druidique.

Suivant le savant M. Peigné-Delacourt (*Mémoire manuscrit* présenté à l'Académie d'Arras en février 1873), le galet de Gauchin aurait pu être un assommoir balistique employé par les druides pour la célébration de leurs mystérieux sacrifices ou par les Celtes comme instrument de supplice.

Sur la droite de Gauchin, à 20 kilomètres d'Arras, se

---

[1] *Bulletin de la Commission des Antiquités départementales du Pas-de Calais*, tome I, pages 226 à 231. — TERNINCK, *Promenades archéologiques et historiques*, page 91.

[2] *Bulletin*, etc., tome II, pages 337 et *passim*. — TERNINCK, *Promenades archéologiques*, page 113.

trouve la commune de Fresnicourt, sur le terroir de laquelle, au haut d'un escarpement, se dresse un superbe *dolmen* druidique.

« Ce monument Celtique, dit M. Lequien, consiste en cinq pierres d'énormes et diverses dimensions, qui s'élèvent au-dessus des taillis d'un bosquet dans lequel elles se trouvent, et dont quatre encore implantées ont évidemment servi de support à la cinquième, déplacée en forme de table et d'une circonférence de 9 ᵐ 30 qui, inclinée vers le sol, est restée posée sur deux points de ses anciens appuis. Ce dolmen était précédé d'une double enceinte de pierres, pavée ou reliée aux deux monuments, entre lesquels il se trouvait, par une double rangée de pierres formant galerie [1]. »

Anciennement ce dolmen était connu sous le nom de *Table des Fées*, aujourd'hui les gens du pays l'appellent *les pierres bises*.

En face de ce dolmen est un rocher que M. Terninck considère comme un autre monument druidique.

« Autour d'eux, ajoute-t-il, sont encore droites des pierres levées qui forment une double enceinte, reliée aux deux monuments par une autre galerie de pierres dite le *pavé des Géants*. Enfin derrière se trouvent des *tumulus*, dont plusieurs en grosses pierres amoncelées en forme de cône, et qui complètent avec les autels un superbe monument Celtique [2]. »

[1] *Bulletin de la Commission des Antiquités départementales du Pas-de-Calais*, tome II, page 21. — TERNINCK, *Promenades archéologiques*, pages 117 et suivantes. — QUENSON, *les Pierres d'Acques*, page 36.

[2] D'autres monuments druidiques existent sur les terroirs des communes du Hamel, de Tortequesnne, de Lécluse, d'Oisy, de Boiry-Notre-Dame, de Sailly-en-Ostrevent et de Ferques.
Voir TERNINCK, *Monuments druidiques de l'Artois. Magasin catholique*, année 1852, pages 94 à 99 et 179 à 187.
Le monument de Sailly-en-Ostrevent, connu sous le nom *des Sept-Bonnettes* se compose d'un cône tronqué, offrant une hauteur de 10 mètres, et

OLLEHAIN.

De la commune de Fresnicourt dépend le hameau d'Ollehain, où s'élevait en 1202 une forteresse dont il ne reste plus rien aujourd'hui, mais où s'élève encore un remarquable château construit exclusivement en grès, entouré

un diamètre de 40 mètres à la base et de 10 au sommet. Sur le haut règnent six grès disposés en cercle, espacés de deux mètres et ayant un mètre hors de terre, un septième grès placé au centre a été enlevé depuis longtemps. Il existe sur cette dernière pierre, et sur les autres, des légendes que nous passerons sous silence, mais nous ne saurions taire l'exploration du *Tumulus* qui vient d'être opérée par les soins de la Commission du musée de Douai, et qui a donné de remarquables résultats.

Voici le compte-rendu de cette exploration dressé, croyons-nous, par l'un des explorateurs :

L'exploration du *Tumulus* dit des *Sept-Bonnettes*, situé au territoire de la commune de Sailly-en Ostrevent, est aujourd'hui terminée. Ces fouilles intéressantes ont été entreprises par les commissions du musée de Douai pour les sections d'archéologie et d'explorations historiques, au moyen d'une souscription.

Une tranchée de 2 mètres de largeur sur une même hauteur a été ouverte à la base et sur toute la longueur du grand axe, en même temps qu'une autre tranchée verticale pratiquée au centre même du monument était descendue jusqu'à la rencontre de la première. On a constaté, en premier lieu, une couche de terre végétale de 0m30 d'épaisseur, puis une couche d'argile de 1m05 et enfin, au dessous jusqu'au sol naturel, un massif composé de terre sablonneuse excessivement ténue mélangée de cendres et de charbons parmi lequel on a recueilli une grande quantité de silex taillés de toute sorte, des fragments de *poteries incuites* et des dents de vache ou de cochon. Plusieurs de ces silex étaient des pointes de flèches dont les nombreuses facettes sont taillées avec une délicatesse et un art que ne dépasseraient pas aujourd'hui nos plus fins ciseleurs.

A 7m50 du point de départ de la tranchée ouverte à la base du *Tumulus*, on a rencontré une première galerie, puis successivement quatre autres galeries communiquant entre elles au moyen d'embranchements. Ces galeries ouvertes dans le massif de terre et de cendres affectaient une forme cylindrique et étaient protégées sur tout leur parcours qui a été reconnu varier de 5 mètres à 1m90 de longueur, par une enveloppe d'argile fortement comprimée. Leur section présentait un cercle irrégulier et l'orifice en était hermétiquement fermé par un bourrelet d'argile, circonstance qui

d'eau de toutes parts, appartenant au prince de Berghues et qui porte les caractères architectoniques du XV° siècle.

Voici la description sommaire qu'en donne M. d'Héricourt :

Après avoir traversé un pont-levis, « on pénètre dans le château par une ouverture étroite à arc aigu qui a dû offrir un puissant intérêt, mais dont il est difficile de reconnaître le caractère primitif sous les travaux récents; cependant

ne permet pas d'admettre que les cendres et les charbons qui y ont été recueillis en quantité relativement bien inférieure à celle contenue dans le corps même du massif, puissent avoir été introduits accidentellement dans les galeries.

Les commissions ont envoyé aussitôt sur les lieux une députation composée de MM. le commandant du génie Demont, le chevalier de Sars, Brassart et Delplanque, à l'effet de constater cette importante découverte rencontrée *pour la première fois peut-être* à l'intérieur d'un *Tumulus* sans aucune communication avec son enveloppe extérieure. Après avoir établi cette constatation formelle, la députation jugeant qu'il était indispensable de conserver intactes les galeries qui, selon toute probabilité, devaient exister dans la partie encore inexplorée du monument, a décidé que la tranchée projetée dans le sens du premier axe perpendiculairement à la première, ne serait pas ouverte.

La présence des silex taillés et des fragments de poteries incuites paraît devoir faire remonter l'origine du tumulus à des temps très-reculés et cette supposition est encore confirmée par l'absence absolue de médailles et d'autres vestiges gallo-romains ; mais sans rien préjuger à cet égard, il est tout au moins permis d'admettre que ce monument a dû être érigé *bien antérieurement à la conquête*, à la suite d'une de ces luttes fratricides entre peuplades voisines qui ont tant de fois ensanglanté la Gaule et causé ses désastres. Les cendres des morts d'un ordre inférieur ont été inhumées dans le terre-plein du massif, tandis que celles des chefs ont été renfermées dans les galeries qui, dès lors, ne seraient autre chose qu'un *columbarium* grossier et primitif.

Les résultats de cette intéressante exploration vont être soumis à l'appréciation des savants archéologues qui composent le ministère de l'instruction publique.

Nous ne pouvons que féliciter les savants douaisiens de leur courageuse initiative et exprimer l'espoir que le concours de l'administration départementale leur permettra d'entreprendre prochainement, comme ils l'ont résolu, la fouille et la restitution du beau *dolmen* d'Hamel, mentionné dans la biographie de Reclus.

les deux tours qui protégent cette entrée ne manquent pas de grandeur. Elles appartiennent au XV° siècle et sont percées de créneaux et de baies de la même époque. Ces baies sont carrées, mais les côtés s'arrondissent à la partie supérieure pour en supporter le sommet. Au haut des tours, des corbeaux formés de consoles superposées et saillantes l'une sur l'autre, supportaient la plate-forme ; la partie supérieure de la tour de droite détruite par le tonnerre, il y a quelques années, a été mal restaurée. Un corps de logis relie les deux tours : il est percé de croisées dont l'une est bien conservée; dans l'intérieur se voit *la Chambre du Diable* à la poétique légende; elle est éclairée ainsi que les tours, par des ouvertures semblables à celles que nous avons décrites, la cour est en forme de fer à cheval. Il n'y a point de constructions en face des tourelles ; l'habitation est à gauche en entrant, on y voit encore les mêmes formes d'ouvertures, les voûtes surbaissées etc... » tous les appartements sont voûtés.

Suivant la légende cette *Chambre du Diable* fut le théâtre de choses infernales, d'apparitions sanglantes et de toute sorte de fantasmagories sataniques.

Au fond, le fait générateur de ces lugubres diableries serait qu'un pèlerin aurait été, dans une nuit d'orgie, poignardé par un sire d'Ollehain ; lequel serait allé, bourrelé de remords, mourir misérablement à la cour du comte de Flandre [1].

Près d'Ollehain est le hameau de *Verdrel*, où, dans le XIII° siècle, aurait prétendument existé une maison de Templiers, dont, au dire de M. Harbaville, certaines ruines se verraient encore aujourd'hui.

---

[1] TERNINCK, *Promenades*, page 128 et suivantes.

VILLERS-CHATEL.

Ce petit village, situé à droite de la chaussée Brunehaut, possédait anciennement un château très-fort dont le Père Ignace donne la description détaillée que voici :

« On voict encore cette année, dit-il, les fossés, la cour et les deux tours qui faisoient partie de cette ancienne forteresse. Elle étoit située sur une éminence, et formoit un corps-de-logis plus long que large, au milieu est une cour qu'on appelle la haute cour, par rapport à celle de la ferme qui est un peu plus bas. Cette cour est environnée de murailles et de fossés secs, et de deux tours aux angles opposés. La plus haute est au midi. Elle est de figure ronde, de pierres bien taillées et dures. L'escalier est en dehors dans une tourelle aussi ronde, plus élevée que la tour dont elle fait partie. Il y a soixante-cinq marches. Cette tour contient quatre places la cave comprise. C'est une très-belle voûte soutenue par un pillier au milieu. Pour entrer de la cour à la première place, il y avoit un escalier de 18 à 20 marches. Les places sont voûtées, excepté celle qui est terminée par un toit de charpente couverte de tuiles. Il n'y a qu'une chambre et trois fenêtres à chaque étage. Les lieux sont dans l'épaisseur du du mur. Au haut de la tour règne un cordon de créneaux, selon l'usage et la construction de ces sortes de forteresses. On s'est défendu dans celle-ci durant la guerre au commencement de ce siècle. On appelle cette tour *le Fort* à cause que les habitants s'y sont fortifiés et sauvés plusieurs fois. L'on voit à la clef de la voûte de la première place ou sale un écusson *écartelé 1 et 4 de gueules et de sable*, c'est Lens. 2 et 3° *six bandes de gueules et de sable aussi écartelé*, c'est…… L'autre tour est quarrée, du moins a-t-elle quatre angles, mais elle est plus large que longue. Il n'y a que trois places et point de caves. La sale ou place basse est la seule voûtée. Cette tour n'a aucune fortification ou défenses extérieures. C'étoit la demeure des derniers seigneurs [1]. »

M. de Florimond, propriétaire actuel du château de Villers, a bien voulu nous donner au sujet de cet édifice les documents très-exacts, très-circonstanciés et très authentiques que voici [2] :

« C'est avec plaisir que je vous expédie les mesures et renseignements demandés concernant la tour, seul reste de l'ancien château. Il y avait autrefois plusieurs de ces tours, lesquelles communiquaient entre elles par des souterrains dont les murs se retrouvent en certains endroits dans les caves du château actuel.

La grosse tour n'avait aucune sortie extérieure et ne communiquait qu'avec les souterrains ; la tourelle dans laquelle est l'escalier à vis tout entier en pierre blanche du pays communiquait avec la grosse tour au moyen de trois portes donnant chacune sur un très-petit palier pris sur l'escalier et correspondant à chacun des étages de la tour. Cette tour se compose au bas d'une pièce à 8 pans voûtée sur arceaux en pierre blanche s'appuyant d'un bout contre les murailles et reliées au milieu par une colonne de grès d'un seul morceau avec chapiteau aussi en grès et à volutes, lesquelles ont été malheureusement brisées, porte de communication avec l'escalier de la tourelle, autre avec ce qui était sans doute le souterrain.

Au-dessus, même disposition, huit pans mais voûtée dont les extrémités reçues sur des chapiteaux qui surmontent de demi-colonnes en pierre blanche, se terminent au milieu par une clef de voûte. Vieille cheminée tout abîmée que je fais

---

[1] *Supplément aux Mémoires*, pages 730 et 731.
[2] Lettre du 25 août 1875.

restaurer, avec consoles en grès et vieilles armoiries. Porte de communication avec la tourelle.

Au-dessus, une pièce de huit pans mais toute moderne, autrefois porte de communication avec la tourelle.

Au-dessus, même répétition, c'est le dernier étage au-dessus duquel est le toit ; il ne devrait pas y en avoir, car on voit encore des gargouilles carrées qui servaient à jeter les eaux et prouvent qu'il y avait une plate-forme, le bas de la galerie en pierre supportée par les mâchicoulis est à la hauteur où s'arrête le mur de la tour même, la tourelle plus haute de quatre mètres à peu près avait aussi sa porte qui, en haut, donnait sur la grosse tour.

Hauteur de la tour, galerie comprise,	17,90
Hauteur de la galerie,	1,45
Saillie de mâchicoulis,	0,52
Diamètre de la tour extérieur,	8,24
Épaisseur des murailles,	1,35
Hauteur de la tourelle,	21,40
Nombre de marches de l'escalier,	74

Toutes ces mesures sont prises au ras du sol du côté où la tour est le plus dégagée ; le pavé de la première pièce du bas n'est que de 0,50 en contre bas de ce niveau, c'est jusqu'à ce pavé que je compte les 74 marches de l'escalier, qui a été arrêté à ce niveau. Il est possible que si on faisait des fouilles sous le pavé on retrouverait des traces d'oubliettes qui n'existent pas aujourd'hui. Les marches sont en pierre de taille blanche du pays et monolithes.

Les archives d'Arras et Béthune contiennent, je crois, des détails sur l'ancien château, ses habitants et le nombre de ses tours. »

SOUCHEZ.

A 12 kilomètres d'Arras sur la route de Béthune, on trouve Souchez (le *Sabucetum* du Testament de saint Remi en 540), où l'on remarque :

L'église à trois nefs séparées par des piliers cylindriques, qui semble ne dater que du XVI° siècle, alors que la tour se reporte, assure-t-on, aux premières années du XV°. Cette église possède une croix processionnelle, où figurent les symboles des Évangélistes, croix romane suivant les uns, et qui suivant les autres appartient au XVI° siècle :

Et une magnifique croix de grès, montée sur un escalier hexagonal de sept marches. Haute de six mètres à peu près, elle est ornée d'un chapiteau fleuri supportant un croisillon. Sur l'un des six pans de son socle on lit *Jehan de Maregny*.

L'ancien château de Souchez, qu'entourait un fossé plein d'eau, se composait d'une grosse tour carrée surmontée de deux côtés de pignons à pas de moineaux.

Non loin de l'église était une autre tour carrée portant mâchicoulis, détruite en 1740 [1].

ABLAIN-SAINT-NAZAIRE.

Ablain (2 kilomètres de Souchez), anciennement et successivement appelé *Ablaincum, Ablay, Ableng, Ablaing* ou *Ablins*, nom auquel on a ajouté celui du patron *Saint-Na-*

---

[1] *Dictionnaire historique et archéologique du Pas-de-Calais*, page 265.

zaire, est un village très-pittoresque, et réellement curieux pour un touriste.

Il possède une remarquable église gothique du style flamboyant, dont le porche latéral extérieur où se retrouvent certains ornements dans le goût moresque, est un bijou architectural; aussi les archéologues lui ont-ils fait une réputation justement méritée.

Elle se compose d'une tour carrée (contenant jadis quatre grosses cloches — Le Père Ignace), que soutiennent des contreforts et que couronne une galerie; d'un vaisseau à triple toit et à trois nefs séparées par des piliers formés de quatre colonnes engagées, supportant des voûtes dont les clefs reproduisent les armoiries des seigneurs qui ont le plus contribué à la construction (Le Père Ignace), enfin d'une abside à cinq pans qu'éclairaient d'élégantes fenêtres.

A l'intérieur se remarque une pierre tumulaire remontant à 1524 et dans l'embrasure d'un des accès de la tour on lit ces mots : « Mémoire que la veille de Saint-Laurent de l'an 1654, les Franchois ont venu attaquer cette place et les païsans ont . . . . »

Autrefois on y voyait des fonds baptismaux d'airain exécutés en 1594 [1].

Autour de cette église règne encore une *litre* armoriée, qui sans doute y aura été peinte lors de la mort de son fondateur ou du seigneur châtelain. A côté s'élèvent les débris d'une motte entourée de fossés, siége, dit-on, soit de l'ancienne seigneurie, soit d'un *castrum* antique, soit d'une forteresse antérieure au XIII° siècle.

En face est une maison assez curieuse dont le premier étage fait saillie, reste des bâtiments d'un ancien hospice. A proximité se voyait, il y a quelques années, une construc-

---

[1] Le Père IGNACE, *Dictionnaire*, V° Souchez.

tion dite *Fort Saint-Philippe*, sorte de chapelle fortifiée. « C'étaient deux hauts pignons, dont l'un percé d'une porte ogivale dans le bas, était surmonté d'un large tuyau en maçonnerie avec rainures, dans lequel glissait une herse, et flanqué d'une tourelle octogone garnie d'un escalier en grès ; contre ces pignons et contre les murs qui les reliaient l'un à l'autre étaient collés des culs-de-lampe, avec naissance d'arcs doubleaux et de voûtes dans le style du XIIIe siècle[1]. »

A l'extrémité du village est la seigneurie d'Hondescot, qui avait pour siége un donjon que des fossés pleins d'eau enceignaient de toutes parts. Une grosse tour quadrangulaire portant au haut de grands moucharabis, et coiffée d'un toit surmonté d'un épi existait encore dans ces derniers temps. Restent seulement aujourd'hui des fossés, une tour octogonale et quelques bâtiments assez peu anciens.

Sur la hauteur située en arrière d'Ablain-St-Nazaire est la chapelle placée sous le vocable de *Notre-Dame de Lorette*, et qui probablement a été en 1723 reconstruite sur l'emplacement d'un plus ancien édifice.

On allait anciennement en pèlerinage à St-Nazaire pour obtenir la guérison des affections mentales et on s'y procurait des médailles en argent, en cuivre et en plomb, maintenant très-rares et très-recherchées des numismates.

CARENCY.

Carenciacum, Carenchy (de *Carectum*, suivant M. Harbaville.) Carency est situé à deux kilomètres environ de Saint-Nazaire en tirant vers Saint-Éloy.

[1] *Dictionnaire historique et archéologique du Pas-de-Calais*, page 226.

Très-accidenté, ce village offre aux regards de l'archéologue les ruines de l'ancien château qui, après avoir appartenu à la maison de Béthune, à Nicolas de Condé, à Jacques de Châtillon, aux Bourbon-Carency, à Jacques d'Escart, au duc d'Aremberg, aux Bethencourt, aux de Frontebose, aux de la Basinières, aux de Dreux, finit par arriver aux mains des princes de Montmorency.

Essayons de donner une idée de ce qu'était ce manoir que nous avons visité soigneusement, et sur lequel madame veuve Scaillerez, propriétaire actuelle, nous a fourni des renseignements d'autant plus précis, que depuis près de soixante-dix ans elle l'a constamment habité.

De plein pied avec la grande rue du village, le sol sur lequel s'élevaient le château et ses dépendances, était au contraire très en contre-haut de la rue allant aux champs, et escarpé de trente pieds environ au-dessus des prairies dont le séparait un petit cours d'eau.

Formant un vaste quadrilatère qui englobait l'église et le cimetière, l'enceinte se composait : sur la grande rue, d'un mur remanié maintenant, lequel partant de la tour existant encore, aboutissait à la *Porte du Bar* dont on voit les derniers vestiges des murs de grès, qui n'ont perdu leurs gonds que l'année dernière; de ce point cette enceinte suivait les murs du jardin, puis au haut de l'escarpement faisant face aux prairies, elle se retrouve en partie dans les murs en grès appuyés de contre-forts qui de l'angle du jardin se prolongent jusqu'à la tour quadrangulaire en grès, solidifiée d'un énorme contre-fort, sise sur la rue allant aux champs; de là elle rejoignait, à angle droit par les murailles et contre-forts de grès qui sont toujours les mêmes, la tour ronde en pierres blanches et à base de grès, notre point de départ.

Surmonté d'un toit à pans en ardoises, cette tour a trois étages. Le rez-de-chaussée voûté avec nervures diagonales non moulurées retombant sur des consoles en grès, est éclairé par deux meurtrières garnies de barreaux de fer : le premier tire son jour par deux fenêtres, et le second par deux fenêtres également [1].

A cette tour s'adossait le pignon du corps de logis du château, qui plus élevé qu'elle, avait pour base extérieure le mur situé sur la crête de la rue allant aux champs. Il offrait trois pièces basses, cinq pièces à l'étage, et sept mansardes, dont aucune des fenêtres ne donnait sur la rue. On l'a démoli il y a environ vingt-sept ans.

A l'angle de la rue allant aux champs, et de l'enceinte vers les prairies, là où est la tour quarrée en grès avec meurtrière, existait jadis un castel beaucoup plus ancien dont cette tour est un débris.

Le corps de logis actuel de la ferme, faisant face à l'église, a été ménagé dans les écuries du dernier château. Sous ce corps de logis, sont des substructions, affectant les caractères du Xe ou XIe siècle, se prolongeant jusqu'à la tour quarrée en grès, et ayant évidemment dû faire partie de l'ancien castel.

On y descend par un escalier de trente-quatre marches voûté en plein cintre, en pierres blanches formant ressaut à chaque marche.

Ces substructions d'une largeur d'environ 1^m 70 sur une hauteur de 2^m, pavées aussi en pierres blanches, avec parois et voûtes de petit appareil et de même nature, se composent d'une longue galerie recoupée à angles droits par huit autres galeries, ayant à droite et à gauche assez peu de profondeur. Dans la galerie principale, construite en dos d'âne avec

---

[1] Cette tour, vue de la rue, a été lithographiée dans le *Bulletin de la Commission des monuments historiques du Pas-de-Calais* : elle a été, vue de la cour, peinte par M. Demory père; nous possédons ce tableau dont une reproduction existe au Musée d'Arras.

rigoles aboutissant à un creux central, est une perte d'eau : à l'extrémité s'ouvre une cheminée que l'on suppose monter dans la tour quarrée; sur l'une des pierres du fond, on lit gravés à la pointe d'un instrument quelconque ces mots : « Bouchée en 1749, 10 juing, Montmorency. — Découverte le 27 mars 1808, Carrault. »

A trois mètres environ du pignon gauche du corps de logis actuel, est une substruction de forme circulaire en grès jusqu'à la hauteur de deux mètres environ, et offrant ensuite une ouverture carrée en forme de cheminée. De cette substruction qu'un éboulement fortuit a fait reconnaître, il y a relativement peu de temps, on a retiré deux longs et forts éperons, le bout encore doré d'un fourreau de dague, un débris de cotte de mailles, des agrafes de cuivre, d'autres objets en fer mangés de rouille, toutes choses paraissant dater du XVIe siècle.

Près de la porte par laquelle les sires de Carency pénétraient de leur manoir dans l'église, a été découvert un caveau contenant deux squelettes se faisant face et assis sur des siéges de fer.

Un antiquaire a dit à madame Scaillerez, avoir vu à Paris un ancien plan duquel il résultait que la forteresse de Carency était défendue par onze tours.

A mi-côte à peu près du rempart longeant les prairies se trouvait la chapelle, jadis castrale et bénéficiale, de *Saint-Aignan*, où l'on disait la messe (le Père Ignace), et qui a complétement disparu ; au-dessous et immédiatement contre le fossé existe toujours la fontaine du même nom.

A l'extrémité du jardin se remarque un terrain triangulaire à trois terrasses faites de main d'homme, c'était une dépendance du manoir.

Au-dessous d'un écusson aux armoiries grattées et timbré d'un armet taré de face, que porte la tour de l'église, est la date de 1667.

Le *Calvaire* de Carency domine une motte conique très-élevée qui recèle des tombes.

VAULX-VRAUCOURT.

A seize kilomètres d'Arras et à gauche de la route allant de cette ville à Bapaume est le village de Vaulx, remarquable par son église et les sépultures de la famille de Longueval, l'une des plus illustres de l'Artois.

Due à la munificence de Jehan de Longueval et de Jehanne de Rosimboz sa femme, l'église de Vaulx qu'envieraient beaucoup de villes, porte au-dessus du portail quatre ancres de fer donnant le millésime de 1564.

A l'extérieur elle offre un vaisseau à trois nefs surmontées chacune de leurs toits, et une tour d'une hauteur et d'une élégance peu communes [1].

A l'intérieur elle montre les voûtes en pierre de ces mêmes nefs, soutenues par l'épanouissement entrecroisé des nervures de leurs piliers.

Dans le mur de la basse nef de gauche s'ouvrent quatre baies profondes qui forment à la partie supérieure des arcades en accolade, destinées évidemment à abriter les monuments funéraires, statues, pierres commémoratives, ou sarcophages des membres de la famille de Longueval, dont la terre de Vaulx était l'une des nombreuses seigneuries.

Au sommet de ces arcades, sont des écus blasonnés aux

---

[1] On lit sur la cloche de Vaulx récemment refondue :

« L'an 1839, j'ai été nommée Guillemine-Louise-Sophie, par M. Jean-Baptiste-Michel Piot, et Dame Guillemine-Natalie-Alexandrine Dehault; sœur de Guillaume-François-Louis Dehault, Maire de Vaulx.

J'ai été bénite par M. Pierre Dhinaut, curé du lieu. »

armes de cette maison qui porte « *bandé de vair et de gueules à six pièces.* »

Sous la seconde arcade (à partir de l'entrée de l'église), existent, en retour du mur de gauche, un écusson aux mêmes armes, timbré d'un armet taré de front, et supporté par deux griffons, en face un autre écusson losangé, parti du précédent et de celui des Rosimboz, entouré d'une couronne.

Au bas de la première arcade, se trouve la pierre tumulaire du fondateur et de la fondatrice de l'église.

A quelques mètres plus loin est l'entrée du caveau d'inhumation des Longueval.

En 93, toutes les sépultures, qu'il contenait furent violées, et à défaut d'autres objets de valeur qu'ils s'attendaient à y trouver, sans doute, les pillards de tombeaux volèrent le plomb des cercueils, et jetèrent pêle-mêle dans le caveau les ossements qu'ils renfermaient. Indignés d'un tel vandalisme les habitants de Vaulx toujours pénétrés de reconnaissance pour leurs anciens bienfaiteurs, murèrent l'entrée de ce caveau que l'on n'a retrouvée que depuis quelques années et enterrèrent la pierre tumulaire, qui sans cela eût été brisée comme tant d'autres, et probablement comme une plus ancienne pierre funéraire des Longueval, qu'en son *Histoire d'Arrouaise*, page 214, Dom Gosse, prieur de cette abbaye, nous apprend avoir étudiée vers 1776.

« On voit encore, dit-il, dans l'un des bas-côtés de l'église de Vaux une pierre sépulchrale au haut de laquelle se trouve un écusson chargé de trois lions, deux et un en pointe. Elle est aussi ornée de trois figures plates, avec une épitaphe dont je n'ai pu lire que les mots suivants :   Chi gist .... seigneur de Vaux, qui trespassa en revenant du voyage .... de Jérusalem en l'an de grâce mil IIIIC et XXXIII.   Chi gist Jehans ses fils seigneur de

Vaux qui trespassa en l'an de grâce mil IIIIC et XXXIX.

Chi gist Guérart, seigneur de Vaux .... le susdit chevalier qui fist .... de cette lame .... en l'an de grâce mil IIIIC et XL au mois d'avril. Priez Dieu pour leurs âmes. »

Examinons d'abord la pierre, qui bien que déjà décrite [1], n'a point encore été dessinée ; nous pénétrerons ensuite dans le caveau, qui lui, n'a jamais été décrit, et dont on n'a jamais non plus copié l'importante épitaphe du chevet.

Pierre. — Cette pierre qui est en marbre noir et en parfait état de conservation (sauf quelques cassures assez insignifiantes), mesure deux mètres dix centimètres de longueur, sur un mètre cinquante-cinq centimètres de largeur.

Elle porte deux figures couchées, sculptées en ronde-bosse, les mains jointes et la tête légèrement relevée par des carreaux à glands.

Ce sont celles, nous l'avons déjà dit, de Jehan de Longueval et de Jehanne de Rosemboz.

Jehan de Longueval, tête nue, les cheveux presque ras et la barbe mi-longue, est couvert d'une armure pleine sur laquelle est passée une cotte à ses armes. A son flanc gauche repose maintenue par des attaches son épée, dont la fusée sans pommeau affecte la forme d'une poignée de coutelas, l'un des quillons se recourbe de manière à protéger la main. La contre-garde est formée d'une petite coquille ; plat et large le fourreau dénote une lame évidée, les solerets à bouts carrés, suivant la mode du temps, s'appuient sur un lévrier.

Jehanne de Rosemboz est coiffée d'une sorte de bonnet à la Marie Stuart, enveloppée d'une longue mante également

---

[1] DURIEUX, *un Village de l'ancien Cambrésis*, pages 21 et suivantes.

armoriée, qui ouverte sur la poitrine, laisse voir le corsage boutonné dont le bas se termine en pointe lisérée, et le devant de la robe. Les pieds cachés par l'ampleur de la jupe reposent aussi sur un chien griffon.

Jehan et Jehanne portent au cou la petite fraise droite, et aux poignets des manchettes tuyautées.

Entre les deux personnages se trouvent vers le haut de la pierre un heaume visière baissée, sans grilles, et avec ouverture pour les yeux; vers le bas, une paire de gantelets.

A droite de Jehan et à la hauteur du chef, est un petit écu à ses armes, à gauche de Jehanne et à une hauteur égale, un autre écu similaire.

Sur l'épaisseur de la pierre dont la partie droite est abattue en biseau, se lit en lettres capitales détachées en relief :

« Chy dessoubs gist le corps de noble et puissant seigneur messire Iehan de Longveval chier seigneur | de Vaux, Reinenghelst, Villers-au-Flos, Cappy, Assiet-le-Petit, Héninel et de la Bargaigne d'Arras etcetz | conseiller et maistre d'hostel de feu Lempereur Charles V°, govverneur des Ville et Cité d'Arras qui tréspassa le 16° de may 1555 : gist aussy pres du dict sire le corps de noble et pvissante dame, madame Iehanne de Rosemboz | sa feme dame dessus dite de Vaulx etcetz, et de son chief de celles de Villers, Longpretz et Cantelev qui trespassa | le 17 de iving 1570. »

Aucune des pierres que nous avons rencontrées jusqu'à présent, ne nous a paru comme importance et comme statuaire comparable à celle que nous venons d'analyser.

Caveau. — On s'y avale en levant une trappe naguères en fer, maintenant en bois, recouvrant une ouverture carrée, taillée à pic, d'une profondeur d'à peu près un mètre soixante centimètres, à un mètre environ plus bas à gauche est le sol du caveau.

Il est voûté en plein cintre, construit en briques pour la voûte et ses retombées; en briques et en pierres blanches à lits inégalement alternés pour les murs de fond. Sa longueur est de 7 m. 25, sa largeur de 3 m. 10 et sa plus grande hauteur de 2 m. 05.

Sur toute la longueur du caveau sont établies seize auges en pierres blanches, où étaient déposés, les cercueils de plomb, enveloppés de chêne, dont les planches épaisses et encore très-consistantes jonchent les diverses parties du caveau.

Ces auges placées bout à bout sont jumelles et superposées, il y en a donc huit supérieures et huit inférieures. Leur largeur est de 0 m. 80, et chose assez inexplicable, leur longueur de 1 m. 65 seulement.

Sur le pourtour des auges, se lisent les noms des personnes qu'elles ont contenues.

A droite et à gauche du caveau régnait une allée où se plaçaient les visiteurs ou les gens chargés de l'inhumation. Dans les retombées de la voûte sont de chaque côté neuf écussons en pierre blanche accolés au mur, quatorze autres écussons de même forme déplacés ou à placer, gisent dans le caveau, les uns aux armes des Longueval, les autres aux armes des familles auxquelles ils se sont alliés, nous avons cru y distinguer le blason des de Mailly. Reconnaître ces écussons serait au reste chose des plus faciles.

Au chevet du caveau en regard de l'entrée, et immédiatement au-dessus des auges, se trouve une pierre blanche de forme rectangulaire, haute de 1m07, large de 0m87, qu'encadre une moulure assez grossière n'existant plus à la partie inférieure; cette pierre porte l'historique et très-importante épitaphe suivante gravée en creux et en capitales :

« S'ensuivent les noms des seigneurs et dames chy dedans enterrés premierement | chi gist le corps de noble et puissant seigneur messire Iehen de Longueval | chevalier seigneur de Vaulx, Heninel, Villers-au-Flos, Cappy-Belloy vis | comte de Verneul, gouverneur et cappitaine des ville et chasteau | de Bappalmes lieutenant de Monsieur le grand bastard de Bour | gongne de sa compagnie de cent hommes darmes q'ui trespassa a | Verneul la nuict des rois lan de grace 1499.——Pres de luy; gist | le corps de noble et puissante dame madame Marie de Miraumont son | espouse, dame de Beaumont fille aisnée de messire Robert chevalier sei | gneur de Miraumont conseillier et chambellain mareschal de lhoost | et chappitaine de la garde du bon duc Philippe de Bourgoigne, etcx., | laquelle trespassa a Verneul le iour des Caresmaulx lan 1558. —— Chi gist aussi le corps de noble et puissant seigneur messire Ad | rien de Longueval filz aisné des susdictz seigneurs et dames | chevalier seigneur de Vaulx, Heninel, Villers-au-Flos, Cappy Tourn | enel Travesi gouverneur et cappitaine des ville et chasteau | de Bappalmes, conseillier et chambellain de Charles V° roi | des Espaignes et cappitaine des Hallebardiers allemans de sa | garde, le quel trespassa en la ville de Douay le XIII° de 'iuil | let 1534. —— Pres de luy gist le corps de noble et puissante dame ma | dame Anne de Courteauville dame de Reineghelst et de la Tour | fille aisnée et héritiere de messire Joseph de Courteauville cons | eillier et chambellain du duc seigneur Charles de Bourgoigne, la quelle trespassa le VI° de iuing lan 1539.— Chy gist aussi le | corps de noble et puissant seigneur messire Iehan de Longueval, | fils aisné dessusdicts seigneur et dame, chevalier seigneur de Vaulx, Henni | nel, Villers-au-Flos, Cappy, Reineghelst, Assiet-le-Petit de la Bar | gaigne d'Arras, conseillier et maistre dhostel de lempereur Char | les V°, et gouverneur et cappitaine des ville et cité d'Arras, et | fondateur de ceste nouvelle église, le quel trespassa en sa mai | son d'Arras le XVI° de may 1551. —— Pres de lui gist le corps de | noble et puissante dame madame Iehenne de Rosemboz son espeu | se dame de Villers Longppe et de Canteleu fille aisnée de me | ssire Pierre, chevalier seigneur de Rosemboz en son conseiller et | chambellain de lempereur Charles V° et grande mère dhostel, et chief | des finances de madame Marguerite archiduchesse d'Aultriche et douagi | ere de Savoye, tante du susdict empereur et gouvernante des Pays Bas, etcx. | la quelle avec son mary aussi fondatresse de ceste eglise trespassa | ...... —— Chy gist aussi le corps de noble et puissant seigneur messire Maximi | lien de Longueval, filz unicque des susdictz seigneur et dame, en son | vivant sieur de Vaulx Heninel, Villers-au-Flos, Cappy, Reinienghelet, | Assiet-le-Petit. »

On ne peut se défendre d'une impression pénible en voyant les ossements de ces personnages rouler sur le sol parmi les décombres, les planches brisées et les ferrements tordus de ce qui fut leurs cercueils.

Il existe encore des Longueval, plusieurs sont toujours riches et puissants, dit-on, près d'une cour étrangère. S'il était donné à ces lignes d'arriver jusqu'à eux, il leur souviendrait sans doute du berceau de leurs ancêtres, de leurs tombes,

Grandiaque effossis placarent ossa sepulchris.

BEUGNY-LE-CHATEAU.

Beugny, d'après M. Harbaville est écrit *Bugni*, *Buigni* dans les *Chartes du Moyen-Age*; les *Registres de Catholicité* du XVII° siècle donnent *Bugny*, et ceux du XVIII° *Beugnies*.

Très-boisé et à cheval sur la route de Bapaume à Cambrai, ce beau village est situé à 4 kilomètres de la commune de Vaulx.

L'église, placée sous le vocable de *Saint-Géry* se compose d'un vaisseau assez bas renfermant trois nefs, de quatre travées ogiviques, soutenues par de gros piliers cylindriques sans chapiteaux. A l'extrémité de la nef médiane se trouve un chœur en cul-de-lampe.

A la nef gauche est soudée une haute tour quadrangulaire à sept étages, que flanquent à chaque angle de doubles jambes de force et que coiffe une belle flèche hexagonale en ardoises, à l'extrémité de laquelle est une fenêtre dite *du guet*. Au bas de la tour sont deux ouvertures en anse de panier assez richement moulurées, au haut les baies sont géminées et ogiviques.

L'une des poutres de la charpente de l'église porte la date de sa construction 1564.

Le chœur a été réédifié en 1748 ; compte de ce figure au *Registre de la Fabrique*, comme rendu par « Gratien Desvignes, prêtre-curé du lieu, et Mathieu Leriche, ci-devant lieutenant, au bailly, lieutenant, homme de fief, et marguiller en charge de l'église. »

On lisait sur l'ancienne cloche, refondue le 9 septembre 1844, l'inscription suivante :

« Je m'appelle Marie Ignace, mon parrain fut noble homme Messire Ignace de Wasservas, chevalier baron de Marche, seigneur de Beugnies, à cause de dame Jacqueline Thérèse de Caravachal Giron, son épouse.

Marreine noble dame Charlotte Thérèse, seigneur de Wasservas, dame de Fleuron. Messire Amb. Olivier, curé de Beugnies. J'appartiens à l'église de Beugnies. L'an 1755.

Beaudoin et Étienne Jossand nous ont faites. »

La nouvelle cloche qui a eu pour parrain le sieur Lejosne et pour marraine Mlle Antoinette Françoise Le Gros de Marche, a nom Antoinette.

A l'intérieur, l'église offre un assez beau maître-autel entouré de boiseries, qu'exécuta, vers 1755 un sieur Tournant, de Vaulx, moyennant la somme de 1,933 livres. On lui doit également, sans doute, l'autel de la Vierge, de la nef gauche et l'autel de saint Géry de la nef droite.

Dans le chœur on voyait, il y a quarante ans environ, deux pierres commémoratives.

L'une en marbre noir, concernant Messire Maximilien-Joseph de Caravachal Giron, mort le 30 novembre 1728, et dame Françoise de Bavelière, son épouse, décédée le 7 juillet de la même année. Au haut se trouvent supportés par des hercules, deux écussons aux armes des Caravachal et des Bavelière, ils sont timbrés d'un casque taré de trois quarts, surmonté d'une couronne comtale, d'où sort un cimier presque effacé, de même que la devise inscrite dans une banderolle flottant au-dessus des lambrequins.

L'autre en marbre blanc, concernant, si nos souvenirs sont exacts, un membre de la famille de Wasservas.

La première de ces pierres gît maintenant dans le cimetière, la deuxième doit être dans une commune voisine.

Une troisième pierre, qui peut-être était aussi dans l'église, se trouve au presbytère, c'est celle de l'abbé Dom Pierre-François Froye, décédé le 20 avril 1690. L'écu surmonté de la crosse et de la mître, et dont les émaux ne se voient plus, porte un lion rampant abaissé sous un chef chargé de trois coquilles posées en fasce. Au-dessous est la devise « *Fortiter et suaviter.* »

En juillet 1874, il a été retrouvé dans les fondations de la muraille du chœur, un devant d'autel en pierre de taille divisé en trois compartiments représentant : celui du milieu la Vierge mère et deux anges adorateurs, celui de gauche la Nativité et celui de droite la Présentation au Temple. Débris provenant évidemment soit de l'autel datant de 1564, soit de l'église antérieure à cette date.

Longtemps on vit dans le cimetière, et dans l'un des angles formés par les contre-forts de la tour, une statue de la Vierge remontant à la même époque ; elle a disparu.

Il existe dans la paroisse de Beugny une confrérie dite de *Notre-Dame d'heureux trépas*, que l'on voit mentionnée aux Actes de Catholicité de 1710, dont les statuts ont été approuvés le 28 août 1726, et qui en 1867 a été affiliée à l'archiconfrérie de la Bonne Mort.

Cette confrérie avait pour siège une *Chapelle*, située à l'extrémité de la rue de ce nom et à l'angle des chemins de Vaulx et de Lagnicourt. Au sujet de cette chapelle on lit au Registre de Fabrique.

« Le 9 mars 1722, je soussigné Jacques Estienne de Caravachal Giron, écuyer seigneur de Bugny, en ma qualité de tuteur pour suivre la promesse que j'ai faite à la Chapelle de Bugny de quatre arbres qui sont deux par derrière et deux par devant les plus proches de ladite Chapelle, pour elle en jouir et en faire son profit, j'ai voulu que ladite promesse et donation que j'en ai faite soit aujourd'hui confirmée et ratifiée et écrite sur le Registre de l'Église, afin qu'on soit informé de mes intentions. Ce 9 mars 1722, en foi de quoi j'ai signé en ma qualité de Bugny. »

Démolie ultérieurement, cette Chapelle fut reconstruite par les propriétaires du château, là où elle existe aujourd'hui, puis cédée par eux à la famille Bachelet qui l'entretient. La dévotion à la chapelle continue à subsister, on s'y rend processionnellement à certaines époques de l'année en portant l'ancienne statue que l'on conserve toujours, et on y vient de toutes les communes environnantes.

Quant au *Château*, vieille construction de briques à fenêtres inégalement percées dans la partie gauche antérieure à la partie droite il n'offre rien de remarquable. Il avait anciennement pour dépendance un bois qui contournant le village s'étendait au-delà du chemin de Vaulx; il n'en reste plus trace.

Beugny, comme la plupart des communes des cantons de Bertincourt, Bapaume, Croisilles, Marquion etc., possédait une carrière, ou *muche*, sorte de village souterrain où la population se cachait aux époques d'invasion. On y descendait par deux ouvertures pratiquées l'une sous le château, l'autre sous la tour de l'église; elles étaient, au rapport des gens de l'endroit, fermées par d'énormes trappes de fer, que l'on faisait rougir au besoin.

A un kilomètre environ du village, existe une ferme nommée *Cense Delsaux*, suivant les Registres de Catholicité de la paroisse, ou *de le Sauch*, suivant les rôles territoriaux de Le Bucquière de 1569, ou *de le Sau*, suivant Maillart[1], qui figure aux cartes d'Artois (Maillard, Beaulieu, etc...) et sur laquelle est inscrite la date de 1680. On y voit encore un réduit appelé *cabinet Saint-Roch*, dans lequel les prêtres insermentés célébraient la messe pendant la Terreur. Cette ferme est entourée d'environ 300 mesures de terre.

En 1569 la seigneurie de cette ferme appartenait à un sieur Duriez.

A environ un kilomètre du village, encore sur le chemin qui mène de la grand'route à Vaulx, existait à une époque infiniment plus reculée, suivant la tradition locale, une autre ferme, nommée *Cense Padane* (Pas d'Ane) dont la margelle de puits servirait actuellement de borne. C'est un grès

---

[1] Le nécrologe de Saint-Vaast range en 1375, au nombre des religieux de cette abbaye, Dom Arnould de le Sauch.

énorme d'une longueur de 1m 30 sur une largeur de 0m 40 et d'une profondeur inconnue, proportions telles que l'on pourrait y voir un monument druidique. Sur l'une des faces de ce grès, la nature a tracé grossièrement mais très-apparemment une sorte de cuisse et de jambe de cheval ou d'âne, portant des croix, creusées de main d'homme.

Enfin entre Beugny, Frémicourt, Haplincourt et Villers-au-Flos, existait, relevant du seigneur de Longueval de Vaulx, une troisième ferme nommée *Cense Capy* qu'entourait un véritable terroir du même nom, et que l'on trouve également sur les anciennes cartes d'Artois.

Dans le triangle formé par Lebucquière, la ferme Delsaux et Beugny, existaient sur le terroir de ce village deux jolis bois qu'enceignaient de magnifiques haies de charmilles et à l'angle de l'un desquels était une assez belle source, le tout a été détruit il y a trente ans à peu près.

Entre la ferme Delsaux et Happlincourt se trouve un vaste encuvement appelé *la Chaudière*, où d'après la tradition aurait eu lieu une sanglante bataille au temps des anciennes invasions.

Entre cette même ferme et les *six chemins* se remarque une mare entourée de saules connue sous le nom de *Fosse Saint-Amand*.

A trois ou quatre cents mètres au-dessus de Beugny s'élevait à proximité de la grand'route conduisant à Cambrai, un superbe moulin en pierres de taille démoli il y a vingt-cinq ans, du haut duquel on apercevait très-distinctement les tours de Saint-Éloy.

A partir de 1659, les Registres de Catholicité de la paroisse font mention des *Seigneurs de Beugny* qui sont : sires Jacques de Caravachal (ou Caravajal), Giron (ou de Giron) et Agathe du Monté sa femme, — Jacques-Estienne de Caravachal Giron et Marie-Angeline Colin sa femme, — Maximilien-Joseph de Caravachal Giron, et Jeanne-Françoise de Bavelière (fille du seigneur de Saucourt) sa femme, — Maximilien-Joseph-François de Caravachal Giron.—Dame Jacqueline de Caravachal Giron (fille de Jacques Estienne), mariée à Messire de Wasservas d'Haplincourt, baron de Marche, — Charles-Vincent le Groz, écuyer, seigneur de Fléron (près Namur) et Charlotte-Suzanne de Wasservas sa femme. — Jacques-François-Isidore le Groz de Marche, écuyer seigneur de Beugny Fléron, etc... et dame Thérèse-Charlotte-Suzanne de Wasservas, sa femme.

Ce dernier mourut en 1832, à l'âge de 86 ans dans une misère que lui avait valu son humeur processive. Son acte de décès porte « *Legros Demarche, ménager !....* »

Les Registres de Catholicité de Beugny prouvent que tous ces seigneurs si entichés qu'ils fussent de leur noblesse, ne dédaignaient point de présenter aux fonds baptismaux les enfants de leurs tenanciers. (Actes des 13 août 1678, — 21 août 1681,— 31 août 1707, — 1743 etc.... [1].)

L'évêque d'Arras avait aussi à Beugny une seigneurie « dont les droits étaient pareils à ceux payés à Riencourt, tant en vente, don, que transport et relief [2] ».

Il est impossible de parler de Beugny sans rappeler la mémoire du regrettable M. Bachelet-Payen, négociant en batistes, mort en 1864, à l'âge de 76 ans, après avoir été maire de la commune de 1813 à 1831, et de 1846 à 1848. La notoriété de M. Bachelet, l'un des hommes les plus honorables et les plus influents de l'arrondissement d'Arras était

---

[1] En son *Histoire de Cambray*, LE CARPENTIER, tome II, pages 1035 et 1036 dit que le nécrologe de l'abbaye de St-Aubert mentionne une Alix de Bugnies mariée à Hugues de Thiaus, au commencement du XIIIe siècle.

[2] Le Père IGNACE, *Dictionnaire*. V° Riencourt.

telle que sans l'avoir le moins du monde brigué, il fut à une majorité considérable, élu président du collége électoral *extra muros*, lors des trois derniers renouvellements de la Chambre des députés antérieurement à 1848.

La population de Beugny (900 âmes), se composait en grande partie jadis, de fileuses de lin et de tisseurs de batistes, cette industrie a complétement disparu du village.

ABBAYE D'ARROUAISE.

Depuis Encre (ou Ancre), aujourd'hui Albert, jusqu'à la Sambre, vers les Ardennes, ce qui fait environ 25 lieues de l'ouest à l'est, s'étendait au XI° siècle un pays boisé, connu sous le nom d'*Arida Gamantia* qui depuis est devenu *Arroasia, Arrouaise*.

C'est près du chemin public, appelé jadis *Via sanctorum*[1], en face de l'encuvement nommé encore l'*Ecorchoir* et sur le point le plus dangereux de cette forêt, au lieu dit la *Motte du Diable* où était le *Tronc Béranger*[2], dépendant de la paroisse de Rocquignies, qu'en 1090 l'allemand saint Heldemare et le tournaisien Conon depuis cardinal-légat (qui refusa la tiare en 1118), ayant rencontré un ermite de la paroisse du Transloy, nommé Roger, jetèrent en bâtissant une maisonnette et en élevant sous le vocable sanctæ

---

[1] MAILLART, *Mercure de France*, 1737.

[2] La *Motte du Diable*, ou *Motte Béranger* (que dom Gosse nous apprend avoir été en 1754 l'objet de fouilles ayant amené la découverte d'ossements humains d'une grandeur extraordinaire) existe encore ; elle a une hauteur d'environ deux mètres, et un diamètre d'environ quarante à la base et dix au sommet ; on l'avait surmontée d'un Calvaire qui a disparu. La nature calcaire de cette Motte qu'entourent des terres fertiles doit faire supposer qu'elle a été élevée de main d'homme, supposition que sa forme de *tumulus* doit également corroborer. Un souterrain d'un kilomètre de longueur régnait entre l'abbaye et cette motte.

Trinitatis et sancti Nicolai un chétif oratoire, construit en bois et couvert de ramée, les fondements de l'Abbaye des chanoines réguliers d'Arrouaise de l'ordre des Augustins ; laquelle devait posséder le corps de sainte Monique, et ne pas tarder à acquérir une importance et une célébrité capitales.

On lisait, en effet, dans une vieille histoire de l'abbaye, écrite de la main de Gauthier, élu abbé en 1179 :

Archives du monastère.

« *Hic locus super stratam publicam constitutus, in sylvaque Aridagamantia situs, quæ quidem sylva, a castro quod Encra dicitur; usque ad fluvium Sombræ, tunc temporis continua protendebatur, olim spelunca latronum fuerat, unde et hunc quidem truncum Berengerii, ab ejusdem nominis latronum principe vulgo denominant : .... Eremitæ tres, ut ubi abundavit delictum, superabundaret gratia, cellam sibi ad serviendum Domino statuunt, oratoriumque in honore S. S. S. Trinitatis et sancti Nicolai pontificis..... construunt, tectumque ejus et parietes myricis, et foliis sive ramusculis, claudunt et contigunt. Horum primus Heldemarus nomine, tornacensis genere, alius vero Cono, gente teutonicus, ambo sanctitate præstantes, officio presbyteri, professione canonici, cum fratre Rogero laico de proxima villula Transloy nato, religionis hic canonicæ fundamenta jaciunt* [1]. »

Et au plus ancien cartulaire de ces mêmes archives :

Anno milleno Domini, deciesque noveno
Norma Berengerii trunco nova cœpit haberi.

[1] LOCRIUS, *Chronicon Belgicum*, page 223. *Adde* Dom Gosse, *Histoire d'Arrouaise.*

Frappé par un assassin en même temps que Roger, Heldemare, mourut le 12 janvier 1097.

Les Bollandistes et les auteurs du *Gallia christiana*, attribuent à Conon une épitaphe d'Heldemare, rédigée en cinq beaux distiques latins, mais Dom Gosse, prieur d'Arrouaise la regarde comme apocryphe, et pense que le tombeau du fondateur était celui qu'en juin 1716 on retrouva dans la chapelle de Sainte-Marie-Madeleine avec ces simples mots :

Hic jacet Heldemarus hujus loci fundator.

En 1098, Conon, successeur d'Heldemare, comparaissait au *Privilége* accordé à l'abbaye de Saint-Vaast par l'évêque Lambert, au bas de la pièce on voit : « *Signum Cononis de Arida Gamantia* [1] ».

En 1099, il démolissait l'oratoire d'Heldemare et lui substituait une église en pierre de taille de solide structure.

« *Everso priore ligneo oratorio, per venerabilis Cononis industriam Ecclesia in hoc loco lapidea construitur* [2]. »

Incendiée en 1475 par l'armée française, cette église fut ultérieurement rebâtie; plus richement décorée en 1504 et dévastée de rechef en 1521 par les soldats de François Ier.

Enfin en 1717, cette église menaçant ruine, l'abbé Dambrines entreprit la reconstruction du chœur ; quelques années plus tard, l'abbé Lescourcheut fit réédifier les bâtiments claustraux dont toutes les portes se surmontèrent de l'écusson de ses armes qui étaient *d'azur à un lys épanoui d'argent, au chef de gueules chargé d'un soleil d'or* avec cette devise, *e cœlo, sors mea*, et pour assurer plus encore

---

[1] *Cartulaire* de Guiman, exemplaire de l'Evêché, n° 159.
[2] Dom Gosse, page 538, Manuscrit de Gauthier — Locrius, *Chronicon Belgicum*, page 256.

ce souvenir de son œuvre et de sa personne le même abbé, composa lui-même son épitaphe dont les termes assez peu modestes étaient :

D O M.

Hic monumento conditur
Expectans universæ carnis resurrectionem
Reverendus ad modum Dominus
D. Philippus Lescourcheut
Hujus Ecclesiæ canonicus expresse professus
Nec non
Abbas meritissimus
Religione jubilarius
Pacis cultor studiosissimus,
Regularis disciplinæ zelator acerrimus
Dilectus Deo et hominibus
Cujus memoria in benedictione est ;
Domum Dei decoravit
Totamque Abbatiam a fundamentis
Restauravit et erexit
Longiore vita dignus, sed cœlo maturus
Obdormivit in Domino
An. 1749 die 17 jan. ætat. 72 Sac. 42
Abbatialis dignitatis 24.

En 1780, Dom Fleury Tabary, natif d'Arras, qui, moins prétentieux, avait adopté pour armes parlantes, *deux carottes de tabac posées en sautoir sur champ de riz*, commença la nef et la tour.

Posée sous la colonne gauche du portail, dit Dom Gosse, la première pierre porte cette inscription :

« *Hic lapis ponitur, an. Chri. M. DCC. LXXX, regnante Ludovico XVI. Abbate D. F. Tabary, et canonicis quorum nomina intus.*

Un creux pratiqué dans la même pierre renferme une bouteille de verre, quarrée, et fermée hermétiquement, dans laquelle on a placé cette autre inscription, écrite sur un rouleau de parchemin.

Navis et turris hujus ecclesiæ primarium lapidem, choro sane extructo, posuerunt IV, idus Junii, an. M. DCC, LXXX. R. D. Floridus Tabary, Abbatiæ nostræ an. M. XC. fundatæ a. B. Heldemaro et Conone conpresbytero, qui postea episcopus, cardinalis Prænestinus in Italia, et legatus creatus est, quadragesimus septimus, demptis tribus primis præpositis, abbas regularis et DD. Canonici, Floridus Gosse, Prior; Drogo le François du Feytel, præpositus de Monchy ad Sylvam; Bernardus Bertout; Joan-Bap. Gamelon supprior, Curatus de Liegescourt; Stephanus Cloez, Franciscus de la Fontaine; Petrus Pouillaude; Guislenus Douez; Bruno Dumarquez; Nicolaus de Thieffris, Eugenius Michel; Augustus Honorez; Ferdinandus Blave, Josephus Du Quesnoy; Paulus Montigny; Alexius Marlier; Alexander Boutry; Romanus Le Gentil; Anselmus Blauwart; Augustinus Le Beau; omnes Canonici presbyteri. DD. Ludovico Carpentier priore curato de Doingt, et Carolo le Boucq, curato de Rocquigny absentibus : architecto Petro Josepho Charles, Ariensi olim exercituum machinario. »

En 1786, époque de la publication de *l'Histoire d'Arrouaise*, ces édifices ne se trouvaient point terminés : ils ne l'étaient même pas complétement, pensons-nous, lorsque la tourmente révolutionnaire vint les culbuter.

Le *Conducteur Français* de Denys, géographe, édité à Paris en 1776, opuscule devenu rarissime, donne dans le fascicule intitulé : « *Route de Paris à Arras* » une description sommaire de l'abbaye d'Arrouaise, d'autant plus intéressante, que les documents archéologiques font plus complétement défaut sur le monastère [1].

On y lit : « Regardant en face de la route (au sortir de Sailly), on voit sur la droite la belle abbaye d'Arrouaise, *qui ressemble à un palais.*

Descendant, on laisse à droite un Calvaire entouré d'arbres sur une éminence à 150 pas de la route appelée la *Motte Béranger.* C'est le premier objet de l'Artois, situé à l'angle d'un bois ; il y a des briqueteries à gauche et un bois.

Arrivez à *l'abbaye d'Arrouaise.*

C'est le *chef d'Ordre* des Chanoines réguliers de saint Augustin.

Montant une crête douce, on côtoye un mur de briques qui entoure les jardins et l'abbaye à droite. Après ce mur on se trouve en face de l'abbaye et de la demi-lune qui est en face, avec une avenue qui va traverser le bois qui est à gauche.

La *porte d'entrée* est bâtie en briques et très-bien voûtée ; à gauche et à droite, il y a une borne de marbre [2]. Après

---

[1] Les Archives départementales ne renferment sur l'abbaye d'Arrouaise que huit registres de rentes foncières et seigneuriales, et les procès-verbaux d'adjudications nationales.

Mais le cartulaire d'Arrouaise, heureusement conservé, se trouve entre les mains d'un amateur de Compiègne, M. de Marsy, conservateur du Musée.

Le manuscrit est sur parchemin et contient 130 feuillets. Les pièces qu'il renferme s'étendent de 1117 à 1321. En tête se trouve la chronique imprimée par Dom Gosse. La plus grande partie de l'écriture date du commencement du XIII° siècle, la reliure est en bois.

Ce cartulaire doit être publié par M. de Marsy, dans la série in-4° des Antiquaires de la Picardie, ce sera une véritable bonne fortune pour les historiens du pays.

Nous possédons une bulle de 1506 concernant l'abbaye d'Arrouaise, et lui octroyant certains priviléges.

[2] Ces bornes qui ne sont que des fûts de colonnes en marbre rouge ayant sans aucun doute fait partie du chœur de l'ancienne église d'Ar-

cette porte, on se trouve dans une *avant-cour*, à la droite de laquelle on voit des jardins potagers, et à gauche la basse-cour très-bien fournie ; il y a une quantité de vaches superbes : un *beau colombier* est au milieu.

Après l'avant-cour, on entre dans une belle *cour en fer à cheval*, entourée de *pieds d'estaux* de distance en distance, destinés pour y poser des statues lorsqu'on le jugera à propos. L'intervalle est rempli par des barreaux verts. Le *bâtiment des religieux* est à droite avec une cour, et à gauche c'est où logent les ouvriers de la maison. Il y a un moulin, etc...

Le *portail* de l'église est en face ; il est décoré de quelques bas-reliefs avec un *Ecce Homo* à la droite, et une *Vierge* à la gauche. L'église est bâtie en croix avec des bas-côtés et trois chapelles, elle est *pavée en marbre*, moitié en blanc, et moitié en noir ; de même que le *chœur*, qui est entouré d'une *grille superbe*. On y voit plusieurs *tombeaux* des abbés de l'Ordre. Les *fonds baptismaux* sont à gauche en entrant, avec un petit *jeu d'orgues* au-dessus de la porte. Reprenons la route.

rouaise, existent encore chez M. Caudron cultivateur au Transloy, fils de l'un des acquéreurs de l'abbaye. On les voit dans l'intérieur de la cour fichées à droite et à gauche de la porte d'entrée de la maison.

Dans le salon de cette maison, se voit aussi une grande et belle console en chêne et marbre rouge, provenant de la sacristie de l'église d'Arrouaise. Enfin dans la cheminée de la cuisine se trouve une plaque aux armes d'un abbé d'Arrouaise, et qui provient également de l'abbaye.

On remarque à la clef de voûte du portail latéral de l'église du Transloy un grès parfaitement piqué que personne n'a signalé, que nous sachions, et qui est néanmoins trop curieux pour être passé sous silence.

Il porte au milieu d'un collier d'Ordre un écusson chargé d'une croix à branches égales, chargée elle-même de cinq tourteaux. On lit au-dessus de l'écusson, *par les devos*, au-dessous, *Happlaicourt*, à droite et à gauche au-dessous de deux étoiles, est la date tronçonnée de 1539.

Il y a 30 ou 40 ans, on découvrit, en creusant en face de ce portail, une tombe renfermant des ossements et des débris d'armures mérovingiennes dont une plaque de baudrier est parvenue entre nos mains.

Quittant la porte de l'abbaye d'Arrouaise, on remarque à droite un *Ecce Homo* renfermé dans l'angle du mur qu'il faut côtoyer. Il y a dix trembles plantés le long. Entre le mur et la route à gauche, on voit le bois qui n'est plus éloigné qu'à vingt pas du chemin : l'abbaye se trouve entourée de bois.

Après le mur on tourne un peu à gauche et on descend. Il y a au coin du mur de l'abbaye un chemin qui va le long du bois qui est à cent cinquante pas : on remarque une belle avenue à l'extrémité du jardin, et une porte au bout du mur.

Étant au bas, on voit les bois de droite et de gauche qui viennent aboutir à la route vis-à-vis l'un de l'autre ; à droit on remarque un chemin bordé d'arbres qui conduit au village de Rocquigny, éloigné d'une lieue ; on voit le clocher au-dessus des arbres. »

Dernier renseignement que confirme le Père Ignace, qui, parlant du clocher de Rocquigny, dit : « Il y a une avenue plantée d'arbres, et un chemin verd qui y conduit de l'abbaïe d'Arrouaise, laissant à droite le bois de ce monastère.[1] »

---

[1] *Dictionnaire*, V° *Rocquigny*. Cette avenue, moins les arbres, existe toujours.

Le P. Ignace, que nous avons mille fois cité dans ce livre, a écrit sur le *Diocèse d'Arras* trente-cinq volumes grand in-folio, contenant 25,000 pages.

Quoique né à Arras le 31 juillet 1686, rue des Jésuites (Ernestale aujourd'hui et dans la maison portant le n° 15), et mort dans la seconde partie du siècle dernier (4 mai 1754), ce savant et modeste encyclopédiste était, en ce qui touche sa personne, déjà bien perdu de vue, lorsqu'apparut tout récemment la très-remarquable notice de M. Laroche, bibliothécaire-adjoint de la ville.

Nous y voyons que le P. Ignace, qui fut successivement simple capucin, puis gardien, puis définiteur provincial, puis vicaire de province par intérim, était fils de *Philippe Le Carlier*, seigneur du Metz, d'Houvigneul et d'Estrées en Cauchy, échevin d'Arras, avocat au Conseil d'Artois, et de Gabrielle Dominique Foucquier ;

Que ses autres ascendants en ligne directe étaient : *Antoine Le Carlier* Seigneur de Crecques, Précourt et autres lieux, échevin d'Arras et con-

De cette abbaye, des forêts qui l'entouraient de toutes parts, que reste-t-il ?

Quelques haies dans les champs, quelques fossés et quelques vieux têtards de charme au long du chemin. Un tas de briquailles accusant encore, il y a quelques années, l'emplacement des constructions, a dernièrement disparu. La charrue a tout nivelé, et le voyageur qui n'a plus devant les yeux qu'une plaine entièrement nue, se demande où a été ce fameux chef d'Ordre, dont relevaient une foule de grandes abbayes, de France, de Belgique, de Hollande, de Silésie, d'Angleterre, d'Écosse et d'Irlande.

« Le plan d'élévation (à l'échelle) du frontispice de la tour et dôme avec lanterne pour l'église de l'abbaye d'Arrouaise » que nous avons eu la bonne fortune de retrouver, et qui est sans doute unique, indique que l'église ainsi que les bâtiments claustraux, avaient été réédifiés dans le goût pseudo-grec du siècle dernier, dont les reconstructions des abbayes de Saint-Vaast et de Saint-Éloy ont fourni des exemples.

Composée de quatre étages (dôme et lanterne non compris), la tour d'Arrouaise offrait, comme à Saint-Éloy, la superposition classique des ordres Dorique, Ionique, Corinthien et Composite.

---

seiller au Conseil d'Artois ; — *Henri Le Carlier*, conseiller au même Conseil ; — *Henri Le Carlier*, médecin chirurgien en titre de la ville d'Arras, auteur de plusieurs ouvrages médicaux cités par Locrius ;

Qu'il se rattachait au fameux *Gilles Le Carlier*, docteur en théologie, doyen de Cambrai ; — Aux *Le Carlier*, échevins de cette ville, dont l'un était en 1238 qualifié de *Chevalier*, et de *Vassal du comte de Haynaut*;

Qu'il était allié aux *de Blas*, aux *Espillet*, aux *Douglas*, aux *de Crespieul*, aux *d'Hendecourt*, etc.

Et qu'il avait pour armoiries « *partie de gueules à deux roues d'or mises en pal, et d'argent au lion de sable*, deux lions d'or pour support*, et pour timbre un armet ayant une roue d'or pour cimier.

La famille Le Carlier (branche d'Arras) et le P. Ignace. 1876, Arras, Courtin, 84 pages grand in-8°.

A droite et à gauche de la cour, le portail de l'église (où probablement certaines modifications de détail ont été apportées, car on n'y remarque point les statues et les bas-reliefs indiqués par Denis) se couronnait d'une galerie à balustres et piédestaux que surmontaient les inévitables urnes si prodiguées à cette époque[1].

L'abbaye d'Arrouaise portait : *coupé de gueules et d'azur par une fasce d'or, à un lion passant d'or sur le gueule, et un croissant d'argent sur l'azur.*

Ses abbés crossés et mitrés avaient séance aux États d'Artois.

Ses moines étaient « habillés de blanc[2] ».

L'église de Ruyaulcourt possède un tableau d'une grande dimension provenant de l'abbaye d'Arrouaise. Le cadre sculpté, dont le haut s'enrichit d'ornement ajourés, mesure 2m 85 de largeur, 3m 55 de hauteur, et est surmonté d'une élégante croix de 0m 85.

Quoiqu'excessivement détériorée, la peinture laisse encore parfaitement voir saint Nicolas patron de l'abbaye; dans le bas se distinguent des matelots, une embarcation, et la mer en furie, toutes choses représentant l'un des miracles du grand Thaumaturge lors de son voyage en Palestine.

L'auteur de la notice de Ruyaulcourt, dans le *Dictionnaire historique et archéologique du Pas-de-Calais*, attribue également à l'abbaye d'Arrouaise la chaire de cette même église. Mais c'est une erreur.

Belle encore, quoique déplorablement mutilée par les iconoclastes de 93, cette chaire dont le dôme couvert de sculptures est dominé par un ange sonnant de la trompette, dont les pans de la cuve représentent les quatre évangé-

---

[1] Ce plan a été reproduit au *Bulletin des antiquités départementales du Pas-de-Calais*.

[2] *Histoire des Ordres monastiques*, tome II, page 107.

listes, et dont le pied est supporté par une figure de Samson, a été, comme nous l'affirme M. le curé de Ruyaulcourt, « envoyée à l'église par le Chapitre de Cambrai qui desservait la paroisse. »

ADDITIONS.

ABBAYE DE SAINT-VAAST.

Il résulte de l'inventaire dressé les 25 mai 1790 et jours suivants, dans l'abbaye de Saint-Vaast, qu'il y a été, entre autres choses, trouvé,

1° *Dans la sacristie :*

« Quatre *chartres (sic)* en argent; six bustes, couverts d'argent ou de cuivre, dorés ; neuf reliquaires partie en argent et partie en cuivre, dorés ; trois croix pectorales des abbés, en or ; trois miltres brodées et pierreries ; trois bagues en or à l'usage des abbés, un petit coffre contenant une certaine quantité de pierres et que l'on a ôté des *argenteries* et reliquaires qui ont été dernièrement envoyés à la monhoye de Lille.

Un ciboire d'argent doré.

Une remontrance aussi dorée.

Deux boëttes aux saintes huiles en argent.

Treize calices en argent, deux paix, deux buvettes et un plat d'argent, un reposoir à l'âme d'argent, la garniture du tabernacle, six grands chandelliers, une croix pour l'autel, le tout d'argent. Trois canons pour la messe garnis en argent, deux batons garnis en argent pour les chantres, deux masses pour bedeau aussi garnis en argent, deux croix pour les processions, en argent; une boëte aux hosties, un petit bénitier d'argent, une petite croix d'argent servante aux inhumations, deux cadres d'orfévrerie et de cuivre doré, l'un servant à recevoir le parement d'autel et l'autre servant de niche au reliquaire porté à la monnoye, soixante-douze chappes de diverses couleurs partie en broderies, cent chasubles de diverses couleurs partie aussi en broderies, cent étolles, cent manipules, cent voiles de calice, cinquante bourses, douze écharpes.

Quatre-vingt-six tuniques et dalmatiques, trois cent sept aubes, etc., etc.

2° *Dans l'appartement de Dom Le Gentil, receveur général :*

Une somme de 24,058 livres, etc.

3° *Dans l'appartement de Dom Le Roux, receveur de la Fabrique :*

Une somme de 26,760 livres 12 sols, etc.

4° *Dans la bibliothèque :*

26,262 volumes y compris 1,320 manuscrits tant de philosophie, théologie, droits, histoire et ouvrages pies.

5° *Dans une chambre au-dessus de la 1re pièce de cette bibliothèque :*

215 tableaux tant grands que petits, partie à cadre de bois uni et partie à cadre de bois doré. »

Cet inventaire constate aussi « qu'il a été déclaré qu'il se trouvoit en différents endroits seize cloches de divers poids, et qu'on soupçonne cependant que dessous la grosse il peut s'en trouver d'autres qui ont avec celles cy dessus servis au carillion

Dans les magazins, environ 4,000 livres de cuivre provenant de l'ancienne église et destiné a être employé à la nouvelle » [1].

---

[1] Liasse 206. *Abbaye de Saint-Vaast.*

MAUSOLÉE

DE L'ÉVÊQUE MOULLART.

L'illustre Evêque Matthieu Moullart, originaire d'Hénin-sur-Cojeul qui se comporta si bravement sur les remparts d'Arras lors du coup de main tenté en 1597 contre cette Place par Henri IV et dont M. le chanoine Robitaille vient d'écrire la Biographie [1] a laissé une mémoire tellement populaire, que bien que l'impression de ce livre soit terminée, il nous est impossible de ne pas donner aussitôt que nous avons le bonheur de la découvrir, la description aussi inconnue qu'inédite du monument funéraire qu'on lui éleva près du Maître Autel de l'ancienne Cathédrale.

*Marchié à M*ᵉ *Thomas Thieullier, tailleur d'images pour l'érection de l'épitaphe de feu R*ᵐᵉ *Mathieu Moullart, en son vivant evesques d'Arras en l'église de Notre-Dame dudict Arras.*

Comparurent en leurs personnes vénérables seigneurs messire maistre Anthoine Moullart, grand archidiacre d'Arras, Géry Boucquel, archidiacre d'Ostrevent, Anthoine Moullart, chantre, tous prestres et chanoines de l'église cathédrale Notre-Dame d'Arras, exécuteurs testamentaires de deffunct révérendissime seigneur messire Mathieu Moullart, luy vivant evesque d'Arras; Charles Moullart, diacre, chanoine d'icelle église; Adrien Moullart, bailly d'Iaucourt; damoiselle Anthoinette Moullart vefve de feu Hue de Goui; Anthoine Théry, receveur et argentier de ceste Citté, filz de feu Jan Théry et damoiselle Marguerite Moullart, demourant en ceste Citté, tous proches parens dudict feu sieur Révérendissime, d'une part; M⁽ᵉ⁾ Thomas Thieullier, tailleur d'images, Magdelaine Morel,

---

[1] Ce consciencieux et remarquable travail a été inséré aux *Mémoires de l'Académie d'Arras*; 1876, pages 55 à 147.

sa femme, et Françoise Rougée, vefve de feu Martin Morel, demourant Arras, d'aultre part. Et recognurent lesdicts comparans respectivement ès qualités que dessus, ladicte Magdelaine suffissamment auctorisée de sondict mary, quand ad ce, laquelle auctorité elle a receu en elle agréablement et sans constraincte, sy comme elle a déclaré aulx nottaires de leurs Altezes soubsignez, que parmi et moiennant la somme de deux mil cent florins Arthois, que lesdicts prestres comparans en ladicte qualité ont promis et promettent paier et furnir ausdicts secondz comparans, leurs hoirs ou ayans cause, asscavoir, promptement quatre cens florins, et le surplus faict à faiét que l'œuvre dont cy après sera faicte mention ira avant, dont lesdicts secondz comparants se sont tenus et tiennent pour contens. Lesdicts secondz comparans ont promis et promectent construire et ériger une épitaphe en ladicte église, selon les pourtraictz conditions et devises cy après particulièrement déclairées. En premier, le soubassement sera faict de marbre noir, avecq mollures poussez à l'environ, et soubz ledict soubassement y aura une frize de pierre de ransse, et sur icelle ung estragal de marbre noir, sur quoi seront trois colonnes de pierre de ransse, avecq les bazes et chapiteaux d'allebastre, et entre lesdictes coulomnes deux compartimens dudict marbre ou seront enclavez deux ovalles d'allebastre pour y faire les escriteaux ou armoiries dudict feu, selon que sera trouvé convenir. Sur lesquelles coulomnes y aura ung architrave de marbre, et au dessus ung baze de pierre de rans, sur lequel y aura ung aide architrave, et sur icellui une frize de pierre de rans, au dessus de laquelle frize se posera une table de marbre estant dès maintenant en la possession dudict Thieullier, appartenant à l'exécution dudict feu, sur laquelle sera posée la représentation de St Mathieu avecq ung ange, lequel aura six piedz de hault et l'ange de deux piedz, avecq la représentation dudict feu sieur Révérendissime en habits pontificaux enrichis, de quattre piedz et demy de hault. Item quattre anges aux quattre coings d'icelle table, assis, couchez ou deboult, le tout d'allebastre; et pour plus soustenir ledict tombeau y aura quattre anges en gaingnes, les figures d'allebastre et les gaingnes de marbre noir, et pour plus grand enrichissement dudict œuvre, y aura aux deux costez dudict tombeau deux piedz destalz de pierre blanche où seront enclavées deux histoires d'allebastre, telles qu'il plaira auxdicts sieurs exécuteurs, sur lesquelz piedz destalz y aura une figure posé sur ung cul de lampe, et au costez desdictes figures s'eslevera ung arche pierre en anspanier, et au dessoubz deux figures en deux nices d'allebastre portans deux piedz et demi de hault chacune, et aux deux coings dudict arche deux anges couchez, sur lequel arche y aura ung architrave de marbre avecq retour, et au dessous une frize danticque d'allebastre, et au dessus d'icelle une cornice avecq son retour, au milieu ung cul de lampe d'allebastre, sur lequel retour y aura ung ange d'allebastre tenant les armoiries dudict feu sieur Révérendissime, et au costé de la dicte cornice deux cheverons brisez avec enrichissemens comme le requiert l'œuvre, avecq deux figures couchées sur les cheverons. Sur lequel enrichissement sera posée une histoire telle qu'il plaira auxdicts sieurs exécuteurs, avecq soubassement, et aulx costés deux coulomnes, auprès desquelz seront deux anges en forme de feuillage, et sur lesdictes coulomnes y aura ung architrave, frize et cornice, avecq leurs retours allendroit desdictes coulomnes, et sur iceux retours deux figures avecq ung couronnement au derrière d'icelles, et mollures rondes en forme de cheverons brisez avecq testes d'anges et sans fœuillaiges. Et sur ledict couronnement sera posé au milieu du retour ung figure telle qu'il plaira auxdicts exécuteurs, avecq ung dom au derrière, porté par six coulomnes, auquel dom aura architrave, frize et cornice audessus, couronnemens avecq piramides, et pardessus encoire ung autre dom au sommet duquel sera posé ung pélican ou aultre figure. De laquelle œuvre lesdicts secondz comparans seront tenus en faire aultant que cy dessus est spécifié au dehors du cœur de ladicte église, en la place y désigné, saulf l'architrave, frize et cornice au dessus de l'arche en anspanier qu'ilz polront faire de pierre de Pronville, toutfois de mesme couleur que celle du costé du cœur, comme tout le reste de la dicte œuvre n'ayant été spécifié d'aultre matière. Finablement seront tenus lesdicts secondz comparans de furnir et livrer partout pierre d'allebastre sans aulcune tache rouge, grise ou noir, ains blanche et pour le moings telle que celle de l'épitaphe de feu Monsieur l'archidiacre de Roza, et joinctement furnir tous lesdictes pierres de ransse, marbres et Pronville, lustrées et polies bien et suffissamment tant en beauté que bonté. Et aura ladicte œuvre vingt huict piedz de hault, pied d'Arras, et dix piedz de long et cincq de large entre deux pilliers, ou nœufz piedz et demy sans toucher ou attaindre lesdicts pilliers, sy aussy est trouvé convenir seront aussy tenu de poser, drecher et achever la dicte œuvre à leurs despens en ladicte église, avecq les ferrures et plomb quy demouront à la charge desdicts prestres comparans, et comme en dedans la veille de nostre Dame de demy aoust de l'an 1603, à peine de cent florins et la valeur du marbre qu'il lui a esté livré, vaillable trente florins, et rendre ladicte œuvre bonne et suffissante au dire de gens en ce cognoissans, aux despens desdictz secondz comparans. Et oultre de bailler bonne et seure caution à l'appaisement desdicts sieurs exécuteurs et aultres prestres comparans, tant pour les deniers qu'ils recepvront que pour la suffisance de ladicte œuvre et aultres domaiges et intérestz à quoi ilz polroient estre submis. Par dessus ce que est dict, lesdicts secondz comparans seront aussy submis, furnir et accomoder le pied de la closture dudict épitaphe en dehors dudict cœur de ladicte pierre de Pronville avecq enrichissemens à jour, et ung marbre noir de cincq piedz en lozinges pour mettre sur le lieu de la sépulture dudict feu sieur Révérendissime, avecq escriteaux et armoiries selon que leur seront baillié, aussy à leurs despens. Et pour ce que dessus est dict tenir, entretenir et du tout accomplir par lesdicts secondz comparans et chacun d'eux, payer et furnir par lesdicts premiers comparans par la manière dicte, avecq pour rendre tous despens, domaiges et intérestz qui s'en polroient en suivir. Obligent lesdicts comparans, respectivement lesdicts prestres comparans tous biens de ladicte exécution, et lesdicts secondz comparans tous leurs biens, terres et héritaiges présens et advenir, accordant main assize pour sceureté de tout ce que dessus, et aux despens desdicts secondz comparans, elisans le domicile en la Maison Rouge à Arras, consentans que tous exploix de justice qui faict y seront soient bons et vaillables, renonchans par lesdictz Moullart et Boucquel *in verbo sacerdotis*, et les autres par leur foi et serment à touttes choses contraires à ces présentes. Faict et passé en la citté d'Arras le premier jour de juing mil six cens deux, pardevant nottaires de leurs Altèzes subsignez avecq lesdictz comparans [1].

---

[1] Archives départementales du Pas-de-Calais, série H, *Fonds de l'abbaye de St-Vaast*. Registre aux marchés, folio 101 verso.

ANCIENNE HALLE ÉCHEVINALE DE LA VILLE.

On a vu, page 417, que dans la trésorerie de l'ancienne Halle se trouvaient différentes armoires à l'usage de l'Échevinage.

Il est question de l'une de ces armoires dans un mandement du 10 juin 1305, adressé par la comtesse Mahaut au bailli d'Arras, Ernoul Caffet, et au bailli de Bapaume, Jacqueme de Harchicourt, de se trouver à sa place le lundi suivant la fête de la Trinité, à Arras, pour le procès de Mathieu Lanstier, bourgeois de cette ville, accusé d'avoir oté les brevets de Jehan Hendoul et de Pierre de Marseille « de l'Aumaire publique, là où on garde les escripts et les secrés dou commun de la ville d'Arras en le Hale » et d'en avoir substitué d'autres [1].

HOTEL DE SECHELLES.

Nous avons dit, dans la notice concernant cet hôtel qui appartint au prince d'Epinoy, que, suivant la tradition, le comte de Montdejeu, très-jaloux de sa femme, l'aurait enfermée dans la tourelle sise contre le rempart, durant les absences que nécessitait son service.

Il résulte d'une lettre adressée à la reine par Françoise-Magdelaine de Forceville, épouse de Montdejeu, qu'elle a été réellement séquestrée pendant plusieurs années, non pas précisément dans la tourelle où elle n'est restée que peu de temps, mais dans le bâtiment adjacent; on y lit en effet:

---

[1] *Trésor des Chartes d'Artois*, série A, liasse 51. Archives départementales.

« Il m'ont conduit jusques à Arras, où l'on m'a enfermée dans une chambre chez le prince d'Espinoy, où j'ay esté deux jours, attendant que l'on ait bouché les fenestres du petit lieu où je suis, à la réserve d'une petite que l'on avait laissée en haut, proche du plancher, avec une vitre, qui ne se pouvait ouvrir et que j'ai esté contrainte de rompre.

Ce lieu est au bout du jardin de M. le Prince d'Espinoy, il a quatre pas de longueur et trois de largeur ; il servoit comme je crois, à réserver des fleurs ; c'est sur la terre, sans plancher, et sy humide, qu'il n'y a pas de place à se pouvoir asseoir lors qu'il fait la moindre pluye.

Je fus dans un saisissement estrange, qu'aussitôt après avoir mangé un morceau, l'on m'emporta dans une tour, où il n'y avoit aucune air ni clarté, et rien que la seule place d'un lict ; j'y ay pensé estoufer, l'on m'y a tenu deux nuicts, et comme l'on a veu que je me mourois l'on m'a remise dans ma chambre où je suis depuis deux ans et demy, et où j'ai eu au commencement une furieuse maladie, sans que quatre chirurgiens que l'on m'a envoyé l'un après l'autre, m'ayent pu oster une goûte de sang, etc. [1]...... »

Le 1ᵉʳ août 1663, madame de Montdejeu parvint au moyen d'une échelle de cordes, à s'échapper de cette prison et à se réfugier à Bruxelles chez le prince de Ligne.

SAINT-LAURENT.

Prévôté St-Michel. — Il est très-probablement entré dans la construction du bâtiment de la Prévôté nouvelle des matériaux provenant de l'ancienne. On trouve en effet à

Académie d'Arras, Mémoires, 2ᵉ série, tome VIII, page 389.

l'article 1er « des depenses faites pour la construction de la Prévosté de Saint-Michel bastie en 1584 et 1685 », à l'occasion du petit bâtiment, la mention d'une somme « de 122 livres sept sols six deniers, payés par le sieur grand Prieur a plusieurs soldats quy ont déblayez les mathériaux de la vieille Prévosté de St-Michel ».

La cheminée de la grande salle de la Prévôté devait être monumentale, car, à l'article 21 du compte des dépenses faites pour le grand bâtiment, on voit :

« A M. Placide Henry, sculteur, pour livraison d'un marbre de sept pieds et demye de long et quatre de large, pour mettre au manteau de cheminée de la grande salle de Saint-Michel, le quel il a enrichy des armes de son Alteze E. M. le cardinal de Bouillon, celle de l'Abbaye et celle de M. le Grand Prieur, avec autres travail repris au long dans la devise faite avec ledit sieur Grand Prieur a esté payé la somme de cent soixante livres [1]. »

Fontaine à moucherons. — Elle portait déjà ce nom vers la fin du XIVe siècle, témoin la charte du duc de Bourgogne mettant à néant, sur la demande de Messieurs de St-Vaast, et sans préjudice de l'avenir, l'exploit fait par Jehan de Lye, son sergent et garennier du bois de Mofflaines, contre « Mahieu l'Artisien, lequel trayait de l'arbalestre avec plusieurs autres personnes à un jeu d'arbalestres que l'on faisoit lors par esbatement en une place située à Blangi, assez près de la *Fontaine des mousquerons* » (16 juin 1399)[2]. Elle est rangée par Hennebert au nombre des six grandes fontaines de l'Artois [3].

---

[1] *Fonds de Saint-Vaast, Prévôté Saint-Michel,* série H, *Compte des dépenses,* liasse. Archives départementales.

[2] *Trésor des Chartes d'Artois,* série A, liasse 110.

[3] *Histoire d'Artois.* Introduction, page 78.

« Son volume d'eau, dit cet auteur, étoit autrefois si fort qu'il auroit fait tourner un moulin [1]. Elle n'a été connue que par les divertissements que l'on y prenoit. C'étoit le rendez-vous des gens débauchés. Guy de Sève évêque d'Arras, en a fait mention, à l'occasion des réglemens pour les Ecclésiastiques. Elle est présentement renfermée dans la maison de campagne des religieux de St-Vaast, au bas de leur Prévoté de St-Michel. »

Il résulte d'un plan de 1594 que cette fontaine avait donné son nom à une hôtellerie sise à l'endroit où est maintenant la maison de campagne de M. Thilorier, dont les constructions s'élèvent encore sur l'emplacement qu'elle occupait il y a trois cents ans [2].

La Brayelle. — Il existe « un dénombrement du chastel maison terres et fief de la Brayelle »; nous n'avons malheureusement pu avoir communication de cette importante et curieuse pièce comprise dans la partie du fonds de Saint-Vaast non encore classé [3].

Pont-levis. — Il est question de ce manoir en des lettres de 1318, en des sentences de 1517 et 1582, et en une attestation de 1579 prouvant qu'une ferme y était annexée [4].

Il y avait à Saint-Laurent une baronnie *du Metz de Hées* tenu en fief de Saint-Vaast « la quelle a été retraite et remise au domaine de l'abbaye ». Consulter à ce sujet les reconnaissances de Pierre de Montplacet, 1350 — de Jean de Bourgogne signalant les « manoir, maison, jardin, prés et

---

[1] On voit en effet figurer ce moulin au *plan n°* 475 des Archives départementales.

[2] Archives départementales. *Plan n°* 559.

[3,4] *Abbaye de Saint-Vaast*, série H, *Répertoire général des papiers*, tome V. Archives départementales.

héritages; » 1455 ; — du même Jean de Bourgogne, 1460 ; — les lettres au profit de Jean de Villers, 1462 ; — les reconnaissances de David de Gouy, 1504 ; — et de Pierre Gavrelot, 1528 ¹.

Ce fief fut au VIII siècle tenu par la famille Le Carlier qui en prit le nom, et à laquelle appartint, on le sait, le Père Ignace.

Saint-Vaast possédait aussi à Saint-Laurent la *ferme de Raynouard*. — Reconnaissance de Bertrand de Morbais, 1511, — attestation de 1579, — enquête de 1607, — reconnaissance de 1754 ².

Cette ferme était sans doute celle qui figure sur le plan n° 427 à droite de l'église, et en face d'une autre ferme dépendante du château du pont-levis, lequel s'élevait là où est maintenant la cour Gaillard.

Cour au Bois. — A propos de cette ferme voisine de Saint-Laurent et établie au commencement du XVIe siècle ³, on lit au compte des ouvrages de l'abbaye.

« Ouvraiges pour la 4ᵉ sepmaine du 4ᵉ mois de l'an mil cinq cens vingt cinq.

A Jehan L'heureux pour avoir fait et livré...... pour le gardin de la Courtobois un col de chine de 6. s, un cocq de 6. s., item une danse de pastoureaux et pastourelles a huit personnaiges pour chacun personnaige 4. s. sont 32. s. »

« Ouvraiges pour la 3ᵉ sepmaine du 12ᵉ mois dudit an mil cinq cens vingt cinq.

A mondit sieur l'abbé qu'il a semblablement paié a Jehan Laillier painctre...... pour le gardin de la Courtobois painct aussy a oille huit pièces de pastoureaux et pastourelles a

---

¹ *Abbaye de Saint-Vaast*, série H, *Répertoire général des papiers*, tome V. Archives départementales.

³ C'est erronément qu'à la page 627 on a imprimé XVIIᵉ.

3. s. piece. 14 s., ung cocq et ung pan a 2. s. piece 4. s. et painct trois tableaux aux armoieries de l'empereur pour blazons de sauvegardes a 20 s. piece. 60. s. »

« Ouvraiges pour la seconde sepmaine du 12ᵉ mois l'an mil cincq cens trente six.

A Jasques de Brelles painctre, par compte faict le 13ᵉ jour de juillet 1537, pour avoir ouvré a le Courtebois, assavoir, painct la chambre nouvelle de M. l'abbé et le garde robe tenant a icelle, le tout de brun d'ansoire et royé de blanc, en forme de bricques, pour tout, demande 6. liv., et pour avoir painct sur fer blanc deux armoieries de Monsieur de Yzelstain, servant pour blazons de saulvegarde, pour chacun armoierie 10. s. sont 20. s., somme VII liv. »

Hervaing. — On lit au même compte concernant cette ferme pour les ouvrages faits pour la quatrième semaine d'avril 1525 par Jehan Lheureux.

« Pour la hobette du gardin au pavillon a Hervaing, taillé ung pendant d'ung draghon 10. s. item ung Saint-Martin a cheval, pour sur iceluy en faire ung d'argent, 6. liv., et pour avoir sigellé et remis a point une pierre d'hostel de porfire, et esquarry une aultre pierre de marbre et pour les avoir polly, 10. s. »

Les fiefs d'*Allenes* et d'*Ellefort* (dépendant de la baronnie de la Brayélle) d'*Hercourt*, de *la Vigne* et de *Boubers* sis à Saint-Laurent étaient tenus de Saint-Vaast.

NOTE
SUR LES GRAVURES.

Page 118.

Porte de Bronnes (d'après un plan du XVe siècle représentant le faubourg de la Vigne vu à vol d'oiseau. Archives départementales.)

Porte St-Nicholas ou *St-Sauveur* (d'après le *Portrait de la ville d'Arras*, 1597. Musée.)

Le Claquedent (d'après le plan du XVe siècle sus-cité).

Porte Hagerue (d'après nature pour ce qui en reste, et notre croquis pour ce qui en a été supprimé il y a environ trente ans).

Page 123.

Une ancienne porte de Cité (d'après nature).

Page 126.

Porte Ronville (d'après les plans du Génie de 1713, et une vue d'après nature de 1751).

Page 140.

Porte d'Eau (d'après nature).

Porte Méaulens (d'après le portrait de la ville d'Arras précité).

Porte Maître-Adam extérieure et intérieure (d'après nature).

Page 144.

Porte St-Michel (d'après notre croquis).

Porte Baudimont (d'après notre croquis).

Bastion St-Nicolas (d'après nature).

Un bout de l'ancienne enceinte d'Arras (d'après nature).

Page 146.

Maison Rouge (d'après un tableau de M Maurice Colin, 1866).

Page 148.

Plan de cette Maison (d'après un plan de 1587. Archives municipales).

Page 162.

Ancienne Cathédrale (d'après le plan d'Arras aux Invalides 1716 et un dessin de Posteau fait d'après nature en 1799, appartenant à M. Maurice Colin).

Page 223.

Chapelle de la Petite-Place et Hôtel-de-Ville (d'après le tableau de M. Dutilleux, appartenant à Mlle Vahé).

Page 227.

Chapelle dite du Temple (d'après nature).

Page 357.

Chasse de la Manne (d'après un tableau de la Cathédrale).

Chasse dite de la Manne (d'après nature).

Page 362.

Apparition de la Vierge apportant le Cereum à l'Évêque Lambert, Itier et Norman (d'après un tableau appartenant à M. Van Drival, 1620).

Page 388.

La porte de Cité et le Calvaire d'Arras (d'après le tableau des dames Chariottes).

Page 586.

Ancienne Prévôté Saint-Michel (d'après un plan de 1590. Archives départementales).

Page 599.

Nouvelle Prévôté (d'après nature).

Page 620.

Notre-Dame du Bois (d'après un ancien tableau. Musée).

Page 628.

La Brayelle et la cense d'Hervaing (d'après un plan du XIV° siècle. Archives départementales).

Page 663.

Commanderie d'Haute-Avesnes (d'après notre dessin sur nature).

Page 683.

Tours de Saint-Eloy (d'après nature).

---

[1] Notre collègue M. Boutry, nous permettra de le remercier vivement de la parfaite obligeance avec laquelle il a mis à notre disposition, son habileté d'aqua-fortiste pour l'illustration de ce livre.

TABLE.

APERÇU HISTORIQUE.

Origine.	1
Gaule Indépendante	5
Domination Romaine. — Commtus.	6
Conquête Franque. — Saint Vaast.	11
Comtes de Flandre. — Bauduin Bras-de-Fer. — La comtesse Ogine. — Le chef de Saint Jacques.	15
Comtes d'Artois. — Chartes communales	21
Ducs de Bourgogne. — Siége de 1414. — Prédication du Frère Connecte. — Hiver de 1434. — Congrès d'Arras. — Sainte Brigitte. — Vauderie. — Louis XI. — Désordres en Artois. — Surprise de 1492. — Pillages des Allemands.	25
Domination Espagnole. — Gosson et les Tribuns. — Tentative de Henri IV en 1597. — Siége de 1640	43
Domination Française. — Siége de 1654. — Epoque révolutionnaire. — Fédérés. — Mission	63

TOPOGRAPHIE.

(Cité.) Limites présumées. — Portes.	74
(Ville.) Castrum. — Portes. — Enceintes successives. — Tours et bastions. — Muraille et rempart séparatifs de la Cité et de la Ville.	81

FORTERESSES.

(Cité.) *Forteresse du Châtelain*.	113
Ville.) *Castrum Nobiliacum*.	113
Forteresse près la Cité	115
Citadelle.	116

PORTES.

(Cité.) *Porte de Brones*	118
Porte d'Amiens	118
Porte Baudimont	118
Porte Maître-Adam	119
Porte Triperesse	120
Une ancienne Porte de la Cité	121
(Ville.) *Porte Ronville*	127
Porte Saint-Sauveur ou Saint-Nicolas	131
Porte Hagerue	134
Porte des Soupirs	135
Porte Puniel	135
Claquedent ou Porte Barbakane	130
Porte de l'Estrée	131
Porte de Cité ou Notre-Dame	131
Porte Méaulens	140
Porte d'Eau	143
Porte Saint-Michel	143

MAISON ROUGE.

Origine. — Construction. — Plans. — Pièces diverses. 145 et 502

CHATEAUX DE LOUIS XI.

(Cité.) *Petit Châtel.* — Emplacement	154
(Ville.) *Grand Châtel.* — Emplacement	158

ÉGLISES DÉTRUITES.

(Cité.) *Ancienne Cathédrale.* — Date de la construction. — Style. — Chapelles. — Ameublement. — Tombeaux. — Démolition. 163-287

Saint-Nicolas-en-l'Atre. — Construction. — Cloches. — Restes. 173-287

Saint-Nicaise. — Construction. — Ameublement. — Restes. — Maison presbytérale. — Autel récemment retrouvé. 174-200

(Ville.) *Saint-Géry.* — Emplacement. — Antiquité. — Construction. — Autels. — Ameublement. — Confréries. — Reliques. — Démolition. — Restes 176

Saint-Nicolas-sur-les-Fossés. — Emplacement. — Construc-

tion 182
Saint-Jean-en-Ronville. — Date de construction. — Style. — Tombes 183
Sainte-Madeleine. — Date de construction. — Emplacement. — Style. — Décorations. — Démolition. 185
Saint-Etienne. — Emplacement. — Antiquité. — Tombes. — Mobilier. — Démolition 186
Saint-Aubert. — Date de construction. — Style. — Décorations 188
La Chapelette. — Emplacement. — Miracle. — Style. — Confréries. — Statuts 189
Sainte-Croix. — Date de construction. — Emplacement. — Style. — Grotte souterraine. — Reliquaires. — Mobilier. — Confréries 195
St-Maurice. — Emplacement. — Restes. — Autels. — Décorations. — Mobilier. — Confréries 198

ÉGLISES EXISTANTES.

Cathédrale. — Date de construction. — Style. — Peintures. Statuaire. — Trésor 201
Saint-Jean-Baptiste. — Date de construction. — Style. — Temple de *la Raison*. — Autels. — Peintures. — Autel de la Vierge. — Entablement. — Tombes. 206-287
Saint-Nicolas. — Style. — Peintures. — Trésor. — Fouilles et trouvailles 210
Saint-Géry. — Style. — Ameublement. 212
Notre-Dame des Ardents. — Style. — Statue 213

CHAPELLES.

(Cité.) *Sainte-Anne*. — Emplacement. — Démolition . . 215-288
(Ville.) *Chapelle du Tripot*. — Emplacement. — Style. — Restes. — Inventaire du mobilier 215
Saint-Mathieu. — Mobilier. 220
Du Calvaire. — Date de construction. — Style. — Statuaire . 221
De la Petite-Place. — Date de construction. — Pyramide. — Pavillon. — Chapelle 222
Des Petits-Ardents. — Date de la construction. — Emplacement. — Inventaire de son mobilier 226

De la Batterie. — Emplacement 229
Du Temple. Emplacement. — Description. 229-288
Les Onze-mille-Vierges. — Emplacement. — Démolition . . 232
Saint-Eloy. — Emplacement. . . . .

MONASTÈRES.

(CITÉ.) *Trinitaires*. — Emplacement. — Restes 234
Dames Bénédictines. — Emplacement. — Chapelle. — Autel . 235
Clarisses. — Emplacement. — Chapelle. 235
De la Paix. — Emplacement. — Chapelle conventuelle. — Chapelle de Notre-Dame de Lorette. — Description. — Démolition. 236-287
Brigittines. — Emplacement. — Restes. — Anneaux des Abbesses. 239
Providence. — Emplacement 239
Ursulines. — Emplacement. 240
(VILLE.) *Ancienne abbaye de Saint-Vaast*. — Emplacement. — Entrée. — Bâtiments claustraux . . . 240, 481, 484, 486, 490
N.-D. en Châtel. — Dimensions. — Style. — Antiquité . . 242
Collégiale de St-Pierre. — Dimension. — Autels. — Antiquité. — Style 242
Chapelle de Saint-Jacques. 244
Eglise Abbatiale. — Date de construction. — 1ᵉʳ état (flèche.) — 2ᵉ état (tour.) — *Église*. — Description. — Dimensions. — Chapelles. — Maître-Autel. — Autel des reliques. — Mobilier. — Mausolées. — Tombeau de Thierry III et de sa femme. — Pierre de St-Léger. — *Tour*. — Description. — Démolition. — Portail. — Date de construction. — Description 244
Chapelle de Saint-Roch 259
Ours de Saint-Vaast. — Légende. — Visite de Louis XI . . 259
Pillage de l'abbaye en 1492 261
Abbaye actuelle. — Description. — Inventaire de 90 . . 265-727
Dominicains. — Monastère. — Chapelle. — Restes. . . . 262
Jésuites. — Emplacement. — Église. — Mobilier. 270
Capucins. — Emplacement. — Terrasses. — Église. — Le Père Ignace le Carlier du Metz Gardien. 270
Récollets. — Eglises. — Fondations. — Mobilier. — Pein-

tures 271
Petits Carmes. — Emplacement. — Monastère. — Chapelle . 272
Grands Carmes. — Emplacement. — Chapelle. — Mobilier.
— Tombeaux 274
Ursulines. — Chapelle. — Flèche. — Autel. — Reliquaire du
XIII° siècle 275
Vivier. — Fondation. — Chapelle. — Autel 273
Chariottes. — Chapelle 282
Louez-Dieu 283
Thieuloye. — Emplacement. — Restes 284
Augustines. — Emplacement. — Pierres tumulaires . . . 284
Augustines actuelles. — Emplacement. — Chapelle. — Bénitier. — Reliquaire 286
Sainte-Agnès 287

OBJETS D'ART

des églises, chapelles et monastères d'Arras.

Procès-verbaux de Bergaigne. — De Charamond. — De Linque
et Prevost 288

REFUGES.

(CITÉ.) *Refuge d'Etrun.* — Ce qui en reste 311
De Cercamps. — Emplacement 312
D'Avesnes. — Emplacements divers. — Ce qui subsiste . . 312
(VILLE.) *Du Temple.* — Emplacement. — Restes 313
D'Anchin. — Emplacement. — Ce qui subsiste 314
De Dommartin. — Emplacement. — Ce qui subsiste . . . 315
D'Eaucourt. — Emplacement. — Description 315
De Saint-Eloy. — Emplacement. — Ce qui subsiste. — Description 316
D'Arrouaise. — Emplacement. — Ce qui subsiste 319
De Vimy. — Emplacement. — Restes 320
De Maroeuil. — Emplacement 320
D'Hénin-Liétard. — Emplacement. — Ce qui subsiste . . 321

CLOITRES.

(CITÉ.) *Cloître des Chanoines.* — Atrium. — Ses portes. — Ses

maisons canoniales. — Règlement de ses marchés . . . 322
Cloître aux Processions. — Ce qui en reste. 327

CIMETIÈRES.

(Cité.) *Cimetière romain* 329
Aire 329
Saint-Nicaise. — Date de sa fondation. — Croix de grès. — Une épitaphe du XIV° siècle. — Entrée du cimetière. — Chapelle de Notre-Dame de l'Heureux Trépas. — Chapelle Saint-Liévin. — Inventaire de 1792 concernant son mobilier. — Processions annuelles. — Destruction des monuments de ce cimetière en 1792. — Ce qui en reste . . . 330
(Ville.) *Cimetière Saint-Géry.* 335
Saint-Jean 335
Saint-Vaast. 335
Saint-Aubert 336
Saint-Nicolas 336
De l'Hospice Chariot. 336
De l'Hospice Saint-Jean 336
De la Chapelette 336
Le petit Atre. — Son emplacement. — Chapelle de Jésus flagellé. — Chapelle de Notre-Dame de Bonnes Nouvelles. — Calvaire 337

HOSPICES.

Nomenclature des hospices de la Cité, — des hospices de la Ville. — Document du XIII° siècle sur les maisons hospitalières. 340
(Cité.) — *Hôtel-Dieu* 347
(Ville.) — *Hospice Saint-Jean.* 351
Hospice Saint-Jacques 351
Hospice Chariot 353

TRADITIONS RELIGIEUSES.

Sainte Manne. — Relation de Gazet. — Chasse de la Manne. — Chasse *dite* de la Manne 356
Sainte Chandelle. — Relation de Gazet. — Complément de cette relation. — Custode de la Chandelle. — Petits Ar-

dents. — Confrérie des ménétriers. — Règlement de la Confrérie des jongleurs et bourgeois d'Arras 361

Calvaire. — Relation de M. Proyart. — Mandement de Mgr Baglion de la Salle. — Chapelle du Calvaire. — Destruction du Calvaire 388

COUR-LE-COMTE.

Sa situation. 400

Conseil d'Artois. — Son installation. — Verrières. — Son emplacement. — Sa description. — Peintures de ses deux chambres. — Sa chapelle. — Inventaire de 1791. — Entrée du Conseil. — Greffe. — Vestiges. — Hôtel du second président. — Hôtel du premier. — Règlement pour frais d'exécution de justice . . . . 401 et 509

Gouvernance. — Son emplacement. — Dépôt des archives. 410-504

Election. — Son emplacement. 411

HALLES ÉCHEVINALES.

(Cité.) *Hôtel échevinal.* — Son emplacement. — Sa description. — Ses restes. 412

(Ville.) *Ancienne Halle.* — Son emplacement. — Chambre du Conseil. — Trésorerie. — Huchel aux sceaux. — Huchel aux chartes 414-504-729

Beffroi actuel. — Construction vers 1463. — Restauration en 1833. — Cloche Joyeuse. — Cloche du guet. — Cloche de la retraite. — Cloche au feu. — Horloges de 1574, 1776 1870 419

Hôtel-de-Ville. — Sa construction vers 1501. — Agrandissements en 1572. — Grand corps de logis. — Pavillon. — Renaissance. — Aménagement intérieur. — Modifications dans les constructions. — Reconstructions récentes. — Substructions 422

PRISONS.

(Cité.) *Prisons de la Cité.* — Du Chapitre. — De l'Evêque . 431

(Ville.) *Prisons Royales.* — Des Etats. — Du Châtelain. — De Saint-Vaast 433

MONUMENTS DIVERS.

(Cité.) *Ancien Évêché.* — Chapelle. — Parc. — Armoiries. — Cartulaire	435
Ancien Séminaire	437
Pierre des Morts	437
Tombeau de l'Evêque Lambert. — Epitaphes	438
Maison Caudron	439
Petit Séminaire actuel	440
(Ville.) *Croix de Saint-Bernard.* — Etat primitif. — Second état	440
Fontaine Saint-Thomas	441
Croix de Grès	442
Lion de Grès	444
Perron Robert Cosset	444
Maison de la Baleine. — Ses substructions	444
Arbres de la Liberté	445
Polaine. — Date d'érection. — Description. — Autre monument contigu. — Description. — Destruction. — Translation de Polaine à diverses époques. — Destruction	447
Statue de la Liberté	450
Hôtel des Monnaies. — Emplacement. — Description. — Coins de la monnaie. — Pierre commémorative	451
Arbre de Beaumetz	453
Château-d'Eau	453
Salle Saint-Michel	456
Salle d'Armes	456
Jeu de Paume. — Substructions	457
Maison de Le Maire	457
Maison de l'Advoué. — Substructions	458
Palais des Etats. — Grand'salle	459
Hôtel d'Egmont	461
Hôtel du Gouvernement	462
Hôtel de Séchelles. — Sa tourelle. — Mme de Montdejeu	464-729
Hôtel d'Epinoy	465
Hôtel de Bucquoy	466
Hôtel de Haynin	466
Le Pont-d'Argent	468

Hôtel des Poissonniers	469
Théâtre.	470
Salle des Concerts.	471
Hôtel de Montmorency	471
Mont-de-Piété.	472
Pauvreté.	472
Hôtel des Canonniers.	473
Maison des Archers	473
Hôtel des Tanneurs	474
Hôtel de Sommyèvre	474
Hôtel de Briois.	475
Pavillon Saint-Maurice.	475
Abbatiale	476
Manége-Couvert	477
Fontaine monumentale	477
Musée	479
Jubé de la chapelle abbatiale de Saint-Vaast	481
Crucifix de cette chapelle	484
Chapelle des Trépassés	486
Cheminée du Réfectoire de l'Abbaye	490

CASERNES.

(Cité.) Sainte-Barbe.	494
Grand Quartier	494
(Ville.) Des Arbalétriers	495
Du Grand Turc	495
Du Griffon.	495
Des Bouloires	495
Du Point du Jour	496
De Cavalerie.	466
Héronval	496

CORPS DE GARDE.

(Cité.) De l'Union	497
Baudimont.	497
Bastion derrière la Paix.	497
Bastion de Marles.	498
Porte d'Amiens.	498

De l'Écluse entre Cité et Ville.	498
Communication de Bourgogne.	498
Claquedent	498
— (Ville.) *Petite Place*	499
Porte Ronville.	499
Porte Saint-Michel	499
Brèche	500
Rivage	500
Porte Méaulens.	500
Porte de Cité	500
Cour de Bourgogne	500

PLACES.

Petite-Place. — Grand'Place. — Rue de la Taillerie	501
Place du Théâtre	509
De la Madeleine	509
Du Wetz-d'Amain.	511
De la Basse-Ville.	512

CAVES ET BOVES.

En Ville et en Cité	515

MAISONS ANCIENNES.

En Ville et en Cité.	518

ENSEIGNES.

En Ville et en Cité	522

PROMENADES.

Plantation en 1714. — Replantation en 1792	524

PRINCIPALES INDUSTRIES.

Peintures. — Etoffes. — Tapisseries. — Sayetterie. — Draperie	527
Orfévrerie	533
Broderies.	534
Dentelles.	534

Porcelaines 535
Marché aux grains 537

CORPORATIONS.

Nomenclature de 1598 540
Bouchers 541
Boulangers 543
Cuisiniers 543
Lingers 545
Chirurgiens 547

CONFRÉRIES.

Confréries de Corporations. — *Confréries diverses.* 548
Confrérie de Notre-Dame des Ardents 548
Confrérie de Saint-Luc 554

FAUBOURGS.

(Cité.) *De la Vigne.*— Chapelle de Saint-Fiacre. — de Saint-Eloy. — Avouerie de Béthune. — Juges du lieu . . . 559
D'Amiens. — Les Hochettes 561
Baudimont. — La Tard Avisée 562
Maître-Adam 563
Saint-Aubin 563
(Ville.) *Sainte-Catherine* — Croix de Demencourt. — Anciennes maisons. — La Falecque. — Ferme de Couturelle. 562
Saint-Nicolas. — Chapelle Saint-Quilien.—Le Cat. — Maison du sire de Dinville. — Château de la Motte. — Les Hautes Loges. 565
Saint-Michel. — Prévôté Saint-Michel 568
Saint-Sauveur. — Rietz. 569
Saint-Vincent 570
Ronville. — Le Temple. — Notre-Dame de Bonnes-Nouvelles. 570
De la Bassée 574
Achicourt. — Anciennes forteresses 578

BANLIEUE.

Criminelle 579
Civile 580

ENVIRONS.

Saint-Laurent-Blangy. — (1° *Blangy.*) — Chapelle et ancienne Prévôté Saint-Michel. — Château de Bellemotte. — Abbaye d'Avesnes. - Rosati 584

(2° *Saint-Laurent*). — Seconde Prévôté Saint-Michel. — Fontaine à Moucherons. — Longuinière. — Moulin de Waudriėt. — Ferme de Waudrifontaine. — Ermitage et chapelle de Notre-Dame-du-Bois. — Bois de Mofflaines. — Ferme de la Cour-au-Bois. — Baronnie et Château de la Brayelle. — Baronnie et Château de Razincourt. — Château du Pont-Levis. — Château-Fort. — Château de M. Gonsse. — Bois et carrières de Jecte-Fort. — Ferme d'Hervain. — Église de Saint-Laurent. — Baronnie du Metz de Hées. — Ferme de Raynouart. — Fiefs tenus de Saint-Vaast 598-730

Neuville-Vitasse. — Château. — Ferme seigneuriale. . . . 647
Wailly. — Ferme de l'Abbaye d'Arrouaise. — Eglise . . 653
Blairville. — Maison du Temple. — Château. 657
Ransart. — Ancien château. — Ses vestiges 658
Bailleulval. — Ancien château. — Ses vestiges 656
Bailleulmont. — Ancien château. — Ses vestiges. 662
Haute-Avesnes. — Commanderie du Temple. — Ses vestiges 663
Etrun. — Abbaye. — Camp de César. — Cimetière Franc à Marœuil. 679
Mont-Saint-Eloy. — Abbaye. — Ses restes. 683
Ecoivres. — Pierres d'Acq 688
Fresnicourt. — Gauchin-le-Gall. — Monuments Celtiques. — Tumulus de Sailly en Ostrevent. 689
Ollehain. — Son château. 694
Villers-Châtel. — Son château. 694
Souchez. — Eglise. — Croix de grès. — Château. 697
Ablain-Saint-Nazaire. — Eglise. — Motte seigneuriale. — Fort Saint-Philippe. — Seigneurie d'Hondscot. — Notre-Dame de Lorette. 698
Carency. — Château. — Chapelle et fontaine de Saint-Aignan. 699
Vaulx-Vraucourt. — Église. — Pierre sépulcrale des Longueval. — Caveau funéraire de cette famille. — Epitaphe . . 703

Beugny-le-Château. — Eglise. — Pierres funéraires. — Chapelle et confrérie de Notre Dame d'Heureux Trépas. — Château. — Muche. — Fermes de le Sauch. — Padane-Capy. — Seigneurs de Beugny 709

Abbaye d'Arrouaise. — Emplacement. — Heldemare. Conon. Roger. — Oratoire primitif. — Eglises ultérieures — Reconstructions du monastère. — Relation de Denys. — Tour d'Arrouaise 746

Arras, imprimerie de la Société du *Pas-de-Calais*.

www.ingramcontent.com/pod-product-compliance
Lightning Source LLC
Chambersburg PA
CBHW052034290426
44IIICB000IIB/1499